Gustavus
Handelsregister-Anmeldungen

Handelsregister-Anmeldungen

Wegweiser mit Übersichten
und Rechtsprechungs-Leitsätzen
zum Registerrecht

begründet von

Prof. Dr. Eckhart Gustavus
Vorsitzender Richter am LG i.R.

fortgeführt von

Prof. Walter Böhringer
Notar a.D.

und

Robin Melchior
Richter am Amtsgericht

9. neu bearbeitete Auflage

2017

ottoschmidt

Zitierempfehlung:
Gustavus, Handelsregister-Anmeldungen,
Einl. Rz. ... *bzw.* A ...

Bibliografische Information
der Deutschen Nationalbibliothek

Die Deutsche Nationalbibliothek verzeichnet diese
Publikation in der Deutschen Nationalbibliografie;
detaillierte bibliografische Daten sind im Internet
über http://dnb.d-nb.de abrufbar.

Verlag Dr. Otto Schmidt KG
Gustav-Heinemann-Ufer 58, 50968 Köln
Tel. 02 21/9 37 38-01, Fax 02 21/9 37 38-943
info@otto-schmidt.de
www.otto-schmidt.de

ISBN 978-3-504-45519-4

©2017 by Verlag Dr. Otto Schmidt KG, Köln

Das verwendete Papier ist aus chlorfrei gebleichten
Rohstoffen hergestellt, holz- und säurefrei, alterungs-
beständig und umweltfreundlich.

Einbandgestaltung: Lichtenford, Mettmann
Satz: WMTP, Birkenau
Druck und Verarbeitung: Kösel, Krugzell
Printed in Germany

Vorwort

Dieses Buch, 1983 erstmals erschienen, füllt eine Lücke zwischen Kommentaren und Formularbüchern. Es gibt in übersichtlicher Form einen schnellen Überblick darüber, ob eine bestimmte Veränderung des Unternehmens, des Rechtsträgers oder seiner Vertreter Anmeldungen oder Erklärungen zum Handelsregister erforderlich macht. Damit wendet sich das Buch an Notare, Rechtsanwälte und deren Bürovorsteher, Rechtspfleger und Registerrichter, aber auch an die Kaufleute selbst, an Geschäftsführer von Gesellschaften und an die Berater von Unternehmen.

Vorangestellt ist eine **Einführung** in das Handelsregister, in die allgemeinen Grundsätze der Handelsregisteranmeldungen und zu den Grundlagen der Kostenberechnung für notarielle Anmeldungen und Eintragungen des Registergerichts.

Das Buch gibt im zentralen **Teil A** Auskunft darüber, bei welchen konkreten rechtlichen und wirtschaftlichen Vorgängen eine Anmeldung oder sonstige Erklärung erforderlich ist, wer die Anmeldung vorzunehmen hat, welchen Inhalt diese Erklärungen an das Handelsregister haben müssen und welche Unterlagen beizufügen sind. Zu jedem Anmeldevorgang gibt das Buch Auskunft über die jeweils anfallenden Kosten bei Gericht und Notar. Dem Ziel des Buches folgend, dem Leser eine umfassende Arbeitshilfe zu geben, sind den einzelnen Handelsregistervorgängen formulierte Anmeldungstexte als Muster beigefügt sowie Texte der im konkreten Kontext erforderlichen notariellen Beglaubigungen bzw. Bescheinigungen. Damit sollen insbesondere Notaren und ihren Mitarbeitern in gedrängter Form alle Informationen zur Verfügung gestellt werden, die bei Handelsregisteranmeldungen wesentlich sind. Alle Muster befinden sich zudem auf der mitgelieferten **CD**. Hinweise auf typische Sachverhalte, Gestaltungen und rechtliche Schwierigkeiten, die bei der registergerichtlichen Durchführung von Unternehmensveränderungen und bei diesen selbst entstehen können, machen auf besondere Fallstricke aufmerksam und helfen bei der Fehlervermeidung. Dabei werden die Wechselwirkungen zwischen dem materiellen Gesellschaftsrecht und dem Registerverfahren besonders berücksichtigt.

Ausführlich behandelt werden über 160 Handelsregistervorgänge – sortiert nach den einzelnen Unternehmensformen: Einzelunternehmen, OHG und KG, GmbH & Co. KG, Partnerschaftsgesellschaft, GmbH, AG, SE, EWIV. Das Gesetz über Kosten der freiwilligen Gerichtsbarkeit für Gerichte und Notare (GNotKG) hatte 2013 die bisher geltende Kostenordnung ersetzt. Die Änderungen waren bereits in der 8. Auflage vollständig berücksichtigt und wurden in der 9. Auflage anhand der ersten Erfahrungen in der Kostenpraxis sorgfältig überprüft, aktualisiert und differenziert.

Da der Notar im Regelfall nicht nur die Anmeldung einreicht, sondern bei vielen Vorgängen auch weitere Dokumente, werden dem Nutzer des Buches in der 9. Auflage nun auch alle notwendigen Texte und notariellen Beglaubigungen bzw. Bescheinigungen im Zusammenhang mit dem Signieren der Dokumente, dem Nachweis der Vertretung und der Rechtsnachfolge, der Fassung von Gesellschaftsverträgen bzw. Satzungen und den Veränderungen der GmbH-Gesellschafter und Mitglieder des Aufsichtsrats angeboten (A 161 – A 184).

Der weiterhin zunehmenden Bedeutung von Anmeldungen mit Auslandsbezug wird durch eine Zusammenfassung in der Einleitung (Rz. 64 ff.) Rechnung getragen, außerdem durch eingehende Erläuterungen z.B. in A 79 zu ausländischen Rechtsträgern als Gesellschafter einer deutschen Personenhandelsgesellschaft, in A 113 zu Zweigniederlassungen ausländischer juristischer Personen und in A 129 zur grenzüberschreitenden Sitzverlegung.

Zum Umwandlungsrecht haben die Autoren aus ihrer eigenen, langjährigen Notar- und Gerichtserfahrung alle Vorgänge erfasst, die in der Praxis tatsächlich nachgefragt werden. Die Hinweise und die Anmeldemuster sind bei den jeweiligen Rechtsformen der Unternehmen abgedruckt. Zusätzlich werden die Fundstellen für die einzelnen Umwandlungsvorgänge im Teil A zu Nr. 160 als Übersicht sowie im Inhaltsverzeichnis aufgeführt.

In **Teil B** findet sich auch in der 9. Auflage wieder die bewährte Sammlung von Entscheidungsleitsätzen, welche die Rechtsprechung zum Handelsregisterrecht sowie zahlreiche Entscheidungen zum materiellen Gesellschaftsrecht umfasst, die Auswirkungen im Registerverfahren, z.B. bei der Eintragung von Gesellschafterbeschlüssen, haben können. Von der Möglichkeit, auf die jeweils einschlägigen Entscheidungen zu verweisen/hinzuweisen, wird über den gesamten Teil A hinweg großzügig Gebrauch gemacht.

Insgesamt wurde das Buch umfassend aktualisiert und neu bearbeitet. Dies war nur möglich durch eine permanente Beobachtung der Entwicklungen im Handelsregisterrecht und Kostenrecht. Diese Aufmerksamkeit und Kontinuität der Bearbeitung erleichterte die angestrebte lückenlose Verarbeitung der einschlägigen Rechtsprechung.

Im Einzelnen haben bearbeitet:

Böhringer: Sämtliche Kostenhinweise in der Einleitung (Rz. 80 ff.) und in den einzelnen Anmelde-Vorgängen im Teil A, die Muster für Beglaubigungen und Bescheinigungen (A 161–A 184) und (in Zusammenarbeit mit Melchior) die Anmeldungsmuster im Teil A.

Melchior: Die Einleitung, alle allgemeinen Grundsätze und Hinweise in Teil A, (in Zusammenarbeit mit Böhringer) die Anmeldungsmuster im Teil A sowie die Rechtsprechung in Teil B. Text der Anmeldung zu A 113 mit freundlicher Unterstützung von RiAG Martin Horstkotte, Berlin.

Herr Professor Gustavus, der sich aus Altersgründen inzwischen aus der eigenständigen Bearbeitung einzelner Abschnitte zurückgezogen hat, hat gleichwohl die gesamte Manuskripterstellung mit Rat, Tat und Erfahrung begleitet.

Wir danken für Anregungen und Anmerkungen aus dem Kreis der Nutzer dieses Buches und freuen uns auch weiterhin über Stellungnahmen. Und sollten Sie einmal im Buch nicht fündig werden oder Fragen zu einzelnen Anmeldevorgängen haben, stehen wir Autoren für Sie gerne zur Verfügung. Bitte wenden Sie sich ans Lektorat (lektorat@ottoschmidt.de). Dort eingehende Anregungen und Fragen werden umgehend an uns weitergeleitet.

Im Februar 2017 Die Verfasser

Inhaltsverzeichnis

Einleitung

Teil A
Die wirtschaftlichen und rechtlichen Vorgänge und Veränderungen bei den im Handelsregister eingetragenen Rechtsträgern sowie die daraus folgenden Anmeldungen zum Handelsregister der verschiedenen Rechtsformen

Seite

I. Einzelkaufmann

II. Offene Handelsgesellschaft (OHG)

Seite

III. Zusätzliche Vorgänge bei der Kommanditgesellschaft (KG)

IV. Zusätzliche Vorgänge bei der GmbH & Co. KG

VII. Aktiengesellschaft (AG)

VIII. Europäische Gesellschaft (SE)

IX. Europäische Wirtschaftliche Interessenvereinigung (EWIV)

Teil B
Gerichtsentscheidungen zum Handelsregisterrecht

I. Bürgerliches Gesetzbuch (BGB)

II. Handelsgesetzbuch (HGB)

III. Gesetz betreffend die Gesellschaften mit beschränkter Haftung (GmbHG)

Abkürzungsverzeichnis

ABl.	Amtsblatt
abl.	ablehnend
Abs.	Absatz
AEUV	Vertrag über die Arbeitsweise der Europäischen Union
AG	Aktiengesellschaft (auch Zeitschrift) oder Amtsgericht oder Ausführungsgesetz
AktG	Aktiengesetz
a.M.	anderer Meinung
AO	Abgabenordnung
Art.	Artikel
BayObLG	Bayerisches Oberstes Landesgericht
BayObLGZ	Entscheidungen des Bayerischen Obersten Landesgerichts in Zivilsachen
BB	Betriebsberater
BeurkG	Beurkundungsgesetz
BGB	Bürgerliches Gesetzbuch
BGBl.	Bundesgesetzblatt
BGH	Bundesgerichtshof
BGHZ	Entscheidungen des Bundesgerichtshofes in Zivilsachen
BMF-Schreiben	Schreiben des Bundesministeriums der Finanzen
BNotO	Bundesnotarordnung
BStBl.	Bundessteuerblatt
BWNotZ	Zeitschrift für das Notariat in Baden-Württemberg
BZRG	Bundeszentralregistergesetz
DB	Der Betrieb
DNotI-Report	Report des Deutschen Notarinstituts
DNotZ	Deutsche Notar-Zeitschrift
DStR	Deutsches Steuerrecht
EG	Europäische Gemeinschaften
EGAktG	Einführungsgestz zum AktG
EGGmbHG	Einführungsgesetz zum GmbHG
EGHGB	Einführungsgesetz zum HGB
EGVP	Elektronisches Gerichts- und Verwaltungspostfach
EStDV	Einkommensteuer-Durchführungsverordnung
EU	Europäische Union
EU-Ri	Richtlinie der Europäischen Union
EU-VO	Verordnung der Europäischen Union
EuGH	Europäischer Gerichtshof
EWIV	Europäische Wirtschaftliche Interessenvereinigung

EWIV-VO	Verordnung (EWG) Nr. 2137/85 des Rates vom 25.7.1985 über die Schaffung einer Europäischen wirtschaftlichen Interessenvereinigung
EWIV-AG	Gesetz zur Ausführung der EWIV-VO
FamFG	Gesetz über das Verfahren in Familiensachen und in den Angelegenheiten der freiwilligen Gerichtsbarkeit
FamRZ	Zeitschrift für das gesamte Familienrecht
ff.	folgende
FGG	Gesetz über die Angelegenheiten der freiwilligen Gerichtsbarkeit
FGPrax	Praxis der Freiwilligen Gerichtsbarkeit
GewO	Gewerbeordnung
GmbH	Gesellschaft mit beschränkter Haftung
GmbHG	Gesetz betreffend die Gesellschaften mit beschränkter Haftung
GmbHR	GmbH-Rundschau
GNotKG	Gesetz über Kosten der freiwilligen Gerichtsbarkeit für Gerichte und Notare (Gerichts- und Notarkostengesetz)
GRUR	Gewerblicher Rechtsschutz und Urheberrecht
GVHR	Gebührenverzeichnis in Handelsregistersachen
GW	Geschäftswert
HGB	Handelsgesetzbuch
HRefG	Handelsrechtsreformgesetz
HRegGebNeuOG	Handelsregistergebühren-Neuordnungsgesetz
HRegGebV	Handelsregistergebührenverordnung
h.M.	herrschende Meinung
HRR	Höchstrichterliche Rechtsprechung (Ergänzungsblatt zur „Deutschen Justiz")
HRV	Handelsregisterverordnung
IHK	Industrie- und Handelskammer
InsO	Insolvenzordnung
IWRZ	Zeitschrift für Internationales Wirtschaftsrecht
JFG	Jahrbuch für Entscheidungen in Angelegenheiten der freiwilligen Gerichtsbarkeit und des Grundbuchrechts
JurBüro	Das juristische Büro
JVKostG	Gesetz über Kosten in Angelegenheiten der Justizverwaltung
JW	Juristische Wochenschrift
KG	Kammergericht oder Kommanditgesellschaft
KGJ	Jahrbuch für Entscheidungen des Kammergerichts
KonsG	Gesetz über die Konsularbeamten, ihre Aufgaben und Befugnisse
KostO	Kostenordnung
KostREuroUG	Gesetz zur Umstellung des Kostenrechts auf Euro

KostRMoG	Kostenrechtsmodernisierungsgesetz
KStG	Körperschaftsteuergesetz
KV	Kostenverzeichnis
KWG	Kreditwesengesetz
LG	Landgericht
LöschG	Löschungsgesetz
LZ	Leipziger Zeitschrift
MDR	Monatsschrift für Deutsches Recht
MitbestG	Mitbestimmungsgesetz
MittBayNot	Mitteilungen des Bayerischen Notarvereins
MittRhNotK	Mitteilungen der Rheinischen Notarkammer (jetzt RNotZ – Rheinische Notar-Zeitschrift)
MoMiG	Gesetz zur Modernisierung des GmbH-Rechts und zur Bekämpfung von Missbräuchen vom 23.10.2008, BGBl. I 2008, 2026
NJW	Neue Juristische Wochenschrift
NJW-RR	NJW-Rechtsprechungs-Report
NotBZ	Zeitschrift für die notarielle Beratungs- und Beurkundungspraxis
NZG	Neue Zeitschrift für Gesellschaftsrecht
OHG	Offene Handelsgesellschaft
OLG	Oberlandesgericht
OLGR = OLGE = OLG	Die Rechtsprechung der Oberlandesgerichte auf dem Gebiete des Zivilrechts
OLGZ	Die Rechtsprechung der Oberlandesgerichte (seit 1965)
PartGG	Gesetz über Partnerschaftsgesellschaften Angehöriger Freier Berufe
PartG mbB	Partnerschaftsgesellschaft mit beschränkter Berufshaftung
PRV	Partnerschaftsregisterverordnung
RG	Reichsgericht
RGZ	Entscheidungen des Reichsgerichts in Zivilsachen
RJA	Entscheidungen in Angelegenheiten der freiwilligen Gerichtsbarkeit und des Grundbuchrechts. Zusammengestellt im Reichsjustizamt
RNotZ	Rheinische Notar-Zeitschrift (vormals Mitteilungen der Rheinischen Notarkammer)
Rpfleger	Der Deutsche Rechtspfleger
RpflStud	Der Deutsche Rechtspfleger Studienhefte
SE	Europäische Gesellschaft (Societas Europaea = SE)
SEAG	SE-Ausführungsgesetz
SEBG	SE-Beteiligungsgesetz

SE-VO   Verordnung (EG) Nr. 2157/2001 des Rates vom 8.10.2001 über
                  das Statut der Europäischen Gesellschaft
str.   streitig

UG   Unternehmergesellschaft (haftungsbeschränkt)
UmwG   Umwandlungsgesetz

v.   vom
VO   Verordnung

WM   Wertpapier-Mitteilungen (Teil IV)

ZAG   Zahlungsdiensteaufsichtsgesetz
ZInsO   Zeitschrift für das gesamte Insolvenzrecht
ZIP   Zeitschrift für Wirtschaftsrecht
ZNotP   Zeitschrift für die Notarpraxis
ZPO   Zivilprozessordnung

Einleitung

I. Einführung in das Handelsregister

Das Handelsregister dient dazu, einige für den Rechtsverkehr mit Kaufleuten wesentliche Rechtsverhältnisse der kaufmännischen Unternehmen kundbar zu machen. Es soll u.a. eine verlässliche Auskunft über die Firma als Handelsname des Kaufmanns sowie darüber geben, wer ein Unternehmen vertreten kann und wer für die im Unternehmen eingegangenen Verbindlichkeiten haftet. Das Handelsregister bezweckt in erster Linie die Erleichterung und den **Schutz des Handelsrechtsverkehrs**. 1

Diesen Zweck kann das Handelsregister nur dann erfüllen, wenn die von ihm ausgewiesenen Rechtsverhältnisse der **Wirklichkeit** entsprechen. Ein unrichtiges Handelsregister führt den, der sich auf seinen Inhalt verlässt, in die Irre und bietet dem kaufmännischen Rechtsverkehr keine verlässliche Grundlage. Das Gesetz ist daher bestrebt, nach Möglichkeit sicherzustellen, dass die im Handelsregister verlautbarten Tatsachen richtig sind. 2

Dieses Ziel lässt sich am einfachsten dadurch erreichen, dass das Gesetz Gründungen und wichtige Veränderungen kaufmännischer Unternehmen erst wirksam werden lässt, wenn sie im Handelsregister eingetragen worden sind. Dadurch tritt die Änderung gleichzeitig mit ihrer Offenlegung im Register ein (**Eintragung mit konstitutiver Wirkung**). Solche Regelungen finden sich vor allem im Bereich der Kapitalgesellschaften: GmbH und Aktiengesellschaft entstehen erst mit der Eintragung im Handelsregister (vgl. § 11 Abs. 1 GmbHG, § 41 Abs. 1 AktG). Satzungsänderungen dieser Gesellschaften haben vor diesem Zeitpunkt trotz notariell beurkundeter Gesellschafterbeschlüsse keine rechtliche Wirkung (vgl. § 54 Abs. 3 GmbHG, § 181 Abs. 3 AktG). Umwandlungsvorgänge werden erst mit der Eintragung im Handelsregister wirksam. 3

Von dieser Regelung, das Wirksamwerden von der Eintragung abhängig zu machen, hat der Gesetzgeber beim Handelsregister aber nur ausnahmsweise Gebrauch gemacht. Für Einzelkaufleute und Personenhandelsgesellschaften, aber auch für viele Vorgänge bei GmbH und Aktiengesellschaft gilt vielmehr der **Grundsatz**, dass die Veränderungen unabhängig von der Handelsregistereintragung sofort wirksam sind, sobald die materiell-rechtlichen Voraussetzungen hierfür erfüllt sind: Die Übertragung eines Handelsgeschäfts ist also wirksam, wenn Veräußerer und Erwerber sich hierüber geeinigt haben; Gesellschafter einer Personengesellschaft (OHG, KG) sind eingetreten oder ausgeschieden, sobald alle Gesellschafter sich hierüber einig sind; Geschäftsführer einer GmbH sind wirksam bestellt oder abberufen, sobald die entsprechenden Gesellschafterbeschlüsse gefasst sind. In allen diesen Fällen wird das Handelsregister durch die eingetretene Veränderung zunächst unrichtig und muss der materiellen Rechtslage nachträglich angepasst werden. Der aktuelle Inhalt des Handelsregisters hinkt den tatsächlich bereits eingetretenen Veränderungen sozusagen hinterher; die nachfolgende und erforderliche Eintragung hat, da nachträglich berichtigend, nur **deklaratorische Wirkung**. 4

5 Bei dieser letztgenannten grundsätzlichen Regelung muss das Gesetz dafür sorgen, dass die nötige Anpassung möglichst unverzüglich geschieht. Es muss außerdem sicherstellen, dass in der unvermeidlichen Zwischenzeit, in der das Handelsregister unrichtig ist, Dritte durch die unrichtige Registerlage keine Nachteile erleiden. Dabei setzt das Handelsrecht zwei ganz unterschiedliche, aber sich gegenseitig ergänzende Mittel ein:

(1) Das Gesetz schreibt vor, dass bestimmte Tatsachen „zur Eintragung in das Handelsregister anzumelden sind", also angemeldet und eingetragen werden müssen. Gleichzeitig werden bestimmte Personen genannt, die diese Pflicht zu erfüllen haben. Kommen sie der ihnen auferlegten Verpflichtung nicht nach, so muss das Registergericht sie mit einem öffentlichen Zwang dazu anhalten. Das Gericht hat, wenn es von Verstößen gegen die **Anmeldepflicht** Kenntnis erhält, ein Zwangsgeldverfahren nach § 14 HGB einzuleiten.

(2) Dieses Mittel reicht allein nicht aus, um die Richtigkeit des Registers zu sichern. Oft erfährt das Registergericht gar nicht, dass anmeldepflichtige Veränderungen eingetreten sind; es unternimmt daher nichts. Jedenfalls vergeht längere Zeit, bis das Register an die eingetretenen Veränderungen angepasst ist. Deshalb sieht das Gesetz ein weiteres Druckmittel vor, um die an der Veränderung beteiligten Personen zu der erforderlichen Anmeldung und damit zu der unverzüglichen Berichtigung des Handelsregisters zu veranlassen: **Eintragungspflichtige Tatsachen können gutgläubigen Dritten erst entgegengesetzt werden, wenn sie im Handelsregister eingetragen und bekannt gemacht sind.** In den oben erwähnten Beispielen gilt also – Gutgläubigkeit vorausgesetzt – der bisherige Inhaber weiterhin als berechtigt, Forderungen des Unternehmens einzuziehen; der ausgeschiedene Gesellschafter haftet auch für Gesellschaftsschulden, die nach seinem Ausscheiden entstehen, und der abberufene Geschäftsführer gilt weiterhin als für die Gesellschaft vertretungsberechtigt, bis er im Handelsregister gelöscht ist. Die in der Übergangszeit zwischen Veränderung und Eintragung entstehenden Risiken trägt mithin nicht der außenstehende Dritte, sondern das Unternehmen, das die Eintragung zu veranlassen hat, oder der davon unmittelbar Betroffene, z.B. der ausgeschiedene Gesellschafter.

Dieser aus § 15 Abs. 1 HGB folgende mittelbare Zwang zur Anmeldung ist gewissermaßen mit einer Prämie für denjenigen verbunden, der mit seinem Antrag für die Eintragung im Handelsregister gesorgt hat: Ist die Eintragung erst einmal vorgenommen und bekannt gemacht, so kann – spätestens nach fünfzehn Tagen – niemand mehr einwenden, er habe die eingetragene Veränderung nicht gekannt oder nicht kennen können (§ 15 Abs. 2 HGB). Ist also z.B. die Abberufung des Geschäftsführers im Handelsregister eingetragen und der Eintragungstext im Bundesanzeiger veröffentlicht und damit bekannt gemacht, so ist damit seine Vertretungsbefugnis auch gutgläubigen Dritten gegenüber beseitigt. Damit dienen beide Regelungen zugleich der Rechtssicherheit im kaufmännischen Verkehr.

6 Anmeldungen zum Handelsregister kommt also unterschiedliche, in jedem Fall aber große Bedeutung zu. Im einen Fall sind sie erforderlich, um über die Eintragung überhaupt erst die angestrebte Veränderung herbeizuführen. Im anderen Fall sind sie nötig, um die an einer Änderung beteiligten Personen oder Gesellschaften vor Haftungsrisiken zu schützen, die mit ihren Interessen und meist auch mit den getroffenen Verein-

barungen im Widerspruch stehen. In ihrer Gesamtheit sollen die vom Gesetz vorgeschriebenen Erklärungen zum Handelsregister diese Einrichtung zu dem machen, was der kaufmännische Rechtsverkehr von ihr erwartet: eine **verlässliche Informationsquelle**, insbesondere über die genaue Bezeichnung von Handelsunternehmen, über ihre Rechtsform, ihre Vertretung und über einige wesentliche Eckwerte ihrer Haftung.

Die Anmeldungen bilden zusammen mit den nach den Fachgesetzen einzureichenden Anlagen nicht nur die Grundlage der Eintragung, sondern auch die Grundlage für die jedermann gestattete **Einsicht** in die Eintragungen des Handelsregisters und in die dort hinterlegten Urkunden (B § 9 HGB). Dieses Einsichtsrecht umfasst auch Dokumente, die nicht zur Eintragung in das Handelsregister führen, aber häufig einen hohen Informationswert haben (z.B. die Gesellschafterliste bei der GmbH nach §§ 8 Abs. 1 Nr. 3, 40 GmbHG).   7

Mit der Einführung des **elektronischen Handelsregisters** Ende 2007 sind die rechtlichen Anforderungen an die Anmeldungen und ihre Anlagen beibehalten worden; sie sind aber im notwendigen Umfang an die Bedürfnisse der elektronischen Übermittlung, Einreichung, Verarbeitung, Online-Einsicht und Auskunftserteilung angepasst worden.   8

Einstweilen frei.   9–10

II. Allgemeine Grundsätze der Handelsregisteranmeldungen

1. Form der Anmeldung, elektronische Übermittlung und Einreichung

Anmeldungen zum Handelsregister sind in **öffentlich beglaubigter Form** zu erstellen (§ 12 Abs. 1 Satz 1 HGB). Hierfür sind, von Ausnahmen abgesehen, die Notare zuständig (§ 129 BGB).   11

Die öffentliche Beglaubigung wird durch die Einhaltung folgender anderer Formvorschriften ersetzt:
– durch notarielle Beurkundung (§ 129 Abs. 2 BGB),
– durch Aufnahme in einen protokollierten gerichtlichen Vergleich (§ 127a BGB); regelmäßig aber nicht im Rahmen eines Schiedsverfahrens (§ 1053 Abs. 3 ZPO).

Nicht erforderlich ist die Form des § 12 Abs. 2 Satz 2 Halbs. 1 HGB für zusätzliche Erklärungen eines Beteiligten, die in Urschrift eingereicht werden dürfen. Das sind z.B. Zustimmung zur Firmenfortführung nach § 22 Abs. 1 oder § 24 Abs. 2 HGB, Liste der Gesellschafter nach § 40 Abs. 1 GmbHG, Liste der Aufsichtsratsmitglieder oder Beschlüsse über die Bestellung und Abberufung von Geschäftsführern nach § 46 Nr. 5 GmbHG.

Von der Form der Anmeldung ist zu unterscheiden die **elektronische Übermittlung** nach § 12 Abs. 1 Satz 1 HGB und deren **Einreichung** in elektronischer Form – als elektronische Bilddateien (Dokumente) – nach § 12 Abs. 2 HGB.   12

13   Das Handelsregister wird als elektronische Datenbank betrieben; § 12 Abs. 1 Satz 1 HGB schreibt daher die elektronische Übermittlung zwingend vor. Anmeldungen in Papierform sind nicht mehr möglich. Die Handelsregisteranmeldung wird weiterhin in Papierform erstellt, der Notar beglaubigt die Unterschriften der anmeldenden Person öffentlich (§ 129 BGB). Diese Privaturkunde mit Vermerk über die Unterschriftsbeglaubigung (§ 40 BeurkG) wird sodann vom Notar eingescannt; das Original verbleibt nach § 45 Abs. 3 BeurkG beim Notar. Die – vollständige und zweifelsfrei lesbare! (vgl. B § 12 Abs. 2 HGB Nr. 4) – Bilddatei wird durch eine Signaturdatei ergänzt. Durch den elektronischen Beglaubigungsvermerk (= Signaturvermerk) und die abschließende eigenhändige Signatur beglaubigt der Notar elektronisch die Übereinstimmung der Bilddatei mit der ihm vorliegenden unterschriftsbeglaubigten Urschrift. Diese elektronische Beglaubigung genügt dem § 12 Abs. 2 Satz 2 HGB. Vom Notar beurkundete Erklärungen (Gründungsurkunde, Umwandlungsvorgänge, formpflichtige Beschlüsse wie z.B. für Satzungsänderungen oder Kapitalveränderungen) werden vom Notar eingescannt, die resultierende Bilddatei durch den Signaturvermerk ergänzt und eigenhändig vom Notar signiert. Im Vermerk wird angegeben, welche Qualität das gescannte Papierdokument insofern hatte, weil § 42 Abs. 1 BeurkG auch für das elektronische Zeugnis nach § 39a BeurkG gilt. Der **Transformations-/Visualisierungsvermerk** enthält die Angabe, ob das Papierdokument vorlag als Urschrift, Ausfertigung oder beglaubigte Abschrift (OLG Brandenburg v. 28.10.2010 – 7 Wx 22/10, DNotZ 2011, 545). Es ist darauf zu achten, dass der Standardtext des Visualisierungsvermerks angepasst wird, wenn nicht die komplette Urkunde als elektronische Bilddatei zum Handelsregister eingereicht werden soll, sondern nur **Auszüge**. In der Praxis wird in einer notariellen Urkunde über GmbH-Satzungsänderungen z.B. auch die Abtretung von Geschäftsanteilen und ein Investors Agreement beurkundet. Sollen die beiden letztgenannten Bestandteile nicht eingereicht werden, dann muss das wegen § 42 Abs. 3 BeurkG im Vermerk zum Ausdruck kommen: A 167 (M 167.1).

14   Sind nach dem Gesetz dem Registergericht Privaturkunden vorzulegen oder ist die Schriftform bestimmt, dann reicht es aus, eine elektronische Aufzeichnung (§ 12 Abs. 2 Satz 2 Halbs. 1 HGB) der Urschrift oder einer einfachen Abschrift einzureichen: Beispiele siehe oben Einl. Rz. 11.

15   Als Alternative zum Einscannen der papiernen Originalurkunde genügt das elektronische Abbild einer bloßen Leseabschrift mit den Buchstaben „L.S." (für loco sigili) anstelle des Siegels und der Vermerk „gez." anstelle der Unterschrift (LG Hagen v. 21.6.2007 – 24 T 3/07, RNotZ 2007, 491; LG Chemnitz v. 8.2.2007 – 2 HKT 88/07, NotBZ 2007, 146 m. zust. Anm. *Püls* = MittBayNot 2007, 340 m. Anm. *Strauß*). Ebenfalls nicht beanstanden kann das Registergericht die Einreichung der Gesellschafterliste als elektronisch beglaubigte Abschrift gemäß § 39a BeurkG des Originals oder der Leseabschrift (DNotI-Gutachten Nr. 79726 vom September 2007). Hingegen ist z.B. die Einreichung der Liste in Textform nach § 126b BGB nicht ausreichend, da es sich zwar um eine elektronisch lesbare, aber unterschriftslose Erklärung handelt. Eine Satzungsbescheinigung nach § 54 Abs. 1 GmbHG bzw. §§ 181, 248 AktG kann auf der Grundlage einer Einsicht in das elektronische Handelsregister über die geschaffene Onlineplattform vorgenommen werden. Solche Bescheinigungen und diejenige über die von einem Notar erstellte Gesell-

schafterliste nach § 40 Abs. 2 GmbHG sind Zeugnisse nach § 39 BeurkG. Zulässig ist es auch, dass der Notar die Neufassung der Satzung oder der Gesellschafterliste mit der Textverarbeitung ausschließlich elektronisch erstellt und die notwendige Bescheinigung qualifiziert signiert (vgl. B § 12 Abs. 2 HGB Nr. 2). Der Standardvermerk kann – in Ermangelung einer Transformation von Papier in Bilddatei – nicht verwendet werden und muss angepasst werden: A 168 (M 168.1).

Die Inhalte der Registeranmeldung werden soweit durch den Notar in formularmäßige 16 „Grundstandards" (**XML**) übersetzt. Außerdem erzeugt der Notar eine weitere Datei mit sog. XML-Strukturdaten. Der individuelle Anmeldungstext wird dadurch für eine automatisierte Weiterbearbeitung beim Registergericht aufbereitet. Abschließend werden alle Dateien unter Verwendung des Programms EGVP-Client zusammengefasst und mit dessen Hilfe über das Internet an das elektronische Gerichtspostfach übermittelt. Der EGVP-Client verlangt dazu eine weitere qualifizierte Signatur des Notars über das gesamte Datenpaket; sie dient rein tatsächlich der Bestätigung der Vollständigkeit des vom Notar signierten Pakets und einer entsprechenden Verifizierung auf Empfängerseite. Der XML-Datensatz stellt kein rechtlich verbindliches Dokument i.S.d. § 12 Abs. 2 HGB dar (B § 12 Abs. 1 Satz 1 HGB Nr. 3).

Übersicht zum Verfahren: *Melchior*, NotBZ 2006, 409; *Jeep/Wiedemann*, NJW 2007, 17 2439; *Eickelberg*, NZG 2015, 81.

2. Vollmacht zur Handelsregisteranmeldung

Anmeldungen können nach § 12 Abs. 1 Satz 2 HGB von Bevollmächtigten vorgenom- 18 men werden; einige Ausnahmen sind in den Hinweisen zu den Anmeldungen angegeben; sie betreffen insbesondere höchstpersönliche Versicherungen und Erklärungen über Tatsachen und Wahrnehmungen (z.B. Leistung der Einlage auf GmbH-Geschäftsanteile). Die Vollmacht bedarf der öffentlich beglaubigten Form. Vollmachten auf Angestellte der Notare sind nach § 378 Abs. 1 FamFG zulässig (vgl. auch B § 12 Abs. 1 Satz 2 HGB Nr. 12). Einzelheiten zur Anmeldung durch Bevollmächtigte siehe *Rudolph/Melchior*, NotBZ 2007, 350 zu Personengesellschaften und unten die umfangreiche Rechtsprechung zu B § 12 Abs. 1 Satz 2 HGB.

Nach § 378 Abs. 2 FamFG gilt der Notar als ermächtigt, im Namen des zur Anmeldung 19 Berechtigten die Eintragung zu beantragen. Die vermutete Verfahrensvollmacht umfasst jede Art von Tatsachen, auch wenn sie nicht eintragungspflichtig sind (vgl. B § 378 FamFG zur **notariellen Eigenurkunde,** B §§ 27, 31 FamFG Nr. 3 zur Form und A 111 zu den Kosten). Voraussetzung ist eine Urkundstätigkeit des Notars, seien es Beurkundungen nach §§ 8, 36 BeurkG oder Beglaubigungen nach § 40 BeurkG z.B. der Anmeldung oder von Übernahmeerklärungen), die die Grundlage für die beantragte Eintragung sind. Im Übrigen sollte der Notar klarstellen, ob er die Anmeldungen und sonstigen Dokumente als Verfahrensbevollmächtigter übermittelt oder ob er nur als Bote tätig wird. Zur Rücknahme und Korrektur von Anmeldungen siehe *Schulte*, notar 2014, 270 und Einl. Rz. 39 f.

3. Vertretungsnachweis

20 Zur Vermeidung unrichtiger Eintragungen (OLG München v. 21.3.2011 – 31 Wx 80/11, GmbHR 2011, 489) ist das Registergericht gehalten, sich Gewissheit über die **Existenz von Rechtsträgern und deren Vertretungsverhältnisse** zu verschaffen, wenn diese durch ihre Organe oder rechtsgeschäftlichen Vertreter an Anmeldungen, Beschlüssen oder Verträgen mitwirken. Der Nachweis ist stets zu führen, auch ohne konkrete Zweifel (BGH v. 21.1.1988 – IX ZR 252/86, DNotZ 1989, 43). Anstelle der Registereinsicht bzw. Beibringung eines amtlichen Ausdrucks kann der Nachweis mittels einer notariellen Bescheinigung erbracht werden (vgl. § 21 Abs. 1 Satz 1 BNotO und Einl. Rz. 70 bei Auslandsbezug): A 169 (M 169.1), A 170 (M 170.1). Auch die Umwandlung eines Rechtsträgers, sei es mit Gesamtrechtsnachfolge aufgrund Vermögensübertragung oder Änderung der Rechtsform infolge Formwechsels, kann Gegenstand der Notarbescheinigung sein: A 171 (M 171.1). Jedoch bezieht sich eine notarielle Bescheinigung nicht auf die mit einer Spaltung übergegangenen Vermögensgegenstände (B § 126 UmwG Nr. 3).

21 Außerdem kann der Nachweis über eine durch **Rechtsgeschäft begründete Vertretungsmacht** nach § 21 Abs. 3 BNotO mittels einer notariellen Bescheinigung geführt werden, wenn die Vollmacht öffentlich errichtet oder zumindest öffentlich beglaubigt ist: A 172 (M 172.1). Zum Umfang der erforderlichen notariellen Wahrnehmungen und rechtlichen Schlussfolgerung vgl. B § 12 Abs. 1 Satz 3 HGB. Beruht die Vertretungsmacht auf einer **Vertretungskette** (z.B. Geschäftsführer erteilt rechtsgeschäftliche Vollmacht), dann muss der Notar zwar die Einzelschritte nach § 21 Abs. 1 und Abs. 3 BNotO bescheinigen, kann das aber in einem Vermerk zusammenfassen (B § 12 Abs. 1 Satz 3 HGB Nr. 2). Entsprechendes dürfte bei Erteilung einer Untervollmacht zulässig sein. Zur Verwendung von Vorsorgevollmachten vgl. B § 12 Abs. 1 Satz 2 HGB Nr. 4. Die notarielle Bescheinigung sollte auch Feststellungen treffen zur etwaigen Befreiung von den Beschränkungen des § 181 BGB und ggf. zur Einzelvertretungsbefugnis bei mehreren Bevollmächtigten (vgl. B § 12 Abs. 1 Satz 2 HGB Nr. 10) sowie ggf. zur Befugnis Untervollmacht zu erteilen.

Keine einheitliche Praxis hat sich bisher herausgebildet zu der Frage, ob notarielle Vertretungsbescheinigungen dann entbehrlich sind, wenn der Notar (jüngst) Bescheinigung über Begründung der Vertretungsmacht von Beteiligten erstellt hat und nunmehr kurzfristig dieselbe Vollmacht wiederverwendet wird. Außerhalb des Anwendungsbereiches des § 21 Abs. 3 BNotO werden hierfür notarielle Bestätigungen vorgeschlagen, d.h. Vermerkurkunden über die wahrgenommene Tatsache nach § 39 BeurkG (z.B. *Kilian*, notar 2016, 17).

4. Beteiligte und Rechtsträger in besonderen Situationen und ihre Vertreter

a) Minderjährige

22 Im Gesellschaftsrecht sind die **Ergänzungspflegschaft** und die **Genehmigung** durch das Familien- bzw. das Betreuungsgericht die maßgeblichen Instrumente zum Schutz der Minderjährigen. Die Notare haben nach § 18 BeurkG auf die Erforderlichkeit der Ergän-

zungspflegschaft und/oder gerichtlichen Genehmigung hinzuweisen. Das Tätigwerden des Ergänzungspflegers und das Vorliegen der Genehmigung sind **materiell-rechtliche Voraussetzungen** für eine Vielzahl von Gestaltungen im Gesellschaftsrecht. Das Registergericht prüft das Vorliegen im Rahmen der Amtsermittlung und mit dem Ziel, unrichtige Eintragungen zu vermeiden. In der Praxis des Handelsregisters stehen diese **materiellen Voraussetzungen in Wechselwirkung mit dem Verfahrensrecht**. So wird z.B. bei der OHG und KG mit der Anmeldung durch alle Beteiligten nach § 108 oder § 143 Abs. 2 HGB gleichzeitig vorgetragen, dass die angemeldete Gestaltung und Veränderung auch materiell-rechtlich wirksam ist. Entsprechendes gilt bei der Errichtung von Kapitalgesellschaften und den Änderungen, weil die materiell-rechtlichen Grundlagen (z.B. Gesellschaftsvertrag, Vollmacht, Beschluss, ggf. wegen Gesellschafterliste § 16 Abs. 1 GmbHG) der Anmeldung zum Zwecke der Glaubhaftmachung nach §§ 27, 31 FamFG beizufügen sind.

Betreiber eines Handelsgewerbes und Gesellschafter können auch Minderjährige (§ 2 BGB) und Betreute (§§ 1896, 1902 BGB) sein. In ihrem Namen handelt ihr gesetzlicher Vertreter. Der gesetzliche Vertreter kann nach § 112 Abs. 1 BGB mit Genehmigung des Familiengerichts den Minderjährigen zum selbständigen **Betrieb eines Erwerbsgeschäfts ermächtigen**. Auf der Grundlage der genehmigten Ermächtigung kann ein Minderjähriger selbst entscheiden, Inhaber eines Einzelunternehmens sein, Gesellschafter einer OHG mit organschaftlicher Vertretungsmacht nach § 125 HGB oder Kommanditist. Hierbei kann er selbst die notwendigen Anmeldungen vornehmen. Entsprechendes gilt für die Entscheidung, Gesellschafter einer GmbH zu werden. Jedoch kann ein Minderjähriger wegen § 6 Abs. 2 Satz 1 GmbHG nicht GmbH-Geschäftsführer sein. 23

Die gesetzlichen Vertreter sind bei der rechtsgeschäftlichen Vertretung ausgeschlossen, soweit der Betreuer, die Eltern oder ein Elternteil selbst Gesellschafter sind (§§ 181, 1629 Abs. 2, 1795, 1909 BGB). Die Vertretung nimmt in diesem Fall ein **Ergänzungspfleger** wahr. Dabei ist für jedes Kind bzw. Betreuten ein eigener Pfleger zu bestellen. Eine Ausnahme soll gelten bei der Übertragung von Kommanditanteilen eines Elternteils im Wege der Sonderrechtsnachfolge; hier kann ein Ergänzungspfleger mehrere minderjährige Kinder vertreten (OLG München v. 17.6.2010 – 31 Wx 70/10, Rpfleger 2010, 587 m. abl. Anm. *Ries*, RpflStud 2010, 201). 24

Ist ein Ergänzungspfleger bestellt, so haben dennoch allein die Eltern bzw. der Betreuer selbst die **Anmeldungen** zur Eintragung in das Handelsregister zu bewirken. Denn die Vertretungsbefugnis des gesetzlichen Vertreters entfällt wegen Interessenskollision nur „bei einem Rechtsgeschäft". Die registerrechtliche Anmeldung ist weder privatrechtliches Rechtsgeschäft noch Willenserklärung, sie ist als verfahrensrechtliche Erklärung gegenüber dem Registergericht abzugeben (OLG München v. 28.3.1977 – BReg 3 Z 4/76, DNotZ 1977, 683), so dass ein Vertretungsausschluss nach §§ 1629 Abs. 2 Satz 1, 1795, 181 BGB nicht in Betracht kommt. Der gesetzliche Vertreter eines Minderjährigen kann demnach die Anmeldung im eigenen Namen als Mitgesellschafter und zugleich im Namen des/der Minderjährigen vornehmen. Obwohl der Pfleger bei der Registeranmeldung nicht mitwirken muss, wird von der Rechtsprechung (BGH v. 24.6.1965 – II ZR 219/63, MDR 1965, 892) die „Veranlassung der Handelsregistereintragung" zum Pflichtkreis des Pflegers gerechnet, wenn sie notwendig ist, um den Minderjährigen vor Schaden zu 25 bewahren. Selbst den Vormundschaftsrichter (jetzt: Familienrichter bzw. Betreuungs-richter) hält der BGH in solchen Fällen für verpflichtet, durch entsprechende Über-wachung für die notwendige Registereintragung Sorge zu tragen. Das Familiengericht kann dem Pfleger dann auch die Kompetenz zur Handelsregisteranmeldung verleihen (*Müller-Engelmann*, RpflStud 1992, 49), so dass dieser anstelle der gesetzlichen Vertreter die Anmeldung unterzeichnet (vgl. § 1630 Abs. 1 BGB).

26 Eltern sollen nicht ohne Genehmigung des Familiengerichts ein neues Erwerbsgeschäft im Namen des Kindes beginnen (§§ 1645, 1643 BGB). Entsprechendes gilt auch für Vor-münder und Betreuer; zuständig ist das Betreuungsgericht (§§ 1823, 1908i Abs. 1 Satz 1, 1896 BGB).

27 Einschlägig sind im Gesellschaftsrecht die **gerichtliche Genehmigung** zu einem Vertrag, der auf den entgeltlichen Erwerb oder die Veräußerung eines Erwerbsgeschäfts gerichtet ist, sowie zu einem Gesellschaftsvertrag, der zum Betrieb eines Erwerbsgeschäfts ein-gegangen wird (§ 1822 Nr. 3 BGB) und die Übernahme einer fremden Verbindlichkeit, z.B. Ausfallhaftung, wenn andere Gesellschafter ihren Einlage- und Nachschusspflichten nicht nachkommen (§ 1822 Nr. 10 BGB).

28 So bedarf der entgeltliche Erwerb eines bereits bestehenden Handelsgeschäfts (ebenso wie dessen Veräußerung) grundsätzlich der gerichtlichen Genehmigung des Familien-gerichts bzw. Betreuungsgerichts. Dies gilt auch für den Eintritt in eine bereits bestehen-de Gesellschaft, ebenso für ein Ausscheiden aus ihr, da dies als Veräußerung eines Teils ei-nes Erwerbsgeschäfts einzuordnen ist. Ausnahmen können gelten bei Schenkung eines Kommanditanteils an einer rein vermögensverwaltenden KG (B § 1822 BGB Nr. 8), bei der Kündigung und der Auflösung einer Gesellschaft. Laufende Geschäfte unterliegen keinem Genehmigungsvorbehalt. Über die Erforderlichkeit einer Genehmigung im Ein-zelfall entscheidet nicht das Registergericht, sondern nur das Familien- bzw. Betreuungs-gericht. Kasuistik und Übersichten: Rechtsprechung zu B § 1822 BGB; *Reimann*, DNotZ 1999, 179; *Werner*, GmbHR 2006, 737; *Bürger*, RNotZ 2006, 156; *Wilde*, GmbHR 2010, 123; *Rupp*, notar 2011, 300.

29 Nicht anwendbar sind die Regelungen über den Genehmigungsvorbehalt und das Er-fordernis einer Ergänzungspflegschaft im **Erbfall**; also wenn der Minderjährige bzw. Betreute Inhaber eines Einzelunternehmens, auch in Erbengemeinschaft (vgl. A 11), oder Gesellschafter (vgl. A 29, A 30, A 57, A 62, A 91, A 102) wird. Soweit der Minder-jährige bzw. Betreute (Mit-)Erbe wird und der Anteil an dem Rechtsträger vererblich ist, rückt diese Person durch Gesamtrechtsnachfolge in die Stellung des Erblassers als Gesellschafter ein (§ 1922 Abs. 1 BGB). Davon zu unterscheiden sind die nachfolgen-den Rechtsgeschäfte, durch die der Minderjährige bzw. Betreute den ererbten Anteil an dem Rechtsträger überträgt oder einen größeren Anteil erwirbt; z.B. im Rahmen der Erbauseinandersetzung, Durchführung von Teilungsanordnungen oder Erfüllung von Vermächtnissen (zum Erfordernis der dann erforderlichen Anmeldung siehe oben Einl. Rz. 25).

30 Selbst wenn das der Registeranmeldung zugrunde liegende Rechtsgeschäft der gericht-lichen Genehmigung bedarf, ist die Registeranmeldung selbst nicht noch zusätzlich

gerichtlich zu genehmigen. Allerdings ist der Registeranmeldung die gerichtliche Genehmigung in Bezug auf das Grundgeschäft beizufügen, um dem Registergericht die Möglichkeit zu geben, die nach § 26 FamFG erforderliche kursorische Prüfung vornehmen zu können (OLG München v. 28.3.1977 – BReg 3 Z 4/76, DNotZ 1977, 683). Soweit ein Minderjähriger an der Gründung mitwirkt und von einem Ergänzungspfleger vertreten wird, sind dem Registergericht folgende **Urkunden** in elektronisch beglaubigter Abschrift **einzureichen**: Bestallungsurkunde des Ergänzungspflegers (§§ 1915 Abs. 1 Satz 1, 1791 BGB), Genehmigungsbeschluss des Familiengerichts mit Rechtskraftvermerk (§§ 38, 40, 63 FamFG), Erklärung aller Beteiligten, dass der Ergänzungspfleger den anderen Gesellschaftern die gerichtliche Genehmigung mitgeteilt hat (§§ 1643 Abs. 3, 1829 Abs. 1 Satz 2, 1915 Abs. 1 Satz 1 BGB).

b) Testamentsvollstreckung

Aufgabe des **Testamentsvollstreckers** ist die Verwaltung des Nachlasses (§ 2205 BGB). Im Gesellschaftsrecht hängt seine **konkrete Sachbefugnis** in Abgrenzung zu dem/den Erben – die ja Inhaber bzw. Gesellschafter sind – davon ab, ob die Testamentsvollstreckung nur angeordnet wurde mit dem Ziel der **Abwicklung des Nachlasses** oder ob eine **Verwaltungs-/Dauertestamentsvollstreckung** (§ 2209 BGB) vorliegt. Dieser Unterschied ist maßgeblich für den Umfang der Anmeldebefugnis und die Wahrnehmung und Ausübung der Gesellschafterechte, z.B. dem Stimmrecht. | 31

Bei der Abwicklungstestamentsvollstreckung kann der Testamentsvollstrecker regelmäßig nur das Ausscheiden eines Gesellschafters aus einer OHG oder KG anmelden, nicht aber den Eintritt eines nachfolgenden Erben (B § 2205 BGB Nr. 5). Die Anmeldebefugnis für spätere Änderungen (Firma, künftiger Eintritt und Austritt von Gesellschaftern, Auflösung, Änderung der Haftsumme etc.) bleibt Sache der Erben. Im Fall des § 2209 BGB ist die Art der Testamentsvollstreckung im Testamentsvollstreckerzeugnis vermerkt und der Testamentsvollstrecker ist dann regelmäßig berechtigt, den Nachfolger anzumelden und auch weitere künftige Änderungen, die nicht unmittelbar mit der Erbfall einhergehen (B § 2205 BGB Nr. 4). Jedoch kann aus Gründen der Glaubhaftmachung nach §§ 27, 31 FamFG ggf. die Mitwirkung der Erben bei solchen späteren Änderungen erforderlich sein. Zum Nachweis der Rechtsnachfolge bei angeordneter Testamentsvollstreckung siehe B § 12 Abs. 1 Satz 4 HGB Nr. 5. Entsprechendes gilt für die Befugnisse des **Nachlasspflegers** (B § 2205 BGB Nr. 4). | 32

Im Gesellschaftsvertrag kann die Anordnung der Testamentsvollstreckung ausgeschlossen oder die Verwaltungsbefugnisse beschränkt werden (OLG Frankfurt/M v. 16.9.2008 – 5 U 187/07, GmbHR 2009, 152). | 33

Der Testamentsvollstrecker unterliegt – wie ein Vertreter – bei der Ausübung des Stimmrechtes und der Verwaltung der Beteiligung den gesellschaftsrechtlichen Stimmverboten aus § 47 Abs. 4 GmbHG (BGH v. 13.5.2014 – II ZR 250/12, BGHZ 201, 216 = GmbHR 2014, 863) und den Beschränkungen aus § 181 BGB (BGH v. 9.12.1968 – II ZR 57/67, BGHZ 51, 209 und B § 181 BGB Nr. 12). | 34

35 Eingetragen in das Handelsregister werden die Erben, die dem Erblasser in das Unternehmen des e.K. (ggf. als Erbengemeinschaft) oder als Gesellschafter einer OHG oder KG nachfolgen, nicht aber der Testamentsvollstrecker als Treuhänder (B § 2205 BGB Nr. 1 und 3). Insoweit erfolgt auch keine Eintragung der Anordnung der Testamentsvollstreckung bei e.K. und OHG. Eingetragen wird jedoch ein **Testamentsvollstreckervermerk** bei Erben, die unmittelbar im Wege der Sondererbfolge Inhaber des Kommanditanteils des Erblassers werden (B § 2205 BGB Nr. 1).

Hingegen wird kein Testamentsvollstreckervermerk in die GmbH-Gesellschafterliste eingetragen (B § 2205 BGB Nr. 2), weil keine Veränderung in der Person vorliegt, sondern nur Beschränkung der Verfügungsbefugnis, wie z.B. bei einer aufschiebend bedingten Abtretung (B § 40 GmbHG Nr. 2).

c) Nießbrauch

36 Zur Frage der Eintragungsfähigkeit eines Vermerks bei Nießbrauch: Uneinheitliche Rechtsprechung bzgl. Kommanditanteil (B § 1068 BGB Nr. 1); Vermerk über Nießbrauch an GmbH-Geschäftsanteil wird zwar befürwortet (B § 1068 BGB Nr. 2), aber inzwischen fraglich wegen Rechtsprechung des BGH zur Testamentsvollstreckung (B § 2205 BGB Nr. 2).

d) Insolvenz

37 Durch die Eröffnung des Insolvenzverfahrens geht das Recht des Schuldners, das zur Insolvenzmasse gehörende Vermögen zu verwalten und hierüber zu verfügen, auf den Insolvenzverwalter über (Beschlag nach §§ 80, 35 InsO). Für die Sachbefugnisse des **Insolvenzverwalters** ist deshalb zu unterscheiden zwischen der Eröffnung des Insolvenzverfahrens über das Vermögen des Inhabers eines e.K. bzw. der Gesellschafter des Rechtsträgers und der Eröffnung des Verfahrens über das Vermögen des Rechtsträgers selbst (Vermögen der rechtsfähigen Gesellschaft bzw. das gesamthänderisch gebundene Vermögen der Personenhandelsgesellschaft). Auch im letztgenannten Fall bleibt die Grundstruktur des Rechtsträgers erhalten; grundsätzlich bleiben die Organe im Amt und Gesellschafter haben weiterhin die durch das Gesellschaftsverhältnis originär begründeten Rechte. Jedoch werden die Befugnisse der Organe und Gesellschafter durch die Wirkungen des Beschlages und den Zielen des Insolvenzverfahrens überlagert oder sogar verdrängt.

38 Übersicht zu den in der Registerpraxis grundlegenden Abgrenzungen zwischen den Befugnissen des Insolvenzverwalters einerseits und den Organen und Gesellschaftern andererseits:

OHG/KG

Anmeldung des Ausscheidens eines OHG-/KG-Gesellschafters, über dessen Vermögen das Insolvenzverfahren eröffnet wurde (§ 131 Abs. 3 Satz 1 Nr. 2 HGB), durch Insolvenzverwalter; B § 143 HGB Nr. 3.

GmbH:

Das Amt des GmbH-Geschäftsführers erlischt nicht durch die Eröffnung des Insolvenzverfahrens über das GmbH-Vermögen (KG Berlin v. 26.4.2012 – 25 W 103/11, GmbHR 2012, 1007). Vertretung erfolgt durch die Geschäftsführer, auch wenn über ihr Vermögen das Insolvenzverfahren eröffnet wird (OLG Düsseldorf v. 7.12.2010 – 24 W 86/10, GmbHR 2011, 252).

Ist über das Vermögen des Gesellschafters einer GmbH das Insolvenzverfahren eröffnet, übt der Insolvenzverwalter dessen Gesellschafterrechte, insbesondere das Stimmrecht, aus (OLG München v. 24.8.2010 – 31 Wx 154/10, GmbHR 2010, 1038).

Gesellschafterversammlung bleibt weiterhin zuständig nach § 46 Nr. 5 GmbHG für Bestellung und Abberufung von Geschäftsführern (OLG Hamm v. 2.9.2014 – 27 W 97/14, GmbHR 2015, 143). Anmeldung der Abberufung und Neubestellung von Geschäftsführern (§§ 39, 78 GmbHG) erfolgt durch die Geschäftsführer selbst (OLG Rostock v. 17.12.2002 – 6 W 52/02, GmbHR 2003, 1133; OLG Köln v. 11.7.2001 – 2 Wx 13/01, NJW-RR 2001, 1417, 1418); a.A. AG Charlottenburg v. 3.11.1995 – HRB 49246, ZIP 1996, 683 bezgl. des Ausscheidens; daher meldet Insolvenzverwalter selbst an, wenn alle Geschäftsführer ausgeschieden sind (LG Baden-Baden v. 2.7.1996 – 2 T 74/96, GmbHR 1996, 682). Die Gesellschafterliste unterschreiben die Geschäftsführer, nicht der Insolvenzverwalter (B § 40 GmbHG Nr. 1).

Die Eintragung einer so genannten Ersatzfirma im Handelsregister durch den Insolvenzverwalter bedarf einer Änderung der Satzung der Gesellschaft (OLG München v. 30.5.2016 – 31 Wx 38/16, GmbHR 2016, 928); zustimmend *Priester*, DNotZ 2016, 892 mit Blick auf aktuelle Fassung des Gesellschaftsvertrages; a.A. *Horstkotte*, ZInsO 2016, 1369: Die Verwertung der Firma gehört zwar zu den Aufgaben des Insolvenzverwalters, erfordert aber keine Satzungsänderung, wie im Fall der Änderung des mit der Eröffnung des Geschäftsjahresrhythmus und Rückkehr zum satzungsmäßigen Geschäftsjahr (vgl. BGH v. 14.10.2014 – II ZB 20/13, GmbHR 2015, 132 m. Anm. *Melchior* und OLG Frankfurt/M v. 12.11.2015 – 20 W 186/15, GmbHR 2016, 217) [betrifft Anmeldung und Eintragung innerhalb des angelaufenen Geschäftsjahres; Rechtsbeschwerde eingelegt: BGH, Az: II ZB 16/15].

Keine Befugnis des Insolvenzverwalters zur Kapitalerhöhung, es sei denn gestaltender Teil des Insolvenzplanes (§ 254a InsO).

5. Ergänzung, Korrektur und Rücknahme von Anmeldungen

Anmeldungen können bis zum Vollzug **ergänzt** und **berichtigt** werden; unabhängig davon, ob die zur Anmeldung berechtigten bzw. verpflichteten Personen das aus eigenem Antrieb machen oder als Reaktion auf eine Beanstandung der Anmeldung durch das Registergericht. Rechtsgeschäftliche Vertreter und Notare sind im Rahmen des § 378 Abs. 2 FamFG bzw. § 12 Abs. 1 Satz 2 HGB dazu berechtigt, soweit nicht höchstpersönliche Erklärungen und Versicherungen berichtigt oder ergänzt werden sollen (zum Umfang der Vertretungsbefugnis siehe oben Einl. Rz. 18 f.). Jedoch berechtigt die Beglaubigung einer Anmeldung den Notar nicht, den Text einer unvollständigen bzw. unrichtigen Anmel-

39

dung nach Maßgabe des § 44a Abs. 2 BeurkG zu berichtigen, weil die Anmeldung selbst eine Privaturkunde ist. Jedoch kann der Notar den Text nachträglich ändern – mit Ausnahme höchstpersönlicher Erklärungen und Versicherungen, wenn der Unterzeichnende der Änderung durch den Notar zustimmt (LG Kassel v. 11.1.2002 – 13 T 9/01, MittBayNot 2002, 526 = RNotZ 2003, 147) oder die Anmeldung eine Vollmacht auf den Notar enthält.

40   Anmeldungen zum Handelsregister können bis zur Eintragung des angemeldeten Vorgangs formlos **zurückgenommen** werden; es handelt sich um den Widerruf des ursprünglichen Verfahrensantrages (BayObLG v. 25.6.1992 – 3 Z 30/90, GmbHR 1992, 672). Die Eintragung unterbleibt zunächst. Handelt es sich aber um *eintragungspflichtige* Tatsachen, so greifen dann die in der Einführung genannten Sanktionen ein (Zwangsgeldverfahren, Rechtsscheinwirkung des unrichtigen Handelsregisters). Zur Rücknahme ist jeder Anmeldende berechtigt, außerdem ein Notar unter Beidrückung seines Amtssiegels, soweit er die zur Eintragung erforderliche Erklärung beurkundet oder beglaubigt hat (§ 24 Abs. 3 BNotO i.V.m. § 378 Abs. 2 FamFG). Zur Rücknahme einer Anmeldung siehe B § 7 GmbHG Nr. 1; immer noch in Papierform möglich nach OLG Frankfurt/M v. 22.2.2013 – 20 W 550/11, ZIP 2013, 1226; so bereits *Melchior*, NotBZ 2006, 414. Ein Widerruf nach der Eintragung stellt die Anregung zur Einleitung eines Amtslöschungsverfahrens nach § 395 FamFG wegen der erfolgten Eintragung dar.

6. Entscheidung des Registergerichts, Zwischenverfügung

41   Über die Anmeldung entscheidet das Registergericht entweder durch Eintragung oder, wenn die Anmeldung nicht in vollem Umfang den gesetzlichen Vorschriften entspricht, durch den Erlass einer Verfügung, in der das Eintragshindernis konkret aufgeführt wird; Meinungsäußerungen des Registergerichts oder die Aufforderung, etwas anderes anzumelden, stellen keine beschwerdefähige Zwischenverfügung dar (vgl. B § 382 FamFG Nr. 1 und 2). Die Eintragung konstitutiv wirkender Tatsachen, wie z.B. die Errichtung einer GmbH oder deren Satzungsänderung können von der Zahlung des Gerichtskostenvorschusses abhängig gemacht werden (Einl. Rz. 89). Ist der Mangel behebbar, fehlt also etwa die Anmeldung eines Beteiligten oder sind fehlende Urkunden nachzureichen, erlässt das Registergericht eine **Zwischenverfügung** (§ 382 Abs. 4 FamFG). Wird sie trotz Fristsetzung nicht behoben oder wird gegen die förmliche Zwischenverfügung keine Beschwerde eingelegt (B § 382 FamFG Nr. 4 und 6), ist damit zu rechnen, dass die Anmeldung zurückgewiesen wird.

42   War der Mangel von vornherein nicht behebbar, etwa weil die beantragte Eintragung nicht zum Kreis der eintragungsfähigen Tatsachen gehört oder ein nichtiger Beschluss angemeldet wird, so kann das Registergericht die Anmeldung sogleich zurückweisen (B § 382 FamFG Nr. 3). Regelmäßig wird das Registergericht aber auf die bestehenden rechtlichen Bedenken hinweisen und anregen, die Anmeldung zurückzunehmen; das entspricht seiner gerichtlichen Anhörungspflicht nach § 37 Abs. 2 FamFG.

43   Gelegentlich werden mehrere voneinander unabhängige Punkte gleichzeitig angemeldet oder die Anmeldung enthält mehrere Tatsachen.

Beispiele:

– Bei einer KG die Erteilung einer Prokura und der Eintritt eines weiteren Gesellschafters; oder

– bei einer GmbH die Bestellung oder Abberufung eines Geschäftsführers und eine Änderung des Gesellschaftsvertrages.

Besteht in solchen Fällen eine **Beanstandung nur hinsichtlich eines Teiles der Anmeldung**, während der andere Teil eintragungsfähig ist, so muss man unterscheiden:

a) Ist eine eintragungspflichtige Tatsache ordnungsgemäß angemeldet (wie in den beiden obigen Beispielen), so muss das Registergericht sie unverzüglich eintragen, weil diese Veränderungen rechtlich schon wirksam geworden sind und damit das Handelsregister unrichtig ist; das Handelsregister ist mit der deklaratorischen Eintragung zu berichtigen. Das Registergericht kann die Eintragung ordnungsgemäß angemeldeter Tatsachen auch nicht davon abhängig machen, dass die Gesellschafter andere, damit nicht zusammenhängende Änderungen vornehmen. So besteht Eintragungspflicht des Gesellschafterwechsels, selbst wenn durch Wechsel die eingetragene Firma unzulässig geworden ist (B §§ 106, 107 HGB Nr. 2).

b) Bestehen dagegen z.B. bei Satzungsänderungen einer GmbH Beanstandungen zu einzelnen Vorschriften, so können die Anmeldenden bestimmen, ob eine getrennte Eintragung selbstständiger Teile erfolgen soll, sofern nicht die materiell-rechtliche Unwirksamkeit der gesamten Beschlussfassung (z.B. bei Neufassung der Satzung, wegen § 139 BGB im Raum steht (vgl. B § 130 AktG). Bei einer einheitlichen Anmeldung z.B. der Ersteintragung einer GmbH oder der Neufassung der Satzung ist zudem regelmäßig ein einheitlicher Vollzug gewollt, so dass im Zweifel unwirksame Klauseln nicht vom Vollzug der Anmeldung ausgenommen werden können (uneinheitliche Rechtsprechung, vgl. B § 7 GmbHG Nr. 2).

Sind die einzelnen Punkte der Anmeldung voneinander unabhängig und bestehen auch sonst keine Bedenken aus § 139 BGB, dann können einzelne angemeldete Punkte getrennt vollzogen werden (Teilvollzug). Nach § 378 Abs. 2 FamFG wird das auch der Notar beantragen können. 44

7. Beschwerde, Eintragung

Wird eine Beanstandung erhoben (Zwischenverfügung nach § 382 Abs. 4 FamFG) oder die Anmeldung zurückgewiesen (§ 382 Abs. 3 FamFG), kann hiergegen die befristete **Beschwerde** nach § 63 FamFG erhoben werden. Sie steht, wenn mehrere Personen antragsberechtigt sind, nur allen gemeinsam zu (B § 59 FamFG Nr. 1). Zur Beschwerdebefugnis bei Anmeldungen für eine GmbH oder AG siehe B § 59 FamFG Nr. 2 und 4. Zur Beschwerdebefugnis des Notars siehe B § 59 FamFG Nr. 3 und 5. Kein Rechtsschutzbedürfnis für Beschwerde bei vorangegangener Zurückweisung oder Rücknahme der Anmeldung (B § 382 FamFG Nr. 5 und 6). 45

Nicht anfechtbar sind in Abgrenzung zur Zwischenverfügung z.B. der Hinweis des Registergerichts auf ein nicht behebbares Eintragungshindernis, eine Meinungsäußerung 46 des Gerichts zu Firmierungsanfragen oder die formlose Aufforderung an Beteiligte, etwas – auch anderes – anzumelden (B § 382 FamFG Nr. 1 bis 2).

47 Die Eintragung selbst ist nicht anfechtbar und kann nur mit der Löschung nach § 395 FamFG beseitigt werden. Insoweit ist eine so genannte Fassungsbeschwerde zulässig, mit der angeregt wird, eine unrichtige Eintragung, z.B. falsche Eintragung von Firma, Name, Datum oder die unvollständige Eintragung der Vertretungsbefugnis, von Amts wegen nach § 395 FamFG zu berichtigen (siehe B § 383 FamFG). Zum Ermessen des Registergerichts bei der Schreibweise siehe B § 8 HGB. Haben sich der Name einer Person oder die Firma eines Rechtsträgers geändert, die namentlich im Handelsregister eingetragen sind, dann kann eine Berichtigung im Amtsverfahren nach § 17 HRV ohne Anmeldung, aber unter Glaubhaftmachung der Änderungen nach §§ 27, 31 FamFG verlangt werden (siehe B § 24 FamFG).

8. Eintragung künftiger und bedingter Tatsachen; Anmeldebefugnis

48 Eine Anmeldung zur Eintragung in das Handelsregister besteht aus zwei Teilen: Dem Verfahrensantrag und der Erklärung über die einzutragende Tatsache. Eingetragen werden entweder Tatsachen, die bereits eingetreten sind (deklaratorische Eintragung), oder Tatsachen, die zwar notariell vorbereitet sind, zu ihrer Wirksamkeit aber der Eintragung in das Handelsregister bedürfen (konstitutive Eintragung; siehe Einl. Rz. 3. Ist der angemeldete **Tatbestand** noch **nicht vollständig abgeschlossen**, dann ist zu unterscheiden: Die Anmeldung ist bereits vorher zulässig, wenn zum Eintritt der angemeldeten Tatsache nur noch die Eintragung des Registergerichts nötig ist. Z.B., wenn die Tatsache vom Eintritt eines Kalenderdatums abhängt. Beispiele: Abberufung oder Amtsniederlegung eines Geschäftsführers, Auflösung einer Gesellschaft zu einem bestimmten Zeitpunkt in der Zukunft: OLG Hamm v. 8.2.2007 – 15 W 34/07 u. 414/06, GmbHR 2007, 762; Beendigung eines Unternehmensvertrages zum Ende des Wirtschaftsjahres: BayObLG v. 5.2.2003 – 3 ZBR 232/02, GmbHR 2003, 476.

49 Zulässig ist auch die Anmeldung von Tatsachen und Änderungen, die nach dem Willen der Beteiligten erst **bedingt zum Zeitpunkt der Eintragung** wirksam werden sollen. Dazu zählt zur Vermeidung der persönlich unbeschränkten Haftung nach § 176 Abs. 2 HGB der bedingte Eintritt als Kommanditist in eine bestehende KG (A 62, B § 15 HGB Nr. 2). Entsprechendes gilt bei der Anmeldung eines Haftungsausschlusses nach § 25 Abs. 2 HGB, wenn der Erwerb des Unternehmens und die damit die Firmenfortführung aufschiebend bedingt zur Eintragung erfolgen soll, jedoch keine „vorsorgliche Eintragung auf Vorrat" ohne Erwerb des Unternehmens (B § 25 HGB Nr. 4).

50 Dagegen ist die Anmeldung unzulässig, wenn die angemeldete **Tatsache überhaupt noch nicht** vorliegt (z.B. Anmeldung einer Geschäftsführerbestellung vor dem entsprechenden Gesellschafterbeschluss; unten B § 12 Abs. 1 Satz 1 HGB Nr. 4).

51 Zu diesem Themenkreis zählt auch die **Anmeldebefugnis**, wenn derjenige, der die Anmeldung unterzeichnet, zum Zeitpunkt des Eingangs der Anmeldung nicht mehr bzw.

nicht mehr alleine dazu berechtigt ist. Grundsätzlich ist nur derjenige zur Anmeldung berechtigt und ggf. verpflichtet, der nach materiellem Recht zum Zeitpunkt des Eingangs der Anmeldung beim Registergericht Inhaber eines e.K. (§§ 29, 31 HGB), Gesellschafter einer OHG bzw. KG (§§ 108, 143 HGB) oder Organ einer Kapitalgesellschaft (z.B. § 78 GmbHG) ist. Insoweit kann ein Geschäftsführer, der sein Amt aufschiebend bedingt zum Zeitpunkt der Eintragung niederlegt, die Beendigung noch selbst anmelden (B § 39 GmbHG Nr. 8). Hingegen ist die Rechtsprechung uneinheitlich zu der Frage, ob die Sachbefugnis zum Zeitpunkt der Unterzeichnung der Anmeldung ausreicht (analog § 130 BGB) oder ob sie noch zum Zeitpunkt des Eingangs der Anmeldung beim Registergericht vorliegen muss (Übersicht zu B § 78 GmbHG Nr. 2). Das Problem lässt sich vermeiden mit einer ausdrücklichen Anmeldevollmacht, die mit dem Ausscheiden oder der Veränderung nicht erlischt (B § 12 Abs. 1 Satz 2 HGB Nr. 8), oder mittels Anmeldung durch den Notar (B § 378 FamFG). Hingegen wird man für den umgekehrten Fall einer Bestellung zum Geschäftsführer eher ausschließlich auf die materielle Rechtslage zum Zeitpunkt des Eingangs der Anmeldung beim Registergericht abstellen: Die Gesellschafter einer GmbH beschließen eine Kapitalerhöhung und bestellen noch vor Eingang der Anmeldung einen weiteren Geschäftsführer; auch der neue Geschäftsführer wird die Versicherung über die Einlageleistungen nach § 57 Abs. 2 GmbHG abzugeben haben. War die Anmeldung unvollständig, dann ist sogar der Geschäftsführer zur Anmeldung und Abgabe der Einlageversicherung verpflichtet, der erst nach Eingang der Anmeldung bestellt worden ist (B § 8 GmbHG Nr. 5).

9. Voreintragungen

Ist eine Tatsache zum Zeitpunkt der Anmeldung bereits „überholt", dann stellt sich die 52 Frage, ob eine Anmeldung und Eintragung gleichwohl erforderlich ist. Derartige Voreintragungen sind nur erforderlich, wenn die Eintragung der Registertatsache **deklaratorisch** wirkt. Beispiel: Der Inhaber eines Einzelunternehmens erteilt Prokura und widerruft sie, noch bevor er die Anmeldung beim Notar unterzeichnet. Das Handelsregister ist unrichtig geworden, weil die Erteilung der Prokura sofort wirksam war, ebenso deren Erlöschen. Beide Tatsachen werden zusammengefasst eingetragen („XY hatte Einzelprokura"). Denn gutgläubige Dritte werden gegen die Folgen nicht eingetragener Tatsachen auch dann geschützt, wenn die gebotene Voreintragung unterblieben war (B § 15 HGB Nr. 2). Entsprechendes gilt z.B. auch für zum Zeitpunkt der Folgeanmeldung bereits wieder ausgeschiedene Kommanditisten (A 69, A 70, B § 12 Abs. 1 Satz 4 HGB Nr. 5, B § 143 HGB Nr. 7, B § 162 HGB Nr. 4) und für nicht eingetragene Interims-Geschäftsführer (A 96, B § 39 GmbHG Nr. 16).

Bei konstitutiv wirkenden Eintragungen, wie z.B. Errichtung von GmbH und AG und deren Satzungsänderungen, ist eine Voreintragung nicht erforderlich, weil die rechtlichen Gestaltungen ohnehin erst mit der Eintragung wirksam werden und damit ein „Überholen" rechtlich ausgeschlossen ist (vgl. u.a. § 11 Abs. 1 GmbHG und § 54 Abs. 3 GmbHG).

10. Firma, IHK und Firmenfortführung

53 Jeder kaufmännische Rechtsträger führt als Namen seines Unternehmens eine Firma (§ 17 HGB), die er mit dem jeweils einschlägigen Rechtsformzusatz zur Eintragung anzumelden hat. Die **Grundsätze der Firmenbildung** nach § 18 Abs. 1 HGB (Kennzeichnung), § 18 Abs. 2 HGB (Verbot der Irreführung) und § 30 HGB (Unterscheidbarkeit) sowie die Ausnahmen bei Firmenfortführung nach §§ 22 ff. HGB gelten für Einzelkaufleute und Handelsgesellschaften i.S.d. § 6 HGB; also auch z.B. für die GmbH (vgl. § 13 Abs. 3 GmbHG). Die wesentlichen Grundlagen des Firmenrechtes sind in Teil B zu den §§ 17 bis 24 HGB dargestellt.

54 Zur Vermeidung unrichtiger Eintragungen, insbesondere unzulässiger Firmierungen, kann das Registergericht nach § 380 Abs. 2 FamFG in zweifelhaften Fällen die IHK anhören und um Stellungnahme ersuchen. Holt der Notar selbst, aber im Auftrag des Rechtsträgers die **Stellungnahme der IHK** zur firmenrechtlichen Unbedenklichkeit ein, dann kann er diesen Aufwand gesondert abrechnen (BGH v. 14.2.2012 – II ZB 18/10, DNotZ 2012, 389): 0,3-Vollzugsgebühr, höchstens 50 Euro (KV 22112 mit Vorbem. 2.2.1.1 Abs. 1 Satz 2 Nr. 1 GNotKG) aus Geschäftswert der Anmeldung (§ 112 GNotKG) bei e.K., OHG und KG (vgl. A 1, A 21 und A 60) bzw. 0,5 Vollzugsgebühr, höchstens 50 Euro wie zuvor, jedoch nach dem Gesamtgeschäftswert des zugrunde liegenden Beurkundungsverfahrens bei GmbH und AG (vgl. A 91a und A 130).

55 Wird das Unternehmen unter der bisherigen Firma von einem anderen Rechtsträger fortgeführt, haftet der neue Rechtsträger für die im Betrieb des bisherigen Inhabers begründeten Verbindlichkeiten. Die Rechtsprechung weitet den Anwendungsbereich des § 25 Abs. 1 HGB zunehmend aus. Zur Kasuistik und u.a. zu den Risiken eines unterlassenen Hinweises auf die Möglichkeit der Eintragung eines Haftungsausschlusses siehe B § 25 HGB. Muster für die Anmeldung eines Haftungsausschlusses siehe z.B. A 5, A 23. Haftungssauschluss auch rechtsformübergreifend möglich; z.B. bei Gründung einer GmbH (vgl. A 91a und A 92) und sogar bei Geschäftsübernahme durch Partnerschaftsgesellschaft (A 82).

11. Unternehmensgegenstand

56 In allen Anmeldungen soll der Gegenstand des Unternehmens, soweit er sich nicht aus der Firma ergibt oder ohnehin – wie bei GmbH, AG und SE – eingetragen wird, angegeben werden (§ 24 Abs. 4 HRV). Wenngleich die Eintragung einer Gesellschaft nicht von der Beibringung einer öffentlich-rechtlichen Konzession für den Unternehmensgegenstand abhängt (mit Ausnahme der Fälle nach §§ 32, 43 KWG), kann eine fehlende Konzession beim Betrieb zu Auflösung und Löschung im Amtsverfahren nach §§ 397, 399 FamFG führen; siehe B § 7 HGB.

12. Lage der Geschäftsräume, inländische Geschäftsanschrift, Sitz

In allen Anmeldungen ist die **Lage der Geschäftsräume** anzugeben (§ 24 Abs. 2 HRV).   57
Dies gilt nicht, wenn die Lage der Geschäftsräume als inländische Geschäftsanschrift zur
Eintragung in das Handelsregister ohnehin anzumelden oder bereits in das Handelsregister eingetragen worden ist. Eine von der Geschäftsanschrift abweichende Lage der Geschäftsräume wird nicht in das Handelsregister eingetragen, aber sie wird bekannt gemacht. Wegen der besonderen Bedeutung der inländischen Geschäftsanschrift für eine
rechtssichere Erreichbarkeit der Rechtsträger sollte im Text der Anmeldung ausdrücklich
erklärt werden, ob die Mitteilung über die Lage der Geschäftsräume identisch ist mit der
inländischen Geschäftsanschrift oder eben nicht.

Da § 24 HRV sowohl für Neugründungen als auch für spätere Vorgänge gilt, ist bei *je-*   58
der Anmeldung die Geschäftsanschrift anzugeben, zumindest mit dem Hinweis, seit
der letzten Mitteilung habe sich nichts geändert. **Änderungen der inländischen Geschäftsanschrift** sind anmeldepflichtig; vgl. z.B. §§ 31 Abs. 1, 107 HGB und KG Berlin
v. 31.5.2016 – 22 W 17/16, GmbHR 2016, 823 zur GmbH. Vertretung der Anmeldepflichtigen durch Vollmacht in der Form des § 12 Abs. 1 Satz 2 HGB zulässig; Prokura
reicht nicht (B § 49 HGB Nr. 3).

Eine „c/o"-Anschrift ist als inländische Geschäftsanschrift zulässig, wenn dort zuver-   59
lässig eine wirksame Zustellung erfolgen kann (OLG Naumburg v. 8.5.2009 – 5 Wx
4/09, GmbHR 2009, 832 und OLG Hamm v. 7.5.2015 – 27 W 51/15, GmbHR 2015,
938; nicht gegeben bei Anschrift eines „Firmenbestatters" OLG Rostock v. 31.5.2010 –
1 W 6/10, GmbHR 2011, 30 = NotBZ 2010, 316).

Je nach Rechtsform bestehen zwischen inländischer Geschäftsanschrift und **Sitz** erheb-   60
liche Wechselwirkungen. Bei GmbH, AG und SE wird im Gesellschaftsvertrag bzw. der
Satzung der Sitz der Gesellschaft festgelegt, um die örtliche Zuständigkeit des Registergerichts zu bestimmen (Satzungssitz). Der tatsächliche Ort des Betriebes, der Verwaltung oder der Geschäftsführung (Verwaltungssitz) kann woanders liegen, auch im Ausland, solange im Inland eine Geschäftsanschrift eingetragen ist.

Für die im Handelsregister Abteilung A eingetragenen Rechtsträger (u.a. e.K., OHG   61
und KG) gibt es keine Unterscheidung zwischen Satzungs- und Verwaltungssitz. Hier
wird der Sitz bzw. die Hauptniederlassung des e.K. durch den Ort des Betriebes, der
Verwaltung oder der Geschäftsführung faktisch festgelegt und steht nicht zur Disposition durch rechtliche Gestaltungen. Insoweit besteht hier die Pflicht zur Anmeldung der
faktischen Sitzverlegung nach §§ 31 Abs. 1, 107 HGB (B § 13h HGB Nr. 4). Zudem
dürfen für diese Rechtsträger regelmäßig Sitz und inländische Geschäftsanschrift nicht
voneinander abweichen (B §§ 106, 107 HGB Nr. 4).

Zur Verlegung der Hauptniederlassung bzw. des Sitzes und zur inländischen Geschäfts-   62
anschrift siehe A 13, A 27, A 112, A 150. Übersicht bei *Melchior*, GmbHR 2013, 853.

Zur Eintragung in das Handelsregister Abteilung B kann zusätzlich angemeldet werden   63
eine **Person** mit inländischer Anschrift, die für Willenserklärungen und Zustellungen an

die Gesellschaft **empfangsberechtigt** ist; Dritten gegenüber gilt die Empfangsberechtigung als fortbestehend, bis sie im Handelsregister gelöscht und die Löschung bekannt gemacht worden ist, es sei denn, dass die fehlende Empfangsberechtigung dem Dritten bekannt war.

13. Auslandsbezug

64 Bei Anmeldungen mit Auslandsbezug (ausländische Beteiligte, ausländische Urkunden) stellt sich die Frage nach dem anwendbaren Recht. Für das **Registerverfahren**, beginnend mit der elektronischen Einreichung und Übermittlung, ist das deutsche Recht einschlägig (lex fori; KG Berlin v. 18.11.2003 – 1 W 444/02, DNotZ 2004, 730 = GmbHR 2004, 116 = Rpfleger 2004, 221). Das soll u.a. auch gelten für die Bildung der Firma der Zweigniederlassung eines ausländischen Unternehmens und für den Ausschluss als Geschäftsführer oder Vorstand tätig zu werden (siehe A 113 und B §§ 13d-g HGB Nr. 2 und 6 für ausländisches Unternehmen mit Zweigniederlassung im Inland: Das Firmenrecht ist zwar vordergründig materielles Gesellschaftsrecht, wird aber wegen der Publizitäts- und Verkehrsschutzwirkungen des deutschen Handelsregisters dem Verfahrensrecht zugerechnet; z.B. das Irreführungsverbot nach § 18 Abs. 2 HGB).

65 Für die **Beurteilung und Anerkennung der Rechtsfähigkeit** ausländischer Unternehmensträger ist zu unterscheiden: Die Rechtsfähigkeit ausländischer Gesellschaften, die nach dem Recht eines EU-Mitgliedstaates gegründet worden sind, ist anzuerkennen, wenn sie im Inland eine Zweigniederlassung errichten oder Gesellschafter eines deutschen Rechtsträgers werden. Das gilt auch dann, wenn am Sitz der ausländischen Gesellschaft keine Geschäftätigkeit stattfindet: B §§ 13d-g HGB Nr. 1. In diesen Fällen ist die Prüfung des Registergerichts auf Missbrauchsfälle beschränkt (EuGH v. 30.9.2003 – C-167/01, DNotZ 2004, 55 = GmbHR 2003, 1260 – Inspire Art Ltd.). Die Frage nach der Anerkennung der Rechtsfähigkeit stellt sich nicht bei Unternehmensträgern in europarechtlicher Form (EWIV, SE und SCE), weil sie als inländische Rechtsträger gelten. Die Privilegien der EU-Grundfreiheiten gelten nicht für ausländische Gesellschaften mit Sitz außerhalb der EU. Hier prüft das Registergericht grundsätzlich deren Rechtsfähigkeit nach Grundsätzen des IPR: B § 26 FamFG Nr. 4.

66 **Ausländer als Geschäftsführer und Organe:** siehe B § 6 GmbHG Nr. 2.

67 **Ausländische Urkunden** kommen anstelle inländischer Urkunden u.a. zum Einsatz als **öffentliche Beglaubigungen der Anmeldung** nach § 12 Abs. 1 Satz 1 HGB und als **Registerausdrucke** zum Nachweis der Existenz ausländischer Rechtsträger und deren Vertretungsverhältnisse. Grundsätzlich kann der für die Überzeugungsbildung der Notare (§ 12 BeurkG) und der Registergerichte (§ 27 FamFG) notwendige urkundliche Nachweis auch durch ausländische Urkunden geführt werden, die eine ausländische Urkundsperson oder Behörde ausgestellt haben (so zum „strengeren" Grundbuchverfahren OLG Zweibrücken v. 22.1.1999 – 3 W 246/98, Rpfleger 1999, 326). Anmeldungen und Registerausdrucke in Form öffentlicher ausländischer Urkunden können unter drei Voraussetzungen verwendet werden:

a) Ihnen muss dieselbe **Beweiswirkung** zukommen wie einer vergleichbaren inländischen öffentlichen Urkunde (§§ 294, 438 ZPO). Das ist z.B. nicht der Fall bei einer Vielzahl ausländischer Handelsregister oder bei Online-Einsicht ohne Zugangsschwelle. Im Übrigen darf grundsätzlich unterstellt werden, dass ausländische Behörden und mit öffentlichem Glauben versehene Urkundspersonen Urkunden nur innerhalb des ihnen zugewiesenen Geschäftskreises in der vorgeschriebenen Form aufnehmen und diese daher zum vollständigen Beweis des beurkundeten Vorganges ausreichen.

b) Die Beurkundung muss **gleichwertig** sein. Dies ist bei den für Anmeldungen maßgeblichen Beglaubigungen von Unterschriften oder Registerauszügen auch bei Urkundspersonen außerhalb des lateinischen Notariats regelmäßig gewährleistet, z.B. auch bei einem US-amerikanischen notary public (nicht jedoch bei der Beurkundung von Erklärungen). § 8 Abs. 3 Satz 2 GmbHG, § 37 Abs. 2 AktG lassen sogar die Belehrung von Geschäftsführern und Vorständen über die unbeschränkte Auskunftpflicht bei der Abgabe der Versicherung über die „weiße Weste" durch ausländische Notare und Rechtsanwälte zu.

c) Das Registergericht beurteilt nach § 438 ZPO nach den Umständen des Falles nach freiem Ermessen, ob eine öffentliche ausländische Urkunde als echt anzusehen ist. Zum Beweis der **Echtheit einer Urkunde** genügt die Legalisation durch einen Konsul oder Gesandten des Bundes nach § 13 KonsG. Die Legalisation bestätigt die Echtheit der Unterschrift, die Eigenschaft, in welcher der Unterzeichner der Urkunde gehandelt hat, und ggf. die Echtheit des Siegels, mit dem die Urkunde versehen ist. Wenn über die Rechtslage kein Zweifel besteht, bestätigt die Legalisation auch, dass der Aussteller zur Aufnahme der Urkunde zuständig war und dass die Urkunde in der den Gesetzen des Ausstellungsorts entsprechenden Form aufgenommen worden ist. Die Legalisation entfällt bei bilateralen völkerrechtlichen Übereinkünften über die wechselseitige Anerkennung von Urkunden (z.B. mit Österreich, Frankreich, Benelux-Staaten u.a.). Entsprechendes gilt für Staaten, die an dem multilateralen völkerrechtlichen Verfahren der „Haager Apostille" teilnehmen (http://www.hcch.net).

Die Frage, ob ausländische Notare eine nach deutschem Gesellschaftsrecht notwendige **Beurkundung von Willenserklärungen** (§ 8 BeurkG) und der **Wahrnehmung von Tatsachen** (§ 36 BeurkG) wirksam vornehmen können (Substitution), ist in der Rechtsprechung nicht abschließend geklärt. Zur Auslands-Abtretung von GmbH-Geschäftsanteilen vgl. B § 15 GmbHG Nr. 1; zur Beurkundung von Satzungsänderungen im Ausland vgl. B § 53 GmbHG Nr. 8; zur Beurkundung von GmbH-Gründung und Umwandlungen vgl. AG Charlottenburg v. 22.1.2016 – 99 AR 9466/15, GmbHR 2016, 223; *Becker*, NotBZ 2016, 321; Gutachten, DNotI-Report 2016, 93. Zur grenzüberschreitenden Sitzverlegung siehe A 129.

Die **Übersetzung ausländischer Urkunden** ist nicht nur für die Überzeugungsbildung der Notare und Registergerichte erforderlich, sondern auch, weil die fremdsprachigen Urkunden für jedermann in der Gerichtssprache (§ 184 GVG) nach § 8 HGB frei zugänglich zu machen sind. Die Übersetzung ist eine Sachverständigenleistung und dient der verlässlichen Wiedergabe des Inhaltes der Urkunde. Notare können nach § 50 BeurkG die Übersetzung selbst vornehmen.

Zur Übersetzung der Anmeldung siehe B § 6 GmbHG Nr. 2 und B § 12 Abs. 1 Satz 1 HGB Nr. 1.

70 Zur Vermeidung einer unrichtigen Eintragung sind die **Existenz eines ausländischen Rechtsträgers** und dessen **Vertretungsverhältnisse** gegenüber dem Registergericht stets nachzuweisen. Die Offenlegung und Beibringung entsprechender Dokumente (mit Nachweis der Echtheit bei ausländischen Urkunden) ist eine zumutbare Mitwirkung (B §§ 13 d-g HGB Nr. 4, B § 26 FamFG Nr. 1, 2 und 4, B §§ 27, 31 FamFG und B § 3 GmbHG Nr. 2 und 3). Das bereitet in der Praxis erhebliche rechtliche Probleme bei Unternehmen aus Staaten, die in ihrer Heimat kein vergleichbares Register haben (z.B. USA) oder deren Heimatregister die EU-Publizitätspflichten nicht vollständig umsetzen (z.B. Großbritannien ohne Verlautbarung zu den Vertretungsverhältnissen). Wegen dieser „Beweisnot" werden in der Praxis zum Nachweis der Existenz ausländischer Rechtsträger und deren Vertretungsverhältnisse zunehmend **notarielle Bescheinigungen** eingesetzt. Die unmittelbare Anwendung des § 21 Abs. 1 BNotO wird aber nur für Länder bejaht (B §§ 27, 31 FamFG Nr. 3), die ein Register führen, das rechtlich dem deutschen Handelsregister entspricht. Für Länder ohne vergleichbare Register gilt: Der Nachweis der Existenz und der Vertretungsverhältnisse ist ausschließlich auf der Grundlage der bei der Registrierungsbehörde im Ausland geführten Dokumente zu führen. Diese Voraussetzung erfüllt die Bescheinigung der Registrierungsbehörde oder des nach dem jeweiligen nationalen Recht zuständigen Amtsträgers. Wenn die Online-Einsicht in diese Register den Zugang zu diesen Erkenntnisquellen verlässlich und authentisch gewährleistet, dann kann ersatzweise ein deutscher Notar zumindest als Amtstätigkeit nach § 24 BNotO im Rahmen der vorsorgenden Rechtspflege hierzu ein Rechtsgutachten erstellen, wenngleich diesen zwar eine sehr hohe Glaubwürdigkeit, aber eben nicht die Beweiskraft nach § 21 Abs. 1 Satz 2 BNotO zukommt. Unbedingt sollte der bescheinigende Notar – wie bei einer Einsicht in ein inländisches Register – dabei offen legen, aufgrund welcher authentischen Quelle er sich Gewissheit über die rechtlichen Verhältnisse des ausländischen Rechtsträgers verschafft hat (vgl. B §§ 27, 31 FamFG). Ersatzweise können ausländische Berufsträger, die in ihrer Ausbildung und Funktion mit inländischen Rechtsanwälten vergleichbar sind, tätig werden, wenngleich diese Darlegungen zu den Rechtsverhältnissen allenfalls der Glaubhaftmachung dienen (legal/expert opinion).

71–79 Einstweilen frei.

III. Kostenberechnung für Anmeldungen und Eintragungen

1. Entwicklungen im Handelsregisterkostenrecht und Änderungen bei den Gebühren für Handelsregisteranmeldungen

80 Der **Geschäftswert** in Handelsregistersachen und von Organbeschlüssen ohne bestimmten Geldwert wurde bis 31.12.1996 vom Kapital oder vom Einheitswert des Betriebsvermögens abgeleitet. An seine Stelle ist, soweit möglich, eine Bewertung mit dem Kapital getreten. Durch das Gesetz zur Umstellung des Kostenrechts und der Steuerbera-

tergebührenverordnung auf Euro (KostREuroUG) vom 27.4.2001 wurden die in DM ausgedrückten Geschäftswerte **in Euro umgestellt**. Die Entscheidung des EuGH in der Rechtssache „Fantask" (EuGH v. 2.12.1997 – C-188/95, Slg. 1997, I-6783 = Celex-Nr. 61995CJ0188 = NJW 1998, 2809) machte eine grundlegende Änderung des Gebührensystems für Eintragungen in das Handelsregister erforderlich. Mit dem **Handelsregistergebühren-Neuordnungsgesetz** (HRegGebNeuOG) vom 3.7.2004 (BGBl. I 2004, 1410) wurde das gegenstandswertbezogene Gebührensystem bei Handelsregistereintragungen aufgegeben und dafür in §§ 79 und 79a KostO aufwandsbezogene Festgebühren eingeführt, welche in der Handelsregistergebührenverordnung (HRegGebV) vom 30.9.2004 (BGBl. I 2004, 2562) enthalten sind. Die Anpassung dieser Gebühren ist durch Rechtsverordnung möglich.

Als Fortsetzung der Kostenstrukturreform aus dem Jahr 2004 (1. KostRMoG v. 5.5.2004, BGBl. I 2004, 718) verfolgt das **Gesetz über Kosten der freiwilligen Gerichtsbarkeit für Gerichte und Notare** (Gerichts- und Notarkostengesetz – GNotKG – als Art. 1 des 2. KostRMoG v. 23.7.2013, BGBl. I 2013, 2586) primär das Ziel der vereinfachten und bundesweit einheitlichen Rechtsanwendung und löst die KostO ab. Wegen des engen Sachzusammenhangs und wegen der Stellung der Notare als externe staatliche Funktionsträger im Bereich der vorsorgenden Rechtspflege wurde mit dem GNotKG – wie schon mit der KostO – an einem einheitlichen Kostengesetz für Notare und Gerichte festgehalten. Das GNotKG besteht aus einem **Paragraphenteil** und einem sog. **Kostenverzeichnis**. Der Paragraphenteil ist im GNotKG der Mantel des Gesetzes, das Kostenverzeichnis dessen Anlage 1 (§ 3 Abs. 2 GNotKG). Der Paragraphenteil enthält die allgemeinen Vorschriften, etwa zur Fälligkeit, Kostenhaftung und zur Verjährung, vornehmlich aber Wertvorschriften. Das tabellarische Kostenverzeichnis zählt die **Gebühren und Auslagentatbestände abschließend** für die einzelnen Amtstätigkeiten auf. Enthielt die KostO in § 147 Abs. 2 noch einen Auffangtatbestand, so wird im GNotKG ausdrücklich davon abgesehen. Findet sich demnach für eine bestimmte Notartätigkeit keine Gebührenziffer im Kostenverzeichnis, so bleibt sie grundsätzlich gebührenfrei. Die wesentliche Änderung in der Gebührensystematik des GNotKG – im Vergleich zur KostO – besteht aus der **Umstellung von Akt- auf Verfahrensgebühren**. Kennzeichnend hierfür ist, dass die Beurkundungsverfahrensgebühr, die Vollzugsgebühr und die Betreuungsgebühr (z.B. für die Erteilung einer Bescheinigung nach § 40 Abs. 2 GmbHG über Veränderungen hinsichtlich der Personen der Gesellschafter oder des Umfangs ihrer Beteiligung, KV22200 Anm. Nr. 3 GNotKG) in demselben notariellen Verfahren jeweils nur einmal anfallen soll (§ 93 Abs. 1 Satz 1 GNotKG). 81

Neu in das GNotKG aufgenommen wurde ein **Gebührentatbestand** für die **Erzeugung von strukturierten Daten** in Form der Extensible Markup Language (XML), vgl. KV 22114 bzw. 22125 GNotKG. Neu ist auch die Einführung einer optionalen **Pauschale für Entgelte für Post- und Telekommunikationsdienstleistungen**. Seine Kosten für den Abruf aus dem elektronischen Grundbuch und aus elektronischen Registern kann der Notar weiterhin nach Maßgabe von KV 1140 und 1151 des JVKostG umlegen (KV 32011 GNotKG). Neu gestaltet sind auch die Regelungen über die **notarielle Dokumentenpauschale** in KV 32000–32003 GNotKG. Neue Regelungen gelten auch für **Notargebühren bei vorzeitiger Beendigung des Beurkundungsverfahrens** (KV 21300 GNotKG) und 82 für die „isolierte" **Beratung** außerhalb eines Beurkundungsverfahrens und für eine **Spezialberatung** (KV 24200–24203 GNotKG). **Weggefallen** ist die **Geschäftswertprivilegierung** bei der Anmeldung von **Zweigniederlassungen** und bei solchen.

2. Grundsätze

83 Viele durch divergierende Rechtsprechung entstandene Rechtsanwendungsprobleme wurden durch das GNotKG gelöst. Berücksichtigt wurden im GNotKG auch die Veränderungen durch das MoMiG, so z.B. beim genehmigten Kapital, Gründung und Änderung der Satzung einer GmbH mit Musterprotokoll sowie das Sonderrecht bei einer Unternehmergesellschaft (haftungsbeschränkt). Das GNotKG kennt nun für das notarielle Verfahren **Mindestgeschäftswerte** mit jeweils 30 000 Euro für Registeranmeldungen (§ 105 Abs. 1 Satz 2 GNotKG), für die Beurkundung von Gesellschaftsverträgen und Satzungen sowie von Plänen und Verträgen nach dem Umwandlungsgesetz (§ 107 Abs. 1 Satz 1 GNotKG), für Beschlüsse mit unbestimmtem wie bestimmtem Geldwert von entsprechend definierten Personenvereinigungen (§ 108 Abs. 1 Satz 1 und 2 GNotKG). Der Mindestgeschäftswert von 30 000 Euro gilt nach § 107 Abs. 1 Satz 2 GNotKG nicht für die Errichtung einer UG mit Musterprotokoll gemäß § 2 Abs. 1a GmbHG. Weiter kennt das GNotKG bestimmte **Höchstwerte** wie z.B. 1 Million Euro für Registeranmeldungen (§ 106 GNotKG), 10 Millionen Euro für die Beurkundung von Gesellschaftsverträgen und Satzungen sowie von Plänen und Verträgen nach dem Umwandlungsgesetz und für Beurkundung von Verträgen zwischen verbundenen Unternehmen (§ 107 Abs. 1 und 2 GNotKG), 5 Millionen Euro für Beschlüsse von Gesellschaftsorganen (§ 108 Abs. 5 GNotKG) und für die Beratung bei der Vorbereitung und Durchführung einer Hauptversammlung oder Gesellschafterversammlung (§ 120 GNotKG), 10 Millionen Euro für eine Gründungsprüfung (§ 123 GNotKG). Auch **Festwerte** sind im GNotKG bestimmt: z.B. Geschäftswert für die Erstanmeldung eines Kaufmanns 30 000 Euro, für die Erstanmeldung einer Genossenschaft 60 000 Euro, für Anmeldungen ohne wirtschaftliche Bedeutung 5 000 Euro (§ 105 Abs. 3, 5 GNotKG).

84 Die das Notarkostenrecht betreffenden **Geschäftswertvorschriften** ergeben sich bei Handelsregisteranmeldungen aus den Bestimmungen der §§ 105, 106, 110, 111 GNotKG. Weiterhin besteht die Unterscheidung von **Anmeldungen mit bestimmtem bzw. unbestimmtem Geldwert**, auch bleibt die **Unterscheidung von ersten und späteren Anmeldungen** (§ 105 Abs. 1, 3 und 4 GNotKG). Für die Einordnung, ob mehrere Beschlüsse oder Anmeldungen **gegenstandsgleich** oder gegenstandsverschieden sind, gelten die Bestimmungen in § 109 Abs. 2 Nr. 4, § 110 Nr. 1, § 111 Nr. 3 GNotKG. Der Mindestgeschäftswert von 30 000 Euro findet bei nach § 2 Abs. 1a GmbHG vereinfacht gegründeten Gesellschaften keine Anwendung (§ 105 Abs. 6 GNotKG); beachte aber dann die anmeldungsspezifische Mindestgebühr von 30 Euro bei KV 21201 Nr. 5 bzw. 24102 GNotKG bzw. 20 Euro bei KV 25100 GNotKG.

3. Gerichtsgebühren für Eintragungen in das Handelsregister

Für Eintragungen in das Handels- und Partnerschaftsregister und sonstige Vorgänge 85
beim Registergericht regelt **§ 105 GNotKG** die **Gebührenpflicht** nur **dem Grunde nach**
und selbst insoweit nur im Grundsatz. Die **Gebühren** ergeben sich aus der **Handelsregistergebührenverordnung** (§ 58 GNotKG). Da diese – im Gegensatz zum Kostenverzeichnis des GNotKG – nur noch Festgebühren enthält, braucht für Eintragungen im Handelsregister **keine Geschäftswertermittlung** stattzufinden. Die **Festgebühr** orientiert sich
am Aufwand des Gerichts und richtet sich gemäß § 1 HRegGebV nach dem amtlichen
Gebührenverzeichnis der Anlage zu dieser Verordnung. Das Gebührenverzeichnis erfasst
sämtliche Gebühren für Eintragungen in das Handels-, Partnerschafts- und das Genossenschaftsregister, für die Entgegennahme und Aufbewahrung der zum Handels- oder
Genossenschaftsregister einzureichenden Unterlagen und für die Bekanntmachung von
Verträgen und Vertragsentwürfen nach dem Umwandlungsgesetz. Das Gebührenverzeichnis wird als GVHR (Gebührenverzeichnis in Handelsregistersachen) abgekürzt.

Je nach Vorgang werden Festgebühren von 40 Euro bis 660 Euro erhoben. Betrifft die 86
Eintragung eine **Tatsache ohne wirtschaftliche Bedeutung** (z.B. Namensänderung eines Unternehmers infolge Verheiratung), so beträgt die Festgebühr 30 Euro. Für die
Übertragung von Dokumenten, die in Papierform zum Register eingereicht wurden, in
die elektronische Form (§ 9 Abs. 2 HGB und Art. 61 Abs. 3 EGHGB) werden Gebühren erhoben (GVHR 5007). Für den Regelfall kann davon ausgegangen werden, dass
die Gebühren grundsätzlich richtlinienkonform sind, wenn sie den für die Amtshandlung anfallenden Kostenaufwand nicht überschreiten. Übersichten: *Schneider*, notar
2011, 111 und *Melchior*, NotBZ 2011, 27.

Sind **mehrere Tatsachen aufgrund derselben Anmeldung einzutragen**, ist für jede 87
Tatsache die Gebühr gesondert in Ansatz zu bringen, es sei denn, sie können nur gemeinsam eingetragen werden, § 2 HRegGebV. Die Eintragungen müssen dasselbe Unternehmen betreffen. Es müssen mehrere Anmeldungen an demselben Tag beim Registergericht eingegangen sein und zu mehreren Eintragungen führen. Maßgeblich ist der
Tag bei der Posteinlaufstelle des Gerichts, nicht der Registerabteilung.

Die **Kosten der öffentlichen Bekanntmachung** der Eintragung im elektronisch geführ- 88
ten Bundesanzeiger (1 Euro pro Eintragung, unabhängig vom Umfang der Eintragung)
werden als Auslagen neben den Festgebühren für die Eintragung nur dann gesondert
erhoben, wenn das Entgelt für den Einzelfall oder für ein einzelnes Verfahren berechnet
wird. Also keine zusätzlichen Bekanntmachungskosten, wenn der Bundesanzeiger pauschal gegenüber dem Registergericht abrechnet (GVHR 31004); regional unterschiedliche Handhabung.

Nach § 13 Satz 1 GNotKG kann das Gericht einen **Kostenvorschuss** erheben. Soweit ei- 89
ne Vorschusspflicht besteht, gilt dies auch für die Auslagen. Die Eintragung von Tatsachen, deren Anmeldung nach § 14 HGB erzwingbar ist oder deren Eintragung deklaratorisch wirkt, kann nicht von der Zahlung eines Vorschusses abhängig gemacht werden.
Ein Kostenvorschuss ist nicht zu erheben, wenn der Notar persönlich die ausdrückliche

Haftung für die Kostenschuld des Antragstellers übernimmt (§ 16 Nr. 3 GNotKG, § 27 Nr. 2 GNotKG). Die Nichtzahlung des angeforderten Kostenvorschusses ist – zumindest bei konstitutiv wirkenden Eintragungen – ein Eintragungshindernis i.S.d. § 382 Abs. 4 FamFG (KG Berlin v. 16.4.2012 – 25 W 23/12, GmbHR 2012, 907 und B § 382 FamFG Nr. 2; a.A. OLG Köln v. 5.8.2010 – 2 Wx 116/10, juris; siehe Einl. Rz. 41). Insoweit ist dem Notar als Verfahrensbevollmächtigten (§ 10 Abs. 2 Satz 2 Nr. 3 FamFG) mitzuteilen, dass beim Rechtsträger ein Kostenvorschuss angefordert wurde und die Eintragung von der Zahlung abhängig gemacht wird.

4. Notargebühren

a) Ableitung des Geschäftswerts vom Kapital bei Anmeldungen

90   Die Bestimmung eines Geschäftswerts ist nur für die Notargebühren erforderlich. Für die Registereintragung werden wertunabhängige Festgebühren erhoben. **Anmeldungen mit bestimmtem Geschäftswert** sind einzeln und abschließend im GNotKG aufgezählt (§ 105 Abs. 1, 3–5 GNotKG). Klarstellungen bestehen bei Abtretung von Kommanditeinlagen und Beteiligungsumwandlungen bei einer KG (§ 105 Abs. 1 Satz 1 Nr. 6 GNotKG). Spätere Anmeldungen bei einer Kapitalgesellschaft werden mit einem Geschäftswert von 1% des eingetragenen Kapitals (ohne Addition des genehmigten Kapitals) bewertet (§ 105 Abs. 4 Nr. 1 GNotKG). Stets ist aber zu beachten, dass für Registeranmeldungen der Geschäftswert mindestens 30 000 Euro (Ausnahme bei § 105 Abs. 5 GNotKG mit 5 000 Euro) und höchstens 1 Million Euro beträgt (§ 106 GNotKG).

b) Vorgänge ohne bestimmten Geldwert

91   Für Anmeldungen, die nicht einen bestimmten Geldbetrag betreffen, treten **feste Geschäftswerte** (§ 105 Abs. 3 Nr. 1, 3, Abs. 4 Nr. 2, 4 GNotKG), für OHG Geschäftswerte, deren Höhe sich nach der Zahl der Gesellschafter richten (§ 105 Abs. 3 Nr. 2 Halbs. 2, Abs. 4 Nr. 3 Halbs. 2 GNotKG). Bei Änderungen ohne wirtschaftliche Bedeutung gilt der Festgeschäftswert von 5 000 Euro (§ 105 Abs. 5 GNotKG); zu beachten ist aber die spezifische Mindestgebühr von 30 Euro bei KV 21201 Nr. 5 bzw. 24102 GNotKG bzw. 20 Euro bei KV 25100 GNotKG; für die Erstellung der XML-Strukturdaten gilt der allgemeine Mindestbetrag einer Gebühr von 15 Euro nach § 34 Abs. 5 GNotKG.

c) Anmeldung von Zweigniederlassungen

92   Die Anmeldung von Zweigniederlassungen ist – anders als noch in der KostO – **nicht privilegiert**. Anzusetzen ist nunmehr der volle gewöhnliche Geschäftswert (§§ 105, 106 GNotKG).

d) Besonderheiten bei Registeranmeldungen

Als besonderer Beurkundungsgegenstand gilt stets eine Anmeldung zu einem Register   93
(§ 111 Nr. 3 GNotKG). Für den **Geschäftswert bei mehreren Anmeldungen** in einer Urkunde gelten §§ 35, 36, 86 Abs. 2 GNotKG: Haben die Anmeldungen denselben Gegenstand, so wird die Gebühr einmal nach dem höchsten der Geschäftswerte angesetzt. Haben die Anmeldungen verschiedene Gegenstände, so wird die Gebühr nach der Summe
der Geschäftswerte berechnet. Der Geschäftswert einer Anmeldung beträgt nach § 106
GNotKG höchstens 1 Million Euro (**Höchstgeschäftswert**).

Für die **Gebühr** einer **Anmeldungsbeglaubigung** gilt: Legen die Anmeldpflichtigen   94
die vollständige Urkunde vor, so dass der Notar lediglich die Unterschrift zu beglaubi-
gen hat, so erhält er dafür die 0,2-Gebühr (KV 25100, § 121 GNotKG, mindestens
20 Euro, höchstens 70 Euro). Überlassen die Anmeldpflichtigen das Entwerfen der
Anmeldung dem Notar, so steht diesem dafür gemäß KV 21201 Nr. 5, Vorbem. 2.4.1
Abs. 2 und 6, KV 24102, 25100, §§ 92 Abs. 2, 119 GNotKG die 0,5-Gebühr zu; der erste
demnächst darauf gefertigte Beglaubigungsvermerk ist durch die Entwurfsgebühr abge-
golten. Beurkundet der Notar die Registeranmeldung, so erhält er nach KV 21201 Nr. 5
GNotKG die 0,5-Gebühr. Eine gesondert geleistete Unterschrift ist auch gesondert zu
vergüten (KV 25100 Abs. 2 GNotKG).

Am **Beispiel** der Gründung einer Mehr-Personen-GmbH mit einem Stammkapital von   95
25 000 Euro (keine vereinfachte Gründung nach § 2 Abs. 1a GmbHG) soll das Gebüh-
renrecht beim Notar dargestellt werden: Für die Gründungsurkunde entsteht die Gebühr
nach KV 21100 GNotKG aus 30 000 Euro (*Mindestgeschäftswert* des § 105 Abs. 1 Satz 2,
§ 107 Abs. 1 Satz 1 GNotKG), für den vom Notar beurkundeten Beschluss über die Bestellung der Geschäftsführung wird nach § 108 Abs. 1, § 105 Abs. 4 Nr. 1 GNotKG aus
30 000 Euro (Mindestgeschäftswert des § 105 Abs. 1 Satz 2 GNotKG) die Gebühr nach
KV 21100 GNotKG erhoben. Für die Fertigung der Registeranmeldung mit Unterschriftsbeglaubigung erhebt der Notar die 0,5-*Beglaubigungsgebühr* gemäß KV 21201
Nr. 5 i.V.m. Vorbem. 2.4.1 Abs. 2 und 6, KV 24102, 25100, § 85 Abs. 2, § 121 GNotKG.
0,2-Beglaubigungsgebühr nach KV 25100 GNotKG, § 121 GNotKG für Unterschriftsbeglaubigung ohne Fertigung eines Entwurfs. Für die auftragsgemäße Fertigung der Gesellschafterliste nach § 8 Abs. 1 Nr. 3 GmbHG durch den Notar gilt: *0,5-Vollzugsgebühr*
(KV 22110 mit Vorbem. 2.2.1.1 Abs. 1 Satz 2 Nr. 3 bis 5 GNotKG) aus Geschäftswert des
zugrunde liegenden Beurkundungsverfahrens (hier: gesamter Geschäftswert der Grün-
dungurkunde – Gesellschaftsvertrag und Geschäftsführerbestellung – § 112 GNotKG)
und für weitere Vollzugstätigkeiten. Ggf. nur 0,5-Vollzugsgebühr, höchstens 250 Euro
(KV 22113 GNotKG) aus zuvor genanntem Geschäftswert des zugrunde liegenden Beurkundungsverfahrens, wenn der Notar lediglich die Gesellschafterliste nach § 8 Abs. 1
Nr. 3 GmbHG fertigt. Ggf. 0,3-Vollzugsgebühr, höchstens 50 Euro (KV 22112 GNotKG)
aus dem Gesamtgeschäftswert des Beurkundungsverfahrens (§ 112 GNotKG) für auftragsgemäße Einholung eines Gutachtens zur firmenrechtlichen Unbedenklichkeit bei
IHK.

Der **elektronische Rechtsverkehr im Registerwesen** hat auch Auswirkungen auf das   96
Kostenrecht der Notare. Die Übertragung der Anmeldungsinhalte in die formale Spra-

che und die technischen Strukturen der „**XML-Datei**" ist Vollzugstätigkeit des Notars und löst die 0,3-*Vollzugsgebühr* (KV 22114 GNotKG) bzw. 0,6-Vollzugsgebühr nach KV 22125 GNotKG, höchstens jeweils 250 Euro, aus, die stets neben anderen Vollzugsgebühren entsteht; Geschäftswert ist der Gesamtwert des Beurkundungsverfahrens (§ 112 GNotKG).

97 Zu den Gebühren für das notarielle Beurkundungsverfahren kommen noch die *Auslagen* (§ 14 GNotKG) hinzu. Neben der üblichen Dokumentenpauschale – Papier (KV 32000 bzw. 32001 GNotKG) – wird diese auch erhoben für die elektronisch beglaubigte Abschrift der Gründungsurkunde, der Registeranmeldung und der Gesellschafterliste. Der Notar hat für die Übermittlung der elektronischen Abschriften mit Signatur der Gründungsurkunde, der Registeranmeldung und der Gesellschafterliste zu sorgen. Fertigt der Urkundsnotar die Liste der Gesellschafter nach §§ 8, 40, 57 GmbHG, so erhält er eine 0,5- bzw. 0,3-Vollzugsgebühr nach KV 22113 GNotKG, höchstens 250 Euro. Der Notar erhebt die Dokumentpauschale – Daten nach KV 32002 GNotKG. Optional kann der Notar nach KV 32005 GNotKG entweder die Auslagenpauschale Post und Telekommunikation mit 20% der Gebühren des Verfahrens bzw. Geschäfts, höchstens 20 Euro, oder mit Einzelnachweis erheben. Tatsächlich für die Übersendung angefallene Kosten der Internet-Nutzung werden als allgemeine Geschäftskosten nicht entgolten (KV Vorbem. 3.2 Abs. 1 GNotKG). Nach KV 32014 GNotKG erhebt der Notar auch die Umsatzsteuer. Nimmt der Notar Einsicht in das Grundbuch bzw. Handelsregister, kann er dafür Auslagenersatz für Abrufkosten nach KV 32011 GNotKG (8,00 Euro für Grundbuchabruf nach KV 1151 JVKostG bzw. 4,50 Euro für Handelsregisterabruf nach KV 1140 JVKostG) sowie die Dokumentenpauschale nach KV 32000 GNotKG verlangen.

e) Notargebühren für die den Anmeldungen zugrunde liegenden materiellen Rechtsvorgänge

98 Die den Registeranmeldungen zugrunde liegenden materiellen Rechtsvorgänge bedürfen der notariellen Form nur insoweit, als dies gesetzlich vorgeschrieben ist, also insbesondere bei der Gründung, Satzungsänderung, Kapitalerhöhung und Kapitalherabsetzung von GmbH und Aktiengesellschaft sowie bei der Abtretung von Geschäftsanteilen an einer GmbH und einer dazu erforderlichen Aufspaltung der Geschäftsanteile. **Gebührenpflichtig** ist die notarielle Tätigkeit jedoch auch dort, wo sie in Anspruch genommen wird, ohne dass das Gesetz dies fordert.

99 Die Notargebühren folgen für Beschlüsse von Gesellschafterversammlungen aus § 108 GNotKG (2,0-Gebühr, mind. 120 Euro, gemäß KV 21100 GNotKG), für rechtsgeschäftliche Erklärungen einzelner Personen 1,0-Gebühr, mind. 60 Euro, gemäß KV 21200 GNotKG. Die maßgeblichen Geschäftswerte sind für Beschlüsse nach §§ 108, 105 GNotKG, für rechtsgeschäftliche Erklärungen nach den allgemeinen Wertvorschriften (§§ 36, 46, 54, 97, 105, 107 GNotKG) zu bestimmen; sie stimmen mit den Geschäftswerten, die der anschließenden Anmeldung zum Handelsregister zugrunde zu legen sind, häufig nicht überein (Beispiel: Gründung einer „Normal"-GmbH mit 25 000 Euro Stammkapital; Geschäftswert für Beurkundungsverfahren und Registeranmeldung 30 000 Euro, vgl. § 105 Abs. 1 Satz 2, § 107 GNotKG). Weitere Ausführungen hierzu

würden über den Rahmen dieses Buches hinausgehen. Die Hinweise zu den einzelnen Anmeldungen über „Kosten beim Notar" berücksichtigen daher die Kosten solcher vorangegangenen Beurkundungsvorgänge grundsätzlich nicht.

f) Gebührentabelle für Notargebühren

Die volle Gebühr beträgt bei einem Geschäftswert beispielsweise: 100

Geschäftswert	1,0-Gebühr
2000,– Euro	27,– Euro
10 000,– Euro	75,– Euro
22 000,– Euro	107,– Euro
25 000,– Euro	115,– Euro
30 000,– Euro	125,– Euro
50 000,– Euro	165,– Euro
155 000,– Euro	354,– Euro
260 000,– Euro	535,– Euro
500 000,– Euro	935,– Euro
1 000 000,– Euro	1735,– Euro

Teil A

Die wirtschaftlichen und rechtlichen Vorgänge und Veränderungen bei den im Handelsregister eingetragenen Rechtsträgern sowie die daraus folgenden Anmeldungen zum Handelsregister der verschiedenen Rechtsformen

I. Einzelkaufmann

1. Beginn eines Gewerbebetriebes (Neuaufnahme)

HINWEISE | Eintragungspflichtig ist jeder Gewerbebetrieb, der nach Art und Umfang einen in kaufmännischer Weise eingerichteten Geschäftsbetrieb erfordert (Handelsgewerbe/Handelsgeschäft nach § 1 Abs. 2 HGB; synonym: Einzelunternehmen). Liegen diese Voraussetzungen nicht vor, besteht keine Pflicht zur Eintragung ins Handelsregister, wohl aber ein Recht auf Eintragung nach § 2 HGB. Bei Vergrößerung des Geschäfts siehe A 2.

Firma des Einzelkaufmanns: Siehe Einl. Rz. 53 ff. und B § 18 HGB.

Kein Firmenführungsrecht von Kleingewerbetreibenden vor Eintragung nach § 2 HGB; siehe B § 17 HGB Nr. 1 und 2.

Ort der Handels- (synonym: Haupt-)niederlassung i.S.v. § 29 HGB und inländische Geschäftsanschrift sollten regelmäßig übereinstimmen, siehe Einl. Rz. 57 ff.

WER MUSS ANMELDEN | Der Inhaber.

BEIZUFÜGENDE UNTERLAGEN | Keine.

KOSTEN BEIM GERICHT | Stets Gebühr 70 Euro (GVHR 1100).

KOSTEN BEIM NOTAR | Stets Geschäftswert 30 000 Euro (§ 105 Abs. 3 Nr. 1 GNotKG), unabhängig von der Größe des Unternehmens. Beurkundungsgebühr umfasst auch Angaben über die inländische Geschäftsanschrift.

1. Beurkundung der Anmeldung bzw. Entwurf mit Unterschriftsbeglaubigung: *0,5-Beur-kundungsgebühr* nach KV 21201 Nr. 5 GNotKG, KV 24102, §§ 92 Abs. 2, 119 GNot-KG. *0,3-Vollzugsgebühr*, höchstens 50 Euro (KV 22112 mit Vorbem. 2.2.1.1 Abs. 1 Satz 2 Nr. 1 GNotKG) aus Geschäftswert der Anmeldung (§ 112 GNotKG) für auf-tragsgemäße Einholung eines Gutachtens zur firmenrechtlichen Unbedenklichkeit bei IHK.

   Gesonderte 0,3-Vollzugsgebühr (KV 22114 GNotKG) für XML-Strukturdatei aus Ge-schäftswert der Anmeldung (§ 112 GNotKG); für die Übermittlung der XML-Datei fällt keine Dokumentenpauschale an.

   Nach KV 25102 Abs. 2 Nr. 1 GNotKG sind beglaubigte Abschriften von Dokumenten, die der Notar aufgenommen oder entworfen hat, vom Anwendungsbereich der *Be-glaubigungsgebühr* ausgenommen; es fällt deshalb keine Beglaubigungsgebühr nach KV 25102 GNotKG an, wenn der Notar eine von ihm entworfene und unterschrifts-beglaubigte Handelsregisteranmeldung im Zuge der Registereinreichung elektronisch beglaubigt.

   Auslagen: KV 32000 GNotKG Dokumentenpauschale – Papier (s/w) für die ersten 50 Seiten je Seite 0,50 Euro, bei Entwurfsfertigung mit Unterschriftsbeglaubigung ist KV 32001 Nr. 3 GNotKG nicht einschlägig.

   KV 32002 GNotKG Dokumentenpauschale – Daten (z.B. für Registeranmeldung, IHK-Gutachten, sonstige Beilagen) je Datei 1,50 Euro (bis 3 Dateien), maximal je-doch 5 Euro (ab 4 Dateien), aber nicht weniger als nach KV 32000 GNotKG, also 0,50 Euro für die ersten 50 gescannten Seiten und 0,15 Euro für jede weitere ge-scannte Seite. Fraglich ist, ob ein Einzelvergleich jeder Datei mit der Zahl der einge-scannten Seiten vorzunehmen ist, so *BDS/Diehn*, Nr. 32002 Rz. 17 GNotKG, oder ob ein Vergleich der Summe für die Dateianhänge mit der Summe aller eingescann-ten Seiten vorzunehmen ist, so *Korintenberg/Tiedtke*, Nr. 32002 GNotKG Rz. 3.

   KV 32005 GNotKG Auslagenpauschale Post/Telekommunikation 20% der Gebühren des Verfahrens bzw. Geschäfts, höchstens 20 Euro, oder Einzelabrechnung nach KV 32004 GNotKG.

   KV 32014 GNotKG Umsatzsteuer auf die Kosten.

2. Unterschriftsbeglaubigung zur Anmeldung ohne Entwurfsfertigung durch Notar: *0,2-Beglaubigungsgebühr* nach KV 25100, § 121 GNotKG für Unterschriftsbeglau-bigung aus Geschäftswert 30 000 Euro (beachte die spezifische Höchstgebühr mit 70 Euro bei KV 25100 GNotKG).

   Gesonderte 0,6-Vollzugsgebühr nach KV 22125 GNotKG, höchstens 250 Euro, für XML-Strukturdatei aus Geschäftswert der Anmeldung (§ 112 GNotKG); für die Über-mittlung der XML-Datei fällt keine Dokumentenpauschale an.

Vollzugsgebühr nach KV 22124 GNotKG mit 20 Euro für Einreichung der Anmeldung beim Registergericht.

Für die *Beglaubigung von Abschriften* der Anmeldung und von beim Registergericht einzureichenden Dokumenten entsteht jeweils die 10-Euro-Mindestgebühr nach KV 25102 GNotKG (hier auch für die dem Gericht übermittelte Beglaubigung der Anmeldung, Umkehrschluss aus Abs. 2 der Anmerkung zu KV 25102 GNotKG). Nach § 12 Abs. 2 Satz 2 Halbs. 1 HGB ist die Beglaubigung von beim Registergericht einzureichenden Dokumenten in bestimmten Fällen nicht erforderlich (vgl. oben 1. Abs. 3).

Auslagen: Für unbeglaubigte Kopien KV 32000 GNotKG Dokumentenpauschale – Papier (s/w) für die ersten 50 Seiten je Seite 0,50 Euro.

KV 32002 GNotKG Dokumentenpauschale – Daten (z.B. für Registeranmeldung, IHK-Gutachten, sonstige Beilagen) je Datei 1,50 Euro (bis 3 Dateien), maximal jedoch 5 Euro (ab 4 Dateien), aber nicht weniger als nach KV 32000 GNotKG, also 0,50 Euro für die ersten 50 gescannten Seiten und 0,15 Euro für jede weitere gescannte Seite.

KV 32005 GNotKG Auslagenpauschale Post/Telekommunikation 20% der Gebühren des Verfahrens bzw. Geschäfts, höchstens 20 Euro, oder Einzelabrechnung nach KV 32004 GNotKG.

KV 32011 GNotKG (je Einsicht 4,50 Euro nach KV 1140 JVKostG) Auslagenersatz für vom Notar genommene Einsicht in das Handelsregister; für den Ausdruck keine Dokumentenpauschale nach KV 32001 Nr. 1 GNotKG.

KV 32014 GNotKG Umsatzsteuer auf die Kosten.

TEXT DER ANMELDUNG

M 1.1   Anmeldung eines Einzelunternehmens

Ich, … (Name, Vorname, Geburtsdatum, Wohnort) betreibe in … (Ort) unter der Firma … (genaue Bezeichnung mit Zusatz „eingetragener Kaufmann" oder „eingetragene Kauffrau" oder „e.K." oder „e.Kfm." oder „e.Kfr.") ein Handelsgewerbe.

Gegenstand des Geschäfts ist … (genaue Bezeichnung des Geschäftszweiges).

Die Geschäftsräume befinden sich in … (PLZ, Ort und Straße mit Hausnummer); dies ist auch die inländische Geschäftsanschrift i.S.v. § 29 HGB.

(Unterschriftsbeglaubigung wie bei A 161 (M 161.1))

2. Vergrößerung oder Erweiterung eines bestehenden, nicht im Handelsregister eingetragenen Gewerbebetriebes, wenn er dadurch einen in kaufmännischer Weise eingerichteten Geschäftsbetrieb erfordert

HINWEISE | Siehe bei A 1.

WER MUSS ANMELDEN | Der Inhaber.

BEIZUFÜGENDE UNTERLAGEN | Keine.

KOSTEN BEIM GERICHT UND NOTAR | Wie bei A 1.

TEXT DER ANMELDUNG | Wie bei A 1.

3. Erteilung einer Prokura

HINWEISE | Anmeldepflichtig nach § 53 HGB sind auch Änderungen in der Vertretungs-form von Prokuristen, z.B. Änderung einer Einzelprokura in Gesamtprokura und umge-kehrt, Bindung von Prokuristen an gesetzliche Vertreter von Handelsgesellschaften; siehe dazu B § 48 HGB Nr. 1 und 2. Anmeldepflicht entfällt nicht, wenn Prokura schon vor Eintragung der Erteilung widerrufen ist; vgl. B § 15 HGB Nr. 2.

Befugnis zu Grundstücksgeschäften ist eintragungsfähig, B § 49 HGB Nr. 3; ebenso die Befreiung des Prokuristen von den Beschränkungen des § 181 BGB. Keine Bindung des Prokuristen an den Alleininhaber, vgl. B § 49 HGB Nr. 4; zum Thema Voreintragung sie-he auch Einl. Rz. 52.

Keine Prokura an juristische Personen möglich (KG Berlin v. 23.10.2001 – 1 W 6157/00, GmbHR 2002, 28).

WER MUSS ANMELDEN | Der Inhaber. (Der Prokurist erhält die rechtsgeschäftliche Ver-tretungsbefugnis vom Inhaber. Insoweit kann er weder die Anmeldung für sich selbst noch für eine andere Prokura vornehmen.)

BEIZUFÜGENDE UNTERLAGEN | Keine.

KOSTEN BEIM GERICHT | Gebühr 40 Euro (GVHR 4000). Für die zweite und jede weitere Prokura aufgrund derselben Registeranmeldung jeweils 30 Euro (GVHR 4001).

KOSTEN BEIM NOTAR | Geschäftswert 30 000 Euro (§ 105 Abs. 4 Nr. 4 GNotKG); wird bei der Prokuraanmeldung gleichzeitig die Befugnis des Prokuristen zur Veräußerung und Belastung von Grundstücken und/oder die Befreiung von § 181 BGB angemeldet, so liegt Gegenstandsgleichheit i.S.v. § 111 Nr. 3 GNotKG vor. Werden mehrere Prokuren angemeldet, dann liegt zwischen ihnen Gegenstandsverschiedenheit vor (§ 111 Nr. 3 GNotKG), so dass die Geschäftswerte zu addieren sind, § 35 Abs. 1 GNotKG. Für Zweig-niederlassungen gilt Gleiches. Die Mitanmeldung der Art des Vertretungsrechts des Pro-kuristen ist gegenstandsgleich. Gebühren und Auslagen wie bei A 1. Der Hinweis, dass die Geschäftsanschrift unverändert geblieben ist, löst keine zusätzliche Gebühr aus.

TEXT DER ANMELDUNG

M 3.1   Anmeldung der Erteilung einer Prokura durch Einzelunternehmer

a) Ich habe … (Name, Vorname, Geburtsdatum, Wohnort) **Einzelprokura** *erteilt.*
   Der Prokurist ist auch zur Veräußerung und Belastung von Grundstücken befugt.

oder:

b) *Ich habe … (Name, Vorname, Geburtsdatum, Wohnort der mehreren Prokuristen)* **Gesamtprokura** *erteilt in der Weise, dass zwei Prokuristen gemeinschaftlich die Firma vertreten können.*

oder nach § 50 Abs. 3 HGB:

c) *Ich habe … (Name, Vorname, Geburtsdatum, Wohnort)* **für den Betrieb meiner Zweigniederlassung** *… (Firma der Zweigniederlassung)* **Einzelprokura** *erteilt mit der Beschränkung auf den Betrieb der Zweigniederlassung … (Firma und Ort der Zweigniederlassung).*

oder:

d) *Ich habe … (Name, Vorname, Geburtsdatum, Wohnort)* **für den Betrieb meiner Zweigniederlassung** *… (Firma und Ort der Zweigniederlassung)* **Gesamtprokura** *erteilt mit der Beschränkung auf den Betrieb dieser Zweigniederlassung und in der Weise, dass zwei Prokuristen gemeinschaftlich die Firma vertreten können.*

oder:

e) *Die Gesamtprokura von … (Name, Vorname, Geburtsdatum, Wohnort) wurde* **umgewandelt** *in eine Einzelprokura; der Prokurist ist nunmehr allein zur Vertretung der Firma berechtigt.*

Weitere Gesamtprokuristen sind noch in vertretungsberechtigter Anzahl vorhanden.

oder:

f) *Die Einzelprokura von … (Name, Vorname, Geburtsdatum, Wohnort) wurde* **umgewandelt** *in eine Gesamtprokura in der Weise, dass zwei Prokuristen gemeinsam die Firma vertreten können.*

Weiterer Gesamtprokurist ist bereits … (Name, Vorname, Geburtsdatum, Wohnort).

Jeweils: Die Geschäftsräume befinden sich unverändert in … (PLZ, Ort und Straße mit Hausnummer); dies ist auch die inländische Geschäftsanschrift i.S.v. § 29 HGB.

(Unterschriftsbeglaubigung wie bei A 161 (M 161.1))

4. Widerruf/Entziehung/Erlöschen einer Prokura

HINWEISE | Die Anmeldepflicht gilt auch in allen anderen Fällen des Erlöschens einer Prokura, insbes. bei Geschäftsaufgabe oder Insolvenz des Inhabers, Veräußerung des Unternehmens, Eintritt eines Gesellschafters (siehe dazu B § 52 HGB).

Wird der Prokurist durch Erbfall Mitinhaber des Geschäfts, erlischt die Prokura; B § 27 HGB Nr. 3.

WER MUSS ANMELDEN | Der Inhaber.

BEIZUFÜGENDE UNTERLAGEN | Keine.

KOSTEN BEIM GERICHT | Gebühr 40 Euro (GVHR 4000). Für die zweite und jede weitere Prokura aufgrund derselben Registeranmeldung jeweils 30 Euro (GVHR 4001).

KOSTEN BEIM NOTAR | Wie bei A 1.

TEXT DER ANMELDUNG

M 4.1   Anmeldung des Erlöschens einer Prokura im Einzelunternehmen

a) Die Prokura von ... (Name, Vorname, Geburtsdatum, Wohnort) ist erloschen.

Die Prokura von ... (Name, Vorname, Geburtsdatum, Wohnort) besteht als Einzelprokura weiter.

oder:

b) Die auf den Betrieb meiner Zweigniederlassung in ... (Ort) beschränkte Prokura von ... (Name, Vorname, Geburtsdatum, Wohnort) ist erloschen.

Jeweils: *Die Geschäftsräume befinden sich unverändert in ... (PLZ, Ort und Straße mit Hausnummer); dies ist auch die inländische Geschäftsanschrift i.S.v. § 29 HGB.*

(Unterschriftsbeglaubigung wie bei A 161 (M 161.1))

5. Verkauf/Übertragung eines Einzelunternehmens mit Fortführung der Firma durch den Erwerber

HINWEISE | Dieser Anmeldetatbestand aus § 31 HGB liegt vor, wenn wesentliche Bestandteile der bisherigen Firma fortgeführt werden. Die frühere Rechtsprechung, § 22 HGB sei nur anwendbar, wenn der „Firmenkern", beim Einzelkaufmann also Name und Vorname, fortgeführt würden, dürfte nach der durch das HRefG 1998 erfolgten Neufassung von § 18 Abs. 1 HGB nicht mehr gelten (vgl. auch B § 22 HGB Nr. 5 und 12). Der praktische Anwendungsbereich von § 22 HGB wird dadurch ausgeweitet. Das gilt auch für die Haftung nach § 25 Abs. 1 HGB und die Möglichkeit bzw. Notwendigkeit, die Haftung nach § 25 Abs. 2 HGB auszuschließen. Anmeldepflicht und folgende Hinweise gelten auch dann, wenn die mit dem Geschäft übertragene **Firma** zwar besteht und zulässig gebildet ist, aber **noch nicht im Register eingetragen** war; B § 22 HGB Nr. 4.

Die kraft Gesetzes eintretende Haftung für alte Geschäftsschulden kann ausgeschlossen werden (§ 25 Abs. 2 HGB). Eintragung des **Haftungsausschlusses** ist erforderlich und dringend; sie sollte zeitnah zum Geschäftsübergang angemeldet werden (vgl. B § 25 HGB Nr. 1–4). Erwerber (und Urkundsnotar!) müssen Eintragung überwachen; B § 10 HGB. Zur Haftung des Notars, der bei Geschäftsübernahme Anmeldung entwirft: B § 25 HGB Nr. 9.

Wegen der teilweise weitgehenden Rechtsprechung zu § 25 HGB sollte in Zweifelsfällen ein Haftungsausschluss vereinbart und angemeldet werden; vgl. B § 25 HGB Nr. 10 und 11.

Die Anmeldung des Haftungsausschlusses zum neuen Registerblatt nur durch den neuen Inhaber reicht (B § 25 HGB Nr. 12). Die Anmeldung durch den alten und durch den neuen Inhaber ist aber zu empfehlen, weil dann ein Nachweis über die Vereinbarung regelmäßig nicht verlangt werden kann, B § 25 HGB Nr. 13.

Bei **Geschäftseinbringung mit Firma in eine GmbH** ist die Löschung der Einzelfirma ohne besondere Anmeldung von Amts wegen vorzunehmen; siehe B § 10 GmbHG Nr. 2.

Siehe im Übrigen Rechtsprechung unter B § 22 HGB und B § 25 HGB; die Einwilligung zur Firmenfortführung ist ausdrücklich zu erklären (BGH v. 27.4.1994 – VIII ZR 34/93, ZIP 1994, 942).

WER MUSS ANMELDEN | Erwerber bei neuem Registerblatt; zur Glaubhaftmachung empfehlenswert Veräußerer und Erwerber.

BEIZUFÜGENDE ERKLÄRUNG | Zustimmung des bisherigen Inhabers zur Firmenfortführung (zweckmäßigerweise in der Anmeldung), § 22 HGB. Beifügung Unternehmenskaufvertrag bzw. Vereinbarung entbehrlich, siehe oben.

KOSTEN BEIM GERICHT | Für Neueintragung des Erwerbers Gebühr stets 70 Euro (GVHR 1100). Daneben keine Gebühr für die Eintragung des Haftungsausschlusses (§ 2 Abs. 1 HRegGebV). 40 Euro Gebühr für das Ausscheiden des bisherigen Inhabers (GVHR 1500). Für Fortbestehen der Prokura Gebühr 40 Euro (GVHR 4000). Zusätzlich entstehen Kosten für die Bekanntmachung.

KOSTEN BEIM NOTAR | Geschäftswert: für das Ausscheiden des bisherigen Inhabers und für die Eintragung des neuen Inhabers 30 000 Euro (§ 105 Abs. 3 Nr. 1, Abs. 4 GNotKG), unabhängig von der Größe des Unternehmens. Erklärung über Haftungsausschluss ist gegenstandsverschieden, Geschäftswert nach billigem Ermessen, § 36 Abs. 2, Abs. 3 GNotKG. Bei Einwilligung in die Firmenfortführung handelt es sich um eine namensrechtliche Gestattung, die wegen § 111 Nr. 3 GNotKG gesondert bewertet wird; Ermittlung des Geschäftswerts nach billigem Ermessen, § 36 Abs. 2, Abs. 3 GNotKG. Anmeldung des Fortbestehens einer Prokura ist Zusammenfassung der Anmeldung des Erlöschens der Prokura durch den Inhaberwechsel und ihrer Neuerteilung durch den neuen Inhaber, also Geschäftswert 30 000 Euro für jede Prokura ist dem obigen Geschäftswert hinzuzurechnen.

Gebühren und Auslagen wie bei A 1.

TEXT DER ANMELDUNG

M 5.1 Anmeldung Verkauf/Übertragung eines Einzelunternehmens mit Firmenfortführung

Der unterzeichnete … (Name, Vorname, Geburtsdatum, Wohnort des bisherigen Geschäftsinhabers) hat das von ihm unter der obigen Firma in … (Ort) betriebene Geschäft mit dem Recht, die Firma mit oder ohne Beifügung eines das Nachfolgeverhältnis andeutenden Zusatzes fortzuführen, an den unterzeichneten

… (Name, Vorname, Geburtsdatum, Wohnort des Erwerbers)

veräußert. Dieser führt das Geschäft unter der Firma

… (bisherige Firma ohne oder mit Nachfolgezusatz, aber mit Rechtsformzusatz)

fort.

Die Geschäftsräume befinden sich in … (PLZ, Ort und Straße mit Hausnummer); dies ist auch die inländische Geschäftsanschrift i.S.v. § 29 HGB.

Die Haftung des Erwerbers für die im Betrieb des Geschäfts begründeten Verbindlichkeiten des bisherigen Inhabers sowie der Übergang der in dem Betriebe begründeten Forderungen auf den Erwerber sind ausgeschlossen.

Die Prokura von … (Name, Vorname, Geburtsdatum, Wohnort) bleibt weiterhin bestehen.

(Unterschriftsbeglaubigung wie bei A 161 (M 161.1) bzw. A 162 (M 162.1))

6. Verkauf/Übertragung eines Einzelunternehmens ohne Fortführung der Firma

HINWEISE | Keine Haftung des Erwerbers nach § 25 Abs. 1 HGB, wohl aber u.U. aus Schuldübernahme (§§ 414, 415 BGB) oder aus einem anderen besonderen kaufmännischen Verpflichtungsgrund (§ 25 Abs. 3 HGB), ferner für bestimmte Steuerschulden (§ 75 AO) und bei Betriebsübergang (§ 613a BGB). Vgl. aber Hinweise bei A 5! Nach der durch das HRefG erfolgten Neufassung von § 18 Abs. 1 HGB ist Vorsicht geboten, weil § 25 HGB in der Rechtsprechung teilweise weit ausgelegt wird. Vorsichtshalber sollte deshalb ein Haftungsausschluss vereinbart und angemeldet werden. Grundsätzlich keine Anwendung auf den Erwerb vom Insolvenzverwalter (BAG v. 20.9.2006 – 6 AZR 215/06, DNotZ 2007, 475; aber B § 25 HGB Nr. 10), wohl aber beim Erwerb eines insolventen und zahlungsunfähigen Unternehmens (BGH v. 28.11.2005 – II ZR 355/03, DNotZ 2006, 629 = Rpfleger 2006, 196). Zur Haftung des Notars B § 25 HGB Nr. 9.

BEIZUFÜGENDE UNTERLAGEN | Keine.

KOSTEN BEIM GERICHT | Für Ausscheiden des bisherigen Inhabers als Tatsacheneintragung Gebühr 40 Euro (GVHR 1500); für Neueintragung des Erwerbers Gebühr 70 Euro (GVHR 1100); für Fortbestehen der Prokura Gebühr 40 Euro (GVHR 4000).

KOSTEN BEIM NOTAR | Geschäftswert: Für das Ausscheiden des bisherigen Inhabers Geschäftswert stets 30 000 Euro (§ 105 Abs. 4 Nr. 4 GNotKG), unabhängig von der Größe des Unternehmens; für Neueintragung des Erwerbers 30 000 Euro (§ 105 Abs. 3 Nr. 1 GNotKG); Werteaddition nach § 35 Abs. 1, § 86 Abs. 2 GNotKG. Hinzu für Fortbestehen einer Prokura Geschäftswert mit 30 000 Euro (§ 105 Abs. 4 Nr. 4 GNotKG).

Aus Gesamtadditionswert Gebühren und Auslagen wie bei A 1.

TEXT DER ANMELDUNG

M 6.1   Anmeldung Verkauf/Übertragung eines Einzelunternehmens ohne Firmenfortführung

a) Durch den bisherigen Inhaber nach § 31 Abs. 2 HGB:

Der bisherige Inhaber der Firma hat das von ihm betriebene Geschäft veräußert.

Die Firma ist erloschen, da der Inhaber das von ihm unter dieser Firma bisher betriebene Geschäft ohne die Firma veräußert hat.

(Unterschriftsbeglaubigung wie bei A 161 (M 161.1))

oder

b) *durch bisherigen und neuen Inhaber nach § 31 Abs. 1 und 2 HGB:*

Der bisherige Inhaber der Firma hat das von ihm betriebene Geschäft an

… (Name, Vorname, Geburtsdatum, Wohnort des Erwerbers)

*veräußert. Dieser führt die bisherige Firma des Veräußerers **nicht** fort.*

Der Veräußerer meldet das Erlöschen seiner bisherigen Firma an.

Der Erwerber des Geschäfts hat die neue Firma

… (genaue Bezeichnung der neuen Firma mit Rechtsformzusatz)

angenommen.

Die Geschäftsräume befinden sich in … (PLZ, Ort und Straße mit Hausnummer); dies ist auch die inländische Geschäftsanschrift i.S.v. § 29 HGB.

Die Prokura von … (Name, Vorname, Geburtsdatum, Wohnort) bleibt weiterhin bestehen.

(Unterschriftsbeglaubigung wie bei A 162 (M 162.1))

7. Verpachtung des Einzelunternehmens mit Firmenfortführung durch den Pächter

HINWEISE | Mit der Verpachtung des Handelsgeschäftes wird der Pächter Inhaber des Einzelunternehmens. Zur Frage, wann eine Firmenfortführung vorliegt, siehe Hinweis bei A 5.

Bei Firmenfortführung Haftung des Pächters nach § 25 Abs. 1 HGB mit Ausschlussmöglichkeit nach § 25 Abs. 2 HGB.

Bei Verpachtung ohne Firmenfortführung sind das Erlöschen der bisherigen sowie die neue Firma anzumelden, siehe A 6.

Zur Firmenbildung siehe B § 22 HGB Nr. 3 und LG Münster v. 25.1.1971 – 7b T 2/71, NJW 1971, 1089.

Kann bei der Eintragung des Pächters ein ausdrücklicher Hinweis auf das Pachtverhältnis verlangt werden? Verneinend LG Darmstadt v. 26.1.1982 – 15 T 25/81, Rpfleger 1982, 228; bejahend die wohl überwiegende Praxis der Registergerichte.

WER MUSS ANMELDEN | Verpächter und Pächter.

BEIZUFÜGENDE ERKLÄRUNG | Wie bei A 5.

KOSTEN BEIM GERICHT | Wie bei A 5.

KOSTEN BEIM NOTAR | Für das Ausscheiden des bisherigen Inhabers und für die erstmalige Anmeldung des Pächters 30 000 Euro (§ 105 Abs. 3 Nr. 1, Abs. 4 Nr. 4 GNotKG). Anmeldung des Fortbestehens einer Prokura ist Zusammenfassung der Anmeldung des Erlöschens der Prokura durch den Inhaberwechsel und ihrer Neuerteilung durch den neuen Inhaber, also Geschäftswert 30 000 Euro für jede Prokura ist dem obigen Geschäftswert hinzuzurechnen. Erklärung über Haftungsausschluss ist gegenstandsverschieden, Geschäftswert nach billigem Ermessen, § 36 Abs. 2, Abs. 3 GNotKG. Bei Einwilligung in die Firmenfortführung handelt es sich um eine namensrechtliche Gestattung, die wegen § 111 Nr. 3 GNotKG gesondert bewertet wird; Ermittlung des Geschäftswerts nach billigem Ermessen, § 36 Abs. 2, Abs. 3 GNotKG.

Gebühren und Auslagen wie bei A 1.

TEXT DER ANMELDUNG

M 7.1   Anmeldung der Verpachtung eines Einzelunternehmens mit Firmenfortführung

Der bisherige Inhaber der Firma hat diese an ... (Name, Vorname, Geburtsdatum, Wohnort des Pächters) verpachtet.

Der Pächter führt die bisherige Firma des Verpächters mit Einwilligung des Verpächters fort, und zwar mit einem das Nachfolgeverhältnis andeutenden Zusatz unter der Firma ... (bisherige Firma mit Nachfolgezusatz und Rechtsformzusatz)

Die Geschäftsräume der Firma befinden sich in ... (PLZ, Ort und Straße mit Hausnummer); dies ist auch die inländische Geschäftsanschrift i.S.v. § 29 HGB.

Der Gegenstand des Unternehmens ist unverändert.

Die Prokura von ... (Name, Vorname, Geburtsdatum, Wohnort) bleibt weiterhin bestehen.

Die Haftung des Pächters für die im Betrieb des Geschäfts des Verpächters begründeten Verbindlichkeiten sowie der Übergang der in dem Betriebe begründeten Forderungen auf den Pächter sind ausgeschlossen.

(Unterschriftsbeglaubigung wie bei A 162 (M 162.1))

8. Beendigung des Pachtverhältnisses

HINWEISE | Anzumeldende Tatsachen:

a) War die Firma vom Pächter fortgeführt worden, siehe A 5.

b) War die Firma nicht fortgeführt worden: Erlöschen der Firma des Pächters und neue Firma des (Wieder-)Inhabers.

Geht – bei Verpachtung *mit* Firmenfortführung – die Firma wieder auf den Verpächter über, so kann dabei die Haftung für Geschäftsschulden des Pächters nach § 25 HGB ausgeschlossen werden.

Erwerb des Geschäfts durch den Pächter als Eigentümer: B § 22 HGB Nr. 11; Einstellung des Geschäfts: B § 22 HGB Nr. 12.

WER MUSS ANMELDEN | Bei a) Pächter und Verpächter;

Bei b) Pächter hinsichtlich Erlöschen, Verpächter und neuer Inhaber hinsichtlich neuer Firma (zur Anmeldepflicht des Verpächters; bei Eigentumserwerb des Pächters und Einstellung des Geschäfts siehe die im Hinweis genannten Entscheidungen).

BEIZUFÜGENDE UNTERLAGEN | Keine.

KOSTEN BEIM GERICHT | Bei Firmenfortführung zu a) vgl. bei A 5;

ohne Firmenfortführung zu b) für Neu-(Wieder-)Eintragung des bisherigen Verpächters Gebühr 70 Euro (GVHR 1100). Für das Erlöschen der Firma des Pächters Gebühr mit 40 Euro (GVHR 1500).

KOSTEN BEIM NOTAR | Geschäftswert für das Ausscheiden des bisherigen Inhabers und für die Eintragung des neuen Inhabers 30 000 Euro (§ 105 Abs. 3 Nr. 1, Abs. 4 Nr. 4 GNotKG). Bei Einwilligung in die Firmenfortführung handelt es sich um eine namensrechtliche Gestattung, die wegen § 111 Nr. 3 GNotKG gesondert bewertet wird; Ermittlung des Geschäftswerts nach billigem Ermessen, § 36 Abs. 2, Abs. 3 GNotKG. Erklärung über Haftungsausschluss ist gegenstandsverschieden, Geschäftswert nach billigem Ermessen, § 36 Abs. 2, Abs. 3 GNotKG. Gebühren und Auslagen wie bei A 1.

TEXT DER ANMELDUNG

M 8.1 Anmeldung der Beendigung des Pachtverhältnisses eines Einzelunternehmens

zu a):

Das bisherige Pachtverhältnis zwischen dem Verpächter … (Name, Vorname, Geburtsdatum, Wohnort des Verpächters) und dem Pächter … (Name, Vorname, Geburtsdatum, Wohnort des Pächters) ist beendet.

Der Inhaber der eingangs bezeichneten Firma hat demzufolge gewechselt und ist jetzt wieder der bisherige Verpächter.

Die Firma des bisherigen Pächters wird mit seiner Einwilligung vom bisherigen Verpächter unverändert fortgeführt.

Der Übergang der vom früheren Pächter im Betriebe begründeten Verbindlichkeiten sowie der Übergang der in dem Betriebe begründeten Forderungen auf den Verpächter sind ausgeschlossen worden.

Die Prokura von … (Name, Vorname, Geburtsdatum, Wohnort) bleibt weiterhin bestehen.

Der Gegenstand des Unternehmens ist unverändert.

Die Geschäftsräume befinden sich unverändert in … (PLZ, Ort und Straße mit Hausnummer); dies ist auch die inländische Geschäftsanschrift i.S.v. § 29 HGB.

(Unterschriftsbeglaubigung wie bei A 162 (M 162.1))

zu b):

Das bisherige Pachtverhältnis zwischen dem Verpächter … (Name, Vorname, Geburtsdatum, Wohnort des Verpächters) und dem Pächter … (Name, Vorname, Geburtsdatum, Wohnort des Pächters) ist beendet.

Der bisherige Pächter hatte bei Pachtbeginn die Firma vom Verpächter nicht fortgeführt; der Pächter meldet das Erlöschen seiner bisherigen Firma an.

Der jetzige (Wieder-)Inhaber des Geschäfts hat folgende neue Firma angenommen:

… (genaue Bezeichnung der neuen Firma mit Rechtsformzusatz)

Die Geschäftsräume der Firma des neuen Inhabers befinden sich in ... (PLZ, Ort und Straße mit Hausnummer); dies ist auch die inländische Geschäftsanschrift i.S.v. § 29 HGB.

Die Prokura von ... (Name, Vorname, Geburtsdatum, Wohnort) ist erloschen.

(Unterschriftsbeglaubigung wie bei A 162 (M 162.1))

oder bei Eigentumserwerb durch Pächter:

Als Pächter habe ich das Handelsgeschäft, das ich zunächst unter der bisherigen Firma mit einem das Nachfolgeverhältnis andeutenden Zusatz fortgeführt hatte, als Eigentümer erworben.

Ich ändere die Firma ab in ... (genaue Bezeichnung der neuen Firma mit Rechtsformzusatz)

Der Veräußerer stimmt den Erklärungen zu.

Die Prokura von ... (Name, Vorname, Geburtsdatum, Wohnort) ist erloschen.

Die Geschäftsräume befinden sich unverändert in ... (PLZ, Ort und Straße mit Hausnummer); dies ist auch die inländische Geschäftsanschrift i.S.v. § 29 HGB.

(Unterschriftsbeglaubigung wie bei A 162 (M 162.1))

9. Frei

10. Übergang eines Einzelunternehmens durch Erbgang auf *einen* Alleinerben unter Fortführung der Firma

HINWEISE | Bei Fortführung der Firma tritt Haftung nach §§ 25, 27 HGB ein; Ausschluss nach § 25 Abs. 2 HGB (dazu B § 27 HGB Nr. 1) oder durch Einstellung des Geschäfts nach § 27 Abs. 2 HGB.

Anordnung einer Testamentsvollstreckung kann nicht eingetragen werden; eingetragen wird der Erbe (Einl. Rz. 31 ff.).

Bei Fortführung des Geschäfts *ohne* Firma nur Haftung nach den erbrechtlichen Bestimmungen.

Zum Erbnachweis siehe B § 12 Abs. 1 Satz 4 HGB Nr. 6.

Anmeldepflichtig bei Einstellung des Geschäfts durch die Erben: siehe Hinweis bei A 19.

BEIZUFÜGENDE UNTERLAGEN | Nachweis der Erbfolge vom bisherigen Inhaber auf den Erben, § 12 Abs. 1 Satz 4 HGB (soweit tunlich durch öffentliche Urkunden).

KOSTEN BEIM GERICHT | Für Eintragung des Ausscheidens des Erblassers Gebühr 40 Euro (GVHR 1500); für Eintragung des Alleinerben Gebühr 70 Euro (GVHR 1100). Zusätzlich entstehen Kosten für die Bekanntmachung.

KOSTEN BEIM NOTAR | Geschäftswert 30 000 Euro (§ 105 Abs. 3 Nr. 1, Abs. 4 Nr. 4 GNotKG) für Anmeldung des neuen Inhabers und gleichzeitige Abmeldung des bisherigen Inhabers. Erklärung über Haftungsausschluss ist gegenstandsverschieden, Geschäftswert nach billigem Ermessen, § 36 Abs. 2, Abs. 3 GNotKG.

Bei Firmenänderung Hinzurechnung von 30 000 Euro Geschäftswert (§ 105 Abs. 4 Nr. 4 GNotKG).

Gebühren und Auslagen wie bei A 1.

TEXT DER ANMELDUNG | Durch den Alleinerben.

M 10.1 Anmeldung Übergang eines Einzelunternehmens auf einen Erben mit Firmenfortführung

Der bisherige Inhaber der o.g. Firma, nämlich … (Name, Vorname, Geburtsdatum, Wohnort) ist am … (Sterbetagdatum) verstorben und allein beerbt worden von mir.

Das Geschäft und die Firma ist auf mich … (Name, Vorname, Geburtsdatum, Wohnort) übergegangen; ich führe es unter der Firma

… (genaue Bezeichung der Firma mit Rechtsformzusatz) fort.

Als Erbnachweis wird vorgelegt:

0 Elektronisch beglaubigte Abschrift der Ausfertigung des Erbscheins des Nachlassgerichts … (Ort) vom … (Erbscheindatum) (wegen des Abschriftenvermerks mit Visualisierungsvermerk siehe A 165, dies ausreichend, wenn zwischen dieser Beglaubigung und der Registeranmeldung nur eine kurze Zeitspanne liegt)

0 Elektronisch beglaubigte Abschrift der von … (Bezeichnung der Ausstellungsbehörde und Ort) erteilten beglaubigten Abschrift des Europäischen Nachlasszeugnisses vom … (Datum des Europäischen Nachlasszeugnisses) (wegen des Abschriftenvermerks mit Visualisierungsvermerk siehe A 166; dies ausreichend, wenn zwischen dieser Beglaubigung und der Registeranmeldung nur eine kurze Zeitspanne liegt)

0 Elektronisch beglaubigte Abschrift der beglaubigten Abschrift der notariellen Verfügung von Todes wegen vom … (Datum) mit elektronisch beglaubigter Abschrift der beglaubigten Abschrift des Eröffnungsprotokolls des Nachlassgerichts … (Ort) vom … (Datum des Protokolls)

Der Gegenstand des Unternehmens ist unverändert.

Die Geschäftsräume befinden sich unverändert in … (PLZ, Ort und Straße mit Hausnummer); dies ist auch die inländische Geschäftsanschrift i.S.v. § 29 HGB.

(Unterschriftsbeglaubigung wie bei A 161 (M 161.1))

11. Übergang eines Einzelunternehmens durch Erbgang auf *mehrere* Erben unter Fortführung der Firma

HINWEISE | Soll – aufgrund Vorausvermächtnis, Teilungsanordnung des Erblassers, Einigung der Erben – im Ergebnis nur einer der Miterben das Geschäft fortführen, so ist nach dem Übergang des Einzelunternehmens durch Erbgang außerdem danach der Übergang des Geschäfts mit Firma auf ihn wie oben A 5 anzumelden.

War einer der Miterben Prokurist, erlischt die Prokura (vgl. B § 27 HGB Nr. 3); Anmeldung nach A 4.

Fortführung des Geschäfts durch Erbengemeinschaft nach h.A. zeitlich unbegrenzt zulässig, auch bei minderjährigen Miterben. In diesem Fall ist aber aus Haftungsgründen Umwandlung in Kommanditgesellschaft (siehe A 60) sowie Übertragung des Geschäfts von der Erbengemeinschaft auf die KG (siehe A 5) nahe liegend und zu empfehlen. Zur Beteiligung von Minderjährigen und Betreuten siehe Einl. Rz. 22 ff. und B § 1822 BGB.

Anordnung einer Testamentsvollstreckung kann nicht eingetragen werden; eingetragen werden die Erben (B § 2205 BGB Nr. 5 und Einl. Rz. 31 ff.).

Zu Haftungsfragen siehe auch Hinweis bei A 10; auch bei Erbauseinandersetzung und Vermächtniserfüllung bzw. Fortführung als Erbengemeinschaft; bei Umwandlung in OHG bzw. KG wie bei A 21 bzw. A 60.

KOSTEN BEIM GERICHT | Für Eintragung des Ausscheidens des Erblassers Gebühr 40 Euro (GVHR 1500); für Eintragung der Erben als OHG oder KG wie bei A 21 bzw. A 60.

KOSTEN BEIM NOTAR | Wie bei A 10. Für Eintragung der Erben als OHG oder KG wie bei A 21 bzw. A 60.

TEXT DER ANMELDUNG | Durch alle Erben.

M 11.1   Anmeldung Übergang eines Einzelunternehmens auf mehrere Erben mit Firmenfortführung

Der bisherige Inhaber der o.g. Firma, nämlich … (Name, Vorname, Geburtsdatum, Wohnort) ist am … (Sterbetagdatum) verstorben und beerbt worden von:

… (Bezeichnung der Miterben mit Name, Vorname, Geburtsdatum, Wohnort)

Das Geschäft und die Firma ist auf uns in ungeteilter Erbengemeinschaft übergegangen und wird von uns unter der Firma … (genaue Bezeichnung der Firma mit Rechtsformzusatz) fortgeführt.

Der Gegenstand des Unternehmens ist unverändert.

Als Erbnachweis wird vorgelegt:

0 Elektronisch beglaubigte Abschrift der Ausfertigung des Erbscheins des Nachlassgerichts … (Ort) vom … (Erbscheindatum) (wegen des Abschriftenvermerks mit Visualisierungsvermerk siehe A 165 (M 165.1), dies ausreichend, wenn zwischen dieser Beglaubigung und der Registeranmeldung nur eine kurze Zeitspanne liegt)

0 Elektronisch beglaubigte Abschrift der von der Ausstellungsbehörde … (Ort) erteilten beglaubigten Abschrift des Europäischen Nachlasszeugnisses vom … (Datum des Europäischen Nachlasszeugnisses) (wegen des Abschriftenvermerks mit Visualisierungsvermerk siehe A 166 (M 166.1), dies ausreichend, wenn zwischen dieser Beglaubigung und der Registeranmeldung nur eine kurze Zeitspanne liegt)

0 Elektronisch beglaubigte Abschrift der beglaubigten Abschrift der notariellen Verfügung von Todes wegen vom … (Datum) mit elektronisch beglaubigter Abschrift der beglaubigten Abschrift des Eröffnungsprotokolls des Nachlassgerichts … (Ort) vom … (Datum des Protokolls)

Die Geschäftsräume befinden sich unverändert in ... (PLZ, Ort und Straße mit Hausnummer); dies ist auch die inländische Geschäftsanschrift i.S.v. § 29 HGB.

(Unterschriftsbeglaubigung wie bei A 162 (M 162.1))

Bei Erbauseinandersetzung oder Vermächtniserfüllung:

Der bisherige Inhaber der o.g. Firma, nämlich ... (Name, Vorname, Geburtsdatum, Wohnort) ist am ... (Sterbetagdatum) verstorben und von den Unterzeichnern beerbt worden.

Bei der zwischen den Unterzeichnern erfolgten Erbauseinandersetzung (alternativ: Vermächtniserfüllung) ist das Handelsgeschäft mit dem Recht der Fortführung der bisherigen Firma dem Miterben (alternativ: Vermächtnisnehmer) ... (Name, Vorname, Geburtsdatum, Wohnort) übertragen worden.

Die Haftung des Erwerbers für die im Betrieb des Geschäfts begründeten Verbindlichkeiten des bisherigen Inhabers sowie der Übergang der in dem Betriebe begründeten Forderungen auf den Erwerber sind ausgeschlossen.

Die Geschäftsräume befinden sich unverändert in ... (PLZ, Ort und Straße mit Hausnummer); dies ist auch die inländische Geschäftsanschrift i.S.v. § 29 HGB.

Als Erbnachweis wird vorgelegt:

0 *Elektronisch beglaubigte Abschrift der Ausfertigung des Erbscheins des Nachlassgerichts ... (Ort) vom ... (Erbscheindatum) (wegen des Abschriftenvermerks mit Visualisierungsvermerk siehe A 165 (M 165.1), dies ausreichend, wenn zwischen dieser Beglaubigung und der Registeranmeldung nur eine kurze Zeitspanne liegt)*

0 *Elektronisch beglaubigte Abschrift der von der Ausstellungsbehörde ... (Ort) erteilten beglaubigten Abschrift des Europäischen Nachlasszeugnisses vom ... (Datum des Europäischen Nachlasszeugnisses) (wegen des Abschriftenvermerks mit Visualisierungsvermerk siehe A 166 (M 166.1), dies ausreichend, wenn zwischen dieser Beglaubigung und der Registeranmeldung nur eine kurze Zeitspanne liegt)*

0 *Elektronisch beglaubigte Abschrift der beglaubigten Abschrift der notariellen Verfügung von Todes wegen vom ... (Datum) mit elektronisch beglaubigter Abschrift der beglaubigten Abschrift des Eröffnungsprotokolls des Nachlassgerichts ... (Ort) vom ... (Datum des Protokolls)*

(Unterschriftsbeglaubigung wie bei A 162 (M 162.1))

12. Änderung der Firma

HINWEISE | Anmeldung nach § 31 Abs. 1 HGB. Änderung von Firmen, die nach §§ 22, 24 HGB fortgeführt werden, ist nur begrenzt möglich, siehe B § 22 HGB Nr. 7, B § 24 HGB. Erwerber kann jedoch – unbeschadet seiner Verpflichtung zur Firmenfortführung gegenüber dem Veräußerer – jederzeit eine neue Firma nach § 18 HGB annehmen (B § 22 HGB Nr. 5 und 13).

BEIZUFÜGENDE UNTERLAGEN | Keine.

KOSTEN BEIM GERICHT | Gebühr 40 Euro (GVHR 1500). Wird die Firma geändert, weil sich der Ortsname oder der Name des Unternehmensinhabers wegen Verheiratung geändert hat, dann Gebühr 30 Euro (GVHR 1504).

KOSTEN BEIM NOTAR | Geschäftswert 30 000 Euro (§ 105 Abs. 4 Nr. 4 GNotKG), unabhängig von der Größe des Unternehmens. Gebühren und Auslagen wie bei A 1.

Wird die Firma geändert, weil sich der Ortsname oder der Name des Unternehmensinhabers wegen Verheiratung geändert hat, dann Geschäftswert lediglich 5 000 Euro (§ 105 Abs. 5 GNotKG); Gebühren und Auslagen wie bei A 1, beachte aber Mindestgebühr von 30 Euro bei KV 21201 Nr. 5 bzw. KV 24102 GNotKG bzw. 20 Euro bei KV 25100 GNotKG. Für die Erstellung der XML-Strukturdaten gilt der allgemeine Mindestbetrag einer Gebühr von 15 Euro nach § 34 Abs. 5 GNotKG. Anmeldungen zu Änderungen ohne wirtschaftliche Bedeutung sind z.B. Namensänderungen von Kaufleuten und Änderungen des Wohnsitzes eines Unternehmensinhabers.

TEXT DER ANMELDUNG | Des Inhabers.

M 12.1   Anmeldung Änderung der Firma eines Einzelunternehmens

Die Firma ist geändert in … (genaue Bezeichnung der neuen Firma mit Rechtsformzusatz)

Die Geschäftsräume befinden sich unverändert in … (PLZ, Ort und Straße mit Hausnummer); dies ist auch die inländische Geschäftsanschrift i.S.v. § 29 HGB.

(Unterschriftsbeglaubigung wie bei A 161 (M 161.1))

13. Verlegung der (Haupt-)Niederlassung an einen anderen Ort und Änderung der inländischen Geschäftsanschrift

HINWEISE | Zum Verhältnis von Niederlassung und inländischer Geschäftsanschrift siehe Einl. Rz. 57 ff. Rechtsprechung zur Sitzverlegung siehe B § 13h HGB (eingeschränktes Prüfungsrecht des Registergerichts der neuen Niederlassung bzw. des neuen Sitzes, § 13 Abs. 2 und 3 HGB). Pflicht zur Anmeldung beider Tatsachen nach § 31 Abs. 1 HGB.

Neue Geschäftsanschrift ist regelmäßig Indiz, dass sich auch der Ort der Hauptniederlassung faktisch geändert hat und umgekehrt; B §§ 106, 107 HGB Nr. 4. Liegt die neue inländische Geschäftsanschrift außerhalb des Bezirks des Registergerichts oder innerhalb des Bezirks, aber in einer anderen politischen Gemeinde, dann ist auch die Verlegung der Hauptniederlassung anzumelden.

Bei Einzelunternehmen, die bereits vor Inkrafttreten des MoMiG eingetragen waren, gilt nach Art. 65 EGHGB: Die inländische Geschäftsanschrift ist zur Eintragung anzumelden, wenn ohnehin eine andere Tatsache angemeldet wird. War keine andere Tatsache bis zum 31.10.2009 anzumelden, dann hat das Registergerichts die ihm nach §§ 24, 32 HRV zuletzt mitgeteilte Lage der Geschäftsräume als inländische Geschäftsanschrift von Amts wegen eingetragen.

BEIZUFÜGENDE UNTERLAGEN | Keine.

KOSTEN BEIM GERICHT | Bleibt das bisherige Gericht zuständig, dann Gebühr 40 Euro nach GVHR 1500, aber keine „Verlegungs"-Gebühr, vgl. Vorbem. 1.3 GVHR.

Wird die Hauptniederlassung oder der Sitz in den Bezirk eines anderen Gerichts verlegt, wird für die Eintragung im Register der bisherigen Hauptniederlassung oder des bisherigen Sitzes keine Gebühr erhoben (GVHR Vorbem. 1 Abs. 2). Bei Verlegung in den Bezirk eines anderen Gerichts Gebühr 60 Euro (GVHR 1300) bei diesem Gericht.

Wird die Hauptniederlassung an den Ort der bisherigen Zweigniederlassung verlegt und diese sodann Hauptniederlassung, fällt für die Verlegung der Hauptniederlassung die Gebühr nach GVHR 1300 und für die Aufhebung der Zweigniederlassung die Gebühr nach GVHR 1500 an.

Hat eine Handelsgesellschaft einen Doppelsitz, so sind die Gebühren zu erheben an beiden Sitzen der Gesellschaft; nicht anwendbar sind die Gebührenvorschriften für Zweigniederlassungen. Die bisher eingetragenen Prokuren werden übernommen (gebührenfrei). Gebührenfrei ist die gleichzeitige Eintragung der geänderten inländischen Geschäftsanschrift (§ 2 Abs. 3 Nr. 2 lit. a HRegGebV). Wird lediglich die Änderung der inländischen Geschäftsanschrift angemeldet, dann Gebühr 30 Euro (GVHR 1504), da der Gesetzgeber bei § 105 Abs. 5 GNotKG wohl von einer Tatsache ohne wirtschaftliche Bedeutung ausgeht; OLG München v. 9.8.2016 – 31 Wx 94/16, Rpfleger 2017, 120 (zur KG); OLG München v. 9.8.2016 – 31 WX 188/16, Rpfleger 2017, 51 (zur GmbH); OLG Köln v. 12.8.2015 – 2 Wx 135/15, Rpfleger 2016, 124 (zur GmbH).

KOSTEN BEIM NOTAR | Geschäftswert 30 000 Euro (§ 105 Abs. 4 Nr. 4 GNotKG). Gebühren und Auslagen wie bei A 1.

Die Anmeldung der veränderten Geschäftsanschrift ist gegenstandsgleich mit der Sitzverlegung. Bei isolierter Anmeldung nur der geänderten inländischen Geschäftsanschrift aus Geschäftswert 5 000 Euro (§ 105 Abs. 5 GNotKG; beachte aber die anmeldungsspezifische Mindestgebühr von 30 Euro nach KV 21201 Nr. 5 bzw. KV 24102 GNotKG bzw. 20 Euro bei KV 25100 GNotKG).

TEXT DER ANMELDUNG | Des Inhabers.

M 13.1 Anmeldung der Verlegung der Niederlassung und der Änderung der inländischen Geschäftsanschrift eines Einzelunternehmens

Ich habe die Hauptniederlassung verlegt nach … (Ort) und werde dort das Geschäft unter der bisherigen Firma fortführen.

Die Geschäftsräume befinden sich nunmehr in … (PLZ, Ort und Straße mit Hausnummer); dies ist auch die neue inländische Geschäftsanschrift i.S.v. § 29 HGB.

oder

bei Änderung der inländischen Geschäftsanschrift innerhalb derselben politischen Gemeinde:

Die Geschäftsräume befinden sich nunmehr in … (PLZ, Ort und Straße mit Hausnummer; dies ist die neue inländische Geschäftsanschrift i.S.v. § 29 HGB.

(Unterschriftsbeglaubigung wie bei A 161 (M 161.1))

14. Eröffnung einer Zweigniederlassung/Filiale/Zweigstelle

HINWEISE | Es gibt keine besonderen Registerblätter für Zweigniederlassungen. Solange die Zweigniederlassung besteht, sind nach § 13 Abs. 1 HGB alle Anmeldungen beim Gericht der Hauptniederlassung (gilt für Einzelkaufmann bzw. juristische Person) bzw. beim Gericht des Sitzes der Gesellschaft (gilt für Handelsgesellschaften) einzureichen.

Eine eintragungspflichtige Zweigniederlassung liegt nur vor, wenn die Niederlassung eine bestimmte Selbstständigkeit besitzt und ihr Leiter selbstständig Entscheidungen treffen kann; siehe auch B § 13 HGB Nr. 1.

Firma der Zweigniederlassung: B § 13 HGB Nr. 2.

BEIZUFÜGENDE UNTERLAGEN | keine.

KOSTEN BEIM GERICHT | 40 Euro Gebühr für jede Eintragung einer Zweigniederlassung (GVHR 1200). Für jede Eintragung einer Prokura bei einer jeden Zweigniederlassung Gebühr von 40 Euro (GVHR 4000).

KOSTEN BEIM NOTAR | Geschäftswert: 30 000 Euro (§ 105 Abs. 4 Nr. 4 GNotKG). Dies gilt für die erstmalige Anmeldung einer Zweigniederlassung, wie auch für die Anmeldung der Errichtung einer weiteren (späteren) Zweigniederlassung, Anmeldungen von Veränderungen bei Zweigniederlassungen und deren Aufhebung.

Sind in einer Anmeldung mehrere Anmeldungen betreffend Zweigniederlassungen enthalten, so 30 000 Euro GW für jede Zweigniederlassung, beachte aber Höchstgeschäftswert nach § 106 GNotKG von 1 Million Euro.

§ 105 Abs. 4 Nr. 4 GNotKG ist auch für Prokuren betreffend die Zweigniederlassung eines Einzelkaufmanns anzuwenden. Das bedeutet, dass der Geschäftswert für die Anmeldung oder Löschung einer Prokura bei einer Zweigniederlassung 30 000 Euro beträgt. Bei gleichzeitiger Erteilung einer Prokura bei Errichtung einer Zweigniederlassung Addition der beiden Geschäftswerte von je 30 000 Euro (§ 105 Abs. 4 Nr. 4, § 35 Abs. 1, § 86 Abs. 2 GNotKG).

Gebühren und Auslagen wie bei A 1.

TEXT DER ANMELDUNG | Des Inhabers.

M 14.1   Anmeldung der Eröffnung einer Zweigniederlassung eines Einzelunternehmens

Ich, … (Name, Vorname, Geburtsdatum, Wohnort) habe in … (Ort) eine Zweigniederlassung errichtet.

Die Geschäftsräume der Zweigniederlassung befinden sich in … (PLZ, Ort und Straße mit Hausnummer); dies ist auch die inländische Geschäftsanschrift i.S.v. § 13 HGB.

Die Zweigniederlassung führt die Firma

… (genaue Bezeichnung der Firma der Zweigniederlassung)

Die bisher für die Hauptniederlassung erteilte Prokura von ... (Name, Vorname, Geburtsdatum, Wohnort des Prokuristen) erstreckt sich auch auf die Firma der Zweigniederlassung.

(Unterschriftsbeglaubigung wie bei A 161 (M 161.1))

15. Schließung (Aufhebung) einer Zweigniederlassung

HINWEISE | Anmeldung nach § 13 Abs. 3 HGB. Anmeldung des Erlöschens der Filialprokura nach h.M. überflüssig (*Waldner*, ZNotP 1997, 53).

BEIZUFÜGENDE UNTERLAGEN | Keine.

KOSTEN BEIM GERICHT | Die Eintragung der Aufhebung der Zweigniederlassung ist Löschung, Gebühr 40 Euro (GVHR 1500), eine eingetragene Prokura ist als gegenstandslos gebührenfrei zu löschen.

KOSTEN BEIM NOTAR | Geschäftswert 30 000 Euro (§ 105 Abs. 4 Nr. 4 GNotKG). Gebühren und Auslagen wie bei A 1.

TEXT DER ANMELDUNG | Des Inhabers.

M 15.1 Anmeldung der Aufhebung der Zweigniederlassung eines Einzelunternehmens

Die Zweigniederlassung mit der Firma

... (Bezeichnung der Firma der Zweigniederlassung)

wurde aufgehoben.

Die auf den Betrieb dieser Zweigniederlassung beschränkte Prokura von ... (Name, Vorname, Geburtsdatum, Wohnort) ist erloschen.

(Unterschriftsbeglaubigung wie bei A 161 (M 161.1))

16. Verlegung einer Zweigniederlassung

HINWEISE | Nach Rechtsprechung zulässig (siehe B § 13 HGB Nr. 4), wenn die Identität der Zweigniederlassung (insbes. Arbeitsbereich und Kundenkreis) durch die örtliche Veränderung nicht berührt wird. Anmeldung nur beim Registergericht der Hauptniederlassung oder des Sitzes.

BEIZUFÜGENDE UNTERLAGEN | Keine.

KOSTEN BEIM GERICHT | Gebühr von 40 Euro (GVHR 1500).

KOSTEN BEIM NOTAR | Geschäftswert 30 000 Euro (§ 105 Abs. 4 Nr. 4 GNotKG). Gebühren und Auslagen wie bei A 14.

TEXT DER ANMELDUNG | Des Inhabers.

M 16.1   Anmeldung der Verlegung der Zweigniederlassung eines Einzelunternehmens

Ich habe die Zweigniederlassung von … (bisheriger Ort) nach … (neuer Ort) verlegt.

Die Geschäftsräume befinden sich nunmehr in … (PLZ, Ort und Straße mit Hausnummer); dies ist auch die neue inländische Geschäftsanschrift i.S.v. § 13 HGB.

Die bisher erteilten Prokuren bleiben für die Zweigniederlassung weiterhin bestehen.

(Unterschriftsbeglaubigung wie bei A 161 (M 161.1))

17. Verkleinerung des Geschäfts auf einen Umfang, der einen in kaufmännischer Weise eingerichteten Betrieb nicht mehr erfordert

HINWEISE | Das Gewerbe ist jetzt nicht mehr eintragungspflichtig, der Inhaber kann also das Erlöschen der Firma anmelden. Er kann davon aber auch – in Ausübung der Eintragungsoption nach § 2 HGB – absehen und die Firma bestehen lassen. Eine Amtslöschung nach § 31 Abs. Satz 2 HGB gegen den Willen des Inhabers ist ausgeschlossen, solange noch ein (kleines) Gewerbe betrieben wird. Bei vollständiger Einstellung siehe A 19. Auf Antrag des Inhabers kann der Grund der Löschung (Verlust der Vollkaufmannseigenschaft) in der Bekanntmachung angegeben werden (§ 35 HRV).

BEIZUFÜGENDE UNTERLAGEN | Keine.

KOSTEN BEIM GERICHT | Löschung ist gebührenfrei (Vorbem. 1 Abs. 4 GVHR). Keine besondere Gebühr für die Eintragung des Erlöschens der Prokura.

KOSTEN BEIM NOTAR | Geschäftswert: 30 000 Euro (§ 105 Abs. 4 Nr. 4 GNotKG), unabhängig von der Größe des Unternehmens; umfasst auch eine zu löschende Prokura. Gebühren und Auslagen wie bei A 1.

TEXT DER ANMELDUNG | Des Inhabers.

M 17.1   Anmeldung des Erlöschens der Firma infolge Verkleinerung des Geschäfts eines Einzelunternehmens

Die Firma ist erloschen.

Zusätzlich ist der Grund des Erlöschens bekannt zu machen:

Der Geschäftsbetrieb erfordert nach Art und Umfang keine kaufmännische Einrichtung mehr.

Die Prokura von … (Name, Vorname, Geburtsdatum, Wohnort) ist erloschen.

(Unterschriftsbeglaubigung wie bei A 161 (M 161.1))

18. Eröffnung des Insolvenzverfahrens

WAS IST ANZUMELDEN | Nichts (§ 32 HGB); Eintragung erfolgt von Amts wegen.

HINWEISE | Ebenso Aufhebung des Eröffnungsbeschlusses, Einstellung und Aufhebung des Verfahrens u.a. Anmeldepflichtig ist aber das Erlöschen der Firma nach Durchführung des Verfahrens, siehe A 19. Vorher keine Löschung (B § 157 HGB Nr. 1).

19. Einstellung des Geschäfts

HINWEISE | Anmeldepflicht nach § 31 Abs. 2 Satz 1 HGB erst mit endgültiger Einstellung des Geschäfts.

Vorübergehende Stilllegung begründet keine Anmeldepflicht, wenn konkretisierte Absicht und Aussicht auf Wiederaufnahme besteht (B § 31 HGB Nr. 2).

Wird das vom Inhaber bis zu seinem Tod geführte Handelsgeschäft von den Erben nicht aufgenommen, so ist die Anmeldepflicht von den Erben zu erfüllen. War das Geschäft dagegen noch zu Lebzeiten des Erblassers eingestellt, so besteht keine Anmeldepflicht der Erben (B § 31 HGB Nr. 3).

BEIZUFÜGENDE UNTERLAGEN | Keine.

KOSTEN BEIM GERICHT | Wie bei A 17.

KOSTEN BEIM NOTAR | Geschäftswert: 30 000 Euro (§ 105 Abs. 4 Nr. 4 GNotKG), unabhängig von der Größe des Unternehmens. Gebühren und Auslagen wie bei A 1.

TEXT DER ANMELDUNG | Des Inhabers.

M 19.1 Anmeldung des Erlöschens der Firma infolge Geschäftsaufgabe durch den Inhaber eines Einzelunternehmenss

Die Firma ist erloschen.
Grund des Erlöschens:
Das unter dieser Firma bisher betriebene Geschäft wurde aufgegeben.
Die Prokura von … (Name, Vorname, Geburtsdatum, Wohnort) ist erloschen.
(Unterschriftsbeglaubigung wie bei A 161 (M 161.1))

20. Eintritt eines Gesellschafters in das Geschäft eines Einzelkaufmanns

WAS IST ANZUMELDEN | Es handelt sich nicht um eine Gesamtrechtsnachfolge, sondern um die Gründung einer Personenhandelsgesellschaft nach §§ 105 f. HGB bzw. §§ 161 f. HGB: bei Eintritt als persönlich haftender Gesellschafter siehe unten A 23 und bei Eintritt als Kommanditist unten A 61 mit Muster. § 28 HGB regelt nur die Haftung.

BEIZUFÜGENDE UNTERLAGEN | Keine (zu gewerberechtlichen Erlaubnissen siehe die Entscheidungen zu B § 7 HGB).

KOSTEN BEIM GERICHT | Gebühr für Ersteintragung mit bis zu drei Gesellschaftern 100 Euro (GVHR 1101); Erhöhung um je 40 Euro für jeden weiteren Gesellschafter (GVHR 1102). Die Anmeldung einer zur Vertretung berechtigten Person und die gleichzeitige Anmeldung ihrer Vertretungsmacht oder deren Ausschluss betreffen eine einzige Tatsache (§ 2 Abs. 3 Nr. 1 HRegGebV). Keine Gebühr für Eintragung des Haftungsausschlusses.

KOSTEN BEIM NOTAR | Geschäftswert für Ersteintragung mit zwei Gesellschaftern 45 000 Euro (§ 105 Abs. 3 Nr. 2 Halbs. 1 GNotKG); Erhöhung um je 15 000 Euro für jeden weiteren Gesellschafter (§ 105 Abs. 3 Nr. 2 Halbs. 2 GNotKG); Höchstgeschäftswert der Anmeldung 1 Million Euro (§ 106 GNotKG). Umfasst auch Anmeldung der Geschäftsanschrift. Gebühren und Auslagen wie bei A 21.

TEXT DER ANMELDUNG | Durch alle Gesellschafter nach § 108 Satz 1 HGB.

M 20.1   Anmeldung der Gründung einer OHG infolge Aufnahme einer Person in das Handelsgeschäft eines Einzelunternehmers

Zur Eintragung in das Handelsregister wird angemeldet:

Ich, … (Name, Vorname, Geburtsdatum, Wohnort) habe … (Name, Vorname, Geburtsdatum, Wohnort) in mein Handelsgeschäft als persönlich haftenden Gesellschafter aufgenommen. Die hiermit gegründete offene Handelsgesellschaft führt die Firma unter Abänderung des Rechtsformzusatzes wie folgt fort:

… (Bezeichnung der OHG)

Sitz der Gesellschaft ist … (Ort).

Die Geschäftsräume der Gesellschaft befinden sich in … (PLZ, Ort und Straße mit Hausnummer); dies ist auch die inländische Geschäftsanschrift i.S.v. § 106 Abs. 2 Nr. 2 HGB.

Gegenstand des Unternehmens ist: … (schlagwortartige Bezeichnung)

Gesellschafter sind:

… (Name, Vorname, Geburtsdatum, Wohnort)

… (Name, Vorname, Geburtsdatum, Wohnort)

Vertretungsrecht der persönlich haftenden Gesellschafter:

__Abstrakt:__ Jeder persönlich haftende Gesellschafter vertritt die Gesellschaft jeweils einzeln.

__Konkret:__ Die Gesellschafter … (jeweils Name, Vorname, Geburtsdatum, Wohnort)

sind jeweils einzelvertretungsberechtigt. Diese Personen sind befugt, die Gesellschaft bei der Vornahme von Rechtsgeschäften mit sich selbst oder als Vertreter eines Dritten uneingeschränkt zu vertreten (Befreiung von den Beschränkungen des § 181 BGB).

(Unterschriftsbeglaubigung wie bei A 162 (M 162.1))

II. Offene Handelsgesellschaft (OHG)

21. Gründung einer OHG zum Beginn eines Gewerbebetriebes

HINWEISE | Zeitpunkt der Anmeldung: Anmelde**recht** mit Beginn des Gewerbes ohne Rücksicht auf den Umfang (§ 105 Abs. 2 HGB).

Anmelde**pflicht** mit Erreichen eines vollkaufmännischen Umfangs nach § 1 Abs. 2 HGB i.V.m. §§ 105 Abs. 1, 123 Abs. 2 HGB. Keine Anmeldung und Eintragung des Zeitpunktes, an dem die Gesellschaft begonnen hat.

Gesellschaftsvertrag ist formfrei, sofern darin nicht beurkundungsbedürftige Pflichten enthalten sind (z.B. Einbringung eines Grundstückes).

Firma der OHG siehe Vorbemerkung bei B § 18 HGB.

Grundsätzlich Einzelvertretungsbefugnis jedes Gesellschafters. Dies sowie Änderungen sind anmeldepflichtig, B §§ 106, 107 HGB und B § 125 HGB. Zur Anmeldung der Vertretungsbefugnis näher *Gustavus*, NotBZ 2002, 77; bei der GmbH & Co. KG OLG Köln v. 24.5.2004 – 2 Wx 16/04, GmbHR 2004, 1157 = Rpfleger 2004, 571. Die Begriffe „Alleinvertretung" und „Einzelvertretung" sind gleichbedeutend, B § 8 GmbHG Nr. 15.

Siehe im Übrigen Rechtsprechung B § 108 HGB.

BEIZUFÜGENDE UNTERLAGEN | Keine (zu gewerberechtlichen Erlaubnissen siehe Rechtsprechung zu B § 7 HGB).

KOSTEN BEIM GERICHT | Gebühr für Ersteintragung mit bis zu drei Gesellschaftern 100 Euro (GVHR 1101); Erhöhung um je 40 Euro für jeden weiteren Gesellschafter (GVHR 1102). Die Anmeldung einer zur Vertretung berechtigten Person und die gleichzeitige Anmeldung ihrer Vertretungsmacht oder deren Ausschluss betreffen eine Tatsache (§ 2 Abs. 3 Nr. 1 HRegGebV). Die Eintragung der inländischen Geschäftsanschrift löst keine zusätzlichen Gebühren aus (§ 2 Abs. 1 HRegGebV). Die Kosten der Bekanntmachung kommen hinzu.

KOSTEN BEIM NOTAR | Geschäftswert für Ersteintragung mit zwei Gesellschaftern 45 000 Euro (§ 105 Abs. 3 Nr. 2 Halbs. 1 GNotKG); Erhöhung um je 15 000 Euro für jeden weiteren Gesellschafter (§ 105 Abs. 3 Nr. 2 Halbs. 2 GNotKG); Höchstgeschäftswert der Anmeldung 1 Million Euro (§ 106 GNotKG). Beurkundungsgebühr umfasst auch Angaben über die Gesellschafter und deren Vertretungsberechtigung sowie die inländische Geschäftsanschrift (notwendiger Erklärungsinhalt).

1. Beurkundung der Anmeldung bzw. Entwurf mit Unterschriftsbeglaubigung: *0,5-Beurkundungsgebühr* nach KV 21201 Nr. 5 GNotKG, KV 24102, §§ 92 Abs. 2, 119 GNotKG.

   0,3-Vollzugsgebühr, höchstens 50 Euro (KV 22112 mit Vorbem. 2.2.1.1 Abs. 1 Satz 2 Nr. 1 GNotKG) aus Geschäftswert der Anmeldung (§ 112 GNotKG) für auftragsgemäße Einholung eines Gutachtens zur firmenrechtlichen Unbedenklichkeit bei IHK.

Gesonderte 0,3-Vollzugsgebühr nach KV 22114 GNotKG, höchstens 250 Euro, für XML-Strukturdatei aus Geschäftswert der Anmeldung (§ 112 GNotKG); für die Übermittlung der XML-Datei fällt keine Dokumentenpauschale an.

Nach KV 25102 Abs. 2 Nr. 1 GNotKG sind beglaubigte Abschriften von Dokumenten, die der Notar aufgenommen oder entworfen hat, vom Anwendungsbereich der *Beglaubigungsgebühr* ausgenommen; es fällt deshalb keine Beglaubigungsgebühr nach KV 25102 GNotKG an, wenn der Notar eine von ihm entworfene und unterschriftsbeglaubigte Handelsregisteranmeldung im Zuge der Registereinreichung elektronisch beglaubigt.

Auslagen: KV 32000 GNotKG Dokumentenpauschale – Papier (s/w) für die ersten 50 Seiten je Seite 0,50 Euro, bei Entwurfsfertigung mit Unterschriftsbeglaubigung ist KV 32001 Nr. 3 GNotKG nicht einschlägig.

KV 32002 GNotKG Dokumentenpauschale – Daten (z.B. für Registeranmeldung, IHK-Gutachten, sonstige Beilagen) je Datei 1,50 Euro (bis 3 Dateien), maximal jedoch 5 Euro (ab 4 Dateien), aber nicht weniger als nach KV 32000 GNotKG, also 0,50 Euro für die ersten 50 gescannten Seiten und 0,15 Euro für jede weitere gescannte Seite. Fraglich ist, ob ein Einzelvergleich jeder Datei mit der Zahl der eingescannten Seiten vorzunehmen ist, so *BDS/Diehn*, Nr. 32002 GNotKG Rz. 17, oder ob ein Vergleich der Summe für die Dateianhänge mit der Summe aller eingescannten Seiten vorzunehmen ist, so *Korintenberg/Tiedtke*, Nr. 32002 GNotKG Rz. 3.

KV 32005 GNotKG Auslagenpauschale Post/Telekommunikation 20% der Gebühren des Verfahrens bzw. Geschäfts, höchstens 20 Euro, oder Einzelabrechnung nach KV 32004 GNotKG.

KV 32014 GNotKG Umsatzsteuer auf die Kosten.

2. Unterschriftsbeglaubigung zur Anmeldung ohne Entwurfsfertigung durch Notar: *0,2-Beglaubigungsgebühr* nach KV 25100, § 121 GNotKG für Unterschriftsbeglaubigung (beachte die spezifische Höchstgebühr mit 70 Euro bei KV 25100 GNotKG).

Gesonderte 0,6-Vollzugsgebühr nach KV 22125 GNotKG, höchstens 250 Euro, für XML-Strukturdatei aus Geschäftswert der Anmeldung (§ 112 GNotKG); für die Übermittlung der XML-Datei fällt keine Dokumentenpauschale an.

Vollzugsgebühr nach KV 22124 GNotKG mit 20 Euro für Einreichung der Anmeldung beim Registergericht.

Für die *Beglaubigung von Abschriften* der Anmeldung und von beim Registergericht einzureichenden Dokumenten entsteht jeweils die 10-Euro-Mindestgebühr nach KV 25102 GNotKG (hier auch für die dem Gericht übermittelte Beglaubigung der Anmeldung, Umkehrschluss aus Abs. 2 der Anmerkung zu KV 25102 GNotKG). Nach § 12 Abs. 2 Satz 2 Halbs. 1 HGB ist die Beglaubigung von beim Registergericht einzureichenden Dokumenten in bestimmten Fällen nicht erforderlich (vgl. oben 1. Abs. 4).

Auslagen: Für unbeglaubigte Kopien KV 32000 GNotKG Dokumentenpauschale – Papier (s/w) für die ersten 50 Seiten je Seite 0,50 Euro.

KV 32002 GNotKG Dokumentenpauschale – Daten (z.B. für Registeranmeldung, IHK-Gutachten, sonstige Beilagen) je Datei 1,50 Euro (bis 3 Dateien), maximal jedoch

5 Euro (ab 4 Dateien), aber nicht weniger als nach KV 32000 GNotKG, also 0,50 Euro für die ersten 50 gescannten Seiten und 0,15 Euro für jede weitere gescannte Seite.

KV 32005 GNotKG Auslagenpauschale Post/Telekommunikation 20% der Gebühren des Verfahrens bzw. Geschäfts, höchstens 20 Euro, oder Einzelabrechnung nach KV 32004 GNotKG.

KV 32011 GNotKG (je Einsicht 4,50 Euro nach KV 1140 JVKostG) Auslagenersatz für vom Notar genommene Einsicht in das Handelsregister; für den Ausdruck keine Dokumentenpauschale nach KV 32001 Nr. 1 GNotKG.

KV 32014 GNotKG Umsatzsteuer auf die Kosten.

TEXT DER ANMELDUNG | Durch alle Gesellschafter nach § 108 Satz 1 HGB.

M 21.1   Anmeldung der Gründung einer OHG infolge Geschäftsaufnahme

Zur Erst-Eintragung in das Handelsregister wird angemeldet:

Es wurde unter der Firma

… (Bezeichnung der OHG)

eine offene Handelsgesellschaft errichtet.

Sitz der Gesellschaft ist … (Ort)

Die Geschäftsräume der Gesellschaft befinden sich in … (PLZ, Ort und Straße mit Hausnummer); dies ist auch die inländische Geschäftsanschrift i.S.v. § 106 Abs. 2 Nr. 2 HGB.

Gegenstand des Unternehmens ist: … (schlagwortartige Bezeichnung)

Gesellschafter sind:

… (Name, Vorname, Geburtsdatum, Wohnort)

… (Name, Vorname, Geburtsdatum, Wohnort)

Vertretungsrecht der persönlich haftenden Gesellschafter:

Abstrakt: *Jeder persönlich haftende Gesellschafter vertritt die Gesellschaft jeweils einzeln.*

Konkret: *Die Gesellschafter … (jeweils Name, Vorname, Geburtsdatum, Wohnort) sind jeweils einzelvertretungsberechtigt. Diese Personen sind befugt, die Gesellschaft bei der Vornahme von Rechtsgeschäften mit sich selbst oder als Vertreter eines Dritten uneingeschränkt zu vertreten (Befreiung von den Beschränkungen des § 181 BGB).*

(Unterschriftsbeglaubigung wie bei A 162 (M 162.1))

22. Gründung einer OHG zur Fortführung eines von der Gesellschaft erworbenen Unternehmens *eines Dritten* (Unternehmenskauf)

HINWEISE | Firmenfortführung nach § 22 HGB möglich; Rechtsprechung hierzu siehe B § 22 HGB.

Führt die Gesellschaft die Firma nicht fort, ist vom bisherigen Inhaber ihr Erlöschen anzumelden, siehe im Übrigen A 21.

Bei Fortführung der Firma kann die Haftung für die alten Geschäftsschulden und der Übergang der Geschäftsforderungen ausgeschlossen werden; siehe § 25 HGB und Rechtsprechung hierzu in Teil B.

Hinsichtlich des Geschäftsvermögens ist stets Rechtsübertragung von dem bisherigen Inhaber auf Gesellschaft erforderlich; keine Gesamtrechtsnachfolge. Anders dagegen, wenn von der Möglichkeit einer Ausgliederung zur Aufnahme nach §§ 152–157 i.V.m. § 131 UmwG Gebrauch gemacht wird (siehe dazu auch A 23).

Siehe im Übrigen Rechtsprechung B § 108 HGB.

WER MUSS ANMELDEN | alle Gesellschafter nach § 108 Satz 1 HGB und der bisherige Inhaber nach § 31 Abs. 2 Satz 1 HGB.

BEIZUFÜGENDE ERKLÄRUNG | ggf. Einwilligung des bisherigen Inhabers in die Firmenfortführung.

KOSTEN BEIM GERICHT | Löschung der Firma nach Vorbem. 1 Abs. 4 GVHR gebührenfrei. Für Ersteintragung der OHG wie bei A 21. Die Anmeldung einer zur Vertretung berechtigten Person und die gleichzeitige Anmeldung ihrer Vertretungsmacht betreffen eine einzige Tatsache (§ 2 Abs. 3 Nr. 1 HRegGebV). Eintragung des Haftungsausschlusses gebührenfrei.

KOSTEN BEIM NOTAR | Geschäftswert: Anmeldung der OHG wie bei A 21; da die Firma fortgeführt wird, keine Geschäftswertaddition. Erklärung über Haftungsausschluss ist gegenstandsverschieden, Geschäftswert nach billigem Ermessen, § 36 Abs. 2, Abs. 3 GNotKG. Addition der Werte. Gebühren und Auslagen wie bei A 21. Die Kosten der Bekanntmachung kommen hinzu.

TEXT DER ANMELDUNG

M 22.1   Anmeldung der Gründung einer OHG infolge Erwerbs des Unternehmens eines Dritten/Dritter

Zur Eintragung in das Handelsregister bei der offenen Handelsgesellschaft unter der Firma

… (Bezeichnung der OHG)

wird angemeldet:

Ich, der bisherige Geschäftsinhaber … (Name, Vorname, Geburtsdatum, Wohnort) habe mein Handelsgeschäft an

… (Name, Vorname, Geburtsdatum, Wohnort)

… (Name, Vorname, Geburtsdatum, Wohnort)

veräußert.

Die bisherige Firma soll mit oder ohne Beifügung eines das Nachfolgeverhältnis andeutenden Zusatzes von den Erwerbern fortgeführt werden.

Die Erwerber haben eine offene Handelsgesellschaft unter der Firma

… (neue Bezeichnung der Firma)

errichtet.

Sitz der Gesellschaft ist … (Ort)

Die Geschäftsräume der Gesellschaft befinden sich in … (PLZ, Ort, Straße mit Hausnummer); dies ist auch die inländische Geschäftsanschrift i.S.v. § 106 Abs. 2 Nr. 2 HGB.

Gegenstand des Unternehmens ist: … (schlagwortartige Bezeichnung)

Vertretungsrecht der persönlich haftenden Gesellschafter:

Abstrakt: *Jeder persönlich haftende Gesellschafter vertritt die Gesellschaft jeweils einzeln.*

Konkret: *Die Gesellschafter … (jeweils Name, Vorname, Geburtsdatum, Wohnort) sind jeweils einzelvertretungsberechtigt. Diese Personen sind befugt, die Gesellschaft bei der Vornahme von Rechtsgeschäften mit sich selbst oder als Vertreter eines Dritten uneingeschränkt zu vertreten (Befreiung von den Beschränkungen des § 181 BGB).*

Wir melden zugleich an, dass der Übergang der Forderungen und Verbindlichkeiten, die im Betriebe des Veräußerers entstanden sind, auf die Erwerber ausgeschlossen ist.

(Unterschriftsbeglaubigung wie bei A 162 (M 162.1))

---

23. Gründung einer OHG zur Fortführung eines bisher von *einem der Gesellschafter* allein betriebenen Unternehmens

HINWEISE | Vorgang stellt Gründung einer Personenhandelsgesellschaft dar, keine Gesamtrechtsnachfolge; siehe Hinweis zu A 20 und bezgl. Aufnahme als Kommanditist A 61. Firmenfortführung nach § 24 HGB möglich; Rechtsprechung siehe B § 24 HGB.

Die auch ohne Firmenfortführung bestehende Haftung der Gesellschaft für Altschulden kann ausgeschlossen werden (§ 28 Abs. 2 HGB); siehe auch B § 28 HGB Nr. 1 und 2.

Hinsichtlich des Geschäftsvermögens ist stets eine Rechtsübertragung von dem bisherigen Inhaber auf die Gesellschaft erforderlich, es sei denn, es wird von der Möglichkeit einer Ausgliederung aus dem Vermögen des Einzelkaufmanns nach §§ 152–157 i.V.m. § 131 UmwG Gebrauch gemacht.

Siehe Rechtsprechung B § 108 HGB.

WER MUSS ANMELDEN | Alle Gesellschafter nach § 108 Satz 1 HGB.

BEIZUFÜGENDE ERKLÄRUNG | Ggf. Einwilligung des bisherigen Inhabers in die Firmenfortführung.

KOSTEN BEIM GERICHT | Wie bei A 22.

KOSTEN BEIM NOTAR | Geschäftswert wie bei A 22. Gebühren und Auslagen wie bei A 21.

TEXT DER ANMELDUNG

M 23.1 Anmeldung der Gründung einer OHG infolge Aufnahme einer Person in das Handelsgeschäft eines Einzelunternehmers, mit Haftungsausschluss

Ich, der bisherige Geschäftsinhaber ... (Name, Vorname, Geburtsdatum, Wohnort) habe in mein Handelsgeschäft als Gesellschafter aufgenommen:

... (Name, Vorname, Geburtsdatum, Wohnort)

Die Firma ist geändert in

... (neue Bezeichnung mit Rechtsformzusatz)

Sitz der Gesellschaft ist ... (Ort)

Die Geschäftsräume der Gesellschaft befinden sich in ... (PLZ, Ort und Straße mit Hausnummer); dies ist auch die inländische Geschäftsanschrift i.S.v. § 106 Abs. 2 Nr. 2 HGB.

Gegenstand des Unternehmens ist: ... (schlagwortartige Bezeichnung)

Die Gesellschaft haftet nicht für die im Geschäft entstehenden Verbindlichkeiten des bisherigen Inhabers.

Vertretungsrecht der persönlich haftenden Gesellschafter:

Abstrakt: *Jeder persönlich haftende Gesellschafter vertritt die Gesellschaft jeweils einzeln.*

Konkret: *Die Gesellschafter ... (jeweils Name, Vorname, Geburtsdatum, Wohnort) sind jeweils einzelvertretungsberechtigt. Diese Personen sind befugt, die Gesellschaft bei der Vornahme von Rechtsgeschäften mit sich selbst oder als Vertreter eines Dritten uneingeschränkt zu vertreten (Befreiung von den Beschränkungen des § 181 BGB).*

Wir melden zugleich an, dass der Übergang der Forderungen und Verbindlichkeiten, die im Betriebe des Veräußerers entstanden sind, auf die Erwerber ausgeschlossen ist.

(Unterschriftsbeglaubigung wie bei A 162 (M 162.1))

---

24. Vergrößerung oder Erweiterung eines nicht im Handelsregister eingetragenen gewerblichen Unternehmens mehrerer Personen

HINWEISE | Wird durch die Erweiterung ein in kaufmännischer Weise eingerichteter Geschäftsbetrieb nötig, verwandelt sich die bisher bestehende Gesellschaft bürgerlichen Rechts automatisch in eine OHG (zur rechtlichen Identität mit der bisherigen GbR siehe B § 105 HGB Nr. 2). Im Übrigen besteht ein Recht zur Eintragung als OHG/KG auch dann, wenn ein in kaufmännischer Weise eingerichteter Geschäftsbetrieb nicht erforderlich ist oder wenn nur eigenes Vermögen verwaltet wird (§ 105 Abs. 2 HGB; vgl. auch A 21).

WAS IST ANZUMELDEN | Wie bei A 21.

WER MUSS ANMELDEN | Wie bei A 21.

BEIZUFÜGENDE UNTERLAGEN | Keine.

KOSTEN BEIM GERICHT | Wie bei A 21.

KOSTEN BEIM NOTAR | Wie bei A 21.

TEXT DER ANMELDUNG

M 24.1 Anmeldung einer OHG infolge Vergrößerung des Geschäftsbetriebes einer GbR

Die bisher aus den Gesellschaftern

… (Name, Vorname, Geburtsdatum, Wohnort)

… (Name, Vorname, Geburtsdatum, Wohnort)

bestehende Gesellschaft bürgerlichen Rechts wird durch Eintragung im Handelsregister zur offenen Handelsgesellschaft unter der Firma

… (Bezeichnung der OHG)

Sitz der Gesellschaft ist … (Ort)

Die Geschäftsräume der Gesellschaft befinden sich in … (PLZ, Ort und Straße mit Hausnummer); dies ist auch die inländische Geschäftsanschrift i.S.v. § 106 Abs. 2 Nr. 2 HGB.

Gegenstand des Unternehmens ist: … (schlagwortartige Bezeichnung).

Vertretungsrecht der persönlich haftenden Gesellschafter:

Abstrakt: *Jeder persönlich haftende Gesellschafter vertritt die Gesellschaft jeweils einzeln.*

Konkret: *Die Gesellschafter … (jeweils Name, Vorname, Geburtsdatum, Wohnort) sind jeweils einzelvertretungsberechtigt. Diese Personen sind befugt, die Gesellschaft bei der Vornahme von Rechtsgeschäften mit sich selbst oder als Vertreter eines Dritten uneingeschränkt zu vertreten (Befreiung von den Beschränkungen des § 181 BGB).*

(Unterschriftsbeglaubigung wie bei A 162 (M 162.1))

---

25. Änderung der Firma

HINWEISE | Anmeldepflicht nach § 107 HGB. Fortgeführte Firmen können nur beschränkt geändert werden, siehe B § 22 HGB Nr. 7, 13 und B § 24 HGB Nr. 2; ferner Hinweis bei A 12.

BEIZUFÜGENDE UNTERLAGEN | Keine.

KOSTEN BEIM GERICHT | Eintragungsgebühr bei einer Gesellschaft mit bis zu 50 Gesellschaftern 60 Euro (GVHR 1501), mit mehr als 50 Gesellschaftern 70 Euro (GVHR 1502). Wird die Firma geändert, weil sich der Ortsname oder der Name des Unternehmensinhabers wegen Verheiratung geändert hat, dann Gebühr 30 Euro (GVHR 1504).

KOSTEN BEIM NOTAR | Geschäftswert: 30 000 Euro (§ 105 Abs. 4 Nr. 3 Halbs. 1 GNotKG). Gebühren und Auslagen wie bei A 21.

Wird die Firma geändert, weil sich der Ortsname oder der Name des Gesellschafters wegen Verheiratung geändert hat, dann Geschäftswert lediglich 5 000 Euro (§ 105 Abs. 5

GNotKG); Gebühren und Auslagen wie bei A 21, beachte aber Mindestgebühr von 30 Euro bei KV 21201 Nr. 5 bzw. KV 24102 GNotKG bzw. 20 Euro bei KV 25100 GNot-KG. Anmeldungen zu Änderungen ohne wirtschaftliche Bedeutung sind z.B. Namensänderungen von Kaufleuten und Änderungen des Wohnsitzes eines Gesellschafters.

TEXT DER ANMELDUNG | Durch alle Gesellschafter nach §§ 107, 108 Satz 1 HGB.

M 25.1   Anmeldung der Änderung der Firma einer OHG

Die Firma ist geändert in

… (neue Bezeichnung mit Rechtsformzusatz)

Die Geschäftsräume befinden sich unverändert in … (PLZ, Ort und Straße mit Hausnummer); dies ist auch die inländische Geschäftsanschrift i.S.v. § 106 Abs. 2 Nr. 2 HGB.

(Unterschriftsbeglaubigung wie bei A 162 (M 162.1))

26. Änderung der Vertretungsregelung und Vertretungsbefugnis

HINWEISE | Anmeldepflicht bei Änderungen nach § 107 HGB sowohl der abstrakten, d.h. der allgemeinen Vertretungsregelung laut Gesellschaftsvertrag, als auch der abweichenden, d.h. der konkreten Vertretungsbefugnis einzelner Gesellschafter. Vor Eintragung keine Wirkung der Änderung gegenüber gutgläubigen Dritten (§ 15 HGB).

Änderung der Geschäftsführung (Handlungsbefugnis im Innenverhältnis) ist nicht anmelde- und eintragungsfähig, wohl aber Befreiung von den Beschränkungen des § 181 BGB (B § 181 BGB Nr. 7). Die Begriffe „Alleinvertretung" und „Einzelvertretung" sind gleichbedeutend (B § 8 GmbHG Nr. 15).

WER MUSS ANMELDEN | Alle Gesellschafter nach §§ 107, 108 Satz 1 HGB. Ausnahme: gerichtliche Entscheidung (§ 16 HGB).

BEIZUFÜGENDE UNTERLAGEN | Keine.

KOSTEN BEIM GERICHT | Eintragungsgebühr bei einer Gesellschaft mit bis zu 50 Gesellschaftern 60 Euro (GVHR 1501), mit mehr als 50 Gesellschaftern 70 Euro (GVHR 1502).

KOSTEN BEIM NOTAR | 30 000 Euro (§ 105 Abs. 4 Nr. 3 Halbs. 1 GNotKG). Änderungen der Vertretungsbefugnis bei mehreren Gesellschaftern sind verschiedene Beurkundungsgegenstände; Addition der Geschäftswerte, höchstens 1 Million Euro (§ 106 GNotKG). Gebühren und Auslagen wie bei A 21.

TEXT DER ANMELDUNG

M 26.1   Anmeldung der Änderung der Vertretungsregelung und der Vertretungsbefugnis einer OHG

Vertretungsrecht:

Abstrakt: *Jeder persönlich haftende Gesellschafter vertritt die Gesellschaft jeweils einzeln.*

sodann:

Konkret: *Der Gesellschafter … (Name, Vorname, Geburtsdatum, Wohnort) ist von der Vertretung der Gesellschaft ausgeschlossen.*

oder:

Die Gesellschafter vertreten die Gesellschaft in der Weise, dass immer zwei gemeinsam vertretungsberechtigt sind.

oder:

Die Vertretungsmacht des persönlich haftenden Gesellschafters … (Name, Vorname, Geburtsdatum, Wohnort) ist auf den Betrieb der Hauptniederlassung beschränkt.

oder:

Die Vertretungsmacht des persönlich haftenden Gesellschafters … (Name, Vorname, Geburtsdatum, Wohnort) ist auf den Betrieb der Zweigniederlassung … (Ort) beschränkt.

oder:

Der Gesellschafter … (Name, Vorname, Geburtsdatum, Wohnort) ist berechtigt, die Gesellschaft bei der Vornahme von Rechtsgeschäften mit sich selbst oder als Vertreter eines Dritten uneingeschränkt zu vertreten (Befreiung von den Beschränkungen des § 181 BGB).

oder:

Durch einstweilige Verfügung des LG … (Ort), Kammer für Handelssachen, vom … (Datum) wurde dem Gesellschafter … (Name, Vorname, Geburtsdatum, Wohnort) die Vertretungsbefugnis entzogen.

Angeschlossen ist die mit Zustellungsurkunde versehene einstweilige Verfügung in elektronisch beglaubigter Abschrift.

Jeweils: *Die Geschäftsräume befinden sich unverändert in … (PLZ, Ort und Straße mit Hausnummer); dies ist auch die inländische Geschäftsanschrift i.S.v. § 106 Abs. 2 Nr. 2 HGB.*

(Unterschriftsbeglaubigung wie bei A 162 (M 162.1))

27. Änderung des Sitzes der Gesellschaft (Sitzverlegung) und der inländischen Geschäftsanschrift

HINWEISE | Anmeldepflicht nach § 107 HGB. Zum Verhältnis von Sitz und inländischer Geschäftsanschrift siehe Einl. Rz. 58 ff. Rechtsprechung zur Sitzverlegung siehe B § 13h HGB (eingeschränktes Prüfungsrecht des Registergerichts der neuen Niederlassung bzw. des neuen Sitzes, § 13 Abs. 2 und 3 HGB). Pflicht zur Anmeldung beider Tatsachen nach § 107 HGB. Neue Geschäftsanschrift ist regelmäßig Indiz, dass sich auch der Ort des Sitzes faktisch geändert hat und umgekehrt; B §§ 106, 107 HGB Nr. 4. Liegt die neue inländische Geschäftsanschrift außerhalb des Bezirks des Registergerichts oder innerhalb des Bezirks, aber in einer anderen politischen Gemeinde, dann ist auch die Sitzverlegung anzumelden.

Bei Gesellschaften, die bereits vor Inkrafttreten des MoMiG eingetragen waren, gilt nach Art. 65 EGHGB: Die inländische Geschäftsanschrift ist zur Eintragung anzumelden, wenn ohnehin eine andere Tatsache angemeldet wird. War keine andere Tatsache bis zum 31.10.2009 anzumelden, dann hat das Registergerichts regelmäßig die ihm nach §§ 24, 34 HRV zuletzt mitgeteilte Lage der Geschäftsräume als inländische Geschäftsanschrift von Amts wegen eingetragen.

BEIZUFÜGENDE UNTERLAGEN | Keine.

KOSTEN BEIM GERICHT | Bleibt das bisherige Gericht zuständig, dann Eintragungsgebühr bei einer Gesellschaft mit bis zu 50 Gesellschaftern 60 Euro (GVHR 1501), mit mehr als 50 Gesellschaftern 70 Euro (GVHR 1502).

Bei Verlegung in den Bezirk eines anderen Gerichts bei diesem Gericht: Gebühr bei einer Gesellschaft mit bis zu drei Gesellschaftern 80 Euro (GVHR 1301), mit mehr als drei Gesellschaftern Erhöhung der Gebühr für jeden weiteren Gesellschafter um 40 Euro (GVHR 1302); ab der 101. eingetragenen Person Erhöhung der Gebühr für jeden weiteren Gesellschafter um 10 Euro (GVHR 1303). Wird der Sitz in den Bezirk eines anderen Gerichts verlegt, wird für die Eintragung im Register des bisherigen Sitzes keine Gebühr erhoben (GVHR Vorbem. 1 Abs. 2). Wird lediglich die Änderung der inländischen Geschäftsanschrift angemeldet, dann Gebühr 30 Euro (GVHR 1504), da der Gesetzgeber bei § 105 Abs. 5 GNotKG wohl von einer Tatsache ohne wirtschaftliche Bedeutung ausgeht; OLG München v. 9.8.2016 – 31 Wx 94/16, Rpfleger 2017, 120 (zur KG); OLG München v. 9.8.2016 – 31 WX 188/16, Rpfleger 2017, 51 (zur GmbH); OLG Köln v. 12.8.2015 – 2 Wx 135/15, Rpfleger 2016, 124 (zur GmbH). Im Übrigen § 2 Abs. 3 Nr. 2 lit. b HRegGebV.

KOSTEN BEIM NOTAR | Geschäftswert: 30 000 Euro (§ 105 Abs. 4 Nr. 3 Halbs. 1 GNotKG). Gebühren und Auslagen wie bei A 21. Die Anmeldung der veränderten Geschäftsanschrift ist gegenstandsgleich mit der Sitzverlegung, weil Verwaltungssitz und inländische Geschäftsanschrift – anders als bei Kapitalgesellschaften – nicht auseinanderfallen können. GW 5 000 Euro (§ 105 Abs. 5 GNotKG) bei einer isolierten Anmeldung der geänderten Geschäftsanschrift; beachte aber die Mindestgebühr von 30 Euro bei KV 21201 Nr. 5 bzw. 24102 GNotKG bzw. 20 Euro bei KV 25100 GNotKG.

TEXT DER ANMELDUNG | Durch Gesellschafter in vertretungsberechtigter Zahl nach §§ 107, 108 Satz 2 HGB, wenn nur die inländische Geschäftsanschrift geändert wird; ansonsten Anmeldung durch alle Gesellschafter.

M 27.1 Anmeldung der Verlegung des Sitzes und der Änderung der inländischen Geschäftsanschrift einer OHG

Der Sitz der Gesellschaft wurde nach ... (neuer Ort) verlegt. Die Geschäftsräume befinden sich in ... (PLZ, Ort und Straße mit Hausnummer); dies ist auch die neue inländische Geschäftsanschrift i.S.v. § 106 Abs. 2 Nr. 2 HGB.

oder

bei Änderung der inländischen Geschäftsanschrift innerhalb derselben politischen Ge-
meinde:

Die Geschäftsräume befinden sich nunmehr in ... (PLZ, Ort und Straße mit Hausnummer);
dies ist die neue inländische Geschäftsanschrift i.S.v. § 106 Abs. 2 Nr. 2 HGB.

(Unterschriftsbeglaubigung wie bei A 162 (M 162.1))

28. Änderung der Personalien der Gesellschafter

HINWEISE | Außerhalb der Tatbestände der §§ 107, 143 Abs. 2 HGB, also Eintritt oder
Ausscheiden der Personen selbst, keine Anmeldungen bei Änderungen der Gesellschafter
in Bezug auf Personalien. Änderungen von Namen oder Wohnort der Gesellschafter sind
nicht eintragungspflichtig, werden aber auf Anzeige ohne förmliche Anmeldung von
Amts wegen im Verfahren nach § 17 HRV berichtigend eingetragen (siehe B §§ 106, 107
HGB Nr. 1 und B § 24 FamFG). Änderung der Personalien ist nach § 27 FamFG glaubhaft zu machen.

WAS IST ANZUMELDEN | Nichts.

KOSTEN BEIM GERICHT IM FALLE DER EINTRAGUNG AUF ANZEIGE | Gebühr für die Eintra-
gung einer Tatsache 60 bis 70 Euro je nach Größe der Gesellschaft (GVHR 1501–1503);
betrifft die Eintragung eine Tatsache ohne wirtschaftliche Bedeutung (wie z.B. Änderung
der Berufsbezeichnung eines Gesellschafters, Änderung des Namens eines Gesellschafters
infolge seiner Verheiratung oder sonstigen Umbenennung, Änderung des Ortsnamens
der Gesellschaft, Änderung des Wohnsitzes eines Gesellschafters), so Gebühr von 30 Euro (GVHR 1504). Mehrere Änderungen eines Gesellschaftervertrags, die gleichzeitig angemeldet werden und nicht die Änderung eingetragener Angaben betreffen, bilden eine
Tatsache (§ 2 Abs. 3 Nr. 3 HRegGebV).

KOSTEN BEIM NOTAR | Geschäftswert nach § 105 Abs. 5 GNotKG stets 5 000 Euro für
jede Anmeldungstatsache (Geschäftswert insgesamt höchstens 1 Million Euro, § 106
GNotKG). Gebühren und Auslagen wie bei A 21; beachte aber Mindestgebühr von
30 Euro bei KV 21201 Nr. 5 bzw. 24102 GNotKG bzw. 20 Euro bei KV 25100 GNotKG.
Anmeldungen zu Änderungen ohne wirtschaftliche Bedeutung sind z.B. Namensänderungen von Gesellschaftern, Änderung der Firma, weil sich der Ortsname geändert hat,
Satzungsänderungen technischer/redaktioneller Art und Änderungen des Wohnsitzes
eines Gesellschafters.

29. Aufnahme eines weiteren persönlich haftenden Gesellschafters

HINWEISE | Anmeldepflicht nach § 107 HGB. Eintritt setzt Vertrag zwischen allen bishe-
rigen Gesellschaftern und dem neuen voraus, wenn nicht der Gesellschaftsvertrag Ab-

weichungen bestimmt (z.B. Ermächtigung, Aufnahme- bzw. Beitrittsverträge zu schließen, BGH v. 14.11.1977 – II ZR 95/76, DNotZ 1978, 246 = GmbHR 1978, 64).

Kein Haftungsausschluss möglich (§ 130 HGB).

Siehe Rechtsprechung zu B § 108 HGB.

Ist der eintretende Gesellschafter von der Vertretung ausgeschlossen, ist auch dies anzumelden.

Bei der Aufnahme Minderjähriger ist wegen der erforderlichen Genehmigung durch das Familiengericht die Beteiligung als Kommanditist angezeigt. Zu Minderjährigen und Betreuten siehe Einl. Rz. 22 ff. und Rechtsprechung zu B § 1822 BGB.

WER MUSS ANMELDEN | Alle Gesellschafter nach § 108 Satz 1 HGB einschl. des bereits Eingetretenen bzw. Eintretenden.

BEIZUFÜGENDE UNTERLAGEN | Keine.

KOSTEN BEIM GERICHT | Gebühr je nach Größe der Gesellschaft 60 bzw. 70 Euro (GVHR 1501 bzw. 1502).

KOSTEN BEIM NOTAR | Geschäftswert nach § 105 Abs. 4 Nr. 3 Halbs. 1 GNotKG 30 000 Euro bei Eintritt/Ausscheiden von einem oder zwei Gesellschaftern. Bei Eintritt/Ausscheiden von mehr als zwei Gesellschaftern sind als Geschäftswert 15 000 Euro für jeden eintretenden oder ausscheidenden Gesellschafter anzunehmen (§ 105 Abs. 4 Nr. 3 Halbs. 2 GNotKG; bedeutet Ausnahme zu § 111 Nr. 3 GNotKG, nach dem jede anzumeldende Tatsache ein gesonderter Beurkundungsgegenstand ist und mit mindestens 30 000 Euro zu bewerten wäre); Geschäftswert insgesamt höchstens 1 Million Euro (§ 106 GNotKG). Gebühren und Auslagen wie bei A 21.

TEXT DER ANMELDUNG

M 29.1 Anmeldung der Aufnahme eines weiteren Gesellschafters in eine OHG

In die Gesellschaft ist als weiterer Gesellschafter eingetreten:

… (Name, Vorname, Geburtsdatum, Wohnort)

Vertretungsrecht der persönlich haftenden Gesellschafter:

Abstrakt: Jeder persönlich haftende Gesellschafter vertritt die Gesellschaft jeweils einzeln.

Konkret: Der eingetretene Gesellschafter vertritt die Gesellschaft wie folgt:

0 *Er hat Vertretungsrecht zusammen mit einem weiteren persönlich haftenden Gesellschafter oder einem Prokuristen.*

0 *Er ist einzelvertretungsberechtigt.*

0 *Er ist von der Vertretung ausgeschlossen.*

Der bisherige Gesellschafter … (Name, Vorname, Geburtsdatum, Wohnort) ist einzelvertretungsberechtigt.

Der Gesellschafter … (Name, Vorname, Geburtsdatum, Wohnort) ist befugt, die Gesellschaft bei der Vornahme von Rechtsgeschäften mit sich selbst oder als Vertreter eines

Dritten uneingeschränkt zu vertreten (Befreiung von den Beschränkungen des § 181 BGB).

Prokuren bleiben weiterhin bestehen.

Firma und Sitz der Gesellschaft sowie die inländische Geschäftsanschrift bleiben unverändert.

(Unterschriftsbeglaubigung wie bei A 162 (M 162.1))

---

30. Aufnahme eines Dritten als Kommanditisten

HINWEISE | Siehe Hinweise bei A 29

Die Umwandlung der OHG in eine KG braucht nicht besonders angemeldet zu werden; sie ergibt sich zwangsläufig aus dem Eintritt eines Kommanditisten (§ 161 Abs. 1 HGB).

Die „Umwandlung" der OHG in eine KG bedeutet keine Neugründung; die gesamthänderische Bindung besteht fort und damit Identität zwischen der bisherigen OHG und der KG.

Zwang zur Firmenänderung infolge § 19 Abs. 1 Nr. 3 HGB.

Siehe im Übrigen Rechtsprechung B § 108 HGB.

Zu Minderjährigen und Betreuten siehe Einl. Rz. 22 ff. und B § 1822 BGB.

WER MUSS ANMELDEN | Alle Gesellschafter nach §§ 107, 108 Satz 1, 161 Abs. 2, 162 HGB einschl. des Eingetretenen bzw. des Eintretenden.

BEIZUFÜGENDE UNTERLAGEN | Keine.

KOSTEN BEIM GERICHT | Gebühr für Eintragung des Eintritts des Kommanditisten 60 bzw. 70 Euro je nach Größe der Gesellschaft (GVHR 1501 bzw. 1502); eine weitere Eintragungsgebühr von 30 Euro für die Änderung des Rechtsformzusatzes der Firma (GVHR 1504). Wird lediglich die Änderung der inländischen Geschäftsanschrift angemeldet, dann Gebühr 30 Euro (GVHR 1504), da der Gesetzgeber bei § 105 Abs. 5 GNotKG wohl von einer Tatsache ohne wirtschaftliche Bedeutung ausgeht; OLG München v. 9.8.2016 – 31 Wx 94/16, Rpfleger 2017, 120 (zur KG); OLG München v. 9.8.2016 – 31 WX 188/16, Rpfleger 2017, 51 (zur GmbH); OLG Köln v. 12.8.2015 – 2 Wx 135/15, Rpfleger 2016, 124 (zur GmbH).

KOSTEN BEIM NOTAR | Geschäftswert: Nennbetrag der einfachen Kommanditeinlage, mindestens 30 000 Euro für jeden eintretenden Kommanditisten (§ 105 Abs. 1 Satz 1 Nr. 6, Satz 2 GNotKG), ggf. Addition der Geschäftswerte (§ 86 Abs. 2 GNotKG), höchstens 1 Million Euro (§ 106 GNotKG). Umfasst auch die notwendig werdende Änderung der Firma hinsichtlich des Rechtsformzusatzes (Gegenstandsgleichheit, weil notwendiger Erklärungsinhalt). „Umgründung" ist kein Fall des § 105 Abs. 1 Satz 1 Nr. 5 GNotKG. Hinzu GW von 5 000 Euro (§ 105 Abs. 5 GNotKG) bei etwaiger Anmeldung der – geänderten – Geschäftsanschrift zur Eintragung in das Handelsregister.

Gebühren und Auslagen wie bei A 21.

TEXT DER ANMELDUNG

M 30.1 Anmeldung des Eintritts eines Dritten in eine OHG als Kommanditist

In die offene Handelsgesellschaft ist … (Name, Vorname, Geburtsdatum, Wohnort) als Kommanditist mit einer Einlage von Euro … (Zahl) eingetreten. Die Gesellschaft hat sich dadurch in eine Kommanditgesellschaft umgewandelt.

Der Eingetretene wurde darauf hingewiesen, dass er bis zu seiner Eintragung im Handelsregister persönlich haftet (§ 176 Abs. 2 HGB). Weiter ist dem Eingetretenen bekannt, dass für ihn ein Haftungsausschluss mit Wirkung gegenüber den Gläubigern nicht möglich ist (§ 173 HGB).

Alternativ:

In die offene Handelsgesellschaft wird … (Name, Vorname, Geburtsdatum, Wohnort) aufschiebend bedingt auf den Zeitpunkt der Eintragung in das Handelsregister als Kommanditist mit einer Einlage von Euro … (Zahl) eintreten. Die Gesellschaft wird sich dadurch in eine Kommanditgesellschaft umwandeln.

Vertretungsrecht:

Abstrakt: *Jeder persönlich haftende Gesellschafter vertritt die Gesellschaft jeweils einzeln.*

Konkret: *Der persönlich haftende Gesellschafter … (Name, Vorname, Geburtsdatum, Wohnort) ist einzelvertretungsberechtigt.*

Die Firma ist geändert in … (neue Bezeichnung mit Rechtsformzusatz)

Der Gegenstand des Unternehmens ist unverändert.

Die Geschäftsräume befinden sich unverändert in … (PLZ, Ort und Straße mit Hausnummer); dies ist auch die inländische Geschäftsanschrift i.S.v. § 106 Abs. 2 Nr. 2 HGB.

(Unterschriftsbeglaubigung wie bei A 162 (M 162.1))

31. Ein persönlich haftender Gesellschafter wird Kommanditist

HINWEISE | Siehe Hinweise bei A 30 und B § 162 HGB Nr. 3. Vgl. auch A 63 für den umgekehrten Fall.

Ist der Name des persönlich haftenden Gesellschafters in der Firma enthalten, so ist in entsprechender Anwendung von § 24 HGB eine Firmenänderung nicht erforderlich.

Wird der *einzige* persönlich haftende Gesellschafter Kommanditist oder scheidet er aus der Gesellschaft aus, so ist damit die Gesellschaft aufgelöst und Anwachsung beim einzig verbleibenden „Gesellschafter"; das ist anzumelden (siehe A 33 und B § 143 HGB). Übernimmt nunmehr zeitgleich mit dem Ausscheiden ein anderer Kommanditist die Komplementärstellung oder tritt ein persönlich haftender Gesellschafter ein, so kann die Gesellschaft fortgesetzt werden (siehe A 57).

Zur Anmeldung siehe Rechtsprechung B § 108 HGB.

BEIZUFÜGENDE UNTERLAGEN | Keine.

KOSTEN BEIM GERICHT | Die Beteiligungsumwandlung wird als Austritt aus der alten Stellung und Eintritt in die neue Stellung eingetragen (als zwei Tatsachen); Gebühr für die Eintragung der ersten Registertatsache mit 60 bzw. 70 Euro (GVHR 1501 bzw. 1502), Gebühr für die weitere Tatsache nach GVHR 1503 mit 30 Euro. Eine weitere Eintragungsgebühr von 30 Euro für die Änderung des Rechtsformzusatzes der Firma (GVHR 1504).

Wird lediglich die Änderung der inländischen Geschäftsanschrift angemeldet, dann Gebühr 30 Euro (GVHR 1504), da der Gesetzgeber (zu einer entsprechenden Registeranmeldung) bei § 105 Abs. 5 GNotKG wohl von einer Tatsache ohne wirtschaftliche Bedeutung ausgeht; OLG München v. 9.8.2016 – 31 Wx 94/16, Rpfleger 2017, 120 (zur KG); OLG München v. 9.8.2016 – 31 WX 188/16, Rpfleger 2017, 51 (zur GmbH); OLG Köln v. 12.8.2015 – 2 Wx 135/15, Rpfleger 2016, 124 (zur GmbH).

KOSTEN BEIM NOTAR | Nennbetrag der einfachen Kommanditeinlage, mindestens 30 000 Euro (§ 105 Abs. 1 Satz 1 Nr. 6 Halbs. 2, Satz 2 GNotKG), bedeutet Ausnahme zu § 111 Nr. 3 GNotKG, nach dem jede anzumeldende Tatsache ein gesonderter Beurkundungsgegenstand ist und mit mindestens 30 000 Euro zu bewerten wäre. Höchstgeschäftswert der Anmeldung 1 Million Euro (§ 106 GNotKG). Gebühren und Auslagen wie bei A 21.

TEXT DER ANMELDUNG | Durch alle Gesellschafter nach §§ 107, 108 Satz 1, 143 Abs. 2, 161 Abs. 2, 162 HGB.

M 31.1 Anmeldung der Beteiligungsumwandlung: persönlich haftender Gesellschafter einer OHG wird Kommanditist

Der persönlich haftende Gesellschafter … (Name, Vorname, Geburtsdatum, Wohnort) ist fortan Kommanditist mit einer Einlage von Euro … (Zahl); er ist nicht mehr vertretungsberechtigt. Die Gesellschaft hat sich dadurch in eine Kommanditgesellschaft umgewandelt.

Die Firma ist geändert in … (neue Bezeichnung mit Rechtsformzusatz)

Die Geschäftsräume befinden sich unverändert in … (PLZ, Ort und Straße mit Hausnummer); dies ist auch die inländische Geschäftsanschrift i.S.v. § 106 Abs. 2 Nr. 2 HGB.

(Unterschriftsbeglaubigung wie bei A 162 (M 162.1))

32. Ausscheiden eines Gesellschafters durch Vereinbarung oder Kündigung

HINWEISE | Die Ausübung des gesetzlichen Kündigungsrechts führt nach §§ 132, 131 Abs. 3 Satz 1 Nr. 3 HGB zum Ausscheiden aus der Gesellschaft, wenn der Vertrag nichts anderes vorsieht (vgl. unten A 51).

Die Anmeldung kann von den Beteiligten nicht zurückgehalten und verweigert werden, wenn das Ausscheiden feststeht und nur noch über die Modalitäten verhandelt wird, z.B. über die Abfindung.

Der Ausscheidende haftet gutgläubigen Dritten auch für alle Geschäftsschulden, die bis zu seiner Löschung im Handelsregister entstehen; Anmeldung daher eilig und auch dann nötig, wenn Eintritt selbst noch nicht eingetragen (B § 143 HGB Nr. 8).

Fortführung der Firma uneingeschränkt zulässig, wenn darin der Name des Ausgeschiedenen nicht enthalten ist; sonst nur mit seiner Zustimmung, die ggf. ausdrücklich in der Anmeldung zu erklären ist.

Rechtsprechung B § 108, § 143 HGB und § 24 HGB.

WER MUSS ANMELDEN | Alle Gesellschafter einschl. des Ausscheidenden nach § 143 Abs. 2 HGB.

BEIZUFÜGENDE ERKLÄRUNG | Ggf. Einwilligung des Ausscheidenden in die Firmenfortführung (§ 24 Abs. 2 HGB).

KOSTEN BEIM GERICHT | Gebühr je nach Größe der Gesellschaft 60 bzw. 70 Euro (GVHR 1501 bzw. 1502).

KOSTEN BEIM NOTAR | Geschäftswert nach § 105 Abs. 4 Nr. 3 Halbs. 1 GNotKG: 30 000 Euro bei Ausscheiden von einem oder zwei Gesellschaftern. Bei Ausscheiden von mehr als zwei Gesellschaftern sind als Geschäftswert 15 000 Euro für jeden ausscheidenden Gesellschafter anzunehmen (§ 105 Abs. 4 Nr. 3 Halbs. 2 GNotKG; bedeutet Ausnahme zu § 111 Nr. 3 GNotKG, nach dem jede anzumeldende Tatsache ein gesonderter Anmeldegegenstand ist und mit mindestens 30 000 Euro zu bewerten wäre); bei Einwilligung in die Firmenfortführung handelt es sich um eine namensrechtliche Gestattung, die wegen § 111 Nr. 3 GNotKG gesondert bewertet wird; Ermittlung des Geschäftswerts nach billigem Ermessen, § 36 Abs. 2, Abs. 3 GNotKG. Höchstgeschäftswert der Anmeldung 1 Million Euro (§ 106 GNotKG). Gebühren und Auslagen wie bei A 21.

TEXT DER ANMELDUNG

M 32.1 Anmeldung des Ausscheidens eines Gesellschafters einer OHG infolge Vereinbarung oder Kündigung

Der Gesellschafter … (Name, Vorname, Geburtsdatum, Wohnort) ist aus der Gesellschaft ausgeschieden.

Dem ausgeschiedenen Gesellschafter ist bekannt, dass er gutgläubigen Dritten für alle Geschäftsschulden haftet, die bis zur Eintragung seines Ausscheidens im Handelsregister entstehen.

Der ausscheidende Gesellschafter willigt in die Fortführung der Firma ein.

Die Geschäftsräume befinden sich unverändert in … (PLZ, Ort und Straße mit Hausnummer); dies ist auch die inländische Geschäftsanschrift i.S.v. § 106 Abs. 2 Nr. 2 HGB.

(Unterschriftsbeglaubigung wie bei A 162 (M 162.1))

---

33. Ausscheiden eines oder mehrerer Gesellschafter und Übrigbleiben eines Mitglieds, das das Geschäft übernimmt

HINWEISE | Das Gesellschaftsvermögen geht mit Aktiven und Passiven im Wege der Gesamtrechtsnachfolge durch Anwachsung nach § 105 Abs. 3 HGB, § 738 BGB auf den verbleibenden Gesellschafter über. Keine Auflassung von Grundstücken, sondern Grundbuchberichtigung.

Firmenfortführung nach § 24 HGB möglich, aber Änderung des Rechtsformhinweises nach § 19 Abs. 1 Nr. 1 HGB (B § 24 HGB Nr. 4).

Zum Ausscheiden des einzigen Komplementärs durch Insolvenz siehe BGH v. 15.3.2004 – II ZR 247/01, GmbHR 2004, 952 = NotBZ 2004, 276 = RNotZ 2004, 338 und unten A 79.

WER MUSS ANMELDEN | Alle Gesellschafter nach § 143 Abs. 2 HGB einschl. des oder der Ausgeschiedenen.

BEIZUFÜGENDE ERKLÄRUNG | Ggf. Einwilligung des ausscheidenden Gesellschafters in die Firmenfortführung nach § 24 Abs. 2 HGB.

KOSTEN BEIM GERICHT | Gebühr für Ausscheiden eines Gesellschafters je nach Größe der Gesellschaft 60 bzw. 70 Euro (GVHR 1501 bzw. 1502); für Eintragung der Auflösung der Gesellschaft 30 Euro (GVHR 1503). Gebühr für Eintragung des Einzelkaufmanns 70 Euro (GVHR 1100). Die Eintragung der inländischen Geschäftsanschrift löst keine zusätzliche Gebühr aus (§ 2 Abs. 3 Nr. 2 lit. a HRegGebV).

KOSTEN BEIM NOTAR | Addition der Geschäftswerte für: Ausscheiden des Gesellschafters, Auflösung der Gesellschaft und Erstanmeldung des Einzelunternehmens mit je 30 000 Euro, § 105 Abs. 3 Nr. 1, Abs. 4 Nr. 3 Halbs. 1, § 35 Abs. 1, § 86 Abs. 2, § 111 Nr. 3 GNotKG. Bei Einwilligung in die Firmenfortführung handelt es sich um eine namensrechtliche Gestaltung, die wegen § 111 Nr. 3 GNotKG gesondert bewertet wird; Ermittlung des Geschäftswerts nach billigem Ermessen, § 36 Abs. 2, Abs. 3 GNotKG. Gebühren und Auslagen wie bei A 21. Hinzu GW von 5 000 Euro (§ 105 Abs. 5 GNotKG) bei etwaiger Anmeldung der – geänderten – Geschäftsanschrift zur Eintragung in das Handelsregister.

TEXT DER ANMELDUNG

M 33.1 Anmeldung des Ausscheidens aller Gesellschafter aus OHG bis auf ein verbleibendes Mitglied

Der Gesellschafter ... (Name, Vorname, Geburtsdatum, Wohnort) ist aus der Gesellschaft ausgeschieden.

Die Gesellschaft ist dadurch aufgelöst und ohne Liquidation beendet.

Das Geschäft wird von dem verbliebenen Gesellschafter ... (Name, Vorname, Geburtsdatum, Wohnort) ohne Liquidation mit allen Aktiven und Passiven übernommen und wird von diesem unter unveränderter Firma, jedoch mit dem geänderten Rechtsformzusatz „e.K." als einzelkaufmännisches Unternehmen fortgeführt.

Der ausscheidende Gesellschafter willigt in die Fortführung der Firma ein.

Der Gegenstand des Unternehmens ist unverändert.

Die Geschäftsräume befinden sich unverändert in ... (PLZ, Ort und Straße mit Hausnummer); dies ist auch die inländische Geschäftsanschrift i.S.v. § 106 Abs. 2 Nr. 2 HGB.

(Unterschriftsbeglaubigung wie bei A 162 (M 162.1))

---

34. Tod eines Gesellschafters – Auflösung der Gesellschaft laut Vertrag

HINWEISE | Von der regelmäßig erforderlichen Anmeldung der Erben kann nur unter den meist restriktiv ausgelegten Voraussetzungen des § 143 Abs. 3 HGB abgesehen werden.

Zum Erbnachweis siehe B § 12 Abs. 1 Satz 4 HGB.

Siehe auch B § 143 HGB Nr. 1.

Die Gesellschafter und die Erben können beschließen, die Gesellschaft fortzusetzen; vgl. dazu A 57. Andere Möglichkeiten nach Auflösung: Geschäftsveräußerung (A 52), Liquidation (A 53), Übernahme durch einen Gesellschafter (A 33), nachträgliches Ausscheiden der Erben mit Fortsetzung durch die übrigen Gesellschafter. Prokuren können weiter bestehen, B § 52 HGB Nr. 2.

WER MUSS ANMELDEN | alle Gesellschafter nach §§ 143 Abs. 1 und 2, 148 HGB einschl. der Erben des Verstorbenen (siehe aber Hinweis).

BEIZUFÜGENDE UNTERLAGEN | Erbnachweis (tunlichst durch öffentliche Urkunden) zur Legitimation der anmeldenden Erben (§ 12 Abs. 1 Satz 4 HGB).

KOSTEN BEIM GERICHT | Gebühr für Eintragung der Auflösung je nach Größe der Gesellschaft 60 bzw. 70 Euro (GVHR 1501 bzw. 1502). Hinzu Gebühr für Eintragung der Liquidation 30 Euro (GVHR 1503). Die Anmeldung der Vertretungsmacht ist keine weitere zu bewertende Tatsache (§ 2 Abs. 3 Nr. 1 HRegGebV).

KOSTEN BEIM NOTAR | GW für Anmeldung des Ausscheidens des Gesellschafters, der Auflösung und jedes Liquidators 30 000 Euro (§ 105 Abs. 4 Nr. 3 Halbs. 1, § 111 Nr. 3 GNotKG) wegen notwendiger Erklärungseinheit ein einziger Anmeldungsgegenstand mit 30 000 Euro (so zur GmbH BGH v. 18.10.2016 – II ZB 18/15, GmbHR 2017, 95 m. Anm. *H. Schmidt*). Gebühren und Auslagen wie bei A 21.

TEXT DER ANMELDUNG

M 34.1 Anmeldung des Ausscheidens eines Gesellschafters aus OHG durch Tod und damit Auflösung der OHG

Die Gesellschaft ist durch den Tod des Gesellschafters ... (Name, Vorname, Geburtsdatum, Wohnort) aufgelöst.

Die Abwicklung erfolgt durch ... (Name, Vorname, Geburtsdatum, Wohnort der Liquidatoren)

Vertretungsrecht:

Abstrakt: *Die allgemeine Vertretungsregelung ist geändert. Die persönlich haftenden Gesellschafter sind nicht mehr berechtigt, die Gesellschaft zu vertreten.*

Jeder Liquidator vertritt die Gesellschaft jeweils

– *einzeln*

– *gemeinschaftlich.*

Konkret: *Die Liquidatoren ... (jeweils Name, Vorname, Geburtsdatum, Wohnort) sind jeweils einzelvertretungsberechtigt. Diese Personen sind befugt, die Gesellschaft bei der Vornahme von Rechtsgeschäften mit sich selbst oder als Vertreter eines Dritten uneingeschränkt zu vertreten (Befreiung von den Beschränkungen des § 181 BGB).*

Als Erbnachweis wird vorgelegt:

0 *Elektronisch beglaubigte Abschrift der Ausfertigung des Erbscheins des Nachlassgerichts ... (Ort) vom ... (Erbscheindatum) (wegen des Abschriftenvermerks mit Visualisierungsvermerk siehe A 165 (M 165.1), dies ausreichend, wenn zwischen dieser Beglaubigung und der Registeranmeldung nur eine kurze Zeitspanne liegt)*

0 *Elektronisch beglaubigte Abschrift der von der Ausstellungsbehörde ... (Ort) erteilten beglaubigten Abschrift des Europäischen Nachlasszeugnisses vom ... (Datum des Europäischen Nachlasszeugnisses) (wegen des Abschriftenvermerks mit Visualisierungsvermerk siehe A 166 (M 166.1), dies ausreichend, wenn zwischen dieser Beglaubigung und der Registeranmeldung nur eine kurze Zeitspanne liegt)*

0 *Elektronisch beglaubigte Abschrift der beglaubigten Abschrift der notariellen Verfügung von Todes wegen vom ... (Datum) mit elektronisch beglaubigter Abschrift der beglaubigten Abschrift des Eröffnungsprotokolls des Nachlassgerichts ... (Ort) vom ... (Datum des Protokolls)*

Die Geschäftsräume befinden sich unverändert in ... (PLZ, Ort und Straße mit Hausnummer); dies ist auch die inländische Geschäftsanschrift i.S.v. § 106 Abs. 2 Nr. 2 HGB.

(Unterschriftsbeglaubigung wie bei A 162 (M 162.1))

35. Tod eines Gesellschafters – keine vertragliche Regelung

HINWEISE | Der Gesellschafter scheidet nach § 131 Abs. 3 Satz 1 Nr. 1 HGB aus, sein Anteil geht – mangels einer entsprechenden Regelung im Gesellschaftsvertrag – nicht auf die Erben über, sondern wächst den anderen Gesellschaftern an (Anteil fällt nicht in den Nachlass; Erben werden nicht Nachfolger, stattdessen erhalten sie Abfindung, Fortführung der Gesellschaft mit verbleibenden Gesellschaftern; § 105 Abs. 3 HGB, § 738 BGB). Bei einer nur aus zwei Personen bestehenden Gesellschaft führt dies zur Auflösung der Gesellschaft und zum Geschäftsübergang mittels Anwachsung auf den verbleibenden Gesellschafter, vgl. oben A 33.

Anmeldung der Erben nur ausnahmsweise entbehrlich (§ 143 Abs. 3 HGB).

Keine Verweigerung der Anmeldung durch die Erben, wenn ihre Abfindung durch die Gesellschaft streitig ist (B § 143 HGB Nr. 1).

Zur Befugnis eines Testamentsvollstreckers, das Ausscheiden des verstorbenen Gesellschafters anzumelden, siehe B § 2205 BGB Nr. 5 und Einl. Rz. 31 ff.

Scheidet der *einzige* persönlich haftende Gesellschafter durch Tod ohne einen Nachfolger aus, so ist damit die Gesellschaft aufgelöst (siehe Hinweis bei A 31).

WER MUSS ANMELDEN | Alle Gesellschafter nach § 143 Abs. 2 HGB und auch die (nicht eingetretenen) Erben.

BEIZUFÜGENDE UNTERLAGEN | Erbnachweis wie oben A 34 nach § 12 Abs. 1 Satz 4 HGB; ggf. Einwilligung des ausgeschiedenen Gesellschafters oder seiner Erben in die Firmenfortführung (§ 24 Abs. 2 HGB).

KOSTEN BEIM GERICHT | Gebühr je nach Größe der Gesellschaft 60 bzw. 70 Euro (GVHR 1501 bzw. 1502).

KOSTEN BEIM NOTAR | Geschäftswert: 30 000 Euro (§ 105 Abs. 4 Nr. 3 Halbs. 1 GNotKG). Bei Einwilligung in die Firmenfortführung handelt es sich um eine namensrechtliche Gestattung, die wegen § 111 Nr. 3 GNotKG gesondert bewertet wird; Ermittlung des Geschäftswerts nach billigem Ermessen, § 36 Abs. 2, Abs. 3 GNotKG. Gebühren und Auslagen wie bei A 21.

TEXT DER ANMELDUNG

M 35.1 Anmeldung des Ausscheidens eines Gesellschafters aus OHG durch Tod ohne Auflösung der OHG und Fortsetzung mit verbleibenden Gesellschaftern

Der Gesellschafter ... (Name, Vorname, Geburtsdatum, Wohnort) ist durch Tod aus der Gesellschaft ausgeschieden.

Die Gesellschaft wird unter den bisherigen Gesellschaftern fortgeführt. Die Firma bleibt unverändert.

Die Erben des verstorbenen Gesellschafters willigen in die Fortführung der Firma ein.

Als Erbnachweis wird vorgelegt:

0 Elektronisch beglaubigte Abschrift der Ausfertigung des Erbscheins des Nachlassgerichts ... (Ort) vom ... (Erbscheindatum) (wegen des Abschriftenvermerks mit Visualisierungsvermerk siehe A 165 (M 165.1), dies ausreichend, wenn zwischen dieser Beglaubigung und der Registeranmeldung nur eine kurze Zeitspanne liegt)

0 Elektronisch beglaubigte Abschrift der von der Ausstellungsbehörde ... (Ort) erteilten beglaubigten Abschrift des Europäischen Nachlasszeugnisses vom ... (Datum des Europäi-

schen Nachlasszeugnisses) (wegen des Abschriftenvermerks mit Visualisierungsvermerk siehe A 166 (M 166.1), dies ausreichend, wenn zwischen dieser Beglaubigung und der Registeranmeldung nur eine kurze Zeitspanne liegt)

0 *Elektronisch beglaubigte Abschrift der beglaubigten Abschrift der notariellen Verfügung von Todes wegen vom ... (Datum) mit elektronisch beglaubigter Abschrift der beglaubigten Abschrift des Eröffnungsprotokolls des Nachlassgerichts ... (Ort) vom ... (Datum des Protokolls)*

Die Geschäftsräume befinden sich unverändert in ... (PLZ, Ort und Straße mit Hausnummer); dies ist auch die inländische Geschäftsanschrift i.S.v. § 106 Abs. 2 Nr. 2 HGB.

(Unterschriftsbeglaubigung wie bei A 162 (M 162.1))

36. Tod eines Gesellschafters – Fortsetzung mit allen Erben laut Vertrag

HINWEISE | Der Anteil des Erblassers wird durch den Gesellschaftsvertrag vererblich gestellt und wächst den verbleibenden Gesellschaftern nicht an. Der oder die eintretenden Erben werden Nachfolger und haben die Wahlrechte nach § 139 HGB; Anmeldung ihres Eintritts vor Ablauf der Wahlfrist nicht erforderlich (BGH v. 21.12.1970 – II ZR 258/67, BGHZ 55, 267 = WM 1971, 556).

Scheidet ein Erbe aufgrund des Wahlrechts nach § 139 HGB wieder aus der Gesellschaft aus, so muss dies zusätzlich angemeldet werden (§ 143 Abs. 2 HGB).

Wird ein Erbe Kommanditist, ist eine Firmenänderung nach § 19 Abs. 1 Nr. 3 HGB nötig; siehe auch A 39.

Beerbung eines Gesellschafters durch den – einzigen – anderen: B § 143 HGB Nr. 7.

WER MUSS ANMELDEN | Alle Gesellschafter nach §§ 143 Abs. 2, 108 Satz 1 HGB einschl. aller Erben. Zur Befugnis eines Testamentsvollstreckers, das Ausscheiden des verstorbenen Gesellschafters und den Eintritt der Erben anzumelden, siehe B § 2205 BGB Nr. 5 und Einl. Rz. 31 ff.

BEIZUFÜGENDE UNTERLAGEN | Erbnachweis für die Erben (§ 12 Abs. 1 Satz 4 HGB).

KOSTEN BEIM GERICHT | Gebühr für die Eintragung der Tatsache des Ausscheidens durch Tod je nach Größe der Gesellschaft 60 bis 70 Euro (GVHR 1501 bzw. 1502); hinzu für jede Eintragung eines eintretenden Erben je 30 Euro (GVHR 1503); vgl. § 2 Abs. 2 Satz 2 HRegGebV.

KOSTEN BEIM NOTAR | Geschäftswert: Ausscheiden durch Tod 15 000 Euro und Eintritt eines jeden Erben als persönlich haftender Gesellschafter je 15 000 Euro (§ 105 Abs. 4 Nr. 3 Halbs. 2 GNotKG als Ausnahme von § 111 Nr. 3 GNotKG, wonach jede Tatsache mit 30 000 Euro zu bewerten wäre). Werden die eintretenden Erben Kommanditisten: wie bei A 30, zusätzlich für Ausscheiden des Erblassers 30 000 Euro (§ 105 Abs. 4 Nr. 3 Halbs. 1 GNotKG). Addition der Geschäftswerte (§ 35 Abs. 1, § 86 Abs. 2 GNotKG), höchstens 1 Million Euro (§ 106 GNotKG). Gebühren und Auslagen wie bei A 21.

TEXT DER ANMELDUNG

M 36.1   Anmeldung des Ausscheidens eines Gesellschafters aus OHG durch Tod ohne Auflösung der OHG und Eintritt aller Erben als Nachfolger

Der Gesellschafter ... (Name, Vorname, Geburtsdatum, Wohnort) ist durch Tod aus der Gesellschaft ausgeschieden.

Die Erben des verstorbenen Gesellschafters willigen in die Fortführung der Firma ein.

Als Erben des verstorbenen Gesellschafters sind in die Gesellschaft als weitere persönlich haftende Gesellschafter eingetreten (Nachfolger):

... (Name, Vorname, Geburtsdatum, Wohnort)

... (Name, Vorname, Geburtsdatum, Wohnort)

Vertretungsrecht:

Abstrakt: *Jeder persönlich haftende Gesellschafter vertritt die Gesellschaft jeweils einzeln.*

Konkret: *Für jeden eintretenden Gesellschafter gilt:*

0 *Er vertritt zusammen mit einem weiteren persönlich haftenden Gesellschafter.*

0 *Er ist einzelvertretungsberechtigt.*

0 *Er ist von der Vertretung der Gesellschaft ausgeschlossen.*

0 *Der bisherige Gesellschafter ... (Name, Vorname, Geburtsdatum, Wohnort) ist einzelvertretungsberechtigt.*

Prokuren bleiben weiterhin bestehen.

Firma, Sitz und inländische Geschäftsanschrift der Gesellschaft bleiben unverändert.

Als Erbnachweis wird vorgelegt:

0 *Elektronisch beglaubigte Abschrift der Ausfertigung des Erbscheins des Nachlassgerichts ... (Ort) vom ... (Erbscheindatum) (wegen des Abschriftenvermerks mit Visualisierungsvermerk siehe A 165 (M 165.1), dies ausreichend, wenn zwischen dieser Beglaubigung und der Registeranmeldung nur eine kurze Zeitspanne liegt)*

0 *Elektronisch beglaubigte Abschrift der von der Ausstellungsbehörde ... (Ort) erteilten beglaubigten Abschrift des Europäischen Nachlasszeugnisses vom ... (Datum des Europäischen Nachlasszeugnisses) (wegen des Abschriftenvermerks mit Visualisierungsvermerk siehe A 166 (M 166.1), dies ausreichend, wenn zwischen dieser Beglaubigung und der Registeranmeldung nur eine kurze Zeitspanne liegt)*

0 *Elektronisch beglaubigte Abschrift der beglaubigten Abschrift der notariellen Verfügung von Todes wegen vom ... (Datum) mit elektronisch beglaubigter Abschrift der beglaubigten Abschrift des Eröffnungsprotokolls des Nachlassgerichts ... (Ort) vom ... (Datum des Protokolls)*

(Unterschriftsbeglaubigung wie bei A 162 (M 162.1))

37. Tod eines Gesellschafters – Fortsetzung mit einem von mehreren Erben laut Vertrag

HINWEISE | Anmeldung der *nicht* eintretenden Erben nach § 143 Abs. 3 HGB nur ausnahmsweise entbehrlich.

Übergang des Anteils auf den vertraglich vorgesehenen Erben unmittelbar unter Ausschluss der Miterben; siehe BGH v. 10.2.1977 – II ZR 120/75, BGHZ 68, 237 = GmbHR 1977, 178 (so genannte qualifizierte Nachfolge).

Anmeldung durch Testamentsvollstrecker siehe Hinweis bei A 35 und A 36.

WER MUSS ANMELDEN | Alle Gesellschafter nach §§ 143 Abs. 2, 108 Satz 1 HGB und *alle* Erben, auch wenn sie nicht Nachfolger werden.

BEIZUFÜGENDE UNTERLAGEN | Erbnachweis für alle anmeldenden Erben (§ 12 Abs. 1 Satz 4 HGB).

KOSTEN BEIM GERICHT | Wie bei A 36.

KOSTEN BEIM NOTAR | Geschäftswert: insgesamt 30 000 Euro für Ausscheiden des Erblassers und Eintritt eines einzigen Miterben (§ 105 Abs. 4 Nr. 3 Halbs. 1 GNotKG als Ausnahme von § 111 Nr. 3 GNotKG, wonach jede Tatsache mit 30 000 Euro zu bewerten wäre). Gebühren und Auslagen wie bei A 21.

TEXT DER ANMELDUNG

M 37.1　Anmeldung des Ausscheidens eines Gesellschafters aus OHG durch Tod ohne Auflösung der OHG und Eintritt eines von mehreren Erben als Nachfolger

Der Gesellschafter … (Name, Vorname, Geburtsdatum, Wohnort) ist durch Tod aus der Gesellschaft ausgeschieden.

Die Erben des verstorbenen Gesellschafters willigen in die Fortführung der Firma ein.

In die Gesellschaft ist als Nachfolger und damit persönlich haftender Gesellschafter eingetreten: der Miterbe … (Name, Vorname, Geburtsdatum, Wohnort)

Vertretungsrecht:

Abstrakt: Jeder persönlich haftende Gesellschafter vertritt die Gesellschaft jeweils einzeln.

Konkret: Der eintretende Gesellschafter … (Name, Vorname, Geburtsdatum, Wohnort) ist einzelvertretungsberechtigt.

Als Erbnachweis wird vorgelegt:

0　Elektronisch beglaubigte Abschrift der Ausfertigung des Erbscheins des Nachlassgerichts … (Ort) vom … (Erbscheindatum) (wegen des Abschriftenvermerks mit Visualisierungsvermerk siehe A 165 (M 165.1), dies ausreichend, wenn zwischen dieser Beglaubigung und der Registeranmeldung nur eine kurze Zeitspanne liegt)

0　Elektronisch beglaubigte Abschrift der von der Ausstellungsbehörde … (Ort) erteilten beglaubigten Abschrift des Europäischen Nachlasszeugnisses vom … (Datum des Europäischen Nachlasszeugnisses) (wegen des Abschriftenvermerks mit Visualisierungsvermerk siehe A 166 (M 166.1), dies ausreichend, wenn zwischen dieser Beglaubigung und der Registeranmeldung nur eine kurze Zeitspanne liegt)

0 Elektronisch beglaubigte Abschrift der beglaubigten Abschrift der notariellen Verfügung von Todes wegen vom … (Datum) mit elektronisch beglaubigter Abschrift der beglaubigten Abschrift des Eröffnungsprotokolls des Nachlassgerichts … (Ort) vom … (Datum des Protokolls)

Die Geschäftsräume befinden sich unverändert in … (PLZ, Ort und Straße mit Hausnummer); dies ist auch die inländische Geschäftsanschrift i.S.v. § 106 Abs. 2 Nr. 2 HGB.

(Unterschriftsbeglaubigung wie bei A 162 (M 162.1))

38. Tod eines Gesellschafters – Eintrittsrecht aller oder einzelner Erben laut Vertrag

HINWEISE | Erben werden hierbei nicht schon mit dem Erbfall Gesellschafter, sondern erst nach dem Erbfall auf der Grundlage einer rechtsgeschäftlicher Aufnahme (also keine unmittelbare erbrechtliche Nachfolge, sondern gesonderter rechtsgeschäftlicher Eintritt). Bei *nicht* eintretenden Erben kann nur unter den Voraussetzungen des § 143 Abs. 3 HGB von deren Anmeldung abgesehen werden; BayObLG v. 22.12.1992 – 3 ZBR 170/92, Rpfleger 1993, 288.

Zur Abgrenzung der Eintrittsklausel von einer Nachfolgeklausel siehe BGH v. 10.2.1977 – II ZR 120/75, BGHZ 68, 237 = GmbHR 1977, 178.

Ist ein Nicht-Erbe zum Eintritt berechtigt, dann sind zunächst das Ausscheiden des Erblassers und die Folgen des Erbfalles in Bezug auf die Fortsetzung bzw. Nachfolge (siehe A 34 und A 35, ggf. sogar mit Zwischeneintragung der Erben nach A 36 und A 37) anzumelden und dann die Aufnahme der zum Eintritt berechtigten Person, ggf. mit Ausscheiden der Erben als Nachfolger.

WER MUSS ANMELDEN | Alle Gesellschafter und alle Erben nach §§ 143 Abs. 2, 108 Satz 1 HGB.

BEIZUFÜGENDE UNTERLAGEN | Erbnachweis für die Erben (§ 12 Abs. 1 Satz 4 HGB).

KOSTEN BEIM GERICHT | Wie bei A 36.

KOSTEN BEIM NOTAR | Geschäftswert: Ausscheiden durch Tod 15 000 Euro und Eintritt eines jeden Erben je 15 000 Euro (§ 105 Abs. 4 Nr. 3 Halbs. 2 GNotKG als Ausnahme von § 111 Nr. 3 GNotKG, wonach jede Anmeldung mit 30 000 Euro zu bewerten wäre); Addition der Geschäftswerte (§ 86 Abs. 2 GNotKG), insgesamt höchstens 1 Million Euro (§ 106 GNotKG). Gebühren und Auslagen wie bei A 21.

TEXT DER ANMELDUNG

M 38.1   Anmeldung des Ausscheidens eines Gesellschafters aus OHG durch Tod ohne Auflösung der OHG und Eintritt eines oder mehrerer Erben durch Rechtsgeschäft

Der Gesellschafter … (Name, Vorname, Geburtsdatum, Wohnort) ist durch Tod aus der Gesellschaft ausgeschieden.

Die Erben des verstorbenen Gesellschafters willigen in die Fortführung der Firma ein.

In die Gesellschaft sind als weitere persönlich haftende Gesellschafter eingetreten: … (jeweils Name, Vorname, Geburtsdatum, Wohnort)

Vertretungsrecht:

Abstrakt: *Jeder persönlich haftende Gesellschafter vertritt die Gesellschaft jeweils einzeln.*

Konkret: *Jeder dieser eingetretenen Gesellschafter ist jeweils einzelvertretungsberechtigt. (oder wie A 36)*

Als Erbnachweis wird vorgelegt:

0 *Elektronisch beglaubigte Abschrift der Ausfertigung des Erbscheins des Nachlassgerichts … (Ort) vom … (Erbscheindatum) (wegen des Abschriftenvermerks mit Visualisierungsvermerk siehe A 165 (M 165.1), dies ausreichend, wenn zwischen dieser Beglaubigung und der Registeranmeldung nur eine kurze Zeitspanne liegt)*

0 *Elektronisch beglaubigte Abschrift der von der Ausstellungsbehörde … (Ort) erteilten beglaubigten Abschrift des Europäischen Nachlasszeugnisses vom … (Datum des Europäischen Nachlasszeugnisses) (wegen des Abschriftenvermerks mit Visualisierungsvermerk siehe A 166 (M 166.1), dies ausreichend, wenn zwischen dieser Beglaubigung und der Registeranmeldung nur eine kurze Zeitspanne liegt)*

0 *Elektronisch beglaubigte Abschrift der beglaubigten Abschrift der notariellen Verfügung von Todes wegen vom … (Datum) mit elektronisch beglaubigter Abschrift der beglaubigten Abschrift des Eröffnungsprotokolls des Nachlassgerichts … (Ort) vom … (Datum des Protokolls)*

Die Geschäftsräume befinden sich unverändert in … (PLZ, Ort und Straße mit Hausnummer); dies ist auch die inländische Geschäftsanschrift i.S.v. § 106 Abs. 2 Nr. 2 HGB.

(Unterschriftsbeglaubigung wie bei A 162 (M 162.1))

39. Tod eines Gesellschafters – Eintritt der Erben als Kommanditisten laut Vertrag

HINWEISE | Firmenänderung nötig nach § 19 Abs. 1 Nr. 3 HGB. Es handelt sich um eine besondere Ausgestaltung der erbrechtlichen Nachfolge, aber kein Wahlrecht der Erben nach § 139 HGB.

Keine Erleichterung der Anmeldung nach § 143 Abs. 3 HGB.

Zur Befugnis eines Testamentsvollstreckers, das Ausscheiden des verstorbenen Gesellschafters und den Eintritt der Erben anzumelden, siehe B § 2205 BGB und Einl. Rz. 31 ff.

WER MUSS ANMELDEN | Alle Gesellschafter und alle Erben nach §§ 143 Abs. 2, 107, 108 Satz 1, 161 Abs. 2, 162 HGB.

BEIZUFÜGENDE UNTERLAGEN | Erbnachweis für die Erben (§ 12 Abs. 1 Satz 4 HGB).

KOSTEN BEIM GERICHT | Wie bei A 36. Eine Firmenänderung aufgrund derselben Anmeldung ist gebührenpflichtige Tatsache, Gebühr 30 Euro (GVHR 1503).

KOSTEN BEIM NOTAR | Geschäftswert: Nennbetrag der einfachen Kommanditeinlage, mindestens 30 000 Euro für jeden eintretenden Kommanditisten (§ 105 Abs. 1 Satz 1 Nr. 6, Satz 2 GNotKG), Addition der Geschäftswerte (§ 86 Abs. 2 GNotKG); zusätzlich noch 30 000 Euro für Ausscheiden durch Tod (§ 105 Abs. 4 Nr. 3 Halbs. 1 GNotKG), insgesamt höchstens 1 Million Euro (§ 106 GNotKG). Gebühren und Auslagen wie bei A 21; Gebühr umfasst auch eine notwendig werdende Änderung der Firma (Gegenstandsgleichheit, weil notwendiger Erklärungsinhalt). „Umgründung" ist kein Fall des § 105 Abs. 1 Satz 1 Nr. 5 GNotKG.

TEXT DER ANMELDUNG

M 39.1   Anmeldung des Ausscheidens eines Gesellschafters aus OHG durch Tod ohne Auflösung der OHG und Nachfolge eines oder mehrerer Erben als Kommanditisten

Zur Eintragung in das Handelsregister bei der offenen Handelsgesellschaft unter der Firma ... (Bezeichnung der OHG nach dem Handelsregister) wird angemeldet:

Der Gesellschafter ... (Name, Vorname, Geburtsdatum, Wohnort) ist durch Tod aus der Gesellschaft ausgeschieden. Seine Erben sind ... (Namen, Vorname, Geburtsdatum, Wohnort der Erben)

Die Erben des verstorbenen Gesellschafters willigen in die Fortführung der Firma ein.

In die Gesellschaft sind anstelle des verstorbenen Gesellschafters dessen Erben als Kommanditisten eingetreten, nämlich

... (Name, Vorname, Geburtsdatum, Wohnort) mit einer Einlage von Euro ... (Zahl)

... (Name, Vorname, Geburtsdatum, Wohnort) mit einer Einlage von Euro ... (Zahl)

Die Gesellschaft ist in die Rechtsform einer Kommanditgesellschaft umgewandelt.

Die persönlich haftenden Gesellschafter sind:

... (Name, Vorname, Geburtsdatum, Wohnort)

... (Name, Vorname, Geburtsdatum, Wohnort)

Vertretungsrecht der persönlich haftenden Gesellschafter:

Abstrakt: *Jeder persönlich haftende Gesellschafter vertritt die Gesellschaft jeweils einzeln.*

Konkret: *Die Gesellschafter ... (jeweils Name, Vorname, Geburtsdatum, Wohnort) sind jeweils einzelvertretungsberechtigt. (oder wie bei A 36)*

Diese Personen sind befugt, die Gesellschaft bei der Vornahme von Rechtsgeschäften mit sich selbst oder als Vertreter eines Dritten uneingeschränkt zu vertreten (Befreiung von den Beschränkungen des § 181 BGB).

Die Firma ist geändert in … (neue Bezeichnung mit Rechtsformzusatz)

Als Erbnachweis wird vorgelegt:

0 *Elektronisch beglaubigte Abschrift der Ausfertigung des Erbscheins des Nachlassgerichts … (Ort) vom … (Erbscheindatum) (wegen des Abschriftenvermerks mit Visualisierungs-vermerk siehe A 165 (M 165.1), dies ausreichend, wenn zwischen dieser Beglaubigung und der Registeranmeldung nur eine kurze Zeitspanne liegt)*

0 *Elektronisch beglaubigte Abschrift der von der Ausstellungsbehörde … (Ort) erteilten be-glaubigten Abschrift des Europäischen Nachlasszeugnisses vom … (Datum des Europäi-schen Nachlasszeugnisses) (wegen des Abschriftenvermerks mit Visualisierungsvermerk siehe A 166 (M 166.1), dies ausreichend, wenn zwischen dieser Beglaubigung und der Re-gisteranmeldung nur eine kurze Zeitspanne liegt)*

0 *Elektronisch beglaubigte Abschrift der beglaubigten Abschrift der notariellen Verfügung von Todes wegen vom … (Datum) mit elektronisch beglaubigter Abschrift der beglau-bigten Abschrift des Eröffnungsprotokolls des Nachlassgerichts … (Ort) vom … (Datum des Protokolls)*

Die Geschäftsräume befinden sich unverändert in … (PLZ, Ort und Straße mit Hausnum-mer); dies ist auch die inländische Geschäftsanschrift i.S.v. § 106 Abs. 2 Nr. 2 HGB.

(Unterschriftsbeglaubigung wie bei A 162 (M 162.1))

---

40. Errichtung, Aufhebung oder Verlegung einer Zweigniederlassung

HINWEISE | Siehe Hinweise zu A 14, A 15, A 16. Anmeldungen betreffend die Zweignie-derlassungen sind nach § 13 Abs. 1 HGB beim Gericht der Hauptniederlassung (gilt für Einzelkaufmann und juristische Person) bzw. beim Gericht des Sitzes einer Handels-gesellschaft einzureichen. Errichtung von Zweigniederlassungen einer ausländischen Ge-sellschaft siehe A 113.

WER MUSS ANMELDEN | Gesellschafter in der zur Vertretung der Gesellschaft erforderli-chen Zahl nach § 13 Abs. 1 HGB.

BEIZUFÜGENDE UNTERLAGEN | Keine.

KOSTEN BEIM GERICHT | 40 Euro Gebühr für die Eintragung der **Errichtung** einer Zweig-niederlassung (GVHR 1200). Für Eintragung einer Prokura bei einer jeden Zweignieder-lassung Gebühr von 40 Euro (GVHR 4000). Gebühr für die **Verlegung** bzw. **Aufhebung** der Zweigniederlassung je nach Größe der Gesellschaft 60 bzw. 70 Euro (GVHR 1501 bzw. 1502). Bei einer Verlegung der Zweigniederlassung werden die bisher eingetragenen Prokuren übernommen (gebührenfrei); bei Aufhebung der Zweigniederlassung gebüh-renfrei gelöscht.

KOSTEN BEIM NOTAR | Geschäftswert: 30 000 Euro (§ 105 Abs. 4 Nr. 3 Halbs. 1 GNot-KG). Gebühren und Auslagen wie bei A 21.

TEXT DER ANMELDUNG | Wie bei A 14 (M 14.1), A 15 (M 15.1), A 16 (M 16.1) entsprechend.

41. Erteilung, Widerruf oder andere Änderungen einer Prokura

HINWEISE | Erteilung und Widerruf im Außenverhältnis nach § 126 Abs. 1 HGB durch Gesellschafter in vertretungsberechtigter Zahl. Im Innenverhältnis: Bestellung mit Zustimmung aller geschäftsführenden Gesellschafter nach § 116 Abs. 3 HGB; Widerruf durch jeden geschäftsführenden Gesellschafter.

Die Auflösung einer Personengesellschaft führt nicht zum Erlöschen einer erteilten Prokura (B § 52 HGB Nr. 2).

WER MUSS ANMELDEN | Gesellschafter in der zur Vertretung der Gesellschaft erforderlichen Zahl nach § 53 HGB.

BEIZUFÜGENDE UNTERLAGEN | Keine.

KOSTEN BEIM GERICHT | Wie bei A 3.

KOSTEN BEIM NOTAR | Geschäftswert: 30 000 Euro (§ 105 Abs. 4 Nr. 3 Halbs. 1 GNotKG). Für Zweigniederlassungen gilt Gleiches. Die Mitanmeldung der Art des Vertretungsrechts des Prokuristen ist gegenstandsgleich.

TEXT DER ANMELDUNG | Wie bei A 3 (M 3.1) bzw. A 4 (M 4.1) entsprechend.

42. Verpachtung des Geschäftsbetriebs

HINWEISE | Zur Auswirkung auf die OHG siehe B § 105 HGB Nr. 2 und den dortigen Hinweis (keine automatische Umwandlung in Gesellschaft bürgerlichen Rechts, weil die Verpächterin als vermögensverwaltende Gesellschaft einen Eintragungsanspruch nach § 105 Abs. 2 HGB hat bzw. behält).

Zur Frage, wann eine Firmenfortführung vorliegt, siehe Hinweis bei A 5.

Bei Firmenfortführung der Pächterin Haftungsausschluss möglich (§ 25 Abs. 2 HGB); siehe Hinweise bei A 5. Soll die den Geschäftsbetrieb verpachtende OHG im Handelsregister eingetragen bleiben, muss sie ihre Firma ändern.

ANMELDUNGSINHALT

a) Bei Firmenfortführung der Pächterin: Firmenänderung bei Verpächterin, wenn deren Eintragung fortbestehen soll; sonst wie A 7.

b) Ohne Firmenfortführung durch Pächterin: keine Anmeldung erforderlich, wenn Eintragung bestehen bleiben soll; sonst Erlöschen der Firma.

WER MUSS ANMELDEN | Bei a) alle Gesellschafter und der Pächter;

bei b) alle Gesellschafter das Erlöschen, der Pächter die neue Firma.

BEIZUFÜGENDE ERKLÄRUNG | Zustimmung aller Gesellschafter wie bei A 5, wenn Firma fortgeführt wird.

KOSTEN BEIM GERICHT | Gebühr für Neueintragung des einzelkaufmännischen Pächters 70 Euro (GVHR 1100). Für Ausscheiden des Verpächters Gebühr mit 60 bzw. 70 Euro je nach Größe der Gesellschaft (GVHR 1501 bzw. 1502). Für Fortbestehen der Prokura Gebühr 40 Euro (GVHR 4000).

KOSTEN BEIM NOTAR | Bei Fortführung wie auch ohne Fortführung der Firma: Geschäftswert für das Erlöschen der Firma der OHG stets 30 000 Euro (§ 105 Abs. 4 Nr. 3 Halbs. 1 GNotKG); für Neueintragung des einzelkaufmännischen Pächters 30 000 Euro (§ 105 Abs. 3 Nr. 1 GNotKG); Geschäftswerteaddition nach § 86 Abs. 2 GNotKG. Erklärung über Haftungsausschluss ist gegenstandsverschieden, Geschäftswert nach billigem Ermessen, § 36 Abs. 2, Abs. 3 GNotKG. Bei Einwilligung in die Firmenfortführung handelt es sich um eine namensrechtliche Gestattung, die wegen § 111 Nr. 3 GNotKG gesondert bewertet wird; Ermittlung des Geschäftswerts nach billigem Ermessen, § 36 Abs. 2, Abs. 3 GNotKG.

Aus Gesamtadditionswert Gebühren und Auslagen wie bei A 21.

TEXT DER ANMELDUNG | Wie bei A 7 (M 7.1) entsprechend.

43. Betriebsaufspaltung (typischer Fall)

HINWEISE | Vgl. *Döring*, DNotZ 1982, 280 ff. mit weiteren Hinweisen.

WAS IST ANZUMELDEN

a) Gründung einer GmbH (Betriebs-Kapitalgesellschaft); siehe unten A 91a.

b) Einbringung des Umlaufvermögens der bisherigen OHG/KG in die GmbH als Sachgründung (statt Schritt a) nach A 92), durch Kapitalerhöhung gegen Sacheinlagen (siehe unten A 108) oder durch abspaltende Ausgliederung nach § 123 Abs. 3 UmwG. Alternativ auch Abschluss eines Pachtvertrages; Sacheinlagefähigkeit von obligatorischen Nutzungsrechten bei fester Laufzeit oder konkret bestimmter Mindestdauer bestätigt durch BGH v. 14.6.2004 – II ZR 121/02, GmbHR 2004, 1219).

c) Anmeldung des Erlöschens der Firma der bisherigen OHG/KG infolge Umwandlung in eine Gesellschaft bürgerlichen Rechts oder, falls gewünscht, Firmenänderung bei der Besitzgesellschaft (siehe A 42 und die dortigen Hinweise).

KOSTEN BEIM GERICHT UND NOTAR | Wie bei A 46.

TEXT DER ANMELDUNG | Wie bei A 46 (M 46.1) (Anmeldung des Erlöschens der Firma).

44. Beendigung der Verpachtung des Geschäftsbetriebs

HINWEISE | Siehe Hinweise bei A 8 sowie B § 105 HGB Nr. 2.

WAS IST ANZUMELDEN | Wie bei A 8.

WER MUSS ANMELDEN | Wie bei A 8 (anstatt Verpächter alle Gesellschafter).

BEIZUFÜGENDE UNTERLAGEN | Keine.

KOSTEN BEIM GERICHT | Gebühr für Neueintragung des Verpächters mit bis zu drei Gesellschaftern 100 Euro (GVHR 1101), Erhöhung um je 40 Euro für jeden weiteren Gesellschafter (GVHR 1102).

KOSTEN BEIM NOTAR | Bei Fortführung wie auch ohne Fortführung der Firma Geschäftswert für das Erlöschen der Firma des einzelkaufmännischen Pächters stets 30 000 Euro (§ 105 Abs. 4 Nr. 3 GNotKG); für Neueintragung der OHG Geschäftswert nach § 105 Abs. 2, 3 Nr. 2 GNotKG; Geschäftswertaddition nach § 35 Abs. 1, § 86 Abs. 2 GNotKG. Aus Gesamtadditionswert Gebühren und Auslagen wie bei A 21.

TEXT DER ANMELDUNG | Wie bei A 8 (M 8.1) entsprechend.

---

45. Hinzuerwerb eines weiteren Unternehmens mit Firma

HINWEISE | Nach § 22 HGB ergeben sich folgende Möglichkeiten:

a) Die Gesellschaft als Erwerber verzichtet auf eine Verwendung der *erworbenen* Firma.

b) Die Gesellschaft verzichtet auf die bisherige *eigene* Firma und führt die erworbene Firma fort.

c) Die Gesellschaft verwendet die erworbene Firma für eine mit dem erworbenen Unternehmen errichtete *Zweigniederlassung* („X OHG Zweigniederlassung Köln vormals YZ" oder „YZ, Zweigniederlassung Köln der X OHG").

Zur Firmenbildung bei Vereinigung zweier Unternehmen siehe auch B § 24 HGB Nr. 1.

WAS IST DURCH WEN ANZUMELDEN | Bei a) nichts bei der erwerbenden Gesellschaft; das Erlöschen der Firma zum Register des übertragenen Unternehmens durch dessen Inhaber.

Bei b) Übertragung der Firma durch bisherigen Inhaber und alle Gesellschafter, ferner Firmenänderung bei OHG.

Bei c) Übertragung der Firma durch bisherigen Inhaber und alle Gesellschafter, ferner Errichtung einer Zweigniederlassung der Gesellschaft mit Firma.

BEIZUFÜGENDE UNTERLAGEN | Keine.

KOSTEN BEIM GERICHT | Zu a) Für Erlöschen der Firma Gebühr von 40 Euro (GVHR 1500).

Zu b) Für Eintragung der erwerbenden OHG mit bis zu drei Gesellschaftern 100 Euro Gebühr (GVHR 1101), Erhöhung um je 40 Euro für jeden weiteren Gesellschafter (GVHR 1102). Für Erlöschen der bisherigen einzelkaufmännischen Firma Gebühr von 40 Euro (GVHR 1500). Für Änderung der Firma der erwerbenden OHG je nach Größe der Gesellschaft 60 bzw. 70 Euro (GVHR 1501 bzw. 1502).

Zu c) Gebühr für die Eintragung der Errichtung einer Zweigniederlassung 40 Euro (GVHR 1200).

KOSTEN BEIM NOTAR | Zu a) Geschäftswert 30 000 Euro (§ 105 Abs. 4 Nr. 4 GNotKG).

Zu b) Geschäftswert 30 000 Euro für Erlöschen der bisherigen Firma (§ 105 Abs. 4 Nr. 3 Halbs. 1 GNotKG); hinzu für Neueintragung der erwerbenden OHG Geschäftswert nach § 105 Abs. 2, 3 Nr. 2 GNotKG.

Zu c) Geschäftswert 30 000 Euro (§ 105 Abs. 4 Nr. 3 Halbs. 1 GNotKG).

Gebühren und Auslagen wie bei A 21.

TEXT DER ANMELDUNG

M 45.1 Anmeldung der Firmenänderung bzw. des Erlöschens bei Erwerb eines weiteren Handelsgeschäfts u.U. mit Firma durch OHG

Zu a) Erlöschen der Firma des Veräußerers:

Die Firma ist erloschen.

(Unterschriftsbeglaubigung wie bei A 161 (M 161.1))

Zu b) Erwerber verzichtet auf eigene Firma und führt die erworbene Firma fort:

Der Unterzeichnete … (Name, Vorname, Geburtsdatum, Wohnort des bisherigen Geschäftsinhabers) hat das von ihm unter der obigen Einzelfirma betriebene Geschäft mit dem Recht, die Firma mit oder ohne Beifügung eines das Nachfolgeverhältnis andeutenden Zusatzes fortzuführen, an die offene Handelsgesellschaft unter der Firma … (Bezeichnung der OHG nach dem Handelsregister) veräußert. Diese führt die erworbene Firma fort und ändert die Firma in … (neue Bezeichnung der OHG mit Rechtsformzusatz)

Die bisherige Firma der OHG ist dementsprechend geändert.

Die Geschäftsräume befinden sich in … (PLZ, Ort und Straße mit Hausnummer); dies ist auch die inländische Geschäftsanschrift i.S.d. HGB.

Der Gegenstand des Unternehmens ist unverändert.

Die Haftung des Erwerbers für die im Betrieb des Geschäfts begründeten Verbindlichkeiten des bisherigen Inhabers sowie der Übergang der in dem Betriebe begründeten Forderungen auf den Erwerber sind ausgeschlossen.

(Unterschriftsbeglaubigung wie bei A 162 (M 162.1))

Zu c) Übertragung der Firma und Fortführung als Zweigniederlassung:

Der Unterzeichnete … (Name, Vorname, Geburtsdatum, Wohnort des bisherigen Geschäftsinhabers) hat das von ihm unter der obigen Einzelfirma betriebene Geschäft mit dem Recht, die Firma mit oder ohne Beifügung eines das Nachfolgeverhältnis andeutenden Zusatzes fortzuführen, an die offene Handelsgesellschaft unter der Firma … (Bezeichnung der OHG nach dem Handelsregister) veräußert. Diese führt die erworbene Firma fort und zwar als Zweigniederlassung der erwerbenden Gesellschaft unter der Firma … (Bezeichnung der Zweigniederlassung) in … (Ort).

Die Geschäftsräume der Zweigniederlassung befinden sich in … (PLZ, Ort und Straße mit Hausnummer); dies ist auch die inländische Geschäftsanschrift i.S.d. HGB.

(Unterschriftsbeglaubigung wie bei A 162 (M 162.1))

46. Verkleinerung des Geschäfts der OHG auf einen Umfang, der einen in kaufmännischer Weise eingerichteten Betrieb nicht mehr erfordert

HINWEISE | Die Veränderung führt nicht zur Auflösung der Gesellschaft, wenn der bisherige Gesellschaftszweck i.S.d. § 705 BGB, § 105 Abs. 3 HGB beibehalten wird, d.h. die Verkleinerung des Geschäftsbetriebes nicht Ausdruck der Aufgabe und Einstellung des Unternehmens ist.

Die OHG verwandelt sich in eine Gesellschaft bürgerlichen Rechts, wobei sich ihre Identität nicht verändert. Die Gesellschafter können aber in Ausübung der Eintragungsoption nach § 105 Abs. 2 HGB von einer Löschung im Handelsregister Abstand nehmen. Dann besteht die Gesellschaft als Handelsgesellschaft weiter (vgl. Hinweis bei A 42), und eine Anmeldung ist nicht erforderlich.

Bis zur Eintragung des Firmenerlöschens gilt gegenüber Dritten § 5 HGB.

Bisherige Vertretungsbestimmungen gelten im Zweifel fort.

Auf Antrag kann der Grund der Löschung (Verlust der Vollkaufmannseigenschaft) in der Bekanntmachung angegeben werden (§ 35 HRV).

WER MUSS ANMELDEN | Alle Gesellschafter.

BEIZUFÜGENDE UNTERLAGEN | Keine.

KOSTEN BEIM GERICHT | Gebührenfreie Löschung der Gesellschaft. Keine Gebühr für die Eintragung des Erlöschens einer Prokura.

KOSTEN BEIM NOTAR | Geschäftswert: 30 000 Euro (§ 105 Abs. 4 Nr. 3 Halbs. 1 GNotKG). Das Erlöschen von Prokuren ist die automatische Folge der Löschung der Gesellschaft im Handelsregister, Anmeldung ist gegenstandsgleich mit Erlöschen der Firma. Gebühren und Auslogen wie bei A 21.

TEXT DER ANMELDUNG | Durch alle Gesellschafter.

M 46.1   Anmeldung des Erlöschens der Firma einer OHG infolge Verkleinerung des Geschäftsbetriebes

1. Der Geschäftsbetrieb der Gesellschaft hat sich so verkleinert, dass kaufmännische Einrichtungen nicht mehr erforderlich sind und die Gesellschaft nicht mehr im Handelsregister eingetragen werden will.

2. Die Prokura von ... (Name, Vorname, Geburtsdatum, Wohnort) ist erloschen.

3. Die Firma ist erloschen.

(Unterschriftsbeglaubigung wie bei A 162 (M 162.1))

47. Gesellschafterbeschluss, die Gesellschaft aufzulösen

HINWEISE | Auflösung nach § 131 Abs. 1 Nr. 2 HGB stellt Änderung des ursprünglichen Gesellschaftszweckes dar.

Gleiche Anmeldungspflicht bei Ablauf einer im Gesellschaftsvertrag festgelegten Zeitdauer (§ 131 Abs. 1 Nr. 1 HGB).

Folgeanmeldungen: siehe insbes. unten A 52 – 55.

Prokuren können weiter bestehen (B § 52 HGB Nr. 2).

Liquidatoren sind die Gesellschafter oder Dritte (§ 146 Abs. 1 Satz 1 HGB).

BEIZUFÜGENDE UNTERLAGEN | Keine.

KOSTEN BEIM GERICHT | Gebühr für die Eintragung der Tatsache der Auflösung je nach Größe der Gesellschaft 60 bzw. 70 Euro (GVHR 1501 bzw. 1502). Gebühr für Eintragung der Liquidatoren 30 Euro (GVHR 1503); die gleichzeitige Anmeldung der Vertretungsmacht der Liquidatoren ist nicht zu bewerten (§ 2 Abs. 3 Nr. 1 HRegGebV); Gleiches gilt für Löschung einer Prokura.

KOSTEN BEIM NOTAR | Geschäftswert: 30 000 Euro (§ 105 Abs. 4 Nr. 3 Halbs. 1 GNotKG) für Auflösung der Gesellschaft und Bestellung eines jeden Liquidators wegen Gegenstandsgleichheit (so zur GmbH BGH v. 18.10.2016 – II ZB 18/15, GmbHR 2017, 95 m. Anm. *H. Schmidt*). Gebühren und Auslagen wie bei A 21.

TEXT DER ANMELDUNG | Durch alle Gesellschafter nach §§ 143 Abs. 1, 148 HGB.

M 47.1 Anmeldung der Auflösung einer OHG durch Entscheidung der Gesellschafter

1. *Die Gesellschaft ist durch Beschluss sämtlicher Gesellschafter aufgelöst.*
2. *Die Prokura von … (Familienname, Vorname, Geburtsdatum, Wohnort) ist erloschen/besteht weiter.*
3. *Zu Liquidatoren wurden bestellt: … (Name, Vorname, Geburtsdatum, Wohnort)*
4. *Vertretungsrecht: Die allgemeine Vertretungsregelung ist geändert. Die persönlich haftenden Gesellschafter sind nicht mehr berechtigt, die Gesellschaft zu vertreten.*

Abstrakt: Jeder Liquidator vertritt die Gesellschaft jeweils

0 einzeln

0 gemeinschaftlich.

Konkret: Die Liquidatoren … (jeweils Name, Vorname, Geburtsdatum, Wohnort) sind jeweils einzelvertretungsberechtigt. Diese Personen sind befugt, die Gesellschaft bei der Vornahme von Rechtsgeschäften mit sich selbst oder als Vertreter eines Dritten uneingeschränkt zu vertreten (Befreiung von den Beschränkungen des § 181 BGB).

Die Geschäftsräume befinden sich unverändert in … (PLZ, Ort und Straße mit Hausnummer); dies ist auch die inländische Geschäftsanschrift i.S.v. § 106 Abs. 2 Nr. 2 HGB.

(Unterschriftsbeglaubigung wie bei A 162 (M 162.1))

48. Eröffnung des Insolvenzverfahrens über das Vermögen der Gesellschaft

HINWEISE | Rechtsfolge der Eröffnung des Insolvenzverfahrens ist die Aufösung der Gesellschaft (§ 131 Abs. 1 Nr. 3 HGB). Bei Insolvenzablehnung mangels Masse keine Auflösung der Gesellschaft, aber evtl. A 46, A 47, A 53, A 54; anders bei der beschränkt haftenden Personengesellschaft (§ 131 Abs. 2 Satz 1 Nr. 1 HGB).

WAS IST ANZUMELDEN | Nichts (Eintragung der Eröffnung des Insolvenzverfahrens von Amts wegen nach § 32 HGB).

49. Eröffnung des Insolvenzverfahrens über das Vermögen eines Gesellschafters

HINWEISE | Der Gemeinschuldner scheidet mit Eröffnung des Insolvenzverfahrens aus der Gesellschaft aus (§ 131 Abs. 3 Satz 1 Nr. 2 HGB). Bei Zwei-Personen-Gesellschaft siehe Hinweis bei A 33.

WER MUSS ANMELDEN | Alle Gesellschafter mit Ausnahme des in Insolvenz gefallenen, für den der Insolvenzverwalter anzumelden hat (vgl. B § 143 HGB Nr. 3).

BEIZUFÜGENDE UNTERLAGEN | Bestellung des Insolvenzverwalters zur Glaubhaftmachung des Grundes für das Ausscheiden des Gesellschafters und der Anmeldebefugnis des Insolvenzverwalters.

KOSTEN BEIM GERICHT | Gebühr je nach Größe der Gesellschaft 60 bzw. 70 Euro (GVHR 1501 bzw. 1502).

KOSTEN BEIM NOTAR | Geschäftswert: 30 000 Euro (§ 105 Abs. 4 Nr. 3 Halbs. 1 GNotKG). Gebühren und Auslagen wie bei A 21.

TEXT DER ANMELDUNG

M 49.1   Anmeldung des Ausscheidens eines Gesellschafters aus OHG infolge Eröffnung des Insolvenzverfahrens über sein Vermögen

Der Gesellschafter … (Name, Vorname, Geburtsdatum, Wohnort) ist infolge Eröffnung des Insolvenzverfahrens über sein Vermögen aus der Gesellschaft ausgeschieden.

Die Geschäftsräume befinden sich unverändert in … (PLZ, Ort und Straße mit Hausnummer); dies ist auch die inländische Geschäftsanschrift i.S.v. § 106 Abs. 2 Nr. 2 HGB.

(Unterschriftsbeglaubigung wie bei A 162 (M 162.1))

50. Kündigung eines Privatgläubigers eines Gesellschafters (§ 135 HGB)

HINWEISE | Die Hinweise bei A 49 gelten entsprechend.

WAS IST ANZUMELDEN | Das Ausscheiden des Gesellschafters nach § 143 Abs. 2 HGB.

WER MUSS ANMELDEN | Alle Gesellschafter einschl. des Ausgeschiedenen nach § 143 Abs. 2 HGB.

BEIZUFÜGENDE UNTERLAGEN | Keine.

KOSTEN BEIM GERICHT | Wie bei A 49.

KOSTEN BEIM NOTAR | Wie bei A 49.

TEXT DER ANMELDUNG

M 50.1 Anmeldung des Ausscheidens eines Gesellschafters aus OHG infolge Kündigung

Der Gesellschafter … (Name, Vorname, Geburtsdatum, Wohnort) ist aus der Gesellschaft ausgeschieden.

Die Geschäftsräume befinden sich unverändert in … (PLZ, Ort und Straße mit Hausnummer); dies ist auch die inländische Geschäftsanschrift i.S.v. § 106 Abs. 2 Nr. 2 HGB.

(Unterschriftsbeglaubigung wie bei A 162 (M 162.1))

51. Ausübung des vertraglichen Kündigungsrechts

HINWEISE | Im Gesellschaftsvertrag kann anstelle des Ausscheidens (§ 131 Abs. 3 Satz 1 Nr. 3 HGB) die Auflösung der Gesellschaft vereinbart sein; dann Anmeldung wie A 47 unter Angabe des Auflösungsgrundes.

WER MUSS ANMELDEN | Alle Gesellschafter einschl. des Ausgeschiedenen.

BEIZUFÜGENDE UNTERLAGEN | Keine.

KOSTEN BEIM GERICHT | Wie bei A 49.

KOSTEN BEIM NOTAR | Wie bei A 49.

TEXT DER ANMELDUNG | Wie bei A 50.

52. Veräußerung des Geschäftsbetriebs der Gesellschaft an einen Dritten

HINWEISE | Bei vollständiger Veräußerung an einen **Gesellschafter** ist regelmäßig ein Ausscheiden aller Gesellschafter bis auf den Übernehmer zweckmäßig (siehe A 33).

Bei Veräußerung eines Teils des Geschäftsbetriebes ist nichts anzumelden, wenn der in der Gesellschaft verbleibende Teil weiterhin einen in kaufmännischer Weise eingerichteten Geschäftsbetrieb erfordert; ist das nicht der Fall, siehe oben A 46, auch zur Eintragungsoption. Die Teilveräußerung kann zur Vermeidung einer Einzelrechtsübertragung der veräußerten Unternehmensteile auch im Wege der Spaltung nach §§ 123 ff. UmwG erfolgen.

Bei Veräußerung einer selbstständigen **Zweigniederlassung** siehe B § 23 HGB Nr. 1, zur Haftung B § 25 HGB Nr. 5.

Die Übertragung des gesamten Geschäftsbetriebes kann eine **Auflösung** der Gesellschaft bedeuten (siehe oben A 46 und A 47, aber auch B § 105 HGB Nr. 1 und 2), wenn nicht nunmehr der Gesellschaftszweck und Gegenstand die Vermögensverwaltung wird.

Soll der Erwerber des Geschäfts die Firma fortführen, so muss die veräußernde OHG, wenn sie als ihr Vermögen verwaltende Gesellschaft (vgl. § 105 Abs. 2 HGB) eingetragen bleiben soll oder wenn noch Abwicklungsmaßnahmen nötig sind, zu diesem Zweck eine neue Firma annehmen. Derselbe Vorgang aus Sicht einer Gesellschaft, die ein Unternehmen hinzuerwirbt, vgl. A 45.

ANZUMELDEN

a) Bei Veräußerung ohne Firma: das Erlöschen der Firma der Gesellschaft; außerdem vom neuen Inhaber: seine neue Firma.

b) Bei Veräußerung mit Firma: der Inhaberwechsel von Geschäft und Firma.

WER MUSS ANMELDEN | Bei a) alle Gesellschafter, bei b) alle Gesellschafter und Erwerber.

BEIZUFÜGENDE ERKLÄRUNG | Bei b) Einwilligung der Gesellschafter in Firmenfortführung (§ 22 HGB).

KOSTEN BEIM GERICHT | Gebühr für Ersteintragung der Einzelfirma 70 Euro (GVHR 1100); Eintragung des Erlöschens der Firma gebührenfrei.

KOSTEN BEIM NOTAR | Geschäftswert: für das Erlöschen der Firma: 30 000 Euro (§ 105 Abs. 4 Nr. 3 Halbs. 1 GNotKG); für Neueintragung des Einzelkaufmanns: Geschäftswert: 30 000 Euro (§ 105 Abs. 3 Nr. 1 GNotKG); Addition der Geschäftswerte nach § 86 Abs. 2 GNotKG. Bei Einwilligung in die Firmenfortführung handelt es sich um eine namensrechtliche Gestattung, die wegen § 111 Nr. 3 GNotKG gesondert bewertet wird; Ermittlung des Geschäftswerts nach billigem Ermessen, § 36 Abs. 2, Abs. 3 GNotKG.

TEXT DER ANMELDUNG

M 52.1 Anmeldung des Erlöschens bei Veräußerung des Geschäftsbetriebs der OHG an Dritten ohne Firmenfortführung

*Der Geschäftsbetrieb der Gesellschaft wurde an … (Name, Vorname, Geburtsdatum, Wohnort des Erwerbers) veräußert. Dieser führt die bisherige Firma **nicht** fort. Die Gesellschaft ist aufgelöst. Eine Liquidation findet nicht statt.*

Die veräußernde OHG meldet das Erlöschen der bisherigen Firma an.

Der Erwerber des Geschäfts hat die neue Firma … (genaue Bezeichnung der neuen Firma mit Rechtsformzusatz) angenommen und betreibt das Geschäft in … (Ort).

Gegenstand des Unternehmens ist: … (schlagwortartige Bezeichnung).

Die Geschäftsräume befinden sich in … (PLZ, Ort und Straße mit Hausnummer); dies ist auch die inländische Geschäftsanschrift i.S.v. § 29 HGB.

Die Prokura von … (Name, Vorname, Geburtsdatum, Wohnort) bleibt weiterhin bestehen.

(Unterschriftsbeglaubigung wie bei A 162 (M 162.1))

M 52.2　Anmeldung der Veräußerung des Geschäftsbetriebs der OHG an Dritten mit Firmenfortführung

Der Geschäftsbetrieb der Gesellschaft wurde an … (Name, Vorname, Geburtsdatum, Wohnort des Erwerbers) veräußert.

Die Gesellschaft ist aufgelöst. Eine Liquidation findet nicht statt.

Der Erwerber führt das Geschäft unter der Firma … (bisherige Firma mit oder ohne Nachfolgezusatz, aber mit Rechtsformzusatz) in … (Ort) fort.

Die bisherigen Gesellschafter willigen in die Firmenfortführung ein.

Die Geschäftsräume befinden sich in … (PLZ, Ort und Straße mit Hausnummer); dies ist auch die inländische Geschäftsanschrift i.S.d. HGB.

(Unterschriftsbeglaubigung wie bei A 162 (M 162.1))

---

53. Liquidation der Gesellschaft nach ihrer Auflösung

HINWEISE | Alternativen zur Liquidation: Veräußerung des Geschäfts im Ganzen; siehe A 52.

Übernahme durch einen Gesellschafter; siehe A 33.

Bestellung von Liquidatoren durch Gesellschafter und Registergericht nach § 146 HGB.

BEIZUFÜGENDE UNTERLAGEN | Keine.

KOSTEN BEIM GERICHT | Gebühr für die Eintragung der Tatsache der Auflösung je nach Größe der Gesellschaft 60 bzw. 70 Euro (GVHR 1501 bzw. 1502). Gebühr für Eintragung der Liquidatoren 30 Euro (GVHR 1503); die gleichzeitige Anmeldung der Vertretungsmacht der Liquidatoren ist nicht zu bewerten (§ 2 Abs. 3 Nr. 1 HRegGebV).

Bei Liquidatorenbestellung durch Registergericht 2,0-Gebühr nach KV Vorbem. 1.3.5 Nr. 1, KV 13500 GNotKG; Geschäftswert: 30 000 Euro (§ 67 Abs. 1 Nr. 2 GNotKG).

KOSTEN BEIM NOTAR | Geschäftswert: 30 000 Euro (§ 105 Abs. 4 Nr. 3 Halbs. 1, § 86 Abs. 2 GNotKG) für Auflösung und Bestellung eines jeden Liquidators (Gegenstandsgleichheit, so zur GmbH BGH v. 18.10.2016 – II ZB 18/15, GmbHR 2017, 95 m. Anm. *H. Schmidt*). Aus Gesamtadditionswert (§ 35 Abs. 1 GNotKG). Gebühren und Auslagen wie bei A 21.

TEXT DER ANMELDUNG | Durch alle Gesellschafter wie bei A 47.

54. Einstellung des Geschäftsbetriebs ohne Liquidation

WAS IST ANZUMELDEN | Die Auflösung der Gesellschaft und das Erlöschen der Firma, aber nur bei endgültiger Stilllegung (B § 31 HGB Nr. 2 und OLG Düsseldorf v. 27.3.2014 – 3 Wx 48/14, GmbHR 2014, 658). Eine gesonderte Anmeldung der Liquidatoren ist nicht erforderlich (B § 157 HGB Nr. 3).

WER MUSS ANMELDEN | Alle Gesellschafter die Auflösung und das Erlöschen der Firma (Liquidatoren gibt es in diesem Fall ja nicht).

BEIZUFÜGENDE UNTERLAGEN | Keine.

KOSTEN BEIM GERICHT | Gebührenfreie Löschung der Gesellschaft.

KOSTEN BEIM NOTAR | Geschäftswert: 30 000 Euro (§ 105 Abs. 4 Nr. 3 Halbs. 1 GNot-KG). Gebühren und Auslagen wie bei A 21. Auflösung der Gesellschaft, liquidationslose Vollbeendigung der Gesellschaft und Erlöschen der Firma sind gegenstandsgleich i.S.v. § 111 Nr. 3 GNotKG. Die Angaben über die Aufbewahrung von Büchern und Schriften gemäß § 157 Abs. 2 HGB ist notwendiger Erklärungsinhalt der Anmeldung und nicht gesondert zu bewerten.

TEXT DER ANMELDUNG

M 54.1   Anmeldung des Erlöschens der Firma einer OHG ohne Liquidation

1. Die Gesellschaft ist durch Beschluss sämtlicher Gesellschafter aufgelöst.

2. Die Prokura von … (Name, Vorname, Geburtsdatum, Wohnort) ist erloschen.

3. Der Geschäftsbetrieb wurde ohne Liquidation eingestellt. Zu verteilendes Vermögen ist nicht vorhanden.

4. Die Firma ist erloschen.

Die Bücher und Papiere der aufgelösten Gesellschaft sind dem Gesellschafter … (Name, Vorname, Geburtsdatum, Wohnort und Privatadresse) in Verwahrung gegeben worden.

(Unterschriftsbeglaubigung wie bei A 162 (M 162.1))

55. Beendigung der Liquidation der Gesellschaft

HINWEISE | Keine Löschung vor Einstellung oder Aufhebung des Insolvenzverfahrens, siehe B § 157 HGB Nr. 1.

Unrichtige Löschung siehe A 56.

Kann die Anmeldung des Erlöschens nicht herbeigeführt werden – auch nicht mit Zwangsgeld –, kann das Registergericht die Firma von Amts wegen löschen (§ 31 Abs. 2 Satz 2 HGB).

WER MUSS ANMELDEN | Alle Liquidatoren nach § 157 HGB oder alle Gesellschafter, wenn kein Zweifel besteht, dass es keine anderen Personen als Liquidatoren gab.

BEIZUFÜGENDE UNTERLAGEN | Keine.

KOSTEN BEIM GERICHT | Keine Gebühr für Eintragung der Löschung der Firma (GVHR Vorbem. 1 Abs. 4).

KOSTEN BEIM NOTAR | Geschäftswert: 30 000 Euro (§ 105 Abs. 4 Nr. 3 Halbs. 1 GNotKG). Liquidationsbeendigung und Erlöschen der Firma sind gegenstandsgleich (keine verschiedene Tatsachen i.S.v. § 111 Nr. 3 GNotKG, notwendige Erklärungseinheit, einheitliche Anmeldung i.S.v. § 157 Abs. 1 HGB). Die Angaben über die Aufbewahrung von Büchern und Schriften gemäß § 157 Abs. 2 HGB ist notwendiger Erklärungsinhalt der Anmeldung und nicht gesondert zu bewerten. Gebühren und Auslagen wie bei A 21.

TEXT DER ANMELDUNG

M 55.1　Anmeldung des Erlöschens der Firma einer OHG nach Beendigung der Liquidation

1. *Die Liquidation ist beendet.*
2. *Die Firma ist erloschen.*
3. *Die Bücher und Papiere der aufgelösten Gesellschaft sind dem Gesellschafter … (Name, Vorname, Geburtsdatum, Wohnort und Privatadresse) in Verwahrung gegeben worden.*

(Unterschriftsbeglaubigung wie bei A 162 (M 162.1))

56. Vorhandensein weiteren Gesellschaftsvermögens nach Schluss der Abwicklung und Löschung der Gesellschaft

HINWEISE | Die erforderliche Nachtragsabwicklung erfolgt durch die letzten Liquidatoren (vgl. B § 157 HGB Nr. 2). Die Gesellschaft besteht – weil ja noch Gesamthandsvermögen vorhanden ist, rechtlich identisch – fort als Gesellschaft bürgerlichen Rechts bis zur endgültigen Abwicklung. Die GbR wird von allen Gesellschaftern vertreten, sofern Gesellschaftsvertrag nichts anderes regelt (§ 714 BGB).

Eine gerichtliche Bestellung von Nachtragsliquidatoren analog § 273 Abs. 2 AktG i.V.m. § 375 Nr. 3 FamFG kommt in Betracht bei so genannten Publikumsgesellschaften, wenn sie wie im Fall einer GmbH & Co. KG körperschaftlich verfasst sind, also Kapitalgesellschaft im Kleide einer Personengesellschaft (B § 157 HGB Nr. 2).

Wiedereintragung nur erforderlich, wenn noch eine umfangreiche und längere Abwicklung nötig ist.

WAS IST ANZUMELDEN | Wenn sich an dem Abwicklungsziel nichts ändert, keine Anmeldung erforderlich; siehe aber Hinweis.

KOSTEN BEIM GERICHT | Nur bei Wiedereintragung, die auch veröffentlicht wird: wie bei A 25.

KOSTEN BEIM NOTAR | Der Antrag auf Bestellung eines Nachtragsliquidators ist keine Handelsregisteranmeldung. Fertigt der Notar auftragsgemäß den Antrag auf Nachtragsliquidation, entsteht eine 1,0-Gebühr nach KV 24101, 21200 GNotKG, mindestens 60 Euro, weil der Notar den Entwurf vollständig fertigt (§ 92 Abs. 2 GNotKG). Als Geschäftswert kann herangezogen werden die Rechtslage für den Bestellungsbeschluss von Liquidatoren (§ 108 Abs. 1 Satz 1, § 105 Abs. 4 Nr. 1 GNotKG). Durch die Gebühr ist auch abgegolten die Übermittlung des Antrags an das Registergericht (vgl. KV Vorbem. 2.4.1 Abs. 4 GNotKG). Erhebung der Auslagen nach KV 32002, 32011, 32014.

---

57. Fortsetzung einer aufgelösten Gesellschaft durch die Gesellschafter

HINWEISE | Fortsetzung nur möglich, wenn Liquidation noch nicht beendet. Nach Abschluss der Liquidation oder vollständiger Verteilung des Gesellschaftsvermögens ist eine Neugründung erforderlich. Bei minderjährigen Gesellschaftern Genehmigung des Familiengerichts erforderlich (siehe Rechtsprechung zu B § 1822 BGB und Hinweise Einl. Rz. 22 ff.).

WER MUSS ANMELDEN | Alle Gesellschafter.

BEIZUFÜGENDE UNTERLAGEN | Keine.

KOSTEN BEIM GERICHT | Eintragungsgebühr für Eintragung der Fortsetzung je nach Größe der Gesellschaft 60 bzw. 70 Euro (GVHR 1501 bzw. 1502), hinzu für Löschung der Liquidatoren je 30 Euro (GVHR 1503).

KOSTEN BEIM NOTAR | Geschäftswert: 30 000 Euro (§ 105 Abs. 4 Nr. 3 Halbs. 1, § 111 Nr. 3, § 86 Abs. 2 GNotKG – notwendige Erklärungseinheit) für Abberufung eines jeden Liquidators und Anmeldung des Vertretungsrechts eines jeden Gesellschafters. Gebühren und Auslagen wie bei A 21.

TEXT DER ANMELDUNG

M 57.1   Anmeldung der Fortsetzung einer aufgelösten OHG

1. *Wir, … (Name, Vorname, Geburtsdatum, Wohnort) und … (Name, Vorname, Geburtsdatum, Wohnort) setzen die bisherige, aufgelöste Gesellschaft wieder als Erwerbsgesellschaft unter der alten Firma fort. Die Liquidation ist noch nicht beendet.*
2. *Der Liquidator … (Name, Vorname, Geburtsdatum, Wohnort) ist abberufen.*
3. *Vertretungsrecht:*

   Abstrakt: Die allgemeine Vertretungsregelung ist geändert. Die persönlich haftenden Gesellschafter sind berechtigt, die Gesellschaft jeweils einzeln zu vertreten.

Konkret: Die persönlich haftenden Gesellschafter … (jeweils Name, Vorname, Geburts-datum, Wohnort), sind berechtigt, die Gesellschaft jeweils einzeln zu vertreten. Diese Per-sonen sind befugt, die Gesellschaft bei der Vornahme von Rechtsgeschäften mit sich selbst oder als Vertreter eines Dritten uneingeschränkt zu vertreten (Befreiung von den Beschränkungen des § 181 BGB).

Der Gegenstand des Unternehmens ist unverändert.

Der Sitz und die Geschäftsräume sowie die inländische Geschäftsanschrift der Gesellschaft sind unverändert.

(Unterschriftsbeglaubigung wie bei A 162 (M 162.1))

58. Übernahme des Geschäftsbetriebs der OHG durch eine aus denselben Gesellschaftern bestehende GmbH

Bei Gründung als Sacheinlage siehe unten A 92. Bei Umwandlung oder bei Übernahme eines einzelkaufmännischen Geschäfts durch eine GmbH siehe unten A 92a.

III. Zusätzliche Vorgänge bei der Kommanditgesellschaft (KG)

59. Vorbemerkungen

a) Geltung des OHG-Rechts

Für Vorgänge und Veränderungen bei der Kommanditgesellschaft gelten, soweit im Folgenden keine besonderen Erläuterungen aufgeführt sind, die Erläuterungen zur OHG mit dem Hinweis, dass dort, wo als Anmeldepflichtige *„alle Gesellschafter"* angegeben sind, auch die Kommanditisten anmelden müssen, während dort, wo *„Gesellschafter in der zur Vertretung der Gesellschaft erforderlichen Zahl"* angegeben ist, Kommanditisten bei der Anmeldung nicht beteiligt sind. Die Begriffe „persönlich haftender Gesellschafter" und „Komplementär" werden bei der KG synonym verwendet. Bei Änderung der Personalien eines Gesellschafters: B §§ 106, 107 HGB Nr. 1.

b) Auswirkungen der Euro-Währung

Bei der OHG besteht kein registerrechtlicher Handlungsbedarf, weil weder ein Gesamtkapital der Gesellschaft noch Einlagen der Gesellschafter – im Sinne einer Verpflichtung zur Leistung gegenüber der Gesellschaft – im Handelsregister eingetragen werden. Der Begriff der „Einlage" in § 162 Abs. 1 HGB ist als eingetragene Haftsumme zu verstehen, bis zu der der Kommanditist haftet. Bei Kommanditgesellschaften ist mit dem Ende der Übergangsphase am 31.12.2001 eine automatische Umrechnung der zu diesem Zeitpunkt noch mit DM-Bezeichnung eingetragenen Kommanditeinlagen in Euro nach dem festgelegten Umrechnungskurs (1 Euro = 1,95583 DM) eingetreten. Sie ist zur Eintragung im Handelsregister anzumelden (§ 12 Abs. 1 HGB). Diese Anmeldung bedarf nicht der im § 12 HGB vorgeschriebenen Form (Art. 45 Abs. 1 EGHGB). Außerdem gilt für sie die Kostenvergünstigung nach § 105 Abs. 5 GNotKG.

Die Umstellung (Umrechnung) zum festgelegten Kurs führt zwangsläufig zu „krummen" Einlagebeträgen. Wollen die Gesellschafter diese „glätten", so ist – ebenso wie bei der GmbH – eine schlichte Glättung und eine solche unter Wahrung der bestehenden Beteiligungsquoten möglich. Dafür sind die für die GmbH entwickelten Berechnungsmethoden verwendbar, wobei aber das Erfordernis einer Teilbarkeit durch bestimmte Beträge (vgl. § 5 GmbHG) außer Betracht gelassen werden kann, weil es solche Vorschriften bei der KG nicht gibt. Glättungen der Einlagebeträge stellen ebenfalls eine Änderung des Gesellschaftsvertrages dar. Sie müssen nach §§ 162, 175 HGB zur Eintragung angemeldet werden. Für diese Anmeldungen gelten jedoch die in Art. 45 EGHGB enthaltenen Erleichterungen nicht.

Treten in eine KG, deren Kommanditeinlagen noch in DM ausgewiesen sind, weitere Kommanditisten ein, so ist das nur noch mit Betragsangabe in Euro möglich. Daraus ergibt sich aber kein rechtlicher Zwang, die zu diesem Zeitpunkt eingetretene automatische Umrechnung anderer eingetragener DM-Einlagen in Euro zur Eintragung anzumelden. Eine Registersperre für Kapitalveränderungen, wie sie § 86 Abs. 1 Satz 4 GmbHG, § 3 Abs. 5 EGAktG vorsehen, enthält das Gesetz für die KG nicht.

Wird eine „alte" DM-Kommanditeinlage übertragen, so ist dies jetzt nur mit Betragsangabe in Euro möglich. Wird dieser Betrag durch bloße Umrechnung der DM-Einlage nach dem festgelegten Kurs ermittelt und dessen Eintragung beantragt, so dürfte darin eine „Anmeldung" i.S.v. Art. 45 EGHGB liegen. Dasselbe gilt bei Vererbung einer DM-Einlage. Wird der „krumme" Euro-Betrag durch Erhöhung oder Herabsetzung der Einlage geglättet, muss zusätzlich eine Erhöhung oder Herabsetzung der Einlage angemeldet werden. Sowohl die Anmeldungen über eine Umrechnung in Euro als auch über dabei vorgenommene Glättungen müssen nach §§ 162, 175 HGB von allen Gesellschaftern, also auch von den Kommanditisten vorgenommen werden. Insoweit enthält Art. 45 EGHGB keine Erleichterungen, insbesondere ist der Gesetzgeber Vorschlägen nicht gefolgt, hier die Mitwirkung der persönlich haftenden Gesellschafter ausreichen zu lassen. Jedoch dürften umfassende Vollmachten der Kommanditisten eine reine Umrechnung umfassen. Für eine verhältniswahrende Glättung mit Erhöhung der Einlagen dürfte das nur dann gelten, wenn die Vollmacht als umfassende Generalvollmacht erteilt ist oder wenn sie eine Einlagenerhöhung umfasst (vgl. dazu auch B § 12 Abs. 1 Satz 2 HGB Nr. 10).

60. Gründung einer KG zum Beginn eines Gewerbebetriebes

HINWEISE | Siehe bei A 21; zur Anmeldung der Vertretung OLG Köln v. 24.5.2004 – 2 Wx 16/04, GmbHR 2004, 1157 = Rpfleger 2004, 571 und B § 8 GmbHG Nr. 15 („Alleinvertretungsbefugnis").

Einlage i.S.v. § 162 HGB ist Betrag, der in das Handelsregister eingetragen wird und die Höhe der Haftung im Außenverhältnis bestimmt (Haftsumme). Diese (Haft-)Einlage entspricht regelmäßig dem Betrag der Pflichteinlage, den der Kommanditist im Innenverhältnis aufgrund des Gesellschaftsvertrages zu leisten hat (so genannte bedungene Einlage nach § 169 Abs. 1 Satz 2 HGB). Die Eintragung der Haftsumme des Kommanditisten ist nur in Euro möglich, nicht dagegen in einer ausländischen Währung.

Anmeldung eilbedürftig, weil die Kommanditisten bis zur Eintragung der Gesellschaft persönlich haften (§ 176 Abs. 1 HGB). Hierzu entweder notarieller Hinweis oder Eintritt aufschiebend bedingt auf die Eintragung in das Handelsregister.

GbR kann sowohl Kommanditist sein (§ 162 Abs. 1 Satz 2 HGB) als auch persönlich haftende Gesellschafterin (B § 161 HGB Nr. 3). Änderungen in der Zusammensetzung der GbR, die im Handelsregister als Gesellschafterin einer OHG/KG eingetragen ist, oder Änderungen des Namens der GbR sind zum Handelsregister der OHG/KG anzumelden (§§ 162 Abs. 1 Satz 2, 106 Abs. 2 HGB). Ebenso können eine GmbH vor Eintragung (B § 161 HGB Nr. 1) und eine ausländische Gesellschaft Gesellschafterin einer KG sein (B § 161 HGB Nr. 2 und Einl. Rz. 65).

Geschäftsführungsbefugnis für Kommanditisten nicht eintragungsfähig (OLG Frankfurt/M v. 26.9.2005 – 20 W 192/05, GmbHR 2006, 265); aber Prokura (dann A 41).

Anmeldung eines Kommanditisten, der Kaufmann ist, unter seiner Firma: siehe B § 162 HGB Nr. 2.

Keine Bekanntmachung von Kommanditisteneintragungen, auch nicht bei späteren Veränderungen (§§ 162 Abs. 2, 175 Satz 2 HGB).

WER MUSS ANMELDEN | Alle Gesellschafter einschl. Kommanditisten nach §§ 108 Satz 1, 161 Abs. 2 HGB.

BEIZUFÜGENDE UNTERLAGEN | Keine.

KOSTEN BEIM GERICHT | Gebühr für Ersteintragung mit bis zu drei Gesellschaftern 100 Euro (GVHR 1101); Erhöhung um je 40 Euro für jeden weiteren Gesellschafter (GVHR 1102). Die Anmeldung einer zur Vertretung berechtigten Person und die gleichzeitige Anmeldung ihrer Vertretungsmacht oder deren Ausschluss betreffen eine Tatsache (§ 2 Abs. 3 Nr. 1 HRegGebV). Die Eintragung der inländischen Geschäftsanschrift löst keine zusätzlichen Gebühren aus (§ 2 Abs. 1 bzw. Abs. 3 Nr. 2a HRegGebV).

KOSTEN BEIM NOTAR | Geschäftswert nach § 105 Abs. 1 Satz 1 Nr. 5 GNotKG: Summe der Kommanditeinlagen unter Hinzurechnung eines Betrages von 30 000 Euro für den ersten Komplementär und jeweils 15 000 Euro für jeden weiteren Komplementär. Höchstgeschäftswert der Anmeldung 1 Million Euro (§ 106 GNotKG).

1. Beurkundung der Anmeldung bzw. Entwurf mit Unterschriftsbeglaubigung: *0,5-Beurkundungsgebühr* nach KV 21201 Nr. 5 GNotKG, KV 24102, §§ 92 Abs. 2, 119 GNotKG.

   0,3-Vollzugsgebühr, höchstens 50 Euro (KV 22112 mit Vorbem. 2.2.1.1 Abs. 1 Satz 2 Nr. 1 GNotKG) aus Geschäftswert der Anmeldung (§ 112 GNotKG) für auftragsgemäße Einholung eines Gutachtens zur firmenrechtlichen Unbedenklichkeit bei IHK.

   Gesonderte 0,3-Vollzugsgebühr nach KV 22114 GNotKG, höchstens 250 Euro, für XML-Strukturdatei aus Geschäftswert der Anmeldung (§ 112 GNotKG); für die Übermittlung der XML-Datei fällt keine Dokumentenpauschale an.

   Nach KV 25102 Abs. 2 Nr. 1 GNotKG sind beglaubigte Abschriften von Dokumenten, die der Notar aufgenommen oder entworfen hat, vom Anwendungsbereich der *Beglaubigungsgebühr* ausgenommen; es fällt deshalb keine Beglaubigungsgebühr nach KV 25102 GNotKG an, wenn der Notar eine von ihm entworfene und unterschriftsbeglaubigte Handelsregisteranmeldung im Zuge der Registereinreichung elektronisch beglaubigt.

   Auslagen: KV 32000 GNotKG Dokumentenpauschale – Papier (s/w) für die ersten 50 Seiten je Seite 0,50 Euro, bei Entwurfsfertigung mit Unterschriftsbeglaubigung ist KV 32001 Nr. 3 GNotKG nicht einschlägig.

   KV 32002 GNotKG Dokumentenpauschale – Daten (z.B. für Registeranmeldung, IHK-Gutachten, sonstige Beilagen) je Datei 1,50 Euro (bis 3 Dateien), maximal jedoch 5 Euro (ab 4 Dateien), aber nicht weniger als nach KV 32000 GNotKG, also 0,50 Euro für die ersten 50 gescannten Seiten und 0,15 Euro für jede weitere gescannte Seite. Fraglich ist, ob ein Einzelvergleich jeder Datei mit der Zahl der eingescannten Seiten vorzunehmen ist, so *BDS/Diehn*, Nr. 32002 Rz. 17 GNotKG, oder ob ein Vergleich der Summe für die Dateianhänge mit der Summe aller eingescannten Seiten vorzunehmen ist, so *Korintenberg/Tiedtke*, Nr. 32002 Rz. 3 GNotKG.

KV 32005 GNotKG Auslagenpauschale Post/Telekommunikation 20% der Gebühren des Verfahrens bzw. Geschäfts, höchstens 20 Euro, oder Einzelabrechnung nach KV 32004 GNotKG.

KV 32014 GNotKG Umsatzsteuer auf die Kosten.

2. Unterschriftsbeglaubigung zur Anmeldung ohne Entwurfsfertigung durch Notar: 0,2-Gebühr nach KV 25100, § 121 GNotKG für Unterschriftsbeglaubigung (beachte die spezifische Höchstgebühr mit 70 Euro bei KV 25100 GNotKG).

Gesonderte 0,6-Vollzugsgebühr nach KV 22125 GNotKG, höchstens 250 Euro, für XML-Strukturdatei aus Geschäftswert der Anmeldung (§ 112 GNotKG); für die Übermittlung der XML-Datei fällt keine Dokumentenpauschale an. *Vollzugsgebühr* nach KV 22124 GNotKG mit 20 Euro für Einreichung der Anmeldung bei Registergericht.

Für die *Beglaubigung von Abschriften* der Anmeldung und von beim Registergericht einzureichenden Dokumenten entsteht jeweils die 10-Euro-Mindestgebühr nach KV 25102 GNotKG (hier auch für die dem Gericht übermittelte Beglaubigung der Anmeldung, Umkehrschluss aus Abs. 2 der Anmerkung zu KV 25102 GNotKG). Nach § 12 Abs. 2 Satz 2 Halbs. 1 HGB ist die Beglaubigung von beim Registergericht einzureichenden Dokumenten in bestimmten Fällen nicht erforderlich (vgl. oben 1. Abs. 4).

Auslagen: Für unbeglaubigte Kopien KV 32000 GNotKG Dokumentenpauschale – Papier (s/w) für die ersten 50 Seiten je Seite 0,50 Euro.

KV 32002 GNotKG Dokumentenpauschale – Daten (z.B. für Registeranmeldung, IHK-Gutachten, sonstige Beilagen) je Datei 1,50 Euro (bis 3 Dateien), maximal jedoch 5 Euro (ab 4 Dateien), aber nicht weniger als nach KV 32000 GNotKG, also 0,50 Euro für die ersten 50 gescannten Seiten und 0,15 Euro für jede weitere gescannte Seite.

KV 32005 GNotKG Auslagenpauschale Post/Telekommunikation 20% der Gebühren des Verfahrens bzw. Geschäfts, höchstens 20 Euro, oder Einzelabrechnung nach KV 32004 GNotKG.

KV 32011 GNotKG (je Einsicht 4,50 Euro nach KV 1140 JVKostG) Auslagenersatz für vom Notar genommene Einsicht in das Handelsregister.

KV 32014 GNotKG Umsatzsteuer auf die Kosten.

Beurkundungsgebühr umfasst Anmeldung und Bezeichnung der persönlich haftenden Gesellschafter und deren Vertretungsberechtigung, die Bezeichnung der Kommanditisten und ihrer Einlagen sowie die Angabe der inländischen Geschäftsanschrift.

TEXT DER ANMELDUNG

M 60.1   Anmeldung der Gründung einer KG infolge Geschäftsaufnahme

Es wurde unter der Firma ... (Bezeichnung der Kommanditgesellschaft mit Rechtsformzusatz) eine Kommanditgesellschaft errichtet.

Sitz der Gesellschaft ist ... (Ort)

Gegenstand des Unternehmens ist: ... (schlagwortartige Bezeichnung)

Persönlich haftender Gesellschafter ist: ... (Name, Vorname, Geburtsdatum, Wohnort)

Kommanditist ist … (Name, Vorname, Geburtsdatum, Wohnort) mit einer Einlage von Euro … (Zahl)

Vertretungsrecht der persönlich haftenden Gesellschafter:

Abstrakt: Jeder persönlich haftende Gesellschafter vertritt die Gesellschaft jeweils einzeln.

Konkret: Der persönlich haftende Gesellschafter … (Name, Vorname, Geburtsdatum, Wohnort) ist einzelvertretungsberechtigt. Diese Person ist befugt, die Gesellschaft bei der Vornahme von Rechtsgeschäften mit sich selbst oder als Vertreter eines Dritten uneingeschränkt zu vertreten (Befreiung von den Beschränkungen des § 181 BGB).

Die Geschäftsräume der Gesellschaft befinden sich in … (PLZ, Ort, Straße mit Hausnummer); dies ist auch die inländische Geschäftsanschrift i.S.v. § 161 Abs. 2 i.V.m. § 106 Abs. 2 Nr. 2 HGB.

(Unterschriftsbeglaubigung wie bei A 162 (M 162.1))

---

61. Aufnahme eines Kommanditisten in das Geschäft eines Einzelkaufmanns

HINWEISE | Es handelt sich nicht um eine Gesamtrechtsnachfolge, sondern um die Gründung einer Personenhandelsgesellschaft nach §§ 105 f., 161 f. HGB; siehe oben A 20 und A 23; jeweils mit Muster.

Haftung des Kommanditisten siehe Hinweis bei A 60 und A 62.

Zum Haftungsausschluss bei Firmenfortführung siehe Hinweis bei A 23 und B § 28 HGB Nr. 1 und 2.

WER MUSS ANMELDEN | Alle Gesellschafter einschl. Kommanditisten.

BEIZUFÜGENDE ERKLÄRUNG | Ggf. Einwilligung des bisherigen Inhabers in die Firmenfortführung.

KOSTEN BEIM GERICHT | Für erstmalige Eintragung der KG mit bis zu drei Gesellschaftern Gebühr 100 Euro (GVHR 1101). Es kommen noch die Veröffentlichungskosten hinzu.

KOSTEN BEIM NOTAR | Wie bei A 60. Da die Firma des Einzelkaufmanns nicht gelöscht wird, keine Erhöhung des Geschäftswerts. Erklärung über Haftungsausschluss ist gegenstandsverschieden, Geschäftswert nach billigem Ermessen, § 36 Abs. 2, Abs. 3 GNotKG. Bei Einwilligung in die Firmenfortführung handelt es sich um eine namensrechtliche Gestattung, die wegen § 111 Nr. 3 GNotKG gesondert bewertet wird; Ermittlung des Geschäftswerts nach billigem Ermessen, § 36 Abs. 2, Abs. 3 GNotKG.

TEXT DER ANMELDUNG

M 61.1   Anmeldung der Gründung einer KG infolge Aufnahme einer Person in das Handelsgeschäft eines Einzelunternehmers

Ich, der bisherige Geschäftsinhaber … (Name, Vorname, Geburtsdatum, Wohnort) habe in mein Handelsgeschäft als Kommanditisten aufgenommen:

… (Name, Vorname, Geburtsdatum, Wohnort)

Die Einlage des Kommanditisten beträgt Euro … (Zahl)

Der bisherige Inhaber willigt in die Firmenfortführung ein. Die Firma ist geändert in

… (neue Bezeichnung mit Rechtsformzusatz)

Sitz der Gesellschaft ist … (Ort).

Gegenstand des Unternehmens ist: … (schlagwortartige Bezeichnung).

Die Geschäftsräume der Gesellschaft befinden sich in … (PLZ, Ort und Straße mit Hausnummer); dies ist auch die inländische Geschäftsanschrift i.S.v. § 161 Abs. 2 i.V.m. § 106 Abs. 2 Nr. 2 HGB.

Der Kommanditist haftet nicht für die im Geschäft entstandenen Verbindlichkeiten des bisherigen Inhabers.

Vertretungsrecht der persönlich haftenden Gesellschafter:

> *Abstrakt: Jeder persönlich haftende Gesellschafter vertritt die Gesellschaft jeweils einzeln.*

> *Konkret: Der persönlich haftende Gesellschafter … (Name, Vorname, Geburtsdatum, Wohnort) ist einzelvertretungsberechtigt. Diese Person ist befugt, die Gesellschaft bei der Vornahme von Rechtsgeschäften mit sich selbst oder als Vertreter eines Dritten uneingeschränkt zu vertreten (Befreiung von den Beschränkungen des § 181 BGB).*

(Unterschriftsbeglaubigung wie bei A 162 (M 162.1))

62. Aufnahme eines weiteren Kommanditisten

HINWEISE | Aufnahme eines Kommanditisten in eine OHG siehe oben A 30.

Anmeldung eilbedürftig, weil der Eingetretene bis zu seiner Eintragung im Handelsregister persönlich haften kann (§ 176 Abs. 2 HGB). Zur Vermeidung dieser Haftung ist zu empfehlen, die Aufnahme in die Gesellschaft vertraglich erst mit der Eintragung wirksam werden zu lassen (aufschiebende Bedingung; B § 176 HGB).

Aufnahme setzt die Zustimmung aller anderen Gesellschafter voraus, wenn der **Gesellschaftsvertrag** nichts Abweichendes bestimmt, z.B. eine Ermächtigung an den persönlich haftenden Gesellschafter enthält, weitere Kommanditisten aufzunehmen.

Aufnahme **minderjähriger** Kommanditisten setzt, wenn einer der Eltern oder ein Verwandter in gerader Linie ebenfalls Gesellschafter ist, die Bestellung eines Pflegers voraus, außerdem eine Genehmigung des Familiengerichts (siehe B § 1822 BGB Nr. 3, 4 und 8).

Haftungsausschluss für den Eintretenden mit Wirkung gegenüber den Gläubigern nicht möglich (§ 173 HGB).

WER MUSS ANMELDEN | Alle Gesellschafter einschl. des Eintretenden bzw. des Eingetretenen nach §§ 107, 108 Satz 1, 161 Abs. 2 HGB.

BEIZUFÜGENDE UNTERLAGEN | Keine.

KOSTEN BEIM GERICHT | Gebühr für Eintragung des neuen Kommanditisten je nach Größe der Gesellschaft 60 bzw. 70 Euro (GVHR 1501 bzw. 1502); treten mehrere Kommanditisten aufgrund der gleichen Anmeldung ein oder aus, dann neben GVHR 1501 bzw. 1502 noch jeweils Gebühren mit 30 Euro (GVHR 1503).

KOSTEN BEIM NOTAR | Geschäftswert: einzutragender Nennbetrag der Kommanditeinlage eines eintretenden Kommanditisten (jeweils mindestens 30 000 Euro, § 105 Abs. 1 Satz 1 Nr. 6 Halbs. 1, Satz 2 GNotKG), ggf. Addition der Geschäftswerte (§ 105 Abs. 1 Satz 1 Nr. 6 Halbs. 1, Satz 2, § 86 Abs. 2 GNotKG); Höchstgeschäftswertgrenze von 1 Million Euro (§ 106 GNotKG). Gebühren und Auslagen wie bei A 60.

TEXT DER ANMELDUNG

M 62.1   Anmeldung der Aufnahme eines weiteren Kommanditisten in eine KG

In die Gesellschaft ist als Kommanditist eingetreten:

… (Name, Vorname, Geburtsdatum, Wohnort)

Die Kommanditeinlage beträgt Euro … (Zahl)

Der neue Kommanditist wurde darauf hingewiesen, dass er bis zu seiner Eintragung im Handelsregister persönlich haftet (§ 176 Abs. 2 HGB). Weiter ist dem Eingetretenem bekannt, dass für ihn ein Haftungsausschluss mit Wirkung gegenüber den Gläubigern nicht möglich ist (§ 173 HGB).

Alternativ:

In die Gesellschaft wird … (Name, Vorname, Geburtsdatum, Wohnort) aufschiebend bedingt auf den Zeitpunkt der Eintragung in das Handelsregister als Kommanditist eintreten. Die Kommanditeinlage beträgt Euro … (Zahl).

Die Geschäftsräume befinden sich unverändert in … (PLZ, Ort und Straße mit Hausnummer); dies ist auch die inländische Geschäftsanschrift i.S.v. § 161 Abs. 2 i.V.m. § 106 Abs. 2 Nr. 2 HGB.

(Unterschriftsbeglaubigung wie bei A 162 (M 162.1))

---

63. Ein Kommanditist wird persönlich haftender Gesellschafter und umgekehrt

HINWEISE | Person bleibt Gesellschafter (kein Austritt, kein erneuter Eintritt), nur die Art der Beteiligung ändert sich, B § 162 HGB Nr. 3.

Handelt es sich um den **einzigen Kommanditisten**, so verwandelt sich die KG in eine OHG ohne Veränderung ihrer Identität (keine neue Gesellschaft, keine Anmeldung nach § 106 HGB), aber Firmenänderung (§ 19 Abs. 1 Nr. 2 HGB). Entsprechendes gilt im umgekehrten Fall. Vgl. auch A 31.

WER MUSS ANMELDEN | Alle Gesellschafter einschl. des Kommanditisten.

BEIZUFÜGENDE UNTERLAGEN | Keine.

KOSTEN BEIM GERICHT | Die Beteiligungsumwandlung wird für jeden daran beteiligten Gesellschafter als Austritt aus der alten Stellung und Eintritt in die neue Stellung eingetragen (als jeweils zwei Tatsachen); Gebühr für die Eintragung der ersten Registertatsache mit 60 bzw. 70 Euro (GVHR 1501 bzw. 1502), Gebühr für die weitere Tatsache nach GVHR 1503 mit je 30 Euro. Nur bei Firmenänderung eine weitere Gebühr von 30 Euro (GVHR 1504). Wird lediglich die Änderung der inländischen Geschäftsanschrift angemeldet, dann Gebühr 30 Euro (GVHR 1504), da der Gesetzgeber bei § 105 Abs. 5 GNotKG wohl von einer Tatsache ohne wirtschaftliche Bedeutung ausgeht; OLG München v. 9.8.2016 – 31 Wx 94/16, Rpfleger 2017, 120 (zur KG); OLG München v. 9.8.2016 – 31 WX 188/16, Rpfleger 2017, 51 (zur GmbH); OLG Köln v. 12.8.2015 – 2 Wx 135/15, Rpfleger 2016, 124 (zur GmbH).

KOSTEN BEIM NOTAR | Geschäftswert: Nennbetrag der einfachen Kommanditeinlage, mindestens 30 000 Euro (§ 105 Abs. 1 Satz 1 Nr. 6 Halbs. 2, Satz 2 GNotKG als Ausnahme von § 111 Nr. 3 GNotKG), höchstens 1 Million Euro (§ 106 GNotKG). Bei Einwilligung in die Firmenfortführung handelt es sich um eine namensrechtliche Gestattung, die wegen § 111 Nr. 3 GNotKG gesondert bewertet wird; Ermittlung des Geschäftswerts nach billigem Ermessen, § 36 Abs. 2, Abs. 3 GNotKG. Gebühren und Auslagen wie bei A 60.

TEXT DER ANMELDUNG

M 63.1   Anmeldung der Beteiligungsumwandlung bei einer KG: Kommanditist wird persönlich haftender Gesellschafter

Der bisherige Kommanditist … (Name, Vorname, Geburtsdatum, Wohnort) ist fortan persönlich haftender Gesellschafter.

Er vertritt die Gesellschaft wie folgt: … (Abstrakte und konkrete Angabe der Vertretung/Gesamtvertretung z.B. wie bei A 29)

Die Firma wird unverändert fortgeführt (soweit es noch einen weiteren Kommanditisten gibt; sonst Firma als OHG). Die Geschäftsräume befinden sich unverändert in … (PLZ, Ort und Straße mit Hausnummer); dies ist auch die inländische Geschäftsanschrift i.S.v. § 161 Abs. 2 i.V.m. § 106 Abs. 2 Nr. 2 HGB.

(Unterschriftsbeglaubigung wie bei A 162 (M 162.1))

oder:

Der persönlich haftende Gesellschafter … (Name, Vorname, Geburtsdatum, Wohnort) ist fortan Kommanditist mit einer Einlage von Euro … (Zahl). Er willigt in die Firmenfortführung ein.

… (Name, Vorname, Geburtsdatum, Wohnort des bisherigen Komplementärs) ist nicht mehr vertretungsberechtigt.

Die Firma ist geändert in … (neue Bezeichnung).

Die Geschäftsräume befinden sich unverändert in ... (PLZ, Ort und Straße mit Hausnummer); dies ist auch die inländische Geschäftsanschrift i.S.v. § 161 Abs. 2 i.V.m. § 106 Abs. 2 Nr. 2 HGB.

(Unterschriftsbeglaubigung wie bei A 162 (M 162.1))

64. Erhöhung einer Kommanditeinlage

HINWEISE | Gegenstand der Anmeldung ist die Erhöhung der Haftsumme. Nur der Betrag wird eingetragen. Davon zu unterscheiden ist die Einzahlung der ggf. vertraglich vereinbarten so genannten bedungenen Einlage (Pflichteinlage nach § 169 Abs. 1 Satz 2 HGB) oder deren spätere Rückzahlung; hierzu keine Erklärungen zum Handelsregister. Aus dem Register ist nicht ersichtlich, ob die Einlage geleistet ist. Zur Haftung vgl. aber §§ 171 Abs. 1, 172 Abs. 4 HGB.

Erhöhung auch nach Auflösung, siehe B § 175 HGB.

Keine Erzwingung der Anmeldung durch das Registergericht.

WER MUSS ANMELDEN | Alle Gesellschafter einschl. der Kommanditisten.

BEIZUFÜGENDE UNTERLAGEN | Keine.

KOSTEN BEIM GERICHT | Gebühr für die Eintragung dieser Tatsache 60 bzw. 70 Euro je nach Größe der Gesellschaft (GVHR 1501 bzw. 1502). Bei Erhöhung/Herabsetzung mehrerer Einlagen für jede weitere Erhöhung/Herabsetzung 30 Euro (GVHR 1503), wenn gleichzeitig angemeldet.

KOSTEN BEIM NOTAR | Geschäftswert: Erhöhungsbetrag/Herabsetzungsbetrag eines jeden beteiligten Kommanditisten, mindestens aber je 30 000 Euro (§ 105 Abs. 1 Satz 1 Nr. 7, Satz 2, § 111 Nr. 3 GNotKG), ggf. Addition der Geschäftswerte (§ 86 Abs. 2 GNotKG), mit Höchstgeschäftswertgrenze von 1 Million Euro (§ 106 GNotKG). Gebühren und Auslagen wie bei A 60.

TEXT DER ANMELDUNG

M 64.1   Anmeldung der Erhöhung der Haftsumme eines Kommanditisten bei einer KG

Die Einlage des Kommanditisten ... (Name, Vorname, Geburtsdatum, Wohnort) wurde von ... (Zahl) um ... (Zahl) auf Euro ... (Zahl) erhöht.

Die Geschäftsräume befinden sich unverändert in ... (PLZ, Ort und Straße mit Hausnummer); dies ist auch die inländische Geschäftsanschrift i.S.v. § 161 Abs. 2 i.V.m. § 106 Abs. 2 Nr. 2 HGB.

(Unterschriftsbeglaubigung wie bei A 162 (M 162.1))

65. Herabsetzung einer Kommanditeinlage

HINWEISE | Wie im Fall der Erhöhung (A 64) wird nur der neue Betrag angemeldet; keine Erklärungen zum Handelsregister wegen einer etwaigen Rückzahlung der Pflichteinlage o.Ä. Vor Eintragung keine Wirkung gegenüber Gläubigern (§ 174 HGB).

WER MUSS ANMELDEN | Alle Gesellschafter einschl. der Kommanditisten.

BEIZUFÜGENDE UNTERLAGEN | Keine.

KOSTEN BEIM GERICHT | Gebühr für die Eintragung der Herabsetzung 60 bzw. 70 Euro je nach Größe der Gesellschaft (GVHR 1501 bzw. 1502). Bei Herabsetzung/Erhöhung mehrerer Einlagen für jede weitere Herabsetzung/Erhöhung 30 Euro (GVHR 1503), wenn gleichzeitig angemeldet.

KOSTEN BEIM NOTAR | Geschäftswert: Herabsetzungsbetrag eines jeden beteiligten Kommanditisten, mindestens aber je 30 000 Euro (§ 105 Abs. 1 Satz 1 Nr. 7, Satz 2, § 111 Nr. 3 GNotKG), ggf. Addition der Geschäftswerte (§ 86 Abs. 2 GNotKG) mit Höchstgeschäftswertgrenze von 1 Million Euro (§ 106 GNotKG).

Gebühren und Auslagen wie bei A 60.

Werden die Kommanditeinlagen herauf- und herabgesetzt, so Addition der Geschäftswerte (§ 111 Nr. 3 GNotKG); für jede einzelne Tatsache der Veränderung einer Kommanditeinlage gilt der Mindestgeschäftswert von 30 000 Euro (§ 105 Abs. 1 Satz 2 GNotKG).

TEXT DER ANMELDUNG

M 65.1　Anmeldung der Herabsetzung der Haftsumme eines Kommanditisten bei einer KG

Die Einlage des Kommanditisten … (Name, Vorname, Geburtsdatum, Wohnort) wurde auf Euro … (Zahl) herabgesetzt.

Die Beteiligten wurden darauf hingewiesen, dass die Herabsetzung der Einlage vor Eintragung im Handelsregister den Gläubigern gegenüber keine Wirkung hat (§ 174 HGB).

Die Geschäftsräume befinden sich unverändert in … (PLZ, Ort und Straße mit Hausnummer); dies ist auch die inländische Geschäftsanschrift i.S.v. § 161 Abs. 2 i.V.m. § 106 Abs. 2 Nr. 2 HGB.

(Unterschriftsbeglaubigung wie bei A 162 (M 162.1))

66. Tod eines Kommanditisten – Eintritt eines Alleinerben in die Gesellschaft

HINWEISE | Nach § 177 HGB wird die KG nicht aufgelöst und Übergang des Anteils auf den oder die Erben im Wege der Sondererbfolge: Erbe(n) werden mit dem Erbfall Nachfolger in der KG. Regelung im Gesellschaftsvertrag möglich, dass die Gesellschaft durch den Tod des Kommanditisten aufgelöst ist (dann A 34), dass es keine Nachfolge mit dem/

den Erben und auch kein Eintrittsrecht gibt (dann Rechtslage wie bei OHG ohne Regelung, A 35), oder dass es eine qualifizierte Nachfolge gibt (nachfolgend A 67).

Zur Anmeldebefugnis des Testamentsvollstreckers siehe B § 2205 BGB Nr. 4 und 5 und
zur Eintragung eines Vermerks siehe B § 2205 BGB Nr. 1 und Einl. Rz. 31 ff.

Ist der Erbe schon Kommanditist, so sind das Ausscheiden des Erblassers, der Übergang der Einlage auf den Erben – Kommanditisten und die Erhöhung von dessen Einlage anzumelden; jeder Kommanditist wird nur mit einer Haftsumme eingetragen.

WER MUSS ANMELDEN | Alle Gesellschafter einschl. des eingetretenen Alleinerben –
Kommanditisten nach §§ 108 Satz 1, 143 Abs. 2, § 161 Abs. 2 HGB.

KOSTEN BEIM GERICHT | Gebühr für die Eintragung der Tatsache des Ausscheidens des
Verstorbenen je nach Größe der Gesellschaft 60 bis 70 Euro (GVHR 1501 bzw. 1502);
eine weitere Gebühr von 30 Euro (GVHR 1503, § 2 Abs. 2 Satz 2 HRegGebV) für die
Eintragung des Alleinerben bzw. der Erhöhung seiner bisherigen Kommanditeinlage.

KOSTEN BEIM NOTAR | Geschäftswert: Nennbetrag der einfachen Kommanditeinlage,
mindestens 30 000 Euro (§ 105 Abs. 1 Satz 1 Nr. 6 Halbs. 2, Satz 2 GNotKG), höchstens
1 Million Euro (§ 106 GNotKG); es handelt sich um eine einzige Tatsache i.S.v. § 111
Nr. 3 GNotKG, nämlich die Gesamtrechtsnachfolge. Gebühren und Auslagen wie bei
A 60.

TEXT DER ANMELDUNG

M 66.1   Anmeldung des Ausscheidens eines Kommanditisten aus KG durch
Tod und Nachfolge des Alleinerben

*Der Kommanditist … (Name, Vorname, Geburtsdatum, Wohnort) ist durch Tod aus der Ge-
sellschaft ausgeschieden. Seine Kommanditeinlage ist durch Erbfolge übergegangen auf
den Alleinerben … (Name, Vorname, Geburtsdatum, Wohnort).*

*Dieser Alleinerbe ist dementsprechend als Kommanditist mit einer Kommanditeinlage von
Euro … (Zahl) in die Gesellschaft eingetreten.*

Als Erbnachweis wird vorgelegt:

0 *Elektronisch beglaubigte Abschrift der Ausfertigung des Erbscheins des Nachlassgerichts
… (Ort) vom … (Erbscheindatum) (wegen des Abschriftenvermerks mit Visualisierungsvermerk siehe A 165, dies ausreichend, wenn zwischen dieser Beglaubigung und der Registeranmeldung nur eine kurze Zeitspanne liegt)*

0 *Elektronisch beglaubigte Abschrift der von der Ausstellungsbehörde … (Ort) erteilten beglaubigten Abschrift des Europäischen Nachlasszeugnisses vom … (Datum des Europäischen Nachlasszeugnisses) (wegen des Abschriftenvermerks mit Visualisierungsvermerk
siehe A 166, dies ausreichend, wenn zwischen dieser Beglaubigung und der Registeranmeldung nur eine kurze Zeitspanne liegt)*

0 *Elektronisch beglaubigte Abschrift der beglaubigten Abschrift der notariellen Verfügung
von Todes wegen vom … (Datum) mit elektronisch beglaubigter Abschrift der beglaubigten Abschrift des Eröffnungsprotokolls des Nachlassgerichts … (Ort) vom … (Datum
des Protokolls)*

Die Geschäftsräume befinden sich unverändert in ... (PLZ, Ort und Straße mit Hausnummer); dies ist auch die inländische Geschäftsanschrift i.S.v. § 161 Abs. 2 i.V.m. § 106 Abs. 2 Nr. 2 HGB.

oder:

Der Kommanditist ... (Name, Vorname, Geburtsdatum, Wohnort) ist durch Tod aus der Gesellschaft ausgeschieden. Seine Kommanditeinlage ist durch Erbfolge übergegangen auf den Alleinerben ... (Name, Vorname, Geburtsdatum, Wohnort)

Da der Alleinerbe bisher schon Kommanditist war, hat sich durch den Übergang der Kommanditeinlage des Erblassers auf diesen Kommanditisten dessen Kommanditeinlage erhöht; seine Gesamteinlage beträgt jetzt Euro (Zahl).

Als Erbnachweis wird vorgelegt:

0 *Elektronisch beglaubigte Abschrift der Ausfertigung des Erbscheins des Nachlassgerichts ... (Ort) vom ... (Erbscheindatum) (wegen des Abschriftenvermerks mit Visualisierungsvermerk siehe A 165 (M 165.1), dies ausreichend, wenn zwischen dieser Beglaubigung und der Registeranmeldung nur eine kurze Zeitspanne liegt)*

0 *Elektronisch beglaubigte Abschrift der von der Ausstellungsbehörde ... (Ort) erteilten beglaubigten Abschrift des Europäischen Nachlasszeugnisses vom ... (Datum des Europäischen Nachlasszeugnisses) (wegen des Abschriftenvermerks mit Visualisierungsvermerk siehe A 166 (M 166.1), dies ausreichend, wenn zwischen dieser Beglaubigung und der Registeranmeldung nur eine kurze Zeitspanne liegt)*

0 *Elektronisch beglaubigte Abschrift der beglaubigten Abschrift der notariellen Verfügung von Todes wegen vom ... (Datum) mit elektronisch beglaubigter Abschrift der beglaubigten Abschrift des Eröffnungsprotokolls des Nachlassgerichts ... (Ort) vom ... (Datum des Protokolls)*

Die Geschäftsräume befinden sich unverändert in ... (PLZ, Ort und Straße mit Hausnummer); dies ist auch die inländische Geschäftsanschrift i.S.v. § 161 Abs. 2 i.V.m. § 106 Abs. 2 Nr. 2 HGB.

(Unterschriftsbeglaubigung wie bei A 162 (M 162.1))

---

67. Tod eines Kommanditisten – mehrere Erben

HINWEISE | Jeder Erbe tritt als selbständiger Kommanditist mit dem seiner Erbquote entsprechenden Teil der Einlage des Erblassers ein (§ 177 HGB; Sondererbfolge). Die Beträge müssen in der Anmeldung angegeben werden. Siehe im Übrigen Hinweise bei A 66 und A 35–39 (abweichende Vertragsgestaltungen).

Regelung im Gesellschaftsvertrag möglich, dass der Kommanditanteil auf nur einen von mehreren Erben übergehen soll; dann ist nur dieser als Eintretender anzumelden.

Ist Miterbe bereits Kommanditist, dann Erhöhung seiner Haftsumme: A 66.

Zur Anmeldebefugnis des Testamentsvollstreckers siehe B § 2205 BGB Nr. 4 und 5 und zur Eintragung eines Vermerks siehe B § 2205 BGB A 1 und Einl. Rz. 31 ff.

WER MUSS ANMELDEN | alle Gesellschafter einschl. aller Erben nach §§ 108 Satz 1, 143 Abs. 2, § 161 Abs. 2, 162 HGB.

BEIZUFÜGENDE UNTERLAGEN | Erbnachweis (siehe A 34).

KOSTEN BEIM GERICHT | Gebühr für die Eintragung der Tatsache des Ausscheidens des Verstorbenen je nach Größe der Gesellschaft 60 bis 70 Euro (GVHR 1501 bzw. 1502); je eine weitere Gebühr von 30 Euro (GVHR 1503, § 2 Abs. 2 Satz 2 HRegGebV) für die Eintragung eines jeden Erben bzw. der Erhöhung deren bisheriger Kommanditeinlage.

KOSTEN BEIM NOTAR | Geschäftswert: Nennbetrag der einfachen Kommanditeinlage des Erblassers, mindestens 30 000 Euro (§ 105 Abs. 1 Satz 1 Nr. 6 Halbs. 2, Satz 2 GNot-KG), höchstens 1 Million Euro (§ 106 GNotKG); es handelt sich um eine einzige Tatsache i.S.v. § 111 Nr. 3 GNotKG, nämlich die Gesamtrechtsnachfolge. Gebühren und Auslagen wie bei A 60.

TEXT DER ANMELDUNG

M 67.1   Anmeldung des Ausscheidens eines Kommanditisten aus KG durch Tod und Nachfolge aller oder mehrerer Erben als Kommanditisten

Der Kommanditist ... (Name, Vorname, Geburtsdatum, Wohnort) ist durch Tod aus der Gesellschaft ausgeschieden: Seine Kommanditeinlage ist durch Erbfolge auf seine Erben übergegangen.

Diese sind im Wege einer Sondererbfolge mit folgenden Teilbeträgen in die Gesellschaft als Kommanditisten eingetreten: ... (Name, Vorname, Geburtsdatum, Wohnort der Erben und einzelne Geldbeträge in Euro der Kommanditeinlagen)

Als Erbnachweis wird vorgelegt:

0 Elektronisch beglaubigte Abschrift der Ausfertigung des Erbscheins des Nachlassgerichts ... (Ort) vom ... (Erbscheindatum) (wegen des Abschriftenvermerks mit Visualisierungsvermerk siehe A 165 (M 165.1), dies ausreichend, wenn zwischen dieser Beglaubigung und der Registeranmeldung nur eine kurze Zeitspanne liegt)

0 Elektronisch beglaubigte Abschrift der von der Ausstellungsbehörde ... (Ort) erteilten beglaubigten Abschrift des Europäischen Nachlasszeugnisses vom ... (Datum des Europäischen Nachlasszeugnisses) (wegen des Abschriftenvermerks mit Visualisierungsvermerk siehe A 166 (M 166.1), dies ausreichend, wenn zwischen dieser Beglaubigung und der Registeranmeldung nur eine kurze Zeitspanne liegt)

0 Elektronisch beglaubigte Abschrift der beglaubigten Abschrift der notariellen Verfügung von Todes wegen vom ... (Datum) mit elektronisch beglaubigter Abschrift der beglaubigten Abschrift des Eröffnungsprotokolls des Nachlassgerichts ... (Ort) vom ... (Datum des Protokolls)

Die Geschäftsräume befinden sich unverändert in ... (PLZ, Ort und Straße mit Hausnummer); dies ist auch die inländische Geschäftsanschrift i.S.v. § 161 Abs. 2 i.V.m. § 106 Abs. 2 Nr. 2 HGB.

(Unterschriftsbeglaubigung wie bei A 162 (M 162.1))

---

68. Tod eines Kommanditisten – (ein) Erbe ist ein persönlich haftender Gesellschafter

HINWEISE | Ist der persönlich haftende Gesellschafter nur **Miterbe**, so ist nur der Eintritt der anderen Miterben im Erbwege mit den ihren Erbquoten entsprechenden Teilbeträgen der Erblasser-Einlage anzumelden; der auf den persönlich haftenden Gesellschafter entfallende Teil erscheint nicht; Komplementär kann nicht gleichzeitig Kommanditist sein (Vereinigung zu einem Anteil, B § 162 HGB Nr. 5).

War der Verstorbene **einziger Kommanditist**, so wandelt sich die KG in eine OHG um ohne Veränderung ihrer Identität (keine Anmeldung nach § 106 HGB). Aber Firmenänderung hinsichtlich Rechtsformhinweis erforderlich. Ist der einzige persönlich haftende Gesellschafter Erbe des einzigen Kommanditisten, dann ist die Gesellschaft aufgelöst; Erbe wird im Wege der Gesamtrechtsnachfolge Inhaber; Änderung der Firma nach § 19 Abs. 1 Nr. 1 HGB (wie A 33).

WER MUSS ANMELDEN | Alle Gesellschafter einschl. der Kommanditisten nach §§ 108 Satz 1, 143 Abs. 2, 161 Abs. 2 HGB.

BEIZUFÜGENDE UNTERLAGEN | Erbnachweis (siehe A 34).

KOSTEN BEIM GERICHT | Gebühr für die Eintragung der Tatsache des Ausscheidens durch Tod je nach Größe der Gesellschaft 60 bis 70 Euro (GVHR 1501 bzw. 1502). Zusätzlich bei der zweiten Alternative im Mustertext: je eine weitere Gebühr von 30 Euro (GVHR 1503, § 2 Abs. 2 Satz 2 HRegGebV) für die Eintragung der Erhöhung der bisherigen Kommanditeinlage eines Erben. War der Verstorbene einziger Kommanditist, vgl. bei A 33.

KOSTEN BEIM NOTAR | Geschäftswert: Nennbetrag der einfachen Kommanditeinlage, mindestens 30 000 Euro (§ 105 Abs. 1 Satz 1 Nr. 6 Halbs. 2, Satz 2 GNotKG), höchstens 1 Million Euro (§ 106 GNotKG). Gebühren und Auslagen wie bei A 60.

War der Verstorbene einziger Kommanditist und sein Erbe der einzige perönlich haftende Gesellschafter: neben der Anmeldung des Ausscheidens des Kommanditisten (Geschäftswert: Nennbetrag der einfachen Kommanditeinlage, mindestens 30 000 Euro, § 105 Abs. 1 Satz 1 Nr. 6 Halbs. 1, Satz 2 GNotKG) auch Anmeldung der Auflösung der Gesellschaft und Anmeldung des Einzelunternehmens mit je 30 000 Euro (§ 105 Abs. 4 Nr. 3 Halbs. 1, Abs. 3 Nr. 1, § 86 Abs. 2, § 111 Nr. 3 GNotKG), höchstens 1 Million Euro (§ 106 GNotKG).

Gebühren und Auslagen wie bei A 60. Hinzu GW von 5 000 Euro (§ 105 Abs. 5 GNotKG) bei etwaiger Anmeldung der – geänderten – Geschäftsanschrift des Einzelkaufmanns zur Eintragung in das Handelsregister.

TEXT DER ANMELDUNG

M 68.1 Anmeldung des Ausscheidens eines Kommanditisten aus KG durch Tod und (Mit-) Erbe ist bereits Komplementär

Der Kommanditist … (Name, Vorname, Geburtsdatum, Wohnort) ist durch Tod aus der Gesellschaft ausgeschieden und von dem persönlich haftenden Gesellschafter … (Name, Vorname, Geburtsdatum, Wohnort des persönlich haftenden Gesellschafters) allein beerbt worden.

Er vertritt die Gesellschaft wie folgt: … (Abstrakte und konkrete Angabe der Vertretung/Gesamtvertretung z.B. wie bei A 29).

Die Geschäftsräume befinden sich unverändert in … (PLZ, Ort und Straße mit Hausnummer); dies ist auch die inländische Geschäftsanschrift i.S.v. § 161 Abs. 2 i.V.m. § 106 Abs. 2 Nr. 2 HGB.

Als Erbnachweis wird vorgelegt:

0 *Elektronisch beglaubigte Abschrift der Ausfertigung des Erbscheins des Nachlassgerichts … (Ort) vom … (Erbscheindatum) (wegen des Abschriftenvermerks mit Visualisierungsvermerk siehe A 165 (M 165.1), dies ausreichend, wenn zwischen dieser Beglaubigung und der Registeranmeldung nur eine kurze Zeitspanne liegt)*

0 *Elektronisch beglaubigte Abschrift der von der Ausstellungsbehörde … (Ort) erteilten beglaubigten Abschrift des Europäischen Nachlasszeugnisses vom … (Datum des Europäischen Nachlasszeugnisses) (wegen des Abschriftenvermerks mit Visualisierungsvermerk siehe A 166 (M 166.1), dies ausreichend, wenn zwischen dieser Beglaubigung und der Registeranmeldung nur eine kurze Zeitspanne liegt)*

0 *Elektronisch beglaubigte Abschrift der beglaubigten Abschrift der notariellen Verfügung von Todes wegen vom … (Datum) mit elektronisch beglaubigter Abschrift der beglaubigten Abschrift des Eröffnungsprotokolls des Nachlassgerichts … (Ort) vom … (Datum des Protokolls)*

oder:

Der Kommanditist … (Name, Vorname, Geburtsdatum, Wohnort) ist aus der Gesellschaft ausgeschieden. Seine Kommanditeinlage ist durch Sondererbfolge übergegangen auf die Erben … (Name, Vorname, Geburtsdatum, Wohnort der Erben)

Der Miterbe … (Name, Vorname, Geburtsdatum, Wohnort) war bisher schon persönlich haftender Gesellschafter; er kann deshalb nicht mit einem seiner Erbquote entsprechenden Teilbetrag der Erblasser-Kommanditeinlage in die Kommanditgesellschaft eintreten.

Die übrigen genannten Miterben sind im Wege einer Sondererbfolge mit folgenden Teilbeträgen in die Gesellschaft als Kommanditisten eingetreten: … (Name, Vorname, Geburtsdatum, Wohnort und einzelne Geldbeträge der Kommanditeinlagen).

Als Erbnachweis wird vorgelegt: (wie oben)

Die Geschäftsräume befinden sich unverändert in … (PLZ, Ort und Straße mit Hausnummer); dies ist auch die inländische Geschäftsanschrift i.S.v. § 161 Abs. 2 i.V.m. § 106 Abs. 2 Nr. 2 HGB.

(Unterschriftsbeglaubigung wie bei A 162 (M 162.1))

69. Ausscheiden eines Kommanditisten durch Kündigung oder Vereinbarung

HINWEISE | Siehe auch die folgende A 70 sowie bei Insolvenz des Kommanditisten B § 143 HGB Nr. 3.

Kündigung führt zum Ausscheiden des Kommanditisten, es sei denn, der Gesellschaftsvertrag sieht etwas anderes vor.

War der Ausscheidende **einziger Kommanditist**, so verwandelt sich die KG in eine OHG ohne Veränderung ihrer Identität (keine neue Gesellschaft, keine Anmeldung nach § 106 HGB, aber Firmenänderung). Siehe auch A 33 und A 74. Anmeldepflicht entfällt nicht, wenn Kommanditist ausscheidet, ohne selbst vorher im Handelsregister eingetragen gewesen zu sein (vgl. B § 143 HGB Nr. 7 und B § 162 HGB Nr. 4).

WER MUSS ANMELDEN | Alle Gesellschafter einschl. des Ausscheidenden nach §§ 143 Abs. 2, 161 Abs. 2 HGB.

BEIZUFÜGENDE UNTERLAGEN | Keine.

KOSTEN BEIM GERICHT | Gebühr für Eintragung der Tatsache des Ausscheidens je nach Größe der Gesellschaft 60 bzw. 70 Euro (GVHR 1501 bzw. 1502). War der Ausscheidende einziger Kommanditist Gebühr wie bei A 33.

KOSTEN BEIM NOTAR | Geschäftswert: Nennbetrag der einfachen Kommanditeinlage, mindestens 30 000 Euro (§ 105 Abs. 1 Satz 1 Nr. 6 Halbs. 1, Satz 2 GNotKG), höchstens 1 Million Euro (§ 106 GNotKG). Gebühren und Auslagen wie bei A 60. War der Ausscheidende einziger Kommanditist: Umwandlung KG in OHG gegenstandsgleich, weil notwendige Erklärungseinheit.

TEXT DER ANMELDUNG

M 69.1   Anmeldung des Ausscheidens eines Kommanditisten aus KG infolge Vereinbarung oder Kündigung

Der Kommanditist … (Name, Vorname, Geburtsdatum, Wohnort des Kommanditisten) ist aus der Gesellschaft ausgeschieden.

Den Beteiligten ist ihre Haftung gemäß §§ 171–173, 159 HGB bekannt.

Die Geschäftsräume befinden sich unverändert in … (PLZ, Ort und Straße mit Hausnummer); dies ist auch die inländische Geschäftsanschrift i.S.v. § 161 Abs. 2 i.V.m. § 106 Abs. 2 Nr. 2 HGB.

(Unterschriftsbeglaubigung wie bei A 162 (M 162.1))

70. Übertragung eines Kommandit-Anteils an einen neu in die Gesellschaft Eintretenden

HINWEISE | Zur Haftung des ausscheidenden und des eintretenden Kommanditisten siehe B § 171 HGB Nr. 1 und 2. Haftung bei unterbliebenem Rechtsnachfolgehinweis: B § 171 HGB Nr. 3.

Übertragung des Anteils zulässig nur bei Zustimmung aller anderen Gesellschafter, die vorweg im Gesellschaftsvertrag oder im Einzelfall erteilt werden kann (Übertragung des Anteils mit Zustimmung aller Gesellschafter bzw. entsprechende Anpassung des Gesellschaftsvertrages = Sonderrechtsnachfolge = Einzelrechtsnachfolge). Zum Nießbrauch an einem Kommanditanteil siehe B § 1068 BGB Nr. 1.

Zum Erfordernis und Inhalt einer so genannten (höchstpersönlichen) Abfindungsversicherung siehe B § 171 HGB.

WER MUSS ANMELDEN | Alle Gesellschafter, einschl. der Kommanditisten nach §§ 108 Satz 1, 143 Abs. 2, 161 Abs. 2 HGB (auch des Ausscheidenden und des Eintretenden).

BEIZUFÜGENDE UNTERLAGEN | Keine.

KOSTEN BEIM GERICHT | Gebühr für Eintragung des Ausscheidens je nach Größe der Gesellschaft 60 bzw. 70 Euro (GVHR 1501 bzw. 1502); hinzu für jede Eintragung des Eintritts eines neuen Kommanditisten 30 Euro (GVHR 1503); vgl. auch § 2 Abs. 2 Satz 2 HRegGebV.

KOSTEN BEIM NOTAR | Geschäftswert: Nennbetrag der einfachen Kommanditeinlage, mindestens 30 000 Euro (§ 105 Abs. 1 Satz 1 Nr. 6 Halbs. 2, Satz 2 GNotKG), höchstens 1 Million Euro (§ 106 GNotKG). Gebühren und Auslagen wie bei A 60; Gebühr umfasst Anmeldung und gleichzeitige Versicherung über unterlassene Abfindung (notwendiger Erklärungsinhalt, gegenstandsgleich i.S.v. § 111 Nr. 3 GNotKG). Anmeldung des Ausscheidens und Eintritt des neuen Kommanditisten (Sonderrechtsnachfolge) sind gegenstandsgleich.

Kostenrechtlich abweichend wäre der Fall bei einem voneinander unabhängigen Kommanditistenwechsel zu beurteilen: Liegt nämlich weder eine Sonder- noch eine Gesamtrechtsnachfolge vor, handelt es sich um verschiedene Beurkundungsgegenstände; § 105 Abs. 1 Satz 1 Nr. 6 Halbs. 2 GNotKG wäre dann nicht anwendbar, vielmehr die Werte der Kommanditeinlagen separat zu berücksichtigen, also z.B. für den ausscheidenden und den unabhängig davon neu eintretenden Kommanditisten; beachte für jede anzumeldende Tatsache jeweils den Mindestgeschäftswert nach § 105 Abs. 1 Satz 2 GNotKG mit 30 000 Euro (Addition nach § 35 Abs. 1 GNotKG).

TEXT DER ANMELDUNG

M 70.1 Anmeldung des Ausscheidens eines Kommanditisten aus KG mit Übertragung des Anteils auf neuen Kommanditisten

Der Kommanditist ... (Name, Vorname, Geburtsdatum, Wohnort) ist aus der Gesellschaft ausgeschieden.

Dieser Kommanditist hat seine Kommanditeinlage von Euro ... (Zahl) übertragen auf ... (Name, Vorname, Geburtsdatum, Wohnort des neuen Kommanditisten). Der Erwerber ist anstelle des bisherigen Kommanditisten im Wege der Sonderrechtsnachfolge in die Gesellschaft als Kommanditist eingetreten. Der neue Kommanditist wurde darauf hingewiesen, dass er bis zu seiner Eintragung im Handelsregister persönlich haftet (§ 176 Abs. 2 HGB). Weiter ist dem Eingetretenem bekannt, dass für ihn ein Haftungsausschluss mit Wirkung gegenüber den Gläubigern nicht möglich ist (§ 173 HGB).

(Haftungshinweis entfällt, wenn die Übertragung des Kommanditanteils aufschiebend bedingt auf den Zeitpunkt der Handelsregistereintragung erfolgt.)

Alle vertretungsberechtigten Gesellschafter und der übertragende Kommanditist versichern, dass der ausgeschiedene Kommanditist keine Abfindung aus dem Gesellschaftsvermögen erhalten hat und ihm eine solche auch nicht versprochen wurde.

Die Geschäftsräume befinden sich unverändert in ... (PLZ, Ort und Straße mit Hausnummer); dies ist auch die inländische Geschäftsanschrift i.S.v. § 161 Abs. 2 i.V.m. § 106 Abs. 2 Nr. 2 HGB.

(Unterschriftsbeglaubigung wie bei A 162 (M 162.1))

71. Übertragung eines Teils eines Kommandit-Anteils auf einen neuen Gesellschafter

HINWEISE | Siehe A 70.

WER MUSS ANMELDEN | Alle Gesellschafter und neuer Kommanditist nach §§ 107, 108 Satz 1, 161 Abs. 2 HGB; Versicherung wie in A 70 über unterlassene Abfindung an den Kommanditisten, dessen Einlage herabgesetzt worden ist. Zum Erfordernis einer so genannten Abfindungsversicherung siehe B § 171 HGB Nr. 1.

BEIZUFÜGENDE UNTERLAGEN | Keine.

KOSTEN BEIM GERICHT | Gebühr für Eintragung des verkleinerten Kommanditanteils je nach Größe der Gesellschaft 60 bzw. 70 Euro (GVHR 1501 bzw. 1502); hinzu für Eintragung des Eintritts des neuen Kommanditisten 30 Euro (GVHR 1503).

KOSTEN BEIM NOTAR | Geschäftswert: Nennbetrag des übertragenen Teils der Kommanditeinlage, mindestens 30 000 Euro (§ 105 Abs. 1 Satz 1 Nr. 6 Halbs. 2, Satz 2 GNotKG), höchstens 1 Million Euro (§ 106 GNotKG). Anmeldung der Herabsetzung der bisherigen Kommanditeinlage des veräußernden Kommanditisten ist gegenstandsgleich mit der Anmeldung des neuen Kommanditisten (Sonderrechtsnachfolge). Gebühren und Auslagen wie bei A 60. Gebühr umfasst Anmeldung und gleichzeitige Versicherung über unterlassene Abfindung (notwendiger Erklärungsinhalt, gegenstandsgleich i.S.v. § 111 Nr. 3 GNotKG).

TEXT DER ANMELDUNG

M 71.1   Anmeldung der Herabsetzung des Kommanditanteils bei einer KG mit teilweiser Übertragung des Anteils auf neuen Kommanditisten

*Der Kommanditist … (Name, Vorname, Geburtsdatum, Wohnort) hat im Wege der Sonderrechtsnachfolge von seiner Kommanditeinlage von Euro … (Zahl) einen Kommanditanteil von Euro … (Zahl) auf den neu eintretenden Kommanditisten … (Name, Vorname, Geburtsdatum, Wohnort des neuen Kommanditisten) übertragen. (**Ggf. zusätzlich:** Die Übertragung des Kommanditanteils erfolgt aufschiebend bedingt auf den Zeitpunkt der Handelsregistereintragung.)*

Die Kommanditeinlage von … (Name, Vorname, Geburtsdatum, Wohnort) ist infolgedessen herabgesetzt von Euro … (Zahl) auf Euro … (Zahl).

Alle vertretungsberechtigten Gesellschafter und der übertragende Kommanditist versichern, dass der Kommanditist keine Abfindung aus dem Gesellschaftsvermögen erhalten hat und ihm eine solche auch nicht versprochen wurde.

Die Geschäftsräume befinden sich unverändert in … (PLZ, Ort und Straße mit Hausnummer); dies ist auch die inländische Geschäftsanschrift i.S.v. § 161 Abs. 2 i.V.m. § 106 Abs. 2 Nr. 2 HGB.

(Unterschriftsbeglaubigung wie bei A 162 (M 162.1))

72. Übertragung eines Teils eines Kommandit-Anteils auf einen anderen Kommanditisten

WER MUSS ANMELDEN | Alle Gesellschafter einschl. aller Kommanditisten. Außerdem: Versicherung wie oben A 70 über unterlassene Abfindung an den Kommanditisten, dessen Einlage herabgesetzt worden ist. Zum Erfordernis einer so genannten Abfindungsversicherung siehe B § 171 HGB Nr. 1. Durch die Übertragung des Anteils erhöht sich die Haftsumme des Erwerbers; jeder Kommanditist wird wegen des Grundsatzes der einheitlichen Beteiligung an einer Personengesellschaft immer nur mit einer Haftsumme eingetragen. In der Anmeldung sollte nicht nur der jeweils neue Betrag genannt werden, sondern aus Gründen der Nachvollziehbarkeit der bisherige Betrag der Haftsumme der Kommanditisten, der übertragene bzw. hinzukommende Betrag und die neuen Haftsummen.

BEIZUFÜGENDE UNTERLAGEN | Keine.

KOSTEN BEIM GERICHT | Gebühr für Eintragung des verkleinerten Kommanditanteils je nach Größe der Gesellschaft 60 bzw. 70 Euro (GVHR 1501 bzw. 1502); hinzu für Eintragung der Vergrößerung des Kommanditanteils des Erwerbers 30 Euro (GVHR 1503).

KOSTEN BEIM NOTAR | Geschäftswert: Nennbetrag des übertragenen Teils der Kommanditeinlage, mindestens 30 000 Euro (§ 105 Abs. 1 Satz 1 Nr. 6 Halbs. 2, Satz 2 GNotKG). Anmeldung der Erhöhung der bisherigen Kommanditeinlage des Erwerbers um den Erhöhungsbetrag und Anmeldung der Herabsetzung der Kommanditeinlage des veräußernden Kommanditisten sind gegenstandsgleich (wegen Sonderrechtsnachfolge), höchstens 1 Million Euro (§ 106 GNotKG).

Gebühren und Auslagen wie bei A 60; Gebühr umfasst gleichzeitige Versicherung über unterlassene Abfindung (notwendige Erklärungseinheit, gegenstandsgleich i.S.v. § 111 Nr. 3 GNotKG).

TEXT DER ANMELDUNG

M 72.1   Anmeldung der Herabsetzung des Kommanditanteils bei einer KG mit teilweiser Übertragung des Anteils auf Mit-Kommanditist

Der Kommanditist … (Name, Vorname, Geburtsdatum, Wohnort) hat im Wege der Sonderrechtsnachfolge von seiner Kommanditeinlage von Euro … (Zahl) einen Kommanditanteil von Euro … (Zahl) auf den Kommanditisten … (Name, Vorname, Geburtsdatum, Wohnort) übertragen, dessen Einlage dadurch auf Euro … (Zahl) erhöht worden ist.

Die Kommanditeinlage von … (Name, Vorname, Geburtsdatum, Wohnort) ist herabgesetzt von Euro … (Zahl) auf Euro … (Zahl).

Alle vertretungsberechtigten Gesellschafter und der übertragende Kommanditist versichern, dass der Kommanditist keine Abfindung aus dem Gesellschaftsvermögen erhalten hat und ihm eine solche auch nicht versprochen wurde.

Die Geschäftsräume befinden sich unverändert in … (PLZ, Ort und Straße mit Hausnummer); dies ist auch die inländische Geschäftsanschrift i.S.v. § 161 Abs. 2 i.V.m. § 106 Abs. 2 Nr. 2 HGB.

(Unterschriftsbeglaubigung wie bei A 162 (M 162.1))

73. Übertragung des gesamten Kommandit-Anteils auf einen neuen Kommanditisten

HINWEISE | Siehe A 70 und A 72. Durch die Übertragung des Anteils erhöht sich die Haftsumme des Erwerbers; jeder Kommanditist wird nur mit einer Haftsumme eingetragen.

WER MUSS ANMELDEN | Alle Gesellschafter einschl. aller Kommanditisten, auch des Ausscheidenden. Außerdem: Versicherung wie oben A 70.

BEIZUFÜGENDE UNTERLAGEN | Keine.

KOSTEN BEIM GERICHT | Gebühr für Eintragung des Ausscheidens je nach Größe der Gesellschaft 60 bzw. 70 Euro (GVHR 1501 bzw. 1502); hinzu für Eintragung der Vergrößerung des Kommanditanteils des Erwerbers 30 Euro (GVHR 1503).

KOSTEN BEIM NOTAR | Geschäftswert: Nennbetrag der einfachen Kommanditeinlage, mindestens 30 000 Euro, höchstens 1 Million Euro (§ 105 Abs. 1 Satz 1 Nr. 6 Halbs. 2, Satz 2, § 106 GNotKG). Anmeldung des Ausscheidens des Veräußerers und Erhöhung der bisherigen Kommanditeinlage des Erwerbers um den Erhöhungsbetrag sind gegenstandsgleich (Sonderrechtsnachfolge).

Gebühren und Auslagen wie bei A 21; Gebühr umfasst gleichzeitige Versicherung über unterlassene Abfindung (notwendiger Erklärungsinhalt, gegenstandsgleich i.S.v. § 111 Nr. 3 GNotKG).

TEXT DER ANMELDUNG

M 73.1   Anmeldung des Ausscheidens eines Kommanditisten aus KG mit Übertragung des Anteils auf Mit-Kommanditisten

Der Kommanditist … (Name, Vorname, Geburtsdatum, Wohnort) ist aus der Gesellschaft ausgeschieden.

Dieser Kommanditist hat seine Kommanditeinlage von Euro … (Zahl) im Wege der Sonderrechtsnachfolge auf den Kommanditisten … (Name, Vorname, Geburtsdatum, Wohnort) übertragen, dessen Einlage dadurch auf Euro … (Zahl) erhöht worden ist.

Alle vertretungsberechtigten Gesellschafter und der übertragende Kommanditist versichern, dass der ausgeschiedene Kommanditist keine Abfindung aus dem Gesellschaftsvermögen erhalten hat und ihm eine solche auch nicht versprochen wurde.

Die Geschäftsräume befinden sich unverändert in … (PLZ, Ort und Straße mit Hausnummer); dies ist auch die inländische Geschäftsanschrift i.S.v. § 161 Abs. 2 i.V.m. § 106 Abs. 2 Nr. 2 HGB.

(Unterschriftsbeglaubigung wie bei A 162 (M 162.1))

74. Übertragung eines Kommandit-Anteils an einen persönlich haftenden Gesellschafter und Ausscheiden zu dessen Gunsten

HINWEISE | Bei **teilweiser** Übertragung des Anteils auf den persönlich haftenden Gesellschafter: Herabsetzung der Kommanditeinlage (oben A 65). Bei **vollständiger Übertragung** scheidet Kommanditist aus und sein Anteil vereinigt sich bei dem persönlich haftenden Gesellschafter zu einem Anteil; ein Komplementär kann nicht gleichzeitig auch Kommanditist sein (A 68 und B § 162 HGB Nr. 5). Insoweit findet keine Sonderrechtsnachfolge statt, was auch nicht angemeldet werden kann, OLG Köln v. 24.6.1992 – 2 Wx 43/91, Rpfleger 1992, 525

Ist der persönlich haftende Gesellschafter **einziges verbleibendes Mitglied** und übernimmt er das Handelsgeschäft der Gesellschaft, siehe oben A 33; Haftung in diesem Fall: BGH v. 18.1.1973 – II ZR 114/71, BGHZ 61, 151; sonst keine Haftung, BGH v. 14.1.1985 – II ZR 103/84, BGHZ 93, 246.

Kein Rechtsnachfolgevermerk im Handelsregister: B § 171 HGB Nr. 4.

WER MUSS ANMELDEN | Alle Gesellschafter einschl. der Kommanditisten, auch des Ausscheidenden. Keine Versicherung.

BEIZUFÜGENDE UNTERLAGEN | Keine.

KOSTEN BEIM GERICHT | Gebühr für Eintragung des Ausscheidens je nach Größe der Gesellschaft 60 bzw. 70 Euro (GVHR 1501 bzw. 1502).

KOSTEN BEIM NOTAR | Geschäftswert: Kommanditeinlage, mindestens 30 000 Euro (§ 105 Abs. 1 Satz 1 Nr. 6 Halbs. 1, Satz 2 GNotKG). Gebühren und Auslagen wie bei A 60.

TEXT DER ANMELDUNG

M 74.1   Anmeldung des Ausscheidens eines Kommanditisten aus KG mit Übertragung des Anteils auf einen Komplementär

Der Kommanditist … (Name, Vorname, Geburtsdatum, Wohnort) ist aus der Gesellschaft ausgeschieden.

Hierzu wird mitgeteilt, dass dieser Kommanditist seine Kommanditeinlage auf den persönlich haftenden Gesellschafter … (Name, Vorname, Geburtsdatum, Wohnort) übertragen hat.

Die Geschäftsräume befinden sich unverändert in … (PLZ, Ort und Straße mit Hausnummer); dies ist auch die inländische Geschäftsanschrift i.S.v. § 161 Abs. 2 i.V.m. § 106 Abs. 2 Nr. 2 HGB.

(Unterschriftsbeglaubigung wie bei A 162 (M 162.1))

75. Ersatzloses Ausscheiden des persönlich haftenden Gesellschafters

HINWEIS

a) Bei Zwei-Personen-KG führt Austritt des persönlich haftenden Gesellschafters zur Gesamtrechtsnachfolge durch Anwachsung nach § 738 BGB beim verbleibenden Gesellschafter, jetzt Einzelunternehmer, wenn er das Geschäft weiterführt. Andernfalls Auflösung und Erlöschen der Firma (vgl. A 33, A 79 und A 80 und B § 24 HGB Nr. 5).

b) Scheidet der einzige persönlich haftende Gesellschafter aus und gibt es mindestens zwei Kommanditisten, dann wandelt sich KG identitätswahrend in OHG um (vgl. A 63). Bei Einstellung des Geschäftsbetriebes infolge Ausscheidens des persönlich haftenden Gesellschafters wird Gesellschaft aufgelöst (vgl. A 47).

75a. Ausscheiden des persönlich haftenden Gesellschafters, Eintritt eines neuen persönlich haftenden Gesellschafters

HINWEIS | Zur Vermeidung einer zwischenzeitlichen Auflösung oder Gesamtrechtsnachfolge (siehe oben a zu A 75) ist darauf zu achten, dass der neue persönlich haftende Gesellschafter entweder vor dem Ausscheiden des bisherigen persönlich haftenden Gesellschafters eintritt oder zumindest gleichzeitig.

WER MUSS ANMELDEN | alle Kommanditisten nach §§ 108 Satz 1, 143 Abs. 2, 161 Abs. 2 HGB, auch der ausscheidende und der eintretende persönlich haftende Gesellschafter; jeweils Aus- und Eintritt, um Lücke zu vermeiden.

BEIZUFÜGENDE UNTERLAGEN | Keine.

KOSTEN BEIM GERICHT | Gebühr für Eintragung des Eintritts des Gesellschafters je nach Größe der Gesellschaft 60 bzw. 70 Euro (GVHR 1501 bzw. 1502); hinzu für Eintragung des Ausscheidens des Gesellschafters 30 Euro (GVHR 1503).

KOSTEN BEIM NOTAR | Geschäftswert: 30 000 Euro (§ 105 Abs. 4 Nr. 3 Halbs. 1 GNotKG) für Anmeldung des Eintritts und des Ausscheidens. Bei Eintritt/Ausscheiden von mehr als zwei persönlich haftenden Gesellschaftern sind als Geschäftswert 15 000 Euro für jeden eintretenden oder ausscheidenden Gesellschafter anzunehmen (§ 105 Abs. 4 Nr. 3 Halbs. 2 GNotKG als Ausnahme von § 111 Nr. 3 GNotKG). Geschäftswert insgesamt höchstens 1 Million Euro (§ 106 GNotKG). Die Fortsetzung der Gesellschaft muss grundsätzlich nicht gesondert angemeldet werden. Bei Einwilligung in die Firmenfortführung handelt es sich um eine namensrechtliche Gestattung, die wegen § 111 Nr. 3 GNotKG gesondert bewertet wird; Ermittlung des Geschäftswerts nach billigem Ermessen, § 36 Abs. 2, Abs. 3 GNotKG.

Gebühren und Auslagen wie bei A 60; Gebühr umfasst auch Erklärungen zum Vertretungsrecht.

TEXT DER ANMELDUNG

M 75a.1 Anmeldung des Ausscheidens des Komplementärs aus KG mit gleichzeitigem Eintritt eines neuen Komplementärs

Der persönlich haftende Gesellschafter … (Name, Vorname, Geburtsdatum, Wohnort) tritt aus der Gesellschaft aus.

Der ausscheidende Gesellschafter willigt in die Fortführung der Firma ein.

Gleichzeitig mit dem Ausscheiden tritt in die Gesellschaft als neuer persönlich haftender Gesellschafter ein … (Name, Vorname, Geburtsdatum, Wohnort).

Vertretungsrecht des persönlich haftenden Gesellschafters:

Abstrakt: *Jeder persönlich haftende Gesellschafter vertritt die Gesellschaft jeweils einzeln.*

Konkret: *Die Gesellschafter … (jeweils Name, Vorname, Geburtsdatum, Wohnort) sind jeweils einzelvertretungsberechtigt. Diese Personen sind befugt, die Gesellschaft bei der Vor-*

nahme von Rechtsgeschäften mit sich selbst oder als Vertreter eines Dritten uneingeschränkt zu vertreten (Befreiung von den Beschränkungen des § 181 BGB).

Die Geschäftsräume befinden sich unverändert in ... (PLZ, Ort und Straße mit Hausnummer); dies ist auch die inländische Geschäftsanschrift i.S.v. § 161 Abs. 2 i.V.m. § 106 Abs. 2 Nr. 2 HGB.

(Unterschriftsbeglaubigung wie bei A 162 (M 162.1))

IV. Zusätzliche Vorgänge bei der GmbH & Co. KG

76. Vorbemerkung

Die GmbH & Co. KG ist eine besondere Form der Kommanditgesellschaft, bei der die persönlich haftende Gesellschafterin keine natürliche Person ist, sondern eine GmbH. Nach § 40 Nr. 3b und 7 HRV wird die Komplementär-GmbH in das Handelsregister der KG unter Angabe von Firma mit Rechtsformzusatz, Sitz, Registergericht und HRB-Nummer eingetragen. Für Vorgänge und Veränderungen bei der GmbH & Co. KG gelten, soweit nachstehend keine Besonderheiten aufgeführt sind, die Erläuterungen zur Kommanditgesellschaft (vgl. auch die dortige Vorbemerkung zu A 59). Dasselbe, wenn eine AG oder eine andere juristische Person persönlich haftender Gesellschafter ist („Beschränkt haftende Personengesellschaft").

Bei Änderung der Personalien eines Gesellschafters, insbesondere auch der Firma, des Sitzes, Registergerichts sowie der HRB-Nummer der Komplementär-GmbH erfolgt Berichtigung von Amts wegen nach § 17 HRV ohne Anmeldung: B § 24 FamFG.

77. Gründung (Ergänzungen) einer GmbH & Co. KG

HINWEISE | Folgende **Reihenfolge** der Gründung ist zweckmäßig:

a) Gründung der **GmbH** und deren Anmeldung.

b) Anmeldung der **KG** nach Eintragung der GmbH-Gründung und Anmeldung der KG sowie die Geschäftsübernahme sind nach BGH unten B § 11 GmbHG Nr. 2 schon vor der Eintragung der GmbH zulässig, aber wegen der möglichen Differenzhaftung der Gründer bei einvernehmlicher Geschäftsaufnahme nur in Ausnahmefällen zu empfehlen.

Die **Firma** muss entweder nach § 18 oder nach §§ 22, 24 HGB gebildet sein. Die Firma muss außerdem stets, also auch bei Fortführung der Firma eines Einzelkaufmanns oder einer Personengesellschaft, einen Hinweis auf die Haftungsbeschränkung enthalten (§ 19 Abs. 2 HGB); über die Form dieses Zusatzes umfangreiche Rechtsprechung unter B § 19 Abs. 2 HGB. Ist eine UG einzige persönlich haftende Gesellschafterin, muss die Firma der KG den vollständigen Rechtsformzusatz der UG nach § 5a Abs. 1 GmbHG führen und nicht den als GmbH (B § 19 Abs. 2 HGB Nr. 7); also: „XY … Unternehmergesellschaft (haftungsbeschränkt) & Co. KG" oder „XY … UG (haftungsbeschränkt) & Co. KG".

Eintritt einer GmbH als persönlich haftende Gesellschafterin in ein bestehendes einzelkaufmännisches Unternehmen oder in eine Personengesellschaft ist nach BGH unten B § 11 Abs. 1 GmbHG Nr. 2 bereits vor Eintragung der GmbH möglich, aber wegen der Differenzhaftung nur in Ausnahmefällen zu empfehlen. Anmeldung des Eintritts daher erst nach Eintragung der GmbH. Bei Eintritt einer GmbH in eine bestehende Gesellschaft keine Anmeldung nach A 22, A 23, A 60, sondern nur nach A 29 (siehe auch Hinweise dort).

Ist der GmbH-Geschäftsführer gleichzeitig Kommanditist der Kommanditgesellschaft, so ist eine doppelte **Unterzeichnung** der Anmeldung nicht zwingend erforderlich; siehe aber B § 108 HGB Nr. 3. Die Anmeldung selbst (nicht nur der Beglaubigungsvermerk) sollte daher die Doppeleigenschaft zum Ausdruck bringen.

Befreiung der Komplementär-GmbH und aller Geschäftsführer von § 181 BGB siehe B § 181 BGB Nr. 7 und 9.

Ausländische Rechtsträger als Gesellschafter siehe Einl. Rz. 64 ff. Keine Pflicht einer britischen Limited, die lediglich Komplementärin einer deutschen KG wird, sich als Zweigniederlassung nach §§ 13d–g HGB in das Handelsregister eintragen zu lassen: OLG Frankfurt/M v. 24.4.2008 – 20 W 425/07, GmbHR 2008, 707 = Rpfleger 2008, 496.

WAS IST ANZUMELDEN

a) Gründung der GmbH wie A 91a bzw. A 91b oder A 91c.

b) Die Kommanditgesellschaft wie A 22, A 23, A 60.

WER MUSS ANMELDEN, WELCHE UNTERLAGEN SIND BEIZUFÜGEN | siehe A 22, A 23, A 60 bei der KG; A 91a bzw. A 91b oder A 91c bei der GmbH.

KOSTEN BEIM GERICHT UND NOTAR

a) Gründung einer GmbH wie bei A 91a.

b) Errichtung einer KG wie bei A 60.

TEXT DER ANMELDUNG | Wie bei A 91a (M 91a.1) bzw. A 91b (M 91b.1) oder A 91c (M 91c.1), A 22 (M 22.1), A 23 (M 23.1), A 60 (M 60.1); mit der Maßgabe, dass die GmbH in das Handelsregister der KG unter Angabe von Firma mit Rechtsformzusatz, Sitz, Registergericht und HRB-Nummer angemeldet wird.

78. Bestellung und Abberufung von Organen bei der persönlich haftenden Gesellschafterin (GmbH/Aktiengesellschaft) und Änderung der Vertretung

HINWEISE | Die KG kann sich gegen eine GmbH, die ihre Vertretungsmacht missbraucht, nur nach § 127 HGB wehren. Keine unmittelbare Abberufungsmöglichkeit der KG-Gesellschafter gegenüber dem Geschäftsführer der Komplementär-GmbH.

Geschäftsführer der Komplementärin als Prokuristen der KG: BayObLG v. 14.7.1980 – BReg 1 Z 17/80, DNotZ 1981, 189 = GmbHR 1981, 14 = MDR 1981, 146 = Rpfleger 1980, 428.

Möglichkeiten zur Prokuragestaltung bei der KG: B § 48 HGB Nr. 3.

Ist es den Geschäftsführern der Komplementär-GmbH gestattet, Rechtsgeschäfte mit sich im eigenen Namen und der KG vorzunehmen, kann diese Befreiung von den Beschränkungen des § 181 BGB im Handelsregister der KG eingetragen werden: B § 181 BGB Nr. 7 und 9.

WAS IST ANZUMELDEN

a) Bei Änderung in der Person nur Anmeldung bei der GmbH/Aktiengesellschaft; bei der KG nichts.

b) Anmeldung bei KG bei genereller Befreiung von den Beschränkungen des § 181 BGB zwischen KG und GmbH sowie deren Geschäftsführern.

KOSTEN BEIM GERICHT | Bei der Kommanditgesellschaft: keine.

KOSTEN BEIM NOTAR | Bei der Kommanditgesellschaft: keine; bei der GmbH und AG: wie bei A 96 und A 132.

TEXT DER ANMELDUNG | Zu b)

M 78.1   Anmeldung der Befreiung der Komplementärin einer GmbH & Co. KG und aller Geschäftsführer der Komplementärin von den Beschränkungen des § 181 BGB

Die Komplementärin und ihre Geschäftsführer sind befugt die Kommanditgesellschaft bei der Vornahme von Rechtsgeschäften mit sich selbst oder als Vertreter eines Dritten uneingeschränkt zu vertreten (Befreiung von den Beschränkungen des § 181 BGB).

(Unterschriftsbeglaubigung wie bei A 162 (M 162.1))

79.   Auflösung der persönlich haftenden Gesellschafterin (z.B. durch Gesellschafterbeschluss, Insolvenzverfahrenseröffnung oder Ablehnung der Eröffnung mangels Masse)

HINWEISE

a) Wird die Komplementärin durch Gesellschafterbeschluss oder durch Ablehnung der Insolvenzeröffnung mangels Masse aufgelöst, verbleibt sie in der KG. Die KG ist dadurch nicht aufgelöst. Sie wird weiterhin durch die GmbH, vertreten durch ihren Liquidator, vertreten; siehe BGH v. 8.10.1979 – II ZR 257/78, BGHZ 75, 178 = GmbHR 1980, 83.

b) Wird über das Vermögen der Komplementärin das Insolvenzverfahren eröffnet, scheidet sie mangels abweichender vertraglicher Bestimmung aus der KG aus (§ 131 Abs. 3 Satz 1 Nr. 2 HGB). Ist kein weiterer persönlich haftender Gesellschafter vorhanden, ist damit die KG aufgelöst, wenn nicht die Kommanditisten einen neuen Komplementär in die KG aufnehmen; vgl. auch oben A 33, A 75 und A 75a, BGH v. 15.3.2004 – II ZR 247/01, GmbHR 2004, 952 = NotBZ 2004, 276 = RNotZ 2004, 338 zur zweigliedrigen Gesellschaft. Ist eine **britische Limited Komplementärin** und wird im Heimatregister gelöscht, ist streitig, ob das Ausscheiden im Amtsverfahren nach § 395 FamFG eingetragen wird oder ob dafür eine Anmeldung aller Gesellschafter erforderlich ist; ggf. Bestellung eines Nachtragsliquidators analog § 273 AktG (Thür. OLG v. 22.8.2007 – 6 W 244/07, GmbHR 2007, 1109 = DNotZ 2008, 298; bestätigt durch OLG Brandenburg v.

27.7.2016 – 7 U 52/15, GmbHR 2016, 1099) oder eines Abwesenheitspflegers nach § 1913 BGB (OLG Nürnberg v. 10.8.2007 – 13 U 1097/07, GmbHR 2008, 41). Unklar bleibt, ob Limited aus KG ausscheidet, wenn sie später wieder eingetragen wird (KG Berlin v. 12.3.2010 – 14 AktG 1/09, AG 2010, 497).

c) Ausscheiden der GmbH kann im Gesellschaftsvertrag der KG abweichend vereinbart werden (z.B. schon bei Auflösung der GmbH); ansonsten Ausscheiden regelmäßig erst bei Beendigung (Löschung).

d) Wird die Eröffnung des Insolvenzverfahrens über das Vermögen der Kommanditgesellschaft mangels Masse abgelehnt, ist sie damit aufgelöst (§ 131 Abs. 2 Satz 1 Nr. 1 HGB); dann Eintragung von Amts wegen.

WAS IST ANZUMELDEN | Bei Auflösung der GmbH im Fall a) und d): Nichts. Bei b) und c) Ausscheiden der GmbH aus der KG nach § 143 Abs. 2 HGB; anmeldeberechtigt bei GmbH sind die Liquidatoren bzw. der Insolvenzverwalter der Komplementärin.

80. Löschung der persönlich haftenden Gesellschafterin aus dem Handelsregister

HINWEISE | Siehe zunächst A 75, A 75a, A 79.

a) Mit der Löschung scheidet die GmbH entsprechend § 131 Abs. 3 Satz 1 Nr. 1 HGB i.V.m. § 161 Abs. 2 HGB aus der Gesellschaft aus. War sie einziger Komplementär, ist damit die Gesellschaft aufgelöst; Fortsetzung unter Eintritt eines neuen persönlich haftenden Gesellschafters (oder entsprechender Beteiligungsumwandlung eines Kommanditisten) siehe auch A 57.

b) Bei einer zweigliedrigen Gesellschaft Übergang des Gesellschaftsvermögens der KG auf den Kommanditisten im Wege der Anwachsung nach § 738 BGB.

Häufig wird eine Liquidation der KG nicht erforderlich und sogleich auch das Erlöschen der Firma anzumelden sein; jedenfalls in diesem Fall dürfte die Anmeldung der GmbH durch einen hierzu vom Registergericht bestellten Nachtragsliquidator entbehrlich sein.

Bestellung eines Notliquidators für die GmbH auf Antrag eines Kommanditisten siehe BayObLG v. 2.6.1976 – BReg 2 Z 84/75, GmbHR 1977, 201.

Zur Nachtragsliquidation siehe B § 157 HGB Nr. 2.

Vgl. im Übrigen Hinweise zu A 122 und Rechtsprechung B § 394 FamFG bei Löschung wegen Vermögenslosigkeit.

WAS IST ANZUMELDEN (WENN KEINE LIQUIDATION STATTFINDET) | Die Auflösung der KG und Erlöschen der Firma.

WER MUSS ANMELDEN | Alle Gesellschafter (ohne GmbH, siehe aber Hinweis!).

BEIZUFÜGENDE UNTERLAGEN | Beglaubigter Handelsregisterauszug über Löschung der GmbH.

KOSTEN BEIM GERICHT | Gebührenfreie Löschung der Gesellschaft.

KOSTEN BEIM NOTAR | Bei Auflösung der Gesellschaft: Geschäftswert: 30 000 Euro (§ 105 Abs. 4 Nr. 3 Halbs. 1 GNotKG). Auflösung, liquidationslose Vollbeendigung der Gesellschaft und Erlöschen der Firma sind gegenstandsgleich i.S.v. § 111 Nr. 3 GNotKG (notwendige Erklärungseinheit), ebenso *Schmidt*, JurBüro 2015, 565; zur GmbH BGH v. 18.10.2016 – II ZB 18/15, GmbHR 2017, 95 m. Anm. *H. Schmidt*. Gebühren und Auslagen wie bei A 60.

TEXT DER ANMELDUNG

M 80.1 Anmeldung der Auflösung der GmbH & Co. KG infolge Löschung der Komplementärin

1. *Die persönlich haftende Gesellschafterin … (Bezeichnung der GmbH nach dem Handelsregister) mit Sitz in … (Ort) wurde im Handelsregister Abt. B Nr. … (Zahl) des Amtsgerichts … (Ort) gelöscht.*
   Die Kommanditgesellschaft ist aufgelöst.
2. *Die Prokura von … (Name, Vorname, Geburtsdatum, Wohnort) ist erloschen.*
3. *Die Firma ist erloschen.*

(Unterschriftsbeglaubigung wie bei A 162 (M 162.1))

81. Umwandlung GmbH & Co. KG in GmbH (ihre persönlich haftende Gesellschafterin)

HINWEISE | Die Umwandlung kann dadurch vollzogen werden, dass alle Gesellschafter bis auf die Komplementär-GmbH ausscheiden. In diesem Fall tritt Gesamtrechtsnachfolge im Wege der Anwachsung nach § 738 BGB ein (siehe Hinweise bei A 33 und A 75). Möglich ist auch eine formwechselnde Umwandlung der KG nach §§ 190 ff. UmwG (siehe Hinweise bei A 92a und B § 220 UmwG).

Die GmbH kann nicht neben ihrer eigenen Firma die ehemalige Firma der KG fortführen (B § 22 HGB Nr. 2). Legt sie auf diese Firma Wert, muss sie ihre eigene Firma entsprechend ändern; dabei sind alle anderen Gesellschaftszusätze bis auf „GmbH" zu streichen.

Zur (unechten) verschmelzenden Umwandlung zweier GmbH & Co. KG durch Anwachsung siehe OLG Frankfurt/M v. 25.8.2003 – 20 W 354/02, GmbHR 2003, 1358 = Rpfleger 2004, 52. Keine Verschmelzung der Komplementär-GmbH auf die KG (B § 190 UmwG Nr. 2).

WER MUSS ANMELDEN | Alle Gesellschafter einschl. GmbH vertreten durch Geschäftsführer in vertretungsberechtigter Zahl.

KOSTEN BEIM GERICHT | Gebühr für Eintragung des Ausscheidens des Kommanditisten je nach Größe der Gesellschaft 60 bzw. 70 Euro (GVHR 1501 bzw. 1502); gebührenfreie Löschung der Firma.

KOSTEN BEIM NOTAR | Geschäftswert: einfache Kommanditeinlage, mindestens 30 000 Euro (§ 105 Abs. 1 Satz 1 Nr. 6 Halbs. 2, Satz 2 GNotKG), hinzu 30 000 Euro für Auflösung der Gesellschaft (§ 105 Abs. 4 Nr. 3 Halbs. 1 GNotKG); Addition der Geschäftswerte (§ 35 Abs. 1, § 86 Abs. 2 GNotKG), höchstens 1 Million Euro (§ 106 GNotKG).

Gebühren und Auslagen wie bei A 60.

TEXT DER ANMELDUNG

M 81.1 Anmeldung der Beendigung der GmbH & Co. KG infolge Übertragung des Kommanditanteils auf Komplementär-GmbH und Ausscheidens aller Gesellschafter

1. *Der Kommanditist ... (Name, Vorname, Geburtsdatum, Wohnort) mit einer Einlage von Euro ... (Zahl) ist aus der Gesellschaft ausgeschieden, indem er seine Einlage im Wege der Sonderrechtsnachfolge auf die persönlich haftende Gesellschafterin ... (Bezeichnung der GmbH nach dem Handelsregister) Abt. B Nr. ... (Zahl) des Amtsgerichts ... (Ort) übertragen hat.*

2. *Der bisherige weitere persönlich haftende Gesellschafter ... (Name, Vorname, Geburtsdatum, Wohnort) ist aus der Gesellschaft ausgeschieden.*

3. *Die ... (Bezeichnung der GmbH nach dem Handelsregister) Abt. B Nr. ... (Zahl) des Amtsgerichts ... (Ort) hat das Geschäft ohne Liquidation mit Aktiven und Passiven übernommen.*

4. *Die Kommanditgesellschaft ist aufgelöst und ohne Liquidation beendet.*

5. *Die Firma ist erloschen.*

(Unterschriftsbeglaubigung wie bei A 162 (M 162.1))

V. Partnerschaftsgesellschaft

82. Gründung einer Partnerschaftsgesellschaft

HINWEISE | Rechtsgrundlagen bei Einführung (jeweils mit nachfolgenden Änderungen): Gesetz über Partnerschaftsgesellschaften Angehöriger Freier Berufe (BGBl. I 1994, 1744) und Partnerschaftsregister-VO (PRV). Einführung einer Haftungsbeschränkung nach dem Gesetz zur Einführung einer Partnerschaftsgesellschaft mit beschränkter Berufshaftung (Part mbB oder PartG mbB; BGBl. I 2013, 2386). Subsidiär gelten durch Verweisung die §§ 705 ff. BGB (§ 1 Abs. 4 PartGG), teilweise auch das Recht der OHG (z.B. §§ 4 Abs. 1, 7, 8–10 PartGG).

Die Partnerschaftsgesellschaft ist eine 1994 geschaffene Form des Zusammenschlusses neben den bisherigen Unternehmensformen, die kein Handelsgewerbe ausübt. Mitglieder können nur natürliche Personen sein. Sie steht nur den Angehörigen sog. Freier Berufe offen (dazu näher § 1 Abs. 2 PartGG). Das Amt des Notars schließt eine Partnerschaft mit anderen Notaren und Anwälten aus (OLG Stuttgart v. 9.2.2006 – 8 W 521/05, ZIP 2006, 1491; OLG Celle v. 30.5.2007 – Not 5/07, NJW 2007, 2929).

Die Haftung aus Schäden fehlerhafter Berufsausübung kann auf das Vermögen der Partnerschaft begrenzt werden: Partnerschaft mit beschränkter Berufshaftung nach § 4 Abs. 3, § 8 Abs. 4 PartGG. Haftungsbeschränkung bei Zusammenschluss von Berufsträgern aus verschiedenen Berufsgruppen streitig (vgl. OLG Hamm v. 30.7.2015 – 27 W 70/15, NZG 2016, 73). Zur Beschränkung der Haftung nach Ersteintragung siehe A 86.

Zulässig ist auch die Anmeldung und Eintragung eines Haftungsausschlusses analog § 25 Abs. 2 HGB: namensgleiche Partnerschaft übernimmt Geschäft und alle Vermögensgegenstände einer Freiberufler-GmbH; OLG München v. 8.4.2015 – 31 Wx 120/15, GmbHR 2015, 589.

Der Gesellschaftsvertrag bedarf der Schriftform (zum notwendigen Inhalt § 3 PartGG). Der Name der Partnerschaft muss nach § 2 PartGG gebildet sein. Der Name der Partnerschaft muss den Namen mindestens eines Partners, den Zusatz „und Partner" oder „Partnerschaft" sowie die Berufsbezeichnung aller in der Partnerschaft vertretenen Berufe enthalten (§ 2 Abs. 1 PartGG). Anderen Gesellschaften ist die Verwendung der Zusätze „und Partner" oder „Partnerschaft" nicht gestattet; Übergangsregelung für Altfälle in § 11 Abs. 1 PartGG. Siehe hierzu auch B § 18 HGB Nr. 11 und B § 4 GmbHG Nr. 7. Die Verwendung eines Pseudonyms als Name der Gesellschaft ist zulässig (OLG Frankfurt/M v. 18.11.2002 – 20 W 319/02, Rpfleger 2003, 198). Namenszusätze dürfen nicht irreführend sein. Irreführung angenommen für „Institut", OLG Frankfurt/M v. 27.4.2001 – 20 W 84/01, Rpfleger 2001, 428 und für „Rechtsanwalts- und Steuerkanzlei", wenn es mehrere Kanzleistandorte gibt, OLG Brandenburg v. 26.2.2016 – 7 W 129/15, Rpfleger 2016, 482. Insoweit könnten auch die Zusätze „und Partner" oder „ & Partner" irreführend sein, wenn bereits alle Partner im Namen der Partnerschaft aufgeführt sind. Phantasiebezeichnungen sind als Zusätze zulässig (BGH v. 11.3.2004 – I ZR 62/01, NJW 2004, 1651 = Rpfleger 2004, 496).

Für die Vertretung gilt OHG-Recht (§ 7 PartGG). Abweichungen vom Prinzip der Einzelvertretung durch jeden Partner sind also möglich, müssen aber zum Partnerschaftsregister angemeldet werden. Die Erteilung einer Prokura durch eine Partnerschaftsgesellschaft ist nicht zulässig (OLG München v. 5.9.2005 – 31 Wx 60/05, NJW 2005, 3730 = Rpfleger 2005, 671). Die Eintragung der Partnerschaft erfolgt in einem besonderen Register, wobei aber weitgehend das Handelsregisterrecht gilt (vgl. § 4 Abs. 1, § 5 PartGG). Eine Pflicht zur Angabe einer inländischen Geschäftsanschrift besteht nicht, vgl. § 5 Abs. 2 PartGG. Jedoch erfolgt Angabe zur Lage der Geschäftsräume nach § 1 Abs. 1 PRV i.V.m. § 24 Abs. 2 HRV.

Die Partnerschaftsgesellschaft ist nach §§ 3 Abs. 1 Nr. 1, 124 Abs. 1, 191 UmwG umwandlungsfähiger Rechtsträger (Verschmelzung, Spaltung, Formwechsel).

WER MUSS ANMELDEN | Alle Partner beim Registergericht des Sitzes der Partnerschaftsgesellschaft.

BEIZUFÜGENDE UNTERLAGEN | Siehe Anmeldungstext; ferner Urkunden über die staatliche Zulassung zur Berufsausübung oder die Prüfungszeugnisse für alle Partner in elektronisch beglaubigter Abschrift. Bedarf die Partnerschaft aufgrund von Vorschriften der einzelnen Berufe insgesamt der staatlichen Zulassung (§ 1 Abs. 3 PartGG), so ist stattdessen diese Zulassung oder eine sie in Aussicht stellende Bestätigung der zuständigen Behörde ausreichend.

Kosten bei Gericht: Die Vorschriften über die OHG gelten entsprechend (GVHR 1101, 1102). Wie bei A 21.

KOSTEN BEIM NOTAR | Geschäftswert: § 105 Abs. 2, Abs. 3 Nr. 2 GNotKG, wie bei A 21. Gebühren und Auslagen wie bei A 21. Anmeldung umfasst gleichzeitige Versicherung über Zugehörigkeit zu einem freien Beruf und Mitanmeldung der ersten Geschäftsanschrift (notwendiger Erklärungsinhalt und notwendige Erklärungseinheit, gegenstandsgleich i.S.v. § 111 Nr. 3 GNotKG).

TEXT DER ANMELDUNG

M 82.1 Anmeldung der Gründung einer Partnerschaftsgesellschaft

a) ohne Haftungsbeschränkung:

Zur Ersteintragung in das Partnerschaftsregister wird angemeldet:

Es wurde unter dem Namen … (Bezeichnung der Partnerschaft) eine Partnerschaftsgesellschaft (i.S. des Gesetzes über die Partnerschaftsgesellschaften Angehöriger Freier Berufe Partnerschaftsgesellschaft) nach §§ 1 ff. PartGG gegründet.

Sitz der Partnerschaft ist … (Ort).

Die Geschäftsräume der Partnerschaft befinden sich in … (PLZ, Ort, Straße mit Hausnummer).

Gegenstand der Partnerschaft ist: … (schlagwortartige Bezeichnung).

Partner sind:

… (Name, Vorname, Geburtsdatum, Wohnort der Partner)

Vertretungsrecht der Partner:

Abstrakt: *Jeder Partner vertritt die Partnerschaftsgesellschaft jeweils einzeln. Einem Partner kann durch Vereinbarung der Partner Befreiung von den Beschränkungen des § 181 BGB erteilt werden.*

Konkret: *Die Partner ... (jeweils Name, Vorname, Geburtsdatum, Wohnort) sind jeweils einzelvertretungsberechtigt. Diese Personen sind befugt, die Partnerschaftsgesellschaft bei der Vornahme von Rechtsgeschäften mit sich selbst oder als Vertreter eines Dritten uneingeschränkt zu vertreten (Befreiung von den Beschränkungen des § 181 BGB).*

In der Partnerschaft ausgeübter Freier Beruf eines jeden Partners:

... (Name, Vorname, Geburtsdatum des Partners, genaue Bezeichnung des ausgeübten Freien Berufs)

... (Name, Vorname, Geburtsdatum des Partners, genaue Bezeichnung des ausgeübten Freien Berufs)

Wir versichern die Zugehörigkeit jedes Partners zu dem für ihn angegebenen Freien Beruf und dass jeder Partner diesen Freien Beruf in der Partnerschaft ausübt. Als Nachweis legen wir vor:

0 *Elektronisch beglaubigter Auszug unserer Registrierung bei der jeweiligen Kammer*

0 *Elektronisch beglaubigte Abschrift der Bescheinigung der jeweiligen berufsständischen Vereinigung*

0 *Elektronisch beglaubigte Abschrift der Urkunde über die Zulassung zur Ausübung des Berufs*

0 *Elektronisch beglaubigte Abschrift des Zeugnisses über die Befähigung zum Beruf*

   Eine Zusammenarbeit der Partner in der Partnerschaft ist berufsrechtlich weder eingeschränkt noch ausgeschlossen.

Eine staatliche Zulassung ist nicht erforderlich.

Für die in der Partnerschaft ausgeübten Berufe bestehen folgende Berufskammern: ... (Bezeichnung und Anschrift der jeweiligen Berufskammern)

(Unterschriftsbeglaubigung wie bei A 162 (M 162.1))

b) mit Haftungsbeschränkung:

Anmeldung wie zu a) mit der Maßgabe, dass dem Namen der Partnerschaft der Zusatz „mit beschränkter Berufshaftung" oder die Abkürzung „mbB" hinzugefügt wird. Die Rechtsform der Partnerschaft darf dabei abgekürzt bezeichnet werden als Part oder PartG. Ferner ist ein Versicherungsnachweis über die für den jeweiligen Freien Beruf durch Gesetz begründete Berufshaftpflicht in elektronisch beglaubigter Abschrift beizufügen.

c) fakultativ: Haftungsausschluss:

Die Haftung der Partnerschaft für die im Betrieb des Geschäfts begründeten Verbindlichkeiten des bisherigen Inhabers, der ... (Bezeichnung der GmbH nach dem Handelsregister) Abt. B Nr. ... (Zahl) des Amtsgerichts ... (Ort), sowie der Übergang der in dem Betriebe begründeten Forderungen auf die erwerbende Partnerschaft sind ausgeschlossen.

83. Eintritt eines weiteren Partners

HINWEISE | Neue Partner müssen dem in § 1 Abs. 2 PartGG beschriebenen Kreis von Freiberuflern angehören.

WER MUSS ANMELDEN | Alle Partner einschl. des Eintretenden.

BEIZUFÜGENDE UNTERLAGEN | Nachweise wie in A 82.

KOSTEN BEIM GERICHT | Gebühr je nach Größe der Partnerschaftsgesellschaft 60 bzw. 70 Euro (GVHR 1501 bzw. 1502).

KOSTEN BEIM NOTAR | Geschäftswert nach § 105 Abs. 2, 4 Nr. 3 Halbs. 1 GNotKG 30 000 Euro. Bei Eintritt von mehr als zwei Partnern sind als GW 15 000 Euro für jeden eintretenden Partner anzunehmen (§ 105 Abs. 2, 4 Nr. 3 Halbs. 2 GNotKG; Ausnahme von § 111 Nr. 3 GNotKG); Geschäftswert insgesamt höchstens 1 Million Euro (§ 106 GNotKG).

Gebühren und Auslagen wie bei A 21; Gebühr umfasst Anmeldung und gleichzeitige Versicherung über Zugehörigkeit zu einem Freien Beruf (notwendige Erklärungseinheit, gegenstandsgleich i.S.v. § 111 Nr. 3 GNotKG).

TEXT DER ANMELDUNG

M 83.1 Anmeldung des Eintritts eines weiteren Partners in eine Partnerschaftsgesellschaft

Zur Eintragung in das Partnerschaftsregister bei der Partnerschaft … (Name der Partnerschaft) wird angemeldet:

In die Partnerschaft ist als weiterer Partner eingetreten:

… (Name, Vorname, Geburtsdatum, Wohnort des neuen Partners)

Der eingetretene Partner … (Name, Vorname, Geburtsdatum, Wohnort) ist einzelvertretungsberechtigt. Diese Person ist befugt, die Partnerschaftsgesellschaft bei der Vornahme von Rechtsgeschäften mit sich selbst oder als Vertreter eines Dritten uneingeschränkt zu vertreten (Befreiung von den Beschränkungen des § 181 BGB).

Der neue Partner übt in der Partnerschaft folgenden Freien Beruf aus: … (genaue Bezeichnung)

Wir versichern die Zugehörigkeit des eintretenden Partners zu dem angegebenen Freien Beruf, und dass der eintretende Partner diesen Freien Beruf in der Partnerschaft ausübt. Als Nachweis legen wir vor:

0 Elektronisch beglaubigter Auszug aus der Registrierung bei der zuständigen Berufskammer

0 Elektronisch beglaubigte Abschrift der Bescheinigung der zuständigen berufsständischen Vereinigung

0 Elektronisch beglaubigte Abschrift der Urkunde über die Zulassung zur Ausübung des Berufs des neu eintretenden Partners

O *Elektronisch beglaubigte Abschrift des Zeugnisses über die Befähigung zum Beruf des neu eintretenden Partners*

Eine Zusammenarbeit der Partner in der Partnerschaft ist berufsrechtlich weder eingeschränkt noch ausgeschlossen.

Eine staatliche Zulassung ist nicht erforderlich.

Für den in der Partnerschaft ausgeübten Beruf des neuen Partners besteht folgende Berufskammer: ... (Bezeichnung und Anschrift der Berufskammer)

Die Geschäftsräume befinden sich unverändert in ... (PLZ, Ort und Straße mit Hausnummer)

(Unterschriftsbeglaubigung wie bei A 162 (M 162.1))

84. Ausscheiden eines Partners durch Vereinbarung oder Kündigung, Eintritt eines neuen Partners

HINWEISE | Außer den im OHG-Recht enthaltenen Gründen für ein Ausscheiden (Vereinbarung, vertragliche Kündigung) führen auch Kündigungen nach §§ 132, 135 HGB sowie der Verlust der Berufszulassung unmittelbar zum Ausscheiden aus der Partnerschaft (§ 9 Abs. 1–3 PartGG).

Ausscheiden eines Partners durch Übertragung seines Anteils auf einen Dritten setzt voraus, dass dieser einen der in § 1 PartGG genannten Freien Berufe ausübt und dafür zugelassen ist (vgl. *K. Schmidt*, NJW 1995, 1, 4 und A 83; *Böhringer*, BWNotZ 1995, 1, 4). Beim Ausscheiden des vorletzten Partners geht das Partnerschaftsvermögen auf den verbleibenden Partner im Wege der Anwachsung nach § 738 BGB über; nach KG Berlin v. 3.4.2007 – 1 W 305/06, DNotZ 2007, 954 = Rpfleger 2007, 551; kein isoliertes Anmelden nur des Ausscheidens.

WER MUSS ANMELDEN | Alle Partner einschl. des Ausgeschiedenen.

BEIZUFÜGENDE UNTERLAGEN | Keine.

KOSTEN BEIM GERICHT | Zu a) Gebühr für Eintragung des Ausscheidens eines Partners je nach Größe der Partnerschaftsgesellschaft 60 bzw. 70 Euro (GVHR 1501 bzw. 1502). Scheidet ein weiterer Partner aufgrund derselben Anmeldung aus, dann für jede Eintragung 30 Euro (GVHR 1503); § 2 Abs. 2 Satz 2 HRegGebV.

Zu b) Gebühr für Ausscheiden des vorletzten Partners je nach Größe der Partnerschaftsgesellschaft 60 bzw. 70 Euro (GVHR 1501 bzw. 1502); gebührenfreie Eintragung der Löschung der Gesellschaft.

Zu c) Gebühr für das Ausscheiden des Partners je nach Größe der Partnerschaftsgesellschaft 60 bzw. 70 Euro (GVHR 1501 bzw. 1502) und für die Tatsache des Eintritts eines Partners für – jeden – Eintretenden 30 Euro (GVHR 1503).

KOSTEN BEIM NOTAR | Zu a) Geschäftswert: 30 000 Euro für Anmeldung des Ausscheidens eines Partners bei Bestehenbleiben der Partnerschaftsgesellschaft (§ 105 Abs. 2, 4 Nr. 3 Halbs. 1 GNotKG). Bei Ausscheiden von mehr als zwei Gesellschaftern sind als Geschäftswert 15 000 Euro für jeden ausscheidenden Gesellschafter anzunehmen (§ 105 Abs. 4 Nr. 3 Halbs. 2 GNotKG; bedeutet Ausnahme zu § 111 Nr. 3 GNotKG, nach dem jede anzumeldende Tatsache ein gesonderter Beurkundungsgegenstand ist und mit mindestens 30 000 Euro zu bewerten wäre). Hinzu GW von 5 000 Euro (§ 105 Abs. 5 GNotKG) bei etwaiger Anmeldung der – geänderten – Geschäftsanschrift zur Eintragung in das Handelsregister. Höchstgeschäftswert der Anmeldung 1 Million Euro (§ 106 GNotKG). Bei Einwilligung in die Firmenfortführung handelt es sich um eine namensrechtliche Gestattung, die wegen § 111 Nr. 3 GNotKG gesondert bewertet wird; Ermittlung des Geschäftswerts nach billigem Ermessen, § 36 Abs. 2, Abs. 3 GNotKG. Gebühren und Auslagen wie bei A 21.

Zu b) Beim Ausscheiden des vorletzten Partners: Addition der Geschäftswerte für Ausscheiden des Partners und Auflösung der Partnerschaft von jeweils 30 000 Euro (§ 105 Abs. 2, 4 Nr. 3 Halbs. 1, § 35 Abs. 1, § 86 Abs. 2 GNotKG). Gebühren und Auslagen wie bei A 21.

Zu c) GW 30 000 Euro (§ 105 Abs. 2, 4 Nr. 3 Halbs. 1 GNotKG). Bei Einwilligung in die Firmenfortführung handelt es sich um eine namensrechtliche Gestattung, die wegen § 111 Nr. 3 GNotKG gesondert bewertet wird; Ermittlung des Geschäftswerts nach billigem Ermessen, § 36 Abs. 2, Abs. 3 GNotKG. Gebühren und Auslagen wie bei A 21; Gebühr umfasst Anmeldung und gleichzeitige Versicherung über Zugehörigkeit zu einem Freien Beruf (notwendige Erklärungseinheit und notwendiger Erklärungsinhalt, gegenstandsgleich i.S.v. § 111 Nr. 3 GNotKG).

TEXT DER ANMELDUNG

M 84.1 Anmeldung des Ausscheidens eines Partners aus einer Partnerschaftsgesellschaft durch Rechtsgeschäft und Anteilsübertragung

a) Ausscheiden eines Partners:

Zur Eintragung in das Partnerschaftsregister bei der Partnerschaft … (Name der Partnerschaft) wird angemeldet:

Der Partner … (Bezeichnung des ausscheidenden Partners) ist aus der Partnerschaft ausgeschieden.

Dem ausgeschiedenen Partner ist bekannt, dass er gutgläubigen Dritten für alle Verbindlichkeiten der Partnerschaft haftet, die bis zu seiner Löschung im Partnerschaftsregister entstehen.

Der ausscheidende Partner willigt in die Fortführung des Namens der Partnerschaft ein.

Die Geschäftsräume befinden sich unverändert in … (PLZ, Ort und Straße mit Hausnummer)

b) Ausscheiden des vorletzten Partners:

Zur Eintragung in das Partnerschaftsregister bei der Partnerschaft … (Name der Partnerschaft) wird angemeldet:

Der – vorletzte – Partner … (Name, Vorname, Geburtsdatum, Wohnort des ausscheidenden Partners) ist aus der Partnerschaft ausgeschieden.

Die Partnerschaft ist aufgelöst und ohne Liquidation beendet.

Das Vermögen der Partnerschaft geht im Wege der Gesamtrechtsnachfolge in das Allein-vermögen des verbleibenden „Partners" ... (Name, Vorname, Geburtsdatum, Wohnort des letzten Partners) über; eine Liquidation findet nicht statt.

Die Partnerschaft ist erloschen.

Die Geschäftsräume befinden sich unverändert in ... (PLZ, Ort und Straße mit Hausnummer)

(Unterschriftsbeglaubigung wie bei A 162 (M 162.1))

c) Anteilsübertragung:

Zur Eintragung in das Partnerschaftsregister bei der Partnerschaft ... (Name der Partnerschaft) wird angemeldet:

Der Partner ... (Name, Vorname, Geburtsdatum, Wohnort des abtretenden Partners) hat seine Beteiligung an der Partnerschaft übertragen auf ... (Name, Vorname, Geburtsdatum und Wohnort des eintretenden Partners) und ist aus der Partnerschaft ausgeschieden; er willigt in die Fortführung des Namens der Partnerschaft ein.

... (Name, Vorname, Geburtsdatum, Wohnort) ist in die Partnerschaft eingetreten.

Der eingetretene Partner ist einzelvertretungsberechtigt.

Alle Partner sind mit der Anteilsübertragung einverstanden.

Der neue Partner übt in der Partnerschaft folgenden Freien Beruf aus: ... (genaue Bezeichnung)

Wir versichern die Zugehörigkeit des eintretenden Partners zu dem Freien Beruf, den wir in der Partnerschaft ausüben, und die bisherige Ausübung dieses Berufs. Als Nachweis legt der neue Partner vor:

0 Elektronisch beglaubigter Auszug aus der Registrierung bei der zuständigen Berufskammer

0 Elektronisch beglaubigte Abschrift der Bescheinigung der zuständigen berufsständischen Vereinigung

0 Elektronisch beglaubigte Abschrift der Urkunde über die Zulassung zur Ausübung des Berufs des neu eintretenden Partners

0 Elektronisch beglaubigte Abschrift des Zeugnisses über die Befähigung zum Beruf des neu eintretenden Partners

Eine Zusammenarbeit der Partner in der Partnerschaft ist berufsrechtlich weder eingeschränkt noch ausgeschlossen.

Eine staatliche Zulassung ist nicht erforderlich.

Für den in der Partnerschaft ausgeübten Beruf des neuen Partners besteht folgende Berufskammer: ... (Bezeichnung und Anschrift der Berufskammer)

Die Geschäftsräume befinden sich unverändert in ... (PLZ, Ort und Straße mit Hausnummer)

(Unterschriftsbeglaubigung wie bei A 162 (M 162.1))

85. Tod eines Partners und Nachfolge

HINWEISE | Der Anteil des Partners ist nicht vererblich (vertragliche Ausnahmeregelung siehe § 9 Abs. 4 PartGG). Der verstorbene Partner scheidet also aus, seine Erben werden nicht Mitglied in der Partnerschaft. Ausscheiden auch bei Insolvenz des Partners oder Verlust der Berufszulassung.

WER MUSS ANMELDEN | alle Partner und die Erben des Ausgeschiedenen (§ 9 Abs. 1 PartGG i.V.m. § 143 Abs. 2 und 3 HGB; die Rechtsprechung B § 143 HGB Nr. 2 dürfte entsprechend gelten).

BEIZUFÜGENDE UNTERLAGEN | Erbnachweis (§ 5 Abs. 2 PartGG i.V.m. § 12 Abs. 1 Satz 2 HGB; mit Rücksicht darauf, dass regelmäßig keine Eintragung der Erben erfolgt, dürfte ein Nachweis der Erbfolge durch öffentliche Urkunden meist nicht tunlich sein).

KOSTEN BEIM GERICHT | Gebühr für Eintragung des Ausscheidens eines Partner je nach Größe der Partnerschaftsgesellschaft 60 bzw. 70 Euro (GVHR 1501 bzw. 1502). Gebühr für jede Eintragung des Eintritts eines neuen Partners aufgrund derselben Anmeldung 30 Euro (GVHR 1503); § 2 Abs. 2 Satz 2 HRegGebV.

KOSTEN BEIM NOTAR | Geschäftswert: 30 000 Euro (§ 105 Abs. 2, 4 Nr. 3 Halbs. 1 GNotKG). Bei Eintritt von mehr als 2 Partnern sind als Geschäftswert 15 000 Euro für jeden weiteren eintretenden Partner zu addieren (§ 105 Abs. 4 Nr. 3 Halbs. 2 GNotKG als Ausnahme von § 111 Nr. 3 GNotKG, wonach jede Anmeldung mit 30 000 Euro zu bewerten wäre). Gebühren und Auslagen wie bei A 21; Gebühr umfasst Anmeldung und gleichzeitige Versicherung über Zugehörigkeit zu einem freien Beruf (notwendige Erklärungseinheit und notwendiger Erklärungsinhalt, gegenstandsgleich i.S.v. § 111 Nr. 3 GNotKG).

TEXT DER ANMELDUNG

M 85.1   Anmeldung des Ausscheidens eines Partners aus einer Partnerschaftsgesellschaft infolge Erbfalls und Nachfolge

Zur Eintragung in das Partnerschaftsregister bei der Partnerschaft … (Name der Partnerschaft) wird angemeldet:

Der Partner … (Bezeichnung des verstorbenen Partners) ist durch Tod aus der Partnerschaft ausgeschieden.

Die Erben des verstorbenen Partners willigen in die Fortführung des Namens der Partnerschaft ein.

Anstelle des verstorbenen Partners ist in die Partnerschaft als weiterer Partner eingetreten: … (Name, Vorname, Geburtsdatum und Wohnort des Nachfolgers).

Dieser eintretende Partner ist einzelvertretungsberechtigt.

Alle Partner stimmen dem Eintritt des Nachfolgers zu.

Der eingetretene Partner vertritt die Partnerschaft wie folgt:

0 *Er hat Vertretungsrecht zusammen mit einem weiteren Partner*

0 *Er hat alleiniges Vertretungsrecht*

0 *Er hat kein Vertretungsrecht.*

Als Erbnachweis wird vorgelegt:

0 *Elektronisch beglaubigte Abschrift der Ausfertigung des Erbscheins des Nachlassgerichts ... (Ort) vom ... (Datum) (wegen des Abschriftenvermerks mit Visualisierungsvermerk siehe A 165 (M 165.1), dies ausreichend, wenn zwischen dieser Beglaubigung und der Registeranmeldung nur eine kurze Zeitspanne liegt)*

0 *Elektronisch beglaubigte Abschrift der von der Ausstellungsbehörde ... (Ort) erteilten beglaubigten Abschrift des Europäischen Nachlasszeugnisses vom ... (Datum des Europäischen Nachlasszeugnisses) (wegen des Abschriftenvermerks mit Visualisierungsvermerk siehe A 166 (M 166.1), dies ausreichend, wenn zwischen dieser Beglaubigung und der Registeranmeldung nur eine kurze Zeitspanne liegt)*

0 *Elektronisch beglaubigte Abschrift der beglaubigten Abschrift der notariellen Verfügung von Todes wegen vom ... (Datum) mit elektronisch beglaubigter Abschrift der beglaubigten Abschrift des Eröffnungsprotokolls des Nachlassgerichts ... (Ort) vom ... (Datum)*

Der neue Partner übt in der Partnerschaft folgenden Freien Beruf aus: ... (genaue Bezeichnung)

Wir versichern die Zugehörigkeit des eintretenden Partners zu dem Freien Beruf, den wir in der Partnerschaft ausüben, und die bisherige Ausübung dieses Berufs. Als Nachweis legen wir vor:

0 *Elektronisch beglaubigter Auszug aus der Registrierung bei der zuständigen Berufskammer*

0 *Elektronisch beglaubigte Abschrift der Bescheinigung der zuständigen berufsständischen Vereinigung*

0 *Elektronisch beglaubigte Abschrift der Urkunde über die Zulassung zur Ausübung des Berufs des neu eintretenden Partners*

0 *Elektronisch beglaubigte Abschrift des Zeugnisses über die Befähigung zum Beruf des neu eintretenden Partners*

Eine Zusammenarbeit der Partner in der Partnerschaft ist berufsrechtlich weder eingeschränkt noch ausgeschlossen.

Eine staatliche Zulassung ist nicht erforderlich.

Für den in der Partnerschaft ausgeübten Beruf des neuen Partners besteht folgende Berufskammer: ... (Bezeichnung und Anschrift der Berufskammer)

Die Geschäftsräume befinden sich unverändert in ... (PLZ, Ort und Straße mit Hausnummer)

(Unterschriftsbeglaubigung wie bei A 162 (M 162.1))

86. Beschränkung der Berufshaftung bei bestehender Partnerschaft

HINWEISE | Beschränkung der Haftung aus fehlerhafter Berufsausübung auf das Vermögen der Partnerschaft setzt eine entsprechende Berufshaftpflichtversicherung und die Eintragung in das Partnerschaftsregister voraus. Bei Gründung siehe A 82.

WER MUSS ANMELDEN | Alle Partner.

KOSTEN BEIM GERICHT | Eintragungsgebühr für Haftungsbeschränkung je nach Größe der Gesellschaft 60 bzw. 70 Euro (GVHR 1501 bzw. 1502), hinzu 30 Euro Gebühr für Namensänderung hinsichtlich Haftungsbeschränkungsvermerk (GVHR 1504).

KOSTEN BEIM NOTAR | Geschäftswert: 30 000 Euro (§ 105 Abs. 2, 4 Nr. 3 Halbs. 1 GNotKG). Die durch die Haftungsbeschränkung notwendige Änderung des Namens der Partnerschaftsgesellschaft ist nicht zusätzlich zu bewerten (notwendige Erklärungseinheit i.S.v. § 111 Nr. 3 GNotKG). Gebühren und Auslagen wie bei A 21.

TEXT DER ANMELDUNG

M 86.1   Anmeldung der Beschränkung der Berufshaftung bei einer bestehenden Partnerschaftsgesellschaft

Zur Eintragung in das Partnerschaftsregister bei der Partnerschaft … (Name der Partnerschaft) wird angemeldet:

Die Berufshaftung wird beschränkt. Die Partnerschaft führt nunmehr den Namen … (Name der Partnerschaft) (Rechtsform darf abgekürzt bezeichnet werden als Part oder PartG) mit beschränkter Berufshaftung/mbB. Beigefügt wird elektronisch beglaubigte Abschrift des Versicherungsnachweises über die für den jeweiligen Freien Beruf durch Gesetz begründete Berufshaftpflicht.

(Unterschriftsbeglaubigung wie bei A 162 (M 162.1))

87.–90. Frei

VI. Gesellschaft mit beschränkter Haftung (GmbH)

91. Gründung einer GmbH, Übersicht und allgemeine Hinweise

ÜBERSICHT | Die möglichen Gestaltungen und damit Anmeldung bei der **Errichtung einer GmbH** richten sich danach, wer gründet, ob zu Beginn eines Handelsgewerbes oder nicht, ob bar oder mit Sacheinlage bzw. Sachübernahme, ob klassisch (GmbH mit 25 000 Euro Stammkapital) oder als UG, und ob mit Gesellschaftsvertrag oder Musterprotokoll.

Was?	Wer?	Wie?		
		Gesellschaftsvertrag	Musterprotokoll	UG
Bar	Jeder	A 91a	A 91b	A 91c
Sachübernahme/ Vorbelastungen	Jeder	A 91 (verdeckte Sacheinlage?), sonst A 92	Nein	Nein
Sachgründung	Jeder	A 92	Nein	Nein
Ausgliederung	e.K.	A 92a	Nein	Nein
Verschmelzung	OHG/KG/ Partnerschaft	A 92a	Nein	Nein
Formwechsel	OHG/KG/ Partnerschaft	A 92a	Nein	Nein

ALLGEMEINE HINWEISE | Die Errichtung einer GmbH erfordert stets eine notarielle Beurkundung nach § 2 Abs. 1 GmbHG. Vertretung in der Form des § 2 Abs. 2 GmbHG; Genehmigung bei vollmachtlosem Vertreter nur bei Mehrpersonen-Gründung; vgl. B § 59 FamFG Nr. 6 Leitsatz 2. Aufteilung der Urkunde in „Mantel" und Satzung: B § 3 GmbHG Nr. 9. Bestellung der Geschäftsführer entweder im Gesellschaftsvertrag oder durch gesonderten Gesellschafterbeschluss (§ 6 Abs. 3 GmbHG).

Firma der Gesellschaft: Vorbemerkungen vor B § 18 HGB und B § 4 GmbHG.

Sitz der Gesellschaft im Inland frei wählbar. Der im Gesellschaftsvertrag festgelegte Sitz (Satzungssitz) muss nicht am Ort des Betriebes, der Geschäftsleitung oder der Verwaltung liegen. Der effektive Verwaltungssitz kann im Ausland liegen. Stattdessen Pflicht zur Anmeldung und Eintragung einer **inländischen Geschäftsanschrift** nach § 10 Abs. 1 GmbHG, an die vereinfacht zugestellt werden kann; siehe auch Einl. Rz. 58 ff.

Fakultativ ist Benennung, Anmeldung und Eintragung von empfangsberechtigten Personen für Willenserklärungen und Zustellungen nach § 10 Abs. 2 Satz 2 GmbHG.

Zur Sitzverlegung A 112 und A 129.

Bestimmtheit des **Unternehmensgegenstandes**: B § 3 GmbHG Nr. 5–9. Konzessionspflichtiger Betrieb: Einl. Rz. 56. Zur Zulässigkeit von Vorratsgesellschaften siehe B § 23 Abs. 3 Nr. 2 AktG und zur **wirtschaftlichen Neugründung** A 101.

Stammkapital mindestens 25 000 Euro, wenn nicht Gründung als Unternehmergesellschaft (haftungsbeschränkt): A 91c. Jeder Gründer darf mehrere **Geschäftsanteile**, auch in verschiedener Höhe übernehmen, wenn nicht Gründung mittels Musterprotokolls: A 91b. Sacheinlagen nicht zulässig bei UG und bei Gründung mittels Musterprotokolls.

Gründer bei Bar- und Sachgründung kann jede natürliche oder juristische Person sowie jeder sonstige Rechtsträger sein (z.B. Stiftung, ausländische Gesellschaft), zu Umwandlungen siehe Übersicht oben. Maximal drei Gründer bei Verwendung des Musterprotokolls: A 91b.

GbR als Gründer siehe B § 2 GmbHG Nr. 1 und B § 3 GmbHG Nr. 10.

Minderjährige müssen bei Beteiligung von Eltern oder bestimmten Verwandten durch Pfleger vertreten werden (§§ 181, 1795 BGB), außerdem ist grundsätzlich Genehmigung des Familiengerichts erforderlich (B § 1822 BGB Nr. 6 und 7). Zur Beteiligung von Minderjährigen und Betreuten siehe Einl. Rz. 22 ff.

Zur Abgrenzung zwischen Bar- und Sachgründung: A 91a.

Geschäftsführung: Versicherung über Amtsfähigkeit: B § 8 GmbHG Nr. 6 bis 11. Vollständige Wiedergabe des Gesetzestextes über das Nichtvorliegen von Ausschlussgründen ist zu empfehlen, um die Einhaltung der notariellen Belehrungspflichten und einen plausiblen Vortrag der Geschäftsführer nach § 27 FamFG zu dokumentieren. Ausländer als Geschäftsführer: B § 6 GmbHG Nr. 2.

Zur Anmeldung der **Vertretungsbefugnis** B § 8 GmbHG Nr. 13 und 14. „Alleinvertretung" und „Einzelvertretung" gleichbedeutend: B § 8 GmbHG Nr. 15. Europarechtskonforme Auslegung des § 8 Abs. 4 GmbHG verlangt Anmeldung und Eintragung der abstrakten Vertretungsregelung und der abweichenden, konkreten Vertretungsbefugnis, auch bei Gründung im vereinfachten Verfahren.

Versicherung über freie Verfügung der Geschäftsführer der **Einlageleistungen** auf Gesellschaftskonto: B § 7 GmbHG Nr. 4 bis 6. Konkrete Form der Versicherung bei Bar-Gründung über Einlagenleistung und Bestellungshindernisse: B § 8 GmbHG Nr. 1 bis 4. Nachprüfungsrecht des Registergerichts: B § 8 GmbHG Nr. 3. Volleinzahlung nur erforderlich bei Gründung als Unternehmergesellschaft (haftungsbeschränkt): A 91c. Zur wirtschaftlichen Neugründung siehe A 101.

Pflicht zur Offenlegung von Rückzahlungen auf Bar-Einlagen nach § 19 Abs. 5 GmbHG, zur Offenlegung von Vorbelastungen (B § 11 Abs. 1 GmbHG Nr. 2 Leitsatz 3 und B § 8 GmbHG Nr. 4). Ferner vorsorglich Verneinung von Umständen, die auf eine verdeckte Sacheinlage i.S.v. § 19 Abs. 4 GmbHG schließen lassen (siehe auch A 91a, A 92 und A 95).

Eintragungsverweigerung bei Vorbelastungen? Vgl. B § 8 GmbHG Nr. 4. Zur der Einbringung von Sacheinlagen, auch Unternehmenseinbringung siehe A 92. Besteht bereits ein Betrieb, dann ist zwischen Vorbelastung, verdeckter Sacheinlage, Sachübernahme und Sacheinlage zu unterscheiden: A 91a, A 92.

Gründungskosten können nur dann wirksam der Gesellschaft angelastet werden, wenn die Übernahmeverpflichtung der Gesellschaft im Vertrag vereinbart und zumindest mit einem Höchstbetrag („bis zu … Euro") konkretisiert ist (B § 5 GmbHG) und die

Gründungskosten als Vorbelastungen offen gelegt werden. Begrenzung beim Muster-protokoll, A 91b.

Unklare Satzungsbestimmungen können nach § 9c GmbHG nur eingeschränkt bean-standet werden (B § 9c GmbHG und § 10 GmbHG Nr. 1); nichtige Bestimmungen können u.U. mit Zustimmung der Anmeldenden von der Eintragung ausgenommen werden (B § 7 GmbHG Nr. 2).

Vor Eintragung besteht die GmbH als solche nicht; die Geschäftsführer können aber mit Zustimmung der Gesellschafter schon Rechtsgeschäfte für die GmbH vornehmen (zur Vor-GmbH und den Rechtsfolgen siehe B § 11 Abs. 1 GmbHG Nr. 2; grundlegende Ent-scheidung).

Grundbuchfähigkeit der GmbH vor Eintragung: B § 11 Abs. 1 GmbHG Nr. 1.

Gesellschafterwechsel vor Eintragung: A 94.

Rücknahme der Anmeldung bis zur Eintragung jederzeit zulässig: B § 7 GmbHG Nr. 1, auch durch Urkundsnotar nach § 24 Abs. 3 Satz 2 BNotO, § 378 Abs. 2 FamFG mittels gesiegeltem Schriftsatz.

91a. Bargründung einer GmbH

HINWEISE | **Bar-Gründung** zulässig, wenn Gründer bisher nicht wirtschaftlich tätig war, also kein Handelsgewerbe, kein Kleingewerbe, keine Tätigkeit als Freier Beruf. Liegt hin-gegen unternehmerische oder berufliche Tätigkeit bereits vor oder wird sie vor der Ein-tragung aufgenommen, führt das mindestens zu erhöhten Offenlegungspflichten bis hin zum Ausschluss der Gründung mittels Bareinlagen, weil typischerweise das bestehende Unternehmen bzw. die berufliche Tätigkeit in der zu errichtenden GmbH aufgehen soll. Abgrenzungsmerkmale können sein:

Vorbelastung: Mit der notariellen Errichtung entsteht die Vor-GmbH (B § 11 Abs. 1 GmbHG Nr. 2). Gründer können der Aufnahme der Geschäftstätigkeit vor Eintragung zustimmen. Verbindlichkeiten aus der Geschäftstätigkeit der Vor-GmbH (Vorbelastun-gen) mindern das durch Leistung der Stammeinlagen aufgebrachte Stammkapital und gehen auf die spätere GmbH über. Um die Haftungsgrundlage wieder herzustellen, sind Gründer verpflichtet, eine etwaige Unterbilanz (Differenz zwischen dem satzungsmäßi-gen Stammkapital und dem durch Vorbelastungen geschmälerte Vermögen der Vor-GmbH) auszugleichen. Geschäftsführer müssen diese Vorbelastungen in der Versiche-rung über die Einlageleistungen offen legen.

Verdeckte Sacheinlage: Bei der Sacheinlage wird nach § 5 Abs. 4 GmbHG die Einbrin-gung von Vermögensgegenständen anstelle von Bareinlagen im Gesellschaftsvertrag fest-gesetzt. Gegenstand der Einbringung können einzelne Wirtschaftsgüter oder ganze Un-ternehmen der Gründer sein. Verdeckt ist eine Sacheinlage, wenn zwar eine Bareinlage deklariert wird, die Gründer aber ohne Festsetzung im Gesellschaftsvertrag Wirtschafts-güter einbringen; die Vor-GmbH oder GmbH (siehe A 95) kauft dem Gründer seine Wirtschaftsgüter ab und bezahlt sie mit der „Bareinlage". Wirtschaftlich betrachtet liegt eine Sacheinlage vor. Nach § 19 Abs. 4 GmbHG werden verdeckte, synonym verschleierte

Sacheinlagen nur unter strengen Voraussetzungen als Einlageleistung angerechnet. Zur verdeckten Sacheinlage bei eingetragener GmbH: B § 19 GmbHG Nr. 6.

Sachübernahme/Sachagio: Gründer bringen entgeltlich Vermögensgegenstände ein, ohne sie auf ihre Sach- oder Bareinlagen anzurechnen, also als zusätzliche Ausstattung der GmbH gegen Vergütung. Während Sachübernahmen bei der AG in der Satzung festgesetzt werden müssen (§ 27 Abs. 1 Halbs. 2 AktG), ist das bei der GmbH nicht erforderlich. Eine Offenlegung von Sachübernahmen mittels Beurkundung empfiehlt sich aber, um den Verdacht einer verschleierten Sacheinlage zu vermeiden. Zudem können Unternehmen, die als Sachübernahmen eingebracht werden, Haftungsrisiken und Vorbelastungen darstellen wegen der Haftung aus § 25 Abs. 1 HGB, § 75 AO oder § 613a BGB. Übersicht zum Thema (Teil-) betriebseinbringung als Sacheinlage i.S.d. § 20 Abs. 1 UmwStG und Sacheinlage i.S.d. Gesellschaftsrechts vgl. *Wachter*, GmbHR 2014, 755 und *Lubberich*, DNotZ 2016, 164. Entsprechendes gilt für Geldbeträge, die die Gründer zusätzlich zu leisten sich verpflichten, ohne dass es sich um eine Stammeinlage handelt. Mittel der ergänzenden Unternehmensfinanzierung sind u.a. Darlehen, Stille Beteiligungen nach § 230 HGB, ein vereinbartes Aufgeld (Agio) oder nach Eintragung Nachschüsse nach § 26 GmbHG.

Bei reinen Bar-Gründungen gefährdet auch der Tatbestand des **Hin- und Herzahlens** nach § 19 Abs. 5 GmbHG die Kapitalaufbringung der GmbH. Gerade bei GmbHs, die selbst keinen wirtschaftlichen Betrieb aufnehmen, z.B. Vorrats-GmbH (A 101), Komplementär-GmbHs oder Holding-GmbH. Da diese GmbHs ihre finanzielle Ausstattung nicht selbst benötigen, besteht typischerweise das Risiko, dass die Bareinlagen unmittelbar nach der Leistung als Darlehen transferiert werden, entweder an die Betriebs-KG oder an die Gründer bzw. andere verbundene Unternehmen (cash pool). Die Ausreichung der Darlehen befreit nur dann von der Einlagepflicht, wenn sie bei der Anmeldung offen gelegt wird, der Rückzahlungsanspruch fällig ist bzw. jederzeit fällig gestellt werden kann und der Anspruch vollwertig ist. Siehe B § 19 GmbHG Nr. 4 und 5.

Werden bei der Gründung mehrere Anteile oder sogar 1-Euro-Anteile übernommen, dann ist bei teilweiser Einzahlung darauf zu achten, dass die Voraussetzungen nach § 7 Abs. 2 GmbHG bei jedem Anteil erfüllt sind (B § 8 GmbHG Nr. 2).

Bei der sog. **Kaskaden-Gründung** errichtet eine GmbH in Gründung (synonym Vor-GmbH, vgl. B § 11 Abs. 1 GmbHG Nr. 2) selbst eine GmbH. Die Übernahme eines Geschäftsanteils – vor der eigenen Eintragung – gegen Leistung einer Stammeinlage an der selbst gegründeten GmbH i.Gr. stellt eine Vorbelastung dar. Die effektive Kapitalaufbringung sollte ergänzend glaubhaft gemacht werden, indem bei der ersten Vor-GmbH der Gründer eine Zuzahlung leistet und der Geschäftsführer das bei der Anmeldung offen legt. Übersicht bei *Priester*, DStR 2016, 1555.

WER MUSS ANMELDEN | Alle Geschäftsführer, Vertretung nicht zulässig bei der Versicherung über Amtsfähigkeit und Einlageleistung.

BEIZUFÜGENDE UNTERLAGEN

a) Notariell beurkundeter Gesellschaftsvertrag (bei Vertragsänderung vor Eintragung siehe A 93).

b) Bei Gründung durch Bevollmächtigte notariell beurkundete oder beglaubigte Vollmachten (§ 2 Abs. 2 GmbHG oder Vertretungsbescheinigung nach § 21 Abs. 3

BNotO); falls gesetzliche Vertreter gehandelt haben, urkundlicher Nachweis der Vertretungsbefugnis (z.B. aktueller Handelsregisterausdruck, Vertretungsbescheinigung nach § 21 Abs. 1 BNotO); bei Vertretung mehrerer Gründer durch einen Bevollmächtigten muss auch die Befreiung des Vertreters von den Beschränkungen des § 181 BGB nachgewiesen werden.

c) Der Beschluss über die Bestellung der Geschäftsführer, sofern nicht in der Urkunde zu a) enthalten.

d) Liste der Gesellschafter nach § 8 Abs. 1 Nr. 3 GmbHG (zum Inhalt siehe auch A 104 und A 176).

e) Urkundlicher Nachweis nach § 27 FamFG über die Einlageleistungen (z.B. Einzahlungsbeleg, Kontoauszug, Eröffnungsbilanz o.Ä.), wenn Registergericht nach § 8 Abs. 2 GmbHG erhebliche Zweifel an der Richtigkeit der Versicherung hat.

f) Vorbescheid über Konzession nur in Fällen des §§ 32, 43 KWG (siehe Einl. Rz. 56).

KOSTEN BEIM GERICHT | Gebühr für Eintragung der GmbH 150 Euro (GVHR 2100). Abgegolten ist die Miteintragung des Geschäftsführers einschließlich Vertretungsbefugnis sowie Miteintragung der inländischen Geschäftsanschrift (§ 2 Abs. 1 HRegGebV).

Für die nach § 8 Abs. 1 Nr. 3 GmbHG einzureichende Gesellschafterliste wird keine Gebühr erhoben; GVHR 5002 betrifft nur den Fall der Einreichung einer – geänderten – Liste nach § 40 GmbHG bei späteren Veränderungen in den Personen der Gesellschafter oder des Umfangs ihrer Beteiligung, nicht bei der Erstanmeldung (§ 2 Abs. 1 HRegGebV).

KOSTEN BEIM NOTAR | Geschäftswert der Anmeldung: nomineller Betrag des Stammkapitals; enthält der Gesellschaftsvertrag die Ermächtigung der Geschäftsführung zur Erhöhung des Stammkapitals (§ 55a GmbHG), so ist der Betrag des genehmigten Kapitals dem Stammkapital hinzuzurechnen (§ 105 Abs. 1 Satz 1 Nr. 1 Halbs. 2 GNotKG); mindestens 30 000 Euro, höchstens 1 Million Euro (§ 105 Abs. 1 Satz 1 Nr. 1, Satz 2; § 106 GNotKG).

Gebühr für Anmeldung umfasst Anmeldung des Geschäftsführers und der abstrakten und konkreten Vertretungsregelungen sowie Mitanmeldung der ersten Geschäftsanschrift; gegenstandsgleich auch Versicherungen und Belehrung des Geschäftsführers (§ 8 Abs. 2 und 3 GmbHG), notwendige Erklärungseinheit und notwendiger Erklärungsinhalt, gegenstandsgleich i.S.v. § 111 Nr. 3 GNotKG, sofern die Anmeldung vom Notar beurkundet oder entworfen wurde.

1. Beurkundung des Gründungsvertrags und des Beschlusses über Bestellung der Geschäftsführer: Beschlüsse und Erklärungen sind nach § 110 Nr. 1 GNotKG stets verschiedene Beurkundungsgegenstände.

   2,0-Beurkundungsgebühr nach KV 21100 GNotKG aus Summe des Beurkundungsverfahrens: Gründungsvertrag (mindestens 30 000 Euro, höchstens 10 Millionen Euro, § 107 Abs. 1 Satz 1 GNotKG) und Beschluss über Bestellung der Geschäftsführung (mindestens 30 000 Euro, höchstens 5 Millionen Euro, § 108 Abs. 1 Satz 1, Abs. 5, § 110 Nr. 1 GNotKG) bei Mehr-Personen-GmbH.

   Bei Ein-Personen-GmbH Vergleichsberechnung nach § 94 Abs. 1, § 110 Nr. 1 GNotKG (1,0-Beurkundungsgebühr nach KV 21200 GNotKG für Gründungserklärung und 2,0-Beurkundungsgebühr nach KV 21100 GNotKG für Beschluss Geschäftsführung, §§ 108, 110 Nr. 1 GNotKG); es entstehen gesondert berechnete Gebühren, höchstens jedoch die 2,0-Beurkundungsgebühr nach KV 21100 GNotKG aus der Summe der Werte, § 108 Abs. 1 Satz 2, Abs. 5 GNotKG).

Ggf. 0,5-Vollzugsgebühr (KV 22110 mit Vorbem. 2.2.1.1 Abs. 1 Satz 2 Nr. 3 bis 5 GNotKG) aus Gesamtgeschäftswert des zugrunde liegenden Beurkundungsverfahrens (§ 112 GNotKG, hier: aus Gründungsurkunde samt etwa mitbeurkundeter Geschäftsführerbestellung) für Fertigung der Liste der Gesellschafter nach § 8 Abs. 1 Nr. 3 GmbHG und für weitere Vollzugstätigkeiten wie z.B. Einholung eines IHK-Gutachtens, eines Sachverständigengutachtens usw. Geht die Mitwirkung des Notars über das schlichte Anfordern und Prüfen einer IHK-Stellungnahme hinaus, handelt es sich um eine Tätigkeit nach KV Vorbem. 2.2.1.1 Abs. 1 Satz 2 Nr. 11 GNotKG. Die für die Anfertigung der Gesellschafterliste anfallende Vollzugsgebühr wird der Gründungsurkunde und nicht der Registeranmeldung zugeordnet. Nur bei derjenigen Ein-Personen-Gründung, in welcher die Geschäftsführerbestellung außerhalb der Gründungsurkunde erfolgt, ist eine 0,3-Gebühr nach KV 22111 GNotKG zu erheben. Der Notar ist nicht verpflichtet, zur Senkung der Vollzugsgebühr den Beschluss über die Bestellung der Geschäftsführung in gesonderter Urkunde zu protokollieren.

Ggf. nur *0,5-Vollzugsgebühr*, höchstens 50 Euro (KV 22112, 22110 GNotKG mit Vorbem. 2.2.1.1 Abs. 1 Satz 2 Nr. 1 GNotKG), wenn z.B. der Notar eine IHK-Stellungnahme einholt, aus Gesamtgeschäftswert des zugrunde liegenden Beurkundungsverfahrens (§ 112 GNotKG; hier: Gründungsurkunde samt etwa mitbeurkundeter Geschäftsführerbestellung). Geht die Mitwirkung des Notars über das schlichte Prüfen einer eingeholten IHK-Stellungnahme hinaus, handelt es sich um eine Tätigkeit nach Vorbemerkung 2.2.1.1 Abs. 1 Satz 2 Nr. 11; KV 22112 und 22113 GNotKG sind dann nicht anwendbar. Nur bei derjenigen Ein-Personen-Gründung, in welcher die Geschäftsführerbestellung außerhalb der Gründungsurkunde erfolgt, ist eine 0,3-Gebühr nach KV 22111 GNotKG zu erheben.

Ggf. nur *0,5-Vollzugsgebühr*, höchstens 250 Euro (KV 22113, 22110 GNotKG mit Vorbem. 2.2.1.1 Abs. 1 Satz 2 Nr. 3 GNotKG), wenn z.B. der Notar lediglich die Gesellschafterliste nach § 8 Abs. 1 Nr. 3 GmbHG fertigt, aus Gesamtgeschäftswert des zugrunde liegenden Beurkundungsverfahrens (§ 112 GNotKG; hier: Gründungsurkunde samt etwa mitbeurkundeter Geschäftsführerbestellung).

Gründungsbescheinigungsgebühr: Wird der Notar von den Beteiligten zur Erteilung einer Gründungsbescheinigung beauftragt, löst diese Tätigkeit eine 1,0-Gebühr (Tatsachenbescheinigung) nach KV 25104 GNotKG aus 20 bis 30% des Stammkapitals (mindestens aus 30 000 Euro) aus, bei hohen Werten auch ein niedrigerer Teilwert.

Auslagen: KV 32001 Nr. 2 GNotKG Dokumentenpauschale – Papier (s/w) 0,15 Euro je Seite für Abschriften von Gründungsurkunde, Beglaubigungsvermerken, Gesellschafterliste.

KV 32005 GNotKG Auslagenpauschale Post und Telekommunikation 20% der Gebühren des Verfahrens bzw. Geschäfts, höchstens 20 Euro, oder Einzelnachweis nach KV 32004 GNotKG.

KV 32011 GNotKG (je Einsicht 4,50 Euro nach KV 1140 JVKostG) Auslagenersatz für vom Notar genommene Einsicht in das Handelsregister; für den Ausdruck keine Dokumentenpauschale nach KV 32001 Nr. 1 GNotKG.

KV 32011 GNotKG (je Einsicht 8,00 Euro nach KV 1151 JVKostG) Auslagenersatz für vom Notar genommene Einsicht in das Grundbuch; für den Ausdruck keine Dokumentenpauschale nach KV 32001 Nr. 1 GNotKG.

KV 32014 GNotKG Umsatzsteuer auf die Kosten.

Für die vom Notar an das zuständige Finanzamt (Körperschaftsteuerstelle, § 20 AO) nach § 54 EStDV amtswegig zu übersendende beglaubigte Abschrift fällt keine Beglaubigungsgebühr nach KV 25102 GNotKG an, dafür jedoch die Dokumentenpauschale nach KV 32001 Nr. 1 GNotKG.

2. Beurkundung der Anmeldung bzw. Entwurf mit Unterschriftsbeglaubigung:

0,5-Beurkundungsgebühr nach KV 21201 Nr. 5, 24102 GNotKG, § 92 Abs. 2, § 119 GNotKG aus Geschäftswert aus Nennbetrag des Stammkapitals zzgl. ein in der Satzung genehmigtes Kapital (§ 105 Abs. 1 Satz 1 Nr. 1 GNotKG), mindestens 30 000 Euro (§ 105 Abs. 1 Satz 2 GNotKG). Gebühr umfasst Erstanmeldung der GmbH, Anmeldung Geschäftsführer, Anmeldung der abstrakten und konkreten Vertretungsberechtigung, Versicherung der Geschäftsführer über die erfolgte Einzahlung des Stammkapitals und zur Amtsfähigkeit der Geschäftsführer sowie die Belehrung hierüber durch den Notar (notwendige Erklärungseinheit und notwendiger Erklärungsinhalt, gegenstandsgleich i.S.v. § 111 Nr. 3 GNotKG), sofern die Anmeldung vom Notar beurkundet oder entworfen wurde. Die Anmeldung eines Empfangsbevollmächtigten ist eine weitere Anmeldung i.S.v. § 111 Nr. 3 GNotKG, nämlich Anmeldung ohne wirtschaftliche Bedeutung nach § 105 Abs. 5 GNotKG mit GW 5 000 Euro.

0,3-Vollzugsgebühr, höchstens 50 Euro (KV 22112 mit Vorbem. 2.2.1.1 Abs. 1 Satz 2 Nr. 1 GNotKG) aus Geschäftswert der Anmeldung (§ 112, 105 Abs. 1 Satz 1 Nr. 1 GNotKG) für auftragsgemäße Einholung einer Stellungnahme der IHK zur firmenrechtlichen Unbedenklichkeit.

Gesonderte 0,3-Vollzugsgebühr nach KV 22114 GNotKG, höchstens 250 Euro, für XML-Strukturdatei aus Geschäftswert der Anmeldung (§§ 112, 105 Abs. 1 Satz 1 Nr. 1 GNotKG); für die Übermittlung der XML-Datei fällt keine Dokumentenpauschale an.

Ggf. *0,5-Betreuungsgebühr* nach KV 22200 Anm. Nr. 3 GNotKG aus Geschäftswert der Anmeldung (§§ 113, 105 Abs. 1 Satz 1 Nr. 1 GNotKG), z.B. für auftragsgemäße Einreichung der Anmeldung erst dann, wenn die Einlagen zur freien Verfügung des Geschäftsführers stehen.

Nach KV 25102 Abs. 2 Nr. 1 GNotKG sind beglaubigte Abschriften von Dokumenten, die der Notar aufgenommen oder entworfen hat, vom Anwendungsbereich der *Beglaubigungsgebühr* ausgenommen; es fällt deshalb keine Beglaubigungsgebühr nach KV 25102 GNotKG an, wenn der Notar eine von ihm entworfene und unterschriftsbeglaubigte Handelsregisteranmeldung im Zuge der Registereinreichung elektronisch beglaubigt.

Auslagen: KV 32000 GNotKG Dokumentenpauschale – Papier (s/w) für die ersten 50 Seiten je Seite 0,50 Euro, bei Entwurfsfertigung mit Unterschriftsbeglaubigung ist KV 32001 Nr. 3 GNotKG nicht einschlägig.

KV 32002 GNotKG Dokumentenpauschale – Daten (z.B. für Registeranmeldung, Gründungsvertrag mit Beschluss Geschäftsführerbestellung, Gesellschafterliste, Einzahlungsbelege, IHK-Gutachten, Vollmachten, Genehmigungen, Sachgründungsbericht, Wertgutachten, sonstige Beilagen) je Datei 1,50 Euro (bis 3 Dateien), maximal jedoch 5 Euro (ab 4 Dateien), aber nicht weniger als nach KV 32000 GNotKG, also 0,50 Euro für die ersten 50 gescannten Seiten und 0,15 Euro für jede weitere gescannte Seite. Fraglich ist, ob ein Einzelvergleich jeder Datei mit der Zahl der eingescannten Seiten vorzunehmen ist, so (*BDS/Diehn*, Nr. 32002 Rz. 17) oder ob ein Vergleich der Summe für die Dateianhänge mit der Summe aller eingescannten Seiten vorzunehmen ist (so *Korintenberg/Tiedtke*, Nr. 32002 Rz. 3).

KV 32005 GNotKG Auslagenpauschale Post/Telekommunikation 20% der Gebühren des Verfahrens bzw. Geschäfts, höchstens 20 Euro, oder Einzelabrechnung nach KV 32004 GNotKG.

KV 32014 GNotKG Umsatzsteuer auf die Kosten.

3. Unterschriftsbeglaubigung zur Anmeldung ohne Entwurfsfertigung durch Notar:

0,2-Beglaubigungsgebühr nach KV 25100, § 121 GNotKG aus Geschäftswert der Anmeldung für Unterschriftsbeglaubigung (beachte die spezifische Höchstgebühr mit 70 Euro bei KV 25100 GNotKG). Die Belehrung nach § 53 Abs. 2 BZRG wird von der Gebühr nicht erfasst. Fraglich ist, ob dann für die Belehrung eine 0,3-Beratungsgebühr nach KV 24202 GNotKG zu erheben ist (so *Diehn*, Notarkostenberechnungen, 4. Aufl. 2016, Rz. 1197) oder ob es sich um eine Entwurfsergänzung nach KV 24102 GNotKG handelt (so *Schmidt/Sikora/Tiedtke*, Praxis des Handelsregister- und Kostenrechts, 7. Aufl. 2014, Rz. 1257); der Geschäftswert richtet sich nach § 36 Abs. 1 GNotKG, wobei ein Teilwert von 10 bis 20% des Werts der Registeranmeldung angemessen sein dürfte.

Gesonderte 0,6-Vollzugsgebühr nach KV 22125 GNotKG, höchstens 250 Euro, für XML-Strukturdatei aus Geschäftswert der Anmeldung (§ 112 GNotKG); für die Übermittlung der XML-Datei fällt keine Dokumentenpauschale an.

Vollzugsgebühr nach KV 22124 GNotKG mit 20 Euro für Einreichung der Anmeldung beim Registergericht.

Für die *Beglaubigung von Abschriften* der Anmeldung und von beim Registergericht einzureichenden Dokumenten entsteht jeweils die 10-Euro-Mindestgebühr nach KV 25102 GNotKG (hier auch für die dem Gericht übermittelte Beglaubigung der Anmeldung, Umkehrschluss aus Abs. 2 der Anmerkung zu KV 25102 GNotKG). Nach § 12 Abs. 2 Satz 2 Halbs. 1 HGB ist die Beglaubigung von beim Registergericht einzureichenden Dokumenten in bestimmten Fällen (z.B. Gründerliste, Einzahlungsbelege, IHK-Stellungnahme u.a.) nicht erforderlich (vgl. Einl. Rz. 14 und A 176, A 168).

Auslagen: für unbeglaubigte Kopien KV 32000 GNotKG Dokumentenpauschale – Papier (s/w) für die ersten 50 Seiten je Seite 0,50 Euro.

KV 32002 GNotKG Dokumentenpauschale – Daten (z.B. für Registeranmeldung, IHK-Gutachten, Gründungsvertrag, Beschluss Geschäftsführerbestellung, Gesellschafterliste, Einzahlungsbelege, Vollmachten, Genehmigungen, sonstige Beilagen) je Datei 1,50 Euro (bis 3 Dateien), maximal jedoch 5 Euro (ab 4 Dateien), aber nicht weniger als nach KV 32000 GNotKG, also 0,50 Euro für die ersten 50 gescannten Seiten und 0,15 Euro für jede weitere gescannte Seite.

KV 32005 GNotKG Auslagenpauschale Post/Telekommunikation 20% der Gebühren des Verfahrens bzw. Geschäfts, höchstens 20 Euro, oder Einzelabrechnung nach KV 32004 GNotKG.

KV 32011 GNotKG (je Einsicht 4,50 Euro nach KV 1140 JVKostG) Auslagenersatz für vom Notar genommene Einsicht in das Handelsregister; für den Ausdruck keine Dokumentenpauschale nach KV 32001 Nr. 1 GNotKG.

KV 32011 GNotKG (je Einsicht 8,00 Euro nach KV 1151 JVKostG) Auslagenersatz für vom Notar genommene Einsicht in das Grundbuch; für den Ausdruck keine Dokumentenpauschale nach KV 32001 Nr. 1 GNotKG.

KV 32014 GNotKG Umsatzsteuer auf die Kosten.

TEXT DER ANMELDUNG

M 91a.1 Anmeldung der Gründung einer GmbH gegen Bareinlage

Zur Ersteintragung in das Handelsregister wird angemeldet, dass heute unter der Firma
... (genaue Bezeichnung der GmbH)
eine Gesellschaft mit beschränkter Haftung gegründet worden ist.
Sitz der Gesellschaft ist ... (Ort).
Die Geschäftsräume der Gesellschaft befinden sich in ... (PLZ, Ort und Straße mit Hausnummer); dies ist auch die inländische Geschäftsanschrift i.S.v. § 10 Abs. 1 Satz 1 GmbHG.
(Ggf. zusätzlich: Empfangsberechtigte Person für Willenserklärungen und Zustellungen i.S.v. § 10 Abs. 2 Satz 2 GmbHG ist ... (Name, Vorname, inländische postalische Adresse))
Vertretung (gemäß einer gebräuchlichen Klausel):
Abstrakte Vertretungsregelung:
Die Gesellschaft hat einen oder mehrere Geschäftsführer.Ist nur ein Geschäftsführer bestellt, so vertritt dieser die Gesellschaft allein.Sind mehrere Geschäftsführer bestellt, so wird die Gesellschaft durch zwei Geschäftsführer gemeinsam oder durch einen Geschäftsführer in Gemeinschaft mit einem Prokuristen vertreten.Der Umfang der Vertretungsbefugnis der Geschäftsführung ist gegenüber Dritten stets unbeschränkt.
Konkrete Vertretungsbefugnis:
Zum ersten Geschäftsführer der Gesellschaft wurde bestellt:
... (Name, Vorname, Geburtsdatum, Wohnort des Geschäftsführers)
Dieser Geschäftsführer ist berechtigt, die Gesellschaft stets allein zu vertreten und kann als Geschäftsführer mit sich im eigenen Namen oder als Vertreter eines Dritten Rechtsgeschäfte vornehmen (Befreiung von den Beschränkungen des § 181 BGB).
Der Umfang der Vertretungsbefugnis ist gegenüber Dritten stets unbeschränkt.

Versicherungen:

Nach Belehrung durch den Notar über die unbeschränkte Auskunftspflicht gegenüber dem Gericht gemäß § 53 Abs. 2 des Bundeszentralregistergesetzes und die Strafbarkeit einer falschen Versicherung (§ 8 GmbHG) wird versichert:

Der Geschäftsführer (bei mehreren jeder für sich) versichert (zum Zeitpunkt des Zugangs der Anmeldung beim Registergericht), dass

a) keine Umstände vorliegen, aufgrund deren der Geschäftsführer nach § 6 Abs. 2 Satz 2 Nr. 2 und 3 sowie Satz 3 GmbHG von dem Amt als Geschäftsführer ausgeschlossen wäre: Während der letzten fünf Jahre wurde keine Verurteilung rechtskräftig gegen ihn wegen einer oder mehrerer vorsätzlich begangener Straftaten

- *des Unterlassens der Stellung des Antrags auf Eröffnung des Insolvenzverfahrens (Insolvenzverschleppung)*

- *nach §§ 283 bis 283d Strafgesetzbuch (wegen Bankrotts, schweren Bankrotts, Verletzung der Buchführungspflicht, Schuldner- oder Gläubigerbegünstigung),*

- *der falschen Angaben nach § 82 GmbHG oder § 399 AktG,*

- *der unrichtigen Darstellung nach § 400 AktG, § 331 HGB, § 313 UmwG oder § 17 des Publizitätsgesetzes oder*

- *nach den §§ 263 bis 264a oder den §§ 265b bis § 266a StGB (Betrug, Computerbetrug, Subventionsbetrug, Kapitalanlagebetrug, Kreditbetrug, Untreue, Vorenthalten und Veruntreuen von Arbeitsentgelt) zu einer Freiheitsstrafe von mindestens einem Jahr.*

- *Auch im Ausland wurde ich nicht wegen einer vergleichbaren Tat rechtskräftig verurteilt. Mir ist bekannt, dass die Frist von fünf Jahren erst durch den Eintritt der Rechtskraft eines entsprechenden Urteils in Lauf gesetzt und dass nicht die Zeit eingerechnet wird, in welcher der Täter auf behördliche Anordnung in einer Anstalt verwahrt wird.*

b) Ferner wird versichert,

- *dass ihm weder durch gerichtliches Urteil noch durch vollziehbare Entscheidung einer Verwaltungsbehörde die Ausübung irgendeines Berufes, Berufszweiges, Gewerbes oder Gewerbzweiges untersagt wurde, und somit auch nicht im Bereich des Unternehmensgegenstandes der Gesellschaft;*

- *ferner dass er nicht bei der Besorgung seiner Vermögensangelegenheiten ganz oder teilweise einem Einwilligungsvorbehalt (§ 1903 BGB) unterliegt und*

- *dass er noch nie aufgrund einer behördlichen Anordnung in einer Anstalt verwahrt wurde (Amtsunfähigkeit);*

c) dass er vom beglaubigenden Notar über seine unbeschränkte Auskunftspflicht gegenüber dem Registergericht belehrt worden ist;

bei teilweiser Einzahlung auf die Einlagen:

d) dass die Gesellschafter folgende Leistungen auf ihre Geschäftsanteile bewirkt haben, und zwar … (Vor- und Familiennamen mit Geburtsdatum und Wohnort und Höhe der Leistungen auf den jeweiligen Geschäftsanteil mit Angabe der Nummer des Geschäftsanteils), bei Volleinzahlung:

e) *dass die Gesellschafter ... (Vor- und Familiennamen) ihre Leistungen auf ihre Geschäftsanteile vollständig, und zwar insgesamt ... (Betrag) bewirkt haben,*

f) *dass der Gegenstand der Leistungen sich endgültig in der freien Verfügung der Geschäftsführung befindet,*

g) *dass das Vermögen der Gesellschaft – abgesehen von dem im Gesellschaftsvertrag festgesetzten Aufwand (Kosten, Gebühren und Steuern) – durch keinerlei Verbindlichkeiten vorbelastet oder gar aufgezehrt ist.*

h) *ggf. Ergänzung, um den Verdacht einer verschleierten Sachgründung nach § 19 Abs. 4 GmbHG oder etwaiger Vorbelastungen auszuräumen:*

   dass die Gesellschaft von keinem Gesellschafter Vermögensgegenstände, insbesondere kein dem Gesellschafter oder einer Personengesellschaft, an der dieser beteiligt ist, gehörendes Unternehmen entgeltlich mit Mitteln der geleisteten Geschäftsanteile oder im Wege der Verrechnung erworben hat und auch keine Absicht zu einem solchen Erwerb besteht, und dass darüber hinaus die Gesellschaft keine Schulden eines bereits bestehenden Unternehmens übernommen hat.

i) *Ergänzung zur etwaigen Rückzahlung der Bar-Einlagen entweder Offenlegungspflicht nach § 19 Abs. 5 Satz 2 GmbHG:*

   dass vor der Einlage eine Leistung von dem Gesellschafter ... (Name, Vorname) vereinbart/und schon erfolgt ist, die wirtschaftlich der Einlage entspricht, diese Leistung aber durch einen vollwertigen Rückgewähranspruch gedeckt ist, der jederzeit fällig ist oder durch Kündigung durch die Gesellschaft fällig gestellt werden kann.

   oder vorsorglich zur Vermeidung von Auflagen im Rahmen der Amtsermittlung nach §§ 26, 27 FamFG:

   dass eine Leistung an Gesellschafter, die wirtschaftlich einer Rückzahlung entspricht, weder vor der Einlage vereinbart, noch erfolgt ist.

   oder bei Rückzahlung:

   Es besteht eine Vereinbarung i.S.v. § 19 Abs. 5 GmbHG, wonach vor der Einlage eine Leistung vereinbart wurde, die wirtschaftlich einer Rückzahlung entspricht. Die Leistung ist durch einen vollwertigen Rückgewähranspruch gedeckt, der jederzeit fällig ist oder durch fristlose Kündigung durch die Gesellschaft fällig werden kann; zur Glaubhaftmachung werden hierzu vorgelegt ... (geeignete Belege).

Angeschlossen werden vorgelegt:

– *Elektronisch beglaubigte Abschrift des Gesellschaftsvertrages vom heutigen Tage, beurkundet von dem unten stehenden Beglaubigungsnotar, enthaltend den Gesellschaftsvertrag und den Beschluss über die Bestellung der ersten Geschäftsführung (Bestellungsbeschluss ggf. gesondert),*

– *elektronisch beglaubigte Abschrift der Liste der Gesellschafter (einfache elektronische Aufzeichnung nach § 12 Abs. 2 Satz 2 Halbs. 1 HGB reicht, wenn Unterschrift sichtbar; vgl. Einl. Rz. 11 und A 176, A 168),*

– *ggf. elektronisch beglaubigte Abschrift urkundlicher Nachweise über Einlageleistungen.*

– *Bei Vorrats-GmbHs (vgl. A 101) notarieller Hinweis über die Rechtsfolgen der erstmaligen Aufnahme der unternehmerischen Tätigkeit als wirtschaftliche Neugründung.*

Der Notar machte den Geschäftsführer darauf aufmerksam, dass er (sofern nicht eine Amtspflicht des Notars besteht) jede Änderung im Gesellschafterbestand unverzüglich dem Handelsregister mitzuteilen hat, da er andernfalls den Gläubigern der Gesellschaft für den daraus entstandenen Schaden persönlich haftet (§ 40 Abs. 1 und 2 GmbHG).

(Unterschriftsbeglaubigung wie bei A 161 (M 161.1) und A 162 (M 162.1))

91b. Gründung einer GmbH mit Musterprotokoll

HINWEISE | Gründung im vereinfachten Verfahren nach § 2 Abs. 1a GmbHG a) nur mit Bareinlagen (Vorsicht bei verdeckten Sacheinlagen, da die Nicht-Sanktion des § 19 Abs. 4 GmbHG möglicherweise nicht greift, siehe oben A 91a), b) nur ein Geschäftsführer, der von den Beschränkungen des § 181 BGB befreit sein muss, c) maximal drei Gründer und d) jeder Gründer nur einen Geschäftsanteil. Nach dem Musterprotokoll trägt die Gesellschaft die mit der Gründung verbundenen Kosten bis zu einem Gesamtbetrag von 300 Euro, höchstens jedoch bis zum Betrag ihres Stammkapitals; darüber hinausgehende Kosten trägt der Gesellschafter. Keine Aufteilung der Errichtungsurkunde in „Mantel" und Satzung.

Abweichungen vom durch Gesetz vorgegebenen Text des Musterprotokolls nur als Ergänzungen zulässig, die durch das Beurkundungsverfahren notwendig sind, z.B. Feststellung zu den Gründern, der Vertretungsverhältnisse, Übersetzungen, Vorbefassungsvermerk nach § 3 Abs. 1 Nr. 7 BeurkG (B § 2 Abs. 1a GmbHG Nr. 1). Andere Abweichungen (z.B. betr. Anzahl der Gründer, Anzahl der Geschäftsanteile, andere Vertretungsbefugnis, mehrere Geschäftsführer oder höhere Gründungskosten) führen dazu, dass Gründer zumindest das Kostenprivileg aus § 105 Abs. 6 GNotKG verlieren und eine gesonderte Gesellschafterliste einzureichen ist, oder dass eine Gründung sogar mittels eines ausdrücklich so bezeichneten Gesellschaftsvertrages vorzunehmen ist; B § 2 Abs. 1a GmbHG Nr. 2. Gründungskosten bei UG ohnehin gedeckelt auf Betrag des Stammkapitals (B § 5 GmbHG Nr. 4). Der im Musterprotokoll bestellte erste Geschäftsführer vertritt die GmbH nur solange allein, wie er der einzige Geschäftsführer ist; B § 2 Abs. 1a GmbHG Nr. 3.

Belehrungspflichten des Notars bestehen wie bei der Normal-GmbH, vgl. A 91 und A 91a.

Musterprotokoll kann für die Gründung als Unternehmergesellschaft (haftungsbeschränkt) verwendet werden; A 91c.

Spätere Änderungen bei den Geschäftsführern: A 96, A 97. Änderungen des Musterprotokolls nach Eintragung: A 111a (wegen Inhalt der Satzungsbescheinigung vgl. A 174).

WER MUSS ANMELDEN | Der Geschäftsführer, Vertretung nicht zulässig bei der Versicherung über Amtsfähigkeit und Einlageleistung.

BEIZUFÜGENDE UNTERLAGEN | Lediglich das notariell beurkundete Gründungsprotokoll, da das Musterprotokoll die Geschäftsführerbestellung enthält und zugleich als Gesellschafterliste gilt.

KOSTEN BEIM GERICHT | Gebühr für Eintragung der GmbH 150 Euro (GVHR 2100). Gebührenfrei Miteintragung des Geschäftsführers einschließlich Vertretungsbefugnis sowie Miteintragung der inländischen Geschäftsanschrift (§ 2 Abs. 1 HRegGebV). Anders als bei der Registeranmeldung gibt es für die Registereintragung keine Gebührenprivilegien.

KOSTEN BEIM NOTAR | Wie A 91a mit dem Kostenvorteil, dass das Musterprotokoll ohne gesonderte Berechnung die Geschäftsführerbestellung und die Gesellschafterliste enthält; das Musterprotokoll gilt als erste Gesellschafterliste (§ 2 Abs. 1a Satz 4 GmbHG), demnach kann eine Vollzugsgebühr nach KV 22113 GNotKG dafür nicht erhoben werden. Im Übrigen siehe A 91a.

TEXT DER ANMELDUNG | Wie bei A 91a (M 91a.1) mit folgenden Abweichungen.

M 91b.1 Anmeldung der Gründung einer GmbH mit Musterprotokoll

a) zur Vertretung:

Abstrakt: Ist ein Geschäftsführer bestellt, vertritt dieser die Gesellschaft allein. Sind mehrere Geschäftsführer bestellt, wird die Gesellschaft durch sämtliche Geschäftsführer gemeinsam vertreten.

Konkret: Ich vertrete die Gesellschaft alleine, solange ich der einzige Geschäftsführer bin. Ich bin von den Beschränkungen des § 181 BGB befreit, d.h. ich kann als Geschäftsführer mit mir im eigenen Namen oder als Vertreter eines Dritten Rechtsgeschäfte vornehmen.

Der Umfang der Vertretungsbefugnis der Geschäftsführung ist gegenüber Dritten stets unbeschränkt.

b) zu den Vorbelastungen lautet Punkt g) der Versicherung zu A 91a:

… dass das Vermögen der Gesellschaft – abgesehen von den mit der Gründung verbundenen Kosten bis zu einem Gesamtbetrag von 300 Euro, höchstens jedoch bis zum Betrag ihres Stammkapitals – durch keinerlei weitere Verbindlichkeiten vorbelastet oder gar aufgezehrt ist.

91c. Gründung einer GmbH als Unternehmergesellschaft (haftungsbeschränkt)

HINWEISE | Mindeststammkapital von 25 000 Euro kann unterschritten werden: Dann Pflicht nach § 5a GmbHG zur Bildung einer Rücklage und zur Führung des Firmenzusatzes „Unternehmergesellschaft (haftungsbeschränkt)" oder „UG (haftungsbeschränkt)", ohne Einfügung anderer Buchstaben (OLG Hamburg v. 2.11.2010 – 11 W 84/10, GmbHR 2011, 657). Die Verwendung des unrichtigen Rechtsformzusatzes „GmbH" führt zur persönlichen Haftung nach Rechtsscheingrundsätzen (BGH v. 12.6.2012 – II ZR 256/11, GmbHR 2012, 953 = DNotZ 2013, 54).

UG ist eine Unterart der GmbH, für die die Vorschriften der GmbH gelten, soweit in § 5a GmbHG nichts anderes geregelt ist. Die Anmeldung darf erst erfolgen, wenn das Stammkapital voll eingezahlt ist. Sacheinlagen sind ausgeschlossen (§ 5a Abs. 2 Satz 2 GmbHG). Daher auch keine Errichtung der UG im Wege der Abspaltung (B § 3 UmwG).

Entweder normaler Gründungsvorgang mit Gesellschaftsvertrag wie bei A 91a oder mit Musterprotokoll nach § 2 Abs. 1a GmbHG wie bei A 91b.

Belehrungspflichten des Notars bestehen wie bei der Normal-GmbH, vgl. A 91 und A 91a.

Die UG kann durch Kapitalerhöhung auf mindestens 25 000 Euro zu einer normalen GmbH werden; vgl. A 108 - A 109a.

WER MUSS ANMELDEN | Alle Geschäftsführer, Vertretung nicht zulässig bei der Versicherung über Amtsfähigkeit und Einlageleistung.

BEIZUFÜGENDE UNTERLAGEN | Wie bei A 91a.

KOSTEN BEIM GERICHT | Gebühr für Eintragung der Unternehmergesellschaft 150 Euro (GVHR 2100). Umfasst Anmeldung des Geschäftsführers und der abstrakten und konkreten Vertretungsregelungen sowie Mitanmeldung der ersten Geschäftsanschrift.

KOSTEN BEIM NOTAR | Entweder normaler Gründungsvorgang mit Gesellschaftsvertrag wie bei A 91a oder mit Musterprotokoll nach § 2 Abs. 1a GmbHG wie bei A 91b. Es besteht für die Unternehmergesellschaft (haftungsbeschränkt) das Kostenprivileg, dass Geschäftswert das einzutragende Stammkapital ohne Beachtung des Mindestgeschäftswertes von 30 000 Euro ist (§ 105 Abs. 6, § 105 Abs. 1 Satz 1 Nr. 1, Abs. 1 Satz 2 GNotKG), in Kombination mit einer Gründung mittels Musterprotokoll dann noch der Kostenvorteil, dass keine Gebühren für die Geschäftsführerbestellung und Gesellschafterliste (Wegfall der Vollzugsgebühr nach KV 22113 GNotKG) anfallen.

Beachte für eine geschäftswertprivilegierte UG folgende *spezifische Mindestgebühren* bei Verwendung des Musterprotokolls: bei Mehr-Personen-Gründung KV 21100 GNotKG mit 120 Euro, bei Ein-Personen-Gründung KV 21200 GNotKG mit 60 Euro; bei der Registeranmeldung KV 21201 Nr. 5 bzw. 24102 GNotKG mit 30 Euro bzw. bei KV 25100 GNotKG mit 20 Euro. Bei der Erstellung der XML-Datei (KV 22114 bzw. 22125 GNotKG), bei *Vollzugs- und Betreuungsgebühren* greift der Mindestbetrag einer Gebühr mit 15 Euro nach § 34 Abs. 5 GNotKG. Im Übrigen siehe A 91a.

TEXT DER ANMELDUNG | Wie bei A 91a mit folgenden Abweichungen.

M 91c.1　Anmeldung der Gründung einer Unternehmergesellschaft (haftungsbeschränkt)

a) zur Firma:

　Zur Ersteintragung in das Handelsregister wird angemeldet, dass heute unter der Firma

　... (genaue Bezeichnung der „Unternehmergesellschaft (haftungsbeschränkt)" oder „UG (haftungsbeschränkt)"

　eine Gesellschaft mit beschränkter Haftung gegründet worden ist.

b) zur Versicherung über die Einlageleistungen lautet Punkt e) der Versicherung zu A 91a (M 91a.1); (Punkt d) darf nicht verwendet werden, da § 5a Abs. 2 Satz 1 GmbHG Volleinzahlung vorschreibt):

... dass die Gesellschafter ... (Vor- und Familiennamen) ihre Leistungen auf ihre Ge-
schäftsanteile vollständig, und zwar insgesamt ... (Betrag) bewirkt haben, ...

c) Bei Verwendung des Musterprotokolls zusätzlich weitere Abweichungen nach A 91b
(M 91b.1).

---

92. Gründung einer GmbH mit Sacheinlage

HINWEISE | Was Gegenstand der Sacheinlage nach § 5 Abs. 4 GmbHG sein kann und
zur Abgrenzung gegenüber verdeckter Sacheinlage und Sachübernahme siehe A 91a.

Wird das Unternehmen eines Dritten übernommen, der nicht Gründer der GmbH
wird, ist zu unterscheiden: Bei Firmenfortführung nach § 22 HGB (mit den Folgen des
§ 25 HGB) Anmeldung wie Nr. 5 zum bisherigen Handelsregister; wird die Firma des
erworbenen Unternehmens nicht fortgeführt, ist vom bisherigen Inhaber ihr Erlöschen
anzumelden (siehe A 6).

Im Gesellschaftsvertrag müssen der Gegenstand der Sacheinlage, der einbringende Gesellschafter und der Betrag des von ihm hierfür übernommenen Geschäftsanteils angegeben
werden (§ 5 Abs. 4 GmbHG); zu den erforderlichen Festsetzungen, wenn der Wert der
Sacheinlage den Nennbetrag des dafür gewährten Geschäftsanteils übersteigt (vgl. B § 56
GmbHG Nr. 2 und 3). Die Versicherung der Geschäftsführer muss dahin abgegeben werden, dass die Sacheinlagen so an die Gesellschaft bewirkt sind, dass sie endgültig zur freien
Verfügung der Geschäftsführer stehen (zur Einbringung von Grundstücken und Grundstücksrechten vgl. B § 7 GmbHG Nr. 6). Beanstandung durch das Registergericht nach
§ 9c Abs. 1 Satz 2 GmbHG nur, wenn Sacheinlage nicht unwesentlich überbewertet ist.

Anmeldung setzt nach § 7 Abs. 3 GmbHG voraus, dass Gegenstand der Sacheinlage aus
dem Vermögen der Gründer auf die GmbH i.Gr. vollständig übertragen wird.

Bar- und Sacheinlagen können nebeneinander festgesetzt werden, auch für denselben
Gründer.

Privilegierte Formen einer Sachgründung für e.K. als Ausgliederung (A 92a) und OHG,
KG und Partnerschaft als Verschmelzung oder Formwechsel (A 92a). Ist bisheriger Inhaber des Unternehmens einer von mehreren GmbH-Gründern: Entweder Sachgründung
wie A 92 (siehe auch B § 56 GmbHG Nr. 2 und 3). Oder die anderen GmbH-Gründer
werden in das einzelkaufmännische Unternehmen aufgenommen (dann OHG/KG) mit
anschließender Umwandlung wie A 92a.

WER MUSS ANMELDEN | Alle Geschäftsführer, Vertretung nicht zulässig bei der Ver-
sicherung über Amtsfähigkeit und Einlageleistung.

BEIZUFÜGENDE UNTERLAGEN | Wie bei A 91a und zusätzlich

- Verträge, die den Sacheinlagefestsetzungen zugrunde liegen oder zu ihrer Ausführung
  geschlossen werden nach § 8 Abs. 1 Nr. 4 GmbHG (wenn solche Vereinbarungen außerhalb des Gründungsvertrages vorhanden sind)

- der von allen Gesellschaftern aufgestellte und unterschriebene Sachgründungsbericht (§ 5 Abs. 4 Satz 2 GmbHG)

– Unterlagen darüber, dass der Wert der Sacheinlagen den Nennbetrag der dafür übernommenen Geschäftsanteile erreicht nach § 8 Abs. 1 Nr. 5 GmbHG (z.B. bei neuwertigen Gegenständen Rechnungen über ihre Anschaffung zu Nettopreisen; sonst Gutachten). Zum Sachgründungsbericht siehe *Priester*, DNotZ 1980, 520.

KOSTEN BEIM GERICHT | Wie bei A 91a, jedoch Eintragungsgebühr 240 Euro (GVHR 2101).

KOSTEN BEIM NOTAR | Aktivwert der Sacheinlage des Rechtsträgers ist bei der Registeranmeldung nicht zu berücksichtigen (vgl. § 105 Abs. 1 Satz 1 Nr. 1 GNotKG). Fertigt der Urkundsnotar den Sachgründungsbericht nach § 5 Abs. 4 Satz 2 GmbHG (bei vereinfachter Gründung nach § 2 Abs. 1a GmbHG und bei Unternehmergesellschaft nach § 5a GmbHG sind Sacheinlagen nicht möglich), dann dafür keine Vollzugs-/Betreuungsgebühr (vgl. KV Vorbem. 2.2 Abs. 2 GNotKG), wohl aber die 1,0-Entwurfsgebühr nach KV 24101 i.V.m. KV 21200 GNotKG aus Teilwert von ca. 20 - 30% des Werts der Sacheinlage ohne Schuldenabzug (§§ 36, 119 GNotKG). Die Entwurfsfertigung ist ein gesondertes Verfahren, die Post- und Telekommunikationspauschale fällt gesondert an.

Berät der Notar bei der Erstellung des Sachgründungsberichts (§ 5 Abs. 4 Satz 2 GmbHG), kann eine Beratungsgebühr nach KV 24200 bzw. 24201, § 92 Abs. 1 GNotKG abgerechnet werden (GW ca. 40% des Schätzwerts der Sacheinlage, § 36 Abs. 1 GNotKG). Im Übrigen siehe A 91a, allerdings mit dem Hinweis, dass bei einer Sachgründung vertragliche Einbringungsvereinbarungen getroffen werden, dann bleibt es auch bei Gründung durch eine Person bei einer 2,0-Gebühr nach KV 21100 GNotKG.

Wird Grundbesitz eingebracht, so hat der Notar an das zuständige Finanzamt nach § 18 GrEStG amtswegig eine Anzeige samt einer Abschrift des Rechtsvorgangs zu übersenden; dafür fällt keine Beglaubigungsgebühr nach KV 25102 GNotKG an, jedoch wird die Dokumentenpauschale nach KV 32001 Nr. 1 GNotKG erhoben.

TEXT DER ANMELDUNG | Wie bei A 91a (M 91a.1) mit Abweichung.

M 92.1   Anmeldung der Gründung einer GmbH gegen Sacheinlage

a) zur Versicherung über die Einlageleistungen lautet Punkt e) der Versicherung zu A 91a (M 91a.1); (Punkt d) darf nicht verwendet werden):

Der Geschäftsführer versichert, dass die von dem Gesellschafter ... (Vor- und Familienname) zu leistende Sacheinlage ... (nähere Bezeichnung der Gegenstände) auf die Gesellschaft übertragen ist. Über die Vereinbarungen im Vertrag über die Errichtung der GmbH hinaus sind keine zusätzlichen schriftlichen Vereinbarungen getroffen.

b) Angeschlossen werden zusätzlich vorgelegt, jeweils in elektronisch beglaubigter Abschrift:

– die Verträge, die den Festsetzungen der Sacheinlagen zugrunde liegen oder zu ihrer Ausführung geschlossen worden sind,

– der Sachgründungsbericht,

– Unterlagen darüber, dass der Wert der Sacheinlagen den Betrag der dafür übernommenen Geschäftsanteile erreicht.

92a. Gründung einer GmbH mittels Umwandlung (Ausgliederung, Verschmelzung, Formwechsel)

HINWEISE | Je nach Rechtsträger gibt es drei Möglichkeiten nach dem UmwG, ein bestehendes Unternehmen einzubringen: Ausgliederung, Verschmelzung und/oder Formwechsel

a) Ausgliederung (mit Anmeldetext)

Bisheriger Inhaber des Unternehmens ist der einzige GmbH-Gründer (Ein-Personen-Gründung): Entweder Sachgründung wie bei A 92 oder Ausgliederung aus dem Vermögen des Inhabers zur Neugründung auf der Grundlage einer Schlussbilanz unter Wahrung der Frist nach § 17 Abs. 2 Satz 4 UmwG, wenn die Firma des Unternehmens schon im Handelsregister eingetragen ist und die Verbindlichkeiten des Einzelkaufmanns sein Vermögen nicht übersteigen (§§ 152, 123 Abs. 3 Nr. 2, 156 ff. UmwG). Nicht eingetragener Gewerbetreibender muss zuvor entweder nach § 1 Abs. 2 HGB sein Handelsgewerbe eintragen lassen (A 2) oder kann nach § 2 HGB in das Handelsregister eingetragen werden.

Die GmbH kann im Wege der Ausgliederung wegen des Sacheinlageverbotes nach § 5a Abs. 2 Satz 2 GmbHG nicht als UG gegründet werden (B § 3 UmwG). Ebenso scheidet das Musterprotokoll aus, weil die Festsetzung einer Sacheinlage nicht vorgesehen ist.

Die Ausgliederung zur Neugründung einer GmbH erfordert:

- notariellen Spaltungsplan (§§ 136, 125, 6 UmwG), dem Schlussbilanz zugrunde zu legen ist (§§ 125, 17 Abs. 2 UmwG), sowie Ausgliederungserklärung zur Übertragung des Vermögens mit Feststellung des Gesellschaftsvertrages (§§ 37, 13, 125 UmwG),
- Sachgründungsbericht mit Angaben zum Geschäftsverlauf und zur Lage des Unternehmens (§§ 159, 58 Abs. 1 UmwG),
- Prüfung und Bericht nicht erforderlich (§§ 125 Satz 2, 158, 153 UmwG)
- keine ausdrückliche Anmeldung des Erlöschens der bisherigen Einzelfirma, jedoch Anmeldung der Ausgliederung (§§ 137 Abs. 2, 155 Satz 2, 158 UmwG).

Die Anmeldung bedarf wegen der Ausschlussfrist des § 17 Abs. 2 Satz 4 UmwG besonderer Aufmerksamkeit (vgl. A 160).

WER MUSS ANMELDEN | Einzelkaufmann und alle Geschäftsführer der neu gegründeten Gesellschaft, Vertretung nicht zulässig bei der Versicherung über Amtsfähigkeit und Vermögensverhältnisse.

BEIZUFÜGENDE UNTERLAGEN | Siehe oben und den Text der Anmeldung.

KOSTEN BEIM GERICHT | Bei Ausgliederung: Gebühr für Eintragung der neu gegründeten GmbH 260 Euro (GVHR 2104). Wegen Gesellschafterliste vgl. A 91a. Gebühr für Eintragung beim Einzelkaufmann 180 Euro (GVHR 1400).

KOSTEN BEIM NOTAR | Bei Ausgliederung: wie bei A 91a für neue Gesellschaft; beachte aber: lediglich 0,3-Vollzugsgebühr nach KV 22111 GNotKG, weil Ausgliederungsplan nur 1,0-Beurkundungsgebühr nach KV 21200 GNotKG auslöst. Hinzu 30 000 Euro für

Anmeldung beim Einzelkaufmann (§ 105 Abs. 4 Nr. 4, § 35 Abs. 1, § 86 Abs. 2 GNot-KG), wenn alle Anmeldungen in einer Urkunde enthalten sind.

TEXT DER ANMELDUNG | Für Ausgliederung a) beim e.K. b) bei GmbH.

M 92a.1   Anmeldung der Gründung einer GmbH im Wege der Ausgliederung aus dem Vermögen eines e.K.

a) beim ausgliedernden Unternehmen:

Zur Eintragung in das Handelsregister bei der Firma … (Bezeichnung der Einzelfirma nach dem Handelsregister) wird angemeldet, dass der Inhaber … (Familienname, Vorname, Geburtsdatum und Wohnort des Einzelunternehmers) gemäß § 123 Abs. 3 Nr. 2, §§ 153, 158 UmwG zum Stichtag … (Datum) aus seinem Vermögen das Einzelunternehmen mit Aktiva und Passiva/ bzw. einen genau zu bezeichnenden Teil hiervon ausgegliedert hat zur Neugründung der Gesellschaft mit beschränkter Haftung mit der Firma … (Bezeichnung der GmbH).

Der Fortführung der Firma durch den neuen Rechtsträger wird zugestimmt. Die Firma ist hier gelöscht.

Der übertragende Einzelunternehmer erklärt, dass seine Verbindlichkeiten sein Vermögen nicht übersteigen.

Angeschlossen wird vorgelegt, in elektronisch beglaubigte Abschrift

- *Notarielle Urkunde über die Ausgliederungserklärung mit Spaltungsplan und Stichtagsbilanz sowie Gesellschaftsvertrag der neu gegründeten GmbH samt Bestellung der Geschäftsführung*

(Unterschriftsbeglaubigung wie bei A 161 (M 161.1))

b) für Ersteintragung der GmbH:

Zur Eintragung in das Handelsregister bei der Firma … (Bezeichnung der Firma des neuen Rechtsträgers nach dem Handelsregister) wird angemeldet, dass … (Name, Vorname, Geburtsdatum und Wohnort des Einzelunternehmers) gemäß § 123 Abs. 3 Nr. 2, §§ 153, 158 UmwG zum Stichtag … (Datum) aus seinem Vermögen das Einzelunternehmen mit Aktiva und Passiva/ bzw. einen genau zu bezeichnenden Teil hiervon ausgegliedert hat durch Übertragung dieses Vermögens als Gesamtheit auf eine von ihm dadurch neu gegründete Gesellschaft mit beschränkter Haftung mit der Firma … (Bezeichnung der GmbH).

Die GmbH führt die Firma des übertragenden Rechtsträgers fort.

Sitz der Gesellschaft ist … (Ort).

Die Geschäftsräume der Gesellschaft befinden sich in … (PLZ, Ort und Straße mit Hausnummer); dies ist auch die inländische Geschäftsanschrift i.S.v. § 10 Abs. 1 Satz 1 GmbHG.

(Ggf. zusätzlich: Empfangsberechtigte Person für Willenserklärungen und Zustellungen i.S.v. § 10 Abs. 2 Satz 2 GmbHG ist … (Name, Vorname, inländische postalische Adresse))

Vertretung (gemäß einer gebräuchlichen Klausel):

Abstrakte Vertretungsregelung:

Die Gesellschaft hat einen oder mehrere Geschäftsführer. Ist nur ein Geschäftsführer bestellt, so vertritt dieser die Gesellschaft allein. Sind mehrere Geschäftsführer bestellt, so wird die Gesellschaft durch zwei Geschäftsführer gemeinsam oder durch einen Geschäftsführer in Gemeinschaft mit einem Prokuristen vertreten.

Durch Gesellschafterbeschluss kann einzelnen Geschäftsführern die Befugnis zur Allein-vertretung und Befreiung von den Beschränkungen des § 181 BGB erteilt werden. Der Umfang der Vertretungsbefugnis der Geschäftsführung ist gegenüber Dritten stets unbe-schränkt.

Konkrete Vertretungsbefugnis:

Zum ersten Geschäftsführer der Gesellschaft wurde bestellt:

... (Name, Vorname, Geburtsdatum, Wohnort des Geschäftsführers)

Dieser Geschäftsführer ist berechtigt, die Gesellschaft stets allein zu vertreten und kann als Geschäftsführer mit sich im eigenen Namen oder als Vertreter eines Dritten Rechts-geschäfte vornehmen (Befreiung von den Beschränkungen des § 181 BGB).

Der Umfang der Vertretungsbefugnis ist gegenüber Dritten stets unbeschränkt.

Versicherungen:

Nach Belehrung durch den Notar über die unbeschränkte Auskunftspflicht gegenüber dem Gericht gemäß § 53 Abs. 2 des Bundeszentralregistergesetzes und die Strafbarkeit einer fal-schen Versicherung (§ 8 GmbHG) wird versichert:

Der Geschäftsführer (bei mehreren jeder für sich) versichert (zum Zeitpunkt des Zugangs der Anmeldung beim Registergericht), dass

a) keine Umstände vorliegen, aufgrund deren der Geschäftsführer nach § 6 Abs. 2 Satz 2 Nr. 2 und 3 sowie Satz 3 GmbHG von dem Amt als Geschäftsführer ausgeschlossen wä-re: Während der letzten fünf Jahre wurde keine Verurteilung rechtskräftig gegen ihn we-gen einer oder mehrerer vorsätzlich begangener Straftaten

  – *des Unterlassens der Stellung des Antrags auf Eröffnung des Insolvenzverfahrens (In-solvenzverschleppung),*

  – *nach §§ 283 bis 283d Strafgesetzbuch (wegen Bankrotts, schweren Bankrotts, Verlet-zung der Buchführungspflicht, Schuldner- oder Gläubigerbegünstigung),*

  – *der falschen Angaben nach § 82 GmbHG oder § 399 AktG,*

  – *der unrichtigen Darstellung nach § 400 AktG, § 331 HGB, § 313 UmwG oder § 17 des Publizitätsgesetzes oder*

  – *nach den §§ 263 bis 264a oder den §§ 265b bis § 266a StGB (Betrug, Computer-betrug, Subventionsbetrug, Kapitalanlagebetrug, Kreditbetrug, Untreue, Vorenthalten und Veruntreuen von Arbeitsentgelt) zu einer Freiheitsstrafe von mindestens einem Jahr.*

Auch im Ausland wurde ich nicht wegen einer vergleichbaren Tat rechtskräftig verurteilt. Mir ist bekannt, dass die Frist von fünf Jahren erst durch den Eintritt der Rechtskraft ei-nes entsprechenden Urteils in Lauf gesetzt und dass nicht die Zeit eingerechnet wird, in welcher der Täter auf behördliche Anordnung in einer Anstalt verwahrt wird.

b) Ferner wird versichert,

  – *dass ihm weder durch gerichtliches Urteil noch durch vollziehbare Entscheidung einer Verwaltungsbehörde die Ausübung irgendeines Berufes, Berufszweiges, Gewerbes oder Gewerbezweiges untersagt wurde, und somit auch nicht im Bereich des Unter-nehmensgegenstandes der Gesellschaft;*

  – *ferner dass er nicht bei der Besorgung seiner Vermögensangelegenheiten ganz oder teilweise einem Einwilligungsvorbehalt (§ 1903 BGB) unterliegt und*

- *dass er noch nie aufgrund einer behördlichen Anordnung in einer Anstalt verwahrt wurde (Amtsunfähigkeit);*

c) *dass er vom beglaubigenden Notar über seine unbeschränkte Auskunftspflicht gegenüber dem Registergericht belehrt worden ist;*

Versicherung zur Kapitalaufbringung:

d) *dass das Vermögen der neu gegründeten Gesellschaft – abgesehen von dem im Gesellschaftsvertrag festgesetzten Gründungsaufwand (Kosten, Gebühren und Steuern) – durch keinerlei Verbindlichkeiten vorbelastet oder gar aufgezehrt ist und sich endgültig in der freien Verfügung der Geschäftsführung befindet.*

Der übertragende Einzelunternehmer erklärt, dass seine Verbindlichkeiten sein Vermögen nicht übersteigen.

Auf die Anfechtung der Ausgliederungserklärung wurde – vorsorglich – verzichtet.

Angeschlossen werden vorgelegt, jeweils in elektronisch beglaubigter Abschrift

- *Notarielle Urkunde über die Ausgliederungserklärung mit Spaltungsplan und Stichtagsbilanz sowie Gesellschaftsvertrag der neu gegründeten GmbH samt Bestellung der Geschäftsführung*

- *Nachweis über die Zuleitung des Entwurfs des Spaltungsplans an den Betriebsrat des übertragenden Rechtsträgers*

- *Liste der Gesellschafter*

- *Sachgründungsbericht*

  (Mit Ausnahme der notariellen Urkunde reichen auch einfache elektronische Aufzeichnungen nach § 12 Abs. 2 Satz 2 Halbs. 1 HGB, wenn Unterschriften sichtbar; vgl. Einl. Rz. 11)

  Der Notar machte den Geschäftsführer darauf aufmerksam, dass er (sofern nicht eine Amtspflicht des Notars besteht) jede Änderung im Gesellschafterbestand unverzüglich dem Handelsregister mitzuteilen hat, da er andernfalls den Gläubigern der Gesellschaft für den daraus entstandenen Schaden persönlich haftet (§ 40 Abs. 1 und 2 GmbHG).

  (Unterschriftsbeglaubigung wie bei A 161 (M 161.1) bzw. A 162 (M 162.1))

b) Gründung einer GmbH mittels Verschmelzung (ohne Anmeldetext)

Bisheriger Inhaber des Unternehmens ist eine Personenhandelsgesellschaft (OHG oder KG) oder Partnerschaftsgesellschaft, bestehend aus den zukünftigen Gesellschaftern der GmbH: Entweder Sachgründung nach A 92, Formwechsel (siehe unten) oder als Verschmelzung zur Neugründung nach § 2 Nr. 2 UmwG mit Schlussbilanz und unter Beachtung der Ausschlussfrist nach § 17 Abs. 2 Satz 4 UmwG, vgl. A 160.

Eine GbR muss sich zunächst nach §§ 105 Abs. 2 bzw. 123 Abs. 2 HGB als OHG in das Handelsregister eintragen lassen.

Die Verschmelzung führt wie die Ausgliederung zur Gesamtrechtsnachfolge.

Die GmbH kann im Wege der Verschmelzung wegen des Sacheinlageverbotes nach § 5a Abs. 2 Satz 2 GmbHG nicht als UG gegründet werden (B § 3 UmwG). Ebenso scheidet das Musterprotokoll aus, weil die Festsetzung einer Sacheinlage nicht vorgesehen ist. Davon zu unterscheiden ist der Fall, dass eine OHG oder KG auf eine bestehende UG (haftungsbeschränkt) zur Aufnahme verschmolzen wird; entweder ohne Kapitalerhöhung nach Maßgabe des § 54 UmwG oder mit Kapitalerhöhung, dann auf den Betrag des Mindestkapitals einer GmbH (vgl. B § 5a GmbHG Nr. 3).

KOSTEN BEIM GERICHT | Gebühr für Eintragung der neu gegründeten GmbH 260 Euro (GVHR 2104); für Eintragungen bei Personenhandelsgesellschaft 180 Euro (GVHR 1400).

KOSTEN BEIM NOTAR | Gebühren und Auslagen wie bei A 91a für neue GmbH. Hinzu 30 000 Euro für Anmeldung der Verschmelzung bei der Personenhandelsgesellschaft (§ 105 Abs. 4 Nr. 3, § 35 Abs. 1, § 86 Abs. 2 GNotKG), wenn alle Anmeldungen in einer Urkunde enthalten sind.

c) Gründung einer GmbH mittels Formwechsel (mit Anmeldetext)

Bisheriger Inhaber des Unternehmens ist eine Personenhandelsgesellschaft (OHG oder KG) oder Partnerschaftsgesellschaft, bestehend aus den zukünftigen Gesellschaftern der GmbH: Sachgründung nach A 92, Verschmelzung zur Neugründung (siehe oben zu b) oder als Formwechsel nach §§ 190, 214 ff. UmwG; zwar ohne Schlussbilanz, aber unter Beachtung der Frist aus § 14 UmwStG (vgl. A 160).

Eine GbR muss sich zunächst nach §§ 105 Abs. 2 bzw. 123 Abs. 2 HGB als OHG in das Handelsregister eintragen lassen.

Die GmbH kann im Wege des Formwechsels wegen des Sacheinlageverbotes nach § 5a Abs. 2 Satz 2 GmbHG nicht als UG gegründet werden (B § 3 UmwG). Ebenso scheidet das Musterprotokoll aus, weil die Festsetzung einer Sacheinlage nicht vorgesehen ist. Hingegen ist eine Versicherung nach § 7 Abs. 3 GmbHG nicht erforderlich, weil der Rechtsträger in neuer Rechtsform weiterbesteht, ohne dass eine Sacheinlage übernommen wird; vielmehr ist das Stammkapital der neuen GmbH durch das Vermögen der formwandelnden Personenhandelsgesellschaft von Gesetzes wegen erbracht (B § 220 UmwG).

Außerhalb des UmwG besteht die Möglichkeit, dass die „Ziel"-GmbH zunächst in die Personengesellschaft bzw. in das Geschäft des e.K. eintritt, und dann alle Gesellschafter mit Ausnahme der GmbH ausscheiden, was zur Anwachsung des Gesellschaftsvermögens nach § 738 BGB bei der GmbH führt (siehe A 33, A 75 und A 81).

WER MUSS ANMELDEN | Alle Gesellschafter der OHG/KG und alle Geschäftsführer der neu gegründeten Gesellschaft, Vertretung nicht zulässig bei der Versicherung über Amtsfähigkeit und Vermögensverhältnisse.

BEIZUFÜGENDE UNTERLAGEN | Siehe oben und den Text der Anmeldung.

KOSTEN BEIM GERICHT | Gebühr für Eintragung bei der formwechselnden Personengesellschaft 180 Euro (GVHR 1400). Gebühr für Eintragung der GmbH aufgrund des Formwechsels 240 Euro (GVHR 2402).

KOSTEN BEIM NOTAR | Bei Formwechsel ist nur die neue Rechtsform des Rechtsträgers anzumelden: Fraglich ist hier, ob Geschäftswert wie eine Erstanmeldung einer GmbH nach § 105 Abs. 1 Satz 1 Nr. 1, Satz 2 GNotKG oder Geschäftswert nach § 105 Abs. 4 Nr. 1 GNotKG. Zu differenzieren ist: Ändert sich durch den Formwechsel die Art des Registers (bisher Genossenschaftsregister oder Partnerschaftsregister, nunmehr Handelsregister und umgekehrt; nicht aber bloßer Wechsel von Abt. A in Abt. B und umgekehrt beim Handelsregister), so bestimmt sich die Anmeldung beim bisherigen Rechtsträger nach § 105 Abs. 3, Abs. 4 GNotKG, diejenige zur Eintragung in das andere Register des neuen Rechtsträgers nach § 105 Abs. 1 Satz 1 und 2, Abs. 3 GNotKG. Beim Formwechsel ohne Registerwechsel erfolgt nur eine Anmeldung, nämlich beim Ausgangsrechtsträger mit dem Geschäftswert nach § 105 Abs. 4 GNotKG (bestr., weil auch Erstanmeldung nach § 105 Abs. 1 GNotKG diskutiert wird). Höchstgeschäftswert einer Anmeldung 1 Million Euro (§ 106 GNotKG).

Aus Gesamtadditionswert Gebühren und Auslagen wie bei A 91a.

TEXT DER ANMELDUNG | Für Formwechsel bei OHG/KG.

M 92a.2 Anmeldung der Umwandlung einer OHG/KG in eine GmbH im Wege des Formwechsels

Zur Eintragung in das Handelsregister bei der Firma … (Bezeichnung der Firma des umwandelnden Rechtsträgers nach dem Handelsregister) wird angemeldet, dass diese Gesellschaft durch Formwechsel in eine dadurch gegründete Gesellschaft mit beschränkter Haftung mit der Firma … (Bezeichnung des neuen Rechtsträgers nach dem Handelsregister) umgewandelt ist, §§ 190, 197, 214, 220 UmwG.

Sitz der neu errichteten Gesellschaft ist … (Ort).

Die Geschäftsräume der Gesellschaft befinden sich in … (PLZ, Ort und Straße mit Hausnummer); dies ist auch die inländische Geschäftsanschrift i.S.v. § 10 Abs. 1 Satz 1 GmbHG. (Ggf. zusätzlich: Empfangsberechtigte Person für Willenserklärungen und Zustellungen i.S.v. § 10 Abs. 2 Satz 2 GmbHG ist … (Name, Vorname, inländische postalische Adresse))

Vertretung (gemäß einer gebräuchlichen Klausel):

Abstrakte Vertretungsregelung:

Die Gesellschaft hat einen oder mehrere Geschäftsführer. Ist nur ein Geschäftsführer bestellt, so vertritt dieser die Gesellschaft allein. Sind mehrere Geschäftsführer bestellt, so wird die Gesellschaft durch zwei Geschäftsführer gemeinsam oder durch einen Geschäftsführer in Gemeinschaft mit einem Prokuristen vertreten.

Durch Gesellschafterbeschluss kann einzelnen Geschäftsführern die Befugnis zur Alleinvertretung und Befreiung von den Beschränkungen des § 181 BGB erteilt werden. Der Umfang der Vertretungsbefugnis der Geschäftsführung ist gegenüber Dritten stets unbeschränkt.

Konkrete Vertretungsbefugnis:

Zum ersten Geschäftsführer der Gesellschaft wurde bestellt:

… (Name, Vorname, Geburtsdatum, Wohnort des Geschäftsführers)

Dieser Geschäftsführer ist berechtigt, die Gesellschaft stets allein zu vertreten und kann als Geschäftsführer mit sich im eigenen Namen oder als Vertreter eines Dritten Rechtsgeschäfte vornehmen (Befreiung von den Beschränkungen des § 181 BGB).

Der Umfang der Vertretungsbefugnis ist gegenüber Dritten stets unbeschränkt.

Versicherungen:

Nach Belehrung durch den Notar über die unbeschränkte Auskunftspflicht gegenüber dem Gericht gemäß § 53 Abs. 2 des Bundeszentralregistergesetzes und die Strafbarkeit einer falschen Versicherung (§ 8 GmbHG) wird versichert:

Der Geschäftsführer (bei mehreren jeder für sich) versichert (zum Zeitpunkt des Zugangs der Anmeldung beim Registergericht), dass

a) keine Umstände vorliegen, aufgrund deren der Geschäftsführer nach § 6 Abs. 2 Satz 2 Nr. 2 und 3 sowie Satz 3 GmbHG von dem Amt als Geschäftsführer ausgeschlossen wäre: Während der letzten fünf Jahre wurde keine Verurteilung rechtskräftig gegen ihn wegen einer oder mehrerer vorsätzlich begangener Straftaten

– des Unterlassens der Stellung des Antrags auf Eröffnung des Insolvenzverfahrens (Insolvenzverschleppung),

– nach §§ 283 bis 283d Strafgesetzbuch (wegen Bankrotts, schweren Bankrotts, Verletzung der Buchführungspflicht, Schuldner- oder Gläubigerbegünstigung),

– der falschen Angaben nach § 82 GmbHG oder § 399 AktG,

– der unrichtigen Darstellung nach § 400 AktG, § 331 HGB, § 313 UmwG oder § 17 des Publizitätsgesetzes oder

– nach den §§ 263 bis 264a oder den §§ 265b bis 266a StGB (Betrug, Computerbetrug, Subventionsbetrug, Kapitalanlagebetrug, Kreditbetrug, Untreue, Vorenthalten und Veruntreuen von Arbeitsentgelt) zu einer Freiheitsstrafe von mindestens einem Jahr.

Auch im Ausland wurde ich nicht wegen einer vergleichbaren Tat rechtskräftig verurteilt. Mir ist bekannt, dass die Frist von fünf Jahren erst durch den Eintritt der Rechtskraft eines entsprechenden Urteils in Lauf gesetzt und dass nicht die Zeit eingerechnet wird, in welcher der Täter auf behördliche Anordnung in einer Anstalt verwahrt wird.

b) Ferner wird versichert,

– dass ihm weder durch gerichtliches Urteil noch durch vollziehbare Entscheidung einer Verwaltungsbehörde die Ausübung irgendeines Berufes, Berufszweiges, Gewerbes oder Gewerbezweiges untersagt wurde, und somit auch nicht im Bereich des Unternehmensgegenstandes der Gesellschaft;

– ferner dass er nicht bei der Besorgung seiner Vermögensangelegenheiten ganz oder teilweise einem Einwilligungsvorbehalt (§ 1903 BGB) unterliegt und

– dass er noch nie aufgrund einer behördlichen Anordnung in einer Anstalt verwahrt wurde (Amtsunfähigkeit);

c) dass er vom beglaubigenden Notar über seine unbeschränkte Auskunftspflicht gegenüber dem Registergericht belehrt worden ist;

Weitere Versicherungen:

Es wird weiter erklärt, dass eine Klage gegen die Wirksamkeit des Umwandlungsbeschlusses nicht innerhalb eines Monats nach der Beschlussfassung erhoben wurde. (Entbehrlich, wenn Verzicht mitbeurkundet wurde)

Angeschlossen werden vorgelegt jeweils in elektronisch beglaubigter Abschrift:

– notarielle Urkunde über den Umwandlungsbeschluss mit dem Gesellschaftsvertrag der neu gegründeten Gesellschaft mit beschränkter Haftung samt Bestellung der Geschäftsführung

– Umwandlungsbericht (sofern nicht nach § 215 UmwG entbehrlich)

– Nachweis über die Zuleitung des Entwurfs des Umwandlungsbeschlusses an den Betriebsrat des formwechselnden Rechtsträgers

– *Sachgründungsbericht der GmbH-Gesellschafter (mit Angaben nach §§ 197, 220 Abs. 2 UmwG, § 5 Abs. 4 GmbHG)*
– *Unterlagen darüber, dass der Nennbetrag des Stammkapitals der GmbH das nach Abzug der Schulden verbleibende Vermögen nicht übersteigt (Werthaltigkeitsnachweis wegen §§ 197, 220 Abs. 1 UmwG, § 8 Abs. 1 Nr. 5 GmbHG)*
– *Liste der Gesellschafter (siehe A 176 (M 176.1))*
(Unterschriftsbeglaubigung wie bei A 161 (M 161.1) bzw. A 162 (M 162.1))

93. Änderung des Gesellschaftsvertrages vor Eintragung

HINWEISE | Es handelt sich nicht um die Änderung des Gesellschaftsvertrages durch (Mehrheits-) Beschluss, sondern um die Fortsetzung der ursprünglichen Gründung, sie muss also **einstimmig** erfolgen als Beurkundung nach §§ 8 ff. BeurkG. Alle Gesellschafter müssen – wie bei der Errichtung – die Urkunde unterzeichnen (§ 2 Abs. 1 Satz 2 GmbHG).

Vollmachten zur Änderung müssen mindestens beglaubigt sein nach § 2 Abs. 2 GmbHG); ebenso Genehmigungen (B § 2 GmbHG Nr. 4).

Wechsel des **Geschäftsführers** vor Eintragung: siehe B § 8 GmbHG Nr. 5. Der neue Geschäftsführer muss außerdem die Versicherung nach § 8 Abs. 3 GmbHG abgeben.

WAS IST ANZUMELDEN | Nichts (h.A., vgl. B § 7 GmbHG Nr. 3). Durch die Einreichung der Unterlagen zu dem jeweiligen Aktenzeichen des Registergerichts ist ersichtlich, dass Geschäftsführer und Notar den verfahrensrechtlichen Vollzug der ursprünglichen Anmeldung unter Berücksichtigung der neu eingereichten Änderungen wollen, sofern der Notar die Dokumente nicht nur als Bote einreicht; vgl. Einl. Rz. 18 f.

VOM GESCHÄFTSFÜHRER EINZUREICHENDE UNTERLAGEN | Die beurkundete Änderung; außerdem: vollständiger Wortlaut des Gesellschaftsvertrages (in der neuen Fassung) in einer Urkunde mit Notarbescheinigung nach § 54 Abs. 1 Satz 2 GmbHG, siehe B § 7 GmbHG Nr. 3.

KOSTEN BEIM GERICHT | Keine.

KOSTEN BEIM NOTAR | Änderung ist als Nachtrag i.S.v. KV 21100 bzw. KV 21200 GNotKG anzusehen; es handelt sich nicht um einen Beschluss. Geschäftswert bestimmt sich entsprechend §§ 97, 36 Abs. 1 GNotKG unter Berücksichtigung des Umfangs der Veränderung (bei Kapitaländerung aus dem Kapitalwert, bei sonstigen Änderungen aus einem zu schätzenden Teilwert, z.B. bei Änderung der Firma ein Teilwert von ca. 10 – 20% des Werts des Gesellschaftsvertrags). Für die Änderung gilt der Mindest- bzw. Höchstwert aus § 107 Abs. 1 GNotKG. Die Nachtragsurkunde wird von der Geschäftsführung formlos dem Registergericht als Beilage zur bereits vorhandenen Anmeldung eingereicht.

Bei erleichterter (vereinfachter) Gründung nach § 2 Abs. 1a GmbHG mit Musterprotokoll ist gemäß § 105 Abs. 6 GNotKG der Mindestgeschäftswert von 30 000 Euro nach

§ 105 Abs. 1 Satz 2, Abs. 4 Nr. 1 GNotKG nicht anzunehmen, maßgebend ist vielmehr die Stammkapitalziffer; beachte aber die Mindestgebühren nach KV 21100 bzw. 21200 GNotKG.

94. Gesellschafterwechsel vor Eintragung

HINWEISE | Der Gesellschafterwechsel kann entweder a) bereits im Gründungsstadium durch Änderung des Gesellschaftsvertrages zu § 3 Abs. 1 Nr. 4 GmbHG unter Beteiligung aller ausscheidenden und aller eintretenden Gründungsgesellschafter erfolgen (vgl. oben A 93), oder b) durch Abtretung des zukünftigen Geschäftsanteils mit Wirkung ab Eintragung erfolgen (vgl. B § 2 GmbHG Nr. 2 und 3). Die Urkunde muss zum Ausdruck bringen, welche dieser Möglichkeiten gewollt ist.

WAS IST ANZUMELDEN

a) Bei Gesellschafterwechsel vor Eintragung nichts, siehe A 93; aber neue Versicherung aller Geschäftsführer über Einlageleistung.

b) Bei Abtretung des zukünftigen Geschäftsanteils nichts.

EINZUREICHENDE UNTERLAGEN | Bei a) wie bei A 93; zusätzlich eine neue Liste der Gesellschafter nach § 8 Abs. 1 Nr. 3 GmbHG (wegen Inhalt der Liste vgl. A 176, A 168).

Bei b) nichts, aber nach Eintragung unverzüglich neue Liste nach § 40 Abs. 2 GmbHG (siehe A 102 und A 104 sowie A 178).

KOSTEN BEIM GERICHT | Gebühr für Entgegennahme der Gesellschafterliste 30 Euro (GVHR 5002).

KOSTEN BEIM NOTAR | Zu a) vgl. oben A 93.

Zu b) Für Anteilsübertragungsvertrag 2,0-Gebühr (mindestens 120 Euro) gemäß KV 21100 GNotKG aus Wert des Geschäftsanteils (§§ 54, 97 GNotKG). Wegen Einreichung der Gesellschafterliste beim Registergericht siehe A 103.

95. Gesellschaft erwirbt nach der Gründung Sachwerte von einem Gesellschafter oder zahlt die Geld-Einlage zurück

HINWEISE | Stellt sich der Erwerb als Umgehung der Sachgründungsvorschriften dar, etwa weil eine Geld-Einlage bei der Gründung mit der Abrede übernommen worden ist, sie nach Eintragung der Gesellschaft gegen Übertragung bestimmter Vermögensgegenstände zurückzuzahlen, oder weil die Bareinzahlung alsbald zurückgewährt werden soll, um den Vergütungsanspruch aus einer Sachübernahme zu erfüllen (sog. **verdeckte Sacheinlage** nach § 19 Abs. 4 GmbHG), so befreit dies den Gesellschafter nicht von seiner Einlageverpflichtung. Dennoch sind die Verträge über die Sacheinlage und die Rechtshandlungen zu ihrer Ausführung nicht unwirksam. Auf die fortbestehende Geldeinlagepflicht des Gesellschafters wird der Wert des Vermögensgegenstandes im Zeitpunkt der Anmeldung der Gesellschaft zur Eintragung in das Handelsregister oder im Zeitpunkt seiner Überlassung an die Gesellschaft, falls diese später erfolgt, angerechnet. Die Anrechnung erfolgt nicht vor Eintragung der Gesellschaft in das Handelsregister. Vgl. hierzu die Hinweise und ergänzenden Text der Versicherung in A 91a. Ob diese Anrechnung auch bei einer UG (haftungsbeschränkt) gilt, ist ungeklärt.

Stellt sich heraus, dass vor der Geld-Einlage eine Leistung an den Gesellschafter vereinbart worden, die wirtschaftlich einer Rückzahlung der Einlage entspricht und die nicht als verdeckte Sacheinlage zu beurteilen ist, so befreit dies den Gesellschafter von seiner Einlageverpflichtung nach § 19 Abs. 5 GmbHG nur dann, wenn die Leistung durch einen vollwertigen Rückgewähranspruch gedeckt ist, der jederzeit fällig ist oder durch fristlose Kündigung durch die Gesellschaft fällig werden kann (sog. **Hin- und Herzahlen**). Eine solche Leistung oder die Vereinbarung einer solchen Leistung ist bereits in der Anmeldung zur Ersteintragung nach § 8 Abs. 2 GmbHG anzugeben (siehe hierzu Hinweise und ergänzenden Text der Versicherung in A 91a).

WAS IST ANZUMELDEN | Nichts (keine Nachgründungsvorschriften entspr. § 52 AktG).

96. Bestellung eines Geschäftsführers durch Gesellschafterbeschluss

HINWEISE | Die Bestellung ist unmittelbar mit dem Gesellschafterbeschluss nach § 46 Nr. 5 GmbHG wirksam (siehe B § 39 GmbHG Nr. 1).

Für die Bestellung genügt einfache Mehrheit (§ 46 Nr. 5, § 47 Abs. 1 GmbHG), falls nicht der Gesellschaftsvertrag etwas anderes bestimmt.

Einfache Schriftform des Beschlusses ausreichend.

Vollmachten zur Ausübung des Stimmrechts bei der Beschlussfassung zumindest in Textform zu Legitimationszwecken nötig (§ 47 Abs. 3 GmbHG); vgl. B § 47 GmbHG Nr. 3.

Soll ein Gesellschafter zum Geschäftsführer bestellt werden, ist er dabei stimmberechtigt, wenn der Vertrag nicht etwas anderes bestimmt (vgl. *Melchior*, Rpfleger 1997, 505 mit Nachweisen zur Rechtsprechung und B § 181 BGB Nr. 11 und 12).

Die Vertretungsbefugnis des bestellten Geschäftsführers richtet sich nach dem Gesellschaftsvertrag (siehe dazu B § 35 GmbHG Nr. 1, B § 10 GmbHG Nr. 3), ansonsten nach § 35 Abs. 2 GmbHG (Gesamtvertretung). Zur Vertretungsbefugnis im Übrigen Nr. 98. Die Begriffe „Einzelvertretungsbefugnis" und „Alleinvertretungsbefugnis" sind rechtlich inhaltsgleich; der Begriff „Alleinvertretungsbefugnis" ist nicht als Ausschluss der anderen Mitglieder der Geschäftsführung, sondern im Sinne einer Einzelvertretungsbefugnis zu verstehen, B § 8 GmbHG Nr. 15.

Stellvertreter von Geschäftsführern: B § 44 GmbHG.

Ausländer als Geschäftsführer: B § 6 GmbHG Nr. 2.

Versicherung der Geschäftsführer: Vollständige Wiedergabe des Gesetzestextes über das Nichtvorliegen von Ausschlussgründen ist zu empfehlen, um die Einhaltung der notariellen Belehrungspflichten und einen plausiblen Vortrag der Geschäftsführer nach §§ 27, 31 FamFG zu dokumentieren. Vgl. B § 8 GmbHG Nr. 6 bis 11.

Kein unmittelbarer Zwang des Registergerichts zur Bestellung eines Geschäftsführers: B § 6 GmbHG Nr. 3. Hat die GmbH keinen Geschäftsführer (Führungslosigkeit), wird die Gesellschaft bei der Abgabe von Willenserklärungen und bei der Zustellung von Schriftstücken durch ihre Gesellschafter vertreten (§ 35 Abs. 1 Satz 2 GmbHG).

Grundlagen für die Befreiung des Geschäftsführers von den Beschränkungen des § 181 BGB (Selbstkontrahieren und Mehrfachvertretung): B § 181 BGB Nr. 4–6, 10; Eintragung der Befreiung im Handelsregister: B § 181 BGB Nr. 1–3. § 181 BGB gilt auch für den alleinigen Gesellschafter-Geschäftsführer (§ 35 Abs. 4 GmbHG).

Bei Gründung im vereinfachten Verfahren nach § 2 Abs. 1a GmbHG wird im **Musterprotokoll** (A 91b) nur ein Geschäftsführer bestellt; er ist von den Beschränkungen des § 181 BGB befreit. Wird ein weiterer Geschäftsführer bestellt, dann verliert der erste Geschäftsführer seine Befreiung von den Beschränkungen des § 181 BGB (B § 181 BGB Nr. 15) und alle Geschäftsführer vertreten nach § 35 Abs. 2 Satz 1 GmbHG gemeinsam, was jeweils anzumelden ist. Ein neuer Geschäftsführer ist nicht von den Beschränkungen des § 181 BGB befreit. Das gilt auch dann, wenn er den ersten Geschäftsführer ersetzt, weil das Musterprotokoll nur Grundlage ist für die besondere Vertretungsbefugnis des ersten Geschäftsführers. Sollen die Geschäftsführer stets alleine vertreten können und von den Beschränkungen des § 181 BGB befreit werden, dann ist hierfür zunächst eine Grundlage im Gesellschaftsvertrag zu schaffen (A 111). Die Gesellschafter sollten dann den ursprünglichen und die weiteren Geschäftsführer durch Beschluss von den Beschränkungen des § 181 BGB befreien, weil es im Gesellschaftsvertrag keine generelle Befreiung eines Geschäftsführers, sondern jetzt nur noch eine Ermächtigung gibt, von der die Gesellschafter durch Beschluss erst Gebrauch machen müssen.

Anmeldepflicht besteht auch dann, wenn der Geschäftsführer vor der Eintragung in das Handelsregister abberufen wird (vgl. B § 39 GmbHG Nr. 14 und Einl. Rz. 52 zur Erforderlichkeit der Voreintragung).

Austausch der Geschäftsführer kann ein Indiz sein für eine wirtschaftliche Neugründung, die gegenüber dem Registergericht offen zu legen ist. Die Vorschriften über die Kapitalaufbringung und den -erhalt werden entsprechend angewendet, ebenso die Handelndenhaftung; vgl. A 101.

WER MUSS ANMELDEN | Geschäftsführer in der zur Vertretung erforderlichen Zahl; der bestellte Geschäftsführer kann bei der Anmeldung mitwirken, hat jedenfalls die Versicherung nach § 39 Abs. 3 GmbHG abzugeben. Mitwirken von Prokuristen: B § 39 GmbHG Nr. 2. Eine Anmeldung der Vertretungsbefugnis des Geschäftsführers ist nur bei Abweichungen von § 35 GmbHG erforderlich, dies sieht der Text der Anmeldung vor.

KOSTEN BEIM GERICHT | Gebühr für die Eintragung der Tatsache der Geschäftsführerbestellung 70 Euro (GVHR 2500). Werden mehrere Geschäftsführer abberufen oder neu bestellt und gehen die Anmeldungen am gleichen Tage beim Registergericht ein, dann Gebühr für jede weitere Eintragung aufgrund derselben Anmeldung 40 Euro (GVHR 2501). Die gleichzeitige Eintragung der Vertretungsmacht ist dieselbe Registertatsache und löst keine weiteren Gebühren aus (§ 2 Abs. 3 Nr. 1 HRegGebV).

KOSTEN BEIM NOTAR | Geschäftswert der Anmeldung: 1% des eingetragenen Stammkapitals, mindestens 30 000 Euro je Tatsache und zusammen höchstens 1 Million Euro (§ 105 Abs. 4 Nr. 1, § 106 GNotKG). Werden mehrere Geschäftsführer abberufen oder neu bestellt, dann ist jede einzelne Änderung mit dem Geschäftswert nach § 105 Abs. 4 Nr. 1 GNotKG (1% des Stammkapitals, mindestens 30 000 Euro für jede Tatsache) zu bewerten (§ 111 Nr. 3 GNotKG) und zu addieren (§ 35 Abs. 1, § 86 Abs. 2, § 111 Nr. 3 GNotKG; § 109 Abs. 2 Satz 1 Nr. 4 GNotKG gilt nur für Beschlüsse, nicht aber für Registeranmeldungen), beachte die Höchstgeschäftswertbestimmung mit 1 Million Euro (§ 106 GNotKG).

1. Beurkundung der Anmeldung bzw. Entwurf mit Unterschriftsbeglaubigung:

0,5-Beurkundungsgebühr nach KV 21201 Nr. 5, 24102 GNotKG, §§ 92 Abs. 2, 119 GNotKG aus Geschäftswert der Anmeldung. Gebühr umfasst Anmeldung des Geschäftsführers, Anmeldung seiner abstrakten und konkreten Vertretungsberechtigung und gleichzeitige Versicherung des neuen Geschäftsführers zu seiner Amtsfähigkeit samt seiner Belehrung (notwendige Erklärungseinheit und notwendiger Erklärungsinhalt, gegenstandsgleich i.S.v. § 111 Nr. 3 GNotKG), wenn der Notar den Entwurf der Registeranmeldung gefertigt hat. Bei vereinfachter Gründung nach § 2 Abs. 1a GmbHG gilt das Kostenprivileg des § 105 Abs. 6 GNotKG nicht für die Abberufung eines Geschäftsführers, das Hinzutreten oder die Neubestellung eines anderen Geschäftsführeres, da keine Satzungsänderung; erfolgt Satzungsänderung wegen eines geänderten Vertretungsrechts (siehe A 111).

Gesonderte 0,3-Vollzugsgebühr nach KV 22114 GNotKG, höchstens 250 Euro, für XML-Strukturdatei aus Geschäftswert des Beurkundungsverfahrens (§§ 112, 109 Abs. 2 Satz 1 Nr. 4 lit. e GNotKG); für die Übermittlung der XML-Datei fällt keine Dokumentenpauschale an.

Ggf. *0,5-Betreuungsgebühr* nach KV 22200 Anm. Nr. 3 GNotKG aus Geschäftswert der Anmeldung (§ 113 GNotKG), z.B. für auftragsgemäße Einreichung der Anmeldung erst dann, wenn bestimmte Voraussetzungen für Geschäftsführereignung u.a. zu prüfen sind.

Nach KV 25102 Abs. 2 Nr. 1 GNotKG sind beglaubigte Abschriften von Dokumenten, die der Notar aufgenommen oder entworfen hat, vom Anwendungsbereich der *Beglaubigungsgebühr* ausgenommen; es fällt deshalb keine Beglaubigungsgebühr nach KV 25102 GNotKG an, wenn der Notar eine von ihm entworfene und unterschriftsbeglaubigte Handelsregisteranmeldung im Zuge der Registereinreichung elektronisch beglaubigt.

Auslagen: KV 32000 GNotKG Dokumentenpauschale – Papier (s/w) für die ersten 50 Seiten je Seite 0,50 Euro, bei Entwurfsfertigung mit Unterschriftsbeglaubigung ist KV 32001 Nr. 3 GNotKG nicht einschlägig.

KV 32002 GNotKG Dokumentenpauschale – Daten (z.B. für Registeranmeldung, Gesellschafterbeschluss) je Datei 1,50 Euro (bis 3 Dateien), maximal jedoch 5 Euro (ab 4 Dateien), aber nicht weniger als nach KV 32000 GNotKG, also 0,50 Euro für die ersten 50 gescannten Seiten und 0,15 Euro für jede weitere gescannte Seite. Fraglich ist, ob ein Einzelvergleich jeder Datei mit der Zahl der eingescannten Seiten vorzunehmen ist, so *BDS/Diehn*, Nr. 32002 Rz. 17 GNotKG, oder ob ein Vergleich der Summe für die Dateianhänge mit der Summe aller eingescannten Seiten vorzunehmen ist, so *Korintenberg/Tiedtke*, Nr. 32002 Rz. 3 GNotKG.

KV 32005 GNotKG Auslagenpauschale Post/Telekommunikation 20% der Gebühren des Verfahrens bzw. Geschäfts, höchstens 20 Euro, oder Einzelabrechnung nach KV 32004 GNotKG.

KV 32011 GNotKG (je Einsicht 4,50 Euro nach KV 1140 JVKostG) Auslagenersatz für vom Notar genommene Einsicht in das Handelsregister; für den Ausdruck keine Dokumentenpauschale nach KV 32001 Nr. 1 GNotKG.

KV 32011 GNotKG (je Einsicht 8,00 Euro nach KV 1151 JVKostG) Auslagenersatz für vom Notar genommene Einsicht in das Grundbuch; für den Ausdruck keine Dokumentenpauschale nach KV 32001 Nr. 1 GNotKG.

KV 32014 GNotKG Umsatzsteuer auf die Kosten.

2. Unterschriftsbeglaubigung zur Anmeldung ohne Entwurfsfertigung durch Notar:

0,2-Beglaubigungsgebühr nach KV 25100, § 121 GNotKG aus Geschäftswert der Anmeldung für Unterschriftsbeglaubigung (beachte die spezifische Höchstgebühr mit 70 Euro bei KV 25100 GNotKG). Die Belehrung nach § 53 Abs. 2 BZRG wird von der Gebühr nicht erfasst. Fraglich ist, ob dann für die Belehrung eine 0,3-Beratungsgebühr nach KV 24202 GNotKG zu erheben ist (so *Diehn*, Notarkostenberechnungen, 4. Aufl. 2016, Rz. 1197) oder ob es sich um eine Entwurfsergänzung nach KV 24102 GNotKG handelt; der Geschäftswert richtet sich nach § 36 Abs. 1 GNotKG, wobei ein Teilwert von 10 bis 20% des Werts der Registeranmeldung angemessen sein dürfte.

Gesonderte 0,6-Vollzugsgebühr nach KV 22125 GNotKG, höchstens 250 Euro, für XML-Strukturdatei aus Geschäftswert der Anmeldung (§ 112 GNotKG); für die Übermittlung der XML-Datei fällt keine Dokumentenpauschale an.

Vollzugsgebühr nach KV 22124 GNotKG mit 20 Euro für Einreichung der Anmeldung beim Registergericht.

Für die *Beglaubigung von Abschriften* der Anmeldung und von beim Registergericht einzureichenden Dokumenten (z.B. Gesellschafterbeschluss) entsteht jeweils die 10-Euro-Mindestgebühr nach KV 25102 GNotKG (hier auch für die dem Gericht übermittelte Beglaubigung der Anmeldung, Umkehrschluss aus Abs. 2 der Anmerkung zu KV 25102 GNotKG). Nach § 12 Abs. 2 Satz 2 Halbs. 1 HGB ist die Beglaubigung von beim Registergericht einzureichenden Dokumenten in bestimmten Fällen (z.B. Beschluss über Bestellung des Geschäftsführers) nicht erforderlich, genügend wäre einfache elektronische Aufzeichnung (vgl. oben 1. Abs. 4).

Auslagen: für unbeglaubigte Kopien KV 32000 GNotKG Dokumentenpauschale – Papier (s/w) für die ersten 50 Seiten je Seite 0,50 Euro.

KV 32002 GNotKG Dokumentenpauschale – Daten (z.B. für Registeranmeldung, Beschluss Geschäftsführerbestellung, Vollmachten, Genehmigungen, sonstige Beilagen) je Datei 1,50 Euro (bis 3 Dateien), maximal jedoch 5 Euro (ab 4 Dateien), aber nicht weniger als nach KV 32000 GNotKG, also 0,50 Euro für die ersten 50 gescannten Seiten und 0,15 Euro für jede weitere gescannte Seite.

KV 32005 GNotKG Auslagenpauschale Post/Telekommunikation 20% der Gebühren des Verfahrens bzw. Geschäfts, höchstens 20 Euro, oder Einzelabrechnung nach KV 32004 GNotKG.

KV 32011 GNotKG (je Einsicht 4,50 Euro nach KV 1140 JVKostG) für vom Notar genommene Einsicht in das Handelsregister; für den Ausdruck keine Dokumentenpauschale nach KV 32001 Nr. 1 GNotKG.

KV 32014 GNotKG Umsatzsteuer auf die Kosten.

TEXT DER ANMELDUNG

M 96.1   Anmeldung der Bestellung eines GmbH-Geschäftsführers

Zum Geschäftsführer ist bestellt worden:

… (Name, Vorname, Geburtsdatum, Wohnort des neuen Geschäftsführers)

Vertretungsrecht:

__Abstrakt:__ Die Gesellschaft hat einen oder mehrere Geschäftsführer. Ist nur ein Geschäftsführer bestellt, so vertritt dieser die Gesellschaft allein. Sind mehrere Geschäftsführer bestellt, so wird die Gesellschaft durch zwei Geschäftsführer gemeinsam vertreten.

Der Umfang der Vertretungsbefugnis der Geschäftsführung ist gegenüber Dritten stets unbeschränkt.

__Konkret:__ Der neue Geschäftsführer vertritt die Gesellschaft wie folgt:

0 *Er ist stets allein vertretungsberechtigt.*

0 *Er vertritt die Gesellschaft in Gemeinschaft mit einem weiteren Geschäftsführer oder mit einem Prokuristen.*

Der neue Geschäftsführer … (Name) ist befugt, die Gesellschaft bei der Vornahme von Rechtsgeschäften mit sich selbst oder als Vertreter eines Dritten uneingeschränkt zu vertreten (Befreiung von den Beschränkungen des § 181 BGB).

Der Umfang der Vertretungsbefugnis der Geschäftsführung ist gegenüber Dritten stets unbeschränkt.

(__Oder alternativ:__ Der neue Geschäftsführer vertritt die Gesellschaft gemäß der im Gesellschaftsvertrag vorgesehenen Vertretungsbefugnis.)

Versicherungen: Wie bei A 91a (M 91a.1) zu a) bis c)

Bei wirtschaftlicher Neugründung außerdem Offenlegung und Versicherung entsprechend § 8 Abs. 2 GmbHG, vgl. A 101 (M 101.1).

Urkundenbeilagen:

Angeschlossen ist die einfache elektronische Abschrift des Protokolls der Gesellschafterversammlung über die Bestellung des Geschäftsführers (elektronisch beglaubigte Abschrift, wenn Unterschrift nicht sichtbar).

Der Notar machte den Geschäftsführer darauf aufmerksam, dass er (sofern nicht eine Amtspflicht des Notars besteht) jede Änderung im Gesellschafterbestand unverzüglich dem Handelsregister mitzuteilen hat, da er andernfalls den Gläubigern der Gesellschaft für den daraus entstandenen Schaden persönlich haftet (§ 40 GmbHG).

Die Geschäftsräume befinden sich unverändert in … (PLZ, Ort und Straße mit Hausnummer); dies ist auch die inländische Geschäftsanschrift i.S.v. § 10 Abs. 1 Satz 1 GmbHG. (Ggf. __zusätzlich:__ Empfangsberechtigte Person für Willenserklärungen und Zustellungen i.S.v. § 10 Abs. 2 Satz 2 GmbHG ist … (Name, Vorname, inländische postalische Adresse))

(Unterschriftsbeglaubigung wie bei A 161 (M 161.1) bzw. A 162 (M 162.1))

97. Abberufung eines Geschäftsführers durch Gesellschafter

HINWEISE | Die Abberufung ist mit dem Gesellschafterbeschluss sofort wirksam. Folgen für die Vertretung der Gesellschaft: B § 39 GmbHG Nr. 1. Bis zur Eintragung kann aber die Abberufung gutgläubigen Dritten nicht entgegengesetzt werden (§ 15 HGB); **Anmeldung** daher **eilbedürftig**!

Die Abberufung ist auch dann keine Änderung des Gesellschaftsvertrages, wenn der Geschäftsführer bei der Gründung im Gesellschaftsvertrag bzw. im Musterprotokoll bestellt worden ist (B § 6 GmbHG Nr. 1 und A 96).

Der Abzuberufende hat als Gesellschafter Stimmrechte, wenn der Vertrag nicht etwas anderes bestimmt. Ausnahme: Bei Abberufung aus wichtigem Grund ist der betroffene Gesellschafter vom Stimmrecht ausgeschlossen (siehe B § 47 GmbHG Nr. 4 und 5).

Zeitpunkt der Abberufung nicht eintragungsfähig (B § 39 GmbHG Nr. 9).

Abberufung kann rechtsmissbräuchlich sein, wenn der einzige Gesellschafter zugleich einziger Geschäftsführer ist (B § 39 GmbHG Nr. 7); zur Amtsniederlegung: A 99.

Anmeldung und Eintragung der Abberufung (oder Niederlegung, A 99) ist auch dann erforderlich, wenn die Bestellung noch nicht angemeldet und eingetragen war: B § 39 GmbHG Nr. 14 und Einl. Rz. 52 zur Erforderlichkeit der Voreintragung.

Austausch der Geschäftsführer kann ein Indiz sein für eine wirtschaftliche Neugründung, die gegenüber dem Registergericht offen zu legen ist. Die Vorschriften über die Kapitalaufbringung und den -erhalt werden entsprechend angewendet (vgl. A 101).

WER MUSS ANMELDEN | Geschäftsführer in vertretungsberechtigter Zahl; der abberufene Geschäftsführer kann nicht mitwirken; es sei denn, der Abberufungsbeschluss sieht die Beendigung des Geschäftsführeramtes zu einem späteren Zeitpunkt vor und die Anmeldung erfolgt vor Ablauf der Frist oder das Amt endet erst aufschiebend bedingt mit der Eintragung.

BEIZUFÜGENDE UNTERLAGEN | Gesellschafterbeschluss über die Abberufung in elektronisch beglaubigter Abschrift, wenn Unterschrift nicht sichtbar (vgl. B § 39 GmbHG Nr. 4).

KOSTEN BEIM GERICHT | Gebühr für die Eintragung dieser Tatsache 70 Euro (GVHR 2500); im Übrigen siehe A 96.

KOSTEN BEIM NOTAR | Wie bei A 96.

TEXT DER ANMELDUNG

M 97.1   Anmeldung der Abberufung eines GmbH-Geschäftsführers

Als Geschäftsführer ist … (Name, Vorname, Geburtsdatum, Wohnort des bisherigen Geschäftsführers) aus der Geschäftsführung ausgeschieden.

Angeschlossen ist die einfache elektronische Abschrift des Protokolls der Gesellschafterversammlung über die Bestellung des Geschäftsführers (elektronisch beglaubigte Abschrift, wenn Unterschrift nicht sichtbar).

Die Geschäftsräume befinden sich unverändert in ... (PLZ, Ort und Straße mit Hausnummer); dies ist auch die inländische Geschäftsanschrift i.S.v. § 10 Abs. 1 Satz 1 GmbHG. (Ggf. **zusätzlich:** *Empfangsberechtigte Person für Willenserklärungen und Zustellungen i.S.v. § 10 Abs. 2 Satz 2 GmbHG ist ... (Name, Vorname, inländische postalische Adresse))*

(Unterschriftsbeglaubigung wie bei A 161 (M 161.1) bzw. A 162 (M 162.1))

98. Änderung der Vertretungsbefugnis eines Geschäftsführers

HINWEISE | Eine Änderung der Vertretungsbefugnis von Geschäftsführern ist aufgrund eines einfachen, nicht satzungsändernden Gesellschafterbeschlusses nur möglich, wenn der Gesellschaftsvertrag die Gesellschafterversammlung zu solchen Entscheidungen ermächtigt (B § 35 GmbHG Nr. 1) oder wenn sich die Änderung zwangsläufig aus der Bestellung oder Abberufung eines Geschäftsführers ergibt (z.B. B § 39 GmbHG Nr. 1; Vertretungsbefugnis des einzigen Geschäftsführers wandelt sich bei Bestellung weiterer Geschäftsführer in Gesamtvertretungsbefugnis um). Das gilt auch bei der Bestellung eines zweiten Geschäftsführers einer im vereinfachten Verfahren anhand des Musterprotokolls nach § 2 Abs. 1a GmbHG gegründeten GmbH (A 96). Für die Erteilung von Alleinvertretungsbefugnis an einen oder beide Geschäftsführer ist zunächst der Gesellschaftsvertrag gemäß § 53 GmbHG zu ändern (siehe A 111).

Namensänderungen können nach § 17 HRV von Amts wegen im Handelsregister berichtigt werden (siehe B §§ 106, 107 HGB Nr. 1). Ob das auch bei Wohnortänderungen eines Geschäftsführers gilt, ist fraglich, weil der Wohnort frei wählbar ist, so dass die Rechtsprechung zu Änderungen der Komplementär-GmbH nicht entsprechend anwendbar ist (vgl. B § 24 FamFG).

Befreiung eines Geschäftsführers von den Beschränkungen des § 181 BGB (Verbot von Selbstkontrahieren und Mehrfachvertretung) setzt wie die Erteilung von Einzelvertretungsbefugnis eine Grundlage im Gesellschaftsvertrag voraus (siehe Hinweise bei A 96 und B § 181 BGB Nr. 4).

WER MUSS ANMELDEN | Geschäftsführer in der zur Vertretung erforderlichen Zahl.

BEIZUFÜGENDE UNTERLAGEN | Gesellschafterbeschluss über die eingetretene Veränderung (siehe Hinweis) in elektronisch beglaubigter Abschrift, wenn Unterschrift nicht sichtbar (vgl. B § 39 GmbHG Nr. 4).

KOSTEN BEIM GERICHT | Gebühr für die Eintragung der Tatsache des veränderten Vertretungsrechts 70 Euro (GVHR 2500). Wird bei mehreren Geschäftsführern das Vertretungsrecht geändert und gehen die Anmeldungen am gleichen Tage beim Registergericht ein, dann Gebühr für jede weitere Eintragung aufgrund derselben Anmeldung 40 Euro (GVHR 2501). Handelt es sich um Eintragung einer Änderung des Namens oder Wohnorts eines Geschäftsführers, dann Tatsacheneintragung ohne wirtschaftliche Bedeutung mit Gebühr von 30 Euro (GVHR 2502).

KOSTEN BEIM NOTAR | Geschäftswert: 1% des eingetragenen Stammkapitals, mindestens 30 000 Euro und höchstens 1 Million Euro (§ 105 Abs. 4 Nr. 1, § 106 GNotKG). Wird das Vertretungsrecht mehrerer Geschäftsführer geändert, dann ist jede einzelne Änderung mit dem Geschäftswert nach § 105 Abs. 4 Nr. 1 GNotKG zu bewerten und zu addieren (§ 35 Abs. 1, § 86 Abs. 2 GNotKG), beachte die Höchstgeschäftswertbestimmung mit 1 Million Euro (§ 106 GNotKG).

Bei vereinfachter Gründung nach § 2 Abs. 1a GmbHG gilt das Kostenprivileg des § 105 Abs. 6 GNotKG nicht für die Veränderung des Vertretungsrechts, da keine Satzungsänderung; erfolgt Satzungsänderung wegen eines geänderten Vertretungsrechts, siehe A 111. Für Namensänderungen und Wohnortänderungen des Geschäftsführers gilt § 105 Abs. 6 GNotKG mit Festgeschäftswert von 5000 Euro; beachte aber die Mindestgebühr von 30 Euro bei KV 21201 Nr. 5 bzw. 24102 GNotKG bzw. 20 Euro bei KV 25100 GNotKG. Im Übrigen Gebühren und Auslagen wie bei A 96.

TEXT DER ANMELDUNG

M 98.1　Anmeldung der geänderten Vertretungsbefugnis eines GmbH-Geschäftsführers

Der Geschäftsführer … (Name, Vorname, Geburtsdatum, Wohnort) ist jetzt stets allein vertretungsberechtigt. Der Umfang der Vertretungsbefugnis der Geschäftsführung ist gegenüber Dritten stets unbeschränkt.

oder:

Der Geschäftsführer … (Name, Vorname, Geburtsdatum, Wohnort) ist befugt, die Gesellschaft bei der Vornahme von Rechtsgeschäften mit sich selbst oder als Vertreter eines Dritten uneingeschränkt zu vertreten (Befreiung von den Beschränkungen des § 181 BGB). Der Umfang der Vertretungsbefugnis der Geschäftsführung ist gegenüber Dritten stets unbeschränkt.

Jeweils: *Angeschlossen ist die einfache elektronische Abschrift des Protokolls der Gesellschafterversammlung über die Bestellung des Geschäftsführers (elektronisch beglaubigte Abschrift, wenn Unterschrift nicht sichtbar; B § 12 Abs. 2 HGB Nr. 3).*

Die Geschäftsräume befinden sich unverändert in … (PLZ, Ort und Straße mit Hausnummer); dies ist auch die inländische Geschäftsanschrift i.S.v. § 10 Abs. 1 Satz 1 GmbHG. (Ggf. ***zusätzlich:*** *Empfangsberechtigte Person für Willenserklärungen und Zustellungen i.S.v. § 10 Abs. 2 Satz 2 GmbHG ist … (Name, Vorname, inländische postalische Adresse))*

(Unterschriftsbeglaubigung wie bei A 161 (M 161.1) bzw. A 162 (M 162.1))

99. Amtsniederlegung/Kündigung/Tod eines Geschäftsführers

HINWEISE | Kündigung und Amtsniederlegung sind grundsätzlich gegenüber der Gesellschaft zu erklären. Empfänger der einseitigen Willenserklärung sind die Gesellschafter, weil sie auch den Geschäftsführer nach § 46 Nr. 4 GmbHG bestellen; Abgabe der Erklärung gegenüber einem Gesellschafter genügt auch, wenn Benachrichtigung der anderen Gesellschafter unterbleibt (BGH v. 17.9.2001 – II ZR 378/99, DNotZ 2002, 302 = GmbHR 2002, 26). Abgabe der Erklärung gegenüber einem Geschäftsführer reicht nur dann, wenn dieser zugleich Gesellschafter ist (OLG Düsseldorf v. 3.6.2005 – 3 Wx 118/05, GmbHR 2005 932 = MittBayNot 2006, 166). Amtsniederlegung des Geschäftsführers ist grundsätzlich mit sofortiger Wirkung zulässig und sofort wirksam, auch wenn die Niederlegung nicht auf einen wichtigen Grund gestützt wird (B § 39 GmbHG Nr. 5 und 6).

Amtsniederlegung durch den einzigen Geschäftsführer, der zugleich alleiniger Gesellschafter ist, kann missbräuchlich sein, was das Registergericht berechtigt, die Eintragung zu verweigern (B § 39 GmbHG Nr. 7 und Nr. 15 zur Abberufung). Fortsetzung dieser Registerpraxis bleibt bestehen trotz der Möglichkeit, bei Führungslosigkeit an Gesellschafter zuzustellen (§ 35 Abs. 1 Satz 2 GmbHG). Vgl. zur rechtsmissbräuchlichen Abberufung A 97.

Zeitpunkt des Erlöschens der Vertretungsbefugnis ist nicht eintragungsfähig (B § 39 GmbHG Nr. 7); Zeitpunkt ergibt sich aus der Einsicht in die Dokumente, die hierzu nach § 39 Abs. 2 GmbHG im Registerordner gemäß § 9 HGB hinterlegt werden.

Zugang des Niederlegungsschreibens ist nachzuweisen (OLG Düsseldorf v. 10.8.2004 – I-3 Wx 177/04, GmbHR 2004, 1532; OLG Frankfurt/M v. 19.7.2006 – 20 W 229/06, GmbHR 2006, 1151).

WER MUSS ANMELDEN | Geschäftsführer in der zur Vertretung erforderlichen Zahl; der ausgeschiedene Geschäftsführer kann nur dann mitwirken, wenn er sein Amt aufschiebend bedingt zum Eingang der Anmeldung und Eintragung der Tatsache in das Handelsregister niederlegt (B § 39 GmbHG Nr. 8).

BEIZUFÜGENDE UNTERLAGEN | die Urkunden über die eingetretene Veränderung in elektronisch beglaubigter Abschrift, wenn Unterschrift nicht sichtbar (vgl. B § 39 GmbHG Nr. 4).

KOSTEN BEIM GERICHT | Gebühr für die Eintragung der Tatsache des Ausscheidens des Geschäftsführers 70 Euro (GVHR 2500). Scheiden mehrere Geschäftsführer aus und gehen die Anmeldungen am gleichen Tage beim Registergericht ein, dann Gebühr für jede weitere Eintragung aufgrund derselben Anmeldung 40 Euro (GVHR 2501).

KOSTEN BEIM NOTAR | Geschäftswert: 1% des eingetragenen Stammkapitals, mindestens 30 000 Euro und höchstens 1 Million Euro (§ 105 Abs. 4 Nr. 1, § 106 GNotKG). Scheiden mehrere Geschäftsführer aus, dann ist jeder einzelne Vorgang mit dem Geschäftswert nach § 105 Abs. 4 Nr. 1 GNotKG zu bewerten und zu addieren (§ 35 Abs. 1, § 86 Abs. 2 GNotKG; § 109 Abs. 2 Satz 1 Nr. 4 GNotKG gilt nur für Beschlüsse, nicht aber für Registeranmeldungen), beachte die Höchstgeschäftswertbestimmung mit 1 Million Euro (§ 106 GNotKG).

Bei vereinfachter Gründung nach § 2 Abs. 1a GmbHG gilt das Kostenprivileg des § 105 Abs. 6 GNotKG nicht für das Ausscheiden eines Geschäftsführers, da keine Satzungsänderung. Gebühren und Auslagen wie bei A 96.

TEXT DER ANMELDUNG

M 99.1   Anmeldung der Niederlegung des Amtes als GmbH-Geschäftsführer

Als Geschäftsführer ist ... (Familienname, Vorname, Geburtsdatum, Wohnort des bisherigen Geschäftsführers) aus der Geschäftsführung ausgeschieden.

Angeschlossen ist, jeweils in elektronisch beglaubigter Abschrift (wenn Unterschrift nicht sichtbar):

0   Schreiben des ausgeschiedenen Geschäftsführers an die Gesellschaft wegen der Niederlegung des Amtes nebst Nachweis des Zugangs gemäß obiger Hinweise.

0   Schreiben des ausgeschiedenen Geschäftsführers an die Gesellschaft wegen der Kündigung seines Amtes nebst Nachweis des Zugangs

0   Sterbeurkunde des ausgeschiedenen Geschäftsführers

*Die Geschäftsräume befinden sich unverändert in ... (PLZ, Ort und Straße mit Hausnummer); dies ist auch die inländische Geschäftsanschrift i.S.v. § 10 Abs. 1 Satz 1 GmbHG. (Ggf. **zusätzlich:** Empfangsberechtigte Person für Willenserklärungen und Zustellungen i.S.v. § 10 Abs. 2 Satz 2 GmbHG ist ... (Name, Vorname, inländische postalische Adresse))*

(Unterschriftsbeglaubigung wie bei A 161 (M 161.1) bzw. A 162 (M 162.1))

oder:

Der Unterzeichner hat sein Amt unter der aufschiebenden Bedingung der Eintragung in das Handelsregister niedergelegt und scheidet somit aus der Geschäftsführung aus.

Angeschlossen ist (wenn ohne Unterschrift oder diese nicht sichtbar):

– *elektronisch beglaubigte Abschrift des Niederlegungsschreibens an die Gesellschaft mit Empfangsbescheinigung oder*

– *elektronisch beglaubigte Abschrift des postalischen Rückscheins bei Einschreiben mit Rückschein oder elektronisch beglaubigte Abschrift des Datenauszugs bei einem „Einwurf-Einschreiben" oder*

– *elektronisch beglaubigte Abschrift des Protokolls über die Gesellschafterversammlung vom ... (Datum) (bei Amtsniederlegung in einer Gesellschafterversammlung)*

(Unterschriftsbeglaubigung wie bei A 161 (M 161.1) bzw. A 162 (M 162.1))

100. Änderung in der Zusammensetzung eines Aufsichtsrats

HINWEISE | Die Bekanntmachungs- und Einreichungspflicht gilt auch dann, wenn das Gesellschaftsorgan als Verwaltungsrat oder Beirat bezeichnet ist, seine Aufgabe aber vorwiegend in der Bestellung, Abberufung und Überwachung der Geschäftsführung besteht.

WAS IST ZU VERANLASSEN | Bei Änderungen in den Personen der Aufsichtsratsmitglieder haben die Geschäftsführer unverzüglich eine Liste mit Namen, Vornamen, ausgeübtem Beruf und Wohnort zum Handelsregister einzureichen (wegen Inhalt vgl. A 182).

Das Registergericht macht den Hinweis bekannt, dass eine solche Liste eingereicht worden ist (§ 52 Abs. 2 GmbHG).

EINZUREICHENDE UNTERLAGEN | Siehe oben.

KOSTEN BEIM GERICHT | Gebühr für Entgegennahme der Liste der Mitglieder des Aufsichtsrats 40 Euro (GVHR 5003).

KOSTEN BEIM NOTAR | Keine. Entwirft allerdings der Notar im Auftrag der Geschäftsführung die (vollständige) Liste der Aufsichtsratsmitglieder, fällt hierfür eine 1,0-Entwurfsgebühr nach KV 24101, 21200, §§ 119, 92 Abs. 2, § 36 Abs. 1 GNotKG aus Teilwert von etwa 20% des Geschäftswerts einer fiktiven Registeranmeldung der Aufsichtsratsmitglieder (§ 105 Abs. 4 Nr. 1 GNotKG) an; alternativ wäre denkbar ein Wert von 10–20% des Stammkapitals; wohl zu niedrig wäre der Auffangwert des § 36 Abs. 3 GNotKG (5 000 Euro). Die Erstellung der Liste der Aufsichtsratsmitglieder ist nicht Bestandteil der enumerativen Aufzählungen in Abs. 1 Satz 2 der Vorbem. 2.2.1.1 KV GNotKG, so dass keine Vollzugsgebühr ausgelöst wird.

101. Wirtschaftliche Neugründung einer GmbH

HINWEISE | Der BGH hat die **Haftung der Gesellschafter** nach Eintragung der GmbH ausgedehnt auf die Pflicht zum Ausgleich einer Unterbilanz für den Fall der wirtschaftlichen Neugründung: Ist die GmbH zurzeit nicht wirtschaftlich aktiv (eine leere Hülse) und wird nun erstmalig oder erneut mit einen Unternehmen ausgestattet, dann genießen die Gläubiger denselben Schutz wie bei der rechtlichen Gründung der GmbH. Soweit durch die Geschäftsaufnahme das satzungsmäßige Kapital geschmälert wird, schulden die Gesellschafter der GmbH den Ausgleich der Differenz. Der Anspruch aus Unterbilanz steht neben dem Anspruch auf Einlageleistung (B § 11 Abs. 2 GmbHG Nr. 4). Zwei typische Fallgruppen sind zu unterscheiden:

a) Verwendung einer **Vorrats-GmbH**: Die bislang unternehmenslose GmbH wird als Rechtsträger erstmalig mit einem Unternehmen ausgestattet und der Geschäftsbetrieb aufgenommen (B § 11 Abs. 2 GmbHG Nr. 1).

b) Verwendung eines **unternehmenslosen GmbH-Mantels**: Der Geschäftsbetrieb der GmbH ist eingestellt, ohne dass die Gesellschaft liquidiert wird; die Gesellschafter oder die Erwerber der Geschäftsanteile reaktivieren den unternehmenslosen Mantel (B § 11 Abs. 2 GmbHG Nr. 2).

Folgende Vorgänge sind einzeln oder kumulativ im zeitlichen Zusammenhang mit der Abtretung der Geschäftsanteile typische **Indizien** für eine wirtschaftliche Neugründung: Änderung der Firma und des Unternehmensgegenstandes, Austausch der Geschäftsführer, Sitzverlegung. Bei a) ist die wirtschaftliche Aktivierung offensichtlich, weil sie regelmäßig zusammen mit typischen Änderungen und Anmeldungen erfolgt. Bei b) ist die wirtschaftliche Reaktivierung nicht leicht zu erkennen, insbesondere dann, wenn Abtretungen isoliert von typischen Änderungen und Anmeldungen vorgenommen werden. Zudem kann eine wirtschaftliche Neugründung auch ohne Abtretung der Geschäftsanteile vorliegen; ausreichend ist, dass die GmbH von ihren Gesellschaftern zu einem anderen Zweck verwendet wird als im statutarischen Unternehmensgegenstand festgelegt. Ferner ist im Einzelfall schwierig festzustellen, wann eine wirtschaftliche Neugründung vorliegt oder eine nicht offen zu legende Umstrukturierung oder Sanierung eines noch nicht vollständig eingestellten Unternehmens (B § 11 Abs. 2 GmbHG Nr. 3; *Bärwaldt*, GmbHR 2004, 50, 350; *K. Schmidt*, NJW 2004, 1345; *Melchior*, notar 2011, 61 und *Apfelbaum*, notar 2011, 279).

Auf die wirtschaftliche Neugründung werden die **Vorschriften über die Kapitalaufbringung und den -erhalt entsprechend** angewendet. Die Unterbilanzhaftung wird der Höhe nach beschränkt durch Offenlegung (z.B. durch Anmeldung typischen Änderungen) oder durch Aufnahme der wirtschaftlichen Tätigkeit, wenn sie nach außen in Erscheinung tritt (B § 11 Abs. 2 GmbHG Nr. 4). Werden die Geschäfte aufgenommen, ohne dass alle Gesellschafter dem zugestimmt haben, führt das zur Handelndenhaftung (B § 11 Abs. 2 GmbHG Nr. 2).

Die Gesellschaft trägt unabhängig von der Festsetzung im Gesellschaftsvertrag die betrieblich veranlassten Kosten der wirtschaftlichen Neugründung (z.B. Änderung der Satzung, Geschäftsführerwechsel; nicht aber Abtretung der Geschäftsanteile). Nicht geklärt ist, ob eine Klausel über die Kosten der rechtlichen (Erst-) Gründung sich auf die Kosten der wirtschaftlichen Neugründung erstreckt und ob eine ausdrückliche Klausel, die das differenziert und anordnet, zulässig ist. Bejahend für den Fall einer Vorrats-Gesellschaft: B § 26 AktG; Übersicht *Wachter*, GmbHR 2016, 796.

Die Grundsätze der wirtschaftlichen Neugründung finden auch Anwendung bei aufgelösten GmbHs (B § 11 Abs. 2 GmbHG Nr. 2). Weitere Voraussetzung ist dabei aber die Fortsetzungsfähigkeit. Diese ist nicht gegeben, wenn die Eröffnung des Insolvenzverfahrens mangels Masse abgelehnt worden ist (§ 60 Abs. 1 Nr. 5 GmbHG), oder das Insolvenzverfahren beendet ist (vgl. B § 60 Abs. 1 GmbHG). Schwierig ist die Abgrenzung des Sachverhalts zwischen (zulässiger) Umstrukturierung eines Unternehmens (z.B. zwecks Sanierung) und der (unzulässigen) Reaktivierung fast beendeter Gesellschaften.

Aus Sicht der Notare kann es bei Abtretungen und umfassenden Änderungen der GmbH nach § 17 Abs. 1 BeurkG angezeigt sein, die Beteiligten auf das **Risiko der Handelndenhaftung** hinzuweisen, wenn die GmbH wirtschaftlich nicht oder nicht mehr aktiv ist. Das setzt wiederum voraus, dass überhaupt die Frage nach der wirtschaftlichen Aktivität gestellt wird. Fehlende oder veraltete Jahresabschlüsse – frei zugänglich über das Unternehmensregister –, keinerlei Aktiva oder keine Umsätze sind deutliche Indizien für die Annahme einer „leeren Hülse".

Entsprechendes gilt für die Firmenbestattung: A 119.

WER MUSS EINREICHEN | Alle Geschäftsführer, keine Vertretung zulässig.

BEIZUFÜGENDE UNTERLAGEN | Die Offenlegung der wirtschaftlichen Neugründung mit der Versicherung über Kapitalaufbringung und -erhalt ist selbst kein Anmeldetatbestand. Sie kann zusammen mit der Anmeldung typischer Veränderungen oder aus Anlass der Einreichung einer Gesellschafterliste nach § 40 Abs. 2 GmbHG erfolgen oder wird isoliert zur Aufnahme in den Registerordner (§ 9 HGB, § 9 HRV) eingereicht.

KOSTEN BEIM GERICHT | Für Entgegennahme der Offenlegungserklärung gibt es keinen unmittelbaren Gebührentatbestand; die Offenlegung ist nicht als Anmeldung zum

Handelsregister anzusehen. Meistens kommt es jedoch zur Eintragung der Abberufung und Neubestellung der Geschäftsführer, zu einer Änderung eingetragener Angaben wie der Firma, des Sitzes, des Unternehmensgegenstandes; für erste Registertatsache Gebühr 70 Euro (GVHR 2500), für jede weitere Tatsache jeweils 40 Euro (GBHR 2501), für Änderung der inländischen Geschäftsanschrift – ohne gleichzeitige Sitzverlegung – angemeldet, dann Gebühr 30 Euro (GVHR 2502), da der Gesetzgeber bei § 105 Abs. 5 GNotKG wohl von einer Tatsache ohne wirtschaftliche Bedeutung ausgeht (ebenso OLG Köln v. 12.8.2015 – 2 Wx 195/15, Rpfleger 2016, 124; OLG München v. 9.8.2016 – 31 Wx 188/16, Rpfleger 2017, 51).

Gebühr für Entgegennahme der ggf. geänderten Liste der Gesellschafter 30 Euro (GVHR 5002).

KOSTEN BEIM NOTAR | Anmeldung ohne bestimmten Geldbetrag und gegenstandsverschieden i.S.v. § 111 Nr. 3 GNotKG sind Offenlegung der wirtschaftlichen Neugründung/Aktivierung der Vorratsgesellschaft, Abberufung eines Geschäftsführers, Neubestellung der Geschäftsführer, Satzungsänderungen und Änderung der inländischen Geschäftsanschrift, neue Anmeldeversicherung nach § 8 Abs. 2 GmbHG; GW für jeden Vorgang (außer Änderung der Geschäftsanschrift = GW 5000 Euro) jeweils 1% des eingetragenen Stammkapitals, jeweils mindestens 30 000 Euro, höchstens 1 Million Euro (§ 105 Abs. 4 Nr. 1, § 106 GNotKG). Bei Zusammenfassung in einer Registeranmeldung Geschäftswerteaddition nach § 35 Abs. 1, § 86 Abs. 2 GNotKG mit Höchstgeschäftswert 1 Million Euro (§ 106 GNotKG). Die Versicherungen des Geschäftsführers und seine Belehrung nach § 53 Abs. 2 BZRG sind Teil der Anmeldung des Geschäftsführers und nicht gesondert zu bewerten (notwendiger Erklärungsinhalt, gegenstandsgleich i.S.v. § 111 Nr. 3 GNotKG). Die Änderung mehrerer Bestimmungen der Satzung wird als ein Anmeldungsgegenstand betrachtet, allerdings nur insoweit, als keine gesonderte Anmeldepflicht besteht (eine solche besteht nach § 10 GmbHG bei einer Änderung der Firma, des Sitzes und der Zeitdauer der Gesellschaft, des Gegenstandes des Unternehmens, der – abstrakten – Vertretungsbefugnis der Geschäftsführung). Satzungsänderungen im Übrigen sind nur insgesamt eine Tatsache. Die Anmeldung einer Sitzverlegung und die Anmeldung der Änderung der Geschäftsanschrift bilden keine notwendige Erklärungseinheit (wegen Möglichkeit des Auseinanderfallens von Satzungssitz und Verwaltungssitz).

Gebühren und Auslagen für Registeranmeldung wie bei A 91a.

0,3-Vollzugsgebühr (KV 22113, 22111 GNotKG, höchstens 250 Euro), wenn der Notar auftragsgemäß lediglich die Gesellschafterliste fertigt, aus Geschäftswert der Anmeldung (Geschäftswert für Offenlegung, Abberufung und Neuberufung eines Geschäftsführers sowie Satzungsänderung, § 105 Abs. 1 Satz 2, Abs. 4 Nr. 1 GNotKG, mindestens je angemeldete Tatsache 30 000 Euro, § 112 GNotKG).

0,3-Vollzugsgebühr bei darüber hinausgehender Vollzugstätigkeit (KV 22111 GNotKG).

Gesonderte 0,3-Vollzugsgebühr (KV 22114 GNotKG, höchstens 250 Euro) für Erstellung der XML-Strukturdatei aus Geschäftswert der Anmeldung (§ 112 GNotKG); für die Übermittlung der XML-Datei fällt keine Dokumentenpauschale an.

Die Notarbescheinigung (Satzungsbescheinigung) nach § 54 GmbHG und die Zusammenstellung des Wortlauts des neuen Gesellschaftsvertrags gelten als gebührenfreie Nebengeschäfte (KV Vorbem. 2.1 Abs. 2 Nr. 4 GNotKG), allerdings nur für den Notar, der den satzungsändernden Beschluss beurkundet hat (KV Vorbem. 2.1 Abs. 2 Nr. 4 GNotKG), andernfalls 1,0-Gebühr nach KV 25104 GNotKG aus Teilwert je nach Arbeits-/Prüfungsaufwand von 10 bis 50%, meistens 30% des Geschäftswerts der Anmeldung (§ 113 GNotKG). Für die Satzungszusammenstellung ist die Dokumentenpauschale nach KV 32001 Nr. 1 GNotKG zu berechnen.

Für anfallende Ausdrucke und Kopien des Gesellschaftsvertrags samt Notarbescheinigung entsteht die Dokumentenpauschale KV 32000 GNotKG.

TEXT DER OFFENLEGUNG

M 101.1   Offenlegung der wirtschaftlichen Neugründung einer GmbH

a) Bei wirtschaftlicher Neugründung durch Verwendung einer Vorrats-GmbH und Volleinzahlung:

Die wirtschaftliche Neugründung der Gesellschaft wird hiermit offen gelegt. Die Gesellschaft hat bislang keine Geschäftstätigkeit aufgenommen.

(Alternativ: Mit dem Erwerb der Geschäftsanteile der Vorrats-GmbH liegt eine wirtschaftliche Neugründung vor. Die Gesellschaft ist erst ab Eingang der Anmeldung beim Registergericht wirtschaftlich tätig.)

Nach Belehrung durch den Notar über die Strafbarkeit einer falschen Versicherung versichert der Geschäftsführer (bei mehreren jeder für sich), dass

a) die ursprünglichen Gesellschafter … (Namen) ihre Geschäftsanteile vollständig, und zwar insgesamt … (Betrag) bewirkt haben,

b) der Gegenstand der Leistungen sich weiterhin endgültig in der freien Verfügung des Geschäftsführers befindet,

c) das Vermögen der Gesellschaft – abgesehen von dem bei Gründung im Gesellschaftsvertrag festgesetzten Aufwand (Kosten, Gebühren, Steuern) – durch keinerlei Verbindlichkeiten vorbelastet oder gar aufgezehrt ist und nicht an die Einleger zurückgezahlt worden ist.

b) Bei wirtschaftlicher Neugründung durch Verwertung eines unternehmenslosen GmbH-Mantels:

Die wirtschaftliche Neugründung der Gesellschaft wird hiermit offen gelegt. Die Gesellschaft hat bislang keine neue Geschäftstätigkeit aufgenommen.

(Alternativ: Mit dem Erwerb der Geschäftsanteile der GmbH liegt eine wirtschaftliche Neugründung vor. Die Gesellschaft ist erst wieder ab Eingang der Anmeldung beim Registergericht wirtschaftlich tätig.)

Nach Belehrung durch den Notar über die Strafbarkeit einer falschen Versicherung versichert der Geschäftsführer (bei mehreren jeder für sich), dass

a) die ursprünglichen Gesellschafter … (Namen) ihre Geschäftsanteile vollständig, und zwar insgesamt … (Betrag) bewirkt haben,

b) die Gesellschaft zum heutigen Tag mindestens ein Gesellschaftsvermögen in Höhe der Stammkapitalziffer besitzt, das sich in der freien Verfügung des Geschäftsführers befindet, das Gesellschaftsvermögen nicht mit Verbindlichkeiten vorbelastet ist, die den Wert unter das Stammkapital herabsetzen und nicht an die Einleger zurückgezahlt worden ist.

Jeweils: Ggf. wird angeschlossen mit der Offenlegung vorgelegt urkundlicher Nachweis über das Gesellschaftsvermögen (z.B. Kontoauszug, Zwischenbilanz, Bestätigung eines Wirtschaftsprüfers o.Ä.) und die Liste der Gesellschafter. Ferner ggf. Anmeldung typischer Änderungen und ggf. Gesellschafterliste nach § 40 Abs. 2 GmbHG, wobei Offenlegung der wirtschaftlichen Neugründung und Versicherung über den Vermögensstatus alleinige Aufgabe der Geschäftsführer ist.

(Unterschriftsbeglaubigung wie bei A 161 (M 161.1) bzw. A 162 (M 162.1))

102. Ausscheiden oder Eintritt eines Gesellschafters (Abtretung u.a.)

HINWEISE | Gesellschafterwechsel im Gründungsstadium siehe A 94.

Ausscheiden eines Gesellschafter nach Eintragung der GmbH: u.a. durch Tod (Nr. 106), Ausschluss (§ 21 GmbHG), Versteigerung (§ 23 GmbHG), Einziehung des Geschäftsanteils (Nr. 104) und Abtretung (§ 15 Abs. 3 GmbHG). Bei Umwandlung und Anwachsung ändert sich die Person des GmbH-Gesellschafters durch Gesamtrechtsnachfolge bzw. Formwechsel des Rechtsträgers. Ferner z.B. auch die Vereinbarung von Gütergemeinschaft bei einem Gesellschafter.

Der **Eintritt** eines neuen Gesellschafters ist möglich durch Abtretung eines Geschäftsanteils oder eines Teils davon durch einen bisherigen Gesellschafter oder durch Kapitalerhöhung gegen Einlagen (Nr. 108). Ferner durch Erbfall und Umwandlung (siehe oben).

Vollmacht zur **Abtretung** formfrei wirksam; anders bei einer Blankovollmacht. Zustimmung des Familiengerichts bei Erwerb durch Minderjährigen: B § 1822 BGB und Einl. Rz. 22 ff.

Beurkundung der Abtretung im Ausland: B § 15 GmbHG Nr. 1.

Zustimmungspflicht der Gesellschaft oder aller Gesellschafter zur Abtretung nur bei entsprechender Regelung im Gesellschaftsvertrag (§ 15 Abs. 5 GmbHG). Derartige Vinkulierungsklauseln sind objektive Wirksamkeitsvoraussetzung für die Abtretung.

Übernimmt der eintretende Gesellschafter durch Abtretung sämtliche Geschäftsanteile und bringt er anschließend in die Gesellschaft ein Unternehmen ein (wirtschaftliche Neugründung), dann ist der Vorgang gegenüber dem Registergericht offenzulegen (siehe hierzu A 101).

Jede Art des Ausscheidens oder Eintritts stellt eine Veränderung i.S.v. § 40 Abs. 1 Satz 1 GmbHG dar, so dass entweder Geschäftsführer oder Notar eine berichtigte **Gesellschafterliste** beim Registergericht zur Aufnahme in den Registerordner einzureichen haben (hierzu A 103, wegen des Inhalts vgl. A 177, A 178).

WER MUSS EINREICHEN | Siehe A 103.

BEIZUFÜGENDE UNTERLAGEN | Siehe A 103.

KOSTEN BEIM GERICHT | Gebühr für Entgegennahme der einzureichenden Liste nach § 40 GmbHG 30 Euro (GVHR 5002).

KOSTEN BEIM NOTAR | Wie bei A 103.

TEXT DER EINZUREICHENDEN GESELLSCHAFTERLISTE | Siehe A 103 (M 103.1), A 177 (M 177.1), A 178 (M 178.1).

---

103. Änderung bei Gesellschaftern oder im Geschäftsanteil: Gesellschafterliste

HINWEISE | Die **Gesellschafterliste** ist die förmliche **Legitimationsbasis** für die Ausübung der Gesellschafterrechte. Der materiell-rechtliche Inhaber eines Geschäftsanteils kann seine Rechte gegenüber der Gesellschaft (z.B. das Stimmrecht) nach § 16 Abs. 1 Satz 1 GmbHG nur dann ausüben, wenn der Inhaber mit seinem Geschäftsanteil in einer Gesellschafterliste steht, die nach § 9 HGB, § 9 HRV in den Registerordner des Handelsregisters aufgenommen ist (B § 16 Abs. 1 GmbHG). Rechtshandlungen eines Erwerbers eines Geschäftsanteils gelten nach § 16 Abs. 1 Satz 2 GmbHG als wirksam, wenn die aktuelle Gesellschafterliste unverzüglich in den Registerordner aufgenommen wird. Deshalb sollte eine neue Gesellschafterliste nach Möglichkeit nicht zusammen mit einer Anmeldung eingereicht werden. Zudem bildet die Gesellschafterliste nach § 16 Abs. 3 GmbHG die Grundlage für einen gutgläubigen Erwerb, und zwar nur in Bezug auf die Inhaberschaft, nicht in Bezug auf die Verfügungsbefugnis (B § 40 GmbHG Nr. 2).

Der **gutgläubige Erwerb** eines GmbH-Anteils oder eines Rechts daran von einem Nichtberechtigten scheidet auch vor Ablauf von drei Jahren und ohne zurechenbaren Rechtsschein nach § 16 Abs. 3 Satz 3 GmbHG aus, wenn dem Erwerber die mangelnde Berechtigung bekannt oder infolge grober Fahrlässigkeit unbekannt ist oder der Gesellschafterliste ein **Widerspruch** zugeordnet ist. Die Zuordnung, infolge der die Gesellschafterliste nicht mehr isoliert einsehbar ist (§ 9 Abs. 1 Satz 3 HRV), erfolgt aufgrund einer einstweiligen Verfügung oder aufgrund einer Bewilligung desjenigen, gegen dessen Berechtigung sich der Widerspruch richtet. Die Wirkungen der Zuordnung sollen durch eine entsprechende Löschungsbewilligung beseitigt werden können (B § 16 Abs. 3 GmbHG).

Wegen der Legitimationswirkung der Gesellschafterliste sollte vor der Beurkundung von Abtretungen und von Gesellschafterbeschlüssen Wert darauf gelegt werden, dass die Urkundsbeteiligten in der im Registerordner aufgenommenen Liste stehen, auch berichtigend bei Alt-GmbH (OLG München v. 30.1.2012 – 31 Wx 493/11, GmbHR 2012, 398 = DNotZ 2012, 475 = Rpfleger 2012, 264). Keine Löschung einer Gesellschafterliste analog § 395 FamFG (B § 16 Abs. 3 GmbHG Nr. 2).

Die Gesellschafterliste ist zu berichtigen, wenn es **Veränderungen** in den Personen der Gesellschafter oder des Umfangs ihrer Beteiligung gibt (§ 40 Abs. 1 Satz 1 GmbHG). Veränderungen in den Personen sind u.a. Ausscheiden und Eintritt (siehe A 102, A 177, A 178), Einziehung, Teilung, Zusammenlegung (A 104), Kapitalmaßnahmen (A 108 - A 110, A 179), Änderung von Namen und Wohnort bzw. Firma, Sitz und Registerbehörde. Veränderungen im Umfang der Beteiligung sind Teilung und Zusammenlegung (A 104, A 177, A 178). Beschränkung der Verfügungsbefugnis ist keine Veränderung, die in der Gesellschafterliste aufzuführen ist (im Fall der aufschiebend bedingten Abtretung vor Eintritt der Bedingung: B § 40 GmbHG Nr. 1). Auch nicht Verpfändung, aber Sicherungsübertragung (A 107). Kein Vermerk in der Gesellschafterliste über Testamentsvollstreckung (B § 2205 BGB Nr. 2).

Geschäftsanteile sind fortlaufend zu nummerieren (vgl. *Mayer*, DNotZ 2008, 403); Gliederungen und Veränderungsspalte sind zulässig (Thür. OLG v. 22.3.2010 – 6 W 110/10, GmbHR 2010, 598 = DNotZ 2010, 873 = ZIP 2010, 831,). **Umnummerierung** nur zulässig, wenn Geschäftsanteile durch Angabe der ursprünglichen Nummer zweifelsfrei zu identifizieren sind (B § 59 FamFG Nr. 5).

Erbfall: Erbe behält Nummer; Erbengemeinschaft ist als solche zu kennzeichnen unter Angabe aller Erben; Nummer bleibt vorbehaltlich späterer Teilung infolge Erbauseinandersetzung. **Kapitalerhöhung:** Für jeden neuen Anteil jeweils neue Nummer. Bei Aufstockung bestehender Anteile verliert der ursprüngliche Anteil seine bisherige Nummer und erhält (wegen Änderung im Umfang der Beteiligung) eine neue Nummer. Einreichung der Gesellschafterliste mit der Anmeldung zulässig (B § 40 GmbHG Nr. 5), aber wegen des Zeitraumes bis zum Wirksamwerden der Kapitalerhöhung mit der Eintragung riskant.

Natürliche Personen werden aufgeführt mit Name, Vorname, Geburtsdatum und Wohnort; Gemeinschaften (§ 740 oder § 2032 BGB) und **GbRs** mit Name unter Angabe der einzelnen Gesellschafter, d.h. mit Name, Vorname, Wohnort (B § 40 GmbHG Nr. 8), Personenhandelsgesellschaften, Partnerschaften, Kapitalgesellschaften etc. unter Angabe der Firma bzw. des Namens, des Sitzes, des Registers und der Registernummer (entsprechend §§ 40 Nr. 7, 43 Nr. 8 HRV).

Wegen der Schadensersatzpflicht bei Verletzung der Pflichten zur Aktualisierung der Gesellschafterliste nach § 40 Abs. 1 und 3 GmbHG kann es sinnvoll sein, Geschäftsführer bei ihrer Bestellung hierauf hinzuweisen.

Das Registergericht darf die Aufnahme in den Registerordner verweigern bei sicherer Kenntnis von der inhaltlichen Unrichtigkeit der eingereichten Gesellschafterliste, also wenn die enthaltenen Angaben offensichtlich falsch sind oder auf einem offenkundigem Irrtum beruhen. Beschwerde gegen Zwischenverfügung und Zurückweisung (B § 40 GmbHG Nr. 7).

WER MUSS EINREICHEN | Entweder Geschäftsführer oder Notar.

Notar nach § 40 Abs. 2 GmbHG, wenn er an der Veränderung unmittelbar mitgewirkt hat (Abtretung) oder mittelbar durch seine Urkundtätigkeit: Umwandlung, Kapitalerhöhung (wegen Inhalt der Liste vgl. A 178; B § 40 GmbHG Nr. 3). Notar, der bei einer Abtretung nur das **Angebot** beurkundet hat, kann neue Gesellschafterliste mit Bescheinigung einreichen (B § 40 GmbHG Nr. 9). Ausländischer Notar vgl. B § 15 GmbHG Nr. 1.

Geschäftsführer hat die Gesellschafterliste zu berichtigen, wenn Notar unzuständig ist (§ 40 Abs. 1 Satz 2 GmbHG); u.a. auch Änderungen von Namen und Wohnort der Gesellschafter sowie die Erben des Gesellschafters. Streitig, ob alle Geschäftsführer oder ob in vertretungsberechtigter Zahl; Prokuristen sind ausgeschlossen (vgl. B § 40 GmbHG Nr. 1).

Abgrenzung der Zuständigkeit bei *Erbfall*: Geschäftsführer, aber nicht für anschließende Erbauseinandersetzung. *Teilung* und *Zusammenlegung*: Notar, soweit anschließende Abtretung mit beurkundet und sofort wirksam geworden ist, sonst Geschäftsführer (siehe auch A 104). *Einziehung:* Notar, wenn Beschluss beurkundet; sonst Geschäftsführer (siehe auch A 104).

In Zweifelsfällen Unterschrift von Geschäftsführer und Notar (B § 40 GmbHG Nr. 4).

WAS IST WIE EINZUREICHEN | Unterschriebene Liste, die die Veränderungen in den Personen oder im Umfang der Beteiligung berücksichtigt; zusätzliche Bescheinigung, wenn Notar nach § 40 Abs. 2 GmbHG zuständig (wegen Inhalt vgl. A 178). Eine Unterschrift des Notars für Gesellschafterliste und Bescheinigung reicht nach OLG München (B § 40 GmbHG Nr. 6).

Form: Bescheinigung des Notars mit der Gesellschafterliste stets als signiertes Dokument (B § 12 Abs. 2 HGB Nr. 1, vgl. A 163). Wird Gesellschafterliste inkl. Notarbescheinigung elektronisch erstellt, reicht Signatur, keine gesonderte „Abschriftsbeglaubigung" (B § 12 Abs. 2 HGB Nr. 2, Einl. Rz. 11). Geschäftsführer-Gesellschafterliste als einfache elektronische Aufzeichnung ausreichend, soweit Unterschrift sichtbar (vgl. A 168; B § 12 Abs. 2 HGB Nr. 3), sonst als signiertes Dokument.

AB WANN IST EINZUREICHEN | Unverzüglich ab Wirksamwerden der Veränderung. Geschäftsführer auf Mitteilung und Nachweis der Veränderung (§ 40 Abs. 1 Satz 2 GmbHG).

Notar mit Wirksamwerden der Veränderung, an der er mitgewirkt hat, unabhängig von späteren Unwirksamkeitsgründen (z.B. Eintritt einer auflösenden Bedingung, weil Notar keine Beobachtungspflicht hat, LG Neuruppin v. 10.8.2012 – 6 O 90/11, GmbHR 2012, 1007 m. Anm. *Peetz*). Bei Verkauf eines Geschäftsanteils erst mit Eintritt der aufschiebenden Bedingung für die Abtretung, regelmäßig Nachweis oder Bestätigung über Kaufpreiszahlung. Wird Änderung erst mit Eintragung im Handelsregister wirksam (Kapitalerhöhung, Umwandlung), kann Notar Bescheinigung schon vorher erstellen, sollte aber Vorbehalt kennzeichnen (B § 40 GmbHG Nr. 5); hingegen nicht zu empfehlen, Gesellschafterliste schon mit der Anmeldung einzureichen, weil nicht gewährleistet ist, dass diese zum Zeitpunkt der Eintragung noch aktuell ist.

KOSTEN BEIM GERICHT | Gebühr für Entgegennahme der Gesellschafterliste 30 Euro (GVHR 5002).

KOSTEN BEIM NOTAR | Für die nach § 40 Abs. 2 GmbHG vom Notar dem Gericht gegenüber einzureichende Liste über die von ihm beurkundete Veränderungen im Gesellschafterbestand bzw. von Kapitalveränderungen und Umwandlungsvorgängen nach dem UmwG sind verschiedene Vorgänge zu unterscheiden: Erstellung der Liste, Prüfung, Unterzeichnung und Einreichung der vom Notar mit einer Bescheinigung versehenen Liste beim Gericht.

0,5-Vollzugsgebühr (KV 22113, 22110 GNotKG, höchstens 250 Euro), wenn der Notar auftragsgemäß lediglich die Gesellschafterliste fertigt, aus Geschäftswert des zugrunde liegenden Beurkundungsverfahrens (z.B. Anteilsabtretung, Kapitalmaßnahme, § 112 GNotKG); *0,5-Vollzugsgebühr* bei darüber hinausgehender Vollzugstätigkeit (KV 22110 GNotKG).

Gesonderte 0,3-Vollzugsgebühr (KV 22114 GNotKG, höchstens 250 Euro) für Erstellung XML-Strukturdatei aus Gesamtgeschäftswert des zugrunde liegenden Beurkundungsverfahren (§ 112 GNotKG); für die Übermittlung der XML-Datei fällt keine Dokumentenpauschale an.

Ggf. *0,5-Betreuungsgebühr* (KV 22200 Anm. Nr. 6 GNotKG) für Bescheinigung nach § 40 Abs. 2 Satz 2 GmbHG aus Gesamtgeschäftswert des zugrunde liegenden Beurkundungsverfahrens (§ 113 GNotKG), wenn Notar Umstände außerhalb der Urkunde zu prüfen hat, so z.B. Zustimmungen, Vorliegen einer kartellrechtlichen oder familiengerichtlichen Genehmigung oder den Eintritt aufschiebender Bedingungen wegen Kaufpreiszahlungen. Keine Betreuungsgebühr, wenn außer dem Urkundeninhalt keine weiteren Voraussetzungen zu prüfen sind; fraglich ist dann allerdings, ob für die Bescheinigung nach § 40 GmbHG eine 1,0-Gebühr nach KV 25104 GNotKG zu erheben ist (bejahend *Diehn*, Notarkostenberechnungen, 4. Aufl. 2016, Rz. 1318 m.w.N., verneinend LG Düsseldorf v. 29.7.2015 – 25 T 555/14, NotBZ 2015, 476 = RNotZ 2015, 531 = MittBayNot 2016, 269 = ZIP 2015, 1880; Streifzug durch das GNotKG, 11. Aufl. 2015, Rz. 1146a), der Geschäftswert wäre 10 – 30% des Beurkundungsverfahrens (begrenzt wohl durch den Betrag der hypothetischen Betreuungsgebühr von KV 22000 Anm. Nr. 6 GNotKG).

Auslagen: KV 32001 Nr. 1 GNotKG Dokumentenpauschale – Papier (s/w) zum Beurkundungsverfahren für Gesellschafterliste je Seite 0,15 Euro.

KV 32002 GNotKG Dokumentenpauschale – Daten (z.B. für Gesellschafterliste) je Datei 1,50 Euro.

KV 32005 GNotKG Auslagenpauschale Post/Telekommunikation 20% der Gebühren des Verfahrens bzw. Geschäfts, höchstens 20 Euro, oder fairer und mit Augenmaß wäre Einzelabrechnung nach KV 32004 GNotKG.

KV 32011 GNotKG (je Einsicht 4,50 Euro nach KV 1140 JVKostG) Auslagenersatz für vom Notar genommene Einsicht in das Handelsregister; für den Ausdruck keine Dokumentenpauschale nach KV 32001 Nr. 1 GNotKG.

KV 32014 GNotKG Umsatzsteuer auf die Kosten.

Für die vom Notar an das zuständige Finanzamt (Körperschaftsteuerstelle, § 20 AO) nach § 54 EStDV amtswegig zu übersendende beglaubigte Abschrift fällt keine Beglaubigungsgebühr nach KV 25102 GNotKG an, dafür jedoch die Dokumentenpauschale nach KV 32001 Nr. 1 GNotKG.

Entwirft der Notar nach dem Tod eines Gesellschafters auftragsgemäß eine neue, vom Geschäftsführer unterschriebene Liste der Gesellschafter und reicht er diese mit XML-Strukturdaten zur Registerakte der Gesellschaft ein, so ist fraglich, ob er dafür die Entwurfsgebühr nach KV 24101 GNotKG (0,3 bis 1,0, mindestens 60 Euro, so *Korintenberg/Diehn*, GNotKG, Nr. 24101 Rz. 3 KV GNotKG) oder eine 0,5-Vollzugsgebühr nach KV 22121 GNotKG erhält (dazu *Diehn*, Notarkostenberechnungen, 4. Aufl. 2016, Rz. 1389). Stets ist Geschäftswert der Liste ein Teilwert von 10 – 20% des gelisteten Stammkapitals. Bei der Entwurfslösung würde für den elektronischen Vollzug und die Erstellung der XML-Daten die 0,3-Vollzugsgebühr (höchstens 250 Euro) nach KV 22114 GNotKG und die Auslagen nach KV 32000, 32002, 32004 bzw. 32005, 32011 und die Umsatzsteuer nach KV 32014 GNotKG erhoben.

Reicht der Notar auftragsgemäß die von einem Geschäftsführer gefertigte und unterschriebene Liste der Gesellschafter beim Registergericht ein, so erhebt er für die Übermittlung der Liste an das Gericht die Festgebühr von 20 Euro nach KV 22124 GNotKG, für den elektronischen Vollzug und XML-Strukturdaten die 0,6-Vollzugsgebühr (höchstens 250 Euro) nach KV 22125 GNotKG aus einem Teilwert von 10 – 20% des gelisteten Stammkapitals sowie die Auslagen nach KV 32002, 32004/32005, 32011 GNotKG und die Umsatzsteuer nach KV 32014 GNotKG.

TEXT DER VOM *NOTAR* ERSTELLTEN LISTE SAMT SEINER BESCHEINIGUNG | (als signiertes Dokument), vgl. auch A 178 (M 178.1)

M 103.1 Gesellschafterliste (vom Notar erstellt)

Liste der Gesellschafter

betreffend die Gesellschaft mit beschränkter Haftung unter der Firma ... (Bezeichnung der GmbH mit Angabe des Sitzes)

Liste aller Gesellschafter:

Name der Gesellschafter	lfd. Nr. des Anteils	Nennbetrag in Euro
... (Name, Vorname, Geburtstag, Wohnort)	*... (Nummer)*	*... (Betrag)*

Bescheinigung gemäß § 40 Abs. 2 Satz 2 GmbHG:

Ich bescheinige hiermit, dass die vorstehende Gesellschafterliste den Veränderungen entspricht, an denen ich durch meine Urkunde vom heutigen Tage – Urkundenrolle ... (Jahrgang und Nummer) mitgewirkt habe und dass die übrigen Angaben in der Liste mit dem Inhalt der zuletzt im Handelsregister aufgenommenen Liste übereinstimmen.

(Ergänzung bei Änderungen, die erst mit Eintragung in das Handelsregister wirksam werden, z.B. Kapitalerhöhung: Die Veränderungen werden mit Eintragung in das Handelsregister wirksam.)

... (Ort, Datum, Dienstsiegel und Unterschrift des Notars)

TEXT DER VOM *GESCHÄFTSFÜHRER* ERSTELLTEN LISTE | (vgl. auch A 177 (M 177.1))

M 103.2 Gesellschafterliste (vom Geschäftsführer erstellt)

Liste der Gesellschafter

betreffend die Gesellschaft mit beschränkter Haftung unter der Firma ... (Bezeichnung der GmbH mit Angabe des Sitzes)

Liste aller Gesellschafter:

Name der Gesellschafter	lfd. Nr. des Anteils	Nennbetrag in Euro
... (Name, Vorname, Geburtstag, Wohnort)	*... (Nummer)*	*... (Betrag)*

... (Ort, Datum, Unterschrift der Geschäftsführer)

104. Teilung, Zusammenlegung und Einziehung von Geschäftsanteilen

HINWEISE | **Teilung:** Entweder mittels formfreien Beschlusses der Gesellschafterversammlung (§ 46 Nr. 4 GmbHG) und anschließender Abtretung oder durch Abtretung des (künftigen) Teilgeschäftsanteils mit Zustimmung aller Gesellschafter (B § 40 GmbHG Nr. 10); Gesellschaftsvertrag kann weitere Voraussetzungen festlegen. Teilung schafft neue, selbstständige Geschäftsanteile. Teil-Geschäftsanteile müssen auf volle Euro lauten, mindestens 1 Euro Nennbetrag; gilt nicht für Geschäftsanteile auf DM (§ 1 Abs. 2 Satz 2 EGGmbHG). Ein Teilungsbeschluss ist sofort wirksam. Sog. **Zwischenliste** erforderlich, wenn Teilungsbeschluss sofort wirksam, aber gleichzeitig beurkundete Abtretung noch nicht. Registergericht kann auch bei gleichzeitiger Wirksamkeit für jeden einzelnen Vorgang aus Gründen der Transparenz Zwischenliste verlangen (B § 40 GmbHG Nr. 11).

Entsprechendes gilt für die **Zusammenlegung** volleingezahlter Geschäftsanteile ohne sonstige Rückstände (§ 46 Nr. 4 GmbHG). Zusammenlegung schafft neuen, einheitlichen Geschäftsanteil.

Nummerierung der neuen Geschäftsanteile in der Gesellschafterliste: Da fortlaufend zu nummerieren ist, werden für die neuen Teil-Geschäftsanteile neue, also noch nicht belegte Nummern vergeben. Die Nummer des Geschäftsanteils, der geteilt wurde, darf einen Vermerk auf die Nummern der neuen Teil-Geschäftsanteile enthalten. Entsprechend ist zu verfahren bei der Zusammenlegung von Geschäftsanteile. Siehe A 103 zur Listen-Zuständigkeit, wenn Notar den Gesellschafterbeschluss über Teilung oder Zusammenlegung im Zuge einer nachfolgenden Abtretung mit beurkundet (wegen Inhalt der Liste vgl. A 177 bzw. A 178). Zur Umnummerierung siehe B § 59 FamFG Nr. 5.

WER MUSS ANMELDEN | Niemand, aber aufgrund der Änderungen in den Anteilen und bei Einziehung auch bei den Personen ist eine neue Gesellschafterliste einzureichen, und zwar grundsätzlich von der Geschäftsführung oder vom Notar dann, wenn er die Beschlüsse zur Teilung, Zusammenlegung oder Einziehung beurkundet hat.

BEIZUFÜGENDE UNTERLAGEN | A 103.

KOSTEN BEIM GERICHT | Wie bei A 103.

KOSTEN BEIM NOTAR | Soweit der Notar an den Veränderungen mitgewirkt hat, dann Gebühren wie bei A 103. Ist wegen der Einziehung eine Satzungsänderung (wegen des Gleichlaufgebots von Geschäftsanteilen und Stammkapital) notwendig (z.B. Herabsetzung des Stammkapitals, Aufstockung der verbleibenden Geschäftsanteile, Bildung eines neuen Geschäftsanteils), dann Anmeldung der Satzungsänderung (siehe A 108, A 110 bzw. A 111).

TEXT DER EINZUREICHENDEN GESELLSCHAFTERLISTE | A 103 (M 103.1) und A 177 (M 177.1) bzw. A 178 (M 178.1).

105. Nichteinzahlung eines GmbH-Geschäftsanteils

HINWEISE | Möglichkeit zum Ausschluss des säumigen Gesellschafters nach § 21 GmbHG, Haftung der Rechtsvorgänger sowie der anderen Gesellschafter nach §§ 22–24 GmbHG. Geschäftsanteil geht nicht unter, sondern wird von der GmbH selbst gehalten (ohne Mitgliedschaftsrechte) bis zur Übertragung an weitere Person.

WAS IST ANZUMELDEN | Nichts; aber berichtigte Gesellschafterliste: A 103 (M 103.1) und A 177 (M 177.1) bzw. A 178 (M 178.1).

106. Tod eines GmbH-Gesellschafters

HINWEISE | Der Geschäftsanteil des Gesellschafters geht auf die Erben über (§ 15 Abs. 1 GmbHG); zwischen mehreren Erben besteht eine Erbengemeinschaft, Ausübung der Gesellschafterrechte nach § 18 GmbHG.

Auflösung der Erbengemeinschaft am Anteil durch Auseinandersetzung in der Form des § 15 GmbHG unter Beachtung der Mindestgröße (1 Euro) und Teilbarkeit gemäß § 5 GmbHG (voller Euro-Betrag); bei DM-Geschäftsanteilen siehe § 1 Abs. 1 Satz 2 EGGmbHG.

Eine vom Erblasser angeordnete Testamentsvollstreckung erfasst den Geschäftsanteil; es sei denn, der Gesellschaftsvertrag schließt eine Testamentsvollstreckung ausdrücklich aus. Jedoch kein Vermerk über Testamentsvollstreckung in der Gesellschafterliste (B § 2205 BGB Nr. 2).

WAS IST ANZUMELDEN | Nichts; aber berichtigte Gesellschafterliste: A 103, A 177.

EINZUREICHENDE UNTERLAGEN | Siehe A 103, A 177.

KOSTEN BEIM GERICHT | Gebühr für Entgegennahme der Gesellschafterliste 30 Euro (GVHR 5002).

KOSTEN BEIM NOTAR | Keine.

Entwirft der Notar nach dem Tod eines Gesellschafters auftragsgemäß eine neue, vom Geschäftsführer unterschriebene Liste der Gesellschafter und reicht er diese mit XML-Strukturdaten zur Registerakte der Gesellschaft ein, so ist fraglich, ob er dafür die Entwurfsgebühr nach KV 24101 GNotKG (0,3 bis 1,0, mindestens 60 Euro, so *Korintenberg/Diehn*, GNotKG, Nr. 24101 Rz. 3 KV GNotKG) oder eine 0,5-Vollzugsgebühr nach KV 22121 GNotKG erhält (dazu *Diehn*, Notarkostenberechnungen, 4. Aufl. 2016, Rz. 1389). Stets ist Geschäftswert der Liste ein Teilwert von 10 – 20% des gelisteten Stammkapitals. Bei der Entwurfslösung würde für den elektronischen Vollzug und die Erstellung der XML-Daten die 0,3-Vollzugsgebühr (höchstens 250 Euro) nach KV 22114 GNotKG und die Auslagen nach KV 32000, 32002, 32004 bzw. 32005, 32011 und die Umsatzsteuer nach KV 32014 GNotKG erhoben.

Reicht der Notar auftragsgemäß die von einem Geschäftsführer gefertigte und unterschriebene Liste der Gesellschafter beim Registergericht ein, so erhebt er für die Übermittlung der Liste an das Gericht die Festgebühr von 20 Euro nach KV 22124 GNotKG, für den elektronischen Vollzug und XML-Strukturdaten die 0,6-Vollzugsgebühr (höchstens 250 Euro) nach KV 22125 GNotKG aus einem Teilwert von 10 – 20% des gelisteten Stammkapitals sowie die Auslagen nach KV 32002, 32004/32005, 32011 GNotKG und die Umsatzsteuer nach KV 32014 GNotKG.

107. Verpfändung eines GmbH-Geschäftsanteils

HINWEISE | Pfändbarkeit des Geschäftsanteils kann nicht durch Vertrag ausgeschlossen werden. Zustellung des Pfändungsbeschlusses an Schuldner-Gesellschafter und Gesellschaft.

Einziehung des gepfändeten Geschäftsanteils nach § 34 GmbHG bei entsprechender Regelung im Vertrag zulässig und nicht beurkundungsbedürftig (A 104).

Verpfändung eines Geschäftsanteils in der Form des § 15 Abs. 3 und 5 GmbHG zulässig, ebenso Sicherungsübertragung.

Stimmrecht verbleibt bei Pfändung und Verpfändung beim Gesellschafter, bei Sicherungsübertragung dagegen beim Sicherungsnehmer.

WAS IST ANZUMELDEN | Nichts; kein Vermerk in der Gesellschafterliste bei Verpfändung, allenfalls bei Sicherungsübertragung als Änderung der Person, die rechtlich Inhaber ist.

KOSTEN BEIM GERICHT UND BEIM NOTAR | Keine.

108. Kapitalerhöhung mit weiteren Einzahlungen oder Sacheinlagen

HINWEISE ZUR DURCHFÜHRUNG DER ERHÖHUNG | Kapitalerhöhungs**beschluss** in beurkundeter Form (§ 53 GmbHG). Die zumindest öffentlich beglaubigte Übernahme (§ 55 Abs. 1 GmbHG) kann gesondert erklärt werden, so dass der Gesellschafterbeschluss dann auch in der Form des § 36 BeurkG beurkundet werden kann.

Notwendige Änderungen der Satzung: B § 54 GmbHG Nr. 4.

Weglassen der Angaben über die Gründer: B § 53 GmbHG Nr. 5 und 7.

Erhöhung regelmäßig durch Bildung neuer Geschäftsanteile (§ 55 Abs. 3 GmbHG). Erhöhung des Nennbetrages bestehender Geschäftsanteile durch Aufstockung zulässig, wenn der Übernehmer zu den Gründern gehört oder die Anteile voll eingezahlt sind (B § 55 GmbHG Nr. 2 und B § 57 GmbHG Nr. 6). Zum Übergang von einer Bar- in eine Sacheinlage: B § 53 GmbHG Nr. 6.

Die Übernahme der neuen (oder erhöhten) Geschäftsanteile muss nicht in den Gesellschaftsvertrag aufgenommen werden (B § 55 GmbHG Nr. 1); erforderlich ist nur Anpassung des Stammkapitals und ggf. redaktionelle Bereinigung zur Vermeidung von Widersprüchen. Vollmacht entsprechend § 2 Abs. 2 GmbHG; siehe B § 55 GmbHG Nr. 5.

Übernahme durch Erbengemeinschaft zulässig (B § 55 GmbHG Nr. 4). Keine Übernahmemöglichkeit für die Gesellschaft selbst (B § 55 GmbHG Nr. 3).

Versicherung der Geschäftsführer darüber, dass auf jeden neuen (oder erhöhten) Geschäftsanteil mindestens ¼ des Nennbetrags des Geschäftsanteils eingezahlt ist (auch bei Aufstockung, B § 57 GmbHG Nr. 6), endgültig zur freien Verfügung steht (§ 57 Abs. 2 GmbHG) und keine Rückzahlung (B § 57 Nr. 5 GmbHG Nr. 5). Konkrete Angaben über die Einzahlung auf jeden neuen Geschäftsanteil (B § 8 GmbHG Nr. 1 und 2).

Bezeichnung der geänderten **Satzungsteile** in der Anmeldung: B § 54 GmbHG Nr. 2–4.

Wirkungen von **Voreinzahlungen**: B § 55 GmbHG Nr. 7 und 8 und B § 56 GmbHG Nr. 8; Aufklärungspflichten des Notars B § 56 GmbHG Nr. 6 und 10.

Kapitalerhöhung wird **wirksam mit Eintragung** (§ 54 Abs. 3 GmbHG), so dass Notar berichtigte Gesellschafterliste mit Bescheinigung einzureichen hat (§ 40 Abs. 2 GmbHG); siehe oben – auch zum Zeitpunkt der Einreichung – zu A 104.

Besonderheiten bei **Kapitalerhöhung gegen Sacheinlagen**:

Festsetzung des Gegenstandes der Sacheinlage, des Einlegers und des Betrages des Geschäftsanteils, auf den sich die Sacheinlage bezieht, sowohl im Kapitalerhöhungsbeschluss als auch in der Übernahmeerklärung; aber keine doppelte Festsetzung innerhalb derselben Urkunde nötig (BGH v. 5.11.2007 – II ZR 268/06, GmbHR 2008, 207). Abgrenzung zur Sachübernahme (Sachagio) siehe A 91a.

Festsetzungen bei noch nicht bekanntem und möglicherweise höherem Wert der Sacheinlage (z.B. Unternehmen): B § 56 GmbHG Nr. 2 und 3.

Gesellschafterforderungen als Sacheinlage: B § 56 GmbHG Nr. 1 und B § 19 GmbHG Nr. 6. Vorleistungen auf Sacheinlagen: B § 56 GmbHG Nr. 8. Kapitalerhöhung im Wege des verdeckten „Ausschüttungs-Rückhol-Verfahrens" nur unter Beachtung der Vorschriften für die Erhöhung aus Gesellschaftsmitteln möglich (SAHZ): B § 56 GmbHG Nr. 5 und Nr. 7. Prüfungsbefugnis des Registergerichts, insbesondere zur Werthaltigkeit der Sacheinlage: B § 57 GmbHG Nr. 3 und 4. Zur verdeckten Sacheinlage: A 91a, B § 19 GmbHG Nr. 6.Ob ein Sachkapitalerhöhungsbericht entsprechend § 5 Abs. 4 GmbHG einzureichen ist, ist streitig und im Einzelfall auch abhängig vom Gegenstand der Einbringung: bei gebrauchten Wirtschaftsgütern, Unternehmen, Beteiligungen und Gesellschafterforderungen eher erforderlich als bei neuen Wirtschaftsgütern. Für eine rechtssichere Gestaltung ist ein Bericht zu empfehlen, um eine wesentliche Überbewertung der Sacheinlage auszuschließen, was das Registergericht nach §§ 9c Abs. 1 Satz 2, 57a GmbHG zu prüfen hat. Ein erläuternder Sacheinlagebericht ist eine den Beteiligten nach §§ 27, 31 Abs. 1 FamFG zumutbare Mitwirkung zwecks Glaubhaftmachung der Werthaltigkeit; vgl. B § 56 GmbHG Nr. 2.

Bei Überbewertung der Sacheinlage Differenzhaftung nach § 9 GmbHG; Aufklärungspflicht des Notars: B § 56 GmbHG Nr. 6 und 9.

WER MUSS ANMELDEN | Alle Geschäftsführer (§§ 57, 78 GmbHG); Vertretung nicht zulässig (bestr., vgl. B § 57 GmbHG Nr. 1).

KOSTEN BEIM GERICHT | Gebühr für Eintragung der Kapitalveränderung durch Sacheinlage 210 Euro (GVHR 2401), bei Geldeinlage 70 Euro (GVHR 2500). Änderung der Stammkapitalziffer als Satzungsänderung und die Tatsache der Kapitalveränderung betreffen eine Tatsache; bei zusätzlichen Änderungen des Gesellschaftsvertrages siehe A 111.

Gebühr für Entgegennahme der einzureichenden Komplettliste nach § 40 Abs. 2 GmbHG 30 Euro (GVHR 5002). Für die Entgegennahme der nach § 57 Abs. 3 Nr. 2 GmbHG einzureichenden Erhöhungsliste (Übernehmerliste) wird – wegen Fehlens eines Gebührentatbestandes – keine Gebühr erhoben.

KOSTEN BEIM NOTAR | Geschäftswert der Anmeldung: nomineller Erhöhungsbetrag, mindestens 30 000 Euro (§ 105 Abs. 1 Satz 1 Nr. 3, Satz 2 GNotKG), gleichgültig ob Kapitalerhöhung durch Bar- oder Sacheinlage erfolgt. Kapitalerhöhung und entsprechende Satzungsänderung sind gegenstandsgleich (notwendige Erklärungseinheit, auch wenn § 109 Abs. 2 Nr. 4 lit. b GNotKG nur für Beschlüsse gilt), nicht aber sonstige Satzungsänderungen. Höchstgeschäftswert der Anmeldung nach § 106 GNotKG 1 Million Euro.

1. Beurkundung des Kapitalerhöhungsbeschlusses und der Übernahmeerklärungen:

Beschlüsse und Erklärungen (Übernahmeerklärungen) sind nach § 110 Nr. 1 GNotKG stets verschiedene Beurkundungsgegenstände. *2,0-Beurkundungsgebühr* stets nach KV 21100 GNotKG (auch bei Ein-Personen-GmbH) aus Erhöhungsbetrag + vereinbartes Aufgeld (Agio) für Erhöhungsbeschluss, mindestens 30 000 Euro, höchstens 5 Millionen Euro (§ 108 Abs. 1 Satz 2, Abs. 5, § 105 Abs. 1 Satz 1 Nr. 3, Satz 2 GNotKG); 1,0-Beurkundungsgebühr nach KV 21200 GNotKG aus Geschäftswert der Übernahmeerklärungen (Erhöhungsbetrag + Agio bzw. Wert der Sacheinlage – der Mindestwert nach § 108 Abs. 1, § 105 Abs. 1 Satz 2 GNotKG gilt hier nicht, die Geschäftswerthöchstgrenze liegt nach § 35 Abs. 2 GNotKG bei 60 Millionen Euro) für diese (§ 97 GNotKG). Es entstehen gesondert berechnete Gebühren, allerdings Vergleichsberechnung nach § 93 Abs. 1, § 94 Abs. 1, § 110 Nr. 1 GNotKG (höchstens jedoch die 2,0-Beurkundungsgebühr nach KV 21100 GNotKG aus der Summe der Geschäftswerte, § 108 Abs. 1 Satz 2, Abs. 5 GNotKG). Eine Pflicht, die Übernahmeerklärungen in gesonderte Urkunden aufzunehmen, um die Gebühr für die Gesellschafterliste zu senken, besteht nicht, § 93 Abs. 2 Satz 2 GNotKG. Fertigt der Notar den Entwurf der Übernahmeerklärung und beglaubigt er sodann die Unterschrift des Übernehmers, so ist nach KV 24101, 21200 i.V.m. Vorbem. 2.4.1 Abs. 2, § 92 Abs. 2 GNotKG eine 1,0-Gebühr (mindestens 60 Euro) zu berechnen; der Geschäftswert richtet sich nach § 36 Abs. 1 GNotKG nach dem Wert der mit der Übernahmeerklärung verbundenen Einlagepflicht (Bareinlage, Wert der übernommenen Sacheinlage zzgl. etwaiges Aufgeld).

Ggf. 0,5-Vollzugsgebühr (KV 22110 mit Vorbem. 2.2.1.1 Abs. 1 Satz 2 Nr. 3 bis 5 GNotKG) aus Geschäftswert des Beurkundungsverfahrens (Addition des Geschäftswerts des Erhöhungsbeschlusses und Geschäftswert der Übernahmeerklärungen, § 112 GNotKG) für Fertigung der Übernehmerliste nach § 57 Abs. 3 Nr. 2 GmbHG, der Komplettliste nach § 40 GmbHG und für weitere Vollzugstätigkeiten. Die Erstellung der Gesellschafterlisten ist Vollzugstätigkeit nach KV Vorbem. 2.2.1.1 Abs. 1 Satz 2 Nr. 3 GNotKG zur Beschlussbeurkundung mit Übernahmeerklärung.

Ggf. nur 0,5-Vollzugsgebühr (KV 22113, 22110 GNotKG mit Vorbem. 2.2.1.1 Abs. 1 Satz 2 Nr. 3 GNotKG), höchstens 250 Euro, aus Geschäftswert des Beurkundungsverfahrens (Addition des Geschäftswerts des Erhöhungsbeschlusses und Geschäftswert der Übernahmeerklärungen, § 112 GNotKG), wenn der Notar lediglich die Gesellschafterliste nach § 40 GmbHG fertigt. Fertigt der Notar auch noch die Übernehmerliste nach § 57 Abs. 3 Nr. 2 GmbHG, dann eine weitere solche Vollzugsgebühr nach KV 22113 GNotKG aus Geschäftswert des zugrunde liegenden Beurkundungsverfahrens (§ 112 GNotKG).

0,5-Betreuungsgebühr (KV 22200 Anm. Nr. 6 GNotKG) für Bescheinigung nach § 40 Abs. 2 Satz 2 GmbHG, weil Bescheinigung auftragsgemäß erst erteilt werden kann, nachdem der Notar die Eintragung der Kapitalerhöhung und die Richtigkeit der Eintragung im Handelsregister geprüft hat, also Umstände außerhalb der Urkunde zu prüfen sind (Wirksamkeitsbescheinigung), so z.B. auch für Vorliegen einer kartellrechtlichen oder familiengerichtlichen Genehmigung, Zustimmungen. Betreuungsgebühr aus Geschäftswert des zugrunde liegenden Beurkundungsverfahrens (§ 113 GNotKG).

Auslagen: KV 32001 Nr. 2 GNotKG Dokumentenpauschale – Papier (s/w) 0,15 Euro je Seite für Abschriften von Erhöhungsbeschlussurkunde, Beglaubigungsvermerken, Gesellschafterlisten.

KV 32005 GNotKG Auslagenpauschale Post/Telekommunikation 20% der Gebühren des Verfahrens bzw. Geschäfts, höchstens 20 Euro, oder Einzelnachweis nach KV 32004 GNotKG.

KV 32011 GNotKG (je Einsicht 4,50 Euro nach KV 1140 JVKostG) Auslagenersatz für vom Notar genommene Einsicht in das Handelsregister; für den Ausdruck keine Dokumentenpauschale nach KV 32001 Nr. 1 GNotKG.

KV 32011 GNotKG (je Einsicht 8,00 Euro nach KV 1151 JVKostG) Auslagenersatz für vom Notar genommene Einsicht in das Grundbuch; für den Ausdruck keine Dokumentenpauschale nach KV 32001 Nr. 1 GNotKG.

KV 32014 GNotKG Umsatzsteuer auf die Kosten.

Für die vom Notar an das zuständige Finanzamt (Körperschaftsteuerstelle, § 20 AO) nach § 54 EStDV amtswegig zu übersendende beglaubigte Abschrift fällt keine Beglaubigungsgebühr nach KV 25102 GNotKG an, dafür jedoch die Dokumentenpauschale nach KV 32001 Nr. 1 GNotKG.

2. Beurkundung der Anmeldung bzw. Entwurf mit Unterschriftsbeglaubigung:

0,5-Beurkundungsgebühr nach KV 21201 Nr. 5, KV 24102 GNotKG, § 92 Abs. 2, § 119 GNotKG aus Geschäftswert des Erhöhungsnennbetrags (ohne vereinbartes Aufgeld – Agio), mindestens 30 000 Euro, höchstens 1 Million Euro. Gebühr umfasst Anmeldung der Satzungsänderung und der Kapitalerhöhung (notwendige Erklärungseinheit i.S.v. § 111 Nr. GNotKG); Gebühr umfasst Versicherungen zu Einlageleistungen (notwendiger Erklärungsinhalt, gegenstandsgleich i.S.v. § 111 Nr. 3 GNotKG), sofern die Anmeldung vom Notar beurkundet oder entworfen wurde.

Gesonderte 0,3-Vollzugsgebühr nach KV 22114 GNotKG, höchstens 250 Euro, für XML-Strukturdatei aus Geschäftswert der Anmeldung (§ 112 GNotKG); für die Übermittlung der XML-Datei fällt keine Dokumentenpauschale an. Auch wenn – wie hier – mehrmals eine XML-Strukturdatei erstellt werden muss (zuerst für die Eintragung der Kapitalerhöhung, nach dieser Eintragung für Einreichung der bescheinigten Gesellschafterliste), entsteht die Gebühr nur einmal.

Ggf. 0,5-Betreuungsgebühr nach KV 22200 Anm. Nr. 3 GNotKG aus Geschäftswert der Anmeldung (§ 113 GNotKG), z.B. für auftragsgemäße Einreichung der Anmeldung erst dann, wenn die Einlagen zur freien Verfügung des Geschäftsführers stehen.

Nach KV 25102 Abs. 2 Nr. 1 GNotKG sind beglaubigte Abschriften von Dokumenten, die der Notar aufgenommen oder entworfen hat, vom Anwendungsbereich der

Beglaubigungsgebühr ausgenommen; es fällt deshalb keine Beglaubigungsgebühr nach KV 25102 GNotKG an, wenn der Notar eine von ihm entworfene und unterschriftsbeglaubigte Handelsregisteranmeldung im Zuge der Registereinreichung elektronisch beglaubigt.

Auslagen: KV 32000 GNotKG Dokumentenpauschale – Papier (s/w) für die ersten 50 Seiten je Seite 0,50 Euro, bei Entwurfsfertigung mit Unterschriftsbeglaubigung ist KV 32001 Nr. 3 GNotKG nicht einschlägig.

KV 32002 GNotKG Dokumentenpauschale – Daten (z.B. für Registeranmeldung, Erhöhungsbeschluss, Gesellschafterlisten, Wortlaut des neuen Gesellschaftsvertrags nach § 54 GmbHG, Einzahlungsbelege, Vollmachten, Genehmigungen, Sachkapitalerhöhungsbericht, Verträge zur Festsetzung und Ausführung der Sacheinlagen, Wertgutachten, sonstige Beilagen) je Datei 1,50 Euro (bis 3 Dateien), maximal jedoch 5 Euro (ab 4 Dateien), aber nicht weniger als nach KV 32000 GNotKG, also 0,50 Euro für die ersten 50 gescannten Seiten und 0,15 Euro für jede weitere gescannte Seite. Fraglich ist, ob ein Einzelvergleich jeder Datei mit der Zahl der eingescannten Seiten vorzunehmen ist, so *BDS/Diehn*, Nr. 32002 Rz. 17 GNotKG, oder ob ein Vergleich der Summe für die Dateianhänge mit der Summe aller eingescannten Seiten vorzunehmen ist, so *Korintenberg/Tiedtke*, Nr. 32002 Rz. 3 GNotKG.

KV 32005 GNotKG Auslagenpauschale Post/Telekommunikation 20% der Gebühren des Verfahrens bzw. Geschäfts, höchstens 20 Euro, oder Einzelabrechnung nach KV 32004 GNotKG.

KV 32014 GNotKG Umsatzsteuer auf die Kosten.

3. Unterschriftsbeglaubigung zur Anmeldung ohne Entwurfsfertigung durch Notar:

0,2-Beglaubigungsgebühr nach KV 25100, § 121 GNotKG aus Geschäftswert des Erhöhungsnennbetrags (ohne vereinbartes Aufgeld – Agio), mindestens 30 000 Euro, höchstens 1 Million Euro (beachte die spezifische Höchstgebühr mit 70 Euro bei KV 25100 GNotKG).

Gesonderte 0,6-Vollzugsgebühr nach KV 22125 GNotKG, höchstens 250 Euro, für XML-Strukturdatei aus Geschäftswert der Anmeldung (§ 112 GNotKG); für die Übermittlung der XML-Datei fällt keine Dokumentenpauschale an.

Vollzugsgebühr nach KV 22124 GNotKG mit 20 Euro für Einreichung der Anmeldung beim Registergericht.

Für die *Beglaubigung von Abschriften* der Anmeldung und von beim Registergericht einzureichenden Dokumenten entsteht jeweils die 10-Euro-Mindestgebühr nach KV 25102 GNotKG (hier auch für die dem Gericht übermittelte Beglaubigung der Anmeldung, Umkehrschluss aus Abs. 2 der Anmerkung zu KV 25102 GNotKG). Nach § 12 Abs. 2 Satz 2 Halbs. 1 HGB ist die Beglaubigung von beim Registergericht einzureichenden Dokumenten in bestimmten Fällen (z.B. Übernehmerliste, Sachkapitalerhöhungsbericht, Unterlagen über den Wert der Sacheinlagen, Verträge, die den Festsetzungen nach § 56 GmbHG zugrunde liegen) nicht erforderlich, genügend wäre einfache elektronische Aufzeichnung (vgl. oben 2. Abs. 4).

Auslagen: Für unbeglaubigte Kopien KV 32000 GNotKG Dokumentenpauschale – Papier (s/w) für die ersten 50 Seiten je Seite 0,50 Euro.

KV 32002 GNotKG Dokumentenpauschale – Daten (z.B. für Registeranmeldung, Wortlaut des neuen Gesellschaftsvertrags, Gesellschafterlisten, Einzahlungsbelege, Vollmachten, Genehmigungen, sonstige Beilagen) je Datei 1,50 Euro (bis 3 Dateien), maximal jedoch 5 Euro (ab 4 Dateien), aber nicht weniger als nach KV 32000 GNotKG, also 0,50 Euro für die ersten 50 gescannten Seiten und 0,15 Euro für jede weitere gescannte Seite.

KV 32005 GNotKG Auslagenpauschale Post/Telekommunikation 20% der Gebühren des Verfahrens bzw. Geschäfts, höchstens 20 Euro, oder Einzelabrechnung nach KV 32004 GNotKG.

KV 32014 GNotKG Umsatzsteuer auf die Kosten.

Die Notarbescheinigung (Satzungsbescheinigung) nach § 54 GmbHG und die Zusammenstellung des Wortlauts des neuen Gesellschaftsvertrags gelten als gebührenfreie Nebengeschäfte (KV Vorbem. 2.1 Abs. 2 Nr. 4 GNotKG), allerdings nur für den Notar, der den satzungsändernden Beschluss beurkundet hat (KV Vorbem. 2.1 Abs. 2 Nr. 4 GNotKG), andernfalls 1,0-Gebühr nach KV 25104 GNotKG aus Teilwert je nach Arbeits-/Prüfungsaufwand von 10 bis 50%, meistens 30% des Geschäftswerts der Anmeldung (§ 113 GNotKG). Für die Satzungszusammenstellung ist die Dokumentenpauschale nach KV 32001 Nr. 1 GNotKG zu berechnen.

Für anfallende Ausdrucke und Kopien des Gesellschaftsvertrags samt Notarbescheinigung entsteht die Dokumentenpauschale KV 32001 Nr. 2 GNotKG.

Werden Entwürfe für das Beurkundungsverfahren vom Urkundsnotar gefertigt, wie z.B. ein Sachgründungsbericht, so entstehen keine Vollzugs- und Betreuungsgebühren (KV Vorbem. 2.2 Abs. 2 GNotKG), bei einem Sachgründungsbericht aber die 1,0-Entwurfsgebühr nach KV 24101 i.V.m. KV 21200 GNotKG aus Teilwert von ca. 30% des Werts der Sacheinlage (§§ 119, 36, 46 GNotKG). Bei der Entwurfsfertigung handelt es sich um ein gesondertes Verfahren, weshalb die Auslagenpauschale nach KV 32005 GNotKG gesondert anfällt.

TEXT DER ANMELDUNG

M 108.1 Anmeldung der Kapitalerhöhung bei GmbH gegen Bareinlage oder gegen Sacheinlage

Bei Bareinlagen:

Das Stammkapital der Gesellschaft wurde von Euro ... (Zahl) um Euro ... (Erhöhungsbetrag) auf Euro ... (neues Kapital) erhöht. § ... (Zahl) des Gesellschaftsvertrages wurde entsprechend geändert (genauer Wortlaut ergibt sich aus dem beigefügten notariellen Protokoll).

Nach Belehrung über die Strafbarkeit einer wissentlich falschen Versicherung (§ 82 GmbHG) versichert der Geschäftsführer (bei mehreren jeder für sich), dass

a) die ursprünglichen Geschäftsanteile voll in bar einbezahlt sind,

b) auf jeden neuen Geschäftsanteil mindestens 25% des Nennbetrags in bar einbezahlt sind, im Einzelnen wie folgt: von dem Gesellschafter ... (Name) ein Betrag von Euro ... (Zahl) auf Geschäftsanteil Nr. ... (Zahl) von dem Gesellschafter ... (Name) ein Betrag von Euro … (Zahl) auf Geschäftsanteil Nr. … (Zahl) und sich die geleisteten Beträge endgültig in der freien Verfügung der Geschäftsführung befinden und auch in der Folge nicht an den Einleger zurückgezahlt worden sind.

Urkundenbeilagen:

1. Elektronisch beglaubigte Abschrift des notariellen Protokolls über die Gesellschafterversammlung, in der die Erhöhung des Stammkapitals und die damit verbundene Änderung des Gesellschaftsvertrages beschlossen wurden,

2. elektronisch beglaubigte Abschrift der Übernahmeerklärung des Übernehmers von neuen Geschäftsanteilen (§ 55 GmbHG),

3. elektronisch beglaubigte Abschrift/einfache elektronische Aufzeichnung (wenn Unterschrift sichtbar) der Liste der Personen, welche die neuen Geschäftsanteile übernommen haben, unter Angabe der übernommenen Nennbeträge, unterschrieben von allen Geschäftsführern (§ 57 Abs. 3 Nr. 2 GmbHG),

4. elektronisch beglaubigte Abschrift des vollständigen Wortlauts des Gesellschaftsvertrages nebst Bescheinigung des Notars (§ 54 Abs. 1 Satz 2 GmbHG),

5. ggf. jetzt schon elektronisch beglaubigte Abschrift der Gesellschafterliste mit Bescheinigung nach § 40 Abs. 2 GmbHG (siehe A 103, A 104, A 179, A 180).

oder bei Sacheinlagen:

Zur Eintragung in das Handelsregister bei der … (Bezeichnung der GmbH nach dem Handelsregister) wird angemeldet die beschlossene Erhöhung des Stammkapitals (**ergänzend bei SAHZ-Verfahren:** im Wege des Schütt-aus-hol-zurück-Verfahrens) von Euro … (Zahl) um Euro … (Erhöhungsbetrag) auf Euro … (neues Kapital) und die dadurch bedingte Änderung von § … (Zahl) (Stammkapital) des Gesellschaftsvertrages (Wortlaut ergibt sich aus dem beigefügten notariellen Protokoll).

Vorgelegt wird: wie oben bei der Bareinlage zu 1. bis 4. bzw. 5. und zusätzlich

elektronisch beglaubigte Abschrift der Verträge, die den Festsetzungen nach § 56 GmbHG zugrunde liegen, also zur Bewertung und Ausführung der Sacheinlagen abgeschlossen worden sind, und elektronisch beglaubigte Abschrift der Unterlagen über den Wert der Sacheinlagen (§ 57 Abs. 3 Nr. 3 GmbHG) sowie ggf. Sachkapitalerhöhungsbericht.

Nach Belehrung über die Strafbarkeit einer wissentlich falschen Versicherung (§ 82 GmbHG) versichert der Geschäftsführer (bei mehreren jeder für sich), dass

a) die ursprünglichen Geschäftsanteile voll in bar eingezahlt sind und sich endgültig in der freien Verfügung der Geschäftsführung befinden,

b) die Sacheinlagen auf das neue Stammkapital auf die Gesellschaft übertragen sind und sich endgültig in der freien Verfügung der Geschäftsführung befinden und auch in der Folge nicht an den Einleger zurück übertragen worden sind.

Jeweils: Die Geschäftsräume befinden sich unverändert in … (PLZ, Ort und Straße mit Hausnummer); dies ist auch die inländische Geschäftsanschrift i.S.v. § 10 Abs. 1 Satz 1 GmbHG. (Ggf. zusätzlich: Empfangsberechtigte Person für Willenserklärungen und Zustellungen i.S.v. § 10 Abs. 2 Satz 2 GmbHG ist … (Name, Vorname, inländische postalische Adresse)

(Unterschriftsbeglaubigung wie bei A 161 (M 161.1) bzw. A 162 (M 162.1))

(Bescheinigung gemäß § 54 GmbHG wie bei A 111 (M 111.1), A 173 (M 173.1))

Wird die Übernahmeerklärung in getrennter Urkunde abgegeben, dann Formulierungsvorschlag:

Übernahmeerklärung:

Es wird hiermit gegenüber der Gesellschafterversammlung der ... (Bezeichnung der GmbH nach dem Handelsregister) mit Sitz in ... (Ort), eingetragen im Handelsregister des Amtsgerichts ... (Ort) unter HRB ... (Nummer) erklärt:

Der neue Gesellschafter ... (Name, Vorname, Geburtsdatum, Wohnort) übernimmt auf das erhöhte Stammkapital der bezeichneten Gesellschaft gemäß dem Kapitalerhöhungsbeschluss vom ... (Datum) (UR Nr. ... des Notars ... in ...) den neu ausgegebenen Geschäftsanteil Nr. ... (Nummer des neuen Anteils) in Höhe von ... (Nennbetrag des neuen Geschäftsanteils) zu den Bedingungen des Kapitalerhöhungsbeschlusses. Zur Übernahme dieses Geschäftsanteils wurde der Unterzeichner dieser Erklärung zugelassen. Die Satzung der GmbH ist dieser Erklärung als wesentlicher Bestandteil beigefügt. Ich verpflichte mich, meiner im Kapitalerhöhungsbeschluss festgelegten Zahlungspflicht nachzukommen.

Die Gesellschaft wird dieses Übernahmeerklärung gesondert annehmen, wobei auf den Zugang der Annahmeerklärung verzichtet wird.

... (Ort, Datum und Unterschrift des Gesellschafters)

(Unterschriftsbeglaubigung wie bei A 161 (M 161.1) bzw. A 162 (M 162.1))

108a. Genehmigtes Kapital (§ 55a GmbHG)

HINWEISE | § 55a GmbHG beschreibt weder die Voraussetzungen für die Schaffung genehmigten Kapitals (bei Gründung im Gesellschaftsvertrag oder nachträglich durch Änderung desselben) und zur Kapitalerhöhung im Wege der Durchführung, noch die Voraussetzungen für die Anmeldung und Eintragung. Insoweit wird auf die – ebenfalls lückenhaften – Regelungen und die Praxis zu §§ 202 ff. AktG (siehe A 142) verwiesen. Geschäftsführer können durch Gesellschaftsvertrag oder durch satzungsändernden Beschluss ermächtigt werden, das Bezugsrecht auszuschließen und den Text des Gesellschaftsvertrages an die Veränderungen anzupassen (OLG München v. 23.1.2012 – 31 Wx 457/11, GmbHR 2012, 329 m. Anm. *Priester* = DNotZ 2012, 469).

WAS IST ANZUMELDEN

a) Anmeldung des Beschlusses der Gesellschafterversammlung über die Änderung des Gesellschaftsvertrages (Ermächtigung an die Geschäftsführung zur Erhöhung des Stammkapitals). Empfehlenswert ist ausdrückliche Anmeldung auch bei Schaffung genehmigten Kapitals bei Gründung.

b) Anmeldung der Durchführung der Kapitalerhöhung. Die Erhöhung kann stufenweise durchgeführt werden (teilweise Ausnutzung des genehmigten Kapitals).

WER HAT ANZUMELDEN | Bei a) Geschäftsführer in vertretungsberechtigter Zahl; bei b) alle Geschäftsführer (str.).

KOSTEN BEIM GERICHT | Zu a) Anmeldung der Satzungsänderung zum genehmigten Kapital: Gebühr für Eintragung der Schaffung eines genehmigten Kapitals 70 Euro (GVHR 2500).

Zu b) Eintragungsgebühr für Durchführung der Erhöhung des Grundkapitals aus genehmigtem Kapital bei Geldeinlagen 70 Euro (GVHR 2500), bei Sacheinlagen 210 Euro (GVHR 2401). Änderung der Stammkapitalziffer als Satzungsänderung und die Tatsache der Kapitalveränderung betreffen eine Tatsache. Gebühr für Entgegennahme der Komplettliste 30 Euro (GVHR 5002), Entgegennahme der Übernehmerliste ist gebührenfrei.

KOSTEN BEIM NOTAR | Zu a) Geschäftswert der Anmeldung der Satzungsänderung über das genehmigte Kapital: einzutragender Geldbetrag (Erhöhungsnennbetrag des vorbehaltenen genehmigten Kapitals), mindestens 30 000 Euro (§ 105 Abs. 1 Satz 1 Nr. 3, Satz 2 GNotKG), höchstens 1 Million Euro (§ 106 GNotKG); Gebühren und Auslagen wie bei A 108.

Zu b) Geschäftswert der Anmeldung der Durchführung der Kapitalerhöhung: 1% des eingetragenen Stammkapitals, mindestens 30 000 Euro, höchstens 1 Million Euro (§ 105 Abs. 2, Abs. 4 Nr. 1, § 106 GNotKG); maßgebend ist das noch nicht erhöhte Stammkapital, weil die Erhöhung erst mit Eintragung der Durchführung wirksam wird (§ 54 Abs. 3 GmbHG). Bei gleichzeitiger Anmeldung des Kapitalerhöhungsbeschlusses und seiner Durchführung liegen nach § 111 Nr. 3 GNotKG verschiedene Beurkundungsgegenstände vor: Addition des Geschäftswerts = Erhöhungsnennbetrag für Kapitalerhöhung, mindestens 30 000 Euro (§ 105 Abs. 1 Satz 1 Nr. 3, Satz 2 GNotKG), und Geschäftswert nach § 105 Abs. 4 Nr. 1 GNotKG für Durchführung = 1% des Stammkapitals, mindestens 30 000 Euro, insgesamt höchstens 1 Million Euro (§ 106 GNotKG). Für Gegenstandsverschiedenheit auch *Diehn*, Notarkostenberechnungen, 4. Aufl. 2016, Rz. 1445.

Anmeldung der Kapitalerhöhung und entsprechende Änderung des Gesellschaftsvertrages sind gegenstandsgleich (notwendige Erklärungseinheit), nicht aber sonstige Satzungsänderungen.

Gebühren und Auslagen wie bei A 108; umfassen Anmeldung und Versicherung der Anmeldenden über Einlageleistungen.

Wegen Übernehmerliste und Komplettliste siehe A 108, A 179, A 180. Wegen Zusammenstellung des Wortlauts des Gesellschaftsvertrags und der Notarbescheinigung siehe A 108. Für die vom Notar an das zuständige Finanzamt (Körperschaftsteuerstelle, § 20 AO) nach § 54 EStDV amtswegig zu übersendende beglaubigte Abschrift fällt keine Beglaubigungsgebühr nach KV 25102 GNotKG an, dafür jedoch die Dokumentenpauschale nach KV 32001 Nr. 1 GNotKG.

TEXT DER ANMELDUNG | Bei a) Beschluss der Gesellschafterversammlung.

M 108a.1   Anmeldung der Schaffung eines genehmigten Kapitals bei GmbH

In der Registersache der Firma

... (genaue Bezeichnung der Firma)

melden wir als Geschäftsführer der Gesellschaft Folgendes zur Eintragung in das Handelsregister an:

Änderung des Gesellschaftsvertrages (Genehmigtes Kapital):

Die Gesellschafterversammlung hat am ... (Datum) beschlossen, § ... (Zahl) des Gesellschaftsvertrages zur Schaffung genehmigten Kapitals durch einen Absatz ... (Zahl) zu ergänzen.

Verweisungen:

Die Einzelheiten der Änderung des Gesellschaftsvertrages ergeben sich aus dem notariellen Protokoll über die oben genannten Gesellschafterversammlung der Gesellschaft, Urkunde des Notars ... (Name, Dienstort und Urkundenrolle). Auf dieses Protokoll wird verwiesen.

Urkundenvorlage:

Dieser Anmeldung wird beigefügt:

– Elektronisch beglaubigte Abschrift des oben genannten notariellen Protokolls

– vollständiger Wortlaut der geänderten Satzung mit Notarbescheinigung gemäß § 54 Abs. 1 Satz 2 GmbHG (vgl. A 173).

*Die Geschäftsräume der Gesellschaft befinden sich in ... (PLZ, Ort und Straße mit Hausnummer); dies ist auch die inländische Geschäftsanschrift i.S.v. § 10 Abs. 1 Satz 1 GmbHG. (Ggf. **zusätzlich:** Empfangsberechtigte Person für Willenserklärungen und Zustellungen i.S.v. § 10 Abs. 2 Satz 2 GmbHG ist ... (Name, Vorname, inländische postalische Adresse))*

(Unterschriftsbeglaubigung der Geschäftsführer in vertretungsberechtigter Anzahl wie bei A 162 (M 162.1))

TEXT DER ANMELDUNG | Bei b) Durchführung der Kapitalerhöhung und der Satzungsanpassung.

M 108a.2 Anmeldung der Durchführung eines genehmigten Kapitals bei GmbH

In der Registersache der Firma

... (genaue Bezeichnung der Firma)

melden wir als Geschäftsführer der Gesellschaft Folgendes zur Eintragung in das Handelsregister an:

Durchführung der Kapitalerhöhung:

Die Gesellschafterversammlung der Gesellschaft hat am ... (Datum) die Geschäftsführung ermächtigt, bis ... (Datum) das Stammkapital der Gesellschaft von ... (Zahl) Euro um ... (Zahl) Euro auf ... (Zahl) Euro durch Ausgabe neuer Geschäftsanteile gegen Geld- oder Sacheinlagen einmalig oder mehrmals zu erhöhen. Diese Änderung des Gesellschaftsvertrages wurde am ... (Datum) im Handelsregister eingetragen.

Auf Grund der der Geschäftsführung erteilten Ermächtigung in § ... (Zahl) (Stammkapital) des Gesellschaftsvertrages ist die Erhöhung des Stammkapitals um ... (Zahl) Euro auf ... (Zahl) Euro durchgeführt worden. Auf das erhöhte Stammkapital sind neue Geschäftsanteile geschaffen, eingeteilt in ... (Zahl) Geschäftsanteile mit den Nummern ... (Zahl) zu je ... (Zahl) Euro gegen Barzahlung zum Ausgabekurs von ... (Zahl) % mit Gewinnberechtigung ab ... (Datum).

Satzungsanpassung:

Durch Beschluss der Geschäftsführung vom ... (Datum) ist der Gesellschaftsvertrag in § ... (Zahl) (Stammkapital) entsprechend der Kapitalerhöhung neu gefasst mit Wirkung vom Zeitpunkt der Eintragung der Durchführung der Kapitalerhöhung ins Handelsregister.

Wir melden die von der Geschäftsführung aufgrund der ihr erteilten Ermächtigung beschlossene Satzungsänderung zur Eintragung in das Handelsregister an. Wegen des genauen Wortlauts der Satzungsänderung wird auf das beiliegende Protokoll der Geschäftsführung verwiesen.

Versicherung:

Nach Belehrung über die Strafbarkeit einer wissentlich falschen Versicherung (§ 82 GmbHG) versichert der Geschäftsführer (bei mehreren jeder für sich), dass

a) die ursprünglichen Geschäftsanteile voll in bar einbezahlt sind,

b) auf jeden neuen Geschäftsanteil mindestens 25% des Nennbetrags in bar einbezahlt sind, im Einzelnen wie folgt: von dem Gesellschafter ... (Name) ein Betrag von Euro ... (Zahl) auf Geschäftsanteil Nr. ... (Zahl) von dem Gesellschafter ... (Name) ein Betrag von Euro ... (Zahl) auf Geschäftsanteil Nr. ... (Zahl) und sich die geleisteten Beträge endgültig in der freien Verfügung der Geschäftsführung befinden und auch in der Folge nicht an den Einleger zurückgezahlt worden sind.

Weiter versichert die Geschäftsführung, dass die Voraussetzungen der §§ 7 und 8 GmbHG erfüllt sind.

Urkundenvorlage:

Dieser Anmeldung wird beigefügt:

1. Elektronisch beglaubigte Abschrift des Beschlusses der Geschäftsführung vom ... (Datum) über die Ausgabe neuer Geschäftsanteile

2. elektronisch beglaubigte Abschrift der Übernahmeerklärung der Übernehmer von neuen Geschäftsanteilen,

3. elektronisch beglaubigte Abschrift/einfache elektronische Aufzeichnung (wenn Unterschrift sichtbar) der Liste der Personen, welche die neuen Geschäftsanteile übernommen haben, unter Angabe der übernommenen Nennbeträge, unterschrieben von allen Geschäftsführern (§ 57 Abs. 3 Nr. 2 GmbHG), und eine elektronisch beglaubigte Abschrift der berichtigten Liste (Komplettliste) des Urkundsnotars samt seiner Bescheinigung, § 40 Abs. 2 GmbHG, (Text der Listen siehe A 179 (M 179.1), A 180 (M 180.1))

4. elektronisch beglaubigte Abschrift des vollständigen Wortlauts des Gesellschaftsvertrages nebst Bescheinigung des Notars gemäß § 54 Abs. 1 Satz 2 GmbHG,

5. ggf. jetzt schon elektronisch beglaubigte Abschrift der Gesellschafterliste mit Bescheinigung nach § 40 Abs. 2 GmbHG. (siehe A 103 (M 103.1), A 179 (M 179.1))

*Die Geschäftsräume der Gesellschaft befinden sich in ... (PLZ, Ort und Straße mit Hausnummer); dies ist auch die inländische Geschäftsanschrift i.S.v. § 10 Abs. 1 Satz 1 GmbHG. (Ggf. **zusätzlich:** Empfangsberechtigte Person für Willenserklärungen und Zustellungen i.S.v. § 10 Abs. 2 Satz 2 GmbHG ist ... (Name, Vorname, inländische postalische Adresse))*

(Unterschriftsbeglaubigung wie bei A 161 (M 161.1) bzw. A 162 (M 162.1))

(Bescheinigung gemäß § 54 GmbHG wie bei A 111 (M 111.1), A 173 (M 173.1) (M 173.2))

109. Kapitalerhöhung ohne Einzahlungen aus Gesellschaftsmitteln

HINWEISE | Die Kapitalerhöhung erfolgt ohne Einzahlungen aus offenen freien Rücklagen nach §§ 57c bis o GmbHG, also nominell. Eine Unternehmergesellschaft (haftungsbeschränkt) (UG) kann die nach dem Gesetz zu bildenden Rücklagen nur zwecks Kapitalerhöhung aus Gesellschaftsmitteln u.a. verwenden (§ 5a Abs. 3 GmbHG; siehe A 91c).

Der Kapitalerhöhungsbeschluss muss angeben, ob die Erhöhung durch Bildung neuer Anteile oder durch Erhöhung des Nennbetrages der bisherigen Anteile durchgeführt werden soll (§ 57h Abs. 2 GmbHG).

Die der Erhöhung zugrunde gelegte Bilanz muss die umgewandelten Rücklagen ausweisen und von einem Wirtschaftsprüfer oder vereidigten Buchprüfer (Steuerberater genügt nicht) mit dem uneingeschränkten Bestätigungsvermerk versehen sein (§§ 57d–f GmbHG), bei kleiner Kapitalgesellschaft reicht Bilanz, die den Anforderungen des § 57f Abs. 2 Satz 1 GmbHG genügt (OLG Hamm v. 6.7.2010 – 15 W 334/09, GmbHR 2010, 984). Geprüfte Bilanz muss bei der Beschlussfassung über die Kapitalerhöhung zugrunde gelegt werden.

Die Kapitalerhöhung kann erst beschlossen werden, nachdem der Jahresabschluss für das letzte vor der Beschlussfassung abgelaufene Geschäftsjahr festgestellt und über die Gewinnverteilung für dieses Geschäftsjahr Beschluss gefasst ist (§ 57c Abs. 2 GmbHG). Die Kapitalerhöhung wird ausgeführt durch Erhöhung des Nennbetrages der Geschäftsanteile, und zwar um jeden durch volle Euro teilbaren Betrag.

Die Anmeldung muss innerhalb von acht Monaten nach dem Stichtag der zugrunde gelegten, geprüften Bilanz zum Registergericht eingegangen sein (§§ 57e Abs. 1, 57f Abs. 1 GmbHG).

Fristüberschreitung wird nicht zugelassen (B § 57i GmbHG). Fristwahrung bei Doppelsitz: KG Berlin v. 20.2.1973 – 1 W 522/72, NJW 1973, 1201.

Kapitalerhöhung im Wege des offen gelegten „Ausschüttungs-Rückhol-Verfahrens": B § 56 GmbHG Nr. 5 und 7.

WER MUSS ANMELDEN | Alle Geschäftsführer (§ 78 GmbHG); Vertretung nicht zulässig; Frist für Anmeldung siehe Hinweise.

KOSTEN BEIM GERICHT | Gebühr für Eintragung der Kapitalveränderung 70 Euro (GVHR 2500). Änderung der Stammkapitalziffer als Satzungsänderung und die Tatsache der Kapitalveränderung betreffen eine Tatsache; bei zusätzlichen Änderungen des Gesellschaftsvertrages siehe A 111.

Gebühr für Entgegennahme der einzureichenden Komplettliste nach § 40 Abs. 2 GmbHG 30 Euro (GVHR 5002). Für die Entgegennahme der nach § 57 Abs. 3 Nr. 2 GmbHG einzureichenden Erhöhungsliste (Übernehmerliste) wird – wegen Fehlens eines Gebührentatbestandes – keine Gebühr erhoben.

KOSTEN BEIM NOTAR | Geschäftswert der Anmeldung: Erhöhungsbetrag, mindestens 30 000 Euro (§ 105 Abs. 1 Satz 1 Nr. 3, Satz 2 GNotKG). Anmeldung der Kapitalerhöhung und entsprechende Satzungsänderung sind gegenstandsgleich (notwendige Erklärungseinheit i.S.v. § 111 Nr. 3 GNotKG), nicht aber sonstige Satzungsänderungen. Höchstgeschäftswert der Anmeldung nach § 106 GNotKG 1 Million Euro.

1. Beurkundung des Kapitalerhöhungsbeschlusses:

   2,0-Beurkundungsgebühr nach KV 21100 GNotKG aus Erhöhungsbetrag für Erhöhungsbeschluss, mindestens 30 000 Euro, höchstens 5 Millionen Euro (§ 108 Abs. 1 Satz 1, Abs. 5, § 105 Abs. 1 Satz 1 Nr. 3, Satz 2 GNotKG).

   Ggf. 0,5-Vollzugsgebühr (KV 22110 mit Vorbem. 2.2.1.1 Abs. 1 Satz 2 Nr. 3 bis 5 GNotKG) aus Geschäftswert des Beurkundungsverfahrens (§ 112 GNotKG) für Fertigung der Komplettliste nach § 40 GmbHG und für weitere Vollzugstätigkeiten.

   Ggf. nur *0,5-Vollzugsgebühr* (KV 22113, 22110 GNotKG mit Vorbem. 2.2.1.1 Abs. 1 Satz 2 Nr. 3 GNotKG), höchstens 250 Euro, aus Geschäftswert des Beurkundungsverfahrens (§ 112 GNotKG), wenn der Notar lediglich die Gesellschafterliste nach § 40 GmbHG fertigt.

   0,5-Betreuungsgebühr (KV 22200 Anm. Nr. 6 GNotKG) für Bescheinigung nach § 40 GmbHG, weil Bescheinigung auftragsgemäß erst erteilt werden kann, nachdem der Notar die Eintragung der Kapitalveränderung und die Richtigkeit der Eintragung im Handelsregister geprüft hat, also Umstände außerhalb der Urkunde zu prüfen sind (Wirksamkeitsbescheinigung), so z.B. auch für Vorliegen einer kartellrechtlichen oder familiengerichtlichen Genehmigung, Zustimmungen. Betreuungsgebühr aus Geschäftswert des zugrunde liegenden Beurkundungsverfahrens (§ 113 GNotKG).

   Auslagen: KV 32001 Nr. 2 GNotKG Dokumentenpauschale – Papier (s/w) 0,15 Euro je Seite für Abschriften von Erhöhungsbeschlussurkunde, Gesellschafterliste.

   KV 32005 GNotKG Auslagenpauschale Post/Telekommunikation 20% der Gebühren des Verfahrens bzw. Geschäfts, höchstens 20 Euro, oder Einzelnachweis nach KV 32004 GNotKG.

   KV 32011 GNotKG (je Einsicht 4,50 Euro nach KV 1140 JVKostG) Auslagenersatz für vom Notar genommene Einsicht in das Handelsregister; für den Ausdruck keine Dokumentenpauschale nach KV 32001 Nr. 1 GNotKG.

   KV 32014 GNotKG Umsatzsteuer auf die Kosten.

   Für die vom Notar an das zuständige Finanzamt (Körperschaftsteuerstelle, § 20 AO) nach § 54 EStDV amtswegig zu übersendende beglaubigte Abschrift fällt keine *Beglaubigungsgebühr* nach KV 25102 GNotKG an, dafür jedoch die Dokumentenpauschale nach KV 32001 Nr. 1 GNotKG.

2. Beurkundung der Anmeldung bzw. Entwurf mit Unterschriftsbeglaubigung:

   0,5-Beurkundungsgebühr nach KV 21201 Nr. 5, 24102 GNotKG, § 92 Abs. 2, § 119 GNotKG aus Geschäftswert der Anmeldung. Gebühr umfasst Anmeldung der Satzungsänderung und der Kapitalerhöhung; Gebühr umfasst weiter Versicherung der Geschäftsführung zum Vermögenserhalt (§ 57i Abs. 1 Satz 2 GmbHG), notwendiger Erklärungsinhalt, gegenstandsgleich i.S.v. § 111 Nr. 3 GNotKG, sofern die Anmeldung vom Notar beurkundet oder entworfen wurde.

   Gesonderte 0,3-Vollzugsgebühr nach KV 22114 GNotKG, höchstens 250 Euro, für XML-Strukturdatei aus Geschäftswert der Anmeldung (§ 112 GNotKG); für die Übermittlung der XML-Datei fällt keine Dokumentenpauschale an.

Nach KV 25102 Abs. 2 Nr. 1 GNotKG sind beglaubigte Abschriften von Dokumenten, die der Notar aufgenommen oder entworfen hat, vom Anwendungsbereich der *Beglaubigungsgebühr* ausgenommen; es fällt deshalb keine Beglaubigungsgebühr nach KV 25102 GNotKG an, wenn der Notar eine von ihm entworfene und unterschriftsbeglaubigte Handelsregisteranmeldung im Zuge der Registereinreichung elektronisch beglaubigt.

Auslagen: KV 32000 GNotKG Dokumentenpauschale – Papier (s/w) für die ersten 50 Seiten je Seite 0,50 Euro, bei Entwurfsfertigung mit Unterschriftsbeglaubigung ist KV 32001 Nr. 3 GNotKG nicht einschlägig.

KV 32002 GNotKG Dokumentenpauschale – Daten (z.B. für Registeranmeldung, Erhöhungsbeschluss, Gesellschafterliste, Wortlaut des neuen Gesellschaftsvertrags nach § 54 GmbHG, Vollmachten, Genehmigungen, Bilanz, sonstige Beilagen) je Datei 1,50 Euro (bis 3 Dateien), maximal jedoch 5 Euro (ab 4 Dateien), aber nicht weniger als nach KV 32000 GNotKG, also 0,50 Euro für die ersten 50 gescannten Seiten und 0,15 Euro für jede weitere gescannte Seite. Fraglich ist, ob ein Einzelvergleich jeder Datei mit der Zahl der eingescannten Seiten vorzunehmen ist, so *BDS/Diehn*, Nr. 32002 Rz. 17 GNotKG, oder ob ein Vergleich der Summe für die Dateianhänge mit der Summe aller eingescannten Seiten vorzunehmen ist, so *Korintenberg/Tiedtke*, Nr. 32002 Rz. 3 GNotKG.

KV 32005 GNotKG Auslagenpauschale Post/Telekommunikation 20% der Gebühren des Verfahrens bzw. Geschäfts, höchstens 20 Euro, oder Einzelabrechnung nach KV 32004 GNotKG.

KV 32014 GNotKG Umsatzsteuer auf die Kosten.

3. Unterschriftsbeglaubigung zur Anmeldung ohne Entwurfsfertigung durch Notar:

0,2-Beglaubigungsgebühr nach KV 25100, § 121 GNotKG aus Geschäftswert der Anmeldung für Unterschriftsbeglaubigung (beachte die spezifische Höchstgebühr mit 70 Euro bei KV 25100 GNotKG).

Gesonderte 0,6-Vollzugsgebühr nach KV 22125 GNotKG, höchstens 250 Euro, für XML-Strukturdatei aus Geschäftswert der Anmeldung (§ 112 GNotKG); für die Übermittlung der XML-Datei fällt keine Dokumentenpauschale an.

Vollzugsgebühr nach KV 22124 GNotKG mit 20 Euro für Einreichung der Anmeldung beim Registergericht.

Für die *Beglaubigung von Abschriften* der Anmeldung und von beim Registergericht einzureichenden Dokumenten entsteht jeweils die 10-Euro-Mindestgebühr nach KV 25102 GNotKG (hier auch für die dem Gericht übermittelte Beglaubigung der Anmeldung, Umkehrschluss aus Abs. 2 der Anmerkung zu KV 25102 GNotKG). Nach § 12 Abs. 2 Satz 2 Halbs. 1 HGB ist die Beglaubigung von beim Registergericht einzureichenden Dokumenten in bestimmten Fällen nicht erforderlich (vgl. oben 2. Abs. 3).

Auslagen: Für unbeglaubigte Kopien KV 32000 GNotKG Dokumentenpauschale – Papier (s/w) für die ersten 50 Seiten je Seite 0,50 Euro.

KV 32002 GNotKG Dokumentenpauschale – Daten (z.B. für Registeranmeldung, Vollmachten, Genehmigungen, sonstige Beilagen) je Datei 1,50 Euro (bis 3 Dateien), maximal jedoch 5 Euro (ab 4 Dateien), aber nicht weniger als nach KV 32000 GNot-KG, also 0,50 Euro für die ersten 50 gescannten Seiten und 0,15 Euro für jede weitere gescannte Seite.

KV 32005 GNotKG Auslagenpauschale Post/Telekommunikation 20% der Gebühren des Verfahrens bzw. Geschäfts, höchstens 20 Euro, oder Einzelabrechnung nach KV 32004 GNotKG.

KV 32014 GNotKG Umsatzsteuer auf die Kosten.

4. Eigenurkunde des Notars:

Die Notarbescheinigung (Satzungsbescheinigung) nach § 54 GmbHG und die Zusammenstellung des Wortlauts des neuen Gesellschaftsvertrags gelten als gebührenfreie Nebengeschäfte (KV Vorbem. 2.1 Abs. 2 Nr. 4 GNotKG), allerdings nur für den Notar, der den satzungsändernden Beschluss beurkundet hat (KV Vorbem. 2.1 Abs. 2 Nr. 4 i.V.m. § 109 Abs. 2 Satz 1 Nr. 4 lit. c GNotKG), andernfalls 1,0-Gebühr nach KV 25104 GNotKG aus Teilwert je nach Arbeits-/Prüfungsaufwand von 10 bis 50%, meistens 30% des Geschäftswerts der Anmeldung (§ 113 GNotKG). Für die Satzungszusammenstellung ist die Dokumentenpauschale nach KV 32001 Nr. 1 GNotKG zu berechnen.

Für anfallende Ausdrucke und Kopien des Gesellschaftsvertrags samt Notarbescheinigung an Gesellschafter bzw. GmbH entsteht die Dokumentenpauschale KV 32001 Nr. 2 GNotKG.

TEXT DER ANMELDUNG

M 109.1　Anmeldung der Kapitalerhöhung aus Gesellschaftsmitteln bei GmbH

Die Gesellschafterversammlung hat am … (Datum) beschlossen, das Stammkapital der Gesellschaft aus Gesellschaftsmitteln von Euro … (Zahl) um Euro … (Erhöhungsbetrag) auf Euro … (neues Kapital) zu erhöhen. § … (Zahl) des Gesellschaftsvertrages ist entsprechend geändert worden.

Der Geschäftsführer versichert (bei mehreren jeder für sich), dass nach seiner Kenntnis seit dem Stichtag der Bilanz, welche der Kapitalerhöhung aus Gesellschaftsmitteln zugrunde gelegt wurde, bis zum heutigen Tage – dem Tage der Anmeldung – keine Vermögensminderung eingetreten ist, die der Kapitalerhöhung entgegenstünde, wenn sie am heutigen Tage beschlossen worden wäre.

Urkundenbeilagen:

1. *Elektronisch beglaubigte Abschrift des notariellen Protokolls über die Gesellschafterversammlung, in der die Erhöhung des Stammkapitals und die damit verbundene Änderung des Gesellschaftsvertrages beschlossen wurde,*

2. *elektronisch beglaubigte Abschrift der Liste der Personen, welche die Geschäftsanteile innehaben, (§ 40 Abs. 2 GmbHG – Komplettliste), (vgl. A 179)*

3. *elektronisch beglaubigte Abschrift des vollständigen Wortlauts des Gesellschaftsvertrages nebst Bescheinigung des Notars (§ 54 Abs. 2 Satz 1 GmbHG), (vgl. A 173)*

4. *elektronisch beglaubigte Abschrift der Bilanz, welche der Kapitalerhöhung aus Gesell-*
schaftsmitteln zugrunde gelegt wurde, mit dem Bestätigungsvermerk des Abschlussprü-
fers (und die letzte Jahresbilanz, wenn der Kapitalerhöhung eine Zwischenbilanz zugrun-
de gelegt wird).

Die Geschäftsräume befinden sich unverändert in ... (PLZ, Ort und Straße mit Hausnum-
mer); dies ist auch die inländische Geschäftsanschrift i.S.v. § 10 Abs. 1 Satz 1 GmbHG. (Ggf.
zusätzlich: *Empfangsberechtigte Person für Willenserklärungen und Zustellungen i.S.v. § 10*
Abs. 2 Satz 2 GmbHG ist ... (Name, Vorname, inländische postalische Adresse))

(Unterschriftsbeglaubigung wie bei A 161 (M 161.1) bzw. A 162 (M 162.1))

(Bescheinigung gemäß § 54 GmbHG wie bei A 111 (M 111.1), A 173 (M 173.1) (M 173.2))

109a. Kapitalerhöhung bei der Unternehmergesellschaft (haftungsbeschränkt)

HINWEISE | Kapitalerhöhungen auf Beträge von unter 25 000 Euro sind zulässig gegen Bareinlagen und aus Gesellschaftsmitteln; aber nicht zulässig gegen Sacheinlagen (B § 5a GmbHG Nr. 3). Erhöhungen auf 25 000 Euro und darüber sind zulässig gegen Bar- oder Sacheinlagen (A 108) und aus Gesellschaftsmitteln (A 109). Bei Barkapitalerhöhungen auf mindestens 25 000 Euro Stammkapital besteht kein Volleinzahlungsgebot (B § 5a GmbHG Nr. 2). Erreicht das Stammkapital mit der Erhöhung 25 000 Euro, kann Rechtsformzusatz geändert werden in „GmbH". Da § 5a Abs. 5 GmbHG keine Pflicht zur Änderung der Bezeichnung festlegt, sollte der Gesellschaftsvertrag ausdrücklich durch Gesellschafterbeschluss geändert werden (A 111). Musterprotokoll kann beibehalten werden; nur Ziffer 3 ist dann zu ändern.

WER MUSS ANMELDEN | Alle Geschäftsführer, keine Vertretung zulässig.

BEIZUFÜGENDE UNTERLAGEN | Wie bei A 108.

KOSTEN BEIM GERICHT | Gebühr für Eintragung der Barkapitalerhöhung 70 Euro (GVHR 2500), für Kapitalerhöhung durch Sacheinlagen 210 Euro (GVHR 2401). Eintragung der etwaigen Änderung der Firma bzw. der Umfirmierung in eine GmbH („Rechtsformwechsel") ist Eintragung einer weiteren Tatsache mit Gebühr von 40 Euro (GVHR 2501). Bei zusätzlichen Änderungen des Gesellschaftsvertrages siehe A 111. Wegen Übernehmerliste und Komplett-Gesellschafterliste siehe A 108, A 179, A 180.

KOSTEN BEIM NOTAR | Bei „normal" gegründeter Gesellschaft und bei Gründung mit Musterprotokoll: wie bei A 108, unabhängig davon, ob die Kapitalerhöhung durch Bar- oder Sacheinlage erfolgt. Die Kapitalerhöhung ist nicht nach § 105 Abs. 6 Nr. 2 GNotKG privilegiert; es gilt nach § 108 Abs. 1 Satz 2 GNotKG der Mindestgeschäftswert von 30 000 Euro nach § 105 Abs. 1 Satz 2 GNotKG, weil Kapitalmaßnahmen von § 105 Abs. 6 Satz 1 Nr. 1 und 2 GNotKG nicht erfasst werden. Eine ggf. zusätzliche Anmeldung des „Rechtsformwechsels" in „GmbH" ist ebenfalls nicht nach § 105 Abs. 6 GNotKG privilegiert, da sich die Änderung außerhalb des gesetzlich vorgegebenen Rahmens des Musterprotokolls bewegt; die Änderung des Rechtsformzusatzes ist ein gesonderter Anmeldungstatbestand, es liegt keine notwendige Erklärungseinheit i.S.v. § 111 Nr. 3 GNot-KG vor (siehe bei A 111, A 111a; dazu auch Gutachten DNotI-Report 2010, 217; *Tiedtke*, RENOpraxis 2010, 267); GW 1% des Stammkapitals, mindestens aber 30 000 Euro, höchstens 1 Million Euro (§ 105 Abs. 4 Nr. 1, § 106 GNotKG).

TEXT DER ANMELDUNG

M 109a.1   Anmeldung der Kapitalerhöhung einer UG (haftungsbeschränkt) auf 25000 Euro mit neuem Gesellschaftsvertrag

Bei Bareinlagen:

Zur Eintragung in das Handelsregister wird angemeldet:

Durch Beschluss der Gesellschafterversammlung vom … (Datum) ist das Stammkapital der Gesellschaft von Euro … (Zahl) um Euro … (Erhöhungsbetrag) auf Euro … (neues Kapital) erhöht.

Das Musterprotokoll ist durch einen neu gefassten Gesellschaftsvertrag ersetzt worden. (genauer Wortlaut ergibt sich aus dem beigefügten notariellen Protokoll) oder alternativ: Beschlossen wurden folgende Änderungen:

– Die Firma lautet infolge Änderung des Rechtsformzusatzes durch § … (Zahl) des Gesellschaftsvertrages: … (Firma mit Rechtsformzusatz GmbH)

– Die Vertretungsregelung wurde durch § … (Zahl) des Gesellschaftsvertrages geändert:

Die Gesellschaft hat einen oder mehrere Geschäftsführer.

Ist nur ein Geschäftsführer bestellt, so vertritt dieser die Gesellschaft allein.

Sind mehrere Geschäftsführer bestellt, so wird die Gesellschaft durch zwei Geschäftsführer gemeinsam oder durch einen Geschäftsführer in Gemeinschaft mit einem Prokuristen vertreten.

Der Umfang der Vertretungsbefugnis der Geschäftsführung ist gegenüber Dritten stets unbeschränkt.

Weitere Änderung betreffend die in § 10 GmbHG bezeichneten Angaben liegen nicht vor.

Der im Musterprotokoll bestellte Geschäftsführer … (Familienname) ist berechtigt, die Gesellschaft stets allein zu vertreten und kann als Geschäftsführer mit sich im eigenen Namen oder als Vertreter eines Dritten Rechtsgeschäfte vornehmen (Befreiung von den Beschränkungen des § 181 BGB).

Nach Belehrung über die Strafbarkeit einer wissentlich falschen Versicherung (§ 82 GmbHG) versichert der Geschäftsführer (bei mehreren jeder für sich), dass

a) die ursprünglichen Geschäftsanteile voll in bar einbezahlt sind,

b) auf jeden neuen Geschäftsanteil mindestens 50% des Nennbetrags in bar einbezahlt sind, im Einzelnen wie folgt: von dem Gesellschafter … (Familienname) ein Betrag von Euro … (Zahl) auf Geschäftsanteil Nr. … (Zahl) von dem Gesellschafter … (Name) ein Betrag von Euro … (Zahl) auf Geschäftsanteil Nr. … (Zahl) und sich die geleisteten Beträge endgültig in der freien Verfügung der Geschäftsführung befinden und auch in der Folge nicht an den Einleger zurückgezahlt worden sind.

Urkundenbeilagen:

1. *Elektronisch beglaubigte Abschrift des notariellen Protokolls über die Gesellschafterversammlung, in der die Erhöhung des Stammkapitals, die damit verbundene Änderung des Gesellschaftsvertrages und die abweichende Vertretungsbefugnis des Geschäftsführer festgelegt wurde,*

2. *elektronisch beglaubigte Abschrift der Übernahmeerklärung des Übernehmers von neuen Geschäftsanteilen (§ 55 GmbHG),*

3. *elektronisch beglaubigte Abschrift/einfache elektronische Aufzeichnung (wenn Unterschrift sichtbar) der Liste der Personen, welche die neuen Geschäftsanteile übernommen haben unter Angabe der übernommenen Nennbeträge, unterschrieben von allen Geschäftsführern (§ 57 Abs. 3 Nr. 2 GmbHG), (siehe A 180)*

4. *elektronisch beglaubigte Abschrift des vollständigen Wortlauts des Gesellschaftsvertrages nebst Bescheinigung des Notars (§ 54 Abs. 1 Satz 2 GmbHG), (siehe A 174)*

5. *ggf. jetzt schon elektronisch beglaubigte Abschrift der Gesellschafterliste mit Bescheinigung nach § 40 Abs. 2 GmbHG; siehe A 104, A 108, A 179.*

Bei Sacheinlagen: (zusätzliche Anlagen und andere Versicherung, siehe auch A 108 (M 108.1))

Vorgelegt wird: wie oben bei der Bareinlage zu 1. bis 4. bzw. 5. und zusätzlich

– *elektronisch beglaubigte Abschrift der Verträge, die den Festsetzungen nach § 56 GmbHG zugrunde liegen, also zur Bewertung und Ausführung der Sacheinlagen abgeschlossen worden sind, und elektronisch beglaubigte Abschrift der Unterlagen über den Wert der Sacheinlagen (§ 57 Abs. 3 Nr. 3 GmbHG) sowie ggf. Sachkapitalerhöhungsbericht.*

Nach Belehrung über die Strafbarkeit einer wissentlich falschen Versicherung (§ 82 GmbHG) versichert der Geschäftsführer (bei mehreren jeder für sich), dass

a) *die ursprünglichen Geschäftsanteile voll in bar eingezahlt sind und sich endgültig in der freien Verfügung der Geschäftsführung befinden,*

b) *die Sacheinlagen auf das neue Stammkapital auf die Gesellschaft übertragen sind und sich endgültig in der freien Verfügung der Geschäftsführung befinden und auch in der Folge nicht an den Einleger zurück übertragen worden sind.*

Jeweils: *Die Geschäftsräume befinden sich unverändert in ... (PLZ, Ort und Straße mit Hausnummer); dies ist auch die inländische Geschäftsanschrift i.S.v. § 10 Abs. 1 Satz 1 GmbHG. (Ggf. zusätzlich: Empfangsberechtigte Person für Willenserklärungen und Zustellungen i.S.v. § 10 Abs. 2 Satz 2 GmbHG ist ... (Name, Vorname, inländische postalische Adresse))*

(Unterschriftsbeglaubigung wie bei A 161 (M 161.1) bzw. A 162 (M 162.1))

(Bescheinigung gemäß § 54 GmbHG wie bei A 174 (M 174.2))

110. Herabsetzung des Stammkapitals

HINWEISE | Die Kapitalherabsetzung dient entweder dazu, eine bestehende Unterbilanz zu beseitigen (Sanierungsherabsetzung) oder die Ausschüttung von Gesellschaftsvermögen an die Gesellschafter zu ermöglichen; was jeweils bezweckt ist, ist im Beschluss anzugeben (B § 58 GmbHG Nr. 1).

Bekanntmachung des Beschlusses in den Gesellschaftsblättern erforderlich (§ 58 Abs. 1 Nr. 1 GmbHG).

Anmeldung der Kapitalherabsetzung ist erst im Jahr nach der Bekanntmachung des Beschlusses möglich; erst danach wird die Herabsetzung wirksam.

Gläubigeraufruf, Anspruch der Gläubiger auf Befriedigung oder Sicherheitsleistung und Sperrjahr entfallen bei der vereinfachten Kapitalherabsetzung. Sie dient dem Ausgleich von Wertminderungen und der Deckung sonstiger Verluste, wobei die Unterbilanz glaubhaft zu machen ist; §§ 58a–f GmbHG.

Kapitalherabsetzung kann mit einer Kapitalerhöhung verbunden werden; §§ 58a Abs. 4, 58f GmbHG.

Zur Versicherung nach § 58 Abs. 1 Nr. 4: B § 58 GmbHG Nr. 3 und 4.

Herabsetzung während der Liquidation? Siehe B § 58 GmbHG Nr. 2.

Keine Kapitalherabsetzung von regulärer GmbH auf UG.

WER MUSS ANMELDEN | Alle Geschäftsführer; Vertretung nicht zulässig.

KOSTEN BEIM GERICHT | Gebühr für Eintragung der Kapitalherabsetzung 70 Euro (GVHR 2500). Hinzu Gebühr für Entgegennahme der nach § 40 GmbHG einzureichenden Gesellschafterliste 30 Euro (GVHR 5002). Änderung der Stammkapitalziffer als Satzungsänderung und die Tatsache der Kapitalveränderung betreffen eine Tatsache, § 2 Abs. 3 Nr. 4 HRegGebV. Bei zusätzlichen Änderungen des Gesellschafsvertrages siehe A 111.

KOSTEN BEIM NOTAR | Geschäftswert der Anmeldung: Nennbetrag des Herabsetzungsbetrags, mindestens 30 000 Euro (§ 105 Abs. 1 Satz 1 Nr. 3, Satz 2 GNotKG), höchstens 1 Million Euro (§ 106 GNotKG). Anmeldung der Kapitalherabsetzung und entsprechende Satzungsänderung sind gegenstandsgleich, nicht aber sonstige Satzungsänderungen. Gebühren und Auslagen wie bei A 109; Gebühr umfasst auch Versicherung der Geschäftsführung zur Gläubigerbefriedigung (notwendiger Erklärungsinhalt, gegenstandsgleich i.S.v. § 111 Nr. 3 GNotKG). Für die vom Notar an das zuständige Finanzamt (Körperschaftsteuerstelle, § 20 AO) nach § 54 EStDV amtswegig zu übersendende beglaubigte Abschrift fällt keine Beglaubigungsgebühr nach KV 25102 GNotKG an, dafür jedoch die Dokumentenpauschale nach KV 32001 Nr. 1 GNotKG.

TEXT DER ANMELDUNG

M 110.1   Anmeldung der Kapitalherabsetzung bei GmbH

Die Gesellschafterversammlung hat am ... (Datum) beschlossen, das Stammkapital der Gesellschaft von Euro ... (Zahl) um Euro ... (Zahl) auf Euro ... (Zahl) herabzusetzen.

Der § ... (Zahl) der Gesellschaftssatzung wurde entsprechend geändert.

Die Kapitalherabsetzung erfolgte zum Zweck

0 der Rückzahlung von Einlagen

0 der Beseitigung des angefallenen Verlustvortrages, welcher in der Bilanz zum ... (Bilanzstichtag) mit einem Betrag von Euro ... (Zahl) ausgewiesen ist

0 der Bildung einer Rücklage; eine Rückzahlung von Einlagen erfolgte nicht

0 des Erlasses der Einlageschuld der Gesellschafter für noch nicht voll eingezahlte Geschäftsanteile

0 der Beseitigung eigener Anteile.

Versicherung (entfällt bei vereinfachter Kapitalherabsetzung)

Nach Belehrung durch den Notar über die Strafbarkeit einer wissentlich falschen Versicherung (§ 82 GmbHG) wird von der Geschäftsführung versichert, dass diejenigen Gläubiger, die sich bei der Gesellschaft gemeldet haben und der Kapitalherabsetzung nicht zugestimmt haben, befriedigt oder sichergestellt worden sind.

Urkundenbeilagen

Dieser Anmeldung liegt bei

– elektronisch beglaubigte Abschrift des notariellen Protokolls über die Herabsetzung des Stammkapitals und die damit verbundene Änderung der Satzung

– elektronisch beglaubigte Abschrift des vollständigen Wortlauts des Gesellschaftsvertrages nebst Bescheinigung des Notars gemäß § 54 GmbHG

– elektronisch beglaubigte Abschrift des Belegexemplars über die Bekanntmachung des Kapitalherabsetzungsbeschlusses (entfällt bei vereinfachter Kapitalherabsetzung)

– elektronisch beglaubigte Abschrift der berichtigten Liste der Gesellschafter durch den Notar samt seiner Bescheinigung (§ 40 Abs. 2 GmbHG – Komplettliste) mit Vermerk, dass Änderungen wirksam werden mit Eintragung

Die Geschäftsräume befinden sich unverändert in ... (PLZ, Ort und Straße mit Hausnummer); dies ist auch die inländische Geschäftsanschrift i.S.v. § 10 Abs. 1 Satz 1 GmbHG. (Ggf. **zusätzlich:** *Empfangsberechtigte Person für Willenserklärungen und Zustellungen i.S.v. § 10 Abs. 2 Satz 2 GmbHG ist ... (Name, Vorname, inländische postalische Adresse))*

(Unterschriftsbeglaubigung wie bei A 161 (M 161.1) bzw. A 162 (M 162.1))

(Bescheinigung gemäß § 54 GmbHG wie bei A 111 (M 111.1), A 173 (M 173.1) (M 173.2))

(Änderungsliste gemäß § 40 Abs. 2 GmbHG wie bei A 179 (M 179.1))

111. Andere Änderungen des Gesellschaftsvertrages einschließlich Neufassung

HINWEISE | Beurkundung des Gesellschafterbeschlusses entweder nach §§ 8 ff. BeurkG, so dass Notar sich nach §§ 12, 17, 18 BeurkG Gewissheit verschaffen muss über das Stimmrecht der Beteiligten auf der Grundlage der aktuellen Gesellschafterliste (vgl. A 104) und über die Vertretungsbefugnis von Bevollmächtigten und Organen. Oder Beurkundung als Tatsachenwahrnehmung nach §§ 36, 37 BeurkG, bei der Notar lediglich etwaige Nichtigkeitsgründe auszuschließen hat. Selbst das entfällt weitestgehend, wenn bei der Beurkundung nach §§ 36, 37 BeurkG ein Versammlungsleiter das Ergebnis der Beschlussfassung feststellt und verkündet; Gesellschafterbeschluss erwächst in Bestandskraft (B § 48 GmbHG). Änderung des Gesellschaftsvertrages wird erst mit Eintragung wirksam (§ 54 Abs. 3 GmbHG).

Bei Änderung des Gegenstandes, der jetzt eine gewerberechtliche Genehmigung voraussetzt, ist die Erlaubnis dem Registergericht nicht mehr einzureichen; Ausnahme nach §§ 32, 43 KWG. Änderung des Gegenstandes ohne entsprechende Satzungsänderung: B § 3 GmbHG Nr. 8.

Bei Firmenänderungen ist § 4 GmbHG zu beachten (B § 4 GmbHG Nr. 7). Änderungen des Gesellschaftsvertrages über das Geschäftsjahr nur zulässig, wenn dieses noch nicht abgelaufen ist (B § 53 GmbHG Nr. 3). Wegfall der Klausel über Gründungskosten regelmäßig erst nach fünf bzw. zehn Jahren (B § 53 GmbHG Nr. 4); insoweit besondere Vorsicht bei Ersetzung des Musterprotokolls durch neuen Gesellschaftsvertrag.

Auch Änderungen der Fassung sind Satzungsänderungen.

Zur ordnungsmäßigen Einberufung der Gesellschafterversammlung bei Satzungsänderungen siehe B § 51 GmbHG Nr. 1–3.

Vertretung durch Bevollmächtigte aufgrund formfreier Vollmacht, auch Genehmigung (B § 47 GmbHG Nr. 2–3). Nachweis der Vollmacht in Textform dient nur der Legitimation im Innenverhältnis und ist keine Wirksamkeitsvoraussetzung (B § 47 GmbHG Nr. 1).

Prüfungsrecht des Registergerichts: B § 53 GmbHG Nr. 1 und 2, § 26 FamFG; zum Prüfungsumfang bei verändertem Gesellschafterbestand vgl. A 104.

Änderung des Gesellschaftsvertrages in der Abwicklung unzulässig, wenn dies dem Zweck der Abwicklung widerspricht (BGH v. 23.5.1957 – II ZR 250/55, BGHZ 24, 286 und BayObLG v. 12.1.1995 – 3 ZBR 314/94, DNotZ 1995, 975 = GmbHR 1995, 532). Zu den Befugnissen des Insolvenzverwalters: Einl. Rz. 37 f.

Sperre des Handelsregisters für Änderung des Gesellschaftsvertrages bei fehlender Regelung über die Gewinnverwendung siehe BGH v. 26.9.1988 – II ZR 34/88, GmbHR 1989, 72 und OLG Hamm v. 3.4.1989 – 15 W 475/87, GmbHR 1989, 420.

Änderungen des Gesellschaftsvertrages, die Eintragungen nach § 10 GmbHG betreffen, sind in der Anmeldung schlagwortartig zu benennen (§ 54 Abs. 2 GmbHG); das gilt auch bei Neufassung des Gesellschaftsvertrages (B § 54 GmbHG Nr. 2 und 3). Auch bei vollständiger Neufassung des Gesellschaftsvertrages ist gesondert eine Fassung nebst

Bescheinigung des Notars nach § 54 Abs. 1 Satz 2 GmbHG einzureichen (vgl. B § 54 GmbHG Nr. 1).

Die Gesellschafter können durch Beschluss auch eine Regelung treffen, die vom Gesellschaftsvertrag abweicht (sog. Satzungsdurchbrechung); z.b. Abweichung gegenüber Gesellschaftsvertrag in Bezug auf Amtszeit der Aufsichtsratsmitglieder oder abweichende Gewinnverwendungsbeschlüsse. Satzungsdurchbrechung bedarf der notariellen Beurkundung entsprechend §§ 53 f. GmbHG. Zumindest für Satzungsdurchbrechungen mit Dauerwirkung ist zur Wirksamkeit auch Eintragung in das Handelsregister erforderlich (B § 53 GmbHG Nr. 9 und 10).

Änderungen des Musterprotokolls: A 111a; zur Satzungsbescheinigung A 174.

Zur Form der Bescheinigung: B § 12 Abs. 2 HGB, zum Inhalt A 178.

Änderung der Firma oder Änderung des Unternehmensgegenstandes können ein Indiz sein für eine wirtschaftliche Neugründung, die gegenüber dem Registergericht offen zu legen ist. Die Vorschriften über die Kapitalaufbringung und den -erhalt werden entsprechend angewendet (vgl. A 101).

Anmeldung durch Eigenurkunde sowie Korrektur und Rücknahme mittels gesiegeltem Notarschreiben: Einl. Rz. 39 f. und B § 378 FamFG.

WER MUSS ANMELDEN | Die Geschäftsführer in der zur Vertretung erforderlichen Zahl.

KOSTEN BEIM GERICHT | Gebühr für Eintragung der Tatsache der Änderung der Satzung 70 Euro (GVHR 2500). Mehrere Änderungen der Satzung werden als eine Tatsache berücksichtigt, § 2 Abs. 3 Nr. 3 HRegGebV, sofern sie nicht die Änderung eingetragener Angaben betreffen, wie Änderung der Firma, des Sitzes und der Zeitdauer der Gesellschaft, des Gegenstandes des Unternehmens, der – abstrakten – Vertretungsbefugnis der Geschäftsführung (§ 10 GmbHG). Bei einer kompletten Neufassung des Gesellschaftsvertrages einschl. der gesondert einzutragenden Änderung von Firma, Gegenstand, Kapital oder abstrakter Vertretungsregelung können demnach mehrere Gebührentatsachen vorliegen, eine Eintragung löst die Gebühr nach GVHR 2501, die weitere aufgrund derselben Anmeldung jeweils eine Gebühr nach GVHR 2501 aus.

KOSTEN BEIM NOTAR | Geschäftswert der Anmeldung: 1% des eingetragenen Stammkapitals, mindestens 30 000 Euro und höchstens 1 Million Euro (§ 105 Abs. 4 Nr. 1, § 106 GNotKG). Die Änderung mehrerer Bestimmungen der Satzung wird als ein Anmeldungsgegenstand betrachtet, allerdings nur insoweit, als keine gesonderte Anmeldepflicht besteht (eine solche besteht nach § 10 GmbHG bei einer Änderung der Firma, des Sitzes und der Zeitdauer der Gesellschaft, des Gegenstandes des Unternehmens, der – abstrakten – Vertretungsbefugnis der Geschäftsführung). Die Anmeldung einer Sitzverlegung und die Anmeldung der Änderung der Geschäftsanschrift bilden keine notwendige Erklärungseinheit (wegen Möglichkeit des Auseinanderfallens von Satzungssitz und Verwaltungssitz). Anmeldung von Satzungsänderungen technischer/redaktioneller Art sind Anmeldungen ohne wirtschaftlichen Wert, ebenso die Anmeldung eines Empfangsbevollmächtigten, Geschäftswert jeweils 5 000 Euro nach § 105 Abs. 5 GNotKG, beachte dann aber die anmeldungsspezifischen Mindestgebühren von 30 Euro nach KV 21201 Nr. 5 bzw. 24102 GNotKG bzw. 20 Euro nach KV 25100 GNotKG; bei der XML-Datei

(KV 22114 bzw. 22125 GNotKG) greift der Mindestbetrag einer Gebühr mit 15 Euro nach § 34 Abs. 5 GNotKG.

1. Beurkundung des Beschlusses:

2,0-Beurkundungsgebühr nach KV 21100 GNotKG aus Summe des Beurkundungsverfahrens (§ 108 Abs. 1 Satz 1, § 109 Abs. 2 Satz 1 Nr. 4, § 105 Abs. 4 Nr. 1 GNotKG). Die Satzungsbescheinigung (auch erforderlich bei vollständiger Satzungsneufassung, vgl. Thür. OLG v. 14.9.2015 – 2 W 375/15, DNotI-Report 2015, 190 = GmbHR 2016, 487; *Grüner*, NotBZ 2015, 458) ist nach KV Vorbem. 2.1 Abs. 2 Nr. 4 GNotKG gebührenfrei, wenn derselbe Notar den Beschluss über die Satzungsänderung beurkundet hat. Die auftragsgemäße Zusammenstellung des Wortlauts der neuen Satzung durch den Notar löst keine Gebühr aus, wohl aber ist die Dokumentenpauschale für die Satzungszusammenstellung nach KV 32001 Nr. 1 GNotKG zu erheben (vgl. unten 4).

Ggf. 0,5-Vollzugsgebühr (KV 22110 mit Vorbem. 2.2.1.1 Abs. 1 Satz 2 Nr. 3 bis 5 GNotKG) aus Gesamtgeschäftswert des zugrunde liegenden Beurkundungsverfahrens (§ 112 GNotKG) für Fertigung der Liste der Gesellschafter nach § 8 Abs. 1 Nr. 3 GmbHG und für weitere Vollzugstätigkeiten wie Einholung und Prüfung einer familien-/betreuungsgerichtlichen Genehmigung.

Ggf. nur *0,5-Vollzugsgebühr*, höchstens 50 Euro (KV 22112, 22110 GNotKG mit Vorbem. 2.2.1.1 Abs. 1 Satz 2 Nr. 1 GNotKG), wenn z.B. der Notar eine IHK-Stellungnahme einholt, aus Gesamtgeschäftswert des zugrunde liegenden Beurkundungsverfahrens (§ 112 GNotKG).

Auslagen: KV 32001 Nr. 2 GNotKG Dokumentenpauschale – Papier (s/w) 0,15 Euro je Seite für Abschriften von Beschlussurkunde, Beglaubigungsvermerken.

KV 32005 GNotKG Auslagenpauschale Post/Telekommunikation 20% der Gebühren des Verfahrens bzw. Geschäfts, höchstens 20 Euro, oder Einzelnachweis nach KV 32004 GNotKG.

KV 32011 GNotKG (je Einsicht 4,50 Euro nach KV 1140 JVKostG) Auslagenersatz für vom Notar genommene Einsicht in das Handelsregister; für den Ausdruck keine Dokumentenpauschale nach KV 32001 Nr. 1 GNotKG.

KV 32011 GNotKG (je Einsicht 8,00 Euro nach KV 1151 JVKostG) für vom Notar genommene Einsicht in das Grundbuch; für den Ausdruck keine Dokumentenpauschale nach KV 32001 Nr. 1 GNotKG.

KV 32014 GNotKG Umsatzsteuer auf die Kosten.

2. Beurkundung der Anmeldung bzw. Entwurf mit Unterschriftsbeglaubigung:

0,5-Beurkundungsgebühr nach KV 21201 Nr. 5, 24102 GNotKG, § 92 Abs. 2, § 119 GNotKG aus Geschäftswert der Anmeldung.

0,3-Vollzugsgebühr, höchstens 50 Euro (KV 22112 mit Vorbem. 2.2.1.1 Abs. 1 Satz 2 Nr. 1 GNotKG) aus Geschäftswert der Anmeldung (§ 112 GNotKG) für auftragsgemäße Einholung einer Stellungnahme der IHK zur firmenrechtlichen Unbedenklichkeit.

Gesonderte 0,3-Vollzugsgebühr nach KV 22114 GNotKG, höchstens 250 Euro, für XML-Strukturdatei aus Geschäftswert der Anmeldung (§ 112 GNotKG); für die Übermittlung der XML-Datei fällt keine Dokumentenpauschale an.

Nach KV 25102 Abs. 2 Nr. 1 GNotKG sind beglaubigte Abschriften von Dokumenten, die der Notar aufgenommen oder entworfen hat, vom Anwendungsbereich der *Beglaubigungsgebühr* ausgenommen; es fällt deshalb keine Beglaubigungsgebühr nach KV 25102 GNotKG an, wenn der Notar eine von ihm entworfene und unterschriftsbeglaubigte Handelsregisteranmeldung im Zuge der Registereinreichung elektronisch beglaubigt.

Auslagen: KV 32000 GNotKG Dokumentenpauschale – Papier (s/w) für die ersten 50 Seiten je Seite 0,50 Euro, bei Entwurfsfertigung mit Unterschriftsbeglaubigung ist KV 32001 Nr. 3 GNotKG nicht einschlägig.

KV 32002 GNotKG Dokumentenpauschale – Daten (z.B. für Registeranmeldung, Gesellschafterbeschluss, Gesellschafterliste, IHK-Gutachten, Vollmachten, Genehmigungen, sonstige Beilagen) je Datei 1,50 Euro (bis 3 Dateien), maximal jedoch 5 Euro (ab 4 Dateien), aber nicht weniger als nach KV 32000 GNotKG, also 0,50 Euro für die ersten 50 gescannten Seiten und 0,15 Euro für jede weitere gescannte Seite. Fraglich ist, ob ein Einzelvergleich jeder Datei mit der Zahl der eingescannten Seiten vorzunehmen ist, so *BDS/Diehn,* Nr. 32002 Rz. 17 GNotKG, oder ob ein Vergleich der Summe für die Dateianhänge mit der Summe aller eingescannten Seiten vorzunehmen ist, so *Korintenberg/Tiedtke,* Nr. 32002 Rz. 3 GNotKG.

KV 32005 GNotKG Auslagenpauschale Post/Telekommunikation 20% der Gebühren des Verfahrens bzw. Geschäfts, höchstens 20 Euro, oder Einzelabrechnung nach KV 32004 GNotKG.

KV 32014 GNotKG Umsatzsteuer auf die Kosten.

3. Unterschriftsbeglaubigung zur Anmeldung ohne Entwurfsfertigung durch Notar:

0,2-Beglaubigungsgebühr nach KV 25100, § 121 GNotKG aus Geschäftswert der Anmeldung für Unterschriftsbeglaubigung (beachte die spezifische Höchstgebühr mit 70 Euro bei KV 25100 GNotKG).

Gesonderte 0,6-Vollzugsgebühr nach KV 22125 GNotKG, höchstens 250 Euro, für XML-Strukturdatei aus Geschäftswert der Anmeldung (§ 112 GNotKG); für die Übermittlung der XML-Datei fällt keine Dokumentenpauschale an.

Vollzugsgebühr nach KV 22124 GNotKG mit 20 Euro für Einreichung der Anmeldung beim Registergericht.

Für die *Beglaubigung von Abschriften* der Anmeldung und von beim Registergericht einzureichenden Dokumenten entsteht jeweils die 10-Euro-Mindestgebühr nach KV 25102 GNotKG (hier auch für die dem Gericht übermittelte Beglaubigung der Anmeldung, Umkehrschluss aus Abs. 2 der Anmerkung zu KV 25102 GNotKG).

Auslagen: Für unbeglaubigte Kopien KV 32000 GNotKG Dokumentenpauschale – Papier (s/w) für die ersten 50 Seiten je Seite 0,50 Euro.

KV 32002 GNotKG Dokumentenpauschale – Daten (z.B. für Registeranmeldung, IHK-Gutachten, satzungsändernder Beschluss, Gesellschafterliste, Vollmachten, Genehmigungen, sonstige Beilagen) je Datei 1,50 Euro (bis 3 Dateien), maximal jedoch

5 Euro (ab 4 Dateien), aber nicht weniger als nach KV 32000 GNotKG, also 0,50 Euro für die ersten 50 gescannten Seiten und 0,15 Euro für jede weitere gescannte Seite.

KV 32005 GNotKG Auslagenpauschale Post/Telekommunikation 20% der Gebühren des Verfahrens bzw. Geschäfts, höchstens 20 Euro, oder Einzelabrechnung nach KV 32004 GNotKG.

KV 32011 GNotKG (je Einsicht 4,50 Euro nach KV 1140 JVKostG) Auslagenersatz für vom Notar genommene Einsicht in das Handelsregister; für den Ausdruck keine Dokumentenpauschale nach KV 32001 Nr. 1 GNotKG.

KV 32014 GNotKG Umsatzsteuer auf die Kosten.

4. Eigenurkunde des Notars:

Nimmt der Notar die Registeranmeldung durch Eigenurkunde vor, ist nach KV 25204 GNotKG die gleiche Gebühr wie für den Entwurf der Anmeldung (KV 24102, § 92 Abs. 2 GNotKG) zu erheben.

Die Notarbescheinigung (Satzungsbescheinigung) nach § 54 GmbHG und die Zusammenstellung des Wortlauts des geänderten Gesellschaftsvertrags gelten als gebührenfreie Nebengeschäfte (KV Vorbem. 2.1 Abs. 2 Nr. 4 GNotKG), allerdings nur für den Notar, der den satzungsändernden Beschluss beurkundet hat (KV Vorbem. 2.1 Abs. 2 Nr. 4 i.V.m. § 109 Abs. 2 Satz 1 Nr. 4 lit. c GNotKG), andernfalls 1,0-Gebühr nach KV 25104 GNotKG aus Teilwert je nach Arbeits-/Prüfungsaufwand von 10 bis 50%, meistens 30% des Geschäftswerts der Anmeldung (§ 113 GNotKG). Für die Satzungszusammenstellung ist die Dokumentenpauschale nach KV 32001 Nr. 1 GNotKG zu berechnen.

Für anfallende Ausdrucke und Kopien des Gesellschaftsvertrags samt Notarbescheinigung entsteht die Dokumentenpauschale nach KV 32001 Nr. 2 GNotKG.

Bei einer nach § 2 Abs. 1a GmbHG vereinfacht gegründeten GmbH/UG (haftungsbeschränkt) besteht das Kostenprivileg des § 105 Abs. 6 GNotKG nur für Änderungen, die das Musterprotokoll auch bei Gründung zuließe, also der Firma, Verlegung des Sitzes oder Änderung des Unternehmensgegenstandes sowie des Kapitals, nicht aber für eine Umfirmierung mit „Rechtsformwechsel" in eine „GmbH".

TEXT DER ANMELDUNG

M 111.1 Anmeldung der Änderung des Gesellschaftsvertrags einer GmbH

Bei Neufassung mit Änderungen betreffend § 10 GmbHG: Zur Eintragung in das Handelsregister bei der ... (Bezeichnung der GmbH nach dem Handelsregister) wird die beschlossene Neufassung des Gesellschaftsvertrags angemeldet: geändert wurde § ... (Zahl und Absatz) (Änderung des ... (schlagwortartige Bezeichnung der Änderung betreffend § 10 GmbHG: u.a. Firma, Sitz, Gegenstand, Stammkapital, Befristung, Vertretungsregelung)).

Bei Neufassung ohne Änderungen betreffend § 10 GmbHG::

Zur Eintragung in das Handelsregister bei der ... (Bezeichnung der GmbH nach dem Handelsregister) wird die beschlossene Neufassung des Gesellschaftsvertrags angemeldet. Änderung betreffend die in § 10 GmbHG bezeichneten Angaben liegen nicht vor.

Bei einzelnen Änderungen (auch) betreffend § 10 GmbHG:

Zur Eintragung in das Handelsregister bei der ... (Bezeichnung der GmbH nach dem Handelsregister) wird die beschlossene Änderung des Gesellschaftsvertrags angemeldet: Geändert wurde § ... (Zahl und Absatz) (Änderung des ... (schlagwortartige Bezeichnung der Änderung betreffend § 10 GmbHG: u.a. Firma, Sitz, Gegenstand, Stammkapital, Befristung, Vertretungsregelung)).

Bei einzelnen Änderungen ohne § 10 GmbHG:

Zur Eintragung in das Handelsregister bei der ... (Bezeichnung der GmbH nach dem Handelsregister) wird die beschlossene Änderung des Gesellschaftsvertrags angemeldet: Geändert wurde § ... (Zahl und Absatz) (Änderung des ...)). Änderung betreffend die in § 10 GmbHG bezeichneten Angaben liegen nicht vor.

Es wird vorgelegt:

1. *Elektronisch beglaubigte Abschrift des notariellen Protokolls vom heutigen Tag (Urk.-Rolle ... (Jahreszahl) Nr. ... (Zahl) des unterzeichneten Beglaubigungsnotars) über die Änderung des Gesellschaftsvertrages.*

2. *Elektronisch beglaubigte Abschrift des vollständigen Wortlauts des Gesellschaftsvertrages nebst Bescheinigung des Notars gemäß § 54 Abs. 1 Satz 2 GmbHG. (siehe A 173 (M 173.1) bzw. (M 173.2))*

*Die Geschäftsräume befinden sich unverändert in ... (PLZ, Ort und Straße mit Hausnummer); dies ist auch die inländische Geschäftsanschrift i.S.v. § 10 Abs. 1 Satz 1 GmbHG. (Ggf. **zusätzlich:** Empfangsberechtigte Person für Willenserklärungen und Zustellungen i.S.v. § 10 Abs. 2 Satz 2 GmbHG ist ... (Name, Vorname, inländische postalische Adresse))*

Bei wirtschaftlicher Neugründung außerdem Offenlegung und Versicherung entsprechend § 8 Abs. 2 GmbHG, vgl. A 101.

(Unterschriftsbeglaubigung wie bei A 161 (M 161.1) bzw. A 162 (M 162.1))

... (Ort, Datum, Dienstsiegel und Unterschrift des Notars)

Bescheinigung des Notars nach § 54 Abs. 1 Satz 2 GmbHG

Bei Änderung einzelner Bestimmungen des GmbH-Gesellschaftsvertrags

Bescheinigung nach § 54 Abs. 1 Satz 2 GmbHG

für die ... (Bezeichnung der GmbH nach dem Handelsregister) mit Sitz in ... (Ort), eingetragen im Handelsregister des Amtsgerichts ... (Ort) unter HRB ... (Nummer)

Ich bescheinige hiermit für die beigefügte Satzung, dass die geänderten Bestimmungen des Gesellschaftsvertrags mit dem von mir beurkundeten Beschluss über die Änderung des Gesellschaftsvertrags vom ... (Datum) – ... (Urkundenrolle, Jahrgang und Name des unterzeichnenden Notars) – und die unveränderten Bestimmungen mit dem zuletzt zum Handelsregister eingereichten vollständigen Wortlaut des Gesellschaftsvertrags übereinstimmen.

... (Ort, Datum, Dienstsiegel und Unterschrift des Notars)

Bei Neufassung des GmbH-Gesellschaftsvertrags

Bescheinigung nach § 54 Abs. 1 Satz 2 GmbHG

für die ... (Bezeichnung der GmbH nach dem Handelsregister) mit Sitz in ... (Ort), eingetragen im Handelsregister des Amtsgerichts ... (Ort) unter HRB ... (Nummer)

Ich bescheinige hiermit für die beigefügte neu gefasste Satzung, dass diese neu gefasste Satzung mit dem von mir beurkundeten Gesellschafterbeschluss vom ... (Datum) – ... (Ur-

kundenrolle, Jahrgang und Name des unterzeichnenden Notars) – übereinstimmt und die nicht geänderten Bestimmungen mit dem zuletzt zum Handelsregister eingereichten vollständigen Wortlaut des Satzungsteils des Gesellschaftsvertrages übereinstimmen. Es handelt sich um eine vollständige Satzungsneufassung.

... (Ort, Datum, Dienstsiegel und Unterschrift des Notars)

111a. Änderungen des Musterprotokolls

HINWEISE | Das Musterprotokoll enthält in den Nr. 1. bis 3. (Firma, Sitz, Gegenstand, Stammkapital und Gründer) alle Angaben eines Gesellschaftsvertrages i.S.v. § 3 Abs. 1 GmbHG. Materieller Satzungsbestandteil ist ebenfalls die Nr. 5 über die Festlegung der Gründungskosten zu Lasten der GmbH (B § 54 GmbHG Nr. 7). Änderungen zu den Nr. 1. bis 3. und Nr. 5. bedürfen der notariellen Beurkundung im Verfahren nach §§ 53 f. GmbHG (siehe oben A 111 und *Melchior*, notar 2010, 305). Nr. 5 kann dabei erst nach einer Sperrfrist entfallen; keinesfalls erhöht werden (B § 54 GmbHG Nr. 7).

Hingegen ist die Bestellung des ersten Geschäftsführers in Satz 1 der Nr. 4. des Musterprotokolls kein echter Satzungsbestandteil. Abberufung des Geschäftsführers oder Bestellung weiterer Geschäftsführer erfolgen außerhalb des Gesellschaftsvertrages durch Beschluss der Gesellschafter nach § 46 Nr. 5 GmbHG (siehe A 96 bis 98). Soll Geschäftsführern Einzelvertretungsbefugnis und Befreiung von den Beschränkungen des § 181 BGB erteilt werden, ist hierfür eine Grundlage im Gesellschaftsvertrag nach § 35 Abs. 2 Satz 1 GmbHG erforderlich, die nach §§ 53 f. GmbHG durch notarielle Beurkundung und Eintragung erstmalig zu schaffen ist.

Wird das Musterprotokoll nicht durch eine Neufassung als normaler Gesellschaftsvertrag ersetzt (siehe A 111), sondern nur in einzelnen Punkten geändert, dann ist zu beachten: Auch bei Beibehaltung des Musterprotokolls in den anderen Punkten ist eine aktuelle Neufassung nebst notarieller Bescheinigung nach § 54 Abs. 1 Satz 2 GmbHG einzureichen (siehe A 174). Der genaue Wortlaut des Musterprotokolls muss nicht beibehalten werden. Es reicht ein redaktioneller Auszug, bei dem Satzbau und Text des ursprünglichen Musterprotokolls soweit geändert werden dürfen, um Widersprüche auszuschließen (B § 54 GmbHG Nr. 6 und 7).

Ersetzung des Musterprotokolls bei Kapitalerhöhung von UG auf GmbH: A 109a.

WER MUSS ANMELDEN | Wie bei A 111.

KOSTEN BEIM GERICHT | Keine Privilegierung.

KOSTEN BEIM NOTAR | Die Änderung des Gesellschaftsvertrags (Firma, Sitz, Gegenstand, Stammkapital und Gründer) einer mittels Musterprotokoll errichteten Gesellschaft ist dann nach § 105 Abs. 6 GNotKG privilegiert, wenn durch die Änderung vom gesetzlichen Musterprotokoll nicht abgewichen wird. Für die darüber hinausgehenden Änderungen gelten die allgemeinen kostenrechtlichen Bestimmungen.

Die Privilegierung geht dahin, dass der in § 105 Abs. 4 Nr. 1 GNotKG geregelte Mindestgeschäftswert von 30 000 Euro nicht gilt, vielmehr als Geschäftswert 1% des

Stammkapitals anzunehmen ist (Fallbeispiele bei *Sikora/Regler/Tiedtke*, MittBayNot 2008, 437), insbesondere sind Anmeldungen einer Abberufung und Neubestellung der Geschäftsführer nicht gebührenbegünstigt und daher § 105 Abs. 4 Nr. 1 GNotKG anwendbar (vgl. Gutachten DNotI-Report 2012, 217; *Tiedtke*, RENOpraxis 2010, 267). Beachte für Handelsregisteranmeldungen die Mindestgebühr von 30 Euro nach KV 21201 Nr. 5 bzw. 24102 GNotKG bzw. 20 Euro nach KV 25100 GNotKG.

Der Anmeldung ist eine aktuelle Fassung des Gesellschaftsvertrags beizufügen mit der notariellen Bescheinigung nach § 54 Abs. 1 Satz 2 GmbHG; diese Notarbescheinigung (Satzungsbescheinigung) und die Zusammenstellung des Wortlauts des neuen Gesellschaftsvertrags gelten als gebührenfreie Nebengeschäfte (KV Vorbem. 2.1 Abs. 2 Nr. 4 GNotKG), allerdings nur für den Notar, der den satzungsändernden Beschluss beurkundet hat (KV Vorbem. 2.1 Abs. 2 Nr. 4 GNotKG), andernfalls 1,0-Gebühr nach KV 25104 GNotKG aus Teilwert je nach Arbeits-/Prüfungsaufwand von 10 bis 50%, meistens 30% des Geschäftswerts der Anmeldung (§ 113 GNotKG). Für die Satzungszusammenstellung ist die Dokumentenpauschale nach KV 32001 Nr. 1 GNotKG zu berechnen.

Für anfallende Ausdrucke und Kopien des Gesellschaftsvertrags samt Notarbescheinigung entsteht die Dokumentenpauschale nach KV 32001 Nr. 2 GNotKG.

Beachte für eine geschäftswertprivilegierte UG-Anmeldung bei Verwendung des Musterprotokolls die *spezifische Mindestgebühr* von 30 Euro nach KV 21201 Nr. 5 bzw. KV 24102 GNotKG bzw. 20 Euro nach KV 25100 GNotKG. Bei der XML-Datei (KV 22114 bzw. 22125 GNotKG) greift der Mindestbetrag einer Gebühr mit 15 Euro nach § 34 Abs. 5 GNotKG.

TEXT DER ANMELDUNG | Wie bei A 111. Wegen Satzungsbescheinigung vgl. A 174 (siehe A 174 (M 174.1 bzw. M 174.2)).

M 111a.1 Bescheinigung des Notars nach § 54 Abs. 1 Satz 2 GmbHG bei Änderung einzelner Bestimmungen des Musterprotokolls (wie z.B. Firma, Sitz, Gegenstand, Stammkapital, Vertretungsregelung)

Bescheinigung nach § 54 Abs. 1 Satz 2 GmbHG

für die ... (Bezeichnung der Unternehmergesellschaft nach dem Handelsregister) mit Sitz in ... (Ort), eingetragen im Handelsregister des Amtsgerichts ... (Ort) unter HRB ... (Nummer)

Ich bescheinige hiermit für die beigefügte Satzung, dass die geänderten Bestimmungen des Gesellschaftsvertrags mit dem von mir beurkundeten Beschluss über die Änderung des Musterprotokolls vom ... (Datum) – ... (Urkundenrolle, Jahrgang und des unterzeichnenden Notars) – und die unveränderten Bestimmungen mit dem zuletzt zum Handelsregister eingereichten vollständigen Wortlaut des Musterprotokolls übereinstimmen.

... (Ort, Datum, Dienstsiegel und Unterschrift des Notars)

M 111a.2 Bescheinigung des Notars nach § 54 Abs. 1 Satz 2 GmbHG bei Ersetzung des Musterprotokolls durch Gesellschaftsvertrag (Neufassung)

Bescheinigung nach § 54 Abs. 1 Satz 2 GmbHG

für die … (Bezeichnung der Unternehmergesellschaft nach dem Handelsregister) mit Sitz in … (Ort), eingetragen im Handelsregister des Amtsgerichts … (Ort) unter HRB … (Nummer)

Ich bescheinige hiermit für die beigefügte neu gefasste Satzung, dass diese neu gefasste Satzung mit dem von mir beurkundeten Gesellschafterbeschluss vom … (Datum) – … (Urkundenrolle, Jahrgang Name und des unterzeichnenden Notars) – übereinstimmt und die nicht geänderten Bestimmungen mit dem zuletzt zum Handelsregister eingereichten vollständigen Wortlaut des Satzungsteils des Musterprotokolls übereinstimmen. Es handelt sich um eine vollständige Satzungsneufassung.…

… (Ort, Datum, Dienstsiegel und Unterschrift des Notars)

112. Sitzverlegung oder Änderung der inländischen Geschäftsanschrift

HINWEISE | Der bei Gründung im Gesellschaftsvertrag nach § 4a GmbHG festgelegte Sitz (Satzungssitz) muss zwar im Inland liegen, ist ansonsten aber frei wählbar ist. Bei Verlegung des Betriebes oder des Ortes der Geschäftsführung und Verwaltung (Verwaltungssitz) über den Bezirk des Registergerichts hinaus besteht keine rechtliche Pflicht, den Satzungssitz mittels Änderung des Gesellschaftsvertrages nach § 13h HGB, §§ 53, 54 GmbHG zu verlegen. Ausreichend ist die Anmeldung der neuen Lage der Geschäftsräume als inländische Geschäftsanschrift (siehe auch A 91 und Einl. Rz. 57 ff.).

Bei GmbHs, die bereits vor Inkrafttreten des MoMiG eingetragen waren, gilt nach § 3 EGGmbHG: Die inländische Geschäftsanschrift ist zur Eintragung anzumelden, wenn ohnehin eine andere Tatsache angemeldet wird.

Wird – ohne rechtliche Pflicht – der **Satzungssitz im Inland** verlegt, dann ist nach Maßgabe der §§ 53, 54 GmbHG zu beurkunden und anzumelden. Vgl. A 111 bzw. A 111a bei Verwendung des Musterprotokolls.

§ 4a GmbHG lässt die Verlegung des Verwaltungssitzes in das Ausland zu; zu den steuerlichen Folgen siehe § 12 Abs. 3 KStG. Die **Verlegung des Satzungssitzes in das Ausland** ist zulässig zum Zweck der Gründung einer SE (vgl. A 148 und A 150) oder als grenzüberschreitende Sitzverlegung mit gleichzeitigem Formwechsel auf der Grundlage der Niederlassungsfreiheit aus Art. 49, 54 AEUV nach EuGH v. 12.7.2012 – C-378/10 „Vale", GmbHR 2012, 860; siehe A 129.

Eine Sitzverlegung kann ein Indiz sein für eine wirtschaftliche Neugründung, die gegenüber dem Registergericht offen zu legen ist. Die Vorschriften über die Kapitalaufbringung und den -erhalt werden entsprechend angewendet; vgl. A 102. Sitzverlegung ist rechtsmissbräuchlich, wenn GmbH mangels Ausstattung mit Mitteln nicht mehr werbend tätig sein kann: B § 13h HGB Nr. 5.

WER MUSS ANMELDEN | Sitzverlegung und Änderung der inländischen Geschäftsanschrift Geschäftsführer in der zur Vertretung erforderlichen Zahl.

KOSTEN BEIM GERICHT | Bleibt das bisherige Gericht zuständig, dann 70 Euro Gebühr nach GVHR 2500. Wird die Hauptniederlassung oder der Sitz in den Bezirk eines anderen Gerichts verlegt, wird für die Eintragung im Register der bisherigen Hauptniederlassung oder des bisherigen Sitzes keine Gebühr erhoben (GVHR Vorbem. 2 Abs. 2). Bei Verlegung in den Bezirk eines anderen Gerichts Gebühr 140 Euro (GVHR 2300) bei diesem Gericht. Wird die Hauptniederlassung in den Ort der bisherigen Zweigniederlassung verlegt und diese sodann Hauptniederlassung, fällt für die Verlegung der Hauptniederlassung die Gebühr nach GVHR 2300 und für die Aufhebung der Zweigniederlassung die Gebühr nach GVHR 2500 an. Hat eine Handelsgesellschaft einen Doppelsitz, so sind die Gebühren zu erheben an beiden Sitzen der Gesellschaft; nicht anwendbar sind die Gebührenvorschriften für Zweigniederlassungen. Die bisher eingetragenen Prokuren werden übernommen (gebührenfrei). Die gleichzeitige Anmeldung der Änderung der inländischen Geschäftsanschrift und der Sitzverlegung betrifft die gleiche Tatsache (§ 2 Abs. 3 Nr. 2 lit. b HRegGebV). Wird lediglich die Änderung der inländischen Geschäftsanschrift – ohne gleichzeitige Sitzverlegung – angemeldet, dann Gebühr 30 Euro (GVHR 2502), da der Gesetzgeber bei § 105 Abs. 5 GNotKG wohl von einer Tatsache ohne wirtschaftliche Bedeutung ausgeht (ebenso OLG Köln v. 12.8.2015 – 2 Wx 195/15, Rpfleger 2016, 124; OLG München v. 9.8.2016 – 31 Wx 188/16, Rpfleger 2017, 51).

KOSTEN BEIM NOTAR | Geschäftswert der Anmeldung für Sitzverlegung: wie bei A 111.

Bei Änderung der inländischen Geschäftsanschrift: Diese muss förmlich angemeldet werden, allerdings gegenstandsverschieden mit der Anmeldung der Sitzverlegung (wegen Möglichkeit des Auseinanderfallens von Satzungssitz und Verwaltungssitz keine notwendige Erklärungseinheit) und mit sonstigen Anmeldungen. Bei alleiniger Anmeldung der geänderten inländischen Geschäftsanschrift GW 5 000 Euro (§ 105 Abs. 5 GNotKG), beachte aber die anmeldungsspezifische Mindestgebühr von 30 Euro bei KV 21201 Nr. 5 bzw. 24102 GNotKG bzw. 20 Euro bei KV 25100 GNotKG; bei Anmeldung zusammen mit anderen Tatsachen als einer Sitzverlegung Addition der Einzelgeschäftswerte (zusammen höchstens 1 Million Euro, § 106 GNotKG).

Gebühren und Auslagen wie bei A 111.

TEXT DER ANMELDUNG

M 112.1   Anmeldung der Änderung der inländischen Geschäftsanschrift einer GmbH

*Die Geschäftsräume befinden sich jetzt in … (PLZ, Ort und Straße mit Hausnummer); dies ist auch die neue inländische Geschäftsanschrift i.S.v. § 10 Abs. 1 Satz 1 GmbHG. (Ggf. **zusätzlich**: Empfangsberechtigte Person für Willenserklärungen und Zustellungen i.S.v. § 10 Abs. 2 Satz 2 GmbHG ist … (Name, Vorname, inländische postalische Adresse))*

Bei wirtschaftlicher Neugründung außerdem Offenlegung und Versicherung entsprechend § 8 Abs. 2 GmbHG (vgl. A 101).

(Unterschriftsbeglaubigung wie bei A 161 (M 161.1) bzw. A 162 (M 162.1))

*(Text der Anmeldung einer **Sitzverlegung** als Änderung des Gesellschaftsvertrages wie A 111)*

113. Errichtung, Aufhebung oder Verlegung einer Zweigniederlassung – auch: eines ausländischen Unternehmens

HINWEISE | Errichtung, Aufhebung und Verlegung einer **Zweigniederlassung eines inländischen Rechtsträgers** werden beim Registergericht des Sitzes angemeldet und dort eingetragen (siehe A 40 und M 14.1, M 15.1 und M 16.1).

Grundlage der Eintragung von **Zweigniederlassungen ausländischer Unternehmen** sind die §§ 13e–g HGB nach Maßgabe der Zweigniederlassungs-Richtlinie der EG vom 21.12.1989. Zum Auslandsbezug im Handelsregister siehe auch Einl. Rz. 64 ff. Keine Eintragungspflicht als Zweigniederlassung, wenn ausländische Gesellschaft lediglich Komplementärin einer deutschen KG wird (OLG Frankfurt/M v. 24.4.2008 – 20 W 425/07, DNotZ 2008, 860 = GmbHR 2008, 707 = Rpfleger 2008, 496).

Die **Rechtsfähigkeit** von ausländischen Gesellschaften, die nach dem Recht eines EU-Mitgliedstaates gegründet worden sind, ist anzuerkennen, auch wenn am Sitz der ausländischen Gesellschaft keine Geschäftstätigkeit stattfindet: B §§ 13d–g HGB Nr. 1. Bei Gesellschaften aus Drittstaaten wird die Rechtsfähigkeit nach IPR-Grundsätzen geprüft: B § 26 FamFG Nr. 4.

Die **Firma** einer **Zweigniederlassung einer ausländischen Gesellschaft** muss deutschen Firmenrecht entsprechen; auch bei Gesellschaften aus der EU: §§ 13d–g HGB Nr. 2. Der Gegenstand der Tätigkeit am Ort der Zweigniederlassung ist anzumelden und muss hinreichend konkretisiert werden: B §§ 13d–g HGB Nr. 3. Eine Genehmigung zum Gegenstand der Zweigniederlassung ist für die Eintragung in das Handelsregister nicht erforderlich. Verurteilungen wegen Straftaten und Gewerbeverbote schließen die Amtsfähigkeit von Organen ausländischen Kapitalgesellschaften ebenso aus wie bei der deutschen GmbH und AG und verstoßen nicht gegen die EU-Niederlassungsfreiheit: B §§ 13d–g HGB Nr. 6. Insoweit ist eine Versicherung aller Organe über die „weiße Weste" nach § 13e Abs. 3 Satz 2 HGB, § 6 Abs. 2 Satz 2 und 3 GmbHG, § 76 Abs. 3 Satz 2 und 3 AktG erforderlich.

Die **Existenz** der ausländischen Gesellschaft und ihrer **Vertretungsverhältnisse** sind nachzuweisen. Hierbei hat das Registergericht auf die rechtlichen Gegebenheiten des ausländischen Registers Rücksicht zu nehmen; zum Nachweis der Echtheit ausländischer Urkunden siehe Einl. Rz. 67. Die Bestellung der Geschäftsführer ist anhand einer Legitimation i.S.d. § 39 Abs. 2 GmbHG nachzuweisen: B §§ 13d–g HGB Nr. 4.

Anzumelden sind auch so genannte ständige Vertreter (§ 13e Abs. 2 Satz 5 Nr. 3 HGB); eine Pflicht zur Bestellung ständiger Vertreter besteht nicht (OLG München v. 14.2.2008 – 31 Wx 67/07, DNotZ 2008, 627 = GmbHR 2008, 363 = Rpfleger 2008, 263). Organ (Geschäftsführer, Vorstand, Präsident u.a.) kann gleichzeitig Ständiger Vertreter nur dann sein, wenn seine Vertretungsbefugnis für die Tätigkeiten der Zweigniederlassung weiter reichen soll als nach dem Heimatrecht und dem Gesellschaftsvertrag für Organe vorgesehen; z.B. Einzelvertretung oder Befreiung von § 181 BGB (vgl B §§ 13d–g HGB Nr. 5). Fakultativ ebenfalls die Anmeldung empfangsberechtigter Personen (§ 13e Abs. 2 Satz 4 HGB). Der Gesellschaftsvertrag ist elektronisch in öffentlich beglaubigter Form einzureichen (§ 12 Abs. 2 HGB, § 13g Abs. 2 Satz 1 HGB). Wenn beim ausländischen Register kein Gesellschaftsvertrag hinterlegt ist, dann wird eine Urschrift erstellt und eingereicht; bzw. entfällt, wenn Gesellschaftsvertrag der gesetzlichen Mustersatzung entspricht (vgl. OLG Zweibrücken v. 28.2.2008 – 3 W 36/08, GmbHR 2009, 147 = DNotZ 2008 795).

Die **Echtheit ausländischer Urkunden** ist nachzuweisen durch Legalisation bzw. Apostille; fremdsprachige Urkunden sind wegen § 184 GVG zu übersetzen; siehe hierzu Einl. Rz. 67 f.

Ergänzende Hinweise zur **britischen Limited**: Anzumelden ist die Höhe des issued share-capital, also des tatsächlich ausgegebenen Kapitals, und nicht die des authorized share-capital (genehmigten Kapitals). Die Vertretungsbefugnisse der directors richten sich nach dem Personalstatut am Hauptsitz, da sie als Organe vertreten. Nicht abschließend geklärt ist daher, ob den directors satzungsmäßig Einzelvertretungsbefugnis erteilt werden kann; als zulässig wird angesehen die Ermächtigung zur Einzelvertretung durch Beschluss des board of directors, weil es sich um eine Art rechtsgeschäftlicher Bevollmächtigung handeln soll, für die nach IPR-Grundsätzen das Wirkungsstatut gilt, also das Recht am Ort der Zweigniederlassung (OLG Frankfurt/M v. 3.2.2015 – 20 W 199/13, GmbHR 2015, 648: wenn Einzelvertretungsbefugnis beschränkt auf die Tätigkeit der Zweigniederlassung). Insoweit können zumindest die rechtgeschäftlich bevollmächtigten ständigen Vertreter i.S.d. § 13e Abs. 2 Satz 5 Nr. 3 HGB Einzelvertretungsbefugnis erhalten und – im Gegensatz zu den directors – auch von den Beschränkungen des § 181 BGB befreit werden (vgl. OLG München v. 17.8.2005 – 31 Wx 49/05, DNotZ 2006, 152 = GmbHR 2005, 1302 = Rpfleger 2006, 84; OLG Celle v. 14.4.2005 – 9 W 14/05, GmbHR 2005, 1303). Änderungen und die Aufhebung der Zweigniederlassung der Limited sind nach § 13g Abs. 4 und 6 HGB anzumelden. Ist die Hauptniederlassung gelöscht, kann ein Löschungsverfahren bezüglich der Zweigniederlassung nach § 395 FamFG betrieben werden; vgl. A 79 auch zur Nachtragsliquidation.

WER MUSS ANMELDEN | Geschäftsführer in der zur Vertretung erforderlichen Zahl; bei Zweigniederlassungen ausländischer Gesellschaften reicht Anmeldung durch Organe in vertretungsberechtigter Zahl, aber Pflicht aller Organe zur Abgabe der Versicherung über „weiße Weste".

BEIZUFÜGENDE UNTERLAGEN BEI ERRICHTUNG | Elektronisch beglaubigte Abschrift des zuletzt eingereichten, mit Notarbescheinigung versehenen Gesellschaftsvertrages entsprechend § 54 Abs. 1 Satz 2 GmbHG (bei ausländischem Unternehmen), Liste der Gesellschafter und beim Vorhandensein eines Aufsichtsrats auch eine Liste der Mitglieder des Aufsichtsrats, aus welcher Name, Vorname, ausgeübter Beruf und Wohnort der Mitglieder ersichtlich ist (bei ausländischem Unternehmen).

KOSTEN BEIM GERICHT | Gebühr für Eintragung der *Errichtung* einer Zweigniederlassung eines inländischen Rechtsträgers 120 Euro (GVHR 2200). Gebühr für Eintragung der *Verlegung* einer Zweigniederlassung 70 Euro (GVHR 2500). Bei *Aufhebung* einer Zweigniederlassung Gebühr von 70 Euro (GVHR 2500). Gebühr für Eintragung der *Er-*

richtung einer Zweigniederlassung eines *ausländischen* Rechtsträgers wie für Ersteintragung einer Kapitalgesellschaft mit Sitz im Inland: 150 Euro (Vorbemerkung 2 GVHR).

Für jede Eintragung einer Prokura für jede Zweigniederlassung Gebühr von 40 Euro (GVHR 4000). Bei Sitzverlegung werden die eingetragenen Prokuren übernommen (gebührenfrei).

KOSTEN BEIM NOTAR | Geschäftswert der Anmeldung: 1% des eingetragenen Stammkapitals, mindestens 30 000 Euro und höchstens 1 Million Euro (§ 105 Abs. 2 und Abs. 4 Nr. 1, § 106 GNotKG).

1. Beurkundung der Anmeldung bzw. Entwurf mit Unterschriftsbeglaubigung:

0,5-Beurkundungsgebühr nach KV 21201 Nr. 5, 24102 GNotKG, §§ 92 Abs. 2, 119 GNotKG aus Geschäftswert der Anmeldung.

Gesonderte 0,3-Vollzugsgebühr nach KV 22114 GNotKG, höchstens 250 Euro, für XML-Strukturdatei aus Geschäftswert der Anmeldung (§ 112 GNotKG); für die Übermittlung der XML-Datei fällt keine Dokumentenpauschale an.

Nach KV 25102 Abs. 2 Nr. 1 GNotKG sind beglaubigte Abschriften von Dokumenten, die der Notar aufgenommen oder entworfen hat, vom Anwendungsbereich der Beglaubigungsgebühr ausgenommen; es fällt deshalb keine *Beglaubigungsgebühr* nach KV 25102 GNotKG an, wenn der Notar eine von ihm entworfene und unterschriftsbeglaubigte Handelsregisteranmeldung im Zuge der Registereinreichung elektronisch beglaubigt.

Auslagen: KV 32000 GNotKG Dokumentenpauschale – Papier (s/w) für die ersten 50 Seiten je Seite 0,50 Euro, bei Entwurfsfertigung mit Unterschriftsbeglaubigung ist KV 32001 Nr. 3 GNotKG nicht einschlägig.

KV 32002 GNotKG Dokumentenpauschale – Daten (z.B. für Registeranmeldung, Gesellschafterbeschluss) je Datei 1,50 Euro (bis 3 Dateien), maximal jedoch 5 Euro (ab 4 Dateien), aber nicht weniger als nach KV 32000 GNotKG, also 0,50 Euro für die ersten 50 gescannten Seiten und 0,15 Euro für jede weitere gescannte Seite. Fraglich ist, ob ein Einzelvergleich jeder Datei mit der Zahl der eingescannten Seiten vorzunehmen ist, so *BDS/Diehn*, Nr. 32002 Rz. 17 GNotKG, oder ob ein Vergleich der Summe für die Dateianhänge mit der Summe aller eingescannten Seiten vorzunehmen ist, so *Korintenberg/Tiedtke*, Nr. 32002 Rz. 3 GNotKG.

KV 32005 GNotKG Auslagenpauschale Post/Telekommunikation 20% der Gebühren des Verfahrens bzw. Geschäfts, höchstens 20 Euro, oder Einzelabrechnung nach KV 32004 GNotKG.

KV 32011 GNotKG (je Einsicht 4,50 Euro nach KV 1140 JVKostG) Auslagenersatz für vom Notar genommene Einsicht in das Handelsregister; für den Ausdruck keine Dokumentenpauschale nach KV 32001 Nr. 1 GNotKG.

KV 32014 GNotKG Umsatzsteuer auf die Kosten.

Für die vom Notar an das zuständige Finanzamt (Körperschaftsteuerstelle, § 20 AO) nach § 54 Abs. 1 Satz 2 EStDV amtswegig zu übersendende beglaubigte Abschrift fällt keine Beglaubigungsgebühr nach KV 25102 GNotKG an, dafür jedoch die Dokumentenpauschale nach KV 32001 Nr. 1 GNotKG.

2. Unterschriftsbeglaubigung zur Anmeldung ohne Entwurfsfertigung durch Notar:

0,2-Beglaubigungsgebühr nach KV 25100, § 121 GNotKG aus Geschäftswert der Anmeldung für Unterschriftsbeglaubigung (beachte die spezifische Höchstgebühr mit 70 Euro bei KV 25100 GNotKG).

Gesonderte 0,6-Vollzugsgebühr nach KV 22125 GNotKG, höchstens 250 Euro, für XML-Strukturdatei aus Geschäftswert der Anmeldung (§ 112 GNotKG); für die Übermittlung der XML-Datei fällt keine Dokumentenpauschale an.

Vollzugsgebühr nach KV 22124 GNotKG mit 20 Euro für Einreichung der Anmeldung beim Registergericht.

Für die *Beglaubigung von Abschriften* der Anmeldung und von beim Registergericht einzureichenden Dokumenten entsteht jeweils die 10-Euro-Mindestgebühr nach KV 25102 GNotKG (hier auch für die dem Gericht übermittelte Beglaubigung der Anmeldung, Umkehrschluss aus Abs. 2 der Anmerkung zu KV 25102 GNotKG). Nach § 12 Abs. 2 Satz 2 Halbs. 1 HGB ist die Beglaubigung von beim Registergericht einzureichenden Dokumenten in bestimmten Fällen (z.B. Beschluss über die Bestellung der directors) nicht erforderlich (vgl. oben 1 Abs. 3).

Auslagen: Für unbeglaubigte Kopien KV 32000 GNotKG Dokumentenpauschale – Papier (s/w) für die ersten 50 Seiten je Seite 0,50 Euro.

KV 32002 GNotKG Dokumentenpauschale – Daten (z.B. für Registeranmeldung, Vollmachten u.a.) je Datei 1,50 Euro (bis 3 Dateien), maximal jedoch 5 Euro (ab 4 Dateien), aber nicht weniger als nach KV 32000 GNotKG, also 0,50 Euro für die ersten 50 gescannten Seiten und 0,15 Euro für jede weitere gescannte Seite.

KV 32005 GNotKG Auslagenpauschale Post/Telekommunikation 20% der Gebühren des Verfahrens bzw. Geschäfts, höchstens 20 Euro, oder Einzelabrechnung nach KV 32004 GNotKG.

KV 32014 GNotKG Umsatzsteuer auf die Kosten.

Die Anmeldung der Zweigniederlassung eines ausländischen Rechtsträgers ist in Bezug auf die Kosten des Gerichts und des Notars wie eine inländische Hauptniederlassung zu behandeln, für ihre Anmeldungen gelten demnach die Vorschriften für inländische Hauptniederlassungen. Dies gilt auch für Anmeldungen von Zweigniederlassungen englischer Limiteds.

TEXT DER ANMELDUNG

M 113.1   Anmeldung der Zweigniederlassung einer britischen Limited (private company limited by shares)

Zur Ersteintragung in das Handelsregister melden wir, die unterzeichnenden directors der … (Firma einschließlich Rechtsformzusatz Limited oder Ltd.) mit satzungsmäßigem Sitz in … (Ort), Großbritannien, gegründet am … (Datum), eingetragen im Handelsregister Companies House Cardiff zu … (Zahl) an:

   1. Die … (Firma), eine Gesellschaft britischen Rechts mit beschränkter Haftung, Rechtsbereich England und Wales (private limited company by shares) hat eine Zweigniederlassung in … (Ort) errichtet.

2. Die Firma der Zweigniederlassung lautet: … *(Firma einschließlich Rechtsformzusatz Limited oder Ltd., ggf. Zusatz).*

3. Der Gegenstand der Gesellschaft lautet gemäß Ziffer 1 (A) des Memorandum of Association:

   (Beispiel „Die Ausführung sämtlicher Geschäfte einer allgemeinen Handelsgesellschaft").

4. Gegenstand der Zweigniederlassung ist: … *(konkrete Beschreibung der Tätigkeit am Ort der Zweigniederlassung).*

5. Die Geschäftsräume der Zweigniederlassung befinden sich in … *(PLZ, Ort und Straße mit Hausnummer); dies ist auch die inländische Geschäftsanschrift i.S.v. § 10 Abs. 1 Satz 1 GmbHG.*

   (Ggf. **zusätzlich:** *Empfangsberechtigte Person für Willenserklärungen und Zustellungen i.S.v. § 13e Abs. 2 Satz 4 HGB ist … (Name, Vorname, inländische postalische Adresse)).*

6. Die abstrakte Vertretungsbefugnis der Gesellschaft lautet wie folgt:

   Ist nur ein director bestellt, vertritt dieser die Gesellschaft allein, sind mehrere directors bestellt, wird die Gesellschaft durch diese gemeinsam vertreten.

   (Einzelvertretungsbefugnis kann erteilt werden)

7. Die konkrete Vertretungsbefugnis ist wie folgt festgelegt:

   a) *Der director … (Name, Vorname, Geburtsdatum, Wohnort) vertritt die Gesellschaft allein. Er wurde durch Beschluss der Gesellschafterversammlung vom … (Datum) hierzu ermächtigt.*

   b) *Der director … (Name, Vorname, Geburtsdatum, Wohnort) vertritt die Gesellschaft gemeinsam mit den übrigen bestellten directors.*

8. Belehrung des Notars und Versicherung der directors über „weiße Weste" nach § 13e Abs. 3 Satz 2 HGB, § 6 Abs. 2 Satz 2 und 3 GmbHG (wie für Geschäftsführer zu A 91a):

Versicherungen:

Nach Belehrung durch den Notar über die unbeschränkte Auskunftpflicht gegenüber dem Gericht gemäß § 53 Abs. 2 des Bundeszentralregistergesetzes und die Strafbarkeit einer falschen Versicherung wird versichert:

Der Geschäftsführer (bei mehreren jeder für sich) versichert (zum Zeitpunkt des Zugangs der Anmeldung beim Registergericht), dass

a) *keine Umstände vorliegen, aufgrund deren der Geschäftsführer nach § 6 Abs. 2 Satz 2 Nr. 2 und 3 sowie Satz 3 GmbHG von dem Amt als Geschäftsführer ausgeschlossen wäre: Während der letzten fünf Jahre wurde keine Verurteilung rechtskräftig gegen ihn wegen einer oder mehrerer vorsätzlich begangener Straftaten*

   – *des Unterlassens der Stellung des Antrags auf Eröffnung des Insolvenzverfahrens (Insolvenzverschleppung)*

   – *nach §§ 283 bis 283d Strafgesetzbuch (wegen Bankrotts, schweren Bankrotts, Verletzung der Buchführungspflicht, Schuldner- oder Gläubigerbegünstigung),*

   – *der falschen Angaben nach § 82 GmbHG oder § 399 AktG,*

   – *der unrichtigen Darstellung nach § 400 AktG, § 331 HGB, § 313 UmwG oder § 17 des Publizitätsgesetzes oder*

213

– *nach den §§ 263 bis 264a oder den §§ 265b bis 266a StGB (Betrug, Computerbetrug, Subventionsbetrug, Kapitalanlagebetrug, Kreditbetrug, Untreue, Vorenthalten und Veruntreuen von Arbeitsentgelt) zu einer Freiheitsstrafe von mindestens einem Jahr.*

Auch im Ausland wurde ich nicht wegen einer vergleichbaren Tat rechtskräftig verurteilt. Mir ist bekannt, dass die Frist von fünf Jahren erst durch den Eintritt der Rechtskraft eines entsprechenden Urteils in Lauf gesetzt und dass nicht die Zeit eingerechnet wird, in welcher der Täter auf behördliche Anordnung in einer Anstalt verwahrt wird.

b) *Ferner wird versichert,*

– *dass ihm weder durch gerichtliches Urteil noch durch vollziehbare Entscheidung einer Verwaltungsbehörde die Ausübung irgendeines Berufes, Berufszweiges, Gewerbes oder Gewerbezweiges untersagt wurde, und somit auch nicht im Bereich des Unternehmensgegenstandes der Gesellschaft;*

– *ferner dass er nicht bei der Besorgung seiner Vermögensangelegenheiten ganz oder teilweise einem Einwilligungsvorbehalt (§ 1903 BGB) unterliegt und*

– *dass er noch nie aufgrund einer behördlichen Anordnung in einer Anstalt verwahrt wurde (Amtsunfähigkeit);*

c) *dass er vom beglaubigenden Notar über seine unbeschränkte Auskunftspflicht gegenüber dem Registergericht belehrt worden ist;*

9. *Ständiger Vertreter für die Geschäfte der Zweigniederlassung gemäß § 13e Abs. 2 Satz 5 Nr. 3 HGB ist ... (Name, Vorname, Geburtsdatum, Wohnort). Er hat Einzelvertretungsbefugnis und darf Rechtsgeschäfte mit sich selbst oder als Vertreter Dritter abschließen (Befreiung von den Beschränkungen des § 181 BGB).*

(Ggf. zusätzlich: Empfangsberechtigte Person für Willenserklärungen und Zustellungen i.S.v. § 10 Abs. 2 Satz 2 GmbHG ist ... (Name, Vorname, inländische postalische Adresse))

10. *Wir erklären gemäß § 13g HGB:*

– *Die Dauer der Gesellschaft ist nicht beschränkt.*

– *Das ausgegebene Stammkapital (issued share-capital) der Gesellschaft beträgt ... (Betrag in GBP).*

Wir fügen dieser Anmeldung bei in elektronisch beglaubigter Abschrift

1. *Certificate of Incorporation, ausgestellt von Companies House, Cardiff am ... (Datum) in öffentlich beglaubigter Abschrift nebst beglaubigter Übersetzung in die deutsche Sprache,*

2. *Memorandum of Association ... (Datum) in öffentlich beglaubigter Abschrift nebst beglaubigter Übersetzung in die deutsche Sprache (entfällt, wenn Gesellschaft anhand der Model Articles – Gesetzestext – errichtet),*

3. *Beschluss der Gesellschafterversammlung vom ... (Datum), der die Bestellung der directors und die Festlegung ihrer Vertretungsbefugnis zum Gegenstand hat.*

(Unterschriftsbeglaubigung wie bei A 161 (M 161.1) bzw. A 162 (M 162.1))

114. Erteilung, Widerruf oder andere Änderungen einer Prokura

HINWEISE | Bindung der Vertretungsbefugnis an Geschäftsführer der GmbH und der GmbH & Co. KG: B § 48 HGB. Siehe im Übrigen die Hinweise bei A 3 und A 4.

WAS IST ANZUMELDEN | Wie A 3 und A 4.

WER MUSS ANMELDEN | Geschäftsführer in der zur Vertretung erforderlichen Zahl; auch Prokuristen sind zusammen mit einem Geschäftsführer anmeldeberechtigt, wenn der Gesellschaftsvertrag das vorsieht, aber nicht der anzumeldende Prokurist selbst (B § 53 HGB Nr. 1 und B § 39 GmbHG Nr. 2).

BEIZUFÜGENDE UNTERLAGEN | Keine (Nachweis der Zustimmung der Gesellschafterversammlung nach § 46 Nr. 7 GmbHG nicht erforderlich, B § 48 HGB Nr. 1).

KOSTEN BEIM GERICHT | Gebühr für die Eintragung einer Prokura 40 Euro (GVHR 4000); für die zweite und jede weitere Prokura je 30 Euro (GVHR 4001). Gleiches gilt für die Aufhebung und Änderung von Prokuren.

KOSTEN BEIM NOTAR | Geschäftswert: 1% des eingetragenen Stammkapitals, mindestens 30 000 Euro und höchstens 1 Million Euro (§ 105 Abs. 4 Nr. 1, § 106 GNotKG); wird bei der Prokuraanmeldung gleichzeitig die Befugnis des Prokuristen zur Veräußerung und Belastung von Grundstücken und/oder die Befreiung von § 181 BGB angemeldet, so liegt Gegenstandsgleichheit i.S.v. § 111 Nr. 3 GNotKG vor. Werden mehrere erloschene Prokuren angemeldet oder Prokuren neu angemeldet, dann ist jeder einzelne Vorgang mit dem Geschäftswert nach § 105 Abs. 4 Nr. 1 GNotKG zu bewerten und zu addieren (§ 35 Abs. 1, § 86 Abs. 2 GNotKG), beachte die Höchstgeschäftswertbestimmung mit 1 Million Euro (§ 106 GNotKG).

Bei vereinfachter Gründung nach § 2 Abs. 1a GmbHG gilt das Kostenprivileg des § 105 Abs. 6 GNotKG nicht für die Prokura, da keine Satzungsänderung. Gebühr und Auslagen wie bei A 113.

TEXT DER ANMELDUNG | Wie bei A 3 und A 4 entsprechend.

115. Gesellschafterbeschluss, die Gesellschaft aufzulösen

HINWEISE | Die Auflösung beendet nicht die Gesellschaft, sondern ändert nur ihren Zweck, der nunmehr auf die Liquidation und Beendigung des Unternehmens gerichtet ist.

Nach der Auflösung der Gesellschaft ist regelmäßig eine Liquidation erforderlich (siehe Hinweise bei A 119 und B § 67 GmbHG Nr. 1).

Die Durchführung der Liquidation ist Aufgabe der Liquidatoren; das sind entweder die bisherigen Geschäftsführer oder anlässlich des Auflösungsbeschlusses besonders bestimmte Personen (§ 66 Abs. 1 GmbHG; müssen nicht natürliche Personen sein).

Vertretungsverhältnisse: Ausdrückliche Bestimmung im Gesellschaftsvertrag über Weitergeltung der Vertretungsregelung wie für Geschäftsführer erforderlich; entsprechende

Klausel erforderlich für Erteilung besonderer Vertretungsbefugnis an Liquidatoren in Bezug auf Einzelvertretungsbefugnis und Befreiung von den Beschränkungen des § 181 BGB bzw. Ermächtigung der Gesellschafterversammlung hierzu (vgl. B § 181 BGB Nr. 6 und B § 68 GmbHG Nr. 1.

Anmeldung der ersten Liquidatoren durch diese (§ 67 GmbHG; vgl. auch bezüglich der Anmeldung über die Auflösung der Gesellschaft: B § 67 GmbHG Nr. 4). Dabei ist die Bestellung urkundlich nachzuweisen (Gesellschafterbeschluss). Die Liquidatoren müssen eine Versicherung über fehlende Bestellungshindernisse nach § 67 Abs. 3 GmbHG abgeben, die auch dann erforderlich ist, wenn der Liquidator sie bereits früher als Geschäftsführer abgegeben hat (B § 67 GmbHG Nr. 3). Ende der Vertretungsbefugnis der bisherigen Geschäftsführer, soweit nicht bereits durch Gesellschaftsvertrag auf den Liquidator erstreckt.

Anmeldung der Liquidatoren auch dann, wenn keine Abwicklung mehr erforderlich und sogleich das Erlöschen der Firma anzumelden ist (B § 67 GmbHG Nr. 1).

Aufgabe der Liquidatoren ist – neben der Abwicklung – die unverzügliche Bekanntmachung der Auflösung und des Gläubigeraufrufs (§ 65 Abs. 2 GmbHG; zur Bedeutung der Bekanntmachung für die Verteilung des Gesellschaftsvermögens siehe Hinweise A 119).

Liquidation ist entbehrlich bei der Umwandlung, die daher eine wichtige Alternative zur Auflösung und Abwicklung darstellt (siehe dazu A 123 und A 124).

Auflösung auf Klage eines Gesellschafters aus wichtigem Grund siehe §§ 60 Abs. 1 Nr. 3, 61 GmbHG; Auflösung hier nicht vertraglich abdingbar.

Bestellung und Abberufung von Liquidatoren durch das Registergericht möglich (§ 66 Abs. 2 und 3 GmbHG); Eintragungen insoweit ohne Anmeldung von Amts wegen.

WER MUSS ANMELDEN | Die Liquidatoren in der zur Vertretung erforderlichen Zahl (h.A.); nicht Geschäftsführer (B § 65 GmbHG).

BEIZUFÜGENDE UNTERLAGEN | Der Gesellschafterbeschluss über die Auflösung. Er bedarf keiner Beurkundung, es sei denn, die Gesellschaft ist nach dem Vertrag auf eine bestimmte Zeit fest abgeschlossen, die noch nicht abgelaufen ist. Nötig ¾-Mehrheit, wenn der Vertrag nichts anderes bestimmt (§ 60 Abs. 1 Nr. 2 GmbHG).

KOSTEN BEIM GERICHT | Gebühr für Eintragung der Auflösung der Gesellschaft 70 Euro (GVHR 2500). Hinzu Gebühr für Abberufung der Geschäftsführer und Eintragung der Liquidatoren je 40 Euro (GVHR 2501); die gleichzeitige Anmeldung der Vertretungsmacht der Liquidatoren ist nicht zu bewerten (§ 2 Abs. 3 Nr. 1 HRegGebV).

KOSTEN BEIM NOTAR | Geschäftswert: 1% des eingetragenen Stammkapitals, mindestens 30 000 Euro, höchstens 1 Million Euro (§ 105 Abs. 4 Nr. 1, § 106 GNotKG). Anmeldung der Auflösung der Gesellschaft ist gegenstandsgleich mit der Abmeldung eines jeden Geschäftsführers und der Anmeldung dieser Personen zu Liquidatoren (notwendige Erklärungseinheit, BGH v. 18.10.2016 – II ZB 18/15, GmbHR 2017, 95 = ZIP 2016, 2359). Ist die GmbH auf der Grundlage des Musterprotokolls gegründet, fällt die Auflösung nicht unter die Privilegierung des § 105 Abs. 6 GNotKG.

Gebühren und Auslagen wie bei A 113. Ggf. 0,5-Betreuungsgebühr nach KV 22200 Anm. Nr. 5 GNotKG für Gläubigeraufruf (§ 65 Abs. 2 GmbHG) durch den Notar im Bundesanzeiger aus Geschäftswert für die Registeranmeldung; die Anzeige zum Bundesanzeiger gehört zur Handelsregisteranmeldung (LG Düsseldorf v. 25.5.2016 – 19 T 12/16, ZNotP 2016, 289 = MittBayNot 2016, 548). Für die vom Notar an das zuständige Finanzamt (Körperschaftsteuerstelle, § 20 AO) nach § 54 EStDV amtswegig zu übersendende beglaubigte Abschrift fällt keine Beglaubigungsgebühr nach KV 25102 GNotKG an, dafür jedoch die Dokumentenpauschale nach KV 32001 Nr. 1 GNotKG.

TEXT DER ANMELDUNG

M 115.1 Anmeldung der Auflösung einer GmbH mit anschließender Liquidation

1. Die Gesellschaft ist durch Beschluss der Gesellschafter vom … (Datum) aufgelöst. Die Vertretungsbefugnis des bisherigen Geschäftsführers ist erloschen.

2. Die Prokura von … (Name, Vorname, Geburtsdatum, Wohnort) ist erloschen. (Wenn ausdrücklich widerrufen.)

3. Zu Liquidatoren wurden bestellt: … (Name, Vorname, Geburtsdatum, Wohnort).

Vertretungsrecht abstrakt: Die Gesellschaft hat einen oder mehrere Liquidatoren. Ist nur ein Liquidator bestellt, so vertritt dieser die Gesellschaft allein. Sind mehrere Liquidatoren bestellt, so wird die Gesellschaft durch zwei Liquidatoren gemeinsam vertreten. Durch Gesellschafterbeschluss kann einzelnen Liquidatoren die Befugnis zur Alleinvertretung erteilt werden.

Der Umfang der Vertretungsbefugnis der Liquidatoren ist gegenüber Dritten stets unbeschränkt.

Konkretes Vertretungsrecht der bestellten Liquidatoren:

0 Sie vertreten die Gesellschaft gemeinschaftlich.

0 Sie haben Einzelvertretungsbefugnis.

Durch Beschluss der Gesellschafterversammlung vom … (Datum) ist der Liquidator ermächtigt, mit sich im eigenen Namen oder als Vertreter eines Dritten Rechtsgeschäfte vorzunehmen (Befreiung von den Beschränkungen des § 181 BGB).

Der Umfang der Vertretungsbefugnis der Liquidatoren ist gegenüber Dritten stets unbeschränkt.

Versicherungen:

Nach Belehrung durch den Notar über die unbeschränkte Auskunftspflicht gegenüber dem Gericht gemäß § 53 Abs. 2 des Bundeszentralregistergesetzes und die Strafbarkeit einer falschen Versicherung (§ 67 Abs. 3 GmbHG) wird versichert:

Der Liquidator (bei mehreren jeder für sich) versichert (zum Zeitpunkt des Zugangs der Anmeldung beim Registergericht), dass

a) keine Umstände vorliegen, aufgrund deren der Liquidator nach § 66 i.V.m. § 6 Abs. 2 Satz 2 Nr. 2 und 3 sowie Satz 3 GmbHG von dem Amt als Liquidator ausgeschlossen wäre: Während der letzten fünf Jahre wurde im Inland (bzw. im Ausland wegen mit nach-

stehenden Taten vergleichbaren Straftaten) keine Verurteilung rechtskräftig gegen ihn wegen einer oder mehrerer vorsätzlich begangener Straftaten

– *des Unterlassens der Stellung des Antrags auf Eröffnung des Insolvenzverfahrens (Insolvenzverschleppung),*

– *nach §§ 283 bis 283d Strafgesetzbuch (wegen Bankrotts, schweren Bankrotts, Verletzung der Buchführungspflicht, Schuldner- oder Gläubigerbegünstigung),*

– *der falschen Angaben nach § 82 GmbHG oder § 399 AktG,*

– *der unrichtigen Darstellung nach § 400 AktG, § 331 HGB, § 313 UmwG oder § 17 des Publizitätsgesetzes oder*

– *nach den §§ 263 bis 264a oder den §§ 265b bis 266a StGB (Betrug, Computerbetrug, Subventionsbetrug, Kapitalanlagebetrug, Kreditbetrug, Untreue, Vorenthalten und Veruntreuen von Arbeitsentgelt) zu einer Freiheitsstrafe von mindestens einem Jahr. Dem Liquidator ist bekannt, dass die Frist von fünf Jahren erst durch den Eintritt der Rechtskraft eines entsprechenden Urteils in Lauf gesetzt und dass nicht die Zeit eingerechnet wird, in welcher der Täter auf behördliche Anordnung in einer Anstalt verwahrt wird.*

b) Der Liquidator versichert weiter, dass ihm weder durch gerichtliches Urteil noch durch vollziehbare Entscheidung einer Verwaltungsbehörde die Ausübung eines Berufes, Berufszweiges, Gewerbes oder Gewerbezweiges untersagt wurde, und somit auch nicht im Bereich des Unternehmensgegenstandes der Gesellschaft;

ferner dass er nicht bei der Besorgung seiner Vermögensangelegenheiten ganz oder teilweise einem Einwilligungsvorbehalt (§ 1903 BGB) unterliegt und dass er noch nie aufgrund einer behördlichen Anordnung in einer Anstalt verwahrt wurde (Amtsunfähigkeit),

c) er vom beglaubigenden Notar über seine unbeschränkte Auskunftspflicht gegenüber dem Registergericht belehrt worden ist.

Urkundenbeilagen

Angeschlossen ist die elektronisch beglaubigte Abschrift/einfache elektronische Aufzeichnung (wenn Unterschrift sichtbar) des Protokolls der Gesellschafterversammlung über die Auflösung der Gesellschaft.

*Die Geschäftsräume befinden sich in … (PLZ, Ort und Straße mit Hausnummer); dies ist auch die inländische Geschäftsanschrift i.S.v. § 10 Abs. 1 Satz 1 GmbHG. (Ggf. **zusätzlich:** Empfangsberechtigte Person für Willenserklärungen und Zustellungen i.S.v. § 10 Abs. 2 Satz 2 GmbHG ist … (Name, Vorname, inländische postalische Adresse))*

(Unterschriftsbeglaubigung wie bei A 161 (M 161.1) bzw. A 162 (M 162.1))

116. Zahlungsunfähigkeit der Gesellschaft oder fehlende Deckung der Verbindlichkeiten durch das Gesellschaftsvermögen

WAS IST ANZUMELDEN | Nichts; aber Antrag beim Insolvenzgericht auf Eröffnung des Insolvenzverfahrens.

WER MUSS DEN ANTRAG STELLEN | Die Geschäftsführer (jeder allein auch bei Gesamtvertretung; § 15a Abs. 1 InsO) oder bei Führungslosigkeit die Gesellschafter (§ 15a Abs. 3 InsO).

117. Zahlungsunfähigkeit eines Gesellschafters

WAS IST ANZUMELDEN | Nichts (siehe aber Hinweis).

HINWEISE | Der Gesellschaftsvertrag kann vorsehen, dass die Insolvenz eines Gesellschafters die Auflösung der Gesellschaft zur Folge hat; dann wie A 115.

Der Gesellschaftsvertrag kann vorsehen, dass der Geschäftsanteil des zahlungsunfähigen Gesellschafters eingezogen werden kann; mit Einziehung geht der Anteil unter und der betroffene Gesellschafter scheidet aus, dazu Hinweise bei A 104.

118. Ablehnung der Eröffnung des Insolvenzverfahrens mangels Masse

WAS IST ANZUMELDEN | Nichts (Die nach § 60 Abs. 1 Nr. 5 GmbHG eingetretene Auflösung der Gesellschaft wird von Amts wegen auf Mitteilung des Insolvenzgerichts eingetragen).

HINWEISE | Bei Eröffnung des Insolvenzverfahrens und der daran anschließenden Beendigung des Insolvenzverfahrens ebenfalls keine Pflicht zur Anmeldung (§ 65 Abs. 1 Satz 2 GmbHG).

Die etwa noch erforderliche Liquidation wird von den bisherigen Geschäftsführern durchgeführt, falls die Gesellschafter nicht andere Liquidatoren bestellen; bei solcher Bestellung Anmeldung der Liquidatoren nach § 67 GmbHG (siehe A 115).

Ist keine Liquidation erforderlich, dann Anmeldung der Auflösung zusammen mit Beendigung (siehe A 119).

Ist die Gesellschaft persönlich haftender Gesellschafter bei einer Kommanditgesellschaft (GmbHG & Co. KG), so ist die KG nicht aufgelöst und wird weiterhin durch die GmbH vertreten (siehe A 79).

Keine Fortsetzung der Gesellschaft möglich: B § 60 Abs. 1 Nr. 2 GmbHG.

Bei Vermögenslosigkeit prüft das Amtsgericht, ob eine Amtslöschung nach § 394 Abs. 1 Satz 2 FamFG in Betracht kommt.

119. Beendigung der Gesellschaft ohne Liquidation und Firmenbestattung

HINWEISE | Die Entscheidung der Gesellschafter, das Unternehmen nicht mehr fort-zuführen und dabei von einer Liquidation abzusehen, bedeutet zugleich einen Beschluss über die Auflösung der Gesellschaft. Zusammen mit dem Erlöschen der Firma ist daher vorrangig die Auflösung der Gesellschaft anzumelden (siehe A 115 und B § 74 GmbHG Nr. 1).

Die Liquidation wird nicht dadurch entbehrlich, dass das Gesellschaftsvermögen an die Gesellschafter verteilt wird. Das ist ohnehin nur im Rahmen einer Liquidation nach den gesetzlichen Bestimmungen möglich und führt zur Beendigung der GmbH erst nach Ablauf eines Jahres seit dem Gläubigeraufruf (§§ 65 Abs. 2, 73 GmbHG; siehe Hinweise bei A 115 und A 121).

Der oben genannten Anmeldung wird daher nur entsprochen werden, wenn die Geschäftsführer dem Registergericht nachweisen, dass eine Liquidation nicht erforderlich und möglich ist. Das setzt nach §§ 27, 31 FamFG Darlegung der tatsächlichen Verhältnisse voraus (vgl. Text der Anmeldung unten und B § 74 GmbHG Nr. 7 und 8, auch zu laufenden Steuerverfahren). Anmeldung der Liquidatoren nicht entbehrlich (B § 67 GmbHG Nr. 1).

Als Alternative zu der Liquidation nach dem GmbHG ist deshalb häufig eine Umwandlung nach dem Umwandlungsgesetz in Betracht zu ziehen (siehe A 123 und A 124).

Ist die GmbH schon vermögenslos, kann eine Amtslöschung nach § 394 Abs. 1 Satz 1 FamFG in Frage kommen. Die Abtretung aller Geschäftsanteile zum Zweck der **Firmenbestattung** dürfte unwirksam sein (siehe z.B. AG Memmingen v. 2.12.2003 – HRB 8361, GmbHR 2004, 952 mit Anm. *Wachter* = Rpfleger 2004, 223 m. Anm. *Ries* und OLG Celle v. 15.11.2006 – 9 U 59/06, GmbHR 2007, 318. Die sich daran anschließende Beendigung der GmbH im Wege der Firmenbestattung ist nach § 134 BGB, § 241 Nr. 3 AktG als unzulässig anzusehen, weil die vom Gesetzgeber vorgesehene Phase der offenen Abwicklung nicht gewahrt ist und unredliche Ziele verfolgt werden. Übersicht *Melchior*, GmbHR 2013, R 305; OLG Zweibrücken v. 3.6.2013 – 3 W 87/12, GmbHR 2013, 1093. Insoweit auch keine Eintragung der inländischen Geschäftsanschrift bei Firmenbestatter (OLG Rostock v. 31.5.2010 – 1 W 6/10, GmbHR 2011, 30) und keine Amtsniederlegung des bisherigen Geschäftsführers (OLG Karlsruhe v. 19.4.2013 – 2 Ss 89/12, GmbHR 2013, 1090). Firmenbestattung als Bankrott (BGH v. 15.11.2012 – 3 StR 199/12, GmbHR 2013, 477).

Insoweit kann es aus Sicht der Notare wegen der rechtlichen Tragweite nach § 17 Abs. 1 BeurkG geboten sein, die Frage nach der wirtschaftlichen Aktivität und den Absichten zu stellen. Zur Verantwortung des Notars siehe BGH v. 23.11.2015 – NotSt (Brfg) 4/15, GmbHR 2016, 114. Ausgangspunkt und Anlass für Hinweise sind identisch mit denen bei der wirtschaftlichen Neugründung: eine „leere Hülse"; siehe A 101 betr. anlassgebotener Aufklärung und Hinweisen.

WER MUSS ANMELDEN | Die letzten Geschäftsführer als Liquidatoren in der zur Vertretung erforderlichen Zahl.

KOSTEN BEIM GERICHT | Gebühr für Eintragung der Auflösung der Gesellschaft 70 Euro (GVHR 2500), für Abberufung des Geschäftsführers und Bestellung zum Liquidator 40 Euro (GVHR 2501). Keine Gebühr für Eintragung der Löschung der Gesellschaft und Vertretungsbefugnis der Liquidatoren (§ 2 Abs. 3 Nr. 1 HRegGebV, GVHR Vorbem. 2 Abs. 4). Die Löschung einer Prokura ist Teil der Auflösung der Gesellschaft.

KOSTEN BEIM NOTAR | Geschäftswert: 1% des eingetragenen Stammkapitals, mindestens 30 000 Euro, höchstens 1 Million Euro (§ 105 Abs. 4 Nr. 1, § 106 GNotKG) für Anmeldung der Auflösung, der Beendigung der Vertretungsbefugnis des Geschäftsführers und die Bestellung dieser Personen zu Liquidatoren. Anmeldung der Auflösung der Gesellschaft ist gegenstandsgleich mit der Abmeldung eines jeden Geschäftsführers und der Anmeldung dieser Personen zu Liquidatoren (notwendige Erklärungseinheit, BGH v. 18.10.2016 – II ZB 18/15, GmbHR 2017, 95 = ZIP 2016, 2359). Ist die GmbH auf der Grundlage des Musterprotokolls gegründet, fällt die Auflösung nicht unter die Privilegierung des § 105 Abs. 6 GNotKG. Gebühren und Auslagen wie bei A 115. Für die vom Notar an das zuständige Finanzamt (Körperschaftsteuerstelle, § 20 AO) nach § 54 EStDV amtswegig zu übersendende beglaubigte Abschrift fällt keine Beglaubigungsgebühr nach KV 25102 GNotKG an, dafür jedoch die Dokumentenpauschale nach KV 32001 Nr. 1 GNotKG.

TEXT DER ANMELDUNG

M 119.1 Anmeldung der Auflösung und Beendigung ohne Liquidation einer GmbH

1. *Die Gesellschaft ist durch Beschluss der Gesellschafter aufgelöst.*

2. *… (Name, Vorname, Geburtsdatum, Wohnort) ist nicht mehr Geschäftsführer. Die Prokura von … (Name, Vorname, Geburtsdatum, Wohnort) ist erloschen.*

3. *Die Firma ist erloschen.*

4. *Zu Liquidatoren wurden bestellt: … (Name, Vorname, Geburtsdatum, Wohnort) Vertretungsrecht abstrakt: Die Gesellschaft hat einen oder mehrere Liquidatoren. Ist nur ein Liquidator bestellt, so vertritt dieser die Gesellschaft allein. Sind mehrere Liquidatoren bestellt, so wird die Gesellschaft durch zwei Liquidatoren gemeinsam vertreten. Durch Gesellschafterbeschluss kann einzelnen Liquidatoren die Befugnis zur Alleinvertretung erteilt werden.*

Der Umfang der Vertretungsbefugnis der Liquidatoren ist gegenüber Dritten stets unbeschränkt.

Konkretes Vertretungsrecht der bestellten Liquidatoren:

0 Sie vertreten die Gesellschaft gemeinschaftlich.

0 Sie hatten Einzelvertretungsbefugnis.

Der Umfang der Vertretungsbefugnis der Liquidatoren ist gegenüber Dritten stets unbeschränkt.

5. *Eine Liquidation ist nicht erforderlich, da ein Gesellschaftsvermögen nicht mehr vorhanden ist.*

Dazu werden die tatsächlichen Verhältnisse wie folgt konkret dargestellt: ... (z.B. – sofern zutreffend – Geschäftsanteile voll eingezahlt, kein Insolvenzgrund, Geschäfte abgewickelt, Gesellschaftsvermögen zur Gläubigerbefriedigung verbraucht und nicht an Gesellschafter verteilt, keine Gerichtsverfahren, kein Grundvermögen)

Dies wird hiermit versichert.

Versicherungen: (wie bei A 115)

Nach Belehrung durch den Notar über die unbeschränkte Auskunftspflicht gegenüber dem Gericht gemäß § 53 Abs. 2 des Bundeszentralregistergesetzes und die Strafbarkeit einer falschen Versicherung (§ 67 Abs. 3 GmbHG) wird versichert:

Der Liquidator (bei mehreren jeder für sich) versichert (zum Zeitpunkt des Zugangs der Anmeldung beim Registergericht), dass

a) *keine Umstände vorliegen, aufgrund deren der Liquidator nach § 66 i.V.m. § 6 Abs. 2 Satz 2 Nr. 2 und 3 sowie Satz 3 GmbHG von dem Amt als Liquidator ausgeschlossen wäre: Während der letzten fünf Jahre wurde im Inland (bzw. im Ausland wegen mit nachstehenden Taten vergleichbaren Straftaten) keine Verurteilung rechtskräftig gegen ihn wegen einer oder mehrerer vorsätzlich begangener Straftaten*

   – *des Unterlassens der Stellung des Antrags auf Eröffnung des Insolvenzverfahrens (Insolvenzverschleppung),*

   – *nach §§ 283 bis 283d Strafgesetzbuch (wegen Bankrotts, schweren Bankrotts, Verletzung der Buchführungspflicht, Schuldner- oder Gläubigerbegünstigung),*

   – *der falschen Angaben nach § 82 GmbHG oder § 399 AktG,*

   – *der unrichtigen Darstellung nach § 400 AktG, § 331 HGB, § 313 UmwG oder § 17 des Publizitätsgesetzes oder*

   – *nach den §§ 263 bis 264a oder den §§ 265b bis 266a StGB (Betrug, Computerbetrug, Subventionsbetrug, Kapitalanlagebetrug, Kreditbetrug, Untreue, Vorenthalten und Veruntreuen von Arbeitsentgelt) zu einer Freiheitsstrafe von mindestens einem Jahr. Dem Liquidator ist bekannt, dass die Frist von fünf Jahren erst durch den Eintritt der Rechtskraft eines entsprechenden Urteils in Lauf gesetzt und dass nicht die Zeit eingerechnet wird, in welcher der Täter auf behördliche Anordnung in einer Anstalt verwahrt wird.*

b) *Der Liquidator versichert weiter, dass ihm weder durch gerichtliches Urteil noch durch vollziehbare Entscheidung einer Verwaltungsbehörde die Ausübung eines Berufes, Berufszweiges, Gewerbes oder Gewerbezweiges untersagt wurde, und somit auch nicht im Bereich des Unternehmensgegenstandes der Gesellschaft;*

   ferner dass er nicht bei der Besorgung seiner Vermögensangelegenheiten ganz oder teilweise einem Einwilligungsvorbehalt (§ 1903 BGB) unterliegt und dass er noch nie aufgrund einer behördlichen Anordnung in einer Anstalt verwahrt wurde (Amtsunfähigkeit),

c) *er vom beglaubigenden Notar über seine unbeschränkte Auskunftspflicht gegenüber dem Registergericht belehrt worden ist.*

Urkundenbeilagen

Angeschlossen ist die elektronisch beglaubigte Abschrift des Protokolls der Gesellschafter-versammlung über die Auflösung der Gesellschaft.

(Unterschriftsbeglaubigung wie bei A 161 (M 161.1) bzw. A 162 (M 162.1))

120. Fortsetzung einer aufgelösten Gesellschaft

HINWEISE | Fortsetzung zulässig, solange mit der Verteilung des Gesellschaftsvermögens an die Gesellschafter noch nicht begonnen ist (siehe BayObLG v. 25.7.1978 – BReg 1 Z 69/78, DNotZ 1979, 49 = GmbHR 1978, 269 = Rpfleger 1978, 416).

Fortsetzung im Insolvenzfall nach § 60 Abs. 1 Nr. 4 GmbHG nur, wenn das Verfahren auf Antrag des Schuldners eingestellt oder nach Bestätigung eines Insolvenzplanes, der den Fortbestand der GmbH vorsieht, aufgehoben ist. Keine Fortsetzung bei abgeschlossenem Insolvenzverfahren oder wenn Eröffnung mangels Masse abgelehnt worden ist (B § 60 Abs. 1 GmbHG).

Fortsetzung einer nach § 394 FamFG als vermögenslos gelöschten GmbH? Siehe B § 394 FamFG Nr. 9.

WER MUSS ANMELDEN | Die gleichzeitig mit dem Fortsetzungsbeschluss zu bestellenden Geschäftsführer.

KOSTEN BEIM GERICHT | Gebühr für Eintragung der Fortsetzung 70 Euro (GVHR 2500); Gebühr für Eintragung eines Geschäftsführers 40 Euro (GVHR 2501); Gebühr für Abberufung eines Liquidators 40 Euro (GVHR 2501). Für die Miteintragung der Vertretungsmacht der Geschäftsführer fällt keine weitere Gebühr an (§ 2 Abs. 3 Nr. 1 HReg-GebV).

KOSTEN BEIM NOTAR | Geschäftswert: 1% des eingetragenen Stammkapitals, mindestens 30 000 Euro, höchstens 1 Million Euro (§ 105 Abs. 4 Nr. 1, § 106 GNotKG) für Anmeldung der Fortsetzung der Gesellschaft, Abberufung des Liquidators und Bestellung des Geschäftsführers (samt Versicherung seiner Amtsfähigkeit sowie dessen Belehrung durch Notar) in Anlehnung an die Figur der notwendigen Erklärungseinheit für die GmbH-Gründung, so h.M., vgl. *Diehn*, Notarkostenberechnungen, 4. Aufl. 2016, Rz. 1382, 1376; Leipziger-GNotKG/*Heinze*, § 105 Rz. 65). Gebühren und Auslagen wie bei A 96.

TEXT DER ANMELDUNG

M 120.1   Anmeldung der Fortsetzung einer GmbH

Zur Eintragung in das Handelsregister bei der ... (Bezeichnung der GmbH nach dem Handelsregister) wird angemeldet:

1. *Die Aufhebung des Auflösungsbeschlusses vom ... (Datum) und die Fortsetzung der Gesellschaft als Erwerbsgesellschaft. Das Liquidationsverfahren war noch nicht beendet.*

2. die Abberufung des Liquidators ... (Name, Vorname, Geburtsdatum, Wohnort)

3. die Bestellung des Geschäftsführers ... (Name, Vorname, Geburtsdatum, Wohnort)

*Die Geschäftsräume befinden sich in ... (PLZ, Ort und Straße mit Hausnummer); dies ist auch die inländische Geschäftsanschrift i.S.v. § 10 Abs. 1 Satz 1 GmbHG. (Ggf. **zusätzlich:** Empfangsberechtigte Person für Willenserklärungen und Zustellungen i.S.v. § 10 Abs. 2 Satz 2 GmbHG ist ... (Name, Vorname, inländische postalische Adresse))*

Vertretung: wie bei A 91a.

Versicherungen: wie bei A 91a. zu a) und b). Sodann:

Weiter wird von uns versichert, dass mit der Verteilung des Vermögens der Gesellschaft an die Gesellschafter noch nicht begonnen wurde und dass das Gesellschaftsvermögen die Verbindlichkeiten übersteigt.

Urkundenbeilagen: Angeschlossen ist die elektronisch beglaubigte Abschrift/einfache elektronische Aufzeichnung (wenn Unterschrift sichtbar) des Protokolls der Gesellschafterversammlung über die Fortsetzung der aufgelösten Gesellschaft und der Bestellung des Geschäftsführers.

(Unterschriftsbeglaubigung wie bei A 161 (M 161.1) bzw. A 162 (M 162.1))

---

121. Erlöschen der Firma nach beendeter Liquidation

HINWEISE | Wird im Rahmen der Liquidation Gesellschaftsvermögen an die Gesellschafter ausgeschüttet, ist die Anmeldung der Beendigung (§§ 75 Abs. 2, 73, 74 Abs. 1 GmbHG) erst nach Ablauf eines Jahres seit dem Gläubigeraufruf möglich (siehe auch Hinweise bei A 119).

Zur Frage, ob laufende Steuerverfahren, einer Löschung entgegenstehen: B § 74 GmbHG Nr. 8. Als Alternative zu der Liquidation nach dem GmbHG ist deshalb häufig eine Umwandlung nach dem Umwandlungsgesetz in Betracht zu ziehen (siehe A 123 und A 124; das gilt auch für die bereits aufgelöste GmbH, §§ 3 Abs. 3, 191 Abs. 2, 124 Abs. 2 UmwG). Verwahrung von Büchern und Schriften der Gesellschaft sowie Einsicht siehe B § 74 GmbHG Nr. 5 und 6.

WER MUSS ANMELDEN | Die Liquidatoren in der zur Vertretung erforderlichen Zahl (zum Zeitpunkt siehe Hinweise).

KOSTEN BEIM GERICHT | Keine Gebühr für Eintragung der Löschung der Gesellschaft und des Schlusses der Abwicklung (GVHR Vorbem. 2 Abs. 4).

KOSTEN BEIM NOTAR | Geschäftswert: 1% des eingetragenen Stammkapitals, mindestens 30 000 Euro, höchstens 1 Million Euro (§ 105 Abs. 4 Nr. 1, § 106 GNotKG). Gebühr umfasst Anmeldung der Beendigung der Liquidation und des Erlöschens des Liquidatorenamtes, etwaiger Prokuren und der Firma (es handelt sich nicht um verschiedene Tatsachen i.S.v. § 111 Nr. 3 GNotKG, sondern um eine einheitliche Anmeldung, vgl. § 157 Abs. 1 HGB). Die Angaben über die Aufbewahrung von Büchern und Schriften gemäß § 74 Abs. 2 GmbHG ist notwendiger Erklärungsinhalt der Anmeldung und nicht gesondert zu bewerten. Gebühren und Auslagen wie bei A 113.

TEXT DER ANMELDUNG

M 121.1 Anmeldung des Erlöschens der Firma einer GmbH nach beendeter Liquidation

1. *Die Liquidation ist beendet. Das Liquidatorenamt ist niedergelegt.*

2. *Die Firma ist erloschen.*

3. *Die Bücher und Schriften der Gesellschaft werden von … (Name, Geburtsdatum und Wohnort und Straße) aufbewahrt.*

Beigefügt ist das Belegexemplar über den Aufruf an die Gesellschaftsgläubiger nach § 65 Abs. 2 GmbHG.

(Unterschriftsbeglaubigung wie bei A 161 (M 161.1) bzw. A 162 (M 162.1))

122. Weiteres Gesellschaftsvermögen nach Abwicklung und Löschung der Gesellschaft

HINWEISE | Die Vertretungsbefugnis der letzten Liquidators ist mit der Löschung der GmbH im Handelsregister beendet und lebt nicht wieder auf; das Registergericht bestellt auf Antrag einen Nachtragsliquidator (B § 74 GmbHG Nr. 2, 3, 4). Der Antrag auf Bestellung eines Nachtragsliquidators ist ein unternehmensrechtliches Verfahren nach § 375 FamFG und bedarf keiner notariellen Beglaubigung.

Die GmbH besteht weiter; es muss eine Nachtragsliquidation stattfinden; eine Wiedereintragung der Gesellschaft auf Anmeldung des gerichtlich bestellten Liquidators ist nicht erforderlich, wenn nur einzelne Abwicklungshandlungen nachzuholen sind (B § 74 GmbHG Nr. 2).

Zur Nachtragsliquidation für eine regulär abgewickelte und dann gelöschte GmbH siehe § 273 Abs. 4 AktG (B § 74 GmbHG); für nach § 394 FamFG wegen Vermögenslosigkeit gelöschte GmbHs siehe § 66 Abs. 5 GmbHG und Rechtsprechung: B § 66 GmbHG).

Die Gesellschaft bleibt in Prozessen über ihr Vermögen parteifähig (OLG Frankfurt/M v. 16.10.1978 – 20 W 751/78, Rpfleger 1979, 27). Zur Auswahl des Nachtragsliquidators vgl. B § 29 BGB Nr. 3.

Ist ein **ausländischer Rechtsträger** in seinem Gründungsstaat gelöscht, dann kommt für das im Inland belegene Vermögen ggf. die Bestellung eines Nachtragsliquidators analog § 273 AktG (Thür. OLG v. 22.8.2007 – 6 W 244/07, GmbHR 2007, 1109 = DNotZ 2008, 298; bestätigt durch OLG Brandenburg v. 27.7.2016 – 7 U 52/15, GmbHR 2016, 1099) oder die eines Abwesenheitspflegers nach § 1913 BGB (OLG Nürnberg v. 10.8.2007 – 13 U 1097/07, GmbHR 2008, 41) in Frage.

WAS IST ANZUMELDEN | Nichts (siehe Hinweis).

KOSTEN BEIM GERICHT | Wenn nachträglich Vermögen ermittelt wird und nicht nur einzelne Liquidationsmaßnahmen nachzuholen sind, dann ist die gelöschte Gesellschaft ausnahmsweise zusammen mit dem gerichtlich bestellten Nachtragsliquidator von Amts wegen in das Handelsregister einzutragen. Es handelt sich aber nicht um die Wiedereintragung der Gesellschaft, sondern um die Löschung des unrichtigen Löschungsvermerks. Als Gebührentatbestand käme wohl die Gebühr mit 70 Euro (GVHR 2500) in Betracht. Gebühr für Bestellung eines Nachtragsliquidators: 2,0-Gebühr nach KV Vorbem. 1.3.5 Nr. 1, KV 13500 GNotKG nach Tabelle A; Geschäftswert: 60 000 Euro (§ 67 Abs. 1 Nr. 1 GNotKG).

KOSTEN BEIM NOTAR | Der Antrag auf Bestellung eines Nachtragsliquidators ist keine Handelsregisteranmeldung. Fertigt der Notar auftragsgemäß den Antrag auf Nachtragsliquidation, entsteht eine 1,0-Entwurfsgebühr nach KV 24101, 21200 GNotKG, mindestens 60 Euro, weil der Notar den Entwurf vollständig fertigt (§ 92 Abs. 2 GNotKG). Als Geschäftswert kann herangezogen werden die Rechtslage für den Bestellungsbeschluss von Liquidatoren (§ 108 Abs. 1 Satz 1, § 105 Abs. 4 Nr. 1 GNotKG). Durch die Gebühr ist auch abgegolten die Übermittlung des Antrags an das Registergericht (vgl. KV Vorbem. 2.4.1 Abs. 4 GNotKG); Erhebung der Auslagen nach KV 32002, 32011, 32014.

123. Übernahme des Geschäftsbetriebs durch Umwandlung (Verschmelzung durch Aufnahme) durch den Alleingesellschafter

HINWEISE | Die Umwandlung erfolgt als Verschmelzung durch Aufnahme (§§ 2 Nr. 1, 3 Abs. 2 Nr. 2, 120 ff. UmwG). Auch Verschmelzung einer aufgelösten Gesellschaft, wenn Fortsetzung möglich (B § 3 Abs. 3 UmwG); vgl. A 120. Verschmelzung auch möglich auf den Alleingesellschafter, der nicht im Handelsregister eingetragen ist und auch nicht eingetragen werden kann.

Keine Verschmelzung auf Einzelfirma durch den Hauptgesellschafter (§ 3 Abs. 2 Nr. 2 UmwG); unschädlich hingegen eigene Anteile der GmbH (§ 120 Abs. 2 UmwG). Hauptgesellschafter hat aber Möglichkeit, GmbH durch Mehrheitsbeschluss in KG umzuwandeln (Formwechsel, § 233 Abs. 2 UmwG).

Bilden die Gesellschafter künftig eine Partnerschaftsgesellschaft, OHG oder KG, kommt eine Umwandlung entweder als Verschmelzung durch Aufnahme (§§ 3 Abs. 1 Nr. 1, 39 ff. UmwG) oder als Formwechsel (§§ 190, 214 ff. UmwG) in Betracht.

Die Gesellschaft bürgerlichen Rechts kann nur durch Formwechsel umgewandelt werden; vgl. Hinweise zu A 124.

WER MUSS ANMELDEN | Die Geschäftsführer in zur Vertretung berechtigter Zahl und Anmeldung der Einzelfirma durch bisherigen Alleingesellschafter.

KOSTEN BEIM GERICHT | Gebühr für Eintragung der Umwandlung bei der übertragenden GmbH 240 Euro (GVHR 2402); Gebühr für Eintragung der Umwandlung beim Einzelkaufmann 150 Euro (GVHR 1103).

KOSTEN BEIM NOTAR | Anmeldung beim übertragenden Rechtsträger: Geschäftswert für Anmeldung des Umwandlungsbeschlusses zum Handelsregister Abt. B: 1% des eingetragenen Stammkapitals, mindestens 30 000 Euro, höchstens 1 Million Euro (§ 105 Abs. 4 Nr. 1, § 106 GNotKG).

Anmeldung der Einzelfirma zum Handelsregister Abt. A: Geschäftswert für Einzelfirma: stets 30 000 Euro (§ 105 Abs. 3 Nr. 1 GNotKG). Bei Anmeldung in einer Urkunde Addition der Geschäftswerte (§ 35 Abs. 1, § 86 Abs. 2 GNotKG), höchstens 1 Million Euro (§ 106 GNotKG).

Gebühren und Auslagen wie bei A 113.

TEXT DER ANMELDUNG

M 123.1 Anmeldung der Verschmelzung einer GmbH auf den Alleingesellschafter

Zur Eintragung in das Handelsregister bei der Firma ... (Bezeichnung der Firma des übertragenden Rechtsträgers nach dem Handelsregister) wird angemeldet, dass das Vermögen dieser Gesellschaft von ihrem Alleingesellschafter ... (Name, Vorname, Geburtsdatum, Wohnort des Alleingesellschafters) zum Stichtag ... (Datum) übernommen worden ist. Die Verschmelzung erfolgte unter Auflösung der Gesellschaft ohne Abwicklung im Wege der Aufnahme durch Übertragung des Vermögens der Gesellschaft als Ganzes auf den genannten Alleingesellschafter, § 2 Nr. 1, § 3 Abs. 2 Nr. 2 UmwG.

Der genannte Alleingesellschafter führt das von der bisherigen Gesellschaft betriebene Handelsgeschäft weiter unter der Firma ... (Bezeichnung des Einzelunternehmens mit Rechtsformzusatz) mit Handelsniederlassung in ... (Ort).

Die Geschäftsräume befinden sich in ... (PLZ, Ort und Straße mit Hausnummer); dies ist auch die inländische Geschäftsanschrift i.S.v. § 29 HGB.

Gegenstand des Geschäfts ist ... (schlagwortartige Bezeichnung des Geschäftszweigs).

Es wird erklärt, dass eine Klage gegen die Wirksamkeit des Verschmelzungsbeschlusses nicht innerhalb eines Monats nach der Beschlussfassung erhoben wurde.

oder:

Es wird erklärt, dass eine Klage gegen die Wirksamkeit des Verschmelzungsbeschlusses zwar erhoben wurde, das Prozessgericht aber durch rechtskräftigen Beschluss festgestellt hat, dass die Erhebung der Klage der Eintragung der Verschmelzung im Handelsregister nicht entgegensteht; elektronisch beglaubigte Abschrift des rechtskräftigen Beschlusses liegt bei.

Angeschlossen werden vorgelegt:

- *Elektronisch beglaubigte Abschrift der notariellen Urkunde über den Verschmelzungsbeschluss mit Stichtagsbilanz und weiter enthaltend den Verzicht auf die Klage gegen die Wirksamkeit des Verschmelzungsbeschlusses*
- *elektronisch beglaubigte Abschrift des Verschmelzungsvertrags*
- *elektronisch beglaubigte Abschrift des Nachweises über die Zuleitung des Entwurfs des Verschmelzungsplans an den Beriebsrat des übertragenden Rechtsträgers*

(Unterschriftsbeglaubigung wie bei A 161 (M 161.1) bzw. A 162 (M 162.1))

124. Weiterführung des Geschäftsbetriebs als Personengesellschaft durch Umwandlung (Verschmelzung oder Formwechsel von GmbH auf GmbH & Co. KG)

HINWEISE | Umwandlung entweder als Verschmelzung durch Neugründung (§§ 3 Abs. 1 Nr. 1, 39 ff. UmwG) oder als Formwechsel (§§ 191 Abs. 2, 214 ff. UmwG); zu den unterschiedlichen Wirkungen vgl. §§ 20 Abs. 1, 202 Abs. 1 UmwG. Bei Gesellschaft bürgerlichen Rechts nur Formwechsel. Formwechsel von GmbH auf GmbH & Co. KG zulässig. Ob eine Umwandlung in eine OHG/KG oder in eine BGB-Gesellschaft möglich ist, entscheidet sich auch danach, ob die umzuwandelnde GmbH ein Gewerbe im Umfange des § 1 Abs. 2 HGB betreibt und dieses fortbestehen soll oder ob die Eintragung der OHG/KG nach § 105 Abs. 2 HGB beantragt wird. Ist das nicht der Fall, kommt nur Formwechsel in eine BGB-Gesellschaft in Betracht; vgl. § 228 UmwG. Formwechsel in OHG oder Gesellschaft bürgerlichen Rechts nur mit Zustimmung aller Gesellschafter (§§ 233 f. UmwG). Verschmelzung und Formwechsel auch auf bzw. in Partnerschaftsgesellschaft zulässig.

Bei der Beurkundung, Anmeldung und Eintragung des Formwechsels einer GmbH in eine GbR ist darauf zu achten, dass die Personen, die die Umwandlung beschließen, neben der GbR mit Namen auch die einzelnen GbR-Gesellschafter analog § 162 Abs. 1 Satz 2 HGB bezeichnet werden und dass diese Personen zum Zeitpunkt der konstitutiven Eintragung auch tatsächlich noch Listen-Gesellschafter der GmbH und der GbR sind. Wenngleich der Name der GbR und die einzelnen GbR-Gesellschafter keine eintragungspflichtigen Tatsachen analog § 162 Abs. 1 Satz 2 HGB sein sollen (BGH v. 18.10.2016 – II ZR 314/15, GmbHR 2017, 143 m. Anm. *Melchior*), so sind diese Angaben dennoch eintragungsfähig, um etwaigen Firmenbestattungen keinen Vorschub zu leisten.

Wegen Verschmelzung siehe im Übrigen Hinweise bei A 123.

Formwechsel in GmbH & Co. KG durch Mehrheitsbeschluss möglich (§ 233 Abs. 2 UmwG). Die künftige Komplementär-GmbH muss nicht bereits bei Fassung des Umwandlungsbeschlusses Gesellschafter der formwechselnden GmbH sein: B § 190 UmwG Nr. 1. Keine Verschmelzung der Komplementär-GmbH auf GmbH & Co. KG (B § 190 UmwG Nr. 2). Firmenfortführung nach §§ 18, 200 UmwG. Anmeldung des Formwechsels in GmbH & Co. KG durch Geschäftsführer der GmbH in vertretungsberechtigter Zahl (§§ 235, 198 UmwG).

Keine erneute Anmeldung bestehender Prokuren erforderlich (OLG Köln v. 6.5.1996 – 2 Wx 9/96, DNotZ 1996, 700 = GmbHR 1996, 773 = Rpfleger 1997, 28).

KOSTEN BEIM GERICHT | Gebühr für Eintragung der Verschmelzung bei der GmbH 240 Euro (GVHR 2402). Gebühr für Eintragung der Verschmelzung bei neu gegründeter OHG/KG mit bis zu drei Gesellschaftern 180 Euro (GVHR 1104), bei mehr als drei Gesellschaftern erhöht sich die Gebühr für jeden weiteren Gesellschafter um 70 Euro (GVHR 1105). Gebühr für Eintragung des Formwechsels bei formwechselnder GmbH 240 Euro (GVHR 2402), Gebühr für Eintragung einer OHG oder KG aufgrund des Formwechsels 180 Euro (GVHR 1400).

KOSTEN BEIM NOTAR | Anmeldung der *Verschmelzung* beim übertragenden Rechtsträger: Geschäftswert für Anmeldung des Umwandlungsbeschlusses zum Handelsregister Abt. B: 1% des eingetragenen Stammkapitals, mindestens 30 000 Euro, höchstens 1 Million Euro (§ 105 Abs. 4 Nr. 1, § 106 GNotKG).

Anmeldung der neu gegründeten Gesellschaft: Geschäftswert für OHG: § 105 Abs. 3 Nr. 2 GNotKG; für KG: § 105 Abs. 1 Satz 1 Nr. 5 GNotKG; wenn alles in einer Urkunde, Addition der Geschäftswerte.

Anmeldung bei *Rechtsformwechsel* mit Registerwechsel: Maßgeblich ist der jeweilige Geschäftswert für die Ersteintragung einer OHG als neue Rechtsform (§ 105 Abs. 3 Nr. 2 GNotKG) bzw. KG (§ 105 Abs. 1 Satz 1 Nr. 5 GNotKG) sowie als gegenstandsverschiedene Anmeldungstatsache die Anmeldung hinsichtlich der bisherigen Rechtsform mit dem Geschäftswert nach § 105 Abs. 4 Nr. 1 GNotKG. Aus Gesamtaddition Gebühren und Auslagen wie bei A 21 bzw. A 60.

TEXT DER ANMELDUNG | Bei Verschmelzung.

M 124.1　Anmeldung der Verschmelzung einer GmbH auf eine damit neu gegründete KG

Zur Eintragung in das Handelsregister bei der Firma … (Bezeichnung der Firma des übertragenden Rechtsträgers nach dem Handelsregister) wird angemeldet, dass diese Gesellschaft zum Stichtag … (Datum) verschmolzen wurde unter Auflösung der Gesellschaft ohne Abwicklung im Wege der Neugründung durch Übertragung des Vermögens dieser Gesellschaft als Ganzes auf eine neue, von ihr dadurch gegründete Kommanditgesellschaft unter der Firma … (Bezeichnung des neuen Rechtsträgers mit Rechtsformzusatz), § 2 Nr. 2, § 3 Abs. 2 Nr. 2 UmwG.

Gesellschafter der neu errichteten Kommanditgesellschaft sind:

1. Persönlich haftende Gesellschafter:

　… (Name, Vorname, Geburtsdatum, Wohnort)

　… (Name, Vorname, Geburtsdatum, Wohnort)

2. Kommanditisten:

　… (Name, Vorname, Geburtsdatum und Wohnort) mit einer Kommanditeinlage von Euro … (Zahl)

　… (Name, Vorname, Geburtsdatum und Wohnort) mit einer Kommanditeinlage von Euro … (Zahl)

Vertretungsrecht der persönlich haftenden Gesellschafter:

Abstrakt: *Jeder persönlich haftende Gesellschafter vertritt die Gesellschaft jeweils einzeln.*

Konkret: *Die persönlich haftenden Gesellschafter … (jeweils Name, Vorname, Geburtsdatum, Wohnort) sind jeweils einzelvertretungsberechtigt. Diese Personen sind befugt, die Gesellschaft bei der Vornahme von Rechtsgeschäften mit sich selbst oder als Vertreter eines Dritten uneingeschränkt zu vertreten (Befreiung von den Beschränkungen des § 181 BGB).*

Sitz der Gesellschaft ist … (Ort)

Die Geschäftsräume befinden sich in ... (PLZ, Ort und Straße mit Hausnummer); dies ist auch die inländische Geschäftsanschrift i.S.v. § 161 Abs. 2 i.V.m. § 106 Abs. 2 Nr. 2 HGB.

Gegenstand des Geschäfts ist ... (schlagwortartige Bezeichnung des Geschäftszweigs)

Es wird erklärt, dass eine Klage gegen die Wirksamkeit des Verschmelzungsbeschlusses nicht innerhalb eines Monats nach der Beschlussfassung erhoben wurde.

oder:

Es wird erklärt, dass eine Klage gegen die Wirksamkeit des Verschmelzungsbeschlusses zwar erhoben wurde, das Prozessgericht aber durch rechtskräftigen Beschluss festgestellt hat, dass die Erhebung der Klage der Eintragung der Verschmelzung im Handelsregister nicht entgegensteht; elektronisch beglaubigte Abschrift des rechtskräftigen Beschlusses liegt bei.

Angeschlossen werden vorgelegt:

- *Elektronisch beglaubigte Abschrift der notariellen Urkunde über den Verschmelzungsbeschluss mit Stichtagsbilanz sowie dem Gesellschaftsvertrag der neu gegründeten Kommanditgesellschaft*

- *elektronisch beglaubigte Abschrift des Verschmelzungsberichts (**oder:** Elektronisch beglaubigte Abschrift der notariell beurkundeten Verzichtserklärung der Anteilsinhaber wegen der Erstattung des Verschmelzungsberichts und Durchführung einer Verschmelzungsprüfung)*

- *elektronisch beglaubigte Abschrift des Berichts über die Verschmelzungsprüfung*

- *elektronisch beglaubigte Abschrift des Nachweises über die Zuleitung des Entwurfs des Spaltungsplans an den Betriebsrat des übertragenden Rechtsträgers*

- *elektronisch beglaubigte Abschrift der Zustimmungserklärungen der Gesellschafter*

(Unterschriftsbeglaubigung wie bei A 161 (M 161.1) bzw. A 162 (M 162.1))

TEXT DER ANMELDUNG | Bei Formwechsel.

M 124.2 Anmeldung der Umwandlung einer GmbH in eine KG im Wege des Formwechsels

Zur Eintragung in das Handelsregister bei der Firma ... (Bezeichnung der Firma des übertragenden Rechtsträgers nach dem Handelsregister) wird angemeldet, dass diese Gesellschaft durch Formwechsel in eine dadurch gegründete beschränkt haftende Kommanditgesellschaft unter der Firma ... (Bezeichnung des neuen Rechtsträgers mit Rechtsformzusatz) umgewandelt ist, §§ 191, 214 UmwG.

Gesellschafter der beschränkt haftenden Kommanditgesellschaft sind:

1. *Persönlich haftende Gesellschafter: ... (Firma der GmbH, die vor Registereintragung Gesellschafterin der formwechselnden GmbH sein kann, aber nicht muss)*

2. *Kommanditisten: ... (Name, Vorname, Geburtsdatum, Wohnort) mit einer Kommanditeinlage von Euro ... (Zahl), ... (Name, Vorname, Geburtsdatum, Wohnort) mit einer Kommanditeinlage von Euro ... (Zahl)*

Vertretungsrecht der persönlich haftenden Gesellschafter

Abstrakt: *Jeder persönlich haftende Gesellschafter vertritt die Gesellschaft jeweils einzeln.*

Konkret: Die persönlich haftenden Gesellschafter … (jeweils Name, Vorname, Geburtsdatum, Wohnort) sind jeweils einzelvertretungsberechtigt. Diese Personen sind befugt, die Gesellschaft bei der Vornahme von Rechtsgeschäften mit sich selbst oder als Vertreter eines Dritten uneingeschränkt zu vertreten (Befreiung von den Beschränkungen des § 181 BGB).

Sitz der Gesellschaft ist … (Ort)

Die Geschäftsräume befinden sich in … (PLZ, Ort und Straße mit Hausnummer); dies ist auch die inländische Geschäftsanschrift i.S.v. § 161 Abs. 2 i.V.m. § 106 Abs. 2 Nr. 2 HGB.

Gegenstand des Geschäfts ist … (schlagwortartige Bezeichnung des Geschäftszweigs).

Es wird erklärt, dass eine Klage gegen die Wirksamkeit des Umwandlungsbeschlusses nicht innerhalb eines Monats nach der Beschlussfassung erhoben wurde.

oder:

Es wird erklärt, dass eine Klage gegen die Wirksamkeit des Umwandlungsbeschlusses zwar erhoben wurde, das Prozessgericht aber durch rechtskräftigen Beschluss festgestellt hat, dass die Erhebung der Klage der Eintragung der Verschmelzung im Handelsregister nicht entgegensteht; elektronisch beglaubigte Abschrift des rechtskräftigen Beschlusses liegt bei.

Angeschlossen werden vorgelegt:

- *Elektronisch beglaubigte Abschrift der notariellen Urkunde über den Umwandlungsbeschluss sowie der Gesellschaftsvertrag der Kommanditgesellschaft*
- *Elektronisch beglaubigte Abschrift des Umwandlungsberichts*
- *Elektronisch beglaubigte Abschrift des Berichts über die Durchführung der Umwandlungsprüfung*
- *Elektronisch beglaubigte Abschrift der Zustimmungserklärungen von Anteilseignern*
- *Elektronisch beglaubigte Abschrift des Nachweises über die Zuleitung des Entwurfs des Umwandlungsbeschlusses an den Betriebsrat des formwechselnden Rechtsträgers*

(Unterschriftsbeglaubigung wie bei A 161 (M 161.1) bzw. A 162 (M 162.1))

125. Verschmelzung der Gesellschaft mit einer anderen GmbH

HINWEISE | Die Verschmelzung ist möglich

- durch Übertragung des Vermögens der Gesellschaft auf eine andere Gesellschaft (aufnehmende Gesellschaft) gegen Gewährung von Geschäftsanteilen dieser Gesellschaft (Verschmelzung durch Aufnahme, §§ 2 Nr. 1, 46 ff. UmwG);
- durch Bildung einer neuen GmbH, auf die das Vermögen mehrerer sich vereinigender Gesellschaften gegen Gewährung von Anteilen der neu gegründeten Gesellschaft übergeht (Verschmelzung durch Neugründung, §§ 2 Nr. 2, 56 ff. UmwG).

Zur Verschmelzung ohne Kapitalerhöhung: § 54 UmwG; keine Kapitalerhöhung erforderlich bei Verschmelzung von Schwestergesellschaften bei entsprechender, ausdrücklicher notarieller Verzichtserklärung nach § 54 Abs. 1 Satz 3 UmwG. Frist für Anmeldung: acht Monate nach Bilanzstichtag (§ 17 Abs. 2 Satz 4 UmwG). Fristwahrende Anmeldung und Berechnung der Frist: B § 17 Abs. 2 UmwG Nr. 3 und 4.

WER MUSS ANMELDEN | Geschäftsführer der beteiligten Gesellschaften in vertretungsberechtigter Zahl jeweils zum Handelsregister ihrer Gesellschaft; zulässig auch Anmeldung zum Handelsregister der übertragenden Gesellschaft durch Geschäftsführer der übernehmenden Gesellschaft (§ 16 Abs. 1 Satz 2 UmwG). Anmeldung der Kapitalerhöhung durch sämtliche Geschäftsführer der übernehmenden Gesellschaft.

KOSTEN BEIM GERICHT | Gebühr für Eintragung der Umwandlung bei übertragendem Rechtsträger 240 Euro (GVHR 2402); Gebühr für Eintragung der neu gebildeten Kapitalgesellschaft 260 Euro (GVHR 2104) bzw. Gebühr für Eintragung der Umwandlung bei aufnehmender Kapitalgesellschaft 240 Euro (GVHR 2403); wird bei dieser Gesellschaft das Stammkapital erhöht zum Zwecke der Umwandlung, dann zusätzlich Gebühr von 210 Euro (GVHR 2401). Gebühr von 30 Euro für die Entgegennahme der Liste der Gesellschafter (GVHR 5002). Die Entgegennahme der nach § 57 Abs. 3 Nr. 2 GmbHG einzureichenden Gesellschafterliste (Übernehmerliste) ist gebührenfrei.

KOSTEN BEIM NOTAR

a) Bei Verschmelzung zur Neugründung einer GmbH: Die Anmeldung der neu errichteten Gesellschaft durch die Geschäftsführer der übertragenden Gesellschaft(en) hat einen bestimmten Geldwert (einzutragendes Stammkapital, mindestens 30 000 Euro), § 105 Abs. 1 Satz 1 Nr. 1, Satz 2 GNotKG. Die Anmeldung zur Eintragung der Verschmelzung bei den übertragenden Gesellschaften, die durch die Geschäftsführer der neuen Gesellschaft vorzunehmen sind, sind Anmeldungen ohne bestimmten Geldwert. Für sie gilt daher § 105 Abs. 4 Nr. 1, § 106 GNotKG (1% des eingetragenen Stammkapitals, mindestens 30 000 Euro, höchstens 1 Million Euro).

   Gebühren und Auslagen wie bei A 91a; Gebühr umfasst gleichzeitige Versicherung und Erklärungen der Geschäftsführer sowie dessen Belehrung durch den Notar.

b) Bei Verschmelzung durch Aufnahme: Bei allen Gesellschaften ist Geschäftswert: § 105 Abs. 4 Nr. 1, § 106 GNotKG (1% des eingetragenen Stammkapitals jeder Gesellschaft, mindestens 30 000 Euro, höchstens 1 Million Euro) je Gesellschaft. Wird das Stammkapital beim aufnehmenden Rechtsträger erhöht, ist der Nominalbetrag der Erhöhung hinzuzurechnen, mindestens jedoch 30 000 Euro (§ 105 Abs. 1 Satz 1 Nr. 3, Satz 2 GNotKG); Addition der beiden Geschäftswerte mit Höchstgeschäftswertgrenze von 1 Million Euro (§ 106 GNotKG).

   Gebühren und Auslagen wie bei A 91a. Gebühr umfasst alle Erklärungen des Geschäftsführers.

Wegen der Liste der Gesellschafter und Satzungsbescheinigung sowie Vollzugs- und Betreuungsgebühren vgl. auch A 108, A 173, A 176, A 178 – 180.

Für die vom Notar an das zuständige Finanzamt (Körperschaftsteuerstelle, § 20 AO) nach § 54 EStDV amtswegig zu übersendende beglaubigte Abschrift fällt keine Beglaubigungsgebühr nach KV 25102 GNotKG an, dafür jedoch die Dokumentenpauschale nach KV 32001 Nr. 1 GNotKG.

TEXT DER ANMELDUNG

M 125.1 Anmeldung der Verschmelzung einer GmbH zur Aufnahme auf eine andere GmbH

bei übertragender Gesellschaft:

Zur Eintragung in das Handelsregister bei der Firma ... (Bezeichnung der Firma des übertragenden Rechtsträgers nach dem Handelsregister) wird angemeldet, dass diese Gesellschaft zum Stichtag ... (Datum) verschmolzen wurde unter Auflösung der Gesellschaft ohne Abwicklung im Wege der Aufnahme durch Übertragung des Vermögens dieser Gesellschaft als Ganzes auf die bereits bestehende Gesellschaft mit beschränkter Haftung mit der Firma ... (Bezeichnung des neuen Rechtsträgers nach dem Handelsregister), § 2 Nr. 1 UmwG.

Es wird erklärt, dass eine Klage gegen die Wirksamkeit des Verschmelzungsbeschlusses nicht innerhalb eines Monats nach der Beschlussfassung erhoben wurde.

oder:

Es wird erklärt, dass eine Klage gegen die Wirksamkeit des Verschmelzungsbeschlusses zwar erhoben wurde, das Prozessgericht aber durch rechtskräftigen Beschluss festgestellt hat, dass die Erhebung der Klage der Eintragung der Verschmelzung im Handelsregister nicht entgegensteht; elektronisch beglaubigte Abschrift des rechtskräftigen Beschlusses liegt bei.

Alle Vertretungsorgane der an der Verschmelzung beteiligten Rechtsträger erklären, dass dem Verschmelzungsbeschluss der übertragenden Gesellschaft alle bei der Beschlussfassung anwesenden Anteilsinhaber dieser Gesellschaft und auch die nicht erschienenen Gesellschafter dieser Gesellschaft zugestimmt haben.

Angeschlossen werden vorgelegt:

– *Elektronisch beglaubigte Abschrift der notariellen Urkunde über den Verschmelzungsbeschluss mit Stichtagsbilanz*

– *Elektronisch beglaubigte Abschrift der notariellen Urkunde über den Verschmelzungsbeschluss der übernehmenden Gesellschaft*

– *Elektronisch beglaubigte Abschrift des Verschmelzungsvertrags*

– *Elektronisch beglaubigte Abschrift des Verschmelzungsberichts*

oder:

– *Elektronisch beglaubigte Abschrift der notariell beurkundeten Verzichtserklärung der Anteilsinhaber wegen der Erstattung des Verschmelzungsberichts und Durchführung einer Verschmelzungsprüfung*

– *Elektronisch beglaubigte Abschrift des Berichts über die Verschmelzungsprüfung*

– *Elektronisch beglaubigte Abschrift des Nachweises über die Zuleitung des Entwurfs des Verschmelzungsvertrages an den Betriebsrat der an der Verschmelzung beteiligten Rechtsträger*

– *Elektronisch beglaubigte Abschrift der Zustimmungserklärungen von Gesellschaftern der an der Verschmelzung beteiligten Rechtsträger*

– *Elektronisch beglaubigte Abschrift der berichtigten Liste der Gesellschafter (Komplettliste), (siehe A 178)*

Die Geschäftsräume befinden sich unverändert in ... (PLZ, Ort und Straße mit Hausnummer); dies ist auch die inländische Geschäftsanschrift i.S.v. § 10 Abs. 1 Satz 1 GmbHG. (Ggf. **zusätzlich:** *Empfangsberechtigte Person für Willenserklärungen und Zustellungen i.S.v. § 10 Abs. 2 Satz 2 GmbHG ist ... (Name, Vorname, inländische postalische Adresse))*

(Unterschriftsbeglaubigung wie bei A 161 (M 161.1) bzw. A 162 (M 162.1))

bei übernehmender Gesellschaft:

1. *Zur Eintragung in das Handelsregister bei der Firma ... (Bezeichnung der Firma des übertragenden Rechtsträgers nach dem Handelsregister) wird angemeldet, dass diese Gesellschaft zum Stichtag ... (Datum) verschmolzen wurde unter Auflösung der Gesellschaft ohne Abwicklung im Wege der Aufnahme durch Übertragung des Vermögens dieser Gesellschaft als Ganzes auf die bereits bestehende Gesellschaft mit beschränkter Haftung mit der Firma ... (Bezeichnung des neuen Rechtsträgers nach dem Handelsregister), § 2 Nr. 1 UmwG.*

2. *Das Stammkapital der ... (Bezeichnung der aufnehmenden GmbH) ist zum Zwecke der Durchführung der Verschmelzung um Euro ... (Zahl) von Euro ... (Zahl) auf Euro ... (Zahl) erhöht worden.*

Der § ... (Zahl) (Stammkapital) der Satzung der aufnehmenden Gesellschaft wurde entsprechend geändert (genauer Wortlaut ergibt sich aus dem beigefügten notariellen Protokoll über die Satzungsänderung). Wegen der Vollwertigkeit der Sacheinlagen wird auf die Schlussbilanz der ... (Bezeichnung der übertragenden GmbH) zum Stichtag ... (Datum) verwiesen.

Im Hinblick auf §§ 53, 55 UmwG wird zunächst um Eintragung der Kapitalerhöhung in das Handelsregister der aufnehmenden Gesellschaft gebeten. Diese Anmeldung erfolgt jedoch nur unter der ausdrücklichen Bedingung der Eintragung der Verschmelzung (oben Nr. 1) beim übertragenden Rechtsträger. Sodann wird zur Vervollständigung der Anmeldung der Verschmelzung noch ein amtlicher Handelsregisterausdruck des übertragenden Rechtsträgers eingereicht, woraus sich ergibt, dass die Verschmelzung in das Handelsregister des Sitzes des übertragenden Rechtsträgers eingetragen ist.

Es wird erklärt, dass eine Klage gegen die Wirksamkeit des Verschmelzungsbeschlusses nicht innerhalb eines Monats nach der Beschlussfassung erhoben wurde.

oder:

Es wird erklärt, dass eine Klage gegen die Wirksamkeit des Verschmelzungsbeschlusses zwar erhoben wurde, das Prozessgericht aber durch rechtskräftigen Beschluss festgestellt hat, dass die Erhebung der Klage der Eintragung der Verschmelzung im Handelsregister nicht entgegensteht; elektronisch beglaubigte Abschrift des rechtskräftigen Beschlusses liegt bei.

Alle Vertretungsorgane der an der Verschmelzung beteiligten Rechtsträger erklären, dass dem Verschmelzungsbeschluss der übertragenden Gesellschaft alle bei der Beschlussfassung anwesenden Anteilsinhaber dieser Gesellschaft und auch die nicht erschienenen Gesellschafter dieser Gesellschaft zugestimmt haben.

Es wird zur Kapitalerhöhung weiter versichert, dass die Kapitalerhöhung der Durchführung der Verschmelzung dient und die Gesellschafterversammlungen beider Gesellschaften dem Verschmelzungsvertrag zugestimmt haben.

Angeschlossen werden vorgelegt:

- *Elektronisch beglaubigte Abschrift der notariellen Urkunde über den Verschmelzungs- beschluss mit Stichtagsbilanz*
- *Elektronisch beglaubigte Abschrift der notariellen Urkunde über den Verschmelzungs- beschluss der übernehmenden Gesellschaft*
- *Elektronisch beglaubigte Abschrift des Verschmelzungsvertrags*
- *Elektronisch beglaubigte Abschrift des Verschmelzungsberichts*

oder:

- *Elektronisch beglaubigte Abschrift der notariell beurkundeten Verzichtserklärung der An- teilsinhaber wegen der Erstattung des Verschmelzungsberichts und Durchführung einer Verschmelzungsprüfung*
- *Elektronisch beglaubigte Abschrift des Berichts über die Verschmelzungsprüfung*
- *Elektronisch beglaubigte Abschrift des Nachweises über die Zuleitung des Entwurfs des Verschmelzungsvertrages an den Betriebsrat der an der Verschmelzung beteiligten Rechtsträger*
- *Elektronisch beglaubigte Abschrift der Zustimmungserklärungen von Gesellschaftern*
- *Elektronisch beglaubigte Abschrift der Liste der Gesellschafter der aufnehmenden Gesell- schaft nach dem Stand der vollzogenen Verschmelzung (Komplettliste, § 40 Abs. 2 GmbHG) und elektronisch beglaubigte Abschrift der Liste der Gesellschafter (Übernehmer- liste) gemäß § 57 Abs. 3 GmbHG (siehe A 179 (M 179.1), A 180 (M 180.1))*
- *Elektronisch beglaubigte Abschrift des vollständigen Wortlauts des Gesellschaftsvertra- ges der aufnehmenden Gesellschaft mit Notarbescheinigung nach § 54 GmbHG (siehe A 173 (M 173.1) bzw. (M 173.2))*

*Die Geschäftsräume befinden sich in ... (PLZ, Ort und Straße mit Hausnummer); dies ist auch die inländische Geschäftsanschrift i.S.v. § 10 Abs. 1 Satz 1 GmbHG. (Ggf. **zusätzlich:** Emp- fangsberechtigte Person für Willenserklärungen und Zustellungen i.S.v. § 10 Abs. 2 Satz 2 GmbHG ist ... (Name, Vorname, inländische postalische Adresse))*

(Unterschriftsbeglaubigung wie bei A 161 (M 161.1) bzw. A 162 (M 162.1))

126. Feststellung des Jahresabschlusses

EINZUREICHENDE UNTERLAGEN | Die GmbH ist als *Kapitalgesellschaft* nach §§ 325–327 HGB offenlegungspflichtig. Die zu veröffentlichenden Jahresabschlüsse für die Wirt- schaftsjahre ab 2007 sind nicht mehr zum Handelsregister, sondern zum Bundesanzeiger (im Internet: www.bundesanzeiger.de) einzureichen; sie sind im Unternehmensregister elektronisch zugänglich (im Internet: www.unternehmensregister.de). Offenlegungs- pflicht gilt auch für GmbH & Co. KG (§ 264a HGB). Für Kleinstkapitalgesellschaften reicht die Hinterlegung der Rechnungslegungsunterlagen beim Bundesanzeiger (§§ 267a, 326 Abs. 2 HGB).

127. Abschluss eines Unternehmensvertrages

HINWEISE | Der Unternehmensvertrag bedarf der einfachen Schriftform, nicht der notariellen Beurkundung. Der Zustimmungsbeschluss der beherrschten GmbH ist materielle Satzungsgestaltung und muss entsprechend § 53 Abs. 2 GmbHG notariell beurkundet werden. Die Gesellschafterversammlung der herrschenden GmbH hat in einfacher Schriftform zuzustimmen; der Beschlussniederschrift ist der Unternehmensvertrag als Anlage beizufügen. Keine Rückwirkung von Beherrschungsverträgen auf den Zeitpunkt vor der Eintragung, OLG Karlsruhe v. 12.10.1993 – 11 Wx 48/93, GmbHR 1994, 810 = Rpfleger 1994, 257 und unten A 137. Die Registeranmeldung hat bei der beherrschten GmbH zu erfolgen. Vgl. im Einzelnen B § 294 AktG Nr. 1 und 2. Übergang des Unternehmensvertrages bei Verschmelzung der herrschenden GmbH auf den übernehmenden Rechtsträger: LG Bonn v. 30.1.1996 – 11 T 1/96, GmbHR 1996, 774 = MittRhNotK 1996, 145.

Notar trifft umfassende Pflicht, die Beteiligten auf die Eintragung als Wirksamkeitsvoraussetzung hinzuweisen: B § 294 AktG Nr. 3. Für die steuerliche Rückwirkung ist rechtzeitige Eintragung noch im ablaufenden Wirtschaftsjahr erforderlich (§ 14 Abs. 1 Satz 2 KStG).

Früher abgeschlossene und nicht im Handelsregister eingetragene Unternehmensverträge sind unwirksam, wurden aber, wenn sie faktisch durchgeführt worden sind, nach den Grundsätzen über fehlerhafte Gesellschaftsverhältnisse als wirksam behandelt (BGH v. 14.12.1987 – II ZR 170/87, BGHZ 103, 1 = DNotZ 1988, 621 = GmbHR 1988, 174). Bei Beteiligung einer Aktiengesellschaft sind die §§ 293 ff. AktG zu beachten. Ob auch bei GmbHs Teilgewinnabführungsverträge für ihre Wirksamkeit in das Handelsregister eingetragen werden müssen: verneinend B § 292 AktG für typische stille Beteiligungen.

WER MUSS ANMELDEN | Geschäftsführer des beherrschten Unternehmens in vertretungsberechtigter Zahl.

KOSTEN BEIM GERICHT UND NOTAR | Wie bei A 137.

TEXT DER ANMELDUNG

M 127.1   Anmeldung des Abschlusses eines Unternehmensvertrages bei einer GmbH

1. *Zwischen der Gesellschaft und der … (Firma des anderen Vertragteils) besteht ein am … (Datum) abgeschlossener*

   0 *Gewinnabführungsvertrag*

   0 *Beherrschungsvertrag*

2. *Die Gesellschafterversammlung unserer Gesellschaft hat am … (Datum) dem in Ziff. 1 genannten Vertrag zugestimmt. Die Gesellschafter …. (Firma der Gesellschaft des anderen Vertragteils) haben dem Vertrag ebenfalls zugestimmt.*

Urkundenbeilagen

- *Elektronisch beglaubigte Abschrift des genannten privatschriftlichen Vertrages*
- *Elektronisch beglaubigte Abschrift der notariellen Niederschrift über den Zustimmungs-beschluss der Gesellschafterversammlung unserer (beherrschten) Gesellschaft vom … (Datum)*
- *Elektronisch beglaubigte Abschrift der Niederschrift über den Zustimmungsbeschluss der Gesellschafterversammlung der … (Name der herrschenden GmbH) vom … (Datum) mit Unternehmensvertrag in Anlage zum Beschluss*

Die Geschäftsräume befinden sich unverändert in … (PLZ, Ort und Straße mit Hausnum-mer); dies ist auch die inländische Geschäftsanschrift i.S.v. § 10 Abs. 1 Satz 1 GmbHG. (Ggf. **zusätzlich:** *Empfangsberechtigte Person für Willenserklärungen und Zustellungen i.S.v. § 10 Abs. 2 Satz 2 GmbHG ist … (Name, Vorname, inländische postalische Adresse))*

(Unterschriftsbeglaubigung wie bei A 161 (M 161.1) bzw. A 162 (M 162.1))

128. Beendigung eines Unternehmensvertrages

HINWEISE | Aufhebung regelmäßig nur zum Ende des Geschäftsjahres (B § 296 AktG Nr. 2). Die Eintragung ist erst möglich nach Eintritt des Beendigungstatbestandes (Auf-hebung, Kündigung). Sicherungsrechte der Gläubiger nach § 303 AktG. Ob Zustim-mung der Gesellschafterversammlung der abhängigen GmbH zur Aufhebung des Unter-nehmensvertrages erforderlich: B § 296 AktG Nr. 1.

Die Eintragung wirkt deklaratorisch, kann also erst nach Beendigung erfolgen; Anmel-dung vorher möglich: Einl. Rz. 48 und B § 12 Abs. 1 Satz 1 HGB Nr. 4.

WER MUSS ANMELDEN | Geschäftsführer des beherrschten Unternehmens in vertre-tungsberechtigter Zahl.

BEIZUFÜGENDE UNTERLAGEN | Falls die Beendigung des Vertrages auf einer Aufhebung oder einer Kündigung beruht – entsprechend §§ 296 f. AktG: begl. Abschriften der ent-sprechenden Urkunden.

KOSTEN BEIM GERICHT UND NOTAR | Wie bei A 137.

TEXT DER ANMELDUNG

M 128.1   Anmeldung der Beendigung eines Unternehmensvertrages mit einer GmbH

1. *Der Unternehmensvertrag zwischen der Gesellschaft und der … (Firma des anderen Ver-tragsteils) ist beendet.*

2. *Der Unternehmensvertrag vom … (Datum) ist zum Ende des Geschäftsjahres unserer Gesellschaft, also zum … (Datum)*

   0 *aufgehoben*

   0 *durch … (Bezeichnung der Vertragspartei) gekündigt.*

237

Urkundenbeilagen

0 *Elektronisch beglaubigte Abschrift des Aufhebungsvertrages vom ... (Datum) (ggf. und Zustimmungsbeschluss der Gesellschafterversammlung)*

0 *Elektronisch beglaubigte Abschrift der Kündigung des Vertrages, datiert vom ... (Datum) mit Zugangsnachweis*

Die Geschäftsräume befinden sich unverändert in ... (PLZ, Ort und Straße mit Hausnummer); dies ist auch die inländische Geschäftsanschrift i.S.v. § 10 Abs. 1 Satz 1 GmbHG. (Ggf. **zusätzlich:** *Empfangsberechtigte Person für Willenserklärungen und Zustellungen i.S.v. § 10 Abs. 2 Satz 2 GmbHG ist ... (Name, Vorname, inländische postalische Adresse))*

(Unterschriftsbeglaubigung wie bei A 161 (M 161.1) bzw. A 162 (M 162.1))

---

129. Grenzüberschreitende Sitzverlegung: Wegzug, Zuzug

HINWEISE | § 4a GmbHG lässt die Verlegung des **Verwaltungssitzes** in das Ausland zu, soweit der Gesellschaftsvertrag weiterhin den Sitz (Satzungssitz) in Deutschland ausweist und eine inländische Geschäftsanschrift in das deutsche Handelsregister eingetragen ist; zu den steuerlichen Folgen siehe § 12 Abs. 3 KStG. Eine deutsche GmbH mit maßgeblicher Tätigkeit in einem anderen EU-Mitgliedstaat ist verpflichtet, eine Zweigniederlassung bei der ausländischen Registerbehörde eintragen zu lassen; vgl. für den umgekehrten Fall A 113.

Die Verlegung des **Satzungssitzes** in das Ausland (Wegzug) und aus dem Ausland (Zuzug) ist zulässig zum Zweck der Gründung einer SE (vgl. A 148 und A 150) oder als **grenzüberschreitende Sitzverlegung** mit gleichzeitigem Formwechsel auf der Grundlage der Niederlassungsfreiheit aus Art. 49, 54 AEUV nach EuGH v. 12.7.2012 – C-378/10 „Vale", GmbHR 2012, 860: Da ein Rechtsträger in der EU vermittels der nationalen Rechtsvorschriften existiert, die für seine Gründung und Funktionsweise maßgebend sind (Geschöpfetheorie), führt die grenzüberschreitende Sitzverlegung zum Statutenwechsel (synonym Regimewechsel), d.h. zur Anwendung der für einen innerstaatlichen vergleichbaren Vorgang einschlägigen Vorschriften. Das sind im Fall der GmbH die Regelungen zum Umwandlungsrecht für diese Rechtsform (B § 3 GmbHG Nr. 2 und 3), nicht aber höhere Anforderungen wie die bei der Sitzverlegung einer SE, EWIV oder SCE (so vorgeschlagen vom AG Charlottenburg aus Gründen einer späteren Due Diligence und in Ermangelung einer gesetzlichen Grundlage: Checkliste http://www.gmbhr.de/media/Checkliste_Sitzverlegung_2014.pdf).

Allgemeine Grundsätze beim Zuzug und beim Wegzug: Der sitzverlegende Rechtsträger kann sich dann nicht auf seine EU-Grundfreiheiten berufen, wenn zwingende Gründe des Allgemeinwohls, insbesondere der Schutz der Gläubigerinteressen und die Redlichkeit des Handelsverkehrs, einer Sitzverlegung entgegenstehen (EuGH v. 30.9.2003 – C 167/01 – „Inspire Art Ltd.", GmbHR 2003, 1260). Anlass für eine derartige **Missbrauchskontrolle** können sein ein aufgelöster, nicht fortsetzungsfähiger oder insolvenzreifer Rechtsträger (vgl. B § 3 UmwG). Ungeklärt ist, ob andere Fälle der wirtschaftlichen Diskontinuität ebenfalls einer grenzüberschreitenden Sitzverlegung entgegenstehen; u. a.

Firmenbestattung (vgl. A 119), wirtschaftliche Neugründung (vgl. A 101) und rechtliche Sitzverlegung ohne Verlegung des Verwaltungssitzes (zur Vermeidung von Offshore-Gesellschaften; so z. B. das Regime bei der SE, siehe A 151).

Beurkundung durch ausländischen Notar (Substitution) möglich, sofern dieser einen entsprechenden innerstaatlichen Vorgang beurkunden kann und seine Amtsstellung dem eines deutschen Notars, insbesondere im Hinblick auf die Richtigkeitsgewähr, entspricht (B § 15 GmbHG Nr. 1). Wegen der fehlenden Belehrungspflicht nach § 17 BeurkG soll eine Beurkundung eines GmbH-Gesellschaftsvertrages durch einen ausländischen Notar ausgeschlossen sein (AG Charlottenburg v. 22.1.2016 – 99 AR 9466/15, GmbHR 2016, 223; in Abgrenzung zu BGH B § 15 GmbHG Nr. 1), was aber beim Zuzug einer GmbH erforderlich ist analog § 218 UmwG.

Beim Wegzug dürften grundsätzlich keine Bedenken gegen eine Substitution bestehen, wenn aus Sicht des deutschen Gesellschaftsrechts nur die Änderung des Gesellschaftsvertrages durch Beschluss nach § 53 Abs. 2 GmbHG zu beurkunden ist ohne Belehrungspflichten nach § 17 BeurkG (vgl. B § 53 GmbHG Nr. 8) und die Frage der Beurkundung des Gesellschaftsvertrages sich nach dem Recht des neuen Sitzstaates richtet.

Ein besonderer Aspekt des Zuzuges ist – neben der Auslandsbeurkundung des deutschen Gesellschaftsvertrages (siehe oben zur Substitution) – die Kapitalausstattung und deren Nachweis der im Wege der Sitzverlegung nunmehr deutschen GmbH (B § 3 GmbHG Nr. 3, B § 220 UmwG und Hinweise zu A 92a beim Formwechsel). Details zur Beurkundung des Zuzuges: *Melchior*, GmbHR 2014, R305 http://www.gmbhr.de/media/MELCHIOR_2014.pdf.

Übersicht: *Hushahn*, RNotZ 2014, 137; *Heckschen*, ZIP 2015, 2049; *Kiem*, ZHR 180 (2016), 289 (insbesondere zur Erforderlichkeit eines Verlegungsplanes mit vorheriger Bekanntmachung und der zweistufigen Rechtmäßigkeitsprüfung); *Schulte*, IWRZ 2016, 3; *Wachter*, GmbHR 2016, 738.

WER MUSS ANMELDEN | a) bei Wegzug Geschäftsführer der deutschen GmbH in vertretungsberechtigter Zahl; b) bei Zuzug alle Geschäftsführer der neuen deutschen Geschäftsführer wie bei Gründung einer GmbH aus Anlass eines Formwechsels, vgl. A 92a.

BEIZUFÜGENDE UNTERLAGEN | a) bei Wegzug und bei Zuzug siehe oben und den Text der Anmeldung. **Beizufügende Unterlagen:** a) bei Wegzug wie Änderung des Gesellschaftsvertrages, siehe A 111; bei Zuzug wie bei Sachgründung einer GmbH, siehe A 92.

KOSTEN BEIM GERICHT UND NOTAR | a) Wegzug wie A 111, A 145; b) Zuzug wie A 92a

TEXT DER ANMELDUNG

M 129.1   Anmeldung des Wegzuges einer deutschen GmbH in einen anderen EU-Mitgliedstaat

Text der Anmeldung mit der Maßgabe, dass eine analoge Anwendung der SE-VO nicht zulässig ist, sondern die analoge Anwendung des UmwG ausreicht:

Zur Eintragung in das Handelsregister bei der Firma ... (Bezeichnung der Firma des wegziehenden Rechtsträgers nach dem Handelsregister) wird angemeldet, dass diese Gesellschaft auf der Grundlage der Entscheidung des EuGH 12.7.2012 – C-378/10 „Vale" im Wege der grenzüberschreitenden Sitzverlegung umgewandelt ist in eine ... (Bezeichnung der neuen Rechtsform) nach dem Recht des ... (Bezeichnung des EU-Mitgliedstaates).

Die Gesellschaft hat durch Beschluss der Gesellschafter vom ... (Datum) die Verlegung des Sitzes von ... (Ort, Land) nach ... (Ort, Land) unter Wahrung der rechtlichen Identität beschlossen und firmiert künftig unter der Firma ... (Firma des Rechtsträgers ausländischen Rechts).

Die grenzüberschreitende Sitzverlegung wird erst mit der Eintragung im Register der für den neuen Sitz zuständigen registerführenden Stelle wirksam.

Angeschlossen werden vorgelegt jeweils in elektronisch beglaubigter Abschrift:

- *notarielle Urkunde über den Umwandlungsbeschluss mit dem Gesellschaftsvertrag der neu gegründeten Gesellschaft mit beschränkter Haftung samt Bestellung der Geschäftsführung (sofern das nationale Recht des neuen Sitzstaates keine abweichende Regelungen trifft)*
- *Umwandlungsbericht*
- *Nachweis über die Zuleitung des Entwurfs des Umwandlungsbeschlusses an den Betriebsrat des formwechselnden Rechtsträgers*

(Unterschriftsbeglaubigung wie bei A 161 (M 161.1) bzw. A 162 (M 162.1))

M 129.2   Anmeldung des Zuzuges einer ausländischen GmbH aus einem anderen EU-Mitgliedstaat nach Deutschland

***Ergänzend zu der Anmeldung nach** A 92a: Text der Anmeldung mit der Maßgabe, dass eine analoge Anwendung der SE-VO (so vorgeschlagen; Link s.o. zu den Hinweisen) nicht zulässig ist, sondern die analoge Anwendung des UmwG ausreicht.*

Zur Ersteintragung in das Handelsregister wird angemeldet, dass die ... (Firma des umwandelnden Rechtsträgers), eine ... (Bezeichnung der Rechtsform und des Handelsregisters des Wegzugsstaates) mit Sitz in ... (Ort) und bisher eingetragenen ... (Bezeichnung der registerführenden Stelle im Wegzugsstaat mit Registernummer) auf der Grundlage der Entscheidung des EuGH 12.7.2012 – C-378/10 „Vale" im Wege der grenzüberschreitenden Sitzverlegung umgewandelt ist in eine deutsche GmbH.

Die Gesellschaft hat durch Beschluss der Gesellschafter vom ... (Datum) die Verlegung des Sitzes von ... (Ort, Land) nach ... (Ort, Land) unter Wahrung der rechtlichen Identität beschlossen und firmiert künftig unter der Firma ... (Firma der deutschen GmbH).

Sitz der neu errichteten Gesellschaft ist ... (Ort).

Die Geschäftsräume der Gesellschaft befinden sich in … (PLZ, Ort und Straße mit Hausnummer); dies ist auch die inländische Geschäftsanschrift i.S.v. § 10 Abs. 1 Satz 1 GmbHG. (Ggf. zusätzlich: Empfangsberechtigte Person für Willenserklärungen und Zustellungen i.S.v. § 10 Abs. 2 Satz 2 GmbHG ist … (Name, Vorname, inländische postalische Adresse))

Bestellung der Geschäftsführer, Angaben zum Vertretungsrecht und Versicherung über Amtsfähigkeit: wie bei A 91a.

Weitere Versicherungen:

Es wird weiter erklärt, dass eine Klage gegen die Wirksamkeit des Umwandlungsbeschlusses nicht innerhalb eines Monats nach der Beschlussfassung erhoben wurde. (Entbehrlich, wenn Verzicht mitbeurkundet wurde)

Angeschlossen werden vorgelegt jeweils in elektronisch beglaubigter Abschrift:

- *notarielle Urkunde über den Umwandlungsbeschluss mit dem Gesellschaftsvertrag der neu gegründeten Gesellschaft mit beschränkter Haftung samt Bestellung der Geschäftsführung*
- *Umwandlungsbericht*
- *Nachweis über die Zuleitung des Entwurfs des Umwandlungsbeschlusses an den Betriebsrat des formwechselnden Rechtsträgers*
- *Sachgründungsbericht der GmbH-Gesellschafter (mit Angaben nach §§ 197, 220 Abs. 2 UmwG, § 5 Abs. 4 GmbHG)*
- *Unterlagen darüber, dass der Nennbetrag des Stammkapitals der GmbH das nach Abzug der Schulden verbleibende Vermögen nicht übersteigt (Werthaltigkeitsnachweis wegen §§ 197, 220 Abs. 1 UmwG, § 8 Abs. 1 Nr. 5 GmbHG)*
- *Liste der Gesellschafter (siehe A 176 (M 176.1))*

(Unterschriftsbeglaubigung wie bei A 161 (M 161.1) bzw. A 162 (M 162.1))

VII. Aktiengesellschaft (AG)

130. Bargründung einer Aktiengesellschaft

HINWEIS | **Abgrenzung** zwischen Bargründung, Sachübernahme und Sacheinlage siehe Hinweise zu Nr. 91a. Im Gegensatz zur GmbH müssen bei der AG die Leistungen auf das vereinbarte Aufgeld in der Anmeldung versichert werden (Agio, § 36a Abs. 1 AktG). Inhaberaktien nur noch als Ausnahme zulässig (§ 10 AktG). Zur Gründung mit Sacheinlage oder Sachübernahme siehe A 130a. Satzung kann bereits genehmigtes Kapital enthalten: ergänzende Anmeldung nach A 142, dort Anmeldung zu a). Zur wirtschaftlichen Neugründung siehe A 146.

Der oder die Gründer einer AG haben stets – also auch bei Bargründungen – einen **Gründungsbericht** zu erstatten. Die Vorstands- und Aufsichtsratsmitglieder haben diesen Bericht zu prüfen und das Ergebnis ebenfalls in einem Bericht darzulegen. Anschließend ist in den Fällen des § 33 Abs. 2 AktG eine Prüfung durch unabhängige **Gründungsprüfer** erforderlich. Sie werden vom Registergericht bestellt, wenn bei der Gründung Mitglieder des Vorstands oder des Aufsichtsrats ein besonderer Vorteil gewährt wird oder eine Gründung mit Sacheinlagen oder Sachübernahmen vorliegt. In den anderen Fällen des § 33 Abs. 2 AktG kann der beurkundende Notar selbst im Auftrag der Gründer die Gründungsprüfung vornehmen.

Bankbestätigung über Einzahlung der eingeforderten Beträge: B § 37 Abs. 1 AktG. **Grundkapital/Aktiennennbetrag:** Besonderheiten der AG werden erörtert zu A 134. Keine Befreiung von Vorstandsmitgliedern für Rechtsgeschäfte zwischen der AG und ihnen selbst (§ 112 AktG).

Sitz der AG im Inland frei wählbar; vgl. A 91a. **Doppelsitz** B § 23 Abs. 3 AktG Nr. 1.

Siehe im Übrigen die Hinweise zur Gründung der GmbH bei A 91 bis 92a.

Bei Änderungen in den Personen des Aufsichtsrats ist eine aktuelle Liste zum Handelsregister einzureichen; siehe A 147, A 182.

KOSTEN BEIM GERICHT | Gebühr für Eintragung der Aktiengesellschaft bei Bargründung 300 Euro (GVHR 2102), bei Sachgründung (Leistung mindestens einer Sacheinlage) 360 Euro (GVHR 2103); abgegolten sind alle mit der Ersteintragung verbundenen Eintragungen der Vorstandsmitglieder, der Vertretungsbefugnis sowie Miteintragung der inländischen Geschäftsanschrift u.a. (§ 2 Abs. 1 HRegGebV).

Gebühr für Entgegennahme der Liste der Mitglieder des Aufsichtsrats 40 Euro (GVHR 5003). Es kommen noch Kosten der Bekanntmachung hinzu.

KOSTEN BEIM NOTAR | Geschäftswert der Anmeldung: einzutragendes Grundkapital mit der Besonderheit, dass ein in der Satzung bestimmtes genehmigtes Kapital dem Grundkapital hinzuzurechnen ist (§ 105 Abs. 1 Satz 1 Nr. 1 GNotKG); unbedeutend ist die Höhe des Ausgabebetrags und bei Sacheinlagen deren Höhe. Höchstgeschäftswert für Anmeldung 1 Million Euro (§ 106 GNotKG). Gebühr umfasst Erstanmeldung der Aktiengesellschaft, Anmeldung Vorstandsmitglieder, Anmeldung der abstrakten und konkreten Vertretungsberechtigung, Abgabe der Erklärung über die Einzahlung des

Grundkapitals und die Berechnung des Gründungsaufwandes sowie die Anmeldung und die Versicherungen des Vorstands zur Amtsfähigkeit und zu Einlageleistungen sowie der Belehrung durch Notar, sofern die Anmeldung vom Notar beurkundet oder entworfen wurde. Die Mitanmeldung der ersten inländischen Geschäftsanschrift ist Teil der Erstanmeldung und nicht gesondert zu bewerten.

1. Beurkundung des Gründungsvertrags und die Bestellung des Aufsichtsrats:

Erklärungen und Beschlüsse sind nach § 110 Nr. 1 GNotKG stets verschiedene Beurkundungsgegenstände. *2,0-Beurkundungsgebühr* nach KV 21100 GNotKG aus Summe des Beurkundungsverfahrens (Gründungsvertrag und Beschluss über Bestellung des Aufsichtsrats und Abschlussprüfer, § 110 Nr. 1 GNotKG) bei Mehr-Personen-AG.

Bei Ein-Personen-AG Vergleichsberechnung nach § 94 Abs. 1, § 110 Nr. 1 GNotKG (1,0-Beurkundungsgebühr nach KV 21200 GNotKG für Gründungserklärung und 2,0-Beurkundungsgebühr nach KV 21100 GNotKG für Beschluss über Bestellung des Aufsichtsrats und Abschlussprüfer – beachte § 109 Abs. 2 Nr. 4 lit. d bis f GNotKG), höchstens jedoch die 2,0-Beurkundungsgebühr nach KV 21100 GNotKG aus der Summe der Werte, § 108 Abs. 1 Satz 2, Abs. 5 GNotKG.

Übernimmt der Notar die Gründungsprüfung gemäß § 33 Abs. 3 AktG, so 1,0-Gebühr, mindestens 1000 Euro, nach KV 25206 GNotKG aus Summe aller Einlagen einschließlich gezahlter Aufgelder, höchstens 10 Millionen Euro (§ 123 GNotKG).

2,0-Entwurfsgebühr, mindestens 120 Euro, für Beschlussentwurf der konstituierenden Sitzung des Aufsichtsrats nach KV 24100, 21100 GNotKG, GW nach §§ 119, 108 Abs. 1 Satz 1, § 105 Abs. 4 Nr. 1 GNotKG 1% des eingetragenen Grundkapitals, mindestens 30 000 Euro und höchstens 5 Millionen Euro.

1,0-Entwurfsgebühr, mindestens 60 Euro, für Fertigung des Entwurfs der Liste der Aufsichtsratsmitglieder nach KV 24101, 21200 GNotKG, §§ 119, 92 Abs. 2, § 36 Abs. 1 GNotKG aus Teilwert von etwa 20% des Geschäftswerts einer fiktiven Registeranmeldung der Aufsichtsratsmitglieder (§ 105 Abs. 4 Nr. 1 GNotKG); alternativ wäre denkbar ein Wert von 10–20% des Grundkapitals; wohl zu niedrig wäre der Auffangwert des § 36 Abs. 3 GNotKG (5 000 Euro); die Erstellung der Liste der Aufsichtsratsmitglieder ist nicht in der enumerativen Aufzählung von Abs. 1 Satz 2 der Vorbem. 2.2.1.1 GNotKG enthalten, so dass keine Vollzugsgebühr ausgelöst wird.

1,0-Entwurfsgebühr, mindestens 60 Euro, für Fertigung des vollständigen Entwurfs des Gründungsberichts nach KV 24101, 21200 GNotKG, §§ 119, 92 Abs. 2, § 36 Abs. 1 GNotKG aus Teilwert von etwa 20% des Grundkapitals zzgl. genehmigten Kapitals. Gleiches gilt für den Entwurf eines Gründungsprüfungsberichts für die Mitglieder des Vorstands und des Aufsichtsrats.

Entwirft der Notar den Antrag auf Bestellung eines Gründungsprüfers, so erhebt er eine 1,0-Entwurfsgebühr nach KV 24101 GNotKG aus einem Teilwert von 30 – 50% des Gründungsvorgangs. Übernimmt der Notar die Gründungsprüfung gemäß § 33 Abs. 3 AktG, so erhebt er die 1,0-Gebühr nach KV 25206 GNotKG, mindestens aber 1000 Euro; der GW richtet sich nach § 123 GNotKG nach der Summe aller Einlagen, höchstens 10 Millionen Euro.

Stellt der Notar im Auftrag der Beteiligten die Gründungskosten zusammen und/ oder holt er Einzahlungsquittungen und die Bestätigung des Kreditinstituts ein, so kann keine Vollzugsgebühr oder Betreuungsgebühr erhoben werden; denkbar wäre eine Beratungsgebühr nach KV 24203 KV GNotKG im Rahmen der Beratung bei der Vorbereitung oder Durchführung einer Hauptversammlung (für mehrere Beratungen entsteht die Beratungsgebühr nur einmal); GW ist nach § 120 GNotKG die Summe der Geschäftswerte für die Beurkundung der in der Versammlung gefassten Beschlüsse, höchstens 5 Mllionen Euro.

Ggf. 0,5-Vollzugsgebühr (KV 22110 mit Vorbem. 2.2.1.1 Abs. 1 Satz 2 GNotKG) aus Gesamtgeschäftswert des zugrunde liegenden Beurkundungsverfahrens (§ 112 GNotKG, hier: aus Gründungsurkunde samt etwa mitbeurkundeter Bestellung des Aufsichtsrats und des Abschlussprüfers), für sämtliche Vollzugstätigkeiten wie z.B. Einholung eines IHK-Gutachtens, eines Sachverständigengutachtens usw.

Ggf. nur *0,5-Vollzugsgebühr*, höchstens 50 Euro (KV 22112, 22110 GNotKG mit Vorbem. 2.2.1.1 Abs. 1 Satz 2 Nr. 1 GNotKG), wenn z.B. der Notar eine IHK-Stellungnahme einholt, aus Gesamtgeschäftswert des zugrunde liegenden Beurkundungsverfahrens (§ 112 GNotKG, hier: Gründungserklärungen samt etwa mitbeurkundeter Bestellung des Aufsichtsrats und des Abschlussprüfers).

Auslagen: KV 32001 Nr. 2 GNotKG Dokumentenpauschale – Papier (s/w) 0,15 Euro je Seite für Abschriften von Gründungsurkunde.

KV 32005 GNotKG Auslagenpauschale Post und Telekommunikation je 20% der Gebühren des Verfahrens bzw. Geschäfts, höchstens 20 Euro, für AG-Gründung, Gründungsprüfung, Gründungsbericht, konstituierende Sitzung Aufsichtsrat oder Einzahlungsnachweis.

KV 32011 GNotKG (je Einsicht 4,50 Euro nach KV 1140 JVKostG) Auslagenersatz für vom Notar genommene Einsicht in das Handelsregister; für den Ausdruck keine Dokumentenpauschale nach KV 32001 Nr. 1 GNotKG.

KV 32011 GNotKG (je Einsicht 8,00 Euro nach KV 1151 JVKostG) Auslagenersatz für vom Notar genommene Einsicht in das Grundbuch; für den Ausdruck keine Dokumentenpauschale nach KV 32001 Nr. 1 GNotKG.

KV 32014 GNotKG Umsatzsteuer auf die Kosten.

Für die vom Notar an das zuständige Finanzamt (Körperschaftsteuerstelle, § 20 AO) nach § 54 EStDV amtswegig zu übersendende beglaubigte Abschrift fällt keine Beglaubigungsgebühr nach KV 25102 GNotKG an, dafür jedoch die Dokumentenpauschale nach KV 32001 Nr. 1 GNotKG. Gleiches gilt für die Anzeige samt Abschrift an das Finanzamt nach § 18 GrEStG, wenn Grundbesitz eingebracht wird.

2. Beurkundung der Anmeldung bzw. Entwurf mit Unterschriftsbeglaubigung:

0,5-Beurkundungsgebühr nach KV 21201 Nr. 5, 24102 GNotKG, § 92 Abs. 2, § 119 GNotKG aus Nennbetrag des Grundkapitals zzgl. eines in der Satzung genehmigten Kapitals (§ 105 Abs. 1 Satz 1 Nr. 1 GNotKG), mindestens 30 000 Euro (§ 105 Abs. 1 Satz 2 GNotKG).

0,3-Vollzugsgebühr, höchstens 50 Euro (KV 22112, 22111 mit Vorbem. 2.2.1.1 Abs. 1 Satz 2 Nr. 1 GNotKG) aus Geschäftswert der Anmeldung (§ 112 GNotKG) für auftragsgemäße Einholung einer Stellungnahme der IHK zur firmenrechtlichen Unbedenklichkeit.

Gesonderte 0,3-Vollzugsgebühr nach KV 22114 GNotKG, höchstens 250 Euro, für XML-Strukturdatei aus Geschäftswert der Anmeldung (§ 112, 105 Abs. 1 Satz 1 Nr. 1 GNotKG); für die Übermittlung der XML-Datei fällt keine Dokumentenpauschale an.

Nach KV 25102 Abs. 2 Nr. 1 GNotKG sind beglaubigte Abschriften von Dokumenten, die der Notar aufgenommen oder entworfen hat, vom Anwendungsbereich der Beglaubigungsgebühr ausgenommen; es fällt deshalb keine Beglaubigungsgebühr nach KV 25102 GNotKG an, wenn der Notar eine von ihm entworfene und unterschriftsbeglaubigte Handelsregisteranmeldung im Zuge der Registereinreichung elektronisch beglaubigt.

Auslagen: KV 32000 GNotKG Dokumentenpauschale – Papier (s/w) für die ersten 50 Seiten je Seite 0,50 Euro, bei Entwurfsfertigung mit Unterschriftsbeglaubigung ist KV 32001 Nr. 3 GNotKG nicht einschlägig.

KV 32002 GNotKG Dokumentenpauschale – Daten (z.B. für Registeranmeldung, Gründungsurkunde mit Beschluss über Bestellung des Aufsichtsrats, Niederschrift über die Sitzung des ersten Aufsichtsrats, Bescheinigung über Einzahlung des Grundkapitals, Gründungsbericht, Gründungsprüfungsbericht Aufsichtsrat/Vorstand, Berechnung der Gründungskosten, Liste der Mitglieder des Aufsichtsrats, IHK-Gutachten, Vollmachten, Genehmigungen) je Datei 1,50 Euro (bis 3 Dateien), maximal jedoch 5 Euro (ab 4 Dateien), aber nicht weniger als nach KV 32000 GNotKG, also 0,50 Euro für die ersten 50 gescannten Seiten und 0,15 Euro für jede weitere gescannte Seite. Fraglich ist, ob ein Einzelvergleich jeder Datei mit der Zahl der eingescannten Seiten vorzunehmen ist, so *BDS/Diehn,* Nr. 32002 Rz. 17 GNotKG, oder ob ein Vergleich der Summe für die Dateianhänge mit der Summe aller eingescannten Seiten vorzunehmen ist, so *Korintenberg/Tiedtke,* Nr. 32002 Rz. 3.

KV 32005 GNotKG Auslagenpauschale Post/Telekommunikation 20% der Gebühren des Verfahrens bzw. Geschäfts, höchstens 20 Euro, oder Einzelabrechnung nach KV 32004 GNotKG.

KV 32014 GNotKG Umsatzsteuer auf die Kosten.

3. Unterschriftsbeglaubigung zur Anmeldung ohne Entwurfsfertigung durch Notar:

0,2-Beglaubigungsgebühr nach KV 25100, § 121 GNotKG, höchstens 70 Euro, für Unterschriftsbeglaubigung aus Geschäftswert der Anmeldung (§ 105 Abs. 1 Satz 1 Nr. 1 GNotKG). Die Belehrung nach § 53 Abs. 2 BZRG wird von der Gebühr nicht erfasst. Fraglich ist, ob dann für die Belehrung eine 0,3-Beratungsgebühr nach KV 24202 GNotKG zu erheben ist (so *Diehn,* Notarkostenberechnungen, 4. Aufl. 2016, Rz. 1197) oder ob es sich um eine Entwurfsergänzung nach KV 24102 GNotKG handelt; der Geschäftswert richtet sich nach § 36 Abs. 1 GNotKG, wobei ein Teilwert von 10 bis 20% des Werts der Registeranmeldung angemessen sein dürfte.

Gesonderte 0,6-Vollzugsgebühr nach KV 22125 GNotKG, höchstens 250 Euro, für XML-Strukturdatei aus Geschäftswert der Anmeldung (§ 112 GNotKG); für die Übermittlung der XML-Datei fällt keine Dokumentenpauschale an.

Vollzugsgebühr nach KV 22124 GNotKG mit 20 Euro für Einreichung der Anmeldung beim Registergericht.

Für die *Beglaubigung von Abschriften* der Anmeldung und von beim Registergericht einzureichenden Dokumenten entsteht jeweils die 10-Euro-Mindestgebühr nach KV 25102 GNotKG (hier auch für die dem Gericht übermittelte Beglaubigung der Anmeldung, Umkehrschluss aus Abs. 2 der Anmerkung zu KV 25102 GNotKG). Nach § 12 Abs. 2 Satz 2 Halbs. 1 HGB ist die Beglaubigung von beim Registergericht einzureichenden Dokumenten in bestimmten Fällen (z.B. Liste der Mitglieder des Aufsichtsrats, Niederschrift des Aufsichtsrats über Bestellung des Vorstands, Gründungsbericht, Gründungsprüfbericht, Einzahlungsbescheinigung der Bank, Aufstellung über gezahlte Steuern und Gebühren) nicht erforderlich (vgl. Einl. Rz. 15).

Auslagen: Für unbeglaubigte Kopien KV 32000 GNotKG Dokumentenpauschale – Papier (s/w) für die ersten 50 Seiten je Seite 0,50 Euro.

KV 32002 GNotKG Dokumentenpauschale – Daten (z.B. für Registeranmeldung, Gründungsurkunde mit Beschluss über Bestellung des Aufsichtsrats, Niederschrift über die Sitzung des ersten Aufsichtsrats, Bescheinigung über Einzahlung des Grundkapitals, Gründungsbericht, Gründungsprüfungsbericht Aufsichtsrat/Vorstand, Berechnung der Gründungskosten, Liste der Mitglieder des Aufsichtsrats, IHK-Gutachten, Vollmachten, Genehmigungen) je Datei 1,50 Euro (bis 3 Dateien), maximal jedoch 5 Euro (ab 4 Dateien), aber nicht weniger als nach KV 32000 GNotKG, also 0,50 Euro für die ersten 50 gescannten Seiten und 0,15 Euro für jede weitere gescannte Seite.

KV 32005 GNotKG Auslagenpauschale Post/Telekommunikation 20% der Gebühren des Verfahrens bzw. Geschäfts, höchstens 20 Euro, oder Einzelabrechnung nach KV 32004 GNotKG.

KV 32011 GNotKG (je Einsicht 4,50 Euro nach KV 1140 JVKostG) Auslagenersatz für vom Notar genommene Einsicht in das Handelsregister; für den Ausdruck keine Dokumentenpauschale nach KV 32001 Nr. 1 GNotKG.

KV 32011 GNotKG (je Einsicht 8,00 Euro nach KV 1151 JVKostG) Auslagenersatz für vom Notar genommene Einsicht in das Grundbuch; für den Ausdruck keine Dokumentenpauschale nach KV 32001 Nr. 1 GNotKG.

KV 32014 GNotKG Umsatzsteuer auf die Kosten.

TEXT DER ANMELDUNG | Bei Bargründung ohne zusätzliche Sachübernahmen.

M 130.1 Anmeldung der Gründung einer AG gegen Bareinlagen

Wir, die unterzeichneten Gründer, Mitglieder des Vorstands und des Aufsichtsrats melden hiermit die … (Bezeichnung der Aktiengesellschaft) mit Sitz in … (Ort) zur Eintragung in das Handelsregister an.

Wir erklären, dass die Aktien zum Nennwert übernommen sind und auf jede Aktie der Nennbetrag von Euro … (Zahl) von den Gründern (zzgl. des Aufgeldes) auf das Konto des Vorstands bei der … (Bezeichnung der Bank) endgültig zu dessen freier Verfügung überwiesen worden ist. Wir versichern (zum Zeitpunkt des Zugangs der Anmeldung beim Registergericht), dass der Vorstand in der Verfügung über den eingezahlten Betrag von Euro … (Zahl), abzüglich der davon gezahlten Steuern und Gebühren nicht, namentlich nicht durch Gegenforderungen, beschränkt ist.

Sitz der neu errichteten Gesellschaft ist … (Ort).

Die Geschäftsräume der Gesellschaft befinden sich in … (PLZ, Ort, Straße mit Hausnummer); dies ist auch die inländische Geschäftsanschrift i.S.v. § 39 Abs. 1 Satz 1 AktG. (Ggf. zusätzlich: Empfangsberechtigte Person für Willenserklärungen und Zustellungen i.S.v. § 39 Abs. 1 Satz 2 AktG ist … (Name, Vorname, inländische postalische Adresse))

Vertretung (gemäß einer gebräuchlichen Klausel):

Abstrakte Vertretungsregelung: Die Gesellschaft hat einen oder mehrere Vorstandsmitglieder. Ist nur ein Vorstandsmitglied bestellt, so vertritt dieses die Gesellschaft allein. Sind mehrere Vorstandsmitglieder bestellt, so wird die Gesellschaft durch zwei Vorstandsmitglieder gemeinsam oder durch ein Vorstandsmitglied in Gemeinschaft mit einem Prokuristen vertreten.

Durch Beschluss des Aufsichtsrats kann einzelnen Vorstandsmitgliedern die Befugnis zur Alleinvertretung und Befreiung von den Beschränkungen des § 181 Halbs. 1 Alt. 2 BGB (Mehrfachvertretung) erteilt werden. Der Umfang der Vertretungsbefugnis der Geschäftsführung ist gegenüber Dritten stets unbeschränkt.

Konkrete Vertretungsbefugnis: Zum ersten Vorstandsmitglied der Gesellschaft wurde bestellt:

… (Name, Vorname, Geburtsdatum, Wohnort des Vorstandsmitglieds)

Dieses Vorstandsmitglied ist berechtigt, die Gesellschaft stets allein zu vertreten und kann als Vorstandsmitglied als Vertreter eines Dritten Rechtsgeschäfte vornehmen (Befreiung von den Beschränkungen des § 181 Halbs. 1 Alt. 2 BGB).

Der Umfang der Vertretungsbefugnis ist gegenüber Dritten stets unbeschränkt.

Versicherung:

Nach Belehrung durch den Notar über die unbeschränkte Auskunftpflicht gegenüber dem Gericht gemäß § 53 Abs. 2 des Bundeszentralregistergesetzes und die Strafbarkeit einer falschen Versicherung (§§ 76, 399 AktG) wird versichert:

Jedes Vorstandsmitglied versichert (zum Zeitpunkt des Zugangs der Anmeldung beim Registergericht), dass

a) keine Umstände vorliegen, aufgrund deren das Vorstandsmitglied nach § 76 Abs. 3 Satz 2 und 3 i.V.m. § 37 Abs. 2 AktG von dem Amt als Vorstand ausgeschlossen wäre: Während der letzten fünf Jahre wurde im Inland (bzw. im Ausland wegen mit nachstehenden Taten vergleichbaren Straftaten) keine Verurteilung rechtskräftig gegen ihn wegen einer oder mehrerer vorsätzlich begangener Straftaten

– *des Unterlassens der Stellung des Antrags auf Eröffnung des Insolvenzverfahrens (Insolvenzverschleppung),*

– *nach §§ 283 bis 283d Strafgesetzbuch (wegen Bankrotts, schweren Bankrotts, Verletzung der Buchführungspflicht, Schuldner- oder Gläubigerbegünstigung),*

– *der falschen Angaben nach § 82 GmbHG oder § 399 AktG,*

– *der unrichtigen Darstellung nach § 400 AktG, § 331 HGB, § 313 UmwG oder § 17 des Publizitätsgesetzes oder*

– *nach den §§ 263 bis 264a oder den §§ 265 bis 266a StGB (Betrug, Computerbetrug, Subventionsbetrug, Kapitalanlagebetrug, Kreditbetrug, Untreue, Vorenthalten und Veruntreuen von Arbeitsentgelt) zu einer Freiheitsstrafe von mindestens einem Jahr.*

Dem Vorstandsmitglied ist bekannt, dass die Frist von fünf Jahren erst durch den Eintritt der Rechtskraft eines entsprechenden Urteils in Lauf gesetzt und dass nicht die Zeit eingerechnet wird, in welcher der Täter auf behördliche Anordnung in einer Anstalt verwahrt wird.

b) *Das Vorstandsmitglied versichert weiter, dass ihm weder durch gerichtliches Urteil noch durch vollziehbare Entscheidung einer Verwaltungsbehörde die Ausübung eines Berufes, Berufszweiges, Gewerbes oder Gewerbezweiges untersagt wurde, und somit auch nicht im Bereich des Unternehmensgegenstandes der Gesellschaft;*

c) *ferner dass er nicht bei der Besorgung seiner Vermögensangelegenheiten ganz oder teilweise einem Einwilligungsvorbehalt (§ 1903 BGB) unterliegt und dass er noch nie aufgrund einer behördlichen Anordnung in einer Anstalt verwahrt wurde (Amtsunfähigkeit),*

d) *er vom beglaubigenden Notar über seine unbeschränkte Auskunftspflicht gegenüber dem Registergericht belehrt worden ist.*

Gründer, Mitglieder des Vorstands und des Aufsichtsrats versichern ferner (jeder für sich),

e) *dass das Vermögen der Gesellschaft – abgesehen von dem in der Satzung festgesetzten Aufwand (Kosten, Gebühren und Steuern) – durch keinerlei Verbindlichkeiten vorbelastet oder gar aufgezehrt ist;*

f) *ggf. Ergänzung, um den Verdacht einer verschleierten Sachgründung nach § 27 Abs. 2 AktG oder etwaiger Vorbelastungen auszuräumen:*

dass die Gesellschaft von keinem Gründer Vermögensgegenstände, insbesondere kein dem Gründer oder einer Personengesellschaft, an der dieser beteiligt ist, gehörendes Unternehmen entgeltlich mit Mitteln der geleisteten Einlagen oder im Wege der Verrechnung mit diesem/diesen erworben hat und auch keine Absicht zu einem solchen Erwerb besteht, und dass darüber hinaus die Gesellschaft keine Schulden eines bereits bestehenden Unternehmens übernommen hat;

g) *ggf. Ergänzung zur etwaigen Rückzahlung der Bareinlagen entweder Offenlegungspflicht nach § 19 Abs. 5 Satz 2 GmbHG:*

dass vor der Einlage eine Leistung von dem Aktionär ... (Name, Vorname) vereinbart/ und schon erfolgt ist, die wirtschaftlich der Einlage entspricht, diese Leistung aber durch einen vollwertigen Rückgewähranspruch gedeckt ist, der jederzeit fällig ist oder durch Kündigung durch die Gesellschaft fällig gestellt werden kann.

oder vorsorglich zur Vermeidung von Auflagen im Rahmen der Amtsermittlung nach §§ 26, 27 FamFG:

dass eine Leistung an die Aktionäre, die wirtschaftlich einer Rückzahlung entspricht, weder vor der Einlage vereinbart, noch erfolgt ist.

Aus der Mitte des Aufsichtsrats wurden gewählt:

zum Vorsitzenden ... (Name, Vorname, Geburtsdatum, Wohnort)

zu seinem Stellvertreter ... (Name, Vorname, Geburtsdatum, Wohnort)

Urkundenbeilagen jeweils in elektronisch beglaubigter Abschrift:

1. Notarielle Niederschrift des diese Anmeldung beglaubigenden Notars vom ... (Datum) über die Errichtung der Gesellschaft, worin die Satzung festgestellt ist, die Aktien von den Gründern übernommen sind und der Aufsichtsrat bestellt ist,

2. *die Niederschrift über die Sitzung des Aufsichtsrats der Gesellschaft, worin die Vorstandsmitglieder bestellt sind,*

3. *Liste der Mitglieder des Aufsichtsrats, aus welcher Name, Vorname, ausgeübter Beruf und Wohnort der Mitglieder ersichtlich ist, (siehe A 181 (M 181.1))*

4. *den Gründungsbericht der Gründer,*

5. *den Gründungsprüfungsbericht der Mitglieder des Vorstands und des Aufsichtsrats,*

6. *den Prüfungsbericht der Gründungsprüfer,*

7. *die Bescheinigung der ... (Bezeichnung der Bank), wonach der Vorstand der Gründungsgesellschaft in der Verfügung über den eingezahlten Betrag von Euro ... (Zahl), abzüglich der davon gezahlten Steuern und Gebühren, nicht beschränkt ist, namentlich nicht durch Gegenforderungen,*

8. *Aufstellung der gezahlten Steuern und Gebühren mit einer Quittung für jeden bezahlten Betrag.*

Zusätzlich bei Vorrats-AGs (vgl. A 146) notarieller Hinweis über die Rechtsfolgen der erstmaligen Aufnahme der unternehmerischen Tätigkeit als wirtschaftliche Neugründung.

(Unterschriftsbeglaubigung wie bei A 162 (M 162.1) von den Gründern, den Mitgliedern des Aufsichtsrats und des Vorstands)

130a. Gründung einer Aktiengesellschaft mit Sacheinlage oder Sachübernahme

HINWEISE | Jede Einlage, die nicht durch Zahlung des Ausgabebetrages der Aktien zu leisten ist, ist Sacheinlage; Sachübernahme ist jede Anlage oder sonstiger Vermögensgegenstand, den die Gesellschaft bei der Gründung gegen Vergütung übernimmt (§ 27 Abs. 1 und 2 AktG). Zur Abgrenzung gegenüber verdeckter Sacheinlage und Vorbelastung siehe A 91a, zum Aufgeld siehe A 130. Sacheinlagen und Sachübernahmen sind in der Satzung der AG festzusetzen und ihre Erbringung ist in der Anmeldung zu versichern. Die Werthaltigkeit bzw. Angemessenheit der Vergütung ist regelmäßig extern prüfen zu lassen (§ 33 Abs. 2 Nr. 4 AktG).

Von einer externen Gründungsprüfung kann bei Sacheinlagen und Sachübernahmen nach § 33a Abs. 1 Nr. 1 AktG abgesehen werden, wenn übertragbare Wertpapiere oder Geldmarktinstrumente eingebracht werden, die auf einem organisierten Markt gehandelt werden. Das gilt nach § 33a Abs. 1 Nr. 2 AktG auch für Vermögensgegenstände, deren Zeitwert durch einen qualifizierten Sachverständigen nicht mehr als sechs Monate vor der Einbringung nach einer allgemein anerkannten Bewertungsmethode festgelegt worden ist. Die Anmeldung ist dann nach § 37a AktG zu ergänzen; zur Prüfungsbefugnis des Registergerichts: B § 183a AktG.

Satzung kann bereits genehmigtes Kapital enthalten: ergänzende Anmeldung nach A 142, dort Anmeldung zu a).

WER MUSS ANMELDEN | Wie A 130.

KOSTEN BEIM GERICHT | Gebühr für Eintragung der Aktiengesellschaft bei Sachgründung 360 Euro (GVHR 2103); abgegolten sind alle mit der Ersteintragung verbundenen Eintragungen der Vorstandsmitglieder, ihrer Vertretungsbefugnis u.a. (§ 2 Abs. 1 HRegGebV). Gebühr für Entgegennahme der Liste der Mitglieder des Aufsichtsrats 40 Euro (GVHR 5003).

KOSTEN BEIM NOTAR | Anmeldekosten wie bei A 130.

TEXT DER ANMELDUNG | Wie bei A 130 (M 130.1), wobei der Text der Einlageversicherung nach § 37 Abs. 1, § 36 Abs. 2, § 36a AktG zu ersetzen ist und weitere Unterlagen einzureichen sind. Zwei Fälle sind zu unterscheiden:

M 130a.1 Anmeldung der Gründung einer AG gegen Sacheinlagen

a) Ergänzender Anmeldungstext bei Einbringung von Sacheinlagen oder Sachübernahmen mit externer Gründungsprüfung mit Sachgründungsbericht:

Gründer, Mitglieder des Vorstands und des Aufsichtsrats versichern nach Belehrung über die Strafbarkeit einer wissentlich falschen Versicherung (§ 399 AktG), dass die von den Gründern … (Name) zu leistende Sacheinlage … (nähere Bezeichnung der Gegenstände) auf die Gesellschaft übertragen ist. Über die Vereinbarungen im Vertrag über die Errichtung der Aktiengesellschaft hinaus sind keine zusätzlichen schriftlichen Vereinbarungen getroffen.

Dieser Anmeldung sind weiter beigefügt, jeweils in elektronisch beglaubigter Abschrift:

– die Verträge, die den Festsetzungen der Sacheinlagen zugrunde liegen oder zu ihrer Ausführung geschlossen worden sind,

– der Sachgründungsbericht,

– Unterlagen darüber, dass der Wert der Sacheinlagen den Betrag der dafür übernommenen Geschäftsanteile erreicht.

b) Ergänzender Anmeldungstext nach § 37a AktG bei Einbringung von Sacheinlagen und Sachübernahmen unter Verzicht auf externe Gründungsprüfung:

Von einer externen Gründungsprüfung ist nach § 33a AktG abgesehen worden. Der Wert der Sacheinlagen oder Sachübernahmen erreicht den geringsten Ausgabebetrag der dafür zu gewährenden Aktien oder den Wert der dafür zu gewährenden Leistungen. Der Wert, die Quelle der Bewertung sowie die angewandte Bewertungsmethode ergeben sich aus folgenden Umständen: … (genaue Beschreibung und Angabe).

Bei Einbringung von Wertpapieren oder Geldmarktinstrumenten nach § 33a Abs. 1 Nr. 1 AktG:

Gründer, Mitglieder des Vorstands und des Aufsichtsrats versichern nach Belehrung über die Strafbarkeit einer wissentlich falschen Versicherung (§ 399 AktG), dass ihnen außergewöhnliche Umstände, die den gewichteten Durchschnittspreis der einzubringenden Wertpapiere oder Geldmarktinstrumente im Sinne von § 33a Abs. 1 Nr. 1 AktG während der letzten drei Monate vor dem Tag ihrer tatsächlichen Einbringung erheblich beeinflusst haben könnten, nicht bekannt geworden sind.

Dieser Anmeldung sind weiter beigefügt, jeweils in elektronisch beglaubigter Abschrift:

- *Unterlagen über die Ermittlung des gewichteten Durchschnittspreises, zu dem die einzubringenden Wertpapiere oder Geldmarktinstrumente während der letzten drei Monate
  vor dem Tag ihrer tatsächlichen Einbringung auf einem organisierten Markt gehandelt
  worden sind.*

Bei Einbringung von Vermögensgegenständen nach § 33a Abs. 1 Nr. 2 AktG:

*Gründer, Mitglieder des Vorstands und des Aufsichtsrats versichern, dass ihnen Umstände,
die darauf hindeuten, dass der beizulegende Zeitwert der Vermögensgegenstände im Sinne
von § 33a Abs. 1 Nr. 2 AktG am Tag ihrer tatsächlichen Einbringung auf Grund neuer oder
neu bekannt gewordener Umstände erheblich niedriger ist als der von dem Sachverständigen angenommene Wert, nicht bekannt geworden sind.*

Dieser Anmeldung ist weiter beigefügt, in elektronisch beglaubigter Abschrift:

- *Sachverständigengutachten, auf das sich die Bewertung in den Fällen des § 33a Abs. 1
  Nr. 2 AktG stützt.*

131. Erwerb von Vermögensgegenständen innerhalb von zwei Jahren nach Eintragung der AG (Nachgründung)

HINWEISE | Wenn von einem Gründer oder einem Aktionär, der mit mehr als 10% am
Grundkapital beteiligt ist, binnen zwei Jahren nach Eintragung der AG Vermögens-
gegenstände erworben werden sollen und die hierfür zu gewährende Vergütung ein
Zehntel des Grundkapitals übersteigt und § 52 Abs. 9 AktG nicht einschlägig ist (kein
Erwerb im Rahmen der laufenden Geschäfte o.Ä.), dann sind die Vorschriften über die
Nachgründung einzuhalten (§ 52 AktG):

a) Der Erwerbsvertrag bedarf mindestens der Schriftform.

b) Es ist ein Nachgründungsbericht zu erstatten.

c) Es muss eine Prüfung durch einen oder mehrere Gründungsprüfer stattfinden. Bei
   Sacheinlagen und Sachübernahmen kann unter den Voraussetzungen des § 33a
   AktG von einer externen Gründungsprüfung abgesehen werden. Siehe Hinweise zu
   A 130 und A 130a.

d) Danach muss die Hauptversammlung über die Zustimmung zu dem Vertrag beschließen.

e) Nach Zustimmung der Hauptversammlung hat der Vorstand in vertretungsberechtigter Zahl den Vertrag zur Eintragung in das Handelsregister anzumelden. Beizufügen sind der Vertrag, der Nachgründungsbericht, der Bericht der Gründungsprüfer
   und die Hauptversammlungsniederschrift (§ 52 Abs. 6 AktG). Wird nach § 33a
   AktG von der externen Gründungsprüfung abgesehen, dann sind zusätzliche Erklärungen und Versicherungen wie nach § 37a AktG erforderlich. Siehe Text der Anmeldung zu A 130 und A 130a.

f) Im Wege der Nachgründung kann auch eine Sacheinlage aus dem Gründungsvorgang, die mangels Festsetzung in der Satzung unwirksam war, geheilt werden.

KOSTEN BEIM GERICHT | Gebühr für Eintragung der Nachgründung 270 Euro (GVHR 2400).

KOSTEN BEIM NOTAR | Geschäftswert: 1% des eingetragenen Grundkapitals, mindestens 30 000 Euro und höchstens 1 Million Euro (§ 105 Abs. 4 Nr. 1, § 106 GNotKG). Gebühren und Auslagen wie bei A 130.

132. Bestellung, Abberufung oder Amtsniederlegung von Vorstandsmitgliedern oder die Änderung ihrer Vertretungsbefugnis

HINWEISE | Geschäftsleiter der inländischen Niederlassung einer ausländischen Bank eintragungsfähig. Befreiung von den Beschränkungen des § 181 BGB wegen § 112 AktG nur bzgl. Mehrfachvertretung zulässig. Siehe im Übrigen Hinweise bei A 96 – 99.

WER MUSS ANMELDEN | Vorstandsmitglieder in zur Vertretung berechtigter Zahl.

KOSTEN BEIM GERICHT | Gebühr für Eintragung der entsprechenden Tatsache 70 Euro (GVHR 2500). Werden weitere Tatsachen eingetragen (z.B. Eintritt/Ausscheiden von weiteren Vorstandsmitgliedern), dann Gebühr für jede weitere Eintragung aufgrund derselben Anmeldung 40 Euro (GVHR Nr. 2501, § 2 Abs. 3 Nr. 1 HRegGebV).

KOSTEN BEIM NOTAR | Geschäftswert: 1% des eingetragenen Grundkapitals, mindestens 30 000 Euro und höchstens 1 Million Euro (§ 105 Abs. 4 Nr. 1, § 106 GNotKG). Werden mehrere Vorstandsmitglieder abberufen oder neu bestellt, dann ist jede einzelne Änderung mit dem Geschäftswert nach § 105 Abs. 4 Nr. 1 GNotKG (mindestens 30 000 Euro für jede Tatsache; § 109 Abs. 2 Satz 1 Nr. 4 GNotKG gilt nur für Beschlüsse, nicht aber für Registeranmeldungen) zu bewerten und zu addieren (§ 35 Abs. 1, § 86 Abs. 2, § 111 Nr. 3 GNotKG), beachte dann die Höchstgeschäftswertbestimmung für alle Anmeldungen in der gleichen Urkunde mit 1 Million Euro (§ 106 GNotKG).

1. Beurkundung der Anmeldung bzw. Entwurf mit Unterschriftsbeglaubigung:

0,5-Beurkundungsgebühr nach KV 21201 Nr. 5, 24102 GNotKG, §§ 92 Abs. 2, 119 GNotKG aus Geschäftswert der Anmeldung. Gebühr umfasst Anmeldung und gleichzeitige Versicherung des neuen Vorstandsmitglieds zu seiner Amtsfähigkeit samt seiner Belehrung (notwendiger Erklärungsinhalt und notwendige Erklärungseinheit, gegenstandsgleich i.S.v. § 111 Nr. 3 GNotKG), wenn der Notar den Entwurf der Registeranmeldung gefertigt hat.

Gesonderte 0,3-Vollzugsgebühr nach KV 22114 GNotKG, höchstens 250 Euro, für XML-Strukturdatei aus Geschäftswert der Anmeldung (§ 112 GNotKG); für die Übermittlung der XML-Datei fällt keine Dokumentenpauschale an.

Ggf. *0,5-Betreuungsgebühr* nach KV 22200 Anm. Nr. 3 GNotKG aus Geschäftswert der Anmeldung (§ 113 GNotKG), z.B. für auftragsgemäße Einreichung der Anmeldung erst dann, wenn bestimmte Voraussetzung für Vorstandseignung u.a. zu prüfen sind.

Beglaubigungsgebühr KV 25102 GNotKG mit mindestens 10 Euro für beglaubigte Abschrift des Aufsichtsratsbeschlusses. Nach KV 25102 Abs. 2 Nr. 1 GNotKG sind beglaubigte Abschriften von Dokumenten, die der Notar aufgenommen oder entworfen hat, vom Anwendungsbereich der Beglaubigungsgebühr ausgenommen; es fällt deshalb keine Beglaubigungsgebühr nach KV 25102 GNotKG an, wenn der Notar eine von ihm entworfene und unterschriftsbeglaubigte Handelsregisteranmeldung im Zuge der Registereinreichung elektronisch beglaubigt.

Auslagen: KV 32000 GNotKG Dokumentenpauschale – Papier (s/w) für die ersten 50 Seiten je Seite 0,50 Euro, bei Entwurfsfertigung mit Unterschriftsbeglaubigung ist KV 32001 Nr. 3 GNotKG nicht einschlägig.

KV 32002 GNotKG Dokumentenpauschale – Daten (z.B. für Registeranmeldung, Aufsichtsratsbeschluss) je Datei 1,50 Euro (bis 3 Dateien), maximal jedoch 5 Euro (ab 4 Dateien), aber nicht weniger als nach KV 32000 GNotKG, also 0,50 Euro für die ersten 50 gescannten Seiten und 0,15 Euro für jede weitere gescannte Seite. Fraglich ist, ob ein Einzelvergleich jeder Datei mit der Zahl der eingescannten Seiten vorzunehmen ist, so *BDS/Diehn*, Nr. 32002 Rz. 17 GNotKG, oder ob ein Vergleich der Summe für die Dateianhänge mit der Summe aller eingescannten Seiten vorzunehmen ist, so *Korintenberg/Tiedtke*, Nr. 32002 Rz. 3 GNotKG.

KV 32005 GNotKG Auslagenpauschale Post/Telekommunikation 20% der Gebühren des Verfahrens bzw. Geschäfts, höchstens 20 Euro, oder Einzelabrechnung nach KV 32004 GNotKG.

KV 32011 GNotKG (je Einsicht 4,50 Euro) Auslagenersatz für vom Notar genommene Einsicht in das Handelsregister; für den Ausdruck keine Dokumentenpauschale nach KV 32001 Nr. 1 GNotKG.

KV 32014 GNotKG Umsatzsteuer auf die Kosten.

2. Unterschriftsbeglaubigung zur Anmeldung ohne Entwurfsfertigung durch Notar:

0,2-Beglaubigungsgebühr nach KV 25100, § 121 GNotKG aus Geschäftswert der Anmeldung für Unterschriftsbeglaubigung (beachte die spezifische Höchstgebühr mit 70 Euro bei KV 25100 GNotKG). Die Belehrung nach § 53 Abs. 2 BZRG wird von der Gebühr nicht erfasst. Fraglich ist, ob dann für die Belehrung eine 0,3-Beratungsgebühr nach KV 24202 GNotKG zu erheben ist (so *Diehn*, Notarkostenberechnungen, 4. Aufl. 2016, Rz. 1197) oder ob es sich um eine Entwurfsergänzung nach KV 24102 GNotKG handelt; der Geschäftswert richtet sich nach § 36 Abs. 1 GNotKG, wobei ein Teilwert von 10 bis 20% des Werts der Registeranmeldung angemessen sein dürfte.

Gesonderte 0,6-Vollzugsgebühr nach KV 22125 GNotKG, höchstens 250 Euro, für XML-Strukturdatei aus Geschäftswert der Anmeldung (§ 112 GNotKG); für die Übermittlung der XML-Datei fällt keine Dokumentenpauschale an.

Vollzugsgebühr nach KV 22124 GNotKG mit 20 Euro für Einreichung der Anmeldung beim Registergericht.

Für die *Beglaubigung von Abschriften* der Anmeldung und von beim Registergericht einzureichenden Dokumenten (z.B. elektronisch beglaubigte Abschrift des Aufsichtsratsbeschlusses) entsteht jeweils die 10-Euro-Mindestgebühr nach KV 25102 GNotKG (hier auch für die dem Gericht übermittelte Beglaubigung der Anmeldung, Umkehrschluss aus Abs. 2 der Anmerkung zu KV 25102 GNotKG). Nach § 12 Abs. 2 Satz 2

Halbs. 1 HGB ist die Beglaubigung von beim Registergericht einzureichenden Dokumenten in bestimmten Fällen (z.B. Beschluss des Aufsichtsrats über Bestellung/Abberufung des Vorstands) nicht erforderlich (vgl. oben 1. Abs. 4).

Auslagen: Für unbeglaubigte Kopien KV 32000 GNotKG Dokumentenpauschale – Papier (s/w) für die ersten 50 Seiten je Seite 0,50 Euro.

KV 32002 GNotKG Dokumentenpauschale – Daten (z.B. für Registeranmeldung, Beschluss des Aufsichtsrats über Vorstandsbestellung, Genehmigungen, sonstige Beilagen) je Datei 1,50 Euro (bis 3 Dateien), maximal jedoch 5 Euro (ab 4 Dateien), aber nicht weniger als nach KV 32000 GNotKG, also 0,50 Euro für die ersten 50 gescannten Seiten und 0,15 Euro für jede weitere gescannte Seite.

KV 32005 GNotKG Auslagenpauschale Post/Telekommunikation 20% der Gebühren des Verfahrens bzw. Geschäfts, höchstens 20 Euro, oder Einzelabrechnung nach KV 32004 GNotKG.

KV 32011 GNotKG (je Einsicht 4,50 Euro nach KV 1140 JVKostG) Auslagenersatz für vom Notar genommene Einsicht in das Handelsregister; für den Ausdruck keine Dokumentenpauschale nach KV 32001 Nr. 1 GNotKG.

KV 32014 GNotKG Umsatzsteuer auf die Kosten.

TEXT DER ANMELDUNG

M 132.1   Anmeldung der Bestellung bzw. Abberufung eines Vorstandsmitglieds

Bei Bestellung:

Durch Beschluss des Aufsichtsrats der Gesellschaft vom … (Datum) wurde … (Name, Vorname, Geburtsdatum, Wohnort) zum ordentlichen Vorstandsmitglied bestellt.

Das neue Vorstandsmitglied vertritt die Gesellschaft mit einem weiteren Vorstandsmitglied oder mit einem Prokuristen.

Versicherung:

Nach Belehrung durch den Notar über die unbeschränkte Auskunftspflicht gegenüber dem Gericht gemäß § 53 Abs. 2 des Bundeszentralregistergesetzes und die Strafbarkeit einer falschen Versicherung (§§ 76, 399 AktG) wird versichert:

Jedes Vorstandsmitglied versichert (zum Zeitpunkt des Zugangs der Anmeldung beim Registergericht), dass

a) keine Umstände vorliegen, aufgrund deren das Vorstandsmitglied nach § 76 Abs. 3 Satz 2 und 3 i.V.m. § 37 Abs. 2 AktG von dem Amt als Vorstand ausgeschlossen wäre: Während der letzten fünf Jahre wurde im Inland (bzw. im Ausland wegen mit nachstehenden Taten vergleichbaren Straftaten) keine Verurteilung rechtskräftig gegen ihn wegen einer oder mehrerer vorsätzlich begangener Straftaten

  – des Unterlassens der Stellung des Antrags auf Eröffnung des Insolvenzverfahrens (Insolvenzverschleppung),

  – nach §§ 283 bis 283d Strafgesetzbuch (wegen Bankrotts, schweren Bankrotts, Verletzung der Buchführungspflicht, Schuldner- oder Gläubigerbegünstigung),

– *der falschen Angaben nach § 82 GmbHG oder § 399 AktG,*

– *der unrichtigen Darstellung nach § 400 AktG, § 331 HGB, § 313 UmwG oder § 17 des Publizitätsgesetzes oder*

– *nach den §§ 263 bis 264a oder den §§ 265 bis 266a StGB (Betrug, Computerbetrug, Subventionsbetrug, Kapitalanlagebetrug, Kreditbetrug, Untreue, Vorenthalten und Veruntreuen von Arbeitsentgelt) zu einer Freiheitsstrafe von mindestens einem Jahr.*

  Dem Vorstandsmitglied ist bekannt, dass die Frist von fünf Jahren erst durch den Eintritt der Rechtskraft eines entsprechenden Urteils in Lauf gesetzt und dass nicht die Zeit eingerechnet wird, in welcher der Täter auf behördliche Anordnung in einer Anstalt verwahrt wird.

b) *Das Vorstandsmitglied versichert weiter, dass ihm weder durch gerichtliches Urteil noch durch vollziehbare Entscheidung einer Verwaltungsbehörde die Ausübung eines Berufes, Berufszweiges, Gewerbes oder Gewerbezweiges untersagt wurde, und somit auch nicht im Bereich des Unternehmensgegenstandes der Gesellschaft;*

c) *ferner dass er nicht bei der Besorgung seiner Vermögensangelegenheiten ganz oder teilweise einem Einwilligungsvorbehalt (§ 1903 BGB) unterliegt und dass er noch nie aufgrund einer behördlichen Anordnung in einer Anstalt verwahrt wurde (Amtsunfähigkeit),*

d) *er vom beglaubigenden Notar über seine unbeschränkte Auskunftspflicht gegenüber dem Registergericht belehrt worden ist.*

Urkundenbeilagen

Angeschlossen ist die elektronisch beglaubigte Abschrift des Aufsichtsratsbeschlusses über die Bestellung des Vorstandsmitgliedes.

Die Geschäftsräume der Gesellschaft befinden sich in ... (PLZ, Ort und Straße mit Hausnummer); dies ist auch die inländische Geschäftsanschrift i.S.v. § 39 Abs. 1 Satz 1 AktG. (Ggf. zusätzlich: Empfangsberechtigte Person für Willenserklärungen und Zustellungen i.S.v. § 39 Abs. 1 Satz 2 AktG ist ... (Name, Vorname, inländische postalische Adresse))

Bei Abberufung:

... (Name, Vorname, Geburtsdatum, Wohnort) ist nicht mehr Mitglied des Vorstands.

Wir versichern, dass die Voraussetzungen für die heutige Anmeldung vorliegen.

Urkundenbeilagen

0 *Angeschlossen ist die elektronisch beglaubigte Abschrift des Aufsichtsratsbeschlusses über die Abberufung des Vorstandsmitglieds.*

0 *Schreiben des ausgeschiedenen Vorstandsmitglieds an die Gesellschaft wegen der Niederlegung seines Amtes.*

0 *Schreiben des ausgeschiedenen Vorstandsmitglieds an die Gesellschaft wegen der Kündigung seines Amtes.*

0 *Sterbeurkunde des ausgeschiedenen Vorstandsmitglieds.*

Jeweils: *Die Geschäftsräume der Gesellschaft befinden sich unverändert in ... (PLZ, Ort und Straße mit Hausnummer); dies ist auch die inländische Geschäftsanschrift i.S.v. § 39 Abs. 1 Satz 1 AktG. (Ggf. zusätzlich: Empfangsberechtigte Person für Willenserklärungen und Zustellungen i.S.v. § 39 Abs. 1 Satz 2 AktG ist ... (Name, Vorname, inländische postalische Adresse))*

(Unterschriftsbeglaubigung wie bei A 162 (M 162.1))

133. Vereinigung aller Aktien in einer Hand

HINWEISE | § 42 AktG verlangt Offenlegung gegenüber dem Handelsregister, wenn alle Aktien einem Aktionär allein gehören; eigene Aktien der Gesellschaft (vgl. §§ 71 ff. AktG) bleiben dabei außer Betracht. Zum Begriff „gehören" vgl. § 16 AktG und eingehend *Heckschen*, DNotZ 1995, 275 ff., 278. Zusätzliche Einzahlungs- oder Sicherungspflichten entstehen durch den Aktienerwerb in einer Hand, soweit er nicht bei der Gründung erfolgt (vgl. § 36 Abs. 2 AktG), nicht. Beruht Vereinigung aller Aktien in einer Hand auf dem Ausschluss von Minderheitsaktionären, dann ist der Übertragungsbeschluss zur Eintragung anzumelden (Squeeze-out, § 327e Abs. 1 AktG; eingehend *Vossius*, ZIP 2002, 511).

WAS IST ANZUMELDEN | Mitteilung der Anteilsvereinigung unter Angabe von … (Name, Vorname, Geburtsdatum, Wohnort) des Alleinaktionärs ist zum Handelsregister einzureichen. Die Mitteilung wird nach § 9 HGB, § 9 HRV in den Registerordner verschoben ohne gesonderte Bekanntmachung. Davon zu unterscheiden sind etwaige Mitteilungs- und Offenlegungspflichten z.B. nach dem WpHG (z.B. Mitteilung von Geschäften, Veröffentlichung und Übermittlung an das Unternehmensregister bei Insidern oder aus Anlass von Emmissionen, andere Ad-hoc-Meldungen).

WER MUSS ANMELDEN | Vorstand oder Alleinaktionär (vgl. *Heckschen*, DNotZ 1995, 275 ff., 278).

EINZUREICHENDE UNTERLAGEN | Keine.

KOSTEN BEIM GERICHT | Lediglich Gebühr für Entgegennahme der Mitteilung über die Anteilsvereinigung 40 Euro (GVHR 5004).

KOSTEN BEIM NOTAR | Es liegt keine Anmeldung nach § 105 Abs. 4 GNotKG vor. Ggf. 1,0-Gebühr nach KV 24101, 21200 GNotKG für vom Notar auftragsgemäß erstellte Mitteilung der Anteilsvereinigung. Es handelt sich um eine nach KV 21200 GNotKG zu bewertende Erklärung. Bei vollständiger Mitteilung durch Notar 1,0-Rahmengebühr nach § 92 Abs. 2 GNotKG. Geschäftswert ca. 10 bis 30% des Grundkapitals, mindestens 30 000 Euro, höchstens 1 Million Euro. Beachte die spezifische Mindestgebühr bei KV 24101 GNotKG mit 60 Euro.

134. Änderungen der Satzung einschließlich Neufassung

HINWEISE | Notarielle Beurkundung des Beschlusses der Hauptversammlung nach § 179 Abs. 1 Satz 1 AktG über die Änderung der Satzung als Tatsachenwahrnehmung nach §§ 36, 37 BeurkG, bei der Notar lediglich etwaige Nichtigkeitsgründe auszuschließen hat. Inhalt der Niederschrift nach § 130 AktG. Änderung der Satzung wird erst mit Eintragung wirksam (§ 181 Abs. 3 AktG).

Wegen Änderung der Firma und des Gegenstandes siehe auch Hinweise bezgl. Änderung des GmbH-Gesellschaftsvertrages bei A 111. Kapitalmaßnahmen bei der AG sind immer auch Änderungen der Satzung in Bezug auf das Grundkapital und die Aktien, jedoch regelmäßig erst anzumelden mit der Durchführung der Kapitalmaßnahmen; vgl. A 140 – A 142.

Auch Änderungen der Fassung sind Satzungsänderungen. Befugnis zur Änderung kann auf Aufsichtsrat übertragen werden (§ 179 Abs. 1 Satz 2 AktG).

Änderungen der Satzung, die Eintragungen nach § 39 AktG betreffen, sind in der Anmeldung schlagwortartig zu benennen (§ 181 Abs. 2 AktG); das gilt auch bei Neufassung der Satzung. Insoweit ist auch bei vollständiger Neufassung der Satzung gesondert eine Fassung nebst Bescheinigung des Notars nach § 181 Abs. 1 Satz 2 AktG einzureichen ist (vgl. zur Parallelproblematik bei der GmbHG: B § 54 GmbHG Nr. 1 - 3).

Die Hauptversammlung kann durch Beschluss auch eine Regelung treffen, die von der Satzung abweicht (sog. Satzungsdurchbrechung); z.B. Abweichung gegenüber Satzung in Bezug auf Amtszeit der Aufsichtsratsmitglieder oder abweichende Gewinnverwendungsbeschlüsse. Satzungsdurchbrechung bedarf der notariellen Beurkundung entsprechend § 179 AktG. Zumindest für Satzungsdurchbrechungen mit Dauerwirkung ist zur Wirksamkeit auch Eintragung in das Handelsregister erforderlich (B § 53 GmbHG Nr. 9 und 10 zur GmbH).

Zur Form der notariellen Bescheinigung: B § 12 Abs. 2 HGB, zum Inhalt A 175.

Änderung der Firma oder Änderung des Unternehmensgegenstandes können ein Indiz sein für eine wirtschaftliche Neugründung, die gegenüber dem Registergericht offen zu legen ist. Die Vorschriften über die Kapitalaufbringung und den -erhalt werden entsprechend angewendet (vgl. A 146).

Anmeldung durch Eigenurkunde sowie Korrektur und Rücknahme mittels gesiegeltem Notarschreiben: Einl. Rz. 19 und B § 378 FamFG.

WER MUSS ANMELDEN | Die Vorstandsmitglieder in der zur Vertretung erforderlichen Zahl.

KOSTEN BEIM GERICHT | Gebühr für Eintragung der Tatsache der Änderung der Satzung 70 Euro (GVHR 2500). Mehrere Änderungen der Satzung werden als eine Tatsache berücksichtigt, § 2 Abs. 3 Nr. 3 HRegGebV, sofern sie nicht die Änderung eingetragener Angaben betreffen wie Änderung der Firma, des Sitzes und der Zeitdauer der Gesellschaft, des Gegenstandes des Unternehmens, der – abstrakten – Vertretungsbefugnis des Vorstands. Bei einer kompletten Neufassung der Satzung einschl. der gesondert einzutragenden Änderung von Firma, Gegenstand, Kapital oder abstrakter Vertretungsregelung können demnach mehrere Gebührentatsachen vorliegen, eine Eintragung löst die Gebühr nach GVHR 2501, die weitere aufgrund derselben Anmeldung jeweils eine Gebühr nach GVHR 2501 aus.

KOSTEN BEIM NOTAR | Geschäftswert der Anmeldung: 1% des eingetragenen Grundkapitals, mindestens 30 000 Euro und höchstens 1 Million Euro (§ 105 Abs. 4 Nr. 1, § 106 GNotKG). Die Änderung mehrerer Bestimmungen der Satzung wird als ein Anmeldungsgegenstand betrachtet, allerdings nur insoweit, als keine gesonderte Anmeldepflicht besteht (eine solche besteht nach § 39 AktG bei einer Änderung der Firma, des Sitzes und der Zeitdauer der Gesellschaft, des Gegenstandes des Unternehmens, der – abstrakten – Vertretungsbefugnis des Vorstands). Die Anmeldung einer Sitzverlegung und die Anmeldung der Änderung der Geschäftsanschrift bilden keine notwendige Erklärungseinheit (wegen Möglichkeit des Auseinanderfallens von Satzungssitz und Verwaltungssitz). Anmeldung von Satzungsänderungen technischer/redaktioneller Art sind Anmeldungen ohne wirtschaftlichen Wert, ebenso die Anmeldung eines Empfangsbevollmächtigten, Geschäftswert jeweils 5 000 Euro nach § 105 Abs. 5 GNotKG, beachte dann aber die anmeldungsspezifischen Mindestgebühren von 30 Euro nach KV 21201 Nr. 5 bzw. 24102 GNotKG bzw. 20 Euro nach KV 25100 GNotKG; bei der XML-Datei (KV 22114 bzw. 22125 GNotKG) greift der Mindestbetrag einer Gebühr mit 15 Euro nach § 34 Abs. 5 GNotKG.

1. Beurkundung des Beschlusses:

    2,0-Beurkundungsgebühr nach KV 21100 GNotKG aus Summe des Beurkundungsverfahrens (§ 108 Abs. 1 Satz 1, § 109 Abs. 2 Satz 1 Nr. 4, § 105 Abs. 4 Nr. 1 GNotKG). Die Satzungsbescheinigung (auch erforderlich bei vollständiger Satzungsneufassung, vgl. Thür. OLG v. 14.9.2015 – 2 W 375/15, GmbHR 2016, 487; *Grüner*, NotBZ 2015, 458) ist nach KV Vorbem. 2.1 Abs. 2 Nr. 4 GNotKG gebührenfrei, wenn derselbe Notar den Beschluss über die Satzungsänderung beurkundet hat. Die auftragsgemäße Zusammenstellung des Wortlauts der neuen Satzung durch den Notar löst keine Gebühr aus, wohl aber ist die Dokumentenpauschale für die Satzungszusammenstellung nach KV 32001 Nr. 1 GNotKG zu erheben (vgl. unten Nr. 4).

    Ggf. 0,5-Vollzugsgebühr (KV 22110 mit Vorbem. 2.2.1.1 Abs. 1 Satz 2 Nr. 3 bis 5 GNotKG) aus Gesamtgeschäftswert des zugrunde liegenden Beurkundungsverfahrens (§ 112 GNotKG) für Fertigung der Liste der Gesellschafter nach § 8 Abs. 1 Nr. 3 GmbHG und für weitere Vollzugstätigkeiten wie Einholung und Prüfung einer familien-/betreuungsgerichtlichen Genehmigung.

    Ggf. nur *0,5-Vollzugsgebühr*, höchstens 50 Euro (KV 22112, 22110 GNotKG mit Vorbem. 2.2.1.1 Abs. 1 Satz 2 Nr. 1 GNotKG), wenn z.B. der Notar eine IHK-Stellungnahme einholt, aus Gesamtgeschäftswert des zugrunde liegenden Beurkundungsverfahrens (§ 112 GNotKG).

    Auslagen: KV 32001 Nr. 2 GNotKG Dokumentenpauschale – Papier (s/w) 0,15 Euro je Seite für Abschriften von Beschlussurkunde, Beglaubigungsvermerken.

    KV 32005 GNotKG Auslagenpauschale Post/Telekommunikation 20% der Gebühren des Verfahrens bzw. Geschäfts, höchstens 20 Euro, oder Einzelnachweis nach KV 32004 GNotKG.

    KV 32011 GNotKG (je Einsicht 4,50 Euro nach KV 1140 JVKostG) Auslagenersatz für vom Notar genommene Einsicht in das Handelsregister; für den Ausdruck keine Dokumentenpauschale nach KV 32001 Nr. 1 GNotKG.

    KV 32011 GNotKG (je Einsicht 8,00 Euro nach KV 1151 JVKostG) für vom Notar genommene Einsicht in das Grundbuch; für den Ausdruck keine Dokumentenpauschale nach KV 32001 Nr. 1 GNotKG.

    KV 32014 GNotKG Umsatzsteuer auf die Kosten.

2. Beurkundung der Anmeldung bzw. Entwurf mit Unterschriftsbeglaubigung:

    0,5-Beurkundungsgebühr nach KV 21201 Nr. 5, 24102 GNotKG, § 92 Abs. 2, § 119 GNotKG aus Geschäftswert der Anmeldung.

0,3-Vollzugsgebühr, höchstens 50 Euro (KV 22112 mit Vorbem. 2.2.1.1 Abs. 1 Satz 2 Nr. 1 GNotKG) aus Geschäftswert der Anmeldung (§ 112 GNotKG) für auftragsgemäße Einholung einer Stellungnahme der IHK zur firmenrechtlichen Unbedenklichkeit.

Gesonderte 0,3-Vollzugsgebühr nach KV 22114 GNotKG, höchstens 250 Euro, für XML-Strukturdatei aus Geschäftswert der Anmeldung (§ 112 GNotKG); für die Übermittlung der XML-Datei fällt keine Dokumentenpauschale an.

Nach KV 25102 Abs. 2 Nr. 1 GNotKG sind beglaubigte Abschriften von Dokumenten, die der Notar aufgenommen oder entworfen hat, vom Anwendungsbereich der Beglaubigungsgebühr ausgenommen; es fällt deshalb keine Beglaubigungsgebühr nach KV 25102 GNotKG an, wenn der Notar eine von ihm entworfene und unterschriftsbeglaubigte Handelsregisteranmeldung im Zuge der Registereinreichung elektronisch beglaubigt.

Auslagen: KV 32000 GNotKG Dokumentenpauschale – Papier (s/w) für die ersten 50 Seiten je Seite 0,50 Euro, bei Entwurfsfertigung mit Unterschriftsbeglaubigung ist KV 32001 Nr. 3 GNotKG nicht einschlägig.

KV 32002 GNotKG Dokumentenpauschale – Daten (z.B. für Registeranmeldung, Gesellschafterbeschluss, Gesellschafterliste, IHK-Gutachten, Vollmachten, Genehmigungen, sonstige Beilagen) je Datei 1,50 Euro (bis 3 Dateien), maximal jedoch 5 Euro (ab 4 Dateien), aber nicht weniger als nach KV 32000 GNotKG, also 0,50 Euro für die ersten 50 gescannten Seiten und 0,15 Euro für jede weitere gescannte Seite. Fraglich ist, ob ein Einzelvergleich jeder Datei mit der Zahl der eingescannten Seiten vorzunehmen ist, so *BDS/Diehn*, Nr. 32002 Rz. 17 GNotKG, oder ob ein Vergleich der Summe für die Dateianhänge mit der Summe aller eingescannten Seiten vorzunehmen ist, so *Korintenberg/Tiedtke*, Nr. 32002 Rz. 3 GNotKG.

KV 32005 GNotKG Auslagenpauschale Post/Telekommunikation 20% der Gebühren des Verfahrens bzw. Geschäfts, höchstens 20 Euro, oder Einzelabrechnung nach KV 32004 GNotKG.

KV 32014 GNotKG Umsatzsteuer auf die Kosten.

3. Unterschriftsbeglaubigung zur Anmeldung ohne Entwurfsfertigung durch Notar:

0,2-Beglaubigungsgebühr nach KV 25100, § 121 GNotKG aus Geschäftswert der Anmeldung für Unterschriftsbeglaubigung (beachte die spezifische Höchstgebühr mit 70 Euro bei KV 25100 GNotKG).

Gesonderte 0,6-Vollzugsgebühr nach KV 22125 GNotKG, höchstens 250 Euro, für XML-Strukturdatei aus Geschäftswert der Anmeldung (§ 112 GNotKG); für die Übermittlung der XML-Datei fällt keine Dokumentenpauschale an.

Vollzugsgebühr nach KV 22124 GNotKG mit 20 Euro für Einreichung der Anmeldung beim Registergericht.

Für die *Beglaubigung von Abschriften* der Anmeldung und von beim Registergericht einzureichenden Dokumenten entsteht jeweils die 10-Euro-Mindestgebühr nach KV 25102 GNotKG (hier auch für die dem Gericht übermittelte Beglaubigung der Anmeldung, Umkehrschluss aus Abs. 2 der Anmerkung zu KV 25102 GNotKG).

Auslagen: Für unbeglaubigte Kopien KV 32000 GNotKG Dokumentenpauschale – Papier (s/w) für die ersten 50 Seiten je Seite 0,50 Euro.

KV 32002 GNotKG Dokumentenpauschale – Daten (z.B. für Registeranmeldung, IHK-Gutachten, satzungsändernder Beschluss, Vollmachten, Genehmigungen, sonstige Beilagen) je Datei 1,50 Euro (bis 3 Dateien), maximal jedoch 5 Euro (ab 4 Dateien), aber nicht weniger als nach KV 32000 GNotKG, also 0,50 Euro für die ersten 50 gescannten Seiten und 0,15 Euro für jede weitere gescannte Seite.

KV 32005 GNotKG Auslagenpauschale Post/Telekommunikation 20% der Gebühren des Verfahrens bzw. Geschäfts, höchstens 20 Euro, oder Einzelabrechnung nach KV 32004 GNotKG.

KV 32011 GNotKG (je Einsicht 4,50 Euro nach KV 1140 JVKostG) Auslagenersatz für vom Notar genommene Einsicht in das Handelsregister; für den Ausdruck keine Dokumentenpauschale nach KV 32001 Nr. 1 GNotKG.

KV 32014 GNotKG Umsatzsteuer auf die Kosten.

4. Eigenurkunde des Notars:

Nimmt der Notar die Registeranmeldung durch Eigenurkunde vor, ist nach KV 25204 GNotKG die gleiche Gebühr wie für den Entwurf der Anmeldung (KV 24102, § 92 Abs. 2 GNotKG) zu erheben.

Die Notarbescheinigung (Satzungsbescheinigung) nach § 181 Abs. 1 Satz 2 AktG und die Zusammenstellung des Wortlauts der geänderten Satzung gelten als gebührenfreie Nebengeschäfte (KV Vorbem. 2.1 Abs. 2 Nr. 4 GNotKG), allerdings nur für den Notar, der den satzungsändernden Beschluss beurkundet hat (KV Vorbem. 2.1 Abs. 2 Nr. 4 i.V.m. § 109 Abs. 2 Satz 1 Nr. 4 lit. c GNotKG), andernfalls 1,0-Gebühr nach KV 25104 GNotKG aus Teilwert je nach Arbeits-/Prüfungsaufwand von 10 bis 50%, meistens 30% des Geschäftswerts der Anmeldung (§ 113 GNotKG). Für die Satzungszusammenstellung ist die Dokumentenpauschale nach KV 32001 Nr. 1 GNotKG zu berechnen.

Für anfallende Ausdrucke und Kopien der Satzung samt Notarbescheinigung entsteht die Dokumentenpauschale nach KV 32001 Nr. 2 GNotKG.

TEXT DER ANMELDUNG

M 134.1   Anmeldung der Änderung der Satzung einer AG

Bei Neufassung mit Änderungen betreffend § 39 AktG:

Zur Eintragung in das Handelsregister bei der … (Bezeichnung der AG nach dem Handelsregister) wird die beschlossene Neufassung der Satzung angemeldet: geändert wurde § … (Zahl und Absatz) (Änderung des … (schlagwortartige Bezeichnung der Änderung betreffend § 39 AktG: u.a. Firma, Sitz, Gegenstand, Grundkapital, Befristung, Vertretungsregelung)).

Bei Neufassung ohne Änderungen betreffend § 39 AktG:

Zur Eintragung in das Handelsregister bei der … (Bezeichnung der AG nach dem Handelsregister) wird die beschlossene Neufassung der Satzung angemeldet. Änderung betreffend die in § 39 AktG bezeichneten Angaben liegen nicht vor.

Bei einzelnen Änderungen (auch) betreffend § 39 AktG:

Zur Eintragung in das Handelsregister bei der ... (Bezeichnung der AG nach dem Handelsregister) wird die beschlossene Änderung der Satzung angemeldet: Geändert wurde § ... (Zahl und Absatz) (Änderung des ... (schlagwortartige Bezeichnung der Änderung betreffend § 39 AktG: u.a. Firma, Sitz, Gegenstand, Grundkapital, Befristung, Vertretungsregelung)).

Bei einzelnen Änderungen ohne § 39 AktG:

Zur Eintragung in das Handelsregister bei der ... (Bezeichnung der AG nach dem Handelsregister) wird die beschlossene Änderung der Satzung angemeldet: Geändert wurde § ... (Zahl und Absatz) (Änderung des ...)). Änderung betreffend die in § 39 AktG bezeichneten Angaben liegen nicht vor.

Es wird vorgelegt:

1. *Elektronisch beglaubigte Abschrift des notariellen Protokolls vom heutigen Tag (Urk.-Rolle ... (Jahreszahl) Nr. ... (Zahl) des unterzeichneten Beglaubigungsnotars) über die Änderung der Satzung. (Sofern nicht schon eingereicht als Protokoll der ordentlichen Hauptversammlung; siehe A 135)*

2. *Elektronisch beglaubigte Abschrift des vollständigen Wortlauts der Satzung nebst Bescheinigung des Notars gemäß § 181 Abs. 1 Satz 2 AktG. (siehe A 175 (M 175.1) bzw. (M 175.2))*

   *Die Geschäftsräume befinden sich unverändert in ... (PLZ, Ort und Straße mit Hausnummer); dies ist auch die inländische Geschäftsanschrift i.S.v. § 10 Abs. 1 Satz 1 GmbHG. (Ggf. **zusätzlich**: Empfangsberechtigte Person für Willenserklärungen und Zustellungen i.S.v. § 10 Abs. 2 Satz 2 GmbHG ist ... (Name, Vorname, inländische postalische Adresse))*

   Bei wirtschaftlicher Neugründung außerdem Offenlegung und Versicherung entsprechend § 37 Abs. 2 AktG, vgl. A 146.

(Unterschriftsbeglaubigung wie bei A 161 (M 161.1) bzw. A 162 (M 162.1))

Bescheinigung des Notars nach § 181 Abs. 1 Satz 2 AktG

Bei Änderung einzelner Bestimmungen der AG-Satzung

Bescheinigung nach § 181 Abs. 1 Satz 2 AktG

für die ... (Bezeichnung der Aktiengesellschaft nach dem Handelsregister) mit Sitz in ... (Ort), eingetragen im Handelsregister des Amtsgerichts ... (Ort) unter HRB ... (Nummer)

Ich bescheinige hiermit für die beigefügte Satzung, dass die geänderten Bestimmungen der beigefügten Satzung mit dem von mir beurkundeten Beschluss der Hauptversammlung der Gesellschaft vom ... (Datum) – ... (Urkundenrolle, Jahrgang und Name des unterzeichnenden Notars) – und die unveränderten Bestimmungen mit dem zuletzt zum Handelsregister eingereichten vollständigen Wortlaut der Satzung übereinstimmen.

... (Ort, Datum, Dienstsiegel und Unterschrift des Notars)

Bei Neufassung der AG-Satzung

Bescheinigung nach § 181 Abs. 1 Satz 2 AktG

für die ... (Bezeichnung der Aktiengesellschaft nach dem Handelsregister) mit Sitz in ... (Ort), eingetragen im Handelsregister des Amtsgerichts ... (Ort) unter HRB ... (Nummer)

Ich bescheinige hiermit für die beigefügte neu gefasste Satzung, dass diese neu gefasste Satzung mit dem von mir beurkundeten Beschluss der Hauptversammlung vom ... (Datum) – ... (Urkundenrolle, Jahrgang und Name des unterzeichnenden Notars) – übereinstimmt und die nicht geänderten Bestimmungen mit dem zuletzt zum Handelsregister eingereichten vollständigen Wortlaut der Satzung übereinstimmen. Es handelt sich um eine vollständige Satzungsneufassung.

... (Ort, Datum, Dienstsiegel und Unterschrift des Notars)

135. Durchführung der ordentlichen Hauptversammlung nach Feststellung des Jahresabschlusses

HINWEIS | Einzureichen ist bei der Aktiengesellschaft eine elektronisch beglaubigte Abschrift der Niederschrift über die Hauptversammlung; bei nicht zum Börsenhandel zugelassenen Gesellschaften reicht eine vom Vorsitzenden des Aufsichtsrats unterschriebene Niederschrift (§ 130 Abs. 1 Satz 3 und Abs. 5 AktG), soweit keine Beschlüsse gefasst werden, für die das Gesetz eine Dreiviertel- oder größere Mehrheit bestimmt (z.B. Änderungen der Satzung, Kapitalmaßnahmen, Auflösung). Zu den notwendigen Anlagen gehören auch die Einberufungsunterlagen, es sei denn, ihr Inhalt ist in der Niederschrift aufgeführt.

Die Vorlage der Jahresabschlussunterlagen im Übrigen ist für alle Kapitalgesellschaften einheitlich in §§ 325–327 HGB geregelt. Die gesetzlichen Vertreter von Kapitalgesellschaften haben den Jahresabschluss beim Betreiber des Bundesanzeigers (im Internet: www.bundesanzeiger.de) elektronisch einzureichen und unverzüglich nach der Einreichung im Bundesanzeiger bekannt zu machen. Je nach der Größe des Unternehmens (vgl. § 267 HGB) bestehen unterschiedliche Offenlegungspflichten und -fristen. Für Kleinstkapitalgesellschaften reicht die Hinterlegung der Rechnungslegungsunterlagen beim Bundesanzeiger (§§ 267a, 326 Abs. 2 HGB).

Die Abschlussunterlagen müssen vom Vorstand/Geschäftsführer unterschrieben sein (§ 245 HGB).

KOSTEN BEIM GERICHT | Gebühr für Entgegennahme des Protokolls der Jahreshauptversammlung 50 Euro (GVHR 5005).

KOSTEN BEIM NOTAR | Keine Registeranmeldung nötig. Gebühren und Auslagen für Beurkundung der Hauptversammlung:

2,0-Beurkundungsgebühr nach KV 21100 GNotKG aus Summe des Beurkundungsverfahrens:

– Feststellung des Jahresabschlusses samt Gewinnverwendung: Geldbetrag § 108 Abs. 1 Satz 2 GNotKG, mindestens 30 000 Euro;

– Entlastung von Vorstand und Aufsichtsrat sowie Wahl von Aufsichtsratsmitgliedern, bei en-bloc-Abstimmung insgesamt derselbe Beurkundungsgegenstand nach § 109 Abs. 2 Nr. 4 lit. d–f GNotKG: Geschäftswert nach § 105 Abs. 4 Nr. 1, § 108 Abs. 1 Satz 1 GNotKG, 1% des Grundkapitals, mindestens 30 000 Euro;

– Wahl des Abschlussprüfers, wenn – wie üblich – darüber einzeln abgestimmt wird: Geschäftswert nach § 105 Abs. 4 Nr. 1, § 108 Abs. 1 Satz 1 GNotKG, 1% des Grundkapitals, mindestens 30 000 Euro.

Addition dieser drei Geschäftswerte. Wird außerdem eine Satzungsänderung und eine Kapitalmaßnahme beschlossen, dann weitere Addition der Werte für diese Beurkundungsgegenstände.

1,0-Entwurfsgebühr, mindestens 60 Euro, für Fertigung des Entwurfs der Liste der Aufsichtsratsmitglieder nach KV 24101, 21200 GNotKG, §§ 119, 97, 92 Abs. 2, § 36 Abs. 1 GNotKG aus Teilwert von etwa 20% des Geschäftswerts einer fiktiven Registeranmeldung der Aufsichtsratsmitglieder (§ 105 Abs. 4 Nr. 1 GNotKG); alternativ denkbar wäre ein Wert von 10–20% des Grundkapitals, wohl zu niedrig wäre der Auffangwert des § 36 Abs. 3 GNotKG (5 000 Euro); die Erstellung der Liste der Aufsichtsratsmitglieder ist nicht in der enumerativen Aufzählung in Abs. 1 Satz 2 der Vorbem. 2.2.1.1 KV GNotKG enthalten, so dass keine Vollzugsgebühr ausgelöst wird.

Beauftragt die Gesellschaft den Notar, sie hinsichtlich der Planung und Durchführung der Hauptversammlung umfassend zu beraten, so erhebt der Notar die Beratungsgebühr nach KV 24203, § 120 GNotKG (Rahmengebühr 0,5 bis 2,0 aus der Summe der Geschäftswerte für die Beurkundung der in der Hauptversammlung zu fassenden Beschlüsse, wobei der Höchstgeschäftswert 5 Millionen Euro beträgt).

Nach KV 26002 GNotKG kann der Notar eine *Auswärtsgebühr* erheben, nicht dagegen ein Tage- und Abwesenheitsgeld (KV 32008 GNotKG, Abs. 3 der Anm. zu KV 26002 GNotKG).

Wird zur Unzeit i.S.v. KV 26000 GNotKG beurkundet, so entsteht eine *Zusatzgebühr* i.H.v. 30% der für das Verfahren zu erhebenden Gebühr, höchstens jedoch 30 Euro.

Auslagen: KV 32001 Nr. 2 GNotKG Dokumentenpauschale – Papier (s/w) 0,15 Euro je Seite.

KV 32005 GNotKG Auslagenpauschale Post und Telekommunikation je 20% der Gebühren des Verfahrens bzw. Geschäfts, höchstens 20 Euro oder Einzelnachweis nach KV 32004 GNotKG;

Fahrtkosten können als *Auslagen* nach KV 32006 GNotKG geltend gemacht werden.

KV 32011 GNotKG (je Einsicht 4,50 Euro nach KV 1140 JVKostG) Auslagenersatz für vom Notar genommene Einsicht in das Handelsregister; für den Ausdruck keine Dokumentenpauschale nach KV 32001 Nr. 1 GNotKG.

KV 32014 GNotKG Umsatzsteuer auf die Kosten.

0,3-Vollzugsgebühr nach KV 22114 GNotKG, höchstens 250 Euro, für XML-Strukturdatei (elektronische Einreichung des Hauptversammlungsprotokolls, § 130 Abs. 5 AktG) aus Geschäftswert des Beurkundungsverfahrens (§ 112, 105 Abs. 1 Satz 1 Nr. 1 GNotKG). Für die Übermittlung der XML-Dateien fällt keine Dokumentenpauschale an.

Auslagen: KV 32001 GNotKG Dokumentenpauschale – Papier (s/w) je Seite 0,15 Euro.

KV 32002 GNotKG Dokumentenpauschale – Daten (z.B. für Hauptversammlungsprotokoll) je Datei 1,50 Euro (bis 3 Dateien), maximal jedoch 5 Euro (ab 4 Dateien), aber nicht weniger als nach KV 32000 GNotKG, also 0,50 Euro für die ersten 50 gescannten Seiten und 0,15 Euro für jede weitere gescannte Seite.

KV 32005 GNotKG Auslagenpauschale Post/Telekommunikation je 20% der Gebühren des Verfahrens bzw. Geschäfts, höchstens 20 Euro oder Einzelabrechnung.

KV 32014 GNotKG Umsatzsteuer auf die Kosten.

136. Durchführung einer *außerordentlichen* Hauptversammlung

WAS IST ANZUMELDEN | Nichts, soweit nicht gefasste Beschlüsse anzumelden sind, z.B. Änderungen der Satzung oder Kapitalmaßnahmen sowie ggf. wegen Abschluss, Änderung, Beendigung eines Unternehmensvertrags.

EINZUREICHENDE UNTERLAGEN | Elektronisch beglaubigte Abschrift der Niederschrift über die Hauptversammlung (§ 130 Abs. 5 AktG) mit Einberufungsbelegen; unabhängig davon, ob etwas zur Eintragung anzumelden ist.

KOSTEN BEIM GERICHT | Gebühr für Entgegennahme des Protokolls der Jahreshauptversammlung 50 Euro (GVHR 5005).

KOSTEN BEIM NOTAR | Keine, weil keine Registeranmeldung nötig.

137. Abschluss oder Änderung eines Unternehmensvertrages

HINWEISE | Arten der Unternehmensverträge siehe §§ 291 ff. AktG. Der Vertrag und Änderungen desselben werden nur mit Zustimmung der Hauptversammlung, in den Fällen des § 293 AktG außerdem nur mit Zustimmung der Hauptversammlung des anderen Vertragsteils bei vorangegangener Berichterstattung durch den Vorstand und Prüfung des Unternehmensvertrages wirksam, ferner stets erst mit der Eintragung im Handelsregister.

Die Anmeldung ist nur zum Register der Aktiengesellschaft erforderlich, die ihre Leitung einem anderen Unternehmen unterstellt, sich zur Gewinnabführung verpflichtet oder die ihren Betrieb verpachtet.

Keine Rückwirkung auf Zeitpunkt vor Eintragung (OLG Hamburg v. 6.10.1989 – 11 W 91/89, GmbHR 1990, 83).

Vgl. Hinweise in A 127 zu Unternehmensverträgen unter Beteiligung von GmbHs. Zu den Amtspflichten des Notars bezüglich § 14 Abs. 1 Satz 2 KStG: B § 294 AktG Nr. 3.

WER MUSS ANMELDEN | Vorstandsmitglieder in zur Vertretung berechtigter Zahl.

BEIZUFÜGENDE UNTERLAGEN | Der Unternehmensvertrag bzw. seine Änderung; außerdem die Niederschrift über den Hauptversammlungsbeschluss; ferner ggf. die Niederschrift der zustimmenden Hauptversammlung des anderen Vertragsteils.

KOSTEN BEIM GERICHT | Gebühr für Eintragung bei beherrschter Gesellschaft 70 Euro (GVHR 2500).

KOSTEN BEIM NOTAR | Geschäftswert der Anmeldung: 1% des eingetragenen Stammkapitals der beherrschten Gesellschaft, mindestens 30 000 Euro, höchstens 1 Million

Euro (§ 105 Abs. 4 Nr. 1, § 106 GNotKG). Dies gilt auch für die Anmeldung der Änderung eines Unternehmensvertrags. Gebühren und Auslagen wie bei A 132.

Für den Gewinnabführungsvertrag (KV 21100 GNotKG) gilt: Voraussichtlicher Jahresgewinn oder Jahresverlust, der notfalls geschätzt werden muss, multipliziert mit Zahl der Jahre der Vertragsgeltung. Bei Vertrag auf bestimmte Dauer maximal 20facher Jahreswert; bei Vertrag mit fester Mindestdauer und automatischer Verlängerung bei unterbliebener fristgerechter Kündigung (= Recht von unbestimmter Dauer) maximal die auf die ersten 10 Jahre entfallenden Leistungen (Wertbegrenzung), § 52 Abs. 2 Satz 1 und Abs. 3 Satz 2 GNotKG; der Höchstgeschäftswert aus § 107 GNotKG gilt nicht. Ohne Anhaltspunkte aus der Vergangenheit ist analog § 52 Abs. 5 GNotKG von mindestens 5% des Unternehmenswertes als Jahreswert auszugehen.

Der Geschäftswert eines Zustimmungsbeschlusses zu Gewinnabführungs- oder Verlustausgleichsverträgen bestimmt sich nach dem Bezugsgeschäft, ist also ein Beschluss mit bestimmtem Geldwert (§ 108 Abs. 2 GNotKG), höchstens 5 Millionen Euro (§ 108 Abs. 5 GNotKG).

TEXT DER ANMELDUNG

M 137.1   Anmeldung des Abschlusses eines Unternehmensvertrages mit einer AG

Zur Eintragung in das Handelsregister bei der … (Bezeichnung der Aktiengesellschaft nach dem Handelsregister) wird angemeldet:

1. *Zwischen unserer Gesellschaft und der … (Firma des anderen Vertragsteils oder eine Bezeichnung, die den jeweiligen Teilgewinnabführungsvertrag konkret bestimmt) besteht ein am … (Datum) abgeschlossener*

   0 *Gewinnabführungsvertrag*

   0 *Beherrschungsvertrag*

   0 *Teilgewinnabführungsvertrag (stille Beteiligung)*

2. *Die Gesellschaftsversammlung unserer Gesellschaft hat am … (Datum) dem in Ziff. 1 genannten Vertrag zugestimmt. Die Gesellschafter der … (Firma der Gesellschaft des anderen Vertragsteils) haben dem Vertrag ebenfalls zugestimmt.*

Urkundenbeilagen

– *der genannte Vertrag in elektronisch beglaubigter Abschrift*

– *Elektronisch beglaubigte Abschrift der notariellen Niederschrift über den Zustimmungsbeschluss der Hauptversammlung unserer (beherrschten) Gesellschaft vom … (Datum)*

– *Elektronisch beglaubigte Abschrift der Niederschrift über den Zustimmungsbeschluss der Hauptversammlung der … (Firma des anderen Vertragsteils) vom … (Datum)*

Die Geschäftsräume befinden sich unverändert in … (PLZ, Ort und Straße mit Hausnummer); dies ist auch die inländische Geschäftsanschrift i.S.v. § 39 Abs. 1 Satz 1 AktG. (Ggf. zusätzlich: Empfangsberechtigte Person für Willenserklärungen und Zustellungen i.S.v. § 39 Abs. 1 Satz 2 AktG ist … (Name, Vorname, inländische postalische Adresse))

(Unterschriftsbeglaubigung wie bei A 162 (M 162.1))

138. Beendigung eines Unternehmensvertrages

HINWEIS | Beendigung regelmäßig nur zum Ende des Geschäftsjahres (B § 296 AktG und B § 297 AktG). Die Eintragung ist erst möglich nach Eintritt des Beendigungstatbestandes (Aufhebung, Kündigung): B § 12 Abs. 1 Satz 1 HGB Nr. 4 und Einl. Rz. 48. Sicherungsrechte der Gläubiger nach § 303 AktG.

Zum Unternehmensvertrag unter Beteiligung von GmbHs: A 128.

WER MUSS ANMELDEN | Vorstandsmitglieder in zur Vertretung berechtigter Zahl.

BEIZUFÜGENDE UNTERLAGEN | Falls die Beendigung des Vertrages auf einer Aufhebung (§ 296 AktG) oder einer Kündigung (§ 297 AktG) beruht: beglaubigte Abschriften der entsprechenden Urkunden.

KOSTEN BEIM GERICHT UND NOTAR | Wie bei A 137.

TEXT DER ANMELDUNG

M 138.1   Anmeldung der Beendingung eines Unternehmensvertrages mit einer AG

1. *Der Unternehmensvertrag zwischen der Gesellschaft und der ... (Firma des anderen Vertragsteils) ist beendet.*

2. *Der Unternehmensvertrag vom ... (Datum) ist zum Ende des Geschäftsjahres unserer Gesellschaft, also zum ... (Datum)*

   0 aufgehoben

   0 durch ... (Bezeichnung der Vertragspartei) gekündigt.

Urkundenbeilagen

0 Elektronisch beglaubigte Abschrift der Niederschrift über den Sonderbeschluss der außenstehenden Aktionäre.

0 Elektronisch beglaubigte Abschrift des Aufhebungsvertrages vom ... (Datum)

0 Elektronisch beglaubigte Abschrift der Kündigung des Vertrages, datiert vom ... (Datum) mit Zugangsnachweis

*Die Geschäftsräume befinden sich unverändert in ... (PLZ, Ort und Straße mit Hausnummer); dies ist auch die inländische Geschäftsanschrift i.S.v. § 39 Abs. 1 Satz 1 AktG. (Ggf. **zusätzlich**: Empfangsberechtigte Person für Willenserklärungen und Zustellungen i.S.v. § 39 Abs. 1 Satz 2 AktG ist ... (Name, Vorname, inländische postalische Adresse))*

(Unterschriftsbeglaubigung wie bei A 162 (M 162.1))

139. Kraftloserklärung von Aktienurkunden bei Veränderung der rechtlichen Verhältnisse

HINWEISE | Kraftloserklärung nach § 73 AktG setzt gerichtliche Genehmigung voraus. Aushändigung der neuen Aktien oder deren Hinterlegung, wenn der Berechtigte unbekannt ist (§ 73 Abs. 3 AktG); bei Umstellung DM auf Euro siehe auch § 4 Abs. 6 EGAktG. Siehe auch A 134.

WER MUSS ANMELDEN | Keine Anmeldung, aber Antrag durch Vorstandsmitglieder in vertretungsberechtigter Zahl auf gerichtliche Genehmigung (§ 375 Nr. 3 FamFG).

BEIZUFÜGENDE UNTERLAGEN | Keine.

KOSTEN BEIM GERICHT | 2,0-Gebühr nach KV Vorbem. 1.3.5 Nr. 1, KV 13500 GNotKG; Geschäftswert: 60 000 Euro (§ 67 Abs. 1 Nr. 1 GNotKG).

KOSTEN BEIM NOTAR | Keine.

TEXT DES ANTRAGS

M 139.1   Antrag auf Kraftloserklärung von Aktien

In dem unternehmsrechtlichen Verfahren der … (Bezeichnung der Aktiengesellschaft nach dem Handelsregister) stellen wir als vertretungsberechtigte Vorstandsmitglieder folgenden Antrag:

Am … (Datum) hat die Hauptversammlung unserer Gesellschaft die Herabsetzung des Grundkapitals unserer Gesellschaft von bisher Euro … (Zahl) auf Euro … (Zahl) durch Herabsetzung des Nennbetrags der Aktien von je Euro … (Zahl) auf Euro … (Zahl) beschlossen. Die Kapitalherabsetzung ist durchgeführt und im Handelsregister eingetragen. Die Aktienurkunden sollen dementsprechend berichtigt werden.

Wir beantragen, uns die Genehmigung zur Kraftloserklärung derjenigen Aktien zu erteilen, die trotz der Aufforderung gemäß § 73 AktG nicht zur Berichtigung bei der Gesellschaft eingereicht worden sind.

(keine Unterschriftsbeglaubigung nötig)

---

140. Die – normale – Kapitalerhöhung nach §§ 182–191 AktG

HINWEISE | Bei der Kapitalerhöhung gegen Einlagen (effektive Zuführung neuer Mittel) ist zu unterscheiden zwischen Bar- und Sacheinlage und zwischen der Kapitalerhöhung und deren Durchführung. Kapitalerhöhung und Durchführung können in einer Anmeldung angemeldet werden (§ 188 Abs. 4 AktG). Zur Prüfungsbefugnis des Registergerichts bei Verzicht auf externe Prüfung der Werthaltigkeit der Sacheinlage: B § 183a AktG.

WER MUSS ANMELDEN | Vorstandsmitglieder in vertretungsberechtigter Zahl und der Vorsitzende des Aufsichtsrats.

KOSTEN BEIM GERICHT | Gebühr für Eintragung der Kapitalerhöhung 270 Euro (GVHR 2400). Gebühr für Eintragung der Durchführung der Kapitalerhöhung 270 Euro (GVHR 2400). Bei gleichzeitiger Eintragung des Kapitalerhöhungsbeschlusses und seiner Durchführung jeweils eine Gebühr von 270 Euro (GVHR 2400).

KOSTEN BEIM NOTAR | Geschäftswert der Anmeldung des Kapitalerhöhungsbeschlusses: einzutragender Geldbetrag (Erhöhungsnennbetrag, nicht Ausgabebetrag, mindestens 30 000 Euro, § 105 Abs. 1 Satz 1 Nr. 4 lit. a GNotKG), gleichgültig ob Kapitalerhöhung durch Bar- oder Sacheinlage erfolgt. Bei gleichzeitiger Anmeldung des Kapitalerhöhungsbeschlusses und seiner Durchführung Addition der Geschäftswerte für Kapitalerhöhung (gemäß § 105 Abs. 1 Satz 1 Nr. 4 lit. a GNotKG einfacher Erhöhungsnennbetrag, mindestens 30 000 Euro, § 105 Abs. 1 Satz 2 GNotKG) und die Durchführung (gemäß § 105 Abs. 4 Nr. 1 GNotKG 1% des bisher eingetragenen Grundkapitals, mindestens 30 000 Euro). Für Gegenstandsverschiedenheit auch *Diehn*, Notarkostenberechnungen, 4. Aufl. 2016, Rz. 1445.

Anmeldung der Kapitalerhöhung und entsprechende Satzungsänderung sind gegenstandsgleich (notwendige Erklärungseinheit), nicht aber sonstige Satzungsänderungen. Höchstgeschäftswert der Anmeldung 1 Million Euro (§ 106 GNotKG).

Spätere Anmeldung der Durchführung der Kapitalerhöhung: 1% des eingetragenen Grundkapitals, mindestens 30 000 Euro, höchstens 1 Million Euro (§ 105 Abs. 4 Nr. 1, § 106 GNotKG). Gebühr für Anmeldung umfasst auch Versicherung der Anmeldenden über einbezahltes Grundkapital (notwendiger Erklärungsinhalt und notwendige Erklärungseinheit, gegenstandsgleich i.S.v. § 111 Nr. 3 GNotKG).

1. Beurkundung des Kapitalerhöhungsbeschlusses:

2,0-Beurkundungsgebühr nach KV 21100 GNotKG aus Erhöhungsbetrag für Erhöhungsbeschluss, mindestens 30 000 Euro, höchstens 5 Millionen Euro (§ 108 Abs. 1 Satz 2, Abs. 5, § 105 Abs. 1 Nr. 4a, Satz 2 GNotKG).

1,0-Entwurfsgebühr, mindestens 60 Euro, für vollständige Fertigung des Zeichnungsscheins nach KV 24101, 21200 GNotKG, §§ 119, 96 Abs. 2, § 36 Abs. 1 GNotKG. Geschäftswert ist nach § 97 Abs. 1 GNotKG der Wert der gezeichneten Aktien.

1,0-Entwurfsgebühr, mindestens 60 Euro, für vollständige Fertigung des Verzeichnisses der Zeichner nach KV 24101, 21200 GNotKG, §§ 119, 96 Abs. 2, § 36 Abs. 1 GNotKG. Geschäftswert ist nach § 36 Abs. 1 GNotKG etwa 10%–20% des Erhöhungsbetrags.

Ggf. *0,5-Vollzugsgebühr* (KV 22110 mit Vorbem. 2.2.1.1 Abs. 1 Satz 2 Nr. 3 bis 5 GNotKG) aus Geschäftswert des Beurkundungsverfahrens (§ 112 GNotKG) für Vollzugstätigkeiten, z.B. für Anforderung und Prüfung einer kartellrechtlichen oder familiengerichtlichen Genehmigung.

Auslagen: KV 32001 Nr. 2 GNotKG Dokumentenpauschale – Papier (s/w) 0,15 Euro je Seite für Abschriften von Erhöhungsbeschlussurkunde, Beglaubigungsvermerken, Vollmachten.

KV 32005 GNotKG Auslagenpauschale Post und Telekommunikation 20% der Gebühren des Verfahrens bzw. Geschäfts, höchstens 20 Euro, oder Einzelnachweis nach KV 32004 GNotKG.

KV 32011 GNotKG (je Einsicht 4,50 Euro nach KV 1140 JVKostG) Auslagenersatz für vom Notar genommene Einsicht in das Handelsregister; für den Ausdruck keine Dokumentenpauschale nach KV 32001 Nr. 1 GNotKG.

KV 32011 GNotKG (je Einsicht 8,00 Euro nach KV 1151 JVKostG) Auslagenersatz für vom Notar genommene Einsicht in das Grundbuch; für den Ausdruck keine Dokumentenpauschale nach KV 32001 Nr. 1 GNotKG.

KV 32014 GNotKG Umsatzsteuer auf die Kosten.

Für die vom Notar an das zuständige Finanzamt (Körperschaftsteuerstelle, § 20 AO) nach § 54 EStDV amtswegig zu übersendende beglaubigte Abschrift fällt keine Beglaubigungsgebühr nach KV 25102 GNotKG an, dafür jedoch die Dokumentenpauschale nach KV 32001 Nr. 1 GNotKG.

2. Beurkundung der Anmeldung bzw. Entwurf mit Unterschriftsbeglaubigung:

0,5-Beurkundungsgebühr nach KV 21201 Nr. 5, 24102 GNotKG, §§ 92 Abs. 2, 119 GNotKG aus Geschäftswert der Anmeldung. Gebühr umfasst Anmeldung der Satzungsänderung und der Kapitalerhöhung sowie Versicherung zu Einlageleistungen (notwendiger Erklärungsinhalt und notwendige Erklärungseinheit, gegenstandsgleich i.S.v. § 111 Nr. 3 GNotKG), sofern die Anmeldung vom Notar beurkundet oder entworfen wurde.

Gesonderte 0,3-Vollzugsgebühr nach KV 22114 GNotKG, höchstens 250 Euro, für XML-Strukturdatei aus Geschäftswert der Anmeldung (§ 112 GNotKG); für die Übermittlung der XML-Datei fällt keine Dokumentenpauschale an.

Nach KV 25102 Abs. 2 Nr. 1 GNotKG sind beglaubigte Abschriften von Dokumenten, die der Notar aufgenommen oder entworfen hat, vom Anwendungsbereich der *Beglaubigungsgebühr* ausgenommen; es fällt deshalb keine Beglaubigungsgebühr nach KV 25102 GNotKG an, wenn der Notar eine von ihm entworfene und unterschriftsbeglaubigte Handelsregisteranmeldung im Zuge der Registereinreichung elektronisch beglaubigt.

Auslagen: KV 32000 GNotKG Dokumentenpauschale – Papier (s/w) für die ersten 50 Seiten je Seite 0,50 Euro, bei Entwurfsfertigung mit Unterschriftsbeglaubigung ist KV 32001 Nr. 3 GNotKG nicht einschlägig.

KV 32002 GNotKG Dokumentenpauschale – Daten (z.B. für Registeranmeldung, Erhöhungsbeschluss, Wortlaut der neuen Satzung nach § 181 AktG, Vollmachten, Genehmigungen, Sachkapitalerhöhungsbericht, Verträge zur Festsetzung und Ausführung der Sacheinlagen, Wertgutachten, sonstige Beilagen) je Datei 1,50 Euro (bis 3 Dateien), maximal jedoch 5 Euro (ab 4 Dateien), aber nicht weniger als nach KV 32000 GNotKG, also 0,50 Euro für die ersten 50 gescannten Seiten und 0,15 Euro für jede weitere gescannte Seite. Fraglich ist, ob ein Einzelvergleich jeder Datei mit der Zahl der eingescannten Seiten vorzunehmen ist, so *BDS/Diehn*, Nr. 32002 Rz. 17 GNotKG, oder ob ein Vergleich der Summe für die Dateianhänge mit der Summe aller eingescannten Seiten vorzunehmen ist, so *Korintenberg/Tiedtke*, Nr. 32002 Rz. 3 GNotKG.

KV 32005 GNotKG Auslagenpauschale Post/Telekommunikation 20% der Gebühren des Verfahrens bzw. Geschäfts, höchstens 20 Euro, oder Einzelabrechnung nach KV 32004 GNotKG.

KV 32014 GNotKG Umsatzsteuer auf die Kosten.

3. Unterschriftsbeglaubigung zur Anmeldung ohne Entwurfsfertigung durch Notar:

0,2-Beglaubigungsgebühr nach KV 25100, § 121 GNotKG aus Geschäftswert der Anmeldung für Unterschriftsbeglaubigung (beachte die spezifische Höchstgebühr mit 70 Euro bei KV 25100 GNotKG).

Gesonderte 0,6-Vollzugsgebühr nach KV 22125 GNotKG, höchstens 250 Euro, für XML-Strukturdatei aus Geschäftswert der Anmeldung (§ 112 GNotKG); für die Übermittlung der XML-Datei fällt keine Dokumentenpauschale an.

Vollzugsgebühr nach KV 22124 GNotKG mit 20 Euro für Einreichung der Anmeldung beim Registergericht.

Für die *Beglaubigung von Abschriften* der Anmeldung und von beim Registergericht einzureichenden Dokumenten entsteht jeweils die 10-Euro-Mindestgebühr nach KV 25102 GNotKG (hier auch für die dem Gericht übermittelte Beglaubigung der Anmeldung, Umkehrschluss aus Abs. 2 der Anmerkung zu KV 25102 GNotKG). Nach § 12 Abs. 2 Satz 2 Halbs. 1 HGB ist die Beglaubigung von beim Registergericht einzureichenden Dokumenten in bestimmten Fällen (z.B. Zweitschrift des Zeichnungsscheins, Zeichnerverzeichnis, Kostenberechnung, Bankbescheinigung) nicht erforderlich (vgl. oben 2. Abs. 3).

Auslagen: Für unbeglaubigte Kopien KV 32000 GNotKG Dokumentenpauschale – Papier (s/w) für die ersten 50 Seiten je Seite 0,50 Euro.

KV 32002 GNotKG Dokumentenpauschale – Daten (z.B. für Registeranmeldung, Beschluss Vollmachten, Genehmigungen, sonstige Beilagen) je Datei 1,50 Euro (bis 3 Dateien), maximal jedoch 5 Euro (ab 4 Dateien), aber nicht weniger als nach KV 32000 GNotKG, also 0,50 Euro für die ersten 50 gescannten Seiten und 0,15 Euro für jede weitere gescannte Seite.

KV 32005 GNotKG Auslagenpauschale Post/Telekommunikation 20% der Gebühren des Verfahrens bzw. Geschäfts, höchstens 20 Euro, oder Einzelabrechnung nach KV 32004 GNotKG.

KV 32014 GNotKG Umsatzsteuer auf die Kosten.

Die Notarbescheinigung (Satzungsbescheinigung) nach § 181 AktG ist gesondert abzurechnen, weil die Änderung der Satzung durch Beschluss des Aufsichtsrats ohne Mitwirkung des Notars erfolgt ist (KV Vorbem. 2.1 Abs. 2 Nr. 4 GNotKG ist nicht anwendbar), 1,0-Gebühr nach KV 25104 GNotKG aus 30 – 50% des Werts der Registeranmeldung. Die Zusammenstellung des Wortlauts der neuen Satzung gilt als gebührenfreies Nebengeschäft (KV Vorbem. 2.1 Abs. 2 Nr. 4 GNotKG nicht anwendbar). Für die Satzungszusammenstellung ist die Dokumentenpauschale nach KV 32001 Nr. 1 GNotKG zu berechnen.

Für anfallende Ausdrucke und Kopien der Satzung samt Satzungsbescheinigung entsteht die Dokumentenpauschale KV 32001 Nr. 2 GNotKG.

Werden Entwürfe für das Beurkundungsverfahren vom Urkundsnotar gefertigt wie z.B. ein Sachgründungsbericht, so entstehen keine Vollzugs- und Betreuungsgebühren (KV Vorbem. 2.2 Abs. 2 GNotKG), bei einem Sachgründungsbericht aber die

1,0-Entwurfsgebühr nach KV 24101 i.V.m. KV 21200 GNotKG aus Teilwert von ca. 30% des Werts der Sacheinlage (§§ 119, 36 GNotKG).

Für die vom Notar an das zuständige Finanzamt (Körperschaftsteuerstelle, § 20 AO) nach § 54 EStDV amtswegig zu übersendende beglaubigte Abschrift fällt keine Beglaubigungsgebühr nach KV 25102 GNotKG an, dafür jedoch die Dokumentenpauschale nach KV 32001 Nr. 1 GNotKG.

Die Anmeldung der Durchführung der Kapitalerhöhung ist nach § 111 Nr. 3 GNotKG ein besonderer Beurkundungsgegenstand; es handelt sich um eine Anmeldung ohne bestimmten Geldwert; GW 1% des eingetragenen Grundkapitals, mindestens 30 000 Euro, höchstens 1 Million Euro (§ 105 Abs. 4 Nr. 1, § 106 GNotKG). Bei gleichzeitiger Anmeldung der Durchführung der Kapitalerhöhung mit der Anmeldung des Beschlusses über die Kapitalerhöhung Addition beider Beurkundungsgegenstände (§ 86 Abs. 2 GNotKG), zusammen höchstens 1 Million Euro (§ 106 GNotKG).

TEXT DER ANMELDUNG

M 140.1   Anmeldung der Kapitalerhöhung bei einer AG

a) Anmeldung ohne gleichzeitige Durchführung der Kapitalerhöhung (Bar- oder Sacheinlage)

In der Registersache der Firma

... (Bezeichnung der Firma)

melden wir als Mitglieder des Vorstands und als Vorsitzender des Aufsichtsrats der Gesellschaft folgendes zur Eintragung in das Handelsregister an:

Satzungsänderung:

Die Hauptversammlung hat am ... (Datum) die Erhöhung des Grundkapitals von ... (Zahl) Euro um ... (Zahl) Euro auf ... (Zahl) Euro beschlossen.

Verweisungen:

Die Einzelheiten der Kapitalerhöhung und der Satzungsänderung ergeben sich aus dem notariellen Protokoll über die oben genannte Hauptversammlung der Gesellschaft, Urkunde des Notars ... (Name, Dienstort und Urkundenrolle). Auf dieses Protokoll wird verwiesen.

Versicherung:

Wir versichern, dass das bisherige Grundkapital voll eingezahlt ist und Einlagen auf das bisherige Grundkapital nicht rückständig sind.

Urkundenvorlage:

Dieser Anmeldung wird beigefügt:

- *Elektronisch beglaubigte Abschrift des oben genannten notariellen Protokolls der Hauptversammlung*

- *Bei Kapitalerhöhung gegen Sacheinlagen entweder Bericht über die externe Prüfung (§§ 184 Abs. 2, 183 Abs. 3 AktG) oder bei Verzicht auf externe Prüfung zusätzlich Erklärungen, Versicherungen und Anlagen nach §§ 183a Abs. 1, 184 Abs. 1 Satz 3, 33a, 37a Abs. 2 AktG. (Siehe auch A 130a (M 130a.1))*

b) Anmeldung nach Durchführung der Kapitalerhöhung (Bareinlage):

In der Registersache der Firma

... (genaue Bezeichnung der Firma)

melden wir als Mitglieder des Vorstands und als Vorsitzender des Aufsichtsrats der Gesellschaft Folgendes zur Eintragung in das Handelsregister an:

Durchführung der Kapitalerhöhung:

Die Hauptversammlung der Gesellschaft hat am ... (Datum) die Erhöhung des Grundkapitals von ... (Zahl) Euro um ... (Zahl) Euro auf ... (Zahl) Euro beschlossen. Die Erhöhung des Grundkapitals ist in vollem Umfang durchgeführt.

Satzungsänderung:

In Anpassung an die Kapitalerhöhung wurde § ... (Zahl und Absatz) der Satzung (Grundkapital) geändert. Wegen des genauen Wortlauts der Satzungsänderung wird auf das dem Gericht bereits vorliegende notarielle Protokoll verwiesen.

Versicherung:

Wir versichern nach Belehrung über die Strafbarkeit einer wissentlich falschen Versicherung (§ 399 AktG) weiter, dass der gesamte Ausgabebetrag der neuen Aktien von ... (Zahl) Euro (zuzüglich des Aufgeldes) auf das Gesellschaftssonderkonto bei der ... (Angabe der Bank) zur endgültigen freien Verfügung des Vorstands eingezahlt und auch in der Folge nicht an den Einleger zurückgezahlt worden ist. Der Vorstand ist in der Verfügung über den eingezahlten Betrag nicht, auch nicht durch Gegenforderungen, beschränkt. Die schriftliche Bestätigung der Bank liegt bei.

Weiter versichern wir, dass

- *das bisherige Grundkapital voll eingezahlt ist und keine Einlagen auf das bisherige Grundkapital ausstehen.*
- *die Voraussetzungen der §§ 36 Abs. 2 und 36a AktG erfüllt sind.*

Urkundenvorlage in jeweils elektronisch beglaubigter Abschrift:

Dieser Anmeldung wird beigefügt:

- *Zweitschrift des Zeichnungsscheins, der die gemäß § 185 AktG erforderlichen Festsetzungen enthält (siehe A 183/M 183.1)*
- *ein vom Vorstand unterschriebenes Zeichnerverzeichnis, aus dem sich die Zeichner, die auf sie entfallenden Aktien und die darauf geleisteten Einzahlungen ergeben (siehe A 184/M 184.1)*
- *Berechnung der Kosten, die der Gesellschaft durch die Ausgabe von neuen Aktien entstehen*
- *vollständiger Wortlaut der geänderten Satzung mit Notarbescheinigung gemäß § 181 Abs. 1 Satz 2 AktG*
- *Bankbescheinigung über die Einzahlung des Ausgabebetrags der neuen Aktien*

c) Anmeldung nach Durchführung der Kapitalerhöhung (Sacheinlage): wie b), jedoch andere Versicherung über Leistung der Einlage und weitere Anlage

Wir versichern, dass die von ... (Name) zu leistende Sacheinlage ... (nähere Bezeichnung der Gegenstände) auf die Gesellschaft übertragen ist. Über die Einbringungsvereinbarungen hinaus sind keine zusätzlichen schriftlichen Vereinbarungen getroffen worden.

Dieser Anmeldung sind weiter beigefügt, jeweils in elektronisch beglaubigter Abschrift:

– *die Verträge, die den Festsetzungen der Sacheinlagen zugrunde liegen oder zu ihrer Ausführung geschlossen worden sind,*

– *der Prüfungsbericht, soweit nicht nach § 183a AktG darauf verzichtet werden konnte,*

– *Unterlagen darüber, dass der Wert der Sacheinlagen den Betrag der dafür übernommenen Geschäftsanteile erreicht (§ 184 Abs. 3 AktG),*

Jeweils: Die Geschäftsräume der Gesellschaft befinden sich in ... (PLZ, Ort und Straße mit Hausnummer); dies ist auch die inländische Geschäftsanschrift i.S.v. § 39 Abs. 1 Satz 1 AktG. (Ggf. zusätzlich: Empfangsberechtigte Person für Willenserklärungen und Zustellungen i.S.v. § 39 Abs. 1 Satz 2 AktG ist ... (Name, Vorname, inländische postalische Adresse))

(Unterschriftsbeglaubigung des Aufsichtsratsvorsitzenden und der Vorstandsmitglieder in vertretungsberechtigter Anzahl wie bei A 162 (M 162.1))

---

141. Bedingte Kapitalerhöhung für bestimmte Zwecke (§§ 192–201 AktG)

HINWEISE | Die bedingte Kapitalerhöhung führt der AG nur in dem Umfang neue Mittel zu, wie von bestimmten Umtausch- oder Bezugsrechten Gebrauch gemacht wird (§ 192 AktG). Deshalb ist wie bei der regulären Kapitalerhöhung (A 140) zu unterscheiden zwischen der Kapitalerhöhung an sich und ihrer Durchführung. Auch gegen Sacheinlagen kann bedingt erhöht werden (eingeschränkte Einreichungspflicht bei Schaffung des bedingten Kapitals: B § 192 AktG); § 195 Abs. 1 Satz 2 und Abs. 2 Nr. 1, § 184 Abs. 1 Satz 1 AktG, siehe hierzu A 140 bezüglich Sacheinlagen.

WAS IST ANZUMELDEN

a) Anmeldung des Beschlusses der Hauptversammlung über die bedingte Kapitalerhöhung,

b) Anmeldung der Durchführung innerhalb eines Monats nach Ablauf des Geschäftsjahres, in welchem Umfang im abgelaufenen Geschäftsjahr Aktien ausgegeben worden sind. Dabei ist eine Erklärung über Ausgabezwecke und Gegenwert erforderlich (§ 201 Abs. 3 AktG).

WER HAT ANZUMELDEN | Bei a): Vorstandsmitglieder in vertretungsberechtigter Zahl und Vorsitzender des Aufsichtsrats;

Bei b): Vorstandsmitglieder in vertretungsberechtigter Zahl.

KOSTEN BEIM GERICHT | Zu a) Gebühr für Eintragung der bedingten Kapitalerhöhung 270 Euro (GVHR 2400). Zu b) Gebühr für Eintragung der Durchführung der bedingten Kapitalerhöhung 270 Euro (GVHR 2400).

KOSTEN BEIM NOTAR | Zu a) Geschäftswert der Anmeldung: Nennbetrag der bedingten Kapitalerhöhung (Erhöhungsnennbetrag, nicht Ausgabekurs, gleichgültig ob Bar- oder Sacheinlagenerhöhung, mindestens aber 30 000 Euro, § 105 Abs. 1 Satz 1 Nr. 4 lit. a, Satz 2 GNotKG). Kapitalerhöhung und eine jetzt schon (nicht zwingend) angemeldete Satzungsänderung sind gegenstandsgleich, § 109 Abs. 2 Nr. 4 lit. b GNotKG, nicht aber sonstige Satzungsänderungen. Höchstgeschäftswert der Anmeldung 1 Million Euro (§ 106 GNotKG).

Zu b) Geschäftswert der Anmeldung: 1% des eingetragenen Grundkapitals, mindestens 30 000 Euro, höchstens 1 Million Euro (§ 105 Abs. 4 Nr. 1, § 106 GNotKG). Anmeldung umfasst als gegenstandsgleich Anmeldung der durchgeführten Kapitalerhöhung, Versicherung der Anmeldenden nach § 201 AktG und eine erst jetzt angemeldete Satzungsänderung, § 86 Abs. 1, § 109 Abs. 1 GNotKG (notwendiger Erklärungsinhalt und notwendige Erklärungseinheit, gegenstandsgleich i.S.v. § 111 Nr. 3 GNotKG), nicht aber sonstige Satzungsänderungen.

Zu a) und b): Gebühren und Auslagen wie bei A 140. Wegen Zusammenstellung des Satzungswortlauts siehe A 140.

TEXT DER ANMELDUNG | Bei a) Beschluss der Hauptversammlung.

M 141.1   Anmeldung der Schaffung eines bedingten Kapitals

In der Registersache der Firma

... (genaue Bezeichnung der Firma)

melden wir als Mitglieder des Vorstands und als Vorsitzender des Aufsichtsrats der Gesellschaft Folgendes zur Eintragung in das Handelsregister an:

Bedingte Kapitalerhöhung:

Die Hauptversammlung hat am ... (Datum) die bedingte Erhöhung des Grundkapitals von ... (Zahl) Euro um ... (Zahl) Euro auf ... (Zahl) Euro beschlossen.

Satzungsänderung:

§ ... (Zahl und Absatz) der Satzung ist in Anpassung an die bedingte Kapitalerhöhung ergänzt worden.

Verweisungen:

Die Einzelheiten der Kapitalerhöhung und der Satzungsänderung ergeben sich aus dem notariellen Protokoll über die oben genannte Hauptversammlung der Gesellschaft, Urkunde des Notars ... (Name, Dienstort und Urkundenrolle). Auf dieses Protokoll wird verwiesen.

Urkundenvorlage:

Dieser Anmeldung wird beigefügt jeweils in elektronisch beglaubigter Abschrift:

- *das oben genannte notarielle Protokoll*
- *vollständiger Wortlaut der geänderten Satzung mit Notarbescheinigung gemäß § 181 Abs. 1 Satz 2 AktG*
- *Berechnung der Kosten, die für die Gesellschaft durch Ausgabe der Bezugsaktien entstehen werden*
- *(fakultativ bei Anmeldung nur der Schaffung des bedingten Kapitals) bei Sacheinlagen: Verträge über Festsetzung und Ausführung sowie Prüfungsbericht bzw. Anlagen nach § 37a Abs. 3 AktG*

Die Geschäftsräume der Gesellschaft befinden sich in ... (PLZ, Ort und Straße mit Hausnummer); dies ist auch die inländische Geschäftsanschrift i.S.v. § 39 Abs. 1 Satz 1 AktG.

(Ggf. zusätzlich: Empfangsberechtigte Person für Willenserklärungen und Zustellungen i.S.v. § 39 Abs. 1 Satz 2 AktG ist ... (Name, Vorname, inländische postalische Adresse))

(Unterschriftsbeglaubigung des Aufsichtsratsvorsitzenden und der Vorstandsmitglieder in vertretungsberechtigter Anzahl wie bei A 162 (M 162.1))

TEXT DER ANMELDUNG | Bei b) Nach Durchführung der Kapitalerhöhung.

M 141.2　Anmeldung der Durchführung einer Kapitalerhöhung aus bedingtem Kapital

In der Registersache der Firma

... (genaue Bezeichnung der Firma)

melden wir als Mitglieder des Vorstands Folgendes zur Eintragung in das Handelsregister an:

Durchführung der Kapitalerhöhung:

Die Erhöhung des Grundkapitals ist im Umfang von ... (Zahl) Euro durchgeführt.

Satzungsanpassung:

§ ... (Zahl und Absatz) der Satzung der Gesellschaft ist in Anpassung an die Kapitalerhöhung geändert worden.

Der Aufsichtsrat der Gesellschaft hat in seiner Sitzung am ... (Datum) beschlossen, die Satzung in § ... (Zahl und Absatz) entsprechend der Ausgabe der Bezugsaktien zu ändern.

Versicherung nach Belehrung über die Strafbarkeit einer falschen Versicherung (§ 399 AktG):

Die Bezugsaktien aus der bedingten Kapitalerhöhung, die im Geschäftsjahr ... (Jahreszahl) bezogen worden sind, sind ausschließlich in Erfüllung des im Beschluss über die bedingte Kapitalerhöhung festgesetzten Zwecks und nicht vor der vollen Leistung des Gegenwerts, der sich aus dem Beschluss ergibt, ausgegeben worden. Dies wird vom Vorstand versichert.

Urkundenvorlage:

Dieser Anmeldung wird beigefügt jeweils in elektronisch beglaubigter Abschrift:

- *Beschluss des Aufsichtsrats der Gesellschaft vom ... (Datum) über die Satzungsänderung (Satzungsanpassung),*
- *vollständiger Wortlaut der angepassten Satzung mit Notarbescheinigung gemäß § 181 AktG,*
- *Zweitschrift der Bezugserklärungen, die die gemäß § 198 AktG erforderlichen Angaben enthalten,*
- *ein vom Vorstand unterschriebenes Verzeichnis der Personen, die das Bezugsrecht ausgeübt haben*
- *(wenn nicht schon bei Schaffung des bedingten Kapitals eingereicht) bei Sacheinlagen: Verträge über Festsetzung und Ausführung sowie Prüfungsbericht bzw. Anlagen nach § 37a Abs. 3 AktG*

Die Geschäftsräume der Gesellschaft befinden sich in ... (PLZ, Ort und Straße mit Hausnummer); dies ist auch die inländische Geschäftsanschrift i.S.v. § 39 Abs. 1 Satz 1 AktG.

*(Ggf. **zusätzlich**: Empfangsberechtigte Person für Willenserklärungen und Zustellungen i.S.v. § 39 Abs. 1 Satz 2 AktG ist ... (Name, Vorname, inländische postalische Adresse))*

(Unterschriftsbeglaubigung der Vorstandsmitglieder in vertretungsberechtigter Anzahl wie bei A 162 (M 162.1))

142. Genehmigtes Kapital (§§ 202–206 AktG)

HINWEISE | Bei der Kapitalerhöhung nach § 202 AktG wird der Vorstand für höchstens fünf Jahre nach Eintragung ermächtigt, das Grundkapital bis zu einem bestimmten Betrag durch Ausgabe neuer Aktien gegen Bar- oder Sacheinlage zu erhöhen. Das genehmigte Kapital kann entweder bei Gründung in der Satzung oder nach Eintragung durch satzungsändernden Beschluss der Hauptversammlung geschaffen werden (§ 202 Abs. 1 oder Abs. 2 AktG). Zu unterscheiden sind danach die Schaffung des genehmigten Kapitals und die Durchführung mit den Folgen für den Bestand des genehmigten Kapitals.

WAS IST ANZUMELDEN

a) Anmeldung bei Gründung, wenn genehmigtes Kapital in der Satzung enthalten, als Ergänzung zu A 130 bzw. A 130a oder nach Eintragung des Hauptversammlungsbeschlusses über die Satzungsänderung (Ermächtigung an den Vorstand zur Erhöhung des Grundkapitals).

b) Anmeldung der Durchführung der Kapitalerhöhung. Die Erhöhung kann stufenweise durchgeführt werden (teilweise Ausnutzung des genehmigten Kapitals). In der ersten Anmeldung der Durchführung ist die Erklärung über offene Einlagen abzugeben (siehe A 140, dort Anmeldung zu a).

WER HAT ANZUMELDEN | Bei a) Vorstandsmitglieder in vertretungsberechtigter Zahl. Bei b) zusätzlich Vorsitzender des Aufsichtsrats.

KOSTEN BEIM GERICHT | Zu a) Anmeldung der Satzungsänderung zum genehmigten Kapital: Gebühr für Eintragung der Schaffung eines genehmigten Kapitals 270 Euro (GVHR 2400).

Zu b) Eintragungsgebühr für Durchführung der Erhöhung des Grundkapitals aus genehmigtem Kapital 270 Euro (GVHR 2400).

KOSTEN BEIM NOTAR | Zu a) Anmeldung der Satzungsänderung zum genehmigten Kapital: Geschäftswert der Anmeldung des Beschlusses über die Schaffung eines genehmigten Kapitals: einzutragender Geldbetrag (Nennbetrag des genehmigten Kapitals, nicht Ausgabebetrag, gleichgültig ob Bar- oder Sacheinlagenerhöhung, mindestens 30 000 Euro, höchstens 1 Million Euro, § 105 Abs. 1 Satz 1 Nr. 4 lit. a, Satz 2, § 106 GNotKG).

Zu b) Anmeldung der Durchführung der Kapitalerhöhung: 1% des eingetragenen Grundkapitals, mindestens 30 000 Euro, höchstens 1 Million Euro (§ 105 Abs. 4 Nr. 1, § 106 GNotKG). Gebühr für Anmeldung umfasst als gegenstandsgleich auch die Versicherung des Vorstands über Einlageleistungen (notwendiger Erklärungsinhalt, gegenstandsgleich i.S.v. § 111 Nr. 3 GNotKG).

Wegen Gebühren und Auslagen sowie Zusammenstellung des Satzungswortlauts und der Satzungsbescheinigung siehe A 140. Für die vom Notar an das zuständige Finanzamt (Körperschaftsteuerstelle, § 20 AO) nach § 54 EStDV amtswegig zu übersendende beglaubigte Abschrift fällt keine Beglaubigungsgebühr nach KV 25102 GNotKG an, dafür jedoch die Dokumentenpauschale nach KV 32001 Nr. 1 GNotKG.

TEXT DER ANMELDUNG | Bei a) Hier: Beschluss der Hauptversammlung.

M 142.1 Anmeldung der Schaffung eines genehmigten Kapitals bei AG

In der Registersache der Firma

… (genaue Bezeichnung der Firma)

melden wir als Mitglieder des Vorstands der Gesellschaft folgendes zur Eintragung in das Handelsregister an:

Satzungsänderung (Genehmigtes Kapital):

Die Hauptversammlung hat am … (Datum) beschlossen, § … (Zahl) der Satzung zur Schaffung genehmigten Kapitals durch einen Absatz … (Zahl) zu ergänzen.

Verweisungen:

Die Einzelheiten der Satzungsänderung ergeben sich aus dem notariellen Protokoll über die oben genannten Hauptversammlung der Gesellschaft, Urkunde des Notars … (Name, Dienstort und Urkundenrolle). Auf dieses Protokoll wird verwiesen.

Urkundenvorlage:

Dieser Anmeldung wird beigefügt:

– Elektronisch beglaubigte Abschrift des oben genannten notariellen Protokolls

– vollständiger Wortlaut der geänderten Satzung mit Notarbescheinigung gemäß § 181 Abs. 1 Satz 2 AktG

Die Geschäftsräume der Gesellschaft befinden sich in … (PLZ, Ort und Straße mit Hausnummer); dies ist auch die inländische Geschäftsanschrift i.S.v. § 39 Abs. 1 Satz 1 AktG. (Ggf. zusätzlich: Empfangsberechtigte Person für Willenserklärungen und Zustellungen i.S.v. § 39 Abs. 1 Satz 2 AktG ist … (Name, Vorname, inländische postalische Adresse))

(Unterschriftsbeglaubigung der Vorstandsmitglieder in vertretungsberechtigter Anzahl wie bei A 162 (M 162.1))

TEXT DER ANMELDUNG | Bei b) Durchführung der Kapitalerhöhung und der Satzungsanpassung.

M 142.2 Anmeldung der Durchführung einer Kapitalerhöhung aus genehmigtem Kapital bei einer AG

In der Registersache der Firma

… (genaue Bezeichnung der Firma)

melden wir als Mitglieder des Vorstands und als Vorsitzender des Aufsichtsrats der Gesellschaft Folgendes zur Eintragung in das Handelsregister an:

Durchführung der Kapitalerhöhung:

Die Hauptversammlung der Gesellschaft hat am ... (Datum) den Vorstand ermächtigt, mit Zustimmung des Aufsichtsrats bis ... (Datum) das Grundkapital der Gesellschaft von ... (Zahl) Euro um ... (Zahl) Euro auf ... (Zahl) Euro durch Ausgabe neuer, auf den Namen lautender Aktien gegen Geld- oder Sacheinlagen einmalig oder mehrmals zu erhöhen, gegebenenfalls auch unter Ausschluss des gesetzlichen Bezugsrechts der Aktionäre (genehmigtes Kapital). Diese Satzungsänderung wurde am ... (Datum) im Handelsregister eingetragen.

Auf Grund der dem Vorstand erteilten Ermächtigung in § ... (Zahl) (Grundkapital) der Satzung ist die Erhöhung des Grundkapitals mit Zustimmung des Aufsichtsrats vom ... (Datum) um ... (Zahl) Euro auf ... (Zahl) Euro durchgeführt worden. Auf das erhöhte Grundkapital werden neue, auf den Inhaber lautende Aktien ausgegeben, eingeteilt in ... (Zahl) Stücke zu je ... (Zahl) Euro gegen Barzahlung zum Ausgabekurs von ... (Zahl) % mit Gewinnberechtigung ab ... (Datum). Das gesetzliche Bezugsrecht ist ausgeschlossen.

Satzungsanpassung:

Durch Beschluss des Aufsichtsrats vom ... (Datum) ist die Satzung in § ... (Zahl) (Grundkapital) entsprechend der Kapitalerhöhung neu gefasst mit Wirkung vom Zeitpunkt der Eintragung der Durchführung der Kapitalerhöhung ins Handelsregister.

Wir melden die vom Aufsichtsrat der Gesellschaft beschlossene Satzungsänderung zur Eintragung in das Handelsregister an. Wegen des genauen Wortlauts der Satzungsänderung wird auf das beiliegende Protokoll des Aufsichtsrats verwiesen.

Versicherung:

Wir versichern nach Belehrung über die Strafbarkeit einer falschen Versicherung (§ 399 AktG), dass das bisherige Grundkapital voll eingezahlt ist.

Wir versichern weiter, dass der gesamte Ausgabebetrag der neuen Aktien von ... (Zahl) Euro auf das Gesellschaftskonto bei der ... (Bezeichnung der Bank) zur endgültigen freien Verfügung des Vorstands eingezahlt und auch in Folge nicht an den Einleger zurückgezahlt worden ist. Der Vorstand ist in der Verfügung über den eingezahlten Betrag nicht, auch nicht durch Gegenforderungen, beschränkt.

Weiter versichern wir, dass

- *das bisherige Grundkapital voll eingezahlt ist,*
- *die Voraussetzungen der §§ 36 Abs. 2 und 36a AktG erfüllt sind,*

  Urkundenvorlage:

  Dieser Anmeldung wird beigefügt jeweils in elektronisch beglaubigter Abschrift:
- *Beschluss des Vorstands vom ... (Datum) über die Ausgabe neuer Aktien*
- *Zweitschrift des Zeichnungsscheins, der die gemäß § 205 Abs. 2 AktG erforderlichen Festsetzungen enthält (siehe A 183/M 183.1)*
- *ein vom Vorstand unterschriebenes Zeichnerverzeichnis, aus dem sich die Zeichner, die auf sie entfallenden Aktien und die darauf geleisteten Einzahlungen ergeben (siehe A 184/M 184.1)*
- *Beschluss des Aufsichtsrats der Gesellschaft vom ... (Datum) über die Zustimmung zur Erhöhung des Grundkapitals und die entsprechende Satzungsänderung (Satzungsanpassung)*

– *Berechnung der Kosten, die der Gesellschaft durch die Ausgabe von neuen Aktien entstehen*

– *vollständiger Wortlaut der geänderten Satzung mit Notarbescheinigung gemäß § 181 Abs. 1 Satz 2 AktG*

– *Bankbescheinigung über die Einzahlung des Ausgabebetrags der neuen Aktien*

Die Geschäftsräume der Gesellschaft befinden sich in … (PLZ, Ort und Straße mit Hausnummer); dies ist auch die inländische Geschäftsanschrift i.S.v. § 39 Abs. 1 Satz 1 AktG. (Ggf. **zusätzlich:** *Empfangsberechtigte Person für Willenserklärungen und Zustellungen i.S.v. § 39 Abs. 1 Satz 2 AktG ist … (Name, Vorname, inländische postalische Adresse))*

(Unterschriftsbeglaubigung des Aufsichtsratsvorsitzenden und der Vorstandsmitglieder in vertretungsberechtigter Anzahl wie bei A 162 (M 162.1))

143. Kapitalerhöhung aus Gesellschaftsmitteln (§§ 207–220 AktG)

HINWEISE | Bei der Kapitalerhöhung aus Gesellschaftsmitteln findet nach § 207 AktG eine Umschichtung auf der Passivseite der Bilanz statt: Kapital- oder Gewinnrücklagen werden zu gezeichnetem Kapital. Im Gegensatz zur normalen, bedingten oder genehmigten Kapitalerhöhung werden der AG effektiv keine neuen Mittel zugeführt, daher nominelle Kapitalerhöhung. Geprüfte Bilanz muss bei der Beschlussfassung über die Kapitalerhöhung zugrunde gelegt werden.

Frist für die Anmeldung: § 209 Abs. 1 und 2 AktG; siehe im Übrigen Hinweise zur Fristüberschreitung bei A 109.

WER HAT ANZUMELDEN | Vorstandsmitglieder in vertretungsberechtigter Zahl und Vorsitzender des Aufsichtsrats unter Beachtung der Acht-Monats-Frist nach § 210 Abs. 2 AktG.

KOSTEN BEIM GERICHT | Gebühr für Eintragung des Kapitalerhöhungsbeschlusses 270 Euro (GVHR 2400).

KOSTEN BEIM NOTAR | Geschäftswert der Anmeldung: Erhöhungsnennbetrag, mindestens 30 000 Euro (§ 105 Abs. 1 Satz 1 Nr. 4 lit. a, Satz 2 GNotKG). Kapitalerhöhung und entsprechende Satzungsänderung sind gegenstandsgleich (notwendige Erklärungseinheit), nicht aber sonstige Satzungsänderungen. Höchstgeschäftswert der Anmeldung 1 Million Euro (§ 106 GNotKG). Gebühr für Anmeldung umfasst als gegenstandsgleich auch Versicherung der Anmeldenden über Vermögenserhalt (notwendiger Erklärungsinhalt, gegenstandsgleich i.S.v. § 111 Nr. 3 GNotKG).

Gebühren und Auslagen wie bei A 140. Wegen Zusammenstellung des Satzungswortlauts und der Satzungsbescheinigung siehe A 140. Für die vom Notar an das zuständige Finanzamt (Körperschaftsteuerstelle, § 20 AO) nach § 54 EStDV amtswegig zu übersendende beglaubigte Abschrift fällt keine Beglaubigungsgebühr nach KV 25102 GNotKG an, dafür jedoch die Dokumentenpauschale nach KV 32001 Nr. 1 GNotKG.

M 143.1   Anmeldung der Kapitalerhöhung aus Gesellschaftsmitteln bei einer AG

In der Registersache der Firma

... (genaue Bezeichnung der Firma)

melden wir als Mitglieder des Vorstands und als Vorsitzender des Aufsichtsrats der Gesell-schaft Folgendes zur Eintragung in das Handelsregister an:

Kapitalerhöhung aus Gesellschaftsmitteln:

Durch Beschluss der Hauptversammlung vom ... (Datum) wurde das Grundkapital der Ge-sellschaft aus Gesellschaftsmitteln gemäß §§ 207 ff. AktG von ... (Zahl) Euro um ... (Zahl) Euro auf ... (Zahl) Euro erhöht.

Satzungsänderung:

§ ... (Zahl und Absatz) der Satzung wurde in Anpassung an die Kapitalerhöhung geändert.

Verweisungen:

Die Einzelheiten der Kapitalerhöhung und der Satzungsänderung ergeben sich aus dem no-tariellen Protokoll über die oben genannte Hauptversammlung der Gesellschaft, Urkunde des Notars ... (Name, Dienstort und Urkundenrolle). Auf dieses Protokoll wird verwiesen.

Versicherung:

Wir versichern, dass nach unserer Kenntnis seit dem Stichtag der der Kapitalerhöhung zu Grunde gelegten Bilanz bis zum heutigen Tage – dem Tage der Anmeldung – keine Ver-mögensminderung eingetreten ist, die der Kapitalerhöhung entgegenstünde, wenn sie am Tage der Anmeldung beschlossen worden wäre.

Urkundenvorlage:

Dieser Anmeldung wird beigefügt jeweils in elektronisch beglaubigter Abschrift:

- *das oben genannte notarielle Protokoll*
- *vollständiger Wortlaut der geänderten Satzung mit Notarbescheinigung gemäß § 181 Abs. 1 Satz 2 AktG*
- *die dem Kapitalerhöhungsbeschluss zu Grunde liegende Bilanz zum 31.12. ... (Jahres-zahl), die mit dem uneingeschränkten Bestätigungsvermerk der Prüfungsgesellschaft versehen ist*

*Die Geschäftsräume der Gesellschaft befinden sich in ... (PLZ, Ort und Straße mit Haus-nummer); dies ist auch die inländische Geschäftsanschrift i.S.v. § 39 Abs. 1 Satz 1 AktG. (Ggf. **zusätzlich**: Empfangsberechtigte Person für Willenserklärungen und Zustellungen i.S.v. § 39 Abs. 1 Satz 2 AktG ist ... (Name, Vorname, inländische postalische Adresse))*

(Unterschriftsbeglaubigung des Aufsichtsratsvorsitzenden und der Vorstandsmitglieder in vertretungsberechtigter Anzahl wie bei A 162 (M 162.1))

144. Übertragung von Vermögensteilen auf neu zu gründende GmbH (Abspaltung)

HINWEISE | Einzelrechtsübertragung von AG möglich im Rahmen einer GmbH-Gründung mit Sacheinlage; vgl. Hinweise bei A 92. Hingegen partielle Gesamtrechtsnachfolge bei Abspaltung zur Neugründung (§§ 123 Abs. 2 Nr. 2, 138 ff. UmwG).

Abspaltung ausgeschlossen, wenn Aktiengesellschaft noch nicht zwei Jahre im Handelsregister eingetragen ist (§ 141 UmwG).

Sachgründungsbericht stets erforderlich (§ 138 UmwG). Keine Übertragung der Firma auf die neue Gesellschaft (§ 125 UmwG).

WER MUSS ANMELDEN | Vorstand der übertragenden Gesellschaft meldet an

– Abspaltung zur Eintragung in das Handelsregister der übertragenden Gesellschaft, § 137 Abs. 2 UmwG, und

– Eintragung der neuen GmbH zum Handelsregister am Sitz der neuen GmbH, § 137 Abs. 1 UmwG.

KOSTEN BEIM GERICHT | Gebühr für Eintragung der Umwandlung bei übertragendem Rechtsträger 240 Euro (GVHR 2402). Gebühr für Eintragung des neu gegründeten Rechtsträgers 260 Euro (GVHR 2104). Für die Entgegennahme der mit der Anmeldung einzureichenden Gesellschafterliste (§ 8 Abs. 1 Nr. 3 GmbHG) ist keine Gebühr zu erheben.

KOSTEN BEIM NOTAR | Anmeldungen für die betroffenen Rechtsträger sind gegenstandsverschieden gemäß § 111 Nr. 3 GNotKG. Die Anmeldung der Aufspaltung beim übertragenden Rechtsträger ist eine Anmeldung ohne bestimmten Geldbetrag, daher GW nach § 105 Abs. 4 Nr. 1 GNotKG mit 1% des eingetragenen Stammkapitals, mindestens 30 000 Euro, höchstens 1 Million Euro. Die Anmeldung der neu errichteten Gesellschaft hat einen bestimmten Geldwert (= einzutragendes Stammkapital, mindestens 30 000 Euro), § 105 Abs. 1 Satz 1 Nr. 1, Satz 2 GNotKG. Höchstgeschäftswert für Anmeldung 1 Million Euro (§ 106 GNotKG). Anmeldung umfasst auch die Anmeldung des Geschäftsführers mit seinem Vertretungsrecht, die gleichzeitige Versicherung und Erklärungen der Geschäftsführer sowie dessen Belehrung durch den Notar (notwendiger Erklärungsinhalt und notwendige Erklärungseinheit, gegenstandsgleich i.S.v. § 111 Nr. 3 GNotKG).

Wegen Beurkundungs-/Beglaubigungsgebühren, Vollzugs- und Betreuungsgebühren sowie wegen Liste der Gesellschafter: wie bei A 91a, jedoch mit der Besonderheit, dass lediglich eine 0,3-Vollzugsgebühr nach KV 22111, 22113 GNotKG (höchstens 250 Euro) entsteht, weil für den Spaltungsplan lediglich die 1,0-Beurkundungsgebühr nach KV 21200 GNotKG erhoben wird. Für die vom Notar an das zuständige Finanzamt (Körperschaftsteuerstelle, § 20 AO) nach § 54 EStDV amtswegig zu übersendende beglaubigte Abschrift fällt keine Beglaubigungsgebühr nach KV 25102 GNotKG an, dafür jedoch die Dokumentenpauschale nach KV 32001 Nr. 1 GNotKG.

Werden Entwürfe für das Beurkundungsverfahren vom Urkundsnotar gefertigt, wie z.B. ein Sachgründungsbericht, so entstehen keine Vollzugs- und Betreuungsgebühren (KV

Vorbem. 2.2 Abs. 2 GNotKG), bei einem Sachgründungsbericht aber die 1,0-Entwurfs-gebühr nach KV 24101 i.V.m. KV 21200 GNotKG aus Teilwert von ca. 30% des Werts der Sacheinlage (§§ 119, 36 GNotKG).

Die Anmeldung bei der übertragenden Gesellschaft ist spätere Anmeldung und hat kei-nen bestimmten Geldbetrag, daher Geschäftswert: 1% des bisher eingetragenen Grund-kapitals, mindestens 30 000 Euro und höchstens 1 Million Euro (§ 105 Abs. 4 Nr. 1, § 106 GNotKG). Eine Kapitalherabsetzung wird mit dem Herabsetzungsbetrag bewertet, mindestens jedoch mit 30 000 Euro (§ 105 Abs. 1 Satz 1 Nr. 3, Satz 2 GNotKG), dann Werteaddition wegen Gegenstandsverschiedenheit zur Anmeldung des Umwandlungs-vorgangs i.S.v. § 111 Nr. 3 GNotKG.

Gebühren und Auslagen wie bei A 113.

TEXT DER ANMELDUNG

M 144.1   Anmeldung der Abspaltung aus dem Vermögen einer AG auf eine dadurch neu gegründete GmbH

bei der übertragenden Gesellschaft:

Zur Eintragung in das Handelsregister bei der Firma … (Bezeichnung der Firma des über-tragenden Rechtsträgers nach dem Handelsregister) wird angemeldet, dass diese Gesell-schaft gemäß § 123 Abs. 2 Nr. 2 UmwG aus ihrem Vermögen einen Teil zum Stichtag … (Datum) abgespalten hat zur Neugründung durch Übertragung dieses Teils als Gesamtheit auf eine von ihr dadurch neu gegründeten Gesellschaft mit beschränkter Haftung mit der Firma … (Bezeichnung der GmbH) mit Sitz in … (Ort).

Der Vorstand der übertragenden Gesellschaft erklärt gemäß § 146 UmwG, dass die durch Gesetz und Satzung vorgesehenen Voraussetzungen für die Gründung dieser Gesellschaft unter Berücksichtigung der Abspaltung im Zeitpunkt der Anmeldung vorlagen.

Es wird weiter erklärt, dass eine Klage gegen die Wirksamkeit des Zustimmungsbeschlusses nicht innerhalb eines Monats nach der Beschlussfassung erhoben wurde.

oder:

Es wird weiter erklärt, dass eine Klage gegen die Wirksamkeit des Zustimmungsbeschlusses zwar erhoben wurde, das Prozessgericht aber durch rechtskräftigen Beschluss festgestellt hat, dass die Erhebung der Klage der Eintragung der Spaltung im Handelsregister nicht ent-gegensteht; elektronisch beglaubigte Abschrift des rechtskräftigen Beschlusses liegt bei.

Angeschlossen werden vorgelegt jeweils als elektronisch beglaubigte Abschrift:

- *notarielle Urkunde über den Spaltungsentschluss mit Spaltungsplan und Stichtagsbilanz sowie dem Gesellschaftsvertrag der neu gegründeten Gesellschaft mit beschränkter Haf-tung samt Bestellung der Geschäftsführung*
- *Spaltungsbericht*
- *Bericht über die Durchführung der Spaltungsprüfung*
- *Nachweis über die Zuleitung des Entwurfs des Spaltungsplans an den Betriebsrat des übertragenden Rechtsträgers*

Die Geschäftsräume der Gesellschaft befinden sich in … (PLZ, Ort und Straße mit Haus-nummer); dies ist auch die inländische Geschäftsanschrift i.S.v. § 39 Abs. 1 Satz 1 AktG.

*(Ggf. **zusätzlich:** Empfangsberechtigte Person für Willenserklärungen und Zustellungen i.S.v. § 39 Abs. 1 Satz 2 AktG ist … (Name, Vorname, inländische postalische Adresse))*

(Unterschriftsbeglaubigung wie bei A 161 (M 161.1) bzw. A 162 (M 162.1))

bei neu gegründeter Gesellschaft:

Texte wie bei übertragendem Rechtsträger und zusätzlich:

Sitz der neu errichteten Gesellschaft ist … (Ort)

*Die Geschäftsräume der Gesellschaft befinden sich in … (PLZ, Ort und Straße mit Hausnummer); dies ist auch die inländische Geschäftsanschrift i.S.v. § 10 Abs. 1 Satz 1 GmbHG. (Ggf. **zusätzlich:** Empfangsberechtigte Person für Willenserklärungen und Zustellungen i.S.v. § 10 Abs. 2 Satz 2 GmbHG ist … (Name, Vorname, inländische postalische Adresse))*

Bestellung der Geschäftsführer, Angaben zum Vertretungsrecht und Versicherung über Amtsfähigkeit: wie bei A 91a.

Versicherungen über Einlageleistung:

Der Geschäftsführer versichert, dass der Geschäftsanteil Nr. 1 in Höhe von … (Betrag) und der Geschäftsanteil Nr. 2 in Höhe von … (Betrag) durch Einbringung der durch Spaltung übergehenden Vermögensgegenstände vollständig erbracht sind.

Ferner wird erklärt, dass das Vermögen der neu gegründeten Gesellschaft – abgesehen von dem im Gesellschaftsvertrag festgesetzten Gründungsaufwand (Kosten, Gebühren und Steuern) – durch keinerlei Verbindlichkeiten vorbelastet ist und sich endgültig in der freien Verfügung der Geschäftsführung befindet.

Angeschlossen werden vorgelegt in elektronisch beglaubigter Abschrift:

– Liste der Gesellschafter (siehe A 176 (M 176.1))

– Sachgründungsbericht

(Unterschriftsbeglaubigung wie bei A 161 (M 161.1) bzw. A 162 (M 162.1))

145. Umwandlung in GmbH (Verschmelzung durch Neugründung oder Formwechsel)

HINWEISE | Umwandlung möglich entweder als Verschmelzung zur Neugründung (§§ 2 Nr. 2, 56 ff. UmwG) oder als Formwechsel (§§ 191, 226 f., 238 ff. UmwG).

Verschmelzung ausgeschlossen, wenn Aktiengesellschaft noch nicht zwei Jahre im Handelsregister eingetragen ist (§ 76 Abs. 1 UmwG). Sachgründungsbericht bei neuer GmbH entbehrlich (§§ 58 Abs. 2, 245 Abs. 4 UmwG). Zur Firmenfortführung: § 200 UmwG.

WER MUSS ANMELDEN | Bei Formwechsel Vorstandsmitglieder in vertretungsberechtigter Zahl. Bei Verschmelzung: Vorstandsmitglieder in vertretungsberechtigter Zahl und alle Geschäftsführer der neuen GmbH, wenn nicht personenidentisch mit Vorständen.

KOSTEN BEIM GERICHT | Anmeldung bei Verschmelzung durch Neugründung: Gebühr für Eintragung bei übertragendem Rechtsträger 240 Euro (GVHR 2402); für neu einzutragende GmbH 260 Euro (GVHR 2104). Bei Formwechsel: Gebühr 240 Euro

(GVHR 2402). Für das Eintragen des Erlöschens des formwechselnden Rechtsträgers fällt keine Löschungsgebühr an (GVHR Vorbem. 2 Abs. 4).

KOSTEN BEIM NOTAR | Bei Verschmelzung durch Neugründung: Geschäftswert für Eintragung beim übertragenden Rechtsträger gemäß § 105 Abs. 4 Nr. 1 GNotKG (1% des eingetragenen Grundkapitals, höchstens 1 Million Euro, § 106 GNotKG); Geschäftswert für neu einzutragende Gesellschaft nach § 105 Abs. 1 Satz 1 Nr. 1, Satz 2 GNotKG (Nennbetrag des einzutragenden GmbH-Stammkapitals, mindestens 30 000 Euro, höchstens 1 Million Euro, § 106 GNotKG); wenn alles in einer Urkunde, Addition der Geschäftswerte, zusammen höchsten 1 Million Euro (§ 86 Abs. 2, § 106 GNotKG).

Wegen Beurkundungs-/Beglaubigungsgebühren, Vollzugs- und Betreuungsgebühren sowie wegen Liste der Gesellschafter: wie bei A 91a. Für die vom Notar an das zuständige Finanzamt (Körperschaftsteuerstelle, § 20 AO) nach § 54 EStDV amtswegig zu übersendende beglaubigte Abschrift fällt keine Beglaubigungsgebühr nach KV 25102 GNotKG an, dafür jedoch die Dokumentenpauschale nach KV 32001 Nr. 1 GNotKG.

Bei Formwechsel ist nur die neue Rechtsform des Rechtsträgers anzumelden: Fraglich ist hier, ob Geschäftswert wie eine Erstanmeldung einer GmbH nach § 105 Abs. 1 Satz 1 Nr. 1, Satz 2 GNotKG oder Geschäftswert nach § 105 Abs. 4 Nr. 1 GNotKG. Zu differenzieren ist: Ändert sich durch den Formwechsel die Art des Registers (bisher Genossenschaftsregister oder Partnerschaftsregister, nunmehr Handelsregister und umgekehrt; nicht aber bloßer Wechsel von Abt. A in Abt. B und umgekehrt beim Handelsregister), so bestimmt sich die Anmeldung beim bisherigen Rechtsträger nach § 105 Abs. 3, Abs. 4 GNotKG, diejenige zur Eintragung in das andere Register des neuen Rechtsträgers nach § 105 Abs. 1 Satz 1 und 2, Abs. 3 GNotKG. Beim Formwechsel ohne Registerwechsel erfolgt nur eine Anmeldung, nämlich beim Ausgangsrechtsträger mit dem Geschäftswert nach § 105 Abs. 4 GNotKG (bestr., weil auch Erstanmeldung nach § 105 Abs. 1 GNotKG diskutiert wird). Höchstgeschäftswert einer Anmeldung 1 Million Euro (§ 106 GNotKG).

Aus Gesamtadditionswert Gebühren und Auslagen wie bei A 91a.

TEXT DER ANMELDUNG | Bei Formwechsel.

M 145.1 Anmeldung der Umwandlung einer AG in eine GmbH im Wege des Formwechsels

Zur Eintragung in das Handelsregister bei der Firma … (Bezeichnung der Firma des formwechselnden Rechtsträgers nach dem Handelsregister) wird angemeldet, dass diese Gesellschaft durch Formwechsel in eine dadurch gegründete Gesellschaft mit beschränkter Haftung mit der Firma … (Bezeichnung des neuen Rechtsträgers nach dem Handelsregister) umgewandelt ist, §§ 190, 220, 238 UmwG.

Sitz der neu errichteten Gesellschaft ist … (Ort).

Die Geschäftsräume der Gesellschaft befinden sich in … (PLZ, Ort und Straße mit Hausnummer); dies ist auch die inländische Geschäftsanschrift i.S.v. § 10 Abs. 1 Satz 1 GmbHG. (Ggf. zusätzlich: Empfangsberechtigte Person für Willenserklärungen und Zustellungen i.S.v. § 10 Abs. 2 Satz 2 GmbHG ist … (Name, Vorname, inländische postalische Adresse))

Bestellung der Geschäftsführer, Angaben zum Vertretungsrecht und Versicherung über Amtsfähigkeit: wie bei A 91a.

Weitere Versicherungen:

Es wird weiter erklärt, dass eine Klage gegen die Wirksamkeit des Umwandlungsbeschlusses nicht innerhalb eines Monats nach der Beschlussfassung erhoben wurde.

oder:

Es wird weiter erklärt, dass eine Klage gegen die Wirksamkeit des Umwandlungsbeschlusses zwar erhoben wurde, das Prozessgericht aber durch rechtskräftigen Beschluss festgestellt hat, dass die Erhebung der Klage der Eintragung des Formwechsels im Handelsregister nicht entgegensteht: elektronisch beglaubigte Abschrift des rechtskräftigen Beschlusses liegt bei.

Angeschlossen werden vorgelegt jeweils in elektronisch beglaubigter Abschrift:

- *notarielle Urkunde über den Umwandlungsbeschluss mit dem Gesellschaftsvertrag der neu gegründeten Gesellschaft mit beschränkter Haftung samt Bestellung der Geschäftsführung*
- *Umwandlungsbericht Bericht über die Durchführung der Umwandlungsprüfung*
- *Zustimmungserklärungen von Anteilseignern*
- *Nachweis über die Zuleitung des Entwurfs des Umwandlungsbeschlusses an den Betriebsrat des formwechselnden Rechtsträgers*
- *Liste der Gesellschafter (siehe A 176 (M 176.1))*

(Unterschriftsbeglaubigung wie bei A 161 (M 161.1) bzw. A 162 (M 162.1))

Text der Anmeldung zur Verschmelzung durch Neugründung wie A 92a.

146. Wirtschaftliche Neugründung einer AG

HINWEISE | Der BGH hält die Errichtung unternehmensloser AGs, die nach dem Gegenstand nur ihr eigenes Vermögen verwalten, für zulässig (offene Vorrats-AG); Gründung mit fiktivem Unternehmensgegenstand ist nichtig; vgl. B § 23 Abs. 3 AktG Nr. 2. Die Diskussion über die Haftung bei erstmaliger Verwendung von Vorratsgesellschaften und bei Reaktivierung bestehender, aber zwischenzeitlich unternehmensloser Gesellschaftsmäntel hat den BGH veranlasst, am Beispiel der GmbH das Rechtsinstitut der wirtschaftlichen Neugründung zu schaffen (vgl. B § 11 Abs. 2 GmbHG Nr. 1 und 2), die zu einer selbstständigen Haftung der Gesellschafter neben der Einlagepflicht führen kann. Die Grundsätze der Unterbilanzhaftung finden auch bei der wirtschaftlichen Neugründung von AGs Anwendung. Für die typischen Fallgruppen und Abgrenzungen wird auf A 101 verwiesen.

Gerichtsentscheidungen zu den Fragen, **wer** die wirtschaftliche Neugründung **offenlegt** und die **Versicherung** abgibt, sowie dazu, **welche Nachweise** beizubringen sind, gibt es nicht. Die Literatur empfiehlt fast uneingeschränkt, sämtliche Voraussetzungen wie bei der rechtlichen Neugründung der AG (vgl. A 130) zu erfüllen; Übersicht in DNotI-Report 2012, 93.

Zumindest bei einer „frischen" Vorrats-AG mit Volleinzahlung kann es im Einzelfall und in Rücksprache mit dem jeweiligen Registergericht ausreichen, nur die Offenlegung mit Versicherung einzureichen: Denn bei bestehender Volleinzahlung scheidet eine Unterbilanzhaftung aus (B § 11 Abs. 2 GmbHG Nr. 5) und die Berichte und Prüfberichte analog §§ 32, 33 AktG aller neuen Vorstände, Aufsichtsräte und Aktionäre fördern bei unterjährigen AGs ohne Geschäftsbetrieb regelmäßig keine neuen Erkenntnisse zu Tage, vgl. *Heinze*, BB 2012, 67; *Melchior*, AG 2013, R223.

Der Maßstab für die **Glaubhaftmachung** gegenüber dem Registergericht (§ 31 Abs. 1 FamFG) – und damit verbunden die Pflicht der Beteiligten zur Beibringung (§ 27 FamFG) – dürfte ohnehin auf Fälle offensichtlicher Unrichtigkeit beschränkt sein, weil das Registergericht die Offenlegung der wirtschaftlichen Neugründung nicht in das Handelsregister einträgt, sondern das Dokument nur entgegennimmt, um es in den Registerordner (§ 9 HGB, § 9 HRV) zu verschieben. Die damit verbundenen rechtlichen Wirkungen auf den Umfang der Unterbilanzhaftung kann die AG aber auch ohne Registergericht erreichen, nämlich durch die nach außen hin in Erscheinung tretende Aufnahme der wirtschaftlichen Tätigkeit (B § 11 Abs. 2 GmbHG Nr. 4).

Eine Kontobescheinigung ist nur bei Vorrats-AGs, die tatsächlich noch keinen wirtschaftlichen Betrieb aufgenommen haben, geeignet, die **Kapitalausstattung** zu **belegen**. Bei der unternehmenslosen Mantel-AG ist die Kapitalausstattung unter zwei Aspekte zu belegen: Die Werthaltigkeit in Bezug auf das noch vorhandene (Rest-)Vermögen und in Bezug auf das neu zugeführte Vermögen; Glaubhaftmachung für Erstens analog den Regeln über die Kapitalerhöhung aus Gesellschaftsmitteln (vgl. A 143), für Zweitens analog den Regeln über die Bar- bzw. Sachkapitalerhöhung (vgl. A 140).

Zu den Kosten der wirtschaftlichen Neugründung: B § 26 AktG und A 101.

WER MUSS EINREICHEN | Alle Mitglieder des Vorstands und des Aufsichtsrats sowie alle Aktionäre, keine Vertretung zulässig.

BEIZUFÜGENDE UNTERLAGEN | Die Offenlegung der wirtschaftlichen Neugründung mit der Versicherung über Kapitalaufbringung und -erhalt selbst ist kein Anmeldetatbestand. Sie kann zusammen mit der Anmeldung typischer Veränderungen oder aus Anlass der Einreichung einer Aufsichtsratsliste nach § 106 AktG erfolgen oder wird isoliert zur Aufnahme in den Registerordner (§ 9 HGB, § 9 HRV) eingereicht. Jeweils beizufügen geeignete Nachweise zur Glaubhaftmachung der Kapitalausstattung; Art und Umfang abhängig von Art der wirtschaftlichen Neugründung.

KOSTEN BEIM GERICHT | Für Entgegennahme der Offenlegungserklärung gibt es keinen unmittelbaren Gebührentatbestand; die Offenlegung ist nicht als Anmeldung zum Handelsregister anzusehen. Meistens kommt es jedoch zur Eintragung der Abberufung und Neubestellung der Vorstände, zu einer Änderung eingetragener Angaben wie der Firma, des Unternehmensgegenstandes, der inländischen Geschäftsanschrift; für erste Registertatsache Gebühr 70 Euro (GVHR 2500), für jede weitere Tatsache jeweils 40 Euro (GVHR 2501). Gebühr für Entgegennahme der ggf. geänderten Liste der Mitglieder des Aufsichtsrats 40 Euro (GVHR 5003).

KOSTEN BEIM NOTAR | Anmeldung ohne bestimmten Geldwert und gegenstandsverschieden i.S.v. § 111 Nr. 3 GNotKG sind: Offenlegung der wirtschaftlichen Neugründung/Aktivierung der Vorratsgesellschaft, Abberufung eines Vorstands, Neubestellung der Mitglieder des Vorstands, Satzungsänderungen und Änderung der inländischen Geschäftsanschrift, neue Anmeldeversicherung; Geschäftswert für jeden Vorgang (außer der Änderung der Geschäftsanschrift mit 5000 Euro GW) jeweils 1% des eingetragenen Grundkapitals, jeweils mindestens 30 000 Euro, höchstens 1 Million Euro (§ 105 Abs. 4 Nr. 1, § 106 GNotKG). Die Änderung mehrerer Bestimmungen der Satzung wird als ein Anmeldungsgegenstand betrachtet, allerdings nur insoweit, als keine gesonderte Anmeldepflicht besteht (eine solche besteht nach § 39 AktG bei einer Änderung der Firma, des Sitzes und der Zeitdauer der Gesellschaft, des Gegenstandes des Unternehmens, der – abstrakten – Vertretungsbefugnis des Vorstands). Satzungsänderungen im Übrigen sind nur insgesamt eine Tatsache. Die Anmeldung einer Sitzverlegung und die Anmeldung der Änderung der Geschäftsanschrift bilden keine notwendige Erklärungseinheit (wegen Möglichkeit des Auseinanderfallens von Satzungssitz und Verwaltungssitz). Die Versicherungen des Vorstands sind Teil der Anmeldung und nicht gesondert zu bewerten (notwendiger Erklärungsinhalt, gegenstandsgleich i.S.v. § 111 Nr. 3 GNotKG). Bei Zusammenfassung in einer Registeranmeldung Geschäftswerteaddition nach § 35 Abs. 1, § 86 Abs. 2 GNotKG mit Höchstgeschäftswert 1 Million Euro (§ 106 GNotKG).

Gebühren und Auslagen für Registeranmeldung wie bei A 130.

1,0-Entwurfsgebühr, mindesten 60 Euro, nach KV 24101, 21200 GNotKG, §§ 119, 92 Abs. 2, § 36 Abs. 1 GNotKG aus Teilwert von etwa 20% des Geschäftswerts einer fiktiven Registeranmeldung der Aufsichtsratsmitglieder (§ 105 Abs. 4 Nr. 1 GNotKG), wenn der Notar auftragsgemäß die Liste der Aufsichtsratsmitglieder fertigt; alternativ denkbar wäre ein Wert von 10–20% des Werts des Grundkapitals, wohl zu niedrig wäre der Auffangwert des § 36 Abs. 3 GNotKG (5 000 Euro). Die Vollzugsgebühr nach KV 22110, 22113 GNotKG kann für die Erstellung der Liste der Aufsichtsratsmitglieder nicht analog angewandt werden, da nicht in der enumerativen Aufzählung von Abs. 1 Satz 2 der Vorbem. 2.2.1.1 GNotKG enthalten, so dass keine Vollzugsgebühr ausgelöst wird.

0,3-Vollzugsgebühr bei Vollzugstätigkeit (KV 22111 GNotKG).

Gesonderte 0,3-Vollzugsgebühr (KV 22114 GNotKG, höchstens 250 Euro) für Erstellung der XML-Strukturdatei aus Geschäftswert der Anmeldung (§ 112 GNotKG); für die Übermittlung der XML-Datei fällt keine Dokumentenpauschale an.

Die Notarbescheinigung (Satzungsbescheinigung) nach § 181 Abs. 1 Satz 2 AktG und die Zusammenstellung des Wortlauts der neuen Satzung gelten als gebührenfreie Nebengeschäfte (KV Vorbem. 2.1 Abs. 2 Nr. 4 GNotKG), allerdings nur für den Notar, der den satzungsändernden Beschluss beurkundet hat (KV Vorbem. 2.1 Abs. 2 Nr. 4 GNotKG), andernfalls 1,0-Gebühr nach KV 25104 GNotKG aus Teilwert je nach Arbeits-/Prüfungsaufwand von 10 bis 50%, meistens 30% des Geschäftswerts der Anmeldung (§ 113 GNotKG). Für die Satzungszusammenstellung ist die Dokumentenpauschale nach KV 32001 Nr. 1 GNotKG zu berechnen.

Für anfallende Ausdrucke und Kopien der Satzung samt Satzungsbescheinigung entsteht die Dokumentenpauschale KV 32001 Nr. 2 GNotKG.

TEXT DER OFFENLEGUNG

M 146.1   Offenlegung der wirtschaftlichen Neugründung einer AG

a) Bei wirtschaftlicher Neugründung durch Verwendung einer Vorrats-AG und Volleinzahlung:

Die wirtschaftliche Neugründung der Gesellschaft wird hiermit offen gelegt. Die Gesellschaft hat bislang keine Geschäftstätigkeit aufgenommen.

(Alternativ: Mit dem Erwerb der Aktien der Vorrats-AG liegt eine wirtschaftliche Neugründung vor. Die Gesellschaft ist erst ab Eingang der Anmeldung beim Registergericht wirtschaftlich tätig.)

Nach Belehrung durch den Notar über die Strafbarkeit einer falschen Versicherung versichern die Mitglieder des Vorstands und des Aufsichtsrats sowie die Aktionäre (jeder für sich), dass

a) die ursprünglichen Aktionäre ... (Namen) auf ihre übernommenen Aktien den Nennbetrag vollständig, und zwar insgesamt ... (Betrag) bewirkt haben,

b) der geleistete Betrag sich weiterhin endgültig in der freien Verfügung des Vorstands befindet und der Vorstand in der Verfügung über den eingezahlten Betrag, abzüglich der davon gezahlten Steuern und Gebühren nicht, namentlich nicht durch Gegenforderungen beschränkt ist, und

c) das Vermögen der Gesellschaft – abgesehen von dem bei Gründung in der Satzung festgesetzten Aufwand (Kosten, Gebühren, Steuern) – durch keinerlei Verbindlichkeiten vorbelastet oder gar aufgezehrt ist und nicht an die Einleger zurückgezahlt worden ist.

b) Bei wirtschaftlicher Neugründung durch Verwertung eines unternehmenslosen AG-Mantels:

Die wirtschaftliche Neugründung der Gesellschaft wird hiermit offen gelegt. Die Gesellschaft hat bislang keine neue Geschäftstätigkeit aufgenommen.

(Alternativ: Mit dem Erwerb der Aktien der AG liegt eine wirtschaftliche Neugründung vor. Die Gesellschaft ist erst wieder ab Eingang der Anmeldung beim Registergericht wirtschaftlich tätig.)

Nach Belehrung durch den Notar über die Strafbarkeit einer falschen Versicherung versichern die Mitglieder des Vorstands und des Aufsichtsrats sowie die Aktionäre (jeder für sich), dass

a) die ursprünglichen Aktionäre ... (Namen) auf ihre übernommenen Aktien den Nennbetrag vollständig, und zwar insgesamt ... (Betrag) bewirkt haben,

b) die Gesellschaft zum heutigen Tag mindestens ein Gesellschaftsvermögen in Höhe der Grundkapitalziffer besitzt, das sich in der freien Verfügung des Vorstands befindet, das Gesellschaftsvermögen nicht mit Verbindlichkeiten vorbelastet ist, die den Wert unter das Grundkapital herabsetzen und nicht an die Einleger zurückgezahlt worden ist.

(Ergänzung der Versicherung und weitere Anlagen bei vorhandenem Gesellschaftsvermögen wie A 143 bzw. bei Zuführung neuen Vermögens wie A 140)

Jeweils: Angeschlossen mit der Offenlegung vorgelegt urkundlicher Nachweis über das Gesellschaftsvermögen (z.B. Kontoauszug, Zwischenbilanz, Bestätigung eines Wirtschaftsprüfers o.Ä.). Ferner ggf. Anmeldung typischer Änderungen und Liste der neuen Mitglieder des Aufsichtsrats nach § 106 AktG (vgl. A 147, A 182 (M 182.1)).

(Unterschriftsbeglaubigung wie bei A 161 (M 161.1) bzw. A 162 (M 162.1))

147. Änderung in der Zusammensetzung des Aufsichtsrats

Was ist zu veranlassen: Bei Änderungen in den Personen der Aufsichtsratsmitglieder haben die Mitglieder des Vorstands in vertretungsberechtigter Zahl unverzüglich eine Liste mit Namen, Vornamen, ausgeübtem Beruf und Wohnort zum Handelsregister einzureichen (wegen Inhalt vgl. A 182). Das Registergericht macht den Hinweis bekannt, dass eine solche Liste eingereicht worden ist (§ 106 AktG).

EINZUREICHENDE UNTERLAGEN | Siehe oben.

KOSTEN BEIM GERICHT | Gebühr für Entgegennahme der Liste der Mitglieder des Aufsichtsrats 40 Euro (GVHR 5003).

KOSTEN BEIM NOTAR | Keine. Es liegt keine Anmeldung vor, lediglich eine Einreichung einer Bekanntmachung an das Registergericht nach § 106 AktG. Entwirft allerdings der Notar im Auftrag des Vorstands die vollständige Liste der Mitglieder des Aufsichtsrats, dann *1,0-Entwurfsgebühr* nach KV 24101, 21200 GNotKG, §§ 119, 92 Abs. 2, § 36 Abs. 1 GNotKG (mindestens 60 Euro) aus Teilwert von etwa 20% des Geschäftswerts einer fiktiven Registeranmeldung der Aufsichtsratsmitglieder (§ 105 Abs. 4 Nr. 1 GNotKG); alternativ denkbar wäre ein Wert von 10–20% des Werts des Grundkapitals, wohl zu niedrig wäre der Auffangwert des § 36 Abs. 3 GNotKG (5 000 Euro). Gebühren für die Einreichung des Schreibens beim Registergericht fallen nicht an (KV Vorbem. 2.4.1 Abs. 4 Nr. 1 GNotKG).

VIII. Europäische Gesellschaft (SE)

148. Gründung der SE

HINWEISE | Rechtsgrundlagen bei Einführung (jeweils mit nachfolgenden Änderungen): Verordnung (EG) Nr. 2157/2001 des Rates vom 8.10.2001 über das Statut der Europäischen Gesellschaft (SE), im Folgenden „SE-VO", und Richtlinie 2001/86/EG vom 8.10.2001 zur Ergänzung des Statuts der Europäischen Gesellschaft hinsichtlich der Beteiligung der Arbeitnehmer (ABl. EG Nr. L 294 vom 10.11.2001, S. 1 ff. und 22 ff.); Gesetz zur Einführung der Europäischen Gesellschaft vom 22.12.2004 (BGBl. I 2004, 3675); das Gesetz besteht aus im Wesentlichen zwei Artikelgesetzen, dem SE-Ausführungsgesetz – SEAG – und dem SE-Beteiligungsgesetz – SEBG.

Allgemein: Die Europäische Gesellschaft (Societas Europaea = SE) ist eine eigenständige Rechtsform, die in allen EU-Mitgliedstaaten dieselbe gesellschaftsrechtliche Grundlage hat. Sie ist Handelsgesellschaft und ist in ihrer Struktur den Aktiengesellschaften in den Mitgliedstaaten vergleichbar. Die Gründer einer SE mit Sitz in Deutschland können wählen zwischen einer SE mit zweigliedrigen Leitungs- und Verwaltungsorganen wie bei der deutschen AG (**dualistische SE**) oder einer SE mit einer einzigen Führungsebene (**monistische SE**); zur Terminologie der Organe vgl. A 149. Die SE muss nach der Satzung ihren Sitz im Inland haben; der Ort ist frei wählbar und muss nicht mehr an dem Ort der Hauptverwaltung liegen; stattdessen wird die inländische Geschäftsanschrift angemeldet und eingetragen. Zur Verlegung des Sitzes vgl. A 150 und A 112.

Die Gründung einer SE ist nur **zulässig** durch die in der SE-VO bestimmten Gesellschaften (im wesentlichen AG und GmbH der Mitgliedstaaten gemäß Anhang I und II der SE-VO). Sie kann nur gegründet werden zum **Zweck**

a) der Verschmelzung von AGs, sofern mindestens zwei von ihnen dem Recht verschiedener Mitgliedstaaten unterliegen (Art. 2 Abs. 1 SE-VO),

b) der Gründung einer Holding-SE durch AGs und GmbHs, sofern mindestens zwei von ihnen entweder dem Recht verschiedener Mitgliedstaaten unterliegen oder sie seit mindestens zwei Jahren eine dem Recht eines anderen Mitgliedstaates unterliegende Tochtergesellschaft oder eine Zweigniederlassung in einem anderen Mitgliedstaat haben (Art. 2 Abs. 2 SE-VO),

c) der Gründung einer Tochter-SE durch Gesellschaften i.S.d. Art. 54 AEUV oder Körperschaften des öffentlichen oder privaten Rechts nach den Bedingungen wie zu b),

d) Umwandlung einer AG, wenn sie seit mindestens zwei Jahren eine dem Recht eines anderen Mitgliedstaates unterliegende Tochtergesellschaft hat (Art. 2 Abs. 4 SE-VO).

Eine SE kann ihrerseits **Tochtergesellschaften** in der Rechtsform der SE gründen (Art. 3 Abs. 2 SE-VO).

Die SE mit Sitz in Deutschland wird gemäß den für die AG geltenden Vorschriften eingetragen (§ 3 SEAG). Das Grundkapital der SE beträgt mindestens 120 000 Euro.

Besonderheiten bei der Gründung durch Verschmelzung zu a):

Die Verschmelzung erfolgt entweder zur Aufnahme oder zur Neugründung (Art. 17 SE-VO). Im ersten Fall nimmt die aufnehmende Gesellschaft die Form der SE an; bei der Neugründung ist die neue Gesellschaft SE. In beiden Fällen erlöschen die übertragenden AGs.

Den Anmeldungen zur Eintragung geht ein **förmliches Verfahren** zur Wahrung der Rechte der Gläubiger, Minderheitsaktionäre und der Arbeitnehmer (soweit vorhanden) voraus:

- Die Leitungs- und Verwaltungsorgane der beteiligten AGs stellen einen Verschmelzungsplan auf, der u.a. die Satzung der künftigen SE enthält (Art. 20 SE-VO).
- Der Verschmelzungsplan wird beim Registergericht der verschmelzenden AGs zusammen mit den Angaben zu Art. 21 SE-VO zwecks Bekanntmachung eingereicht (§ 5 SEAG, § 61 UmwG).
- Wenn der künftige Sitz der SE im Ausland liegt, dann enthält die Bekanntmachung zusätzlich den Hinweis, dass Gläubiger Sicherheit für Forderungen nach §§ 8, 13 Abs. 1 und 2 SEAG binnen zwei Monaten nach der Bekanntmachung verlangen können.
- Die Hauptversammlungen der verschmelzenden AGs stimmen dem Verschmelzungsplan zu (Art. 23 SE-VO).
- Das Registergericht der verschmelzenden AGs stellt auf Antrag und nach Prüfung der Rechtmäßigkeit eine Bescheinigung über die Durchführung der der Verschmelzung vorangehenden Rechtshandlungen und Formalitäten aus (Art. 25 Abs. 2 SE-VO, §§ 4, 8 SEAG), wenn die Vorstandsmitglieder der übertragenden Gesellschaft versichern, dass den berechtigten Gläubigern eine angemessene Sicherheit geleistet wurde.

Binnen sechs Monaten nach der Ausstellung der Bescheinigungen legen die verschmelzenden AGs jeder für sich dem für die aufnehmende AG oder neu gegründete SE zuständigen Registergericht diese nebst einer elektronisch beglaubigten Abschrift des Verschmelzungsplanes vor und melden die Durchführung der Verschmelzung zur Eintragung an (Art. 26 SE-VO). Das Register am Sitz der neuen SE trägt die neue SE bzw. die Umwandlung der aufnehmenden AG in eine SE ein und teilt diese Tatsache den Registern der verschmelzenden Gesellschaften mit. Erst dann erfolgt deren Löschung.

Besonderheiten bei der Gründung einer Holding-SE zu b):

Die gegenseitige Beteiligung an der neu gegründeten Holding-SE wird durch Anteilstausch bei Gesellschaftern der Gründungsgesellschaften erreicht.

- Die Leitungs- und Verwaltungsorgane der beteiligten AGs stellen einen Gründungsplan auf, der u.a. die Satzung der künftigen SE, einen Gründungsbericht und ein Abfindungsangebot enthält, wenn der Sitz der Holding-SE im Ausland liegt oder sie selbst abhängig ist i.S.d. § 17 AktG (Art. 32 Abs. 2 SE-VO).
- Der Gründungsplan wird beim Registergericht der beteiligten Gesellschaften zwecks Bekanntmachung eingereicht (Art. 32 Abs. 3 SE-VO).

– Die Haupt- oder Gesellschafterversammlungen der Gründungsgesellschaften stimmen dem Gründungsplan zu (Art. 32 Abs. 6 SE-VO). Der Beschluss kann erst einen Monat nach Bekanntmachung des Gründungsplanes und -berichtes gefasst werden.

– Bei der Anmeldung der Holding-SE haben die Vertretungsorgane zu erklären, dass eine Klage gegen die Wirksamkeit der Zustimmungsbeschlüsse nicht oder nicht fristgemäß erhoben oder eine solche Klage rechtskräftig abgewiesen oder zurückgenommen worden ist.

– Die Gründungsgesellschaften bestehen nach Eintragung der Holding-SE weiter.

Besonderheiten bei der Gründung einer Tochter-SE zu c):

Die Gründung und Anmeldung der Tochter-SE erfolgt ohne vorangehende, besondere Rechtshandlungen oder Formalitäten zum Schutz von Gläubigern oder Minderheitsgesellschaftern. Text der Anmeldung wie hier unten zu a) bei der neu gegründeten SE, jedoch ohne Angabe zum Entstehungsgrund der SE.

Besonderheiten bei der Umwandlung einer bestehenden AG zu d):

Eine SE kann auch durch identitätswahrende Umwandlung ohne Auflösung wie bei einem Formwechsel nach §§ 190 ff. AktG erfolgen; die Sitzverlegung aus Anlass der Umwandlung ist nicht zulässig (Art. 37 Abs. 2 und 3 SE-VO). Der Umwandlungsbeschluss kann erst einen Monat nach Bekanntmachung des Umwandlungsplanes und -berichtes gefasst werden.

Der Text zur Anmeldung zur Umwandlung in eine SE entspricht dem Text in A 145 mit folgenden Maßgaben:

– Die zur Anmeldung verpflichteten Personen werden als Mitglieder des Leitungsorgans/geschäftsführende Direktoren bezeichnet; zur Terminologie vgl. A 149.

– Ergänzende Angabe zum Entstehungsgrund der SE:

Die Gesellschaft ist entstanden durch formwechselnde Umwandlung der … (Bezeichnung der AG nach dem Handelsregister) mit Sitz in … (Ort) (Amtsgericht … (Bezeichnung des Registergerichts und der Registrierungsnummer)) auf Grund des Umwandlungsbeschlusses vom … (Datum).

– Keine Vertretungsbefugnis der Mitglieder des Leitungsorgans/geschäftsführenden Direktoren bei der SE bezüglich § 181 Halbs. 1 Alt. 1 BGB.

– Belehrung durch Notar und Versicherungen der Mitglieder des Leitungsorgans/der geschäftsführenden Direktoren wie bei A 149.

Die Rückumwandlung der SE in eine AG ist zulässig erst zwei Jahre nach Eintragung der SE oder nach Genehmigung der ersten beiden Jahresabschlüsse. Text der Anmeldung wie oben; die ergänzende Angabe zum Entstehungsgrund der AG lautet:

Die Gesellschaft ist entstanden durch formwechselnde Umwandlung der … (Bezeichnung der SE nach dem Handelsregister) mit Sitz in … (Ort) (Amtsgericht … (Bezeichnung des Registergerichts und der Registrierungsnummer)) auf Grund des Umwandlungsbeschlusses vom … (Datum).

TEXT DES ANTRAGES | Zu a) Bei der Einreichung des Verschmelzungsplanes.

M 148.1   Antrag bei Einreichung des Verschmelzungsplans zur Gründung einer SE

In der Registersache der … (Bezeichnung der Aktiengesellschaft nach dem Handelsregister) teilen wir als vertretungsberechtigte Mitglieder des Leitungsorgans/geschäftsführende Direktoren mit, dass beabsichtigt ist, auf der Grundlage des Verschmelzungsplans vom … (Datum) die Gesellschaft und die … (Bezeichnung der anderen zu verschmelzenden Aktiengesellschaften unter Abgabe der Firma, des Sitzes ggf. des Mitgliedstaates, des Registers, Registrierungsnummer) zu einer hierdurch neu gegründeten Europäischen Gesellschaft (SE) unter der Firma … (Bezeichnung) mit Sitz in … (Ort, ggf. Mitgliedstaat) zu verschmelzen.

Es wird beantragt, die Einreichung des vorgenannten Verschmelzungsplanes zusammen mit folgenden Angaben bekannt zu machen:

a) Die sich verschmelzenden Gesellschaften haben folgende Rechtsform, Firma und Sitz: … (Bezeichnungen ergänzen);

b) die Urkunden der sich verschmelzenden Gesellschaften sind hinterlegt bei: … (Angabe des Registers und ggf. der Nummer der Eintragung);

c) folgender Hinweis wird erteilt zu den Modalitäten für die Ausübung der Rechte der Gläubiger der Gesellschaft gemäß Art. 24 der EU-Verordnung vom 8.10.2001 über das Statut der Europäischen Gesellschaft (SE): … (ergänzen); unter folgender Anschrift können erschöpfende Auskünfte über diese Modalitäten kostenlos eingeholt werden: … (ergänzen);

d) folgender Hinweis wird erteilt zu den Modalitäten für die Ausübung der Rechte der Minderheitsaktionäre der Gesellschaft gemäß Art. 24 der EU-Verordnung vom 8.10.2001 über das Statut der Europäischen Gesellschaft (SE): … (ergänzen); unter folgender Anschrift können erschöpfende Auskünfte über diese Modalitäten kostenlos eingeholt werden: … (ergänzen);

e) die Europäische Gesellschaft (SE) wird folgende Firma haben: … (Bezeichnung ergänzen); ihr Sitz wird sein in … (Ort, ggf. Mitgliedstaat);

f) Gläubigern, die einen Anspruch gegen die Gründungsgesellschaft haben, wird Sicherheit geleistet, wenn sie innerhalb von sechs Monaten (Frist gemäß Art. 24 Abs. 1 SE-VO i.V.m. § 22 UmwG) nach Offenlegung der Eintragung (Art. 15 Abs. 2 SE-VO) ihre Forderung dem Grunde und der Höhe nach schriftlich geltend machen. Der Anspruch steht den Gläubigern nur insoweit zu, als sie glaubhaft machen können, dass ihre Ansprüche durch Verschmelzung gefährdet sind und sie nicht bereits Befriedigung verlangen können. Die Anmeldung der Forderung muss an folgende Adresse gerichtet sein: … (Bezeichnung der Person und postalische Adresse)

Angeschlossen reichen wir ein eine elektronisch beglaubigte Abschrift der notariellen Urkunde über den Verschmelzungsplan.

(keine Unterschriftsbeglaubigung nötig)

WER MUSS ANMELDEN | Zu a) bei der neu gegründeten SE: alle Gründer der SE; ferner bei der dualistischen SE (§ 3 SEAG, § 36 Abs. 1 AktG) alle Mitglieder des Aufsichtsorgans und des Leitungsorgans/bei der monistischen SE alle Mitglieder des Verwaltungsrates und alle geschäftsführenden Direktoren (§ 21 Abs. 1 SEAG); zur Terminologie vgl. A 149.

KOSTEN ZU A) BEIM GERICHT | Gebühr für Bekanntmachung des Verschmelzungsplans 50 Euro (GVHR 5006 analog). Ausstellung der Bescheinigung des Gerichts (Art. 25 Abs. 2 SE-VO, § 4 SEAG) bedeutet nach deutscher Rechtsauffassung Erteilung einer Nachricht über die Handelsregistereintragung (*Heckschen*, DNotZ 2003, 251), die kostenfrei ist, der Tatbestand ist auch nicht unter KV 13500 GNotKG einzuordnen.

KOSTEN ZU A) BEIM NOTAR | Wie bei A 130.

TEXT DER ANMELDUNG | Zu a) Bei der neu gegründeten SE.

M 148.2   Anmeldung der Gründung einer SE im Wege der Verschmelzung

Wir, die unterzeichneten Gründer, Mitglieder des Leitungsorgans/geschäftsführenden Direktoren und Mitglieder des Aufsichtsorgans/des Verwaltungsrats melden hiermit die ... (Bezeichnung der SE) mit Sitz in ... (Ort) zur Eintragung in das Handelsregister an.

Die Gesellschaft ist entstanden durch Verschmelzung der ... (Bezeichnung der AGs nach dem Register) mit Sitz in ... (Ort, ggf. Mitgliedstaat) (Amtsgericht ... (Bezeichnung des Registergerichts)) auf Grund des Verschmelzungsplanes vom ... (Datum) und der zustimmenden Beschlüsse der Hauptversammlungen der übertragenden Gesellschaften vom ... (Datum).

Die Geschäftsräume der Gesellschaft befinden sich in ... (PLZ, Ort, Straße mit Hausnummer); dies ist auch die inländische Geschäftsanschrift i.S. des SE-Ausführungsgesetzes. (Ggf. zusätzlich: Empfangsberechtigte Person für Willenserklärungen und Zustellungen i.S. des SE-Ausführungsgesetzes ist ... (Name, Vorname, inländische postalische Adresse))

Vertretung

Die Gesellschaft wird durch zwei Mitglieder des Leitungsorgans/geschäftsführende Direktoren oder durch ein Mitglied des Leitungsorgans/einen geschäftsführenden Direktor gemeinsam mit einem Prokuristen gesetzlich vertreten. Das Aufsichtsorgan/Der Verwaltungsrat kann einzelnen Mitgliedern des Leitungsorgans/geschäftsführenden Direktoren Alleinvertretungsbefugnis erteilen.

Zu Mitgliedern des Leitungsorgans/geschäftsführenden Direktoren der Gesellschaft wurden bestellt:

... (Name, Vorname, Geburtsdatum, Wohnort)

... (Name, Vorname, Geburtsdatum, Wohnort)

Die bestellten Mitglieder des Leitungsorgans/Die geschäftsführenden Direktoren vertreten satzungsgemäß.

Versicherung über Amtsfähigkeit:

Nach Belehrung durch den Notar über die unbeschränkte Auskunftspflicht gegenüber dem Gericht gemäß § 53 Abs. 2 des Bundeszentralregistergesetzes und die Strafbarkeit einer falschen Versicherung wird versichert:

Jedes Mitglied des Leitungsorgans/Jeder geschäftsführende Direktor versichert (zum Zeitpunkt des Zugangs der Anmeldung beim Registergericht), dass

a) keine Umstände vorliegen, aufgrund deren er von dem Amt als Mitglied des Leitungs-organs/geschäftsführender Direktor ausgeschlossen wäre: Während der letzten fünf Jahre wurde im Inland (bzw. im Ausland wegen mit nachstehenden Taten vergleichbaren Straf-taten) keine Verurteilung rechtskräftig gegen ihn wegen einer oder mehrerer vorsätzlich begangener Straftaten

- *des Unterlassens der Stellung des Antrags auf Eröffnung des Insolvenzverfahrens (In-solvenzverschleppung),*

- *nach §§ 283 bis 283d Strafgesetzbuch (wegen Bankrotts, schweren Bankrotts, Verlet-zung der Buchführungspflicht, Schuldner- oder Gläubigerbegünstigung),*

- *der falschen Angaben nach § 82 GmbHG oder § 399 AktG,*

- *der unrichtigen Darstellung nach § 400 AktG, § 331 HGB, § 313 UmwG oder § 17 des Publizitätsgesetzes oder*

- *nach den §§ 263 bis 264a oder den §§ 265b bis 266a StGB (Betrug, Computerbetrug, Subventionsbetrug, Kapitalanlagebetrug, Kreditbetrug, Untreue, Vorenthalten und Veruntreuen von Arbeitsentgelt) zu einer Freiheitsstrafe von mindestens einem Jahr,*

- *er nicht infolge einer Gerichts- oder Verwaltungsentscheidung, die in einem Mitglied-staat ergangen ist, dem Leitungs-, Aufsichts- oder Verwaltungsorgan einer dem Recht eines Mitgliedstaates unterliegenden Aktiengesellschaft nicht angehören darf (Art. 47 Abs. 2 lit. b) SE-VO).*

Dem Mitglied des Leitungsorgans/geschäftsführenden Direktor ist bekannt, dass die Frist von fünf Jahren erst durch den Eintritt der Rechtskraft eines entsprechenden Ur-teils in Lauf gesetzt und dass nicht die Zeit eingerechnet wird, in welcher der Täter auf behördliche Anordnung in einer Anstalt verwahrt wird.

b) Das Mitglied des Leitungsorgans/Der geschäftsführende Direktor versichert weiter, dass ihm weder durch gerichtliches Urteil noch durch vollziehbare Entscheidung einer Verwal-tungsbehörde die Ausübung eines Berufes, Berufszweiges, Gewerbes oder Gewerbezwei-ges untersagt wurde, und somit auch nicht im Bereich des Unternehmensgegenstandes der Gesellschaft;

ferner dass er nicht bei der Besorgung seiner Vermögensangelegenheiten ganz oder teil-weise einem Einwilligungsvorbehalt (§ 1903 BGB) unterliegt und dass er noch nie auf-grund einer behördlichen Anordnung in einer Anstalt verwahrt wurde (Amtsunfähig-keit),

c) er vom beglaubigenden Notar über seine unbeschränkte Auskunftspflicht gegenüber dem Registergericht belehrt worden ist.

Die Vorstandsmitglieder der übertragenden Gesellschaft versichern, dass allen Gläubi-gern, die nach § 8 Abs. 1 Satz 1 SEAG einen Anspruch auf Sicherheitsleistung haben, ei-ne angemessene Sicherheit geleistet wurde.

Urkundenbeilagen jeweils in elektronisch beglaubigter Abschrift:

1. *notarielle Niederschriften über den Verschmelzungsplan, worin die Satzung festgestellt ist, vom … (Datum) über die zustimmenden Beschlüsse der Hauptversammlungen der übertragenden Gesellschaften und vom … (Datum) über die Bestellung des Aufsichts-organs/Verwaltungsrats (nebst Prüfberichten nach § 21 Abs. 2 Satz 3 SEAG),*

2. die Niederschrift über die Sitzung des Aufsichtsorgans/Verwaltungsrats der Gesellschaft, worin die Mitglieder des Leitungsorgans/die geschäftsführenden Direktoren bestellt sind,

3. die Bescheinigungen der ... (Bezeichnung des Registers und der Registrierungsnummer) nach Art. 25 Abs. 2 der EU-Verordnung vom 8.10.2001 über das Statut der Europäischen Gesellschaft (SE) darüber, dass bei der ... (Bezeichnung der übertragenden Gesellschaften) mit Sitz in ... (Ort, ggf. Mitgliedstaat) die der Verschmelzung vorangehenden Rechtshandlungen und Formalitäten durchgeführt wurden.

(Unterschriftsbeglaubigung wie bei A 162 (M 162.1) von den Gründern, Mitgliedern des Leitungsorgans/geschäftsführenden Direktoren und Mitgliedern des Aufsichtsorgans/des Verwaltungsrats)

---

149. Bestellung, Abberufung oder Amtsniederlegung von Organen der SE oder Änderung ihrer Vertretungsbefugnis

HINWEISE | Vertretungsberechtigte Organe der SE können nur natürliche Personen sein (Art. 47 Abs. 1 SE-VO, § 40 Abs. 1 Satz 4 SEAG); sie werden für einen in der Satzung festgelegten Zeitraum bestellt, der sechs Jahre nicht überschreiten darf (Art. 46 Abs. 1 SE-VO). Je nach Struktur der SE werden die zur Vertretung berechtigten Organmitglieder und die Bestellungsorgane unterschiedlich bezeichnet.

Die **dualistische SE** hat wie bei der deutschen AG zwei Organe, auf die das AktG anzuwenden ist: ein Leitungsorgan (Art. 39 Abs. 1 SE-VO, entspricht dem Vorstand der AG) und ein Aufsichtsorgan (Art. 39 Abs. 2 SE-VO, entspricht dem Aufsichtsrat der AG).

Die **monistische SE** hat eine einziges Organ, den Verwaltungsrat (§ 20 SEAG), der die Gesellschaft leitet, die Grundlinien ihrer Tätigkeiten bestimmt und deren Umsetzung überwacht. Die Mitglieder des Verwaltungsrats werden vorbehaltlich der Regelungen des SEBG von der Hauptversammlung bestellt. Ersatzmitglieder können bestellt werden, Stellvertreter jedoch nicht (§ 28 Abs. 3 SEAG). Der Verwaltungsrat bestellt einen oder mehrere Mitglieder des Verwaltungsrats oder Dritte zu geschäftsführenden Direktoren, die die Gesellschaft vertreten. Mitglieder des Verwaltungsrats können zu geschäftsführenden Direktoren bestellt werden, sofern die Mehrheit des Verwaltungsrats weiterhin aus nicht geschäftsführende Direktoren besteht.

WER MUSS ANMELDEN | Mitglieder des Leitungsorgans bzw. geschäftsführende Direktoren in zur Vertretung berechtigter Zahl.

KOSTEN BEIM GERICHT | Wie bei A 132.

KOSTEN BEIM NOTAR | Wie bei A 132.

TEXT DER ANMELDUNG

M 149.1   Anmeldung der Bestellung bzw. Abberufung von Organen einer SE

Durch Beschluss des Aufsichtsorgans/des Verwaltungsrats der Gesellschaft vom … (Datum) wurde … (Name, Vorname, Geburtsdatum, Wohnort) zum ordentlichen Mitglied des Leitungsorgans/zum geschäftsführenden Direktor bestellt.

Das neue Mitglied des Leitungsorgans/Der neue geschäftsführende Direktor vertritt die Gesellschaft mit einem weiteren Mitglied des Leitungsorgans/geschäftsführenden Direktor oder mit einem Prokuristen.

Jedes neue Mitglied des Leitungsorgans/Jeder neue geschäftsführende Direktor versichert (zum Zeitpunkt des Zugangs der Anmeldung beim Registergericht), dass

a) keine Umstände vorliegen, aufgrund deren er von dem Amt als Mitglied des Leitungsorgans/geschäftsführender Direktor ausgeschlossen wäre: Während der letzten fünf Jahre wurde im Inland (bzw. im Ausland wegen mit nachstehenden Taten vergleichbaren Straftaten) keine Verurteilung rechtskräftig gegen ihn wegen einer oder mehrerer vorsätzlich begangener Straftaten

– des Unterlassens der Stellung des Antrags auf Eröffnung des Insolvenzverfahrens (Insolvenzverschleppung),

– nach §§ 283 bis 283d Strafgesetzbuch (wegen Bankrotts, schweren Bankrotts, Verletzung der Buchführungspflicht, Schuldner- oder Gläubigerbegünstigung),

– der falschen Angaben nach § 82 GmbHG oder § 399 AktG,

– der unrichtigen Darstellung nach § 400 AktG, § 331 HGB, § 313 UmwG oder § 17 des Publizitätsgesetzes oder

– nach den §§ 263 bis 264a oder den §§ 265b bis 266a StGB (Betrug, Computerbetrug, Subventionsbetrug, Kapitalanlagebetrug, Kreditbetrug, Untreue, Vorenthalten und Veruntreuen von Arbeitsentgelt) zu einer Freiheitsstrafe von mindestens einem Jahr,

– er nicht infolge einer Gerichts- oder Verwaltungsentscheidung, die in einem Mitgliedstaat ergangen ist, dem Leitungs-, Aufsichts- oder Verwaltungsorgan einer dem Recht eines Mitgliedstaates unterliegenden Aktiengesellschaft nicht angehören darf (Art. 47 Abs. 2 lit. b) SE-VO).

Dem Mitglied des Leitungsorgans/geschäftsführenden Direktor ist bekannt, dass die Frist von fünf Jahren erst durch den Eintritt der Rechtskraft eines entsprechenden Urteils in Lauf gesetzt und dass nicht die Zeit eingerechnet wird, in welcher der Täter auf behördliche Anordnung in einer Anstalt verwahrt wird.

b) Das Mitglied des Leitungsorgans/Der geschäftsführende Direktor versichert weiter, dass ihm weder durch gerichtliches Urteil noch durch vollziehbare Entscheidung einer Verwaltungsbehörde die Ausübung eines Berufes, Berufszweiges, Gewerbes oder Gewerbezweiges untersagt wurde, und somit auch nicht im Bereich des Unternehmensgegenstandes der Gesellschaft;

ferner dass er nicht bei der Besorgung seiner Vermögensangelegenheiten ganz oder teilweise einem Einwilligungsvorbehalt (§ 1903 BGB) unterliegt und dass er noch nie aufgrund einer behördlichen Anordnung in einer Anstalt verwahrt wurde (Amtsunfähigkeit),

c) er vom beglaubigenden Notar über seine unbeschränkte Auskunftspflicht gegenüber dem Registergericht belehrt worden ist.

Urkundenbeilagen:

Angeschlossen ist die elektronisch beglaubigte Abschrift des Beschlusses des Aufsichtsorgans bzw. des Verwaltungsrats (nebst Prüfberichten nach § 21 Abs. 2 Satz 3 SEAG) über die Bestellung des Mitgliedes des Leitungsorgans/des geschäftsführenden Direktors.

(Unterschriftsbeglaubigung wie bei A 162 (M 162.1))

… (Name, Vorname, Geburtsdatum, Wohnort) ist nicht mehr Mitglied des Mitglied des Leitungsorgans/geschäftsführender Direktor.

Wir versichern, dass die Voraussetzungen für die heutige Anmeldung vorliegen.

Urkundenbeilagen jeweils in elektronisch beglaubigter Abschrift:

0 Beschluss des Aufsichtsorgans/des Verwaltungsrats über die Abberufung des Mitgliedes des Leitungsorgans/des geschäftsführenden Direktors.

0 Schreiben des ausgeschiedenen Mitgliedes des Leitungsorgans/des geschäftsführenden Direktors an die Gesellschaft wegen der Niederlegung seines Amtes.

0 Schreiben des ausgeschiedenen Mitgliedes des Leitungsorgans/des geschäftsführenden Direktors an die Gesellschaft wegen der Kündigung seines Amtes.

0 Sterbeurkunde des ausgeschiedenen Mitgliedes des Leitungsorgans/des geschäftsführenden Direktors.

*Die Geschäftsräume der Gesellschaft befinden sich in … (PLZ, Ort und Straße mit Hausnummer); dies ist auch die inländische Geschäftsanschrift i.S. des SE-Ausführungsgesetzes. (Ggf. **zusätzlich:** Empfangsberechtigte Person für Willenserklärungen und Zustellungen i.S. des SE-Ausführungsgesetzes ist … (Name, Vorname, inländische postalische Adresse))*

(Unterschriftsbeglaubigung wie bei A 162 (M 162.1))

---

150. Änderung der Satzung einer SE – auch Sitzverlegung

HINWEISE | Änderungen der Satzung und Kapitalmaßnahmen werden beurkundet und angemeldet wie bei der AG (Art. 9c) ii), 59, 60 SE-VO); vgl. insoweit A 133, A 135 – 144; Mehrheitserfordernisse nach § 51 SEAG.

Bei der Sitzverlegung ist zu unterscheiden: Wird der Sitz der SE im Inland verlegt, ist § 45 AktG anzuwenden; vgl. A 112.

Wird der Sitz in ein anderes Mitgliedsland verlegt (**grenzüberschreitende Sitzverlegung**), reicht eine Satzungsänderung aus; die SE wird weder aufgelöst noch am Zielort neu gegründet (Art. 8 Abs. 1 SE-VO). Vgl. aber A 151 zur Sanktion bei unterlassener Anmeldung der Verlegung des Satzungssitzes. Der Satzungsänderung zwecks Sitzverlegung geht ein *förmliches Verfahren* zur Wahrung der Rechte der Gläubiger und der Minderheitsaktionäre voraus:

– Die Leitungs- und Verwaltungsorgane der SE stellen einen Verlegungsplan auf, der u.a. die vorgesehene Satzung der SE, einen Gründungsbericht und ein Abfindungsangebot enthält (Art. 8 Abs. 2 SE-VO, § 12 SEAG).

– Der Verlegungsplan wird beim Registergericht am bisherigen Sitz zusammen mit den weiteren Angaben zu Art. 8 Abs. 2 SE-VO zwecks Bekanntmachung eingereicht (§ 12 Abs. 1 Satz 3 SEAG).

– Die Bekanntmachung enthält zusätzlich den Hinweis, dass Gläubiger Sicherheit für Forderungen nach § 13 Abs. 1 und 2 SEAG binnen zwei Monaten nach der Bekanntmachung verlangen zu können.

– Die Hauptversammlung der SE fasst einen Verlegungsbeschluss frühestens zwei Monate nach Bekanntmachung des Verlegungsplanes (Art. 8 Abs. 6 Satz 1 SE-VO).

– Das Registergericht am bisherigen Sitz stellt auf Antrag und nach Prüfung der Rechtmäßigkeit eine Bescheinigung über die Durchführung der der Verschmelzung vorangehenden Rechtshandlungen und Formalitäten aus (Art. 8 Abs. 8 SE-VO), wenn die zur Vertretung berechtigten Organe versichern, dass den berechtigten Gläubigern eine angemessene Sicherheit geleistet wurde, und wenn sie erklären, dass eine Klage gegen die Wirksamkeit des Verlegungsbeschlusses nicht oder nicht fristgemäß erhoben oder eine solche Klage rechtskräftig abgewiesen oder zurückgenommen worden ist (§§ 13 Abs. 3, 14 SEAG).

Die SE legt dem am neuen Sitz zuständigen Register die Bescheinigung und meldet die Durchführung der Sitzverlegung zur Eintragung an (Art. 8 Abs. 11 SE-VO). Das Register am Sitz der neuen SE trägt die SE und die Änderung der Satzung infolge Sitzverlegung ein und teilt diese Tatsache dem Register am bisherigen Sitz mit. Erst dann erfolgt deren Löschung.

Eine aufgelöste SE kann ihren Sitz nicht verlegen; entsprechendes gilt bei Zahlungsunfähigkeit, vorläufiger Zahlungseinstellung und ähnlichen, gegen die Gesellschaft eröffnete Verfahren (Art. 8 Abs. 15 SE-VO). Die faktische Sitzverlegung ins Ausland kann zur Auflösung der SE führen, siehe A 151.

151. Auflösung der SE

Hinsichtlich der Gründe, die zur Auflösung der SE führen, der diesbezüglichen Anmeldungen und Eintragungen findet das AktG Anwendung (Art. 63 SE-VO). Fehlende Kontrolle der Rechtmäßigkeit der Verschmelzung kann zur Auflösung der SE führen (Art. 30, 25, 26 SE-VO). Wird der Sitz der SE – ohne Satzungsänderung – faktisch ins Ausland verlegt, stellt das einen Mangel der Satzung dar, der die Auflösung der SE zur Folge hat (Art. 64 SE-VO, § 52 SEAG). Hingegen bleibt die faktische Sitzverlegung im Inland ohne Sanktion, vgl. A 112.

152. Frei

IX. Europäische Wirtschaftliche Interessenvereinigung (EWIV)

153. Gründung einer EWIV

HINWEISE | Rechtsgrundlagen (bei Einführung, mit nachfolgenden Änderungen): Verordnung (EWG) vom 25.7.1985 (ABl. EG Nr. L 199 vom 31.7.1985, S. 1); im Folgenden „EWIV-VO"; Deutsches Gesetz zur Ausführung dieser Verordnung vom 14.4.1988 (BGBl. I 1988, 514, zuletzt geändert durch das MoMiG vom 23.10.2008, BGBl. I 2008, 2026); im Folgenden „EWIV-AG".

Die Firma muss zumindest die Worte „Europäische wirtschaftliche Interessenvereinigung" oder die Abkürzung „EWIV" enthalten, die übrigen Bestandteile wie OHG (hierzu Vorbemerkungen bei B § 18 HGB), also auch reine Sachfirma zulässig; EuGH v. 18.12.1997 – C-402/96, BB 1998, 177 = FGPrax 1998, 71 = NJW 1998, 972 = WM 1998, 345.

Eine EWIV kann gegründet werden:

– von mindestens zwei natürlichen oder juristischen Personen (Art. 4 EWIV-VO);

– von denen mindestens zwei ihre Haupttätigkeit oder Hauptverwaltung in verschiedenen Mitgliedstaaten der EG haben müssen;

– nur zu dem Zweck, die wirtschaftliche Tätigkeit ihrer Mitglieder zu erleichtern oder zu entwickeln sowie die Ergebnisse dieser Tätigkeit zu verbessern; also nicht zu dem Zweck, Gewinne für sich selbst zu erzielen (Art. 3 EWIV-VO). Daraus folgen die in Art. 3 Abs. 2 EWIV-VO genannten Aufgaben- und Tätigkeitsverbote.

WER MUSS ANMELDEN | Alle Geschäftsführer der Vereinigung beim Registergericht ihres Sitzes.

BEIZUFÜGENDE UNTERLAGEN

– Siehe Anmeldungstext; ferner

– Nachweise zur Existenz und zur Vertretung der nicht in der Bundesrepublik ansässigen Mitglieder der Vereinigung.

KOSTEN BEIM GERICHT | Gebühr für Ersteintragung 100 Euro (GVHR 1101); keine Erhöhung bei mehr als 3 einzutragenden Mitgliedern (vgl. Vorbem. 1 Abs. 1 Satz 1 GVHR). Die Anmeldung einer zur Vertretung berechtigten Person und die gleichzeitige Anmeldung ihrer Vertretungsmacht oder deren Ausschluss betreffen eine Tatsache (§ 2 Abs. 3 Nr. 1 HRegGebV).

KOSTEN BEIM NOTAR | Auf die EWIV sind die OHG-Vorschriften entsprechend anzuwenden (§ 1 EWIV-AG), weshalb für die Geschäftswertberechnung § 105 Abs. 3 Nr. 2 GNotKG gilt.

Wegen Beurkundungs- und Vollzugsgebühren sowie Auslagen wie bei A 21. Anmeldung umfasst Anmeldung des Geschäftsführers, der abstrakten und konkreten Vertretungsregelungen und dessen gleichzeitige Versicherung zur Amtsfähigkeit und Belehrung des Notars hierüber (§ 3 Abs. 3 EWIV-AG), notwendiger Erklärungsinhalt und notwendige Erklärungseinheit, gegenstandsgleich i.S.v. § 111 Nr. 3 GNotKG, sofern die Anmeldung vom Notar beurkundet oder entworfen wurde sowie Mitanmeldung der ersten Geschäftsanschrift.

TEXT DER ANMELDUNG

M 153.1　Anmeldung der Gründung einer EWIV

Zur Erst-Eintragung in das Handelsregister – Abt. A – wird angemeldet: Es wurde unter der Firma … (Bezeichnung der EWIV) eine Europäische Wirtschaftliche Interessenvereinigung errichtet.

Die Dauer der Vereinigung ist unbestimmt.

Sitz der Vereinigung ist … (Ort)

Die Geschäftsräume der Vereinigung befinden sich in … (PLZ, Ort, Straße mit Hausnummer); dies ist auch die inländische Geschäftsanschrift i.S.v. § 2 EWIV-AG i.V.m. § 106 Abs. 2 Satz 2 HGB.

Gegenstand der Vereinigung ist: … (schlagwortartige Bezeichnung)

Mitglieder der Vereinigung sind:

… (Name, Geburtsdatum, Firma, Rechtsform, Wohnort oder Sitz, Nummer und Ort der Registereintragung)

… (Name, Geburtsdatum, Firma, Rechtsform, Wohnort oder Sitz, Nummer und Ort der Registereintragung)

Vertretungsbefugnis:

> *Abstrakt: Die Vereinigung hat einen oder mehrere Geschäftsführer. Ist nur ein Geschäftsführer bestellt, so vertritt dieser die Vereinigung allein. Sind mehrere Geschäftsführer bestellt, so wird die Vereinigung durch zwei Geschäftsführer gemeinsam oder durch einen Geschäftsführer in Gemeinschaft mit einem Prokuristen vertreten.*

> *Konkret: Zum ersten Geschäftsführer der Vereinigung wurde bestellt: … (Name, Vorname, Geburtsdatum, Wohnort des Geschäftsführers).*

> *Dieser Geschäftsführer ist berechtigt, die Vereinigung stets allein zu vertreten und kann als Geschäftsführer mit sich im eigenen Namen oder als Vertreter eines Dritten Rechtsgeschäfte vornehmen (Befreiung von den Beschränkungen des § 181 BGB).*

Versicherungen:

Nach Belehrung durch den Notar über die unbeschränkte Auskunftspflicht gegenüber dem Registergericht gemäß § 53 Abs. 2 des Bundeszentralregistergesetzes wird versichert:

Der Geschäftsführer (bei mehreren jeder für sich) versichert, dass keine Umstände vorliegen, die nach Art. 19 Abs. 1 der Verordnung (EWG) Nr. 2137/85 des Rates vom 25.7.1985 über die Schaffung einer Europäischen Wirtschaftlichen Interessenvereinigung (EWIV) – ABl. EG Nr. L 199, S. 1 – seiner Bestellung als Geschäftsführer entgegenstehen; der Geschäftsführer also keine Person ist, die

–　nach dem auf sie anwendbaren Recht oder

–　nach dem innerstaatlichen Recht der Bundesrepublik Deutschland, in der die Vereinigung ihren Sitz hat, oder

– *aufgrund einer in einem Mitgliedstaat ergangenen oder anerkannten gerichtlichen Entscheidung oder Verwaltungsentscheidung*

dem Verwaltungs- oder Leitungsorgan von Gesellschaften nicht angehören darf, Unternehmen nicht leiten darf oder nicht als Geschäftsführer einer Europäischen Wirtschaftlichen Interessenvereinigung handeln darf.

Urkundenbeilagen:

Angeschlossen werden in elektronisch beglaubigter Abschrift vorgelegt:

– *der Gründungsvertrag der Vereinigung,*

– *der Beschluss der Mitglieder der Vereinigung über die Bestellung der ersten Geschäftsführung.*

(Unterschriftsbeglaubigung wie bei A 161 (M 161.1) bzw. A 162 (M 162.1))

154. Eintritt eines weiteren Mitglieds in die EWIV

HINWEIS | Zustimmung aller bisherigen Mitglieder erforderlich. Der Eintretende haftet für die bisherigen Schulden der Vereinigung, soweit dies nicht im Gesellschaftsvertrag oder im Aufnahmevertrag ausgeschlossen und nach Art. 8 EWIV-VO durch Registereintragung offen gelegt wird (Art. 26 Abs. 2, 9 Abs. 1 EWIV-VO, § 15 HGB).

WER MUSS ANMELDEN | Geschäftsführer in der zur Vertretung berechtigten Anzahl (§ 3 Abs. 1 Satz 1 EWIV-AG); hinsichtlich des Haftungsausschlusses ist auch das neue Mitglied anmeldeberechtigt (§ 3 Abs. 2 Satz 2 EWIV-AG).

BEIZUFÜGENDE UNTERLAGEN

– der Vertrag über die Aufnahme des neuen Mitglieds;

– ggf. Nachweis über die Existenz und die Vertretung des neuen Mitglieds;

– Zustimmung der bisherigen Mitglieder der Vereinigung.

KOSTEN BEIM GERICHT | Gebühr für Eintragung eines Mitglieds 60 Euro (GVHR Vorbem. 1 Abs. 1 i.V.m. GVHR 1501); Gebühr für Eintragung eines jeden weiteren Mitglieds jeweils 30 Euro (GVHR Vorbem. 1 Abs. 1 i.V.m. GVHR 1503).

KOSTEN BEIM NOTAR | Geschäftswert nach § 105 Abs. 4 Nr. 3 Halbs. 1 GNotKG 30 000 Euro. Bei Eintritt von mehr als zwei Mitgliedern sind als Geschäftswert 15 000 Euro für jedes eintretende Mitglied anzunehmen (§ 105 Abs. 4 Nr. 3 Halbs. 2 GNotKG); bedeutet Ausnahme zu § 111 Nr. 3 GNotKG, nach dem jede anzumeldende Tatsache ein gesonderter Beurkundungsgegenstand ist und mit mindestens 30 000 Euro zu bewerten wäre. Erklärung über Haftungsausschluss ist gegenstandsverschieden, Geschäftswert nach billigem Ermessen, § 36 Abs. 2, Abs. 3 GNotKG.

Gebühren und Auslagen wie bei A 21.

TEXT DER ANMELDUNG

M 154.1   Anmeldung des Eintritts eines weiteren Mitglieds in eine EWIV

Zur Eintragung in das Handelsregister bei der Europäischen Wirtschaftlichen Interessenvereinigung unter der Firma ... (Bezeichnung der EWIV nach dem Handelsregister) wird angemeldet:

In die Vereinigung ist als weiteres Mitglied eingetreten:

... (Name, Geburtsdatum, Firma, Rechtsform, Wohnort oder Sitz, Nummer und Ort der Registereintragung)

Alle Mitglieder der Vereinigung haben der Aufnahme dieses Mitglieds zugestimmt.

Firma und Sitz der Vereinigung bleiben unverändert. Die Geschäftsräume befinden sich in ... (PLZ, Ort und Straße mit Hausnummer); dies ist auch die inländische Geschäftsanschrift i.S.v. § 2 EWIV-AG i.V.m. § 106 Abs. 2 Satz 2 HGB.

Die Haftung des neu aufgenommenen Mitglieds für die Verbindlichkeiten der Vereinigung, die vor seinem Beitritt entstanden sind, ist ausgeschlossen.

Urkundenbeilagen

Angeschlossen werden in elektronisch beglaubigter Abschrift vorgelegt:

– der Vertrag über die Aufnahme des neuen Mitglieds

– ggf. Nachweis über die Existenz und die Vertretung des neuen Mitglieds

– Zustimmung der bisherigen Mitglieder der Vereinigung

(Unterschriftsbeglaubigung wie bei A 161 (M 161.1) bzw. A 162 (M 162.1))

155. Übertragung des Anteils an einer EWIV

HINWEIS | Übertragung möglich an ein anderes Mitglied der Vereinigung oder an Dritte, aber nur mit Zustimmung der anderen Mitglieder (Art. 22 Abs. 1 EWIV-VO). Teilübertragung unter denselben Voraussetzungen zulässig.

WER MUSS ANMELDEN | Geschäftsführer in vertretungsberechtigter Zahl (§ 3 Abs. 1 Satz 1 EWIV-AG).

BEIZUFÜGENDE UNTERLAGEN

– Übertragungsvertrag;

– Zustimmung der anderen Mitglieder.

KOSTEN BEIM GERICHT | Gebühr für Eintragung des Ausscheidens des Mitglieds 60 Euro (GVHR Vorbem. 1 Abs. 1 i.V.m. GVHR 1501); hinzu für Eintragung des Eintritts eines neuen Mitglieds aufgrund derselben Anmeldung 30 Euro (GVHR Vorbem. 1 i.V.m. GVHR 1503); vgl. § 2 Abs. 2 Satz 2 HRegGebV.

KOSTEN BEIM NOTAR | Geschäftswert nach § 105 Abs. 4 Nr. 3 Halbs. 1 GNotKG 30 000 Euro. Bei Eintritt oder Ausscheiden von mehr als zwei Mitgliedern sind als Geschäftswert 15 000 Euro für jedes eintretende oder ausscheidende Mitglied anzunehmen (§ 105 Abs. 4 Nr. 2 Halbs. 2 GNotKG); bedeutet Ausnahme zu § 111 Nr. 3 GNotKG, nach dem jede anzumeldende Tatsache ein gesonderter Beurkundungsgegenstand ist und mit mindestens 30 000 Euro zu bewerten wäre.

Gebühren und Auslagen wie bei A 21.

TEXT DER ANMELDUNG

M 155.1   Anmeldung der Übertragung des Anteils an einer EWIV

Das Mitglied der Vereinigung

… (Name, Geburtsdatum, Firma, Rechtsform, Wohnort oder Sitz, Nummer und Ort der Registereintragung)

hat seine gesamte Beteiligung an der Vereinigung an

… (Name, Geburtsdatum, Firma, Rechtsform, Wohnort oder Sitz, Nummer und Ort der Registereintragung)

abgetreten und ist aus der Vereinigung ausgeschieden.

… (Name, Geburtsdatum, Firma, Rechtsform, Wohnort oder Sitz, Nummer und Ort der Registereintragung) ist als weiteres Mitglied in die Vereinigung eingetreten.

Alle Mitglieder der Vereinigung haben der Abtretung zugestimmt.

Die Geschäftsräume befinden sich in … (PLZ, Ort und Straße mit Hausnummer); dies ist auch die inländische Geschäftsanschrift i.S.v. § 2 EWIV-AG i.V.m. § 106 Abs. 2 Satz 2 HGB.

Urkundenbeilagen

Angeschlossen werden in elektronisch beglaubigter Abschrift vorgelegt:

– der Vertrag über die Aufnahme des neuen Mitglieds

– ggf. Nachweis über die Existenz und die Vertretung des neuen Mitglieds

– Zustimmung der anderen Mitglieder der Vereinigung

(Unterschriftsbeglaubigung wie bei A 161 (M 161.1) bzw. A 162 (M 162.1))

156. Ausscheiden eines Mitglieds aus EWIV durch Vereinbarung, Kündigung oder Tod

HINWEISE | Kündigung nur zulässig bei entsprechender Regelung im Gründungsvertrag, Zustimmung aller Mitglieder oder bei wichtigem Grund.

Eintritt eines Erben nur möglich bei entsprechender Regelung im Gründungsvertrag oder mit Zustimmung aller Mitglieder (Art. 28 Abs. 2 EWIV-VO). Ausscheiden eines Mitglieds auch bei Verlust der Gesellschaftsvoraussetzungen nach Art. 4 EWIV-VO.

WER MUSS ANMELDEN | Geschäftsführer in vertretungsberechtigter Zahl, anmeldeberechtigt ist auch das ausscheidende Mitglied (§ 3 Abs. 2 EWIV-AG).

BEIZUFÜGENDE UNTERLAGEN

– Vereinbarung aller Mitglieder über das Ausscheiden; oder

– Kündigungsschreiben; oder

– Erbnachweis wie im Anmeldungstext.

KOSTEN BEIM GERICHT | Gebühr für die Eintragung der Tatsache des Ausscheidens 60 Euro (GVHR Vorbem. 1 Abs. 1 i.V.m. GVHR 1501); hinzu für jede Eintragung eines neuen Mitglieds aufgrund derselben Anmeldung 30 Euro (GVHR 1503); vgl. § 2 Abs. 2 Satz 2 HRegGebV.

KOSTEN BEIM NOTAR | Scheidet ein Mitglied aus, Geschäftswert 30 000 Euro (§ 105 Abs. 4 Nr. 3 Halbs. 1 GNotKG); bei Eintritt oder Ausscheiden von mehr als zwei Mitgliedern sind als Geschäftswert 15 000 Euro für jedes eintretende oder ausscheidende Mitglied anzunehmen (§ 105 Abs. 4 Nr. 3 Halbs. 2 GNotKG; bedeutet Ausnahme zu § 111 Nr. 3 GNotKG, nach dem jede anzumeldende Tatsache ein gesonderter Beurkundungsgegenstand ist und mit mindestens 30 000 Euro zu bewerten wäre). Erklärung über Haftungsausschluss ist gegenstandsverschieden, Geschäftswert nach billigem Ermessen, § 36 Abs. 2, Abs. 3 GNotKG. Bei Einwilligung in die Firmenfortführung handelt es sich um eine namensrechtliche Gestattung, die wegen § 111 Nr. 3 GNotKG gesondert bewertet wird; Ermittlung des Geschäftswerts nach billigem Ermessen, § 36 Abs. 2, Abs. 3 GNotKG.

Gebühren und Auslagen wie bei A 21.

TEXT DER ANMELDUNG

M 156.1 Anmeldung des Ausscheidens eines Mitglieds aus einer EWIV

Aus der Vereinigung ist als Mitglied ausgeschieden:

… (Name, Geburtsdatum, Firma, Rechtsform, Wohnort oder Sitz, Nummer und Ort der Registereintragung)

Die Vereinigung besteht weiterhin fort.

Firma und Sitz der Vereinigung bleiben unverändert.

Dem ausgeschiedenen Mitglied ist bekannt, dass er gutgläubigen Dritten für alle Verbindlichkeiten haftet, die sich aus der Tätigkeit der Vereinigung vor seinem Ausscheiden ergeben.

Das ausscheidende Mitglied willigt in die Fortführung der Firma ein.

Die Geschäftsräume befinden sich unverändert in … (PLZ, Ort und Straße mit Hausnummer); dies ist auch die inländische Geschäftsanschrift i.S.v. § 2 EWIV-AG i.V.m. § 106 Abs. 2 Satz 2 HGB.

(Unterschriftsbeglaubigung wie bei A 161 (M 161.1) bzw. A 162 (M 162.1))

oder:

Das Mitglied der Vereinigung

… (Name, Geburtsdatum, Firma, Rechtsform, Wohnort oder Sitz, Nummer und Ort der Registereintragung)

ist durch Tod aus der Vereinigung ausgeschieden.

Die Vereinigung besteht weiterhin fort.

Firma und Sitz der Vereinigung bleiben unverändert.

Als Erben des verstorbenen Mitglieds sind in Erbengemeinschaft in die Vereinigung einge-
treten:

… (Name, Geburtsdatum, Firma, Rechtsform, Wohnort oder Sitz, Nummer und Ort der Re-
gistereintragung)

… (Name, Geburtsdatum, Firma, Rechtsform, Wohnort oder Sitz, Nummer und Ort der Re-
gistereintragung)

Als Erbnachweis wird vorgelegt:

0 Elektronisch beglaubigte Abschrift der Ausfertigung des Erbscheins des Nachlassgerichts
… (Ort) vom … (Erbscheindatum) (wegen des Abschriftenvermerks mit Visualisierungs-
vermerk siehe A 165, dies ausreichend, wenn zwischen dieser Beglaubigung und der Re-
gisteranmeldung nur eine kurze Zeitspanne liegt).

0 Elektronisch beglaubigte Abschrift der von der Ausstellungsbehörde … (Ort) erteilten be-
glaubigten Abschrift des Europäischen Nachlasszeugnisses vom … (Datum des Europäi-
schen Nachlasszeugnisses) (wegen des Abschriftenvermerks mit Visualisierungsvermerk
siehe A 166 (M 166.1)), dies ausreichend, wenn zwischen dieser Beglaubigung und der
Registeranmeldung nur eine kurze Zeitspanne liegt).

0 Elektronisch beglaubigte Abschrift der beglaubigten Abschrift der notariellen Verfügung
von Todes wegen vom … (Datum) mit elektronisch beglaubigter Abschrift der beglau-
bigten Abschrift des Eröffnungsprotokolls des Nachlassgerichts … (Ort) vom … (Datum
des Protokolls).

0 Elektronisch beglaubigte Zustimmung der Mitglieder der Vereinigung.

Die Geschäftsräume befinden sich unverändert in … (PLZ, Ort und Straße mit Hausnum-
mer); dies ist auch die inländische Geschäftsanschrift i.S.v. § 2 EWIV-AG i.V.m. § 106 Abs. 2
Satz 2 HGB.

(Unterschriftsbeglaubigung wie bei A 162 (M 162.1))

---

157. Bestellung eines Geschäftsführers einer EWIV

HINWEISE | Nur natürliche Personen als Geschäftsführer möglich. Mangels abweichen-
der Regelung des Gesellschaftsvertrages gilt Einzelvertretungsbefugnis.

Keine Beschränkung der Vertretungsmacht gegenüber Dritten möglich, auch nicht bei
entsprechender Eintragung oder Bekanntmachung (Art. 20 EWIV-VO).

WER MUSS ANMELDEN | Geschäftsführer in vertretungsberechtigter Zahl.

BEIZUFÜGENDE UNTERLAGEN | Siehe Anmeldungstext.

KOSTEN BEIM GERICHT | Gebühr für Eintragung des Geschäftsführers 60 Euro (GVHR
Vorbem. 1 Abs. 1 i.V.m. GVHR 1501); hinzu für jeden weiteren Geschäftsführer aufgrund derselben Anmeldung Eintragungsgebühr mit 30 Euro (GVHR 1503).

KOSTEN BEIM NOTAR | Geschäftswert: 30 000 Euro (§ 105 Abs. 4 Nr. 3 Halbs. 1 GNot-KG). 0,5-Beurkundungsgebühr umfasst Anmeldung des Geschäftsführers, seiner konkreten Vertretungsbefugnis sowie dessen gleichzeitige Versicherung zur Amtsfähigkeit und seine Belehrung durch Notar (§ 3 Abs. 3 EWIV-AG), notwendiger Erklärungsinhalt und notwendige Erklärungseinheit, gegenstandsgleich i.S.v. § 111 Nr. 3 GNotKG, sofern die Anmeldung vom Notar beurkundet oder entworfen wurde.

Werden mehrere Geschäftsführer abberufen oder neu bestellt, dann ist jede einzelne Änderung mit dem Geschäftswert nach § 105 Abs. 4 Nr. 3 Halbs. 1 GNotKG (30 000 Euro für jede Tatsache) zu bewerten und zu addieren (§ 35 Abs. 1, § 86 Abs. 2, § 111 Nr. 3 GNotKG; § 109 Abs. 2 Satz 1 Nr. 4 GNotKG gilt nur für Beschlüsse, nicht aber für Registeranmeldungen), beachte die Höchstgeschäftswertbestimmung mit 1 Million Euro (§ 106 GNotKG).

Gebühren und Auslagen wie bei A 21; umfasst Anmeldung und gleichzeitige Versicherung des neuen Geschäftsführers zu seiner Amtsfähigkeit samt seiner Belehrung, wenn der Notar den Entwurf der Registeranmeldung gefertigt hat.

Gesonderte 0,3-Vollzugsgebühr nach KV 22114 GNotKG *bzw. 0,6-Vollzugsgebühr* nach KV 22125 GNotKG, höchstens 250 Euro, für XML-Strukturdatei aus Geschäftswert der Anmeldung; für die Übermittlung der XML-Datei fällt keine Dokumentenpauschale an.

TEXT DER ANMELDUNG

M 157.1　　Anmeldung der Bestellung eines Geschäftsführers einer EWIV

Zum Geschäftsführer ist bestellt worden: … (Name, Vorname, Geburtsdatum, Wohnort des neuen Geschäftsführers)

Der Geschäftsführer ist berechtigt, die Vereinigung stets allein zu vertreten und kann als Geschäftsführer mit sich im eigenen Namen oder als Vertreter eines Dritten Rechtsgeschäfte vornehmen (Befreiung von den Beschränkungen des § 181 BGB).

Versicherungen:

Nach Belehrung durch den Notar über die unbeschränkte Auskunftspflicht gegenüber dem Registergericht gemäß § 53 Abs. 2 des Bundeszentralregistergesetzes wird versichert:

Der Geschäftsführer (bei mehreren jeder für sich) versichert, dass keine Umstände vorliegen, die nach Art. 19 Abs. 1 der Verordnung (EWG) Nr. 2137/85 des Rates vom 25.7.1985 über die Schaffung einer Europäischen Wirtschaftlichen Interessenvereinigung (EWIV) – ABl. EG Nr. L 199, S. 1 – seiner Bestellung als Geschäftsführer entgegenstehen; der Geschäftsführer also keine Person ist, die

- *nach dem auf sie anwendbaren Recht oder*

- *nach dem innerstaatlichen Recht der Bundesrepublik Deutschland, in der die Vereinigung ihren Sitz hat, oder*

- *aufgrund einer in einem Mitgliedstaat ergangenen oder anerkannten gerichtlichen Entscheidung oder Verwaltungsentscheidung dem Verwaltungs- oder Leitungsorgan von Gesellschaften nicht angehören darf, Unternehmen nicht leiten darf oder nicht als Geschäftsführer einer Europäischen Wirtschaftlichen Interessenvereinigung handeln darf.*

Urkundenbeilagen:

Angeschlossen ist die elektronisch beglaubigte Abschrift des Beschlusses der Mitglieder der Vereinigung über die Bestellung des Geschäftsführers.

Die Geschäftsräume befinden sich unverändert in … (PLZ, Ort und Straße mit Hausnummer); dies ist auch die inländische Geschäftsanschrift i.S.v. § 2 EWIV-AG i.V.m. § 106 Abs. 2 Satz 2 HGB.

(Unterschriftsbeglaubigung wie bei A 161 (M 161.1) bzw. A 162 (M 162.1))

---

158. Änderung des Gründungsvertrages einer EWIV

HINWEISE | Beschlüsse über die in Art. 17 Abs. 2 EWIV-VO genannten Gegenstände müssen einstimmig durch alle Mitglieder gefasst werden. Für andere Fälle kann der Gründungsvertrag Beschlussfähigkeit und Mehrheiten regeln.

WER MUSS ANMELDEN | Geschäftsführer in vertretungsberechtigter Zahl.

BEIZUFÜGENDE UNTERLAGEN | Siehe Anmeldungstext.

KOSTEN BEIM GERICHT | Gebühr für Eintragung der Tatsache 60 Euro (GVHR Vorbem. 1 Abs. 1 i.V.m. GVHR 1501). Betrifft die Eintragung eine Tatsache ohne wirtschaftliche Bedeutung wie z.B. Änderung des Namens oder Wohnorts eines Mitglieds der EWIV, dann Gebühr von 30 Euro (GVHR 1504).

KOSTEN BEIM NOTAR | Geschäftswert: 30 000 Euro (§ 105 Abs. 4 Nr. 3 Halbs. 1 GNotKG). Gebühren und Auslagen wie bei A 21.

Wird die Bezeichnung der Vereinigung geändert, weil sich z.B. der Ortsname geändert hat, dann Geschäftswert lediglich 5 000 Euro (§ 105 Abs. 5 GNotKG), beachte die Mindestgebühr von 30 Euro bei KV 21201 Nr. 5 bzw. 24102 GNotKG bzw. 20 Euro bei KV 25100 GNotKG. Für die Erstellung der XML-Strukturdaten gilt der allgemeine Mindestbetrag einer Gebühr von 15 Euro nach § 34 Abs. 5 GNotKG. Im Übrigen Gebühren und Auslagen wie bei A 21.

TEXT DER ANMELDUNG

M 158.1   Anmeldung der Änderung des Gründungsvertrages einer EWIV

Die Mitglieder der Vereinigung haben am … (Datum) die Änderung des Gründungsvertrags in § … (Zahl und schlagwortartige Bezeichnung der Änderung) beschlossen.

Urkundenbeilagen

Angeschlossen sind die elektronisch beglaubigte Abschrift des vollständigen Wortlauts des geänderten Gründungsvertrages und der Änderungsbeschluss.

Die Geschäftsräume befinden sich unverändert in … (PLZ, Ort und Straße mit Hausnummer); dies ist auch die inländische Geschäftsanschrift i.S.v. § 2 EWIV-AG i.V.m. § 106 Abs. 2 Satz 2 HGB.

(Unterschriftsbeglaubigung wie bei A 161 (M 161.1) bzw. A 162 (M 162.1))

159. Auflösung der EWIV

HINWEISE | Die aufgelöste EWIV wird abgewickelt, vgl. Art. 31, 35 EWIV-VO, § 2 Abs. 3 Nr. 4 und 5 EWIV-AG. Ergänzend gelten §§ 131 ff. HGB.

WER MUSS ANMELDEN | Abwickler in vertretungsberechtigter Zahl oder jedes Mitglied der Vereinigung (§ 3 Abs. 2 Satz 1 EWIV-AG).

BEIZUFÜGENDE UNTERLAGEN | Siehe Anmeldetext.

KOSTEN BEIM GERICHT | Gebühr für die Eintragung der Tatsache der Auflösung mit Abwicklung 60 Euro (GVHR Vorbem. 1 Abs. 1 i.V.m. GVHR 1501). Gebühr für Eintragung der Abwickler je 30 Euro (GVHR 1503); die gleichzeitige Anmeldung der Vertretungsmacht der Abwickler ist nicht zu bewerten (§ 2 Abs. 3 Nr. 1 HRegGebV). Eintragung des Schlusses der Abwicklung gebührenfrei (GVHR Vorbem. 1 Abs. 4).

KOSTEN BEIM NOTAR | Geschäftswert: 1% des eingetragenen Stammkapitals, mindestens 30 000 Euro, höchstens 1 Million Euro (§ 105 Abs. 4 Nr. 3, § 106, § 111 Nr. 3 GNotKG). Anmeldung der Auflösung der ist gegenstandsgleich mit der Abmeldung eines jeden Geschäftsführers und der Anmeldung dieser Personen zu Abwicklern (notwendige Erklärungseinheit, BGH v. 18.10.2016 – II ZB 18/15, ZIP 2016, 2359); Gegenstandsverschiedenheit der einzelnen Anmeldetatbestände nur bei Anmeldung Dritter als Abwickler, dann Addition der Geschäftswerte (§ 86 Abs. 2, § 111 Nr. 3 GNotKG), zusammen höchstens 1 Million Euro, vgl. OLG München v. 17.11.2015 – 32 Wx 313/15 Kost, ZNotP 2015, 438 m. Anm. *Fackelmann*. Gebühren und Auslagen wie bei A 21.

TEXT DER ANMELDUNG

M 159.1   Anmeldung der Auflösung einer EWIV

1. Die Vereinigung ist durch Beschluss sämtlicher Mitglieder der Vereinigung aufgelöst.

2. Die Vertretungsbefugnis des bisherigen Geschäftsführers ist erloschen. Die Prokura von … (Name, Vorname, Geburtsdatum, Wohnort) ist erloschen.

3. Zu Abwicklern wurden bestellt: … (Name, Vorname, Geburtsdatum, Wohnort der Abwickler)

4. Vertretungsrecht:

Die allgemeine Vertretungsregelung ist geändert. Die Geschäftsführer sind nicht mehr berechtigt, die Vereinigung zu vertreten.

Jeder Abwickler vertritt die Vereinigung jeweils einzeln. Einem Abwickler kann Befreiung von den Beschränkungen des § 181 BGB erteilt werden.

Die Abwickler ... (jeweils Name, Vorname, Geburtsdatum, Wohnort) sind jeweils einzel-vertretungsberechtigt. Diese Personen sind befugt, die Vereinigung bei der Vornahme von Rechtsgeschäften mit sich selbst oder als Vertreter eines Dritten uneingeschränkt zu vertreten (Befreiung von den Beschränkungen des § 181 BGB).

Versicherungen:

Nach Belehrung durch den Notar über die unbeschränkte Auskunftspflicht gegenüber dem Gericht gemäß § 53 Abs. 2 des Bundeszentralregistergesetzes wird versichert:

Der Abwickler (bei mehreren jeder für sich) versichert, dass keine Umstände vorliegen, die nach Art. 19 Abs. 1 der Verordnung (EWG) Nr. 2137/85 des Rates vom 25.7.1985 über die Schaffung einer Europäischen Wirtschaftlichen Interessenvereinigung (EWIV) – ABl. EG Nr. L 199, S. 1 – seiner Bestellung als Abwickler entgegenstehen; der Abwickler also keine Person ist, die

– nach dem auf sie anwendbaren Recht oder

– nach dem innerstaatlichen Recht der Bundesrepublik Deutschland, in der die Vereinigung ihren Sitz hat, oder

– aufgrund einer in einem Mitgliedstaat ergangenen oder anerkannten gerichtlichen Entscheidung oder Verwaltungsentscheidung dem Verwaltungs- oder Leitungsorgan von Gesellschaften nicht angehören darf, Unternehmen nicht leiten darf oder nicht als Abwickler einer Europäischen Wirtschaftlichen Interessenvereinigung handeln darf.

Urkundenbeilagen:

Angeschlossen ist die elektronisch beglaubigte Abschrift des Beschlusses der Mitglieder der Vereinigung über die Auflösung der Vereinigung und die Bestellung der Abwickler.

Die Geschäftsräume befinden sich unverändert in ... (PLZ, Ort und Straße mit Hausnummer); dies ist auch die inländische Geschäftsanschrift i.S.v. § 2 EWIV-AG i.V.m. § 106 Abs. 2 Satz 2 HGB.

(Unterschriftsbeglaubigung wie bei A 161 (M 161.1) bzw. A 162 (M 162.1))

X. Umwandlungen

160. Fundstellen im Buch und allgemeine Hinweise

Das UmwG stellt hohe Anforderungen an den Schutz von Gläubigern, Minderheitsgesellschaftern, Arbeitnehmern und ihren Vertretungen, die sich niederschlagen in präzisen Vorgaben für den Inhalt von Anmeldungen bei Umwandlungsvorgängen und die außerdem nach Art der beteiligten Rechtsträger sehr differenziert sind. Aus den fast 300 möglichen Umwandlungsformen sind in diesem Buch die **Umwandlungsfälle** mit konkreten Anmeldemustern und Hinweisen aufgeführt, die **in der Praxis am häufigsten nachgefragt** werden.

FUNDSTELLEN ZU UMWANDLUNGSVORGÄNGEN MIT ANMELDEMUSTERN IM TEIL A

	OHG/KG	GmbH	AG
Verschmelzung	A 92a	A 92a, A 123, A 124, A 125	A 145
Spaltung	A 92a	A 92a	A 144
Ausgliederung		A 22, A 23, A 92a	
Formwechsel	A 92a	A 92a, A 123, A 124	A 145

HINWEISE | Siehe zunächst Rechtsprechungsübersicht im Teil B zum UmwG.

Die Möglichkeiten zur Verschmelzung, Spaltung, Vermögensübertragung und zum Formwechsel eines Rechtsträgers sind nach geltendem Recht beschränkt auf inländische Rechtsträger und auf die im UmwG oder einem anderen Gesetz ausdrücklich zugelassenen Fälle (§ 1 Abs. 2 UmwG; Ausnahmen bilden die SE, vgl. A 148 und die grenzüberschreitenden Verschmelzungen nach §§ 122a ff. UmwG). Grenzüberschreitende Sitzverlegung mit gleichzeitigem Formwechsel sind auf der Grundlage der Niederlassungsfreiheit aus Art. 49, 54 AEUV nach EuGH v. 12.7.2012 – C-378/10 „Vale", GmbHR 2012, 860 unter bestimmten Voraussetzungen zulässig (siehe auch B § 3 GmbHG Nr. 2 und 3). Muster für Zuzug und Wegzug einer GmbH siehe A 129.

Außerhalb des UmwG gibt es gesellschaftsrechtliche Vorgänge, die zu Gesamtrechtsnachfolgen führen und teilweise steuerlich wie Vorgänge nach dem UmwG behandelt werden. Beispiele A 33 und A 75 (alle Gesellschafter einer OHG/KG scheiden mit Ausnahme eines Gesellschafters aus, der das Geschäft als Einzelunternehmer fortführt: Gesellschaft wird liquidationslos beendet; Vermögen geht durch Anwachsung nach § 738 BGB auf den Inhaber über); A 74 und A 81 (alle Kommanditisten übertragen ihre Anteile auf die Komplementär-GmbH; ebenfalls Anwachsung). Überblick bei *Böhringer*, BWNotZ 2016, 154, 159.

Die Beteiligung an einer Verschmelzung setzt die Fortsetzungsfähigkeit des Rechtsträgers voraus, vgl. B § 3 Abs. 3 UmwG.

Vertretung bei der Anmeldung ist außer in den ausdrücklich gesetzlich zugelassenen Fällen (§ 16 Abs. 1 Satz 2 UmwG) auch generell zulässig, soweit nicht der Inhalt der Erklärungen und Versicherungen eine höchstpersönliche Wahrnehmung verlangt (*Melchior*, GmbHR 1999, 520).

Die **Einreichung der Anmeldung** einer Verschmelzung durch den Notar ist wegen der Frist aus § 17 Abs. 2 Satz 4 UmwG mit Haftungsrisiken verbunden, vgl. B § 17 Abs. 2 UmwG Nr. 4.

Für die **steuerliche Anerkennung der Umwandlung** ist eine Eintragung in das Handelsregister innerhalb derselben Frist nicht erforderlich. §§ 2 Abs. 1, 9 Satz 3 UmwStG gehen von der Relevanz des steuerlichen Übertragungs- bzw. Umwandlungsstichtages aus, der identisch ist mit § 17 Abs. 2 Satz 4 UmwG, und ordnen eine steuerliche Rückwirkung an. Aus steuerlicher Sicht ist regelmäßig von der Maßgeblichkeit der – späteren – wirksamen und unumkehrbaren gesellschaftsrechtlichen Eintragung in das Handelsregister auszugehen (BMF-Schreiben vom 11.11.2011, BStBl. I 2011, 1314, Rdnr. 01.02, 01.06, 02.02 und 02.11), vgl. auch B § 20 UmwG.

XI. Beglaubigungsvermerke

161. Unterschriftsbeglaubigung einer Person

M 161.1 Unterschriftsbeglaubigung für eine Person

Ich beglaubige öffentlich als echt und als heute vor mir eigenhändig vollzogen die Unterschrift von

… (Name, Vorname, Geburtsdatum, Wohnort und Privatadresse oder Geschäftsanschrift)

Ausweis: … (alternativ angeben: persönlich bekannt/Bundespersonalausweis/deutscher Reisepass)

162. Unterschriftsbeglaubigung mehrerer Personen

M 162.1 Unterschriftsbeglaubigung für mehrere Personen

Ich beglaubige öffentlich als echt und als heute vor mir eigenhändig vollzogen die Unterschriften von

… (Name, Vorname, Geburtsdatum, Wohnort und Privatadresse oder Geschäftsanschrift)

… (Name, Vorname, Geburtsdatum, Wohnort und Privatadresse oder Geschäftsanschrift)

Ausweis: … (alternativ für jede Person angeben: persönlich bekannt/Bundespersonalausweis/deutscher Reisepass)

XII. Elektronische Beglaubigungsvermerke
(§ 12 Abs. 2 Satz 2 Halbs. 2 HGB)

163. Beglaubigungsvermerk über Gesamturkunde

M 163.1   Beglaubigungsvermerk über Gesamturkunde nach § 12 Abs. 2 Satz 2 Halbs. 2 HGB

Ich beglaubige hiermit die Übereinstimmung dieser elektronischen Aufzeichnung mit der mir heute vorliegenden … (Urschrift/Ausfertigung/beglaubigten Abschrift) vom … (Datum).

… (Ort, Datum, Dienstsiegel und Unterschrift des Notars)

164. Beglaubigungsvermerk mit Vorlagebestätigung (bei Vollmachten)

M 164.1   Beglaubigungsvermerk mit Bestätigung der Vorlage einer Vollmacht

Ich beglaubige hiermit die Übereinstimmung dieser elektronischen Aufzeichnung mit der mir am heutigen Tag in … (Urschrift/Ausfertigung der Vollmacht) vorliegenden Vollmacht vom … (Datum)

… (Ort, Datum, Dienstsiegel und Unterschrift des Notars)

165. Beglaubigungsvermerk mit Vorlagebestätigung (bei Erbschein)

M 165.1   Beglaubigungsvermerk mit Bestätigung der Vorlage eines Erbscheins

Ich beglaubige hiermit die Übereinstimmung dieser elektronischen Aufzeichnung mit dem mir am heutigen Tag in Ausfertigung vorliegenden Erbschein des Amtsgerichts – Nachlassgericht – … (Ort) vom … (Datum) (Gz. Nr. …).

… (Ort, Datum, Dienstsiegel und Unterschrift des Notars)

166. Beglaubigungsvermerk mit Vorlagebestätigung (bei Europäischem Nachlasszeugnis)

M 166.1   Beglaubigungsvermerk mit Bestätigung der Vorlage eines Europäischen Nachlasszeugnisses

Ich beglaubige hiermit die Übereinstimmung dieser elektronischen Aufzeichnung mit der von … (Bezeichnung der Ausstellungsbehörde und Ort) erteilten beglaubigten Abschrift des Europäischen Nachlasszeugnisses vom … (Datum des Europäischen Nachlasszeugnisses); ich bestätige, dass mir heute die beglaubigte Abschrift dieses Europäischen Nachlasszeugnisses vorlag.

… (Ort, Datum, Dienstsiegel und Unterschrift des Notars)

167. Auszugsbeglaubigungsvermerk

M 167.1   Beglaubigungsvermerk über Auszug einer Urkunde nach § 12 Abs. 2 Satz 2 Halbs. 2 HGB, § 42 Abs. 3 BeurkG

Ich beglaubige hiermit auszugsweise die Übereinstimmung dieser elektronischen Aufzeichnung mit der mir heute vorliegenden … (Urschrift/Ausfertigung/beglaubigten Abschrift) vom … (Datum). Gegenstand des Auszugs ist … (Bezeichnung des Urkundenteils). Es wird bezeugt, dass die Urkunde über diesen Gegenstand keine weiteren Bestimmungen enthält.

… (Ort, Datum, Dienstsiegel und Unterschrift des Notars)

168. Einfache elektronische Aufzeichnung (§ 12 Abs. 2 Satz 2 Halbs. 1 HGB)

M 168.1   Bescheinigung über Erstellung einer einfachen elektronischen Aufzeichnung nach § 12 Abs. 2 Satz 2 Halbs. 1 HGB

Die einfache elektronische Aufzeichnung von … (Bezeichnung des Schriftstückes) wurde von … (Bezeichnung des einreichenden Notars oder der sonst einreichenden Person) am … (Datum) erstellt.

XIII. Bescheinigungen des Notars

169. Vertretungsbescheinigung (§ 21 Abs. 1 Nr. 1 BNotO)

M 169.1 Vertretungsbescheinigung des Notars nach § 21 Abs. 1 Nr. 1 BNotO

Aufgrund meiner heutigen Einsicht in die elektronische Datei des Handelsregisters des Amtsgerichts ... (Ort) HRB ... (Nummer) bescheinige ich, dass Herr Max Mustermann, geb. am ... (Datum), wohnhaft in ... (Ort) als Geschäftsführer und Herr Manfred Maier, geb. am ... (Datum), wohnhaft in ... (Ort) als Prokurist gemeinschaftlich berechtigt sind, die ... (Bezeichnung der Firma nach dem Handelsregister) mit Sitz in ... (Ort) zu vertreten.

... (Ort, Datum, Dienstsiegel und Unterschrift des Notars)

170. Firmenbescheinigung (§ 21 Abs. 1 Nr. 2 BNotO)

M 170.1 Firmenbescheinigung des Notars nach § 21 Abs. 1 Nr. 2 BNotO bei Personenhandelsgesellschaft

Aufgrund meiner heutigen Einsicht in die elektronische Datei des Handelsregisters des Amtsgerichts ... (Ort) HRA ... (Nummer) bescheinige ich Folgendes:

Die Firma ... (Bezeichnung der Firma nach dem Handelsregister) mit Sitz in ... (Ort) ist am ... (Datum) in das Handelsregister eingetragen worden. Persönlich haftende Gesellschafter sind Max Mustermann, geb. am ... (Datum), wohnhaft in ... (Ort) und Manfred Maier, geb. am ... (Datum), wohnhaft in ... (Ort). Sie sind gemeinsam vertretungsberechtigt. Kommanditisten sind: Hans Müller, geb. am ... (Datum), wohnhaft in ... (Ort), mit einer Kommanditeinlage von ... (Geldbetrag) Euro und Anna Schulze, geb. am ... (Datum), wohnhaft in ... (Ort), mit einer Kommanditeinlage von ... (Geldbetrag) Euro. Prokuristen sind laut Registereintragung vom ... (Datum) die Herren Anton Mustermann, geb. am ... (Datum), wohnhaft in ... (Ort), und Bernd Mustermann, geb. am ... (Datum), wohnhaft in ... (Ort). Jeder von ihnen ist einzelvertretungsberechtigt.

... (Ort, Datum, Dienstsiegel und Unterschrift des Notars)

M 170.2 Firmenbescheinigung des Notars nach § 21 Abs. 1 Nr. 2 BNotO bei Kapitalgesellschaft

Aufgrund meiner heutigen Einsicht in die elektronische Datei des Handelsregisters des Amtsgerichts ... (Ort) HRB ... (Nummer) bescheinige ich Folgendes:

Die Firma ... (Bezeichnung der Firma nach dem Handelsregister) mit Sitz in ... (Ort) ist am ... (Datum) in das Handelsregister eingetragen worden. Geschäftsführer/Vorstand sind Max

Mustermann, geb. am ... (Datum), wohnhaft in ... (Ort) und Manfred Maier, geb. am ...
(Datum), wohnhaft in ... (Ort). Sie sind einzelvertretungsberechtigt und von den Beschrän-
kungen des § 181 BGB befreit (Bei Vorstand nur Befreiung vom Verbot der Mehrfachvertre-
tung). Prokuristen sind laut Registereintragung vom ... (Datum) die Herren Anton Muster-
mann, geb. am ... (Datum), wohnhaft in ... (Ort), und Bernd Mustermann, geb. am ...
(Datum), wohnhaft in ... (Ort). Jeder von ihnen ist einzelvertretungsberechtigt.

... (Ort, Datum, Dienstsiegel und Unterschrift des Notars)

171. Umwandlungsbescheinigung (§ 21 Abs. 1 Nr. 2 BNotO)

M 171.1   Umwandlungsbescheinigung des Notars nach § 21 Abs. 1 Nr. 2 BNotO

Ich bescheinige aufgrund meiner heutigen Einsicht in die elektronische Datei des Handels-
registers des Amtsgerichts ... (Ort) HRB ... (Nummer) und HRA ... (Nummer) Folgendes:

Die ... (Bezeichnung der GmbH/AG nach dem Handelsregister) mit Sitz in ... (Ort), vormals
eingetragen im Handelsregister des Amtsgerichts ... (Ort) HRB ... (Nummer), ist in eine offene
Handelsgesellschaft unter der Firma ... (Bezeichnung der OHG/KG nach dem Handelsregister)
mit Sitz in ... (Ort) HRA ... (Nummer) umgewandelt worden. Persönlich haftende Gesellschaf-
ter sind Max Mustermann, geb. am ... (Datum), wohnhaft in ... (Ort) und Manfred Maier, geb.
am ... (Datum), wohnhaft in ... (Ort). Sie sind gemeinsam vertretungsberechtigt. Die offene
Handelsgesellschaft hat mit ihrer Eintragung in das Handelsregister am ... (Datum) begon-
nen; die ... (Bezeichnung der GmbH/AG nach dem Handelsregister) ist am gleichen Tag erlo-
schen und im Handelsregister gelöscht worden.

... (Ort, Datum, Dienstsiegel und Unterschrift des Notars)

172. Vollmachtsbescheinigung (§ 21 Abs. 3 BNotO)

M 172.1   Vollmachtsbescheinigung des Notars nach § 21 Abs. 3 BNotO

Aufgrund meiner heutigen Einsicht in die mir in Ausfertigung vorliegende Vollmacht von ...
(Bezeichnung des Vollmachtgebers mit Vor- und Zuname, Geburtstag und Wohnort), beur-
kundet von Notar ... (Name, Amtssitz, Urkundendatum und Urkundenrolle, Jahrgang und
Name des unterzeichnenden Notars) bescheinige ich, dass ... (Bezeichnung des Bevoll-
mächtigten mit Vor- und Zuname, Geburtstag und Wohnort) zur Vertretung des Vollmacht-
gebers einzeln und uneingeschränkt vertretungsberechtigt und von den Beschränkungen
des § 181 BGB befreit ist sowie Untervollmachten erteilen darf.

... (Ort, Datum, Dienstsiegel und Unterschrift des Notars)

173. Satzungsbescheinigung bei GmbH (§ 54 GmbHG)

M 173.1   Bescheinigung des Notars nach § 54 Abs. 1 Satz 2 GmbHG mit Änderung einzelner Bestimmungen des GmbH-Gesellschaftsvertrags

Bescheinigung nach § 54 Abs. 1 Satz 2 GmbHG

für die ... (Bezeichnung der GmbH nach dem Handelsregister) mit Sitz in ... (Ort), eingetragen im Handelsregister des Amtsgerichts ... (Ort) unter HRB ... (Nummer)

Ich bescheinige hiermit für die beigefügte Satzung, dass die geänderten Bestimmungen des Gesellschaftsvertrags mit dem von mir beurkundeten Beschluss über die Änderung des Gesellschaftsvertrags vom ... (Datum) – ... (Urkundenrolle, Jahrgang und Name des unterzeichnenden Notars) – und die unveränderten Bestimmungen mit dem zuletzt zum Handelsregister eingereichten vollständigen Wortlaut des Gesellschaftsvertrags übereinstimmen.

... (Ort, Datum, Dienstsiegel und Unterschrift des Notars)

M 173.2   Bescheinigung des Notars nach § 54 Abs. 1 Satz 2 GmbHG bei Neufassung des GmbH-Gesellschaftsvertrags

Bescheinigung nach § 54 Abs. 1 Satz 2 GmbHG

für die ... (Bezeichnung der GmbH nach dem Handelsregister) mit Sitz in ... (Ort), eingetragen im Handelsregister des Amtsgerichts ... (Ort) unter HRB ... (Nummer)

Ich bescheinige hiermit für die beigefügte neu gefasste Satzung, dass diese neu gefasste Satzung mit dem von mir beurkundeten Gesellschafterbeschluss vom ... (Datum) – ... (Urkundenrolle, Jahrgang und Name des unterzeichnenden Notars) – übereinstimmt und die nicht geänderten Bestimmungen mit dem zuletzt zum Handelsregister eingereichten vollständigen Wortlaut des Satzungsteils des Gesellschaftsvertrages übereinstimmen. Es handelt sich um eine vollständige Satzungsneufassung.

... (Ort, Datum, Dienstsiegel und Unterschrift des Notars)

174. Satzungsbescheinigung bei Änderung des Musterprotokolls (§ 54 GmbHG)

M 174.1 Bescheinigung des Notars nach § 54 Abs. 1 Satz 2 GmbHG bei Änderung einzelner Bestimmungen des Musterprotokolls (wie z.B. Firma, Sitz, Gegenstand, Stammkapital, Vertretungsregelung)

Bescheinigung nach § 54 Abs. 1 Satz 2 GmbHG

für die ... (Bezeichnung der Unternehmergesellschaft nach dem Handelsregister) mit Sitz in ... (Ort), eingetragen im Handelsregister des Amtsgerichts ... (Ort) unter HRB ... (Nummer)

Ich bescheinige hiermit für die beigefügte Satzung, dass die geänderten Bestimmungen des Gesellschaftsvertrags mit dem von mir beurkundeten Beschluss über die Änderung des Musterprotokolls vom ... (Datum) – ... (Urkundenrolle, Jahrgang und des unterzeichnenden Notars) – und die unveränderten Bestimmungen mit dem zuletzt zum Handelsregister eingereichten vollständigen Wortlaut des Musterprotokolls übereinstimmen.

... (Ort, Datum, Dienstsiegel und Unterschrift des Notars)

M 174.2 Bescheinigung des Notars nach § 54 Abs. 1 Satz 2 GmbHG bei Ersetzung des Musterprotokolls durch Gesellschaftsvertrag (Neufassung)

Bescheinigung nach § 54 Abs. 1 Satz 2 GmbHG

für die ... (Bezeichnung der Unternehmergesellschaft nach dem Handelsregister) mit Sitz in ... (Ort), eingetragen im Handelsregister des Amtsgerichts ... (Ort) unter HRB ... (Nummer)

Ich bescheinige hiermit für die beigefügte neu gefasste Satzung, dass diese neu gefasste Satzung mit dem von mir beurkundeten Gesellschafterbeschluss vom ... (Datum) – ... (Urkundenrolle, Jahrgang Name und des unterzeichnenden Notars) – übereinstimmt und die nicht geänderten Bestimmungen mit dem zuletzt zum Handelsregister eingereichten vollständigen Wortlaut des Satzungsteils des Musterprotokolls übereinstimmen. Es handelt sich um eine vollständige Satzungsneufassung....

... (Ort, Datum, Dienstsiegel und Unterschrift des Notars)

175. Satzungsbescheinigung (§ 181 AktG)

M 175.1   Bescheinigung des Notars nach § 181 Abs. 1 Satz 2 AktG bei Änderung einzelner Bestimmungen der AG-Satzung

Bescheinigung nach § 181 Abs. 1 Satz 2 AktG

für die ... (Bezeichnung der Aktiengesellschaft nach dem Handelsregister) mit Sitz in ... (Ort), eingetragen im Handelsregister des Amtsgerichts ... (Ort) unter HRB ... (Nummer)

Ich bescheinige hiermit für die beigefügte Satzung, dass die geänderten Bestimmungen der beigefügten Satzung mit dem von mir beurkundeten Beschluss der Hauptversammlung der Gesellschaft vom ... (Datum) – ... (Urkundenrolle, Jahrgang und Name des unterzeichnenden Notars) – und die unveränderten Bestimmungen mit dem zuletzt zum Handelsregister eingereichten vollständigen Wortlaut der Satzung übereinstimmen.

... (Ort, Datum, Dienstsiegel und Unterschrift des Notars)

M 175.2   Bescheinigung des Notars nach § 181 Abs. 1 Satz 2 AktG bei Neufassung der AG-Satzung

Bescheinigung nach § 181 Abs. 1 Satz 2 AktG

für die ... (Bezeichnung der Aktiengesellschaft nach dem Handelsregister) mit Sitz in ... (Ort), eingetragen im Handelsregister des Amtsgerichts ... (Ort) unter HRB ... (Nummer)

Ich bescheinige hiermit für die beigefügte neu gefasste Satzung, dass diese neu gefasste Satzung mit dem von mir beurkundeten Beschluss der Hauptversammlung vom ... (Datum) – ... (Urkundenrolle, Jahrgang und Name des unterzeichnenden Notars) – übereinstimmt und die nicht geänderten Bestimmungen mit dem zuletzt zum Handelsregister eingereichten vollständigen Wortlaut der Satzung übereinstimmen. Es handelt sich um eine vollständige Satzungsneufassung.

... (Ort, Datum, Dienstsiegel und Unterschrift des Notars)

XIV. Gesellschafterlisten (GmbH)

M 176.1 Gesellschafterliste bei Gründung einer GmbH nach § 8 Abs. 1 Nr. 3 GmbHG

Gesellschafterliste der ... (Bezeichnung der GmbH nach dem Handelsregister) mit Sitz in ... (Ort), eingetragen im Handelsregister des Amtsgerichts ... (Ort) unter HRB ... (Nummer)

Gesellschafter				Lfd. Nummer der Geschäftsanteile	Nennbetrag der Geschäftsanteile in Euro
Name	Vorname	Geburtsdatum	Wohnort		

... (Ort), den ... (Datum)
Geschäftsführer (Unterschrift)

M 177.1 Gesellschafterliste einer GmbH bei Änderung durch die Geschäftsführer nach § 40 Abs. 1 GmbHG

Gesellschafterliste der ... (Bezeichnung der GmbH nach dem Handelsregister) mit Sitz in ... (Ort), eingetragen im Handelsregister des Amtsgerichts ... (Ort) unter HRB ... (Nummer)

Gesellschafter				Lfd. Nummer der Geschäftsanteile	Nennbetrag der Geschäftsanteile in Euro
Name	Vorname	Geburtsdatum	Wohnort		

... (Ort), den ... (Datum)

Geschäftsführer (Unterschrift)

---

178. Änderungsliste, erstellt von Urkundsnotar mit Bescheinigung (§ 40 Abs. 2 GmbHG)

M 178.1   Gesellschafterliste einer GmbH bei Änderung durch den Notar nach § 40 Abs. 2 GmbHG

Gesellschafterliste der ... (Bezeichnung der GmbH nach dem Handelsregister) mit Sitz in ... (Ort), eingetragen im Handelsregister des Amtsgerichts ... (Ort) unter HRB ... (Nummer)

Gesellschafter				Lfd. Nummer der Geschäftsanteile	Nennbetrag der Geschäftsanteile in Euro
Name	Vorname	Geburtsdatum	Wohnort		

Bescheinigung gemäß § 40 Abs. 2 Satz 2 GmbHG:

Ich bescheinige hiermit, dass die vorstehende Gesellschafterliste den Veränderungen entspricht, an denen ich durch meine Urkunde vom heutigen Tage – Urkundenrolle ... (Jahrgang und Nummer) – mitgewirkt habe, und dass die übrigen Angaben in der Liste mit dem Inhalt der zuletzt beim Handelsregister aufgenommenen Liste übereinstimmen.

... (Ort, Datum, Dienstsiegel und Unterschrift des Notars)

---

179. Änderungsliste bei Kapitalerhöhung (§ 40 Abs. 2 GmbHG)

M 179.1   Gesellschafterliste bei Kapitalerhöhung einer GmbH

Gesellschafterliste der ... (Bezeichnung der GmbH nach dem Handelsregister) mit Sitz in ... (Ort), eingetragen im Handelsregister des Amtsgerichts ... (Ort) unter HRB ... (Nummer)

nach der Kapitalerhöhung vom ... (Datum)

Gesellschafter				Lfd. Nummer der Geschäftsanteile	Nennbetrag der Geschäftsanteile in Euro
Name	Vorname	Geburtsdatum	Wohnort		

Bescheinigung gemäß § 40 Abs. 2 Satz 2 GmbHG:

Ich bescheinige hiermit, dass die geänderten Eintragungen in der vorstehenden Gesellschafterliste mit Eintragung der Kapitalerhöhung vom … (Datum) – … (Urkundenrolle, Jahrgang und Name des unterzeichnenden Notars) – in das Handelsregister am … (Datum) den Veränderungen entsprechen, an denen der unterzeichnende Notar mitgewirkt hat, und die übrigen Eintragungen der vorstehenden Gesellschafterliste mit dem Inhalt der zuletzt beim Handelsregister aufgenommenen Liste übereinstimmen.

… (Ort, Datum, Dienstsiegel und Unterschrift des Notars)

180. Übernehmerliste bei Kapitalerhöhung (§ 57 Abs. 3 Nr. 2 GmbHG)

M 180.1 Übernehmerliste der Geschäftsführer bei Kapitalerhöhung einer GmbH nach § 57 Abs. 3 Nr. 2 GmbHG

Liste der neu übernommenen Geschäftsanteile der … (Bezeichnung der GmbH nach dem Handelsregister) mit Sitz in … (Ort), eingetragen im Handelsregister des Amtsgerichts … (Ort) unter HRB … (Nummer)

bzgl. der Kapitalerhöhung vom … (Datum)

Gesellschafter				Lfd. Nummer der neuen Geschäftsanteile	Nennbetrag der neu übernommenen Geschäftsanteile in Euro
Name	Vorname	Geburtsdatum	Wohnort		

… (Ort), den … (Datum)

Geschäftsführer (Unterschrift)

XV. Listen der Aufsichtsratsmitglieder

181. Erste Liste der Aufsichtsratsmitglieder (§ 37 Abs. 4 Nr. 3a AktG)

M 181.1   Erste Liste Aufsichtsratsmitglieder bei Gründung einer AG nach § 37 Abs. 4 Nr. 3a AktG

Liste der ersten Mitglieder des Aufsichtsrats der ... (Bezeichnung der Aktiengesellschaft nach dem Handelsregister) mit Sitz in ... (Ort), eingetragen im Handelsregister des Amtsgerichts ... (Ort) unter HRB ... (Nummer)

Zu Mitgliedern des Aufsichtsrats wurden bestellt:				
Name	*Vorname*	*Geburtsdatum*	*Wohnort*	*Ausgeübter Beruf*
Vorsitzender des Aufsichtsrats ist: (Vorname, Name)				
Stellvertretender Vorsitzender des Aufsichtsrats ist: (Vorname, Name)				

... (Ort), den ... (Datum)

Vorstand in vertretungsberechtigter Anzahl (Unterschriften)

182. Änderungsliste zu den Mitgliedern des Aufsichtsrats (§ 106 AktG bzw. § 52 Abs. 3 Satz 2 GmbHG)

M 182.1 Liste der Aufsichtsratsmitglieder einer AG oder GmbH bei Änderungen nach § 106 AktG bzw. § 52 Abs. 3 Satz 2 GmbHG

Liste der Aufsichtsratsmitglieder der ... (Bezeichnung der Aktiengesellschaft bzw. GmbH nach dem Handelsregister) mit Sitz in ... (Ort), eingetragen im Handelsregister des Amtsgerichts ... (Ort) unter HRB ... (Nummer)

Mitglieder des Aufsichtsrats sind nunmehr:				
Name	Vorname	Geburtsdatum	Wohnort	Ausgeübter Beruf
Vorsitzender des Aufsichtsrats ist: ... (Vorname, Name)				
Stellvertretender Vorsitzender des Aufsichtsrats ist: ... (Vorname, Name)				

... (Ort), den ... (Datum)

Vorstand bzw. Geschäftsführer in vertretungsberechtigter Anzahl (Unterschriften)

XVI. Zeichnungsschein und Zeichnerverzeichnis (§§ 185, 188 AktG)

183. Zeichnungsschein bei Kapitalerhöhung (§ 185 AktG)

M 183.1 Zeichnungsschein bei Kapitalerhöhung (§ 185 AktG)

Zeichnungsschein der ... (Bezeichnung der AG nach dem Handelsregister) mit Sitz in ... (Ort), eingetragen im Handelsregister des Amtsgerichts ... (Ort) unter HRB ... (Nummer)

Die ordentliche Hauptversammlung der Gesellschaft hat am ... (Datum) beschlossen, das Grundkapital der Gesellschaft von ... Euro gegen Bareinlagen um ... Euro durch Ausgabe ... (Anzahl) neuer, auf den Namen lautender Stückaktien zu erhöhen. (Bei genehmigtem Kapital ist die Ermächtigung der Satzung bei Gründung oder durch Beschluss der Hauptversammlung zur Ausgabe neuer Aktien zu benennen). Der Ausgabebetrag beträgt ... Euro je Aktie, der Gesamtausgabebetrag beträgt ... Euro. Die Einzahlungen auf die neuen Aktien sind in voller Höhe des auf die einzelnen Aktien entfallenden Ausgabebetrages sofort in bar zu leisten. Die neuen Aktien sind ab dem ... (Datum) gewinnberechtigt.

... (Name des Zeichners) zeichnet und übernimmt hiermit ... (Anzahl) Stück neue auf den Namen lautende Stückaktien der ... AG (Bezeichnung der Aktiengesellschaft) mit Gewinnberechtigung ab ... (Datum) zum Ausgabebetrag von ... Euro je Aktie, d.h. insgesamt ... Euro.

Der Gesamtausgabebetrag in Höhe von ... Euro wird nach Bestätigung der Zeichnung ohne weitere Aufforderung auf das Konto ... der ... AG bei der ... (Bank) eingezahlt.

Die Zeichnung wird unverbindlich, wenn die Durchführung der Erhöhung des Grundkapitals nicht bis zum ... (Datum) in das Handelsregister eingetragen ist.

... (Ort), den ... (Datum)

Unterschrift des Zeichners

184. Verzeichnis der Zeichner (§ 188 Abs. 3 Nr. 1 AktG)

M 184.1 Verzeichnis der Zeichner (§ 188 Abs. 3 Nr. 1 AktG)

... (Bezeichnung der Aktiengesellschaft nach dem Handelsregister) mit Sitz in ... (Ort), eingetragen im Handelsregister des Amtsgerichts ... (Ort) unter HRB ... (Nummer)

Verzeichnis der Zeichner der neuen Aktien aus der Kapitalerhöhung vom ... (Datum)

Zeichner	Anzahl der Aktien	Geleistete Einzahlung in Euro	Gesamtausgabebetrag in Euro

... (Ort), den ... (Datum)

Vorstand in vertretungsberechtigter Anzahl (Unterschriften)

Teil B

Gerichtsentscheidungen zum Handelsregisterrecht

Gerichtsentscheidungen zu Vorschriften, die inzwischen aufgehoben oder geändert sind, werden, soweit sie Bedeutung behalten haben, den neuen Vorschriften bzw. Gesetzen zugeordnet.

I. Bürgerliches Gesetzbuch (BGB)

§ 29 BGB Bestellung eines Notvertreters

§ 29 BGB Nr. 1 (Voraussetzungen der Bestellung)

1. Wird ein neuer Geschäftsführer wegen eines internen Streits nicht bestellt, kommt die Bestellung eines Notgeschäftsführers nur ausnahmsweise in Betracht.

2. Für die Anmeldung zum Handelsregister, dass ein Gesellschafter nicht mehr Geschäftsführer ist, kann ein Notgeschäftsführer bestellt werden, wenn kein anmeldeberechtigter Geschäftsführer vorhanden ist.

3. In der Regel ist der Notgeschäftsführer nur für konkret zu bezeichnende Aufgaben zu bestellen.

4. Ein Antrag auf Bestellung eines Notgeschäftsführers ist zurückzuweisen, wenn sich trotz Ausschöpfung der gebotenen Ermittlungsmöglichkeiten keine geeignete und zur Übernahme des Amts bereite Person findet.

OLG München v. 11.9.2007 – 31 Wx 49/07, GmbHR 2007, 1271 = Rpfleger 2008, 140.

§ 29 BGB Nr. 2 (Dringender Fall)

a) Voraussetzung für die Bestellung eines Notgeschäftsführers für eine GmbH in entsprechender Anwendung von § 29 BGB ist, dass ein für die organschaftliche Vertretung der GmbH unentbehrlicher Geschäftsführer fehlt oder aus rechtlichen oder tatsächlichen Gründen an der Geschäftsführung gehindert ist und dass die Gesellschaftsorgane selbst nicht in der Lage sind, innerhalb einer angemessenen Frist den Mangel zu beseitigen.

BayObLG v. 28.8.1997 – 3Z BR 1/97, GmbHR 1997, 1002. Einberufung der Versammlung nach § 50 Abs. 3 GmbHG durch Gesellschafter selbst muss zunächst versucht werden; KG v. 7.3.1907, OLG 14, 366.

b) Ein dringender Fall für die Bestellung eines Notgeschäftsführers einer GmbH liegt nur vor, wenn die Gesellschaftsorgane selbst nicht in der Lage sind, innerhalb einer angemessenen Frist den Mangel zu beseitigen und der Gesellschaft oder einem Beteiligten ohne Notgeschäftsführerbestellung Schaden drohen würde oder eine alsbald erforderliche Handlung nicht vorgenommen werden könnte.

OLG Zweibrücken v. 30.9.2012 – 3 W 119/11, GmbHR 2012, 691.

§ 29 BGB Nr. 3 (Ermittlung bereiter Personen durch das Registergericht)

Benennt der Antragsteller keine geeignete und zur Übernahme des Amtes bereite Person, so haben die Tatsachengerichte eine solche unter Beteiligung der Organe des Handelsstandes und des Handwerksstandes zu ermitteln. Der Ermittlungspflicht sind nach Lage des Falles dadurch Grenzen gesetzt, dass sich der Vergütungsanspruch des Notgeschäftsführers allein gegen die Gesellschaft richtet.

OLG Hamm v. 4.12.1995 – 15 W 399/95, GmbHR 1996, 210. Aber keine Bestellung eines Gesellschafters gegen seinen Willen, KG Berlin v. 4.4.2000 – 1 W 3052/99, GmbHR 2000, 660 und KG Berlin v. 9.1.2001 – 1 W 2002/00, GmbHR 2001, 252.

§ 29 BGB Nr. 4 (Umfang der gerichtlichen Ermittlung)

Die Ablehnung der Bestellung eines Notgeschäftsführers für eine GmbH durch das Registergericht ist rechtlich nicht zu beanstanden, wenn eine zur Übernahme des Amts geeignete und bereite Person weder vom Antragsteller vorgeschlagen noch durch die Tatsacheninstanzen auch unter Beteiligung der Organe des Handelsstandes gefunden werden kann.

OLG Frankfurt/M v. 27.7.2005 – 20 W 280/05, GmbHR 2006, 204.

§ 29 BGB Nr. 5 (Verhältnis zur Prozesspflegschaft)

Die Bestellung eines Prozesspflegers für eine GmbH wird nicht dadurch ausgeschlossen, dass (auch) die Bestellung eines Notgeschäftsführers (analog) § 29 BGB in Betracht kommt.

OLG Zweibrücken v. 22.1.2007 – 4 W 6/07, GmbHR 2007, 544. Ebenso OLG München v. 13.6.2007 – 7 W 1719/07, GmbHR 2007, 1108.

§ 181 BGB Insichgeschäft

§ 181 BGB Nr. 1 (Eintragungsfähigkeit)

Die Befreiung des Alleingesellschafter-Geschäftsführers von dem Verbot, Geschäfte der Gesellschaft mit beschränkter Haftung mit sich selbst abzuschließen, ist im Handelsregister einzutragen. Nicht wirksam beschlossen und eingetragen werden kann, dass der Geschäftsführer befreit sein soll, wenn er alleiniger Gesellschafter ist.

BGH v. 28.2.1983 – II ZB 8/82, BGHZ 87, 59 = GmbHR 1983, 269.

§ 181 BGB Nr. 2 (Eintragung der eingeschränkten Befreiung)

Die Befreiung des Geschäftsführers einer GmbH vom Selbstkontrahierungsverbot gemäß § 181 BGB ist auch dann in das Handelsregister einzutragen, wenn sie nur in beschränktem Umfang erteilt worden ist.

OLG Düsseldorf v. 1.7.1994 – 3 Wx 20/93, GmbHR 1995, 51 = DNotZ 1995, 237. Siehe auch B § 181 BGB Nr. 13.

§ 181 BGB Nr. 3 (Ermächtigung zur Befreiung)

Die in der Satzung festgelegte Ermächtigung zur Befreiung eines jeden Geschäftsführers von den Beschränkungen des § 181 BGB durch Beschluss der Gesellschafterversammlung braucht nicht zur Eintragung im Handelsregister angemeldet zu werden. Nur die aufgrund einer solchen Ermächtigung erteilte Befreiung selbst ist anzumelden und einzutragen.

BayObLG v. 28.1.1982 – BReg 1 Z 126/81, GmbHR 1982, 257.

Ebenso BayObLG v. 7.5.1984 – BReg 3 Z 163/83, GmbHR 1985, 116 und OLG Frankfurt/M v. 7.10.1993 – 20 W 175/93, Rpfleger 1994, 170 = GmbHR 1994, 118.

§ 181 BGB Nr. 4 (Satzungsänderung erforderlich)

Die nachträgliche generelle Befreiung des Geschäftsführers einer GmbH von den Beschränkungen des § 181 BGB ist i.d.R. eine Satzungsänderung, die nur unter den Voraussetzungen der §§ 53, 54 GmbHG wirksam wird.

BayObLG v. 17.7.1980 – BReg 1 Z 69/80, Rpfleger 1980, 427; KG Berlin v. 21.3.2006 – 1 W 252/05, GmbHR 2006, 653.

Ebenso OLG Köln v. 2.10.1992 – 2 Wx 33/92, GmbHR 1993, 37 für die Ermächtigung zur Befreiung von § 181 BGB.

Ebenso OLG Frankfurt/M v. 8.12.1982 – 20 W 132/82, ZIP 1983, 182. Vgl. auch B § 181 BGB Nr. 10.

Dies gilt nicht für die Befreiung für den Einzelfall, KG Berlin v. 23.8.2001 – 8 U 8644/99, GmbHR 2002, 327.

Nach BGH v. 18.11.1999 – IX ZR 402/97, GmbHR 2000, 136 = DNotZ 2001, 483, muss die Satzungsgrundlage nicht abstrakt formuliert sein; ein notariell beurkundeter Gesellschafterbeschluss, der einen konkreten Geschäftsführer befreit, ist nach seinem objektiven Inhalt eine Satzungsänderung.

§ 181 BGB Nr. 5 (Fortwirkung für Ein-Personen-Gesellschaft)

Die dem Geschäftsführer einer mehrgliedrigen GmbH durch die Satzung erteilte und ins Handelsregister eingetragene Befreiung vom Verbot des Insichgeschäfts erlischt nicht dadurch, dass der Geschäftsführer Alleingesellschafter der GmbH wird.

BGH v. 8.4.1991 – II ZB 3/91, BGHZ 114, 171 = ZIP 1991, 650 = GmbHR 1991, 261.

§ 181 BGB Nr. 6 (Keine Fortwirkung der Befreiung bei Liquidation)

Die gesellschaftsvertragliche Regelung über die Befreiung der GmbH-Geschäftsführer von den Beschränkungen des § 181 BGB lässt sich nicht auf den (geborenen) Liquidator erstrecken. Die Regelungen des Gesellschaftsvertrages hinsichtlich der Geschäftsführung lassen sich auch dann nicht auf die Liquidation übertragen, wenn die bisherigen Geschäftsführer als geborene Liquidatoren tätig werden.

OLG Köln v. 21.9.2016 – 2 Wx 377/16, GmbHR 2016, 1273.

Satzungsgrundlage für Vertretungsregelung ist mindestens zeitgleich mit Beschluss über konkrete Vertretungsbefugnis zu schaffen: B § 181 BGB Nr. 4. Entsprechendes gilt in Bezug auf Einzelvertretungsbefugnis: B § 68 GmbHG Nr. 1.

§ 181 BGB Nr. 7 (Befreiung des Komplementärs bei GmbH & Co. KG)

1. Ist es dem Geschäftsführer der Komplementär-GmbH einer GmbH &. Co. KG gestattet, Rechtsgeschäfte mit sich im eigenen Namen und der KG vorzunehmen, kann diese Befreiung von dem Verbot des Selbstkontrahierens im Handelsregister der KG eingetragen werden.

2. Eine solche Eintragung setzt eine Anmeldung voraus, die aus sich selbst verständlich ist und nicht durch die Eintragung in einem anderen Registerblatt unrichtig werden kann. Die Eintragung der Befreiung eines namentlich benannten Geschäftsführers ist daher nicht zulässig (Ergänzung von BayObLGZ 1999, 349 = Rpfleger 2000, 115).

BayObLG v. 7.4.2000 – 3Z BR 77/00, Rpfleger 2000, 394 = GmbHR 2000, 731. Ebenso OLG Hamburg v. 29.4.1986 – 2 W 3/86, DNotZ 1986, 1451 und OLG Hamm v. 21.2.1983 – 15 W 87/82, Rpfleger 1983, 280.

§ 181 BGB Nr. 8 (Anmeldungen zum Handelsregister)

Gesetzliche Vertreter eines minderjährigen Gesellschafters können Anmeldungen zum Handelsregister im eigenen Namen als Mitgesellschafter und zugleich namens des Minderjährigen tätigen. Die §§ 181, 1795, 1630 BGB stehen dem nicht entgegen.

BayObLG v. 21.5.1970 – BReg 2 Z 24/70, NJW 1970, 1796 = DNotZ 1971, 107.

Siehe auch B § 1822 BGB Nr. 1 und 3.

§ 181 BGB Nr. 9 (Befreiung für Geschäfte zwischen KG und GmbH)

1. Mit der Registerbeschwerde kann eine Ergänzung der Eintragung im Handelsregister verlangt werden, wenn die Vertretungsverhältnisse der Gesellschaft (hier: Befreiung vom Verbot des Selbstkontrahierens bei Verträgen zwischen der Kommanditgesellschaft und ihrer Komplementär-GmbH) dort nur unvollständig verlautbart werden.

2. Der Rechtsverkehr darf erwarten, dass die eintragungspflichtige Tatsache einer Befreiung von der Beschränkung des § 181 BGB im Handelsregister mit der erforderlichen Klarheit zum Ausdruck gebracht wird.

OLG Köln v. 22.2.1995 – 2 Wx 5/95, GmbHR 1996, 218.

§ 181 BGB Nr. 10   (Befreiung des Alleingesellschafters durch Satzungs-
                        ermächtigung und Beschluss)

Der Alleingesellschafter-Geschäftsführer einer GmbH kann durch Beschluss der Gesellschafterversammlung wirksam vom Verbot des Selbstkontrahierens befreit werden, wenn
die Satzung die Gesellschafterversammlung zu einer solchen Beschlussfassung ermächtigt.

OLG Hamm v. 27.4.1998 – 15 W 79/98, GmbHR 1998, 682; vgl. auch B § 181 BGB Nr. 4.

§ 181 BGB Nr. 11   (Gesellschafterbeschlüsse)

1. § 181 BGB findet Anwendung, wenn sich der gesetzliche Vertreter des Gesellschafters
einer GmbH mit dessen Stimme zum Geschäftsführer bestellt.

2. Bei der Einmann-Gesellschaft hat eine auf § 181 BGB beruhende Unwirksamkeit der
Stimmabgabe die Unwirksamkeit des Beschlusses zur Folge.

BayObLG v. 17.11.2000 – 3ZBR 271/00, GmbHR 2001, 72.

Nach OLG München v. 8.5.2012 – 31 Wx 69/12, DNotZ 2012, 793 benötigt auch der Vorstand einer AG die Ermächtigung bzw. Genehmigung durch den Aufsichtsrat wegen des
Interessenkonflikts nach § 181 BGB.

§ 181 BGB Nr. 12   (Gesellschafterbeschlüsse)

§ 181 BGB findet Anwendung, wenn sich ein Gesellschafter, der von anderen Gesellschaftern zu ihrer Vertretung in Gesellschafterversammlungen bevollmächtigt ist, mit
den Stimmen seiner Vollmachtgeber zum Geschäftsführer der Gesellschaft bestellt.

BGH v. 24.9.1990 – II ZR 167/89, BGHZ 112, 339 = GmbHR 1991, 60.

§ 181 BGB Nr. 13   (Eintragung einer beschränkten Befreiung)

Die Vertretungsbefugnis des Geschäftsführers einer GmbH ist nach § 10 Abs. 1 Satz 2
GmbHG im Handelsregister einzutragen. Dabei stellt auch die Befreiung vom Selbstkontrahierungsverbot gemäß § 181 BGB eine eintragungspflichtige Tatsache dar. Ob die Befreiung von § 181 BGB generell erteilt wird oder ob sie sich auf bestimmte Arten von Geschäften der GmbH bzw. auf die Vertretung gegenüber bestimmten Dritten beschränkt,
ist für die Eintragungspflicht unerheblich. Der Umfang der Vertretungsbefugnis wie der
Befreiung vom Verbot des § 181 BGB muss sich dabei ohne Zuhilfenahme der Anmeldungsunterlagen und ohne Kenntnis sonstiger tatsächlicher Umstände aus dem
Handelsregister selbst ergeben. Daraus folgt, dass bei der Befreiung vom Selbstkontrahierungsverbot mit Beschränkung auf Geschäfte mit bestimmten Dritten, diese bei der
Anmeldung konkret zu benennen und einzutragen sind.

OLG Stuttgart v. 18.10.2007 – 8 W 412/07, GmbHR 2007, 1270 = DNotZ 2008, 303.
Siehe auch B § 181 BGB Nr. 2.

§ 181 BGB Nr. 14   (Verbundene Unternehmen)

Bei einer Eintragung ins Handelsregister anzumeldenden Befreiung vom Verbot der Mehrfachvertretung gegenüber Beteiligungsunternehmen nach der Vorschrift des § 181 Fall 2 BGB ist klarzustellen, gegenüber welcher Beteiligungsgesellschaft die Befreiung gelten soll.

OLG Düsseldorf v. 30.11.2009 – 3 Wx 195/09, GmbHR 2010, 313.

§ 181 BGB Nr. 15   (Musterprotokoll)

1. Die im vereinfachten Verfahren nach Musterprotokoll vorgesehene Befreiung des Geschäftsführers von dem Verbot des Insichgeschäfts (§ 181 BGB) betrifft den Gründungsgeschäftsführer der Gesellschaft.

2. Wird dieser nach Beendigung des Gründungsakts abberufen, wirkt die Befreiung von den Beschränkungen des § 181 BGB nicht für den Nachfolgegeschäftsführer.

OLG Hamm v. 4.11.2010 – 15 W 436/10, GmbHR 2011, 87 = Rpfleger 2011, 330.

So schon OLG Stuttgart v. 28.4.2009 – 8 W 116/09, GmbHR 2009, 827 = DNotZ 2010, 71.

Auch keine Fortwirkung der Befreiung für den Erst-Geschäftsführer bei Bestellung eines weiteren Geschäftsführers einer Musterprotokoll-GmbH, OLG Nürnberg v. 15.7.2015 – 12 W 1208/15, GmbHR 2015, 1279.

§ 1068 BGB Nießbrauch an Rechten

§ 1068 BGB Nr. 1   (Nießbrauch an Kommanditanteil)

Der Nießbrauch an einem Kommanditanteil ist im Handelsregister wegen der dem Nießbraucher zustehenden Verwaltungsrechte eintragungsfähig.

OLG Stuttgart v. 28.1.2013 – 8 W 25/13, DNotZ 2013, 793 = NotBZ 2013, 199.

Bestätigt durch OLG Oldenburg v. 9.3.2015 – 12 W 51/15, GmbHR 2015, 591. A.A. OLG München v. 8.8.2016 – 31 Wx 204/16, GmbHR 2016, 1267. Siehe auch Einl. Rz. 36.

§ 1068 BGB Nr. 2   (Vermerk über Nießbrauch in GmbH-Gesellschafterliste)

Die Belastung eines GmbH-Geschäftsanteils mit einem Nießbrauchsrecht ist im Hinblick auf die Gesellschafterliste eintragungsfähig; ob sie auch eintragungspflichtig ist, bleibt offen.

LG Aachen v. 6.4.2009 – 44 T 1/09, GmbHR 2009, 1218.

§ 1822 BGB Genehmigung des Familiengerichts

§ 1822 BGB Nr. 1 (Vertragsänderung)

1. Die Abänderung eines Gesellschaftsvertrages durch einstimmigen Gesellschafts-beschluss stellt ein Rechtsgeschäft i.S. des § 181 BGB dar. Daher ist ein Gesellschafter im Anwendungsbereich des § 181 BGB gehindert, an einem solchen Beschluss im eigenen Namen (mit seiner Stimme) und zugleich im fremden Namen (als gesetzlicher Vertreter oder als Bevollmächtigter) mit der Stimme eines anderen Gesellschafters mitzuwirken.

2. Scheidet ein Gesellschafter im Einverständnis aller Gesellschafter aus, so bedarf die-ser Beschluss nicht der vormundschaftsgerichtlichen (jetzt familiengerichtlichen) Ge-nehmigung für einen minderjährigen Gesellschafter, der in der Gesellschaft verbleibt.

BGH v. 26.1.1961 – II ZR 240/59, NJW 1961, 724. Leitsatz 1 gilt auch für die GmbH: BGH v. 6.6.1988 – II ZR 318/87, DNotZ 1989, 26, 27 = GmbHR1988, 337.

Abgrenzung zu Leitsatz 1:

Das Verbot des Selbstkontrahierens hindert den Gesellschafter einer Personengesellschaft grundsätzlich nicht daran, bei Gesellschaftsbeschlüssen über Maßnahmen der Geschäfts-führung und sonstige gemeinsame Gesellschaftsangelegenheiten im Rahmen des beste-henden Gesellschaftsvertrages als Vertreter eines anderen Gesellschafters und zugleich im eigenen Namen mitzuwirken.

BGH v. 18.9.1975 – II ZB 6/74, BGHZ 65, 93 = GmbHR 1975, 272 = DNotZ 1976, 107.

§ 1822 BGB Nr. 2 (Erbengemeinschaft nach Einzelkaufmann)

1. Mit der Fortführung des Handelsgeschäfts durch mehrere Miterben ist nicht notwen-dig ein gesellschaftlicher Zusammenschluss der Miterben verbunden.

2. Zur Fortführung des Handelsgeschäfts in ungeteilter Erbengemeinschaft bedürfen die gesetzlichen Vertreter minderjähriger Miterben nicht der Genehmigung des VormG (jetzt Familiengerichts).

3. Wird ein Handelsgeschäft von einer Erbengemeinschaft fortgeführt, die aus Minder-jährigen und deren gesetzlichen Vertreter besteht, so werden die Minderjährigen aus den von ihrem gesetzlichen Vertreter unter der Firma des fortgeführten Unternehmens einge-gangenen Verbindlichkeiten mitverpflichtet.

BGH v. 8.10.1984 – II ZR 223/83, GmbHR1985, 144.

Hinweis: Aber Haftungsbegrenzung des Minderjährigen nach § 1629a BGB.

§ 1822 BGB Nr. 3 (Minderjährige in Kommanditgesellschaft)

1. Bei dem Abschluss des Vertrages über die Errichtung einer Handelsgesellschaft, an der minderjährige, in elterlicher Gewalt des Vaters stehende Geschwister beteiligt sein sollen, kann nicht der Vater, sondern kann nur je ein Pfleger für jedes Kind in Vertretung der Ge-schwister mitwirken.

2. Ist eine offene Handelsgesellschaft durch den Tod eines Gesellschafters aufgelöst und wollen alsdann die überlebenden Gesellschafter mit den Erben des Verstorbenen eine Kommanditgesellschaft errichten, so bedarf der Vertrag hierüber im Falle der Beteiligung von Minderjährigen vormundschaftsgerichtlicher (jetzt familiengerichtlicher) Genehmigung.

KG v. 18.11.1901, KGJ 23 A 89.

§ 1822 BGB Nr. 4   (Minderjährige in Kommanditgesellschaft)

1. Der Abschluss eines Gesellschaftsvertrages zur Errichtung einer Kommanditgesellschaft bedarf stets der vormundschaftsgerichtlichen (jetzt familiengerichtlicher) Genehmigung, wenn ein Minderjähriger am Abschluss eines solchen Vertrages beteiligt ist.

2. Hat sich ein Minderjähriger in rechtsgeschäftlich unwirksamer Weise am Abschluss eines Gesellschaftsvertrages beteiligt und ist die Gesellschaft sodann in Vollzug gesetzt worden, so kann ein solches Gesellschaftsverhältnis nicht als faktische Gesellschaft unter Einschluss des Minderjährigen angesehen werden.

BGH v. 30.4.1955 – II ZR 202/53, BGHZ 17, 160 = DNotZ 1955, 530.

Siehe auch B § 1822 BGB Nr. 8.

§ 1822 BGB Nr. 5   (Vertragsänderungen)

Bei einer Personenhandelsgesellschaft (OHG oder KG), an der ein Minderjähriger beteiligt ist, bedarf es nicht schon zu jeder Änderung des Gesellschaftsvertrages der vormundschaftsgerichtlichen (jetzt familiengerichtlichen) Genehmigung; die Änderung des Gesellschaftsvertrages ist insoweit nicht der Errichtung einer OHG/KG unter Beteiligung eines Minderjährigen gleichzustellen.

BGH v. 20.9.1962 – II ZR 209/61, BGHZ 38, 26 = MDR 1962, 28.

§ 1822 BGB Nr. 6   (Gründung GmbH)

Die Gründung einer GmbH, an der minderjährige Kinder beteiligt sind, bedarf gemäß § 1643 Abs. 1, § 1822 Nr. 10 BGB der vormundschaftsgerichtlichen (jetzt familiengerichtlichen) Genehmigung.

OLG Stuttgart v. 20.9.1978 – 8 W 128/78, GmbHR 1980, 102; ebenso BGH in der folgenden Nr. 7.

§ 1822 BGB Nr. 7   (Erwerb durch Abtretung GmbH-Geschäftsanteil)

Die Übertragung eines GmbH-Anteils bedarf nicht schlechthin, sondern nur dann der vormundschaftsgerichtlichen (jetzt familiengerichtlichen) Genehmigung nach § 1822 Nr. 10 BGB, wenn der Minderjährige damit zugleich eine fremde Verbindlichkeit übernimmt, die im Verhältnis zum bisherigen Schuldner allein dieser zu tilgen hat. Die schenkungsweise Übertragung eines GmbH-Anteils ist nicht nach § 1822 Nr. 3 BGB genehmigungsbedürftig.

BGH v. 20.2.1989 – II ZR 148/88, BGHZ 107, 24 = GmbHR 1989, 327.

§ 1822 BGB Nr. 8   (Schenkung Kommanditanteil)

a) Die unentgeltliche Übertragung eines Kommanditanteiles auf einen Minderjährigen bedarf der familiengerichtlichen Genehmigung, deren Vorlage vom Registergericht durch Zwischenverfügung aufgegeben werden kann.

OLG Frankfurt/M v. 27.5.2008 – 20 W 123/08, GmbHR 2008, 1262 = DNotZ 2009, 142.

Differenzierend: Keine Genehmigung erforderlich bei unentgeltlichem Erwerb eines voll eingezahlten Anteils an vermögensverwaltender Familien-KG nach OLG Bremen v. 16.6.2008 – 2 W 38/08, GmbHR 2008, 1263; oder nach OLG München v. 6.11.2008 – 31 Wx 76/08, GmbHR 2008, 1264 = DNotZ 2009, 230, wenn Tätigkeit der KG sich auf die Verwaltung des von den Gesellschaftern selbst genutzten Wohnhauses beschränkt.

b) Die schenkweise Übertragung des von den Eltern durch Einbringung ihres Immobilienvermögens voll eingezahlten (Teil-)Kommanditanteils an der vermögensverwaltenden Familien-KG an die minderjährigen Kinder ist unter der Mitwirkung ihrer Ergänzungspfleger wirksam. Die Schenkung ist nicht gemäß § 1822 Nr. 3 BGB genehmigungsbedürftig, da sie für die Minderjährigen keine persönlichen Verpflichtungen begründet und deshalb lediglich rechtlich vorteilhaft i.S. des § 107 BGB ist.

Thür. OLG v. 22.3.2013 – 2 WF 26/13, NotBZ 2013, 268.

§ 2205 BGB Verwaltung des Nachlasses durch Testamentsvollstrecker, Verfügungsbefugnis

§ 2205 BGB Nr. 1   (Testamentsvollstreckervermerk bei KG)

Ist über den Nachlass eines Kommanditisten Dauertestamentsvollstreckung angeordnet, so ist auf Antrag des Testamentsvollstreckers ein Testamentsvollstreckervermerk in das Handelsregister einzutragen.

BGH v. 14.2.2012 – II ZB 15/11, GmbHR 2012, 510.

Hingegen kann die Anordnung der Testamentsvollstreckung für ein zum Nachlass gehörendes, von den Erben fortgeführtes Handelsgeschäft nicht in das Handelsregister eingetragen werden, RG v. 26.3.1931, RGZ 132, 138.

§ 2205 BGB Nr. 2   (Testamentsvollstreckervermerk bei GmbH)

Das Registergericht darf die Aufnahme einer mit einem Testamentsvollstreckervermerk versehenen Gesellschafterliste ablehnen.

BGH v. 24.2.2015 – II ZB 17/14, GmbHR 2015, 526.

§ 2205 BGB Nr. 3   (Eintragung des Testamentsvollstreckers)

Eine Eintragung in das Handelsregister des Inhalts, dass die Gesellschafterstellung eines ausgeschiedenen Gesellschafters durch den (namentlich bezeichneten) Testamentsvollstrecker treuhänderisch ausgeübt wird, ist unzulässig.

BayObLG v. 18.5.1972 – 2 Z 129/71, Rpfleger 1972, 259.

§ 2205 BGB Nr. 4   (Dauertestamentsvollstreckung)

1. Ist für einen Kommanditanteil Dauertestamentsvollstreckung angeordnet, dann kann der Testamentsvollstrecker grundsätzlich die mit der Beteiligung verbundenen Mitgliedschaftsrechte ausüben. Einschränkungen können sich insbesondere daraus ergeben, dass der Testamentsvollstrecker nicht befugt ist, den Erben persönlich zu verpflichten.

2. Den durch die Vererbung eines Kommanditanteils eintretenden Gesellschafterwechsel hat, wenn Testamentsvollstreckung angeordnet ist, der Testamentsvollstrecker zum Handelsregister anzumelden.

BGH v. 3.7.1989 – II ZB 1/89, BGHZ 108, 187 = GmbHR 1990, 28 = DNotZ 1990, 183.

Gleiches gilt für den Nachlasspfleger, LG Frankenthal v. 29.6.1994 – 1 HK T 5/94, Rpfleger 1995, 74. Siehe auch Einl. Rz. 32.

§ 2205 BGB Nr. 5   (Abwicklungstestamentsvollstreckung)

1. Ein Testamentsvollstrecker, der nur damit betraut ist, den Nachlass abzuwickeln und die Auseinandersetzung unter mehreren Erben zu bewirken (so genannte Abwicklungstestamentsvollstreckung), ist nicht befugt, den durch den Tod eines Kommanditisten eingetretenen Gesellschafterwechsel anstelle des oder der Erben, die im Wege der Sondererbfolge Kommanditisten geworden sind, zum Handelsregister anzumelden.

2. Ein (Abwicklungs-)Testamentsvollstrecker kann anstelle derjenigen Erben den Gesellschafterwechsel zum Handelsregister anmelden, die selbst nicht Gesellschafter geworden sind, jedoch als Erben eines mit dem Tod aus der Gesellschaft ausgeschiedenen Kommanditisten zur Anmeldung verpflichtet sind.

3. Ein Testamentsvollstreckerzeugnis, das keine besonderen Angaben enthält, bezeugt, dass dem Testamentsvollstrecker nur die nach den §§ 2203 bis 2206 BGB mit dem Amt verbundenen Befugnisse zustehen.

KG Berlin v. 7.3.1991 – 1 W 3124/88, Rpfleger 1991, 318.

Leitsatz 1 bestätigt durch OLG München v. 7.7.2009 – 31 Wx 115/08, NotBZ 2009, 374 und OLG Hamm v. 7.12.2010 – 15 W 636/10, FamRZ 2011, 1253.

Zu Leitsatz 2 auch LG Mainz v. 25.11.1981 – 12 HAT 9/81, MittRhNotK 1982, 118: Die Abwicklung umfasst auch die Übertragung des Kommanditanteils des Erblassers auf den Vermächtnisnehmer (§ 2203 BGB), so dass der Testamentsvollstrecker auch zur Anmeldung des Eintritts des Vermächtnisnehmers berechtigt ist (Einl. Rz. 32).

II. Handelsgesetzbuch (HGB)

§ 1 HGB Kaufmann kraft Gewerbebetrieb

a) Auch Gewerbebetriebe mit erheblichem Umsatz unterliegen nicht der Pflicht zu Eintragung in das Handelsregister, wenn sie nach der Art und Weise des Geschäftsbetriebes keiner kaufmännischen Einrichtung bedürfen.

KG v. 14.5.1959, BB 1959, 1007.

b) Die GmbH & Co KG muss selbst die Kaufmannseigenschaft nach HGB §§ 1 bis 3 haben. Es genügt nicht, dass die Komplementär-GmbH Kaufmann ist.

BayObLG v. 13.11.1984 – BReg 3 Z 60/83, GmbHR 1985, 216.

§ 7 HGB Kaufmannseigenschaft und öffentliches Recht

§ 7 HGB Nr. 1   (Gewerberecht)

Für die Eintragung einer KG in das Handelsregister kommt es nur darauf an, dass ein gültiger Gesellschaftsvertrag besteht und Gegenstand wie Zweck der Gesellschaft der Betrieb eines Handelsgewerbes ist; von der gewerblichen Zulässigkeit des Unternehmens kann die Handelsregistereintragung nicht abhängen.

OLG Celle v. 9.9.1971 – 9 Wx 7/71, BB 1972, 145 = MittRhNotK 1972, 263.

Ebenso für Handwerksunternehmen (keine vorherige Eintragung in die Handwerksrolle) OLG Braunschweig v. 3.5.1977 – 2 Wx 3/77, Rpfleger 1977, 363 = MittRhNotK 1977, 223.

Das gilt auch für eine GmbH & Co. KG, BayObLG v. 24.2.1978 – BReg 1 Z 4/78, Rpfleger 1978, 254.

§ 7 HGB Nr. 2   (KWG-Konzession)

Wenn bezüglich Anlage- und Vermögensberatung in der Bezeichnung des Unternehmensgegenstands ausdrücklich festgehalten ist, dass erlaubnispflichtige Tätigkeiten nach dem KWG nicht ausgeübt werden, kann das Registergericht die Eintragung des Unternehmens in das Handelsregister nicht von der Vorlage einer Genehmigung bzw. eines Negativattests der Bundesanstalt für Finanzdienstleistungsaufsicht abhängig machen.

OLG München v. 21.5.2012 – 31 Wx 164/12, ZIP 2012, 2107.

Siehe auch B § 3 GmbHG Nr. 5.

§ 8 HGB Form der Eintragung

§ 8 HGB Nr. 1 (Schreibweise)

1. Die Firma hat nach der Neuregelung des Firmenbildungsrechts durch das Handelsrechtsreformgesetz weiterhin Namensfunktion.

2. Die Namensfunktion kommt grundsätzlich nur einer wörtlichen Bezeichnung zu. Die vom Firmenträger gewählte Schreibweise oder sonstige graphische Gestaltung der Firma wird nicht Firmenbestandteil, auf deren Eintragung er einen Anspruch hätte und deren Änderung erneut einzutragen wäre.

3. Bei dem in einer Firmenanmeldung enthaltenen Schriftbild handelt es sich lediglich um einen Vorschlag zur Fassung der Eintragung, an den das Registergericht nicht gebunden ist. Es bleibt ihm überlassen, nach pflichtgemäßem Ermessen die Art und Weise der Eintragung einschließlich ihres Schriftbildes zu bestimmen.

KG Berlin v. 23.5.2000 – 1 W 247/99, GmbHR 2000, 1101. Bestätigt durch OLG München B § 383 Abs. 3 FamFG Nr. 1 (durchgehende Verwendung von Großbuchstaben).

Zum Ermessen des Registergerichts bei der Ersteintragung: LG Berlin v. 17.2.1998 – 98 T 113/97, GmbHR 1998, 692.

§ 8 HGB Nr. 2 (Graphische Zeichen)

Der Verwendung einer „hochgestellten Zahl" im Firmennamen kommt in der Regel lediglich graphische Bedeutung zu. Das Registergericht ist daher bei der Eintragung an die in der Anmeldung vorgeschlagene grafische Gestaltung des Firmennamens (hier: A^3 (...) GmbH) nicht gebunden (im Anschluss an OLG München v. 28.7.2010 – 31 Wx 129/10, GmbHR 2010, 1155, hier B § 383 Abs. 3 FamFG Nr. 1).

OLG München v. 13.4.2011 – 31 Wx 79/11, GmbHR 2011, 587.

§ 8 HGB Nr. 3 (@-Zeichen)

Das Sonderzeichen „@" wird mittlerweile bei einem ganz erheblichen und weiter zunehmenden Teil der angesprochenen Verkehrskreise als Wortzeichen mit spezifischer Bedeutung aufgenommen und ist daher als Bestandteil einer Firma im Handelsregister eintragungsfähig.

LG München v. 12.2.2009 – 17 HKT 920/09, MittBayNot 2009, 315.

§ 9 HGB Einsicht des Handelsregisters; Abschriften; Bescheinigungen

§ 9 HGB Nr. 1 (Missbrauch)

Die Einsicht in das Handelsregister kann nicht verweigert werden, auch nicht wegen des Verdachts, der Einsichtnehmer verfolge damit unlautere Zwecke.

KG v. 25.2.1932, JW 1932, 1661.

§ 9 HGB Nr. 2 (Umfang und Form)

1. Das Recht auf Einsicht in das Handelsregister ist weit gefasst und umfasst auch die Durchsicht großer Teile oder des ganzen Registers sowie die Dokumente durch selbstgefertigte Abschriften gegebenenfalls unter Zuhilfenahme technischer Reproduktionsgeräte.

2. § 9 HGB gibt aber kein Recht auf Gestattung der Mikroverfilmung des gesamten Bestandes des Handelsregisters, um sie als eigene Datei in Konkurrenz zum Handelsregister gewerblich zu verwerten. Die Gestattung eines solchen Vorhabens steht im Ermessen der Justizverwaltung.

BGH v. 12.7.1989 – IVa ARZ (VZ) 9/88, BGHZ 108, 32 = GmbHR 1989, 369.Vgl. dazu auch *Gustavus*, GmbHR 1990, 197 und – zur geänderten Fassung von § 9 Abs. 1 – NotBZ 2002, 77, 80. Davon zu unterscheiden die Einsicht in die sonstige Registerakte nach § 13 FamFG.

§ 9 HGB Nr. 3 (Umfang)

Dem unbeschränkten Einsichtsrecht nach § 9 Abs. 1 HGB unterliegen auch Bankbelege, die vom Geschäftsführer einer GmbH auf Anforderung durch das Registergericht zum Nachweis der Einzahlung des Stammkapitals eingereicht werden.

OLG Hamm v. 15.8.2006 – 15 W 47/06, GmbHR 2007, 158.

§ 10 HGB Bekanntmachung

Wer eine Eintragung im Handelsregister beantragt, soll nach der im Verkehr erforderlichen Sorgfalt in der Regel auch prüfen, ob eine notwendige Bekanntmachung des gerichtlichen Registereintrags in den betreffenden Zeitungen, wenigstens seines Wohnorts, richtig veröffentlicht ist.

RG v. 11.12.1937, JW 1938, 593.

§ 12 Abs. 1 Satz 1 HGB Anmeldungen, EGVP

§ 12 Abs. 1 Satz 1 HGB Nr. 1 (Dolmetscher)

Bei der öffentlichen Beglaubigung der Anmeldung einer GmbH zur Eintragung in das Handelsregister durch Geschäftsführer, die der deutschen Sprache nicht kundig sind, ist es weder erforderlich, dass der beigezogene Dolmetscher vereidigt wird, noch muss dieser die Anmeldung unterschreiben.

OLG Karlsruhe v. 8.11.2002 – 11 Wx 48/02, DNotZ 2003, 296 = GmbHR 2002, 1244.

Der Notar sollte aber – wegen der notariellen Belehrung und der Versicherungen des Geschäftsführers zur Leistung der Einlagen und der „weißen Weste" – angeben, dass der Dolmetscher dem Geschäftsführer auch den Text der Anmeldung übersetzt hat.

§ 12 Abs. 1 Satz 1 HGB Nr. 2   (Auslegung)

Die Anmeldung zum Handelsregister ist als Verfahrenshandlung vom Rechtsbeschwerdegericht selbständig auszulegen. Im Zweifel ist die Anmeldung so auszulegen, dass sie im Ergebnis Erfolg haben kann.

BayObLG v. 16.2.2000 – 3ZBR 389/99, MittBayNot 2000, 331 = GmbHR 2000, 493.

§ 12 Abs. 1 Satz 1 HGB Nr. 3   (Auslegung, XML-Datei)

1. Elektronisch übermittelte Dokumente, insbesondere Handelsregisteranmeldungen, sind in gleicher Weise wie schriftliche Erklärungen auszulegen. Maßgeblich ist insoweit, wie ein menschlicher Adressat die Erklärung nach Treu und Glauben und der Verkehrssitte verstehen darf.

2. Zur Berücksichtigung von Widersprüchen zwischen einer als elektronisches Dokument übermittelten Handelsregisteranmeldung und einer damit verknüpften XML-Datei mit Strukturdaten im Rahmen der Auslegung.

3. Angaben in XML-Datensätzen müssen nicht mit der gemäß § 2 Abs. 3 ERVV notwendigen qualifizierten elektronischen Signatur nach § 2 Nr. 3 SigG versehen sein und stellen kein rechtsverbindliches elektronisches Dokument im Sinne des § 12 Abs. 2 Satz 1 HGB in Verbindung mit § 2 ERVV dar.

OLG Nürnberg v. 19.11.2014 – 12 W 221/14, Rpfleger 2015, 282 = DNotZ 2015, 220.

§ 12 Abs. 1 Satz 1 HGB Nr. 4   (Anmeldung künftiger Tatsachen, Vollmacht)

1. Die Anmeldung einer in der Zukunft liegenden Bestellung zum neuen Geschäftsführer einer GmbH ist unwirksam.

2. Zur Wirksamkeit einer solchen Anmeldung reicht es nicht aus, wenn der Notar nur „die Durchführung der in der Anmeldung enthaltenen Erklärungen" beantragt, also lediglich die Anmeldung des „Noch-nicht-Geschäftsführers" als Bote einreicht.

3. Die vom noch nicht bestellten Geschäftsführer bei der Anmeldung gegebene Vollmacht an den Notar, „alles zu erklären und zu veranlassen, damit die Eintragung der eingetretenen Veränderungen im Handelsregister erfolgen kann", ermächtigt den Notar nicht zur Einreichung einer selbständig um das Datum der Geschäftsführerbestellung aktualisierten Anmeldung, wenn der Anmeldende zur Zeit der Abgabe seiner Anmeldung nicht zum Geschäftsführer bestellt und daher selbst nicht anmeldungsbefugt war.

OLG Düsseldorf v. 15.12.1999 – 3 Wx 354/99, GmbHR 2000, 232 = DNotZ 2000, 529 (Anm. *Kallrath*).

Anmeldung hingegen zulässig, wenn Wirksamwerden der Bestellung zwar schon beschlossen, aber lediglich aufschiebend bedingt ist. Vgl. LG Chemnitz v. 5.2.2008 – 2 HKT 56/08, NotBZ 2008, 314.

Ebenso für die Aufhebung eines Unternehmensvertrages vor Ablauf des dafür vereinbarten Termins BayObLG v. 5.2.2003 – 3Z BR 232/02, GmbHR 2003, 476.

Siehe auch Einl. Rz. 48.

§ 12 Abs. 1 Satz 2 HGB Vollmacht zur Anmeldung

§ 12 Abs. 1 Satz 2 HGB Nr. 1 (Vollmacht im Vertrag)

Wenn der Gesellschaftsvertrag einer KG die Vollmacht für die Komplementärin enthält, für die Gesellschafter die Übertragung eines Gesellschaftsanteils im Wege der Rechtsnachfolge zur Eintragung im Handelsregister anzumelden, so muss die Vollmachterteilung im Gesellschaftsvertrag in öffentlich beglaubigter Form nachgewiesen sein.

OLG Frankfurt/M v. 23.3.1973 – 20 W 209/73, DNotZ 1973, 563 = Rpfleger 1973, 251.

Keine gesonderte Vollmacht zur Anmeldung erforderlich, wenn diese im beurkundeten Gesellschaftsvertrag enthalten ist, OLG Schleswig v. 4.6.2003 – 2 W 50/03, Rpfleger 2003, 590.

§ 12 Abs. 1 Satz 2 HGB Nr. 2 (Generalvollmacht)

Eine Generalvollmacht genügt zum Nachweis der Vollmacht bei einer Handelsregisteranmeldung.

LG Frankfurt/M v. 16.3.1972 – 3/6 T 8/72, BB 1972, 512 = MittBayNot 1972, 126 = MittRhNotK 1972, 413. Anders die Generalvollmacht eines GmbH-Geschäftsführers: B § 12 Abs. 1 Satz 2 HGB Nr. 3 und B § 35 GmbHG Nr. 2.

§ 12 Abs. 1 Satz 2 HGB Nr. 3 (Generalvollmacht, GmbH-Geschäftsführer)

1. Bei der Genehmigung einer Vollmacht zur Anmeldung im Handelsregisterverfahren, die nicht durch das eigentliche Vertretungsorgan der Gesellschaft mit beschränkter Haftung, sondern durch einen Dritten in der gesetzlich erforderlichen Form des § 12 Abs. 1 Satz 2 i.V.m. Satz 1 HGB erteilt worden ist, ist ebenfalls dieses gesetzliche Formerfordernis zu beachten.

2. Grundlage der Vertretung eines Geschäftsführers bei der Handelsregisteranmeldung einer Gesellschaft mit beschränkter Haftung kann eine dem Bevollmächtigten erteilte Generalvollmacht nicht sein, soweit diese dem Bevollmächtigten eine organgleiche Vertretungsmacht verschaffen soll.

OLG Frankfurt/M v. 7.11.2011 – 20 W 459/11, GmbHR 2012, 751.

Siehe auch B § 12 Abs. 1 Satz 2 HGB Nr. 2 und B § 35 GmbHG Nr. 2.

§ 12 Abs. 1 Satz 2 HGB Nr. 4 (Vorsorgevollmacht)

Im Rahmen der Anmeldung zum Handelsregister nach § 108 HGB ist die Vertretung durch einen mit öffentlich beglaubigter Vollmacht ausgestatteten Bevollmächtigten grundsätzlich zulässig. Dies gilt auch für die von einem Kommanditisten erteilte Generalvorsorgevollmacht, die sich auf „alle persönlichen und vermögensrechtlichen Angelegenheiten" bezieht.

OLG Karlsruhe v. 13.8.2013 – 11 Wx 64/13, GmbHR 2014, 205 = RNotZ 2013, 561.

Vorsorgevollmachten eignen sich aber nur, wenn Erteilung nach außen unbedingt und nur im Innenverhältnis auf den Eintritt des Vorsorgefalls erteilt sind, OLG Frankfurt/M v. 29.6.2011 – 20 W 278/11, FamRZ 2012, 61.

§ 12 Abs. 1 Satz 2 HGB Nr. 5   (Unwiderrufliche Vollmacht)

Wenn dem Registergericht aufgrund früherer Anmeldungen beglaubigte Abschriften von öffentlich beglaubigten Erklärungen von Kommanditisten vorliegen, wonach den Geschäftsführern der Komplementär-GmbH unwiderruflich und über den Tod hinaus Vollmacht zur Vornahme aller erforderlichen Anmeldungen erteilt ist, darf bei späterer Anmeldung der Nachweis des Fortbestands der Vollmachten nur verlangt werden, wenn Anhaltspunkte dafür vorliegen, dass eine der Vollmachten aus wichtigem Grund widerrufen wurde; lediglich die gedachte Möglichkeit des Widerrufs einer Vollmacht genügt nicht.

BayObLG v. 25.3.1975 – BReg 2 Z 10/75, DNotZ 1976, 116 = Rpfleger 1975, 251. Vgl. auch B § 12 Abs.1 Satz 2 HGB Nr. 8 und 9. Keine Versicherung des Notars bei Vorlage einer Bescheinigung nach § 21 Abs. 3 BNotO, dass Vollmacht nicht widerrufen wurde: OLG München v. 17.10.2016 – 31 Wx 244/16, DB 2016, 2954.

§ 12 Abs. 1 Satz 2 HGB Nr. 6   (Nachweis des Fortbestandes)

Beim Nachweis der Erteilung einer Registervollmacht mittels beglaubigter Abschrift der öffentlich beglaubigten Vollmachtserklärung kann das Registergericht die Vorlage einer aktuellen Beglaubigung verlangen, wenn seit dem Zeitpunkt der Beglaubigung der Abschrift eine erhebliche Zwischenzeit vergangen ist.

OLG Karlsruhe v. 12.11.2014 – 11 Wx 61/14, GmbHR 2015, 144.

§ 12 Abs. 1 Satz 2 HGB Nr. 7   (Vollmacht eines Pflegers)

Der zum Abschluss eines Vertrages über den Eintritt eines Minderjährigen als Kommanditist bestellte Ergänzungspfleger kann eine rechtsgeschäftliche Vollmacht jedenfalls nicht für solche Handelsregisteranmeldungen erteilen, die mit diesem Gesellschaftsvertrag nicht mehr im Zusammenhang stehen.

BayObLG v. 9.5.1977 – BReg 3 Z 29/76, Rpfleger 1977, 320.

§ 12 Abs. 1 Satz 2 HGB Nr. 8   (Vollmacht des Vorstands und der Geschäftsführer)

a) Die Anmeldebevollmächtigung muss von allen im Zeitpunkt der Anmeldung im Amt befindlichen Vorstandsmitgliedern einer Aktiengesellschaft oder Geschäftsführern einer GmbH erteilt sein, wenn diese nur gemeinsam vertretungsberechtigt sind; jedoch genügt statt ausdrücklicher Bevollmächtigung die in der Form des § 12 HGB erklärte Genehmigung der Anmeldung eines Dritten.

BayObLG v. 12.7.1973 – BReg 2 Z 31/73, Rpfleger 1973, 363.

b) Eine rechtsgeschäftliche Vollmacht, Anmeldungen zum Handelsregister einer GmbH zu bewirken, erlischt nicht durch das Ausscheiden des Geschäftsführers, der die Vollmacht erteilt hat.

OLG Hamm v. 23.2.2012 – 27 W 175/11, GmbHR 2012, 903.

§ 12 Abs. 1 Satz 2 HGB Nr. 9   (Widerruf der Vollmacht)

Eine Vollmacht zur Vornahme von Handelsregisteranmeldungen für die persönlich haftende Gesellschafterin einer Publikums-KG, die ein Kommanditist erteilt, ist grundsätzlich nicht frei widerrufbar. Rechte des Kommanditisten werden hierdurch nicht berührt; er kann nur im ordentlichen Gerichtsverfahren, nicht dagegen im Eintragungsverfahren, den Widerruf der Vollmacht geltend machen.

KG Berlin v. 4.5.1979 – 1 W 3868/76, DNotZ 1980, 166.

§ 12 Abs. 1 Satz 2 HGB Nr. 10   (Auslegung)

a) Eine Vollmacht, mit der Kommanditisten die persönlich haftende Gesellschafterin einer Kommanditgesellschaft ermächtigt haben, den Eintritt in die Gesellschaft sowie etwaige Veränderungen bei der Gesellschaft einschließlich der Übertragung von Kommanditanteilen zum Handelsregister anzumelden, kann nicht über ihren Wortlaut hinaus ausgelegt werden. Sie ermächtigt nicht zur Anmeldung der Erhöhung der Einlagen der Vollmachtgeber.

LG Berlin v. 9.10.1974 – 98 T 16/74, Rpfleger 1975, 365.

b) Eine Vollmacht zur Anmeldung zum Handelsregister ist der Auslegung zugänglich. Sie muss aber aus sich heraus verständlich sein, eine Auslegung über den Wortlaut hinaus ist unzulässig. Dies schließt es nicht aus, dass Begriffe nicht im rechtstechnischen Sinne zu verstehen sind, so dass mit der Bezeichnung als Geschäftsführer auch die alleinvertretungsberechtigten persönlich haftenden Gesellschafter gemeint sein können.

KG Berlin v. 1.3.2005 – 1 W 4/04, DB 2005, 1620.

Die Benennung mehrerer Bevollmächtigter mit der Verknüpfung „und" ist als Gesamtvertretung auszulegen: OLG Düsseldorf v. 12.2.2014 – 3 Wx 31/14, GmbHR 2014, 373.

Siehe auch – recht großzügig – BayObLG v. 23.12.2003 – 3Z BR 252/03, Rpfleger 2004, 292, bei nicht abschließender Aufzählung der Eintragungstatbestände. Zur Auslegung von Einschränkungen, z.B. „Die Vollmacht berechtigt nicht, eine Erhöhung der Kommanditeinlage zu Lasten der Kommanditisten durchzuführen.", vgl. OLG Düsseldorf v. 25.2.2012 – 3 Wx 13/13, Rpfleger 2013, 399.

§ 12 Abs. 1 Satz 2 HGB Nr. 11   (Vollmacht über Tod hinaus)

Der Eintritt des Erben oder Erbeserben eines Kommanditisten kann aufgrund einer postmortalen Vollmacht zum Handelsregister angemeldet werden.

OLG Hamburg v. 18.6.1974 – 2 W 53/74, MDR 1974, 1022 = MittRhNotK 1974, 574.

Vgl. dazu sowie zur Vollmacht für Handelsregisteranmeldungen näher *Gustavus*, GmbHR 1978, 219; *Janke*, MittRhNotK 1981, 249 sowie *Melchior/Rudolph*, NotBZ 2007, 350.

§ 12 Abs. 1 Satz 2 HGB Nr. 12   (Angestelltenvollmacht)

Die Erteilung einer so genannten Angestelltenvollmacht, mit der Notarangestellte zur Abgabe rechtsgeschäftlicher oder verfahrensrechtlicher Vertretererklärungen bevollmächtigt werden, richtet sich regelmäßig nach § 171 Abs. 1 BGB.

Ist in der Angestelltenvollmacht kein Angestellter namentlich genannt, so kann sich der Vollmachtgeber bei der Auswahl des Bevollmächtigten durch den Urkundsnotar vertreten lassen.

OLG Brandenburg v. 12.10.2011 – 5 Wx 28/11, NotBZ 2012, 133. Wirksamkeit der Vollmacht nicht abhängig vom Fortbestand weder der Notaramtsstelle noch des Arbeits- oder Dienstvertrages des Bevollmächtigten; OLG Naumburg v. 6.11.2013 – 12 Wx 44/13, NotBZ 2014, 272.

Zur Ermächtigung des Notars siehe B § 378 FamFG.

§ 12 Abs. 1 Satz 3 HGB Notarielle Vollmachtsbescheinigung

§ 12 Abs. 1 Satz 3 HGB Nr. 1   (Keine Vorlage der Vollmacht)

Zum Nachweis der rechtsgeschäftlichen Vertretungsbefugnis des Gründungsgesellschafters bei der Anmeldung der neu errichteten Gesellschaft zur Eintragung in das Handelsregister ist eine vom Notar ausgestellte Bescheinigung über die ordnungsgemäße Bevollmächtigung des Gründungsgesellschafters gemäß § 21 Abs. 3 BNotO ausreichend und muss eine Vollmachtsurkunde der übrigen Gesellschafter dem Eintragungsantrag nicht beigefügt sein.

OLG Düsseldorf v. 30.3.2016 – 3 Wx 54/16, ZIP 2016, 916 = RNotZ 2016, 407.

§ 12 Abs. 1 Satz 3 HGB Nr. 2   (Inhalt der Bescheinigungen, Vollmachtskette)

1. Eine durch Rechtsgeschäft erteilte Vertretungsmacht, die auf die gesetzlichen Vertreter einer im Handelsregister eingetragenen juristischen Person zurückgeht, kann dem Grundbuchamt durch eine notarielle Vollmachtsbescheinigung nur nachgewiesen werden, wenn der Notar sämtliche Einzelschritte der Vollmachtskette nach § 21 Abs. 1 Satz 1 Nr. 1 bzw. Abs. 3 BNotO bescheinigt.

2. Die Bescheinigung einer Vollmachtskette kann in einem Vermerk zusammengefasst werden, in dem der Notar die von ihm geprüften Einzelschritte aufführt. Eine Kombination von notariellen Bescheinigungen nach § 21 Abs. 1 Satz 1 Nr. 1 und Abs. 3 BNotO ist zulässig.

BGH v. 22.9.2016 – V ZB 177/15, ZIP 2017, 84 = MDR 2017, 81. Siehe auch Einl. Rz. 20 f. Keine notarielle Versicherung, dass Vollmacht nicht widerrufen wurde: OLG München v. 17.10.2016 – 31 Wx 244/16, DB 2016, 2954. Zum Widerruf der Vollmacht siehe B § 12 Abs. 1 Satz 2 HGB Nr. 6.

§ 12 Abs. 1 Satz 4 HGB Nachweis der Erbfolge

§ 12 Abs. 1 Satz 4 HGB Nr. 1   (Keine Ermittlungen des Registergerichts)

Das Registergericht ist nicht verpflichtet, sich aus beigezogenen Nachlassakten selbst ein Urteil über die Rechtsnachfolge zu bilden, sofern diese auch nur zweifelhaft sein kann.

BayObLG v. 13.5.1977 – 3 Z 41/76, Rpfleger 1977, 321.

Ebenso OLG Hamm v. 12.12.1985 – 15 W 443/85, Rpfleger 1986, 139 = MittRhNotK 1986, 128.

§ 12 Abs. 1 Satz 4 HGB Nr. 2   (Öffentliches Testament)

1. Ist bei der Anmeldung zur Eintragung in das Handelsregister die Rechtsnachfolge (Erbenstellung) nachzuweisen, so kann die Vorlage einer öffentlich beurkundeten Verfügung von Todes wegen mit Eröffnungsprotokoll genügen, wenn es keinen Anhaltspunkt dafür gibt, dass zur Feststellung der Erbfolge tatsächliche Ermittlungen erforderlich sind.

2. Eine Lücke im Nachweis der Erbenstellung lässt sich durch die Beibringung einer geeigneten eidesstattlichen Versicherung jedenfalls dann schließen, wenn zur Feststellung der Erbfolge keine tatsächlichen Ermittlungen erforderlich sind und nach den Umständen kein vernünftiger Zweifel verbleibt, dass das Nachlassgericht im Erbscheinverfahren zu dem gleichen Ergebnis käme wie das Registergericht.

OLG Bremen v. 15.4.2014 – 2 W 22/14, FamRZ 2014, 1947.

§ 12 Abs. 1 Satz 4 HGB Nr. 3   (Öffentliches Testament, Auslegung)

Der Nachweis der Rechtsnachfolge nach § 12 Abs. 2 HGB (jetzt: § 12 Abs. 1 Satz 4 HGB) kann auch durch ein eröffnetes öffentliches Testament geführt werden. Das Registergericht hat eine solche letztwillige Verfügung auszulegen. Die Urkunden reichen dabei als Nachweis der Erbenstellung nur dann nicht aus, wenn bei der Auslegung der letztwilligen Verfügung Zweifel verbleiben und eine abschließende Würdigung nicht möglich ist, weil etwa Ermittlungen in tatsächlicher Hinsicht anzustellen sind.

KG Berlin v. 5.10.2006 – 1 W 146/06, Rpfleger 2007, 148 = NotBZ 2007, 182 = DNotZ 2007, 395. Nach KG Berlin v. 13.11.2012 – 1 W 382/12, Rpfleger 2013, 41, rechtfertigt Ehegattentestament mit Scheidungsklausel nicht die Vorlage eines Erbscheins.

§ 12 Abs. 1 Satz 4 HGB Nr. 4   (Privatschriftliches Testament)

Bei der Anmeldung des Ausscheidens des verstorbenen Kommanditisten und des Eintritts seiner Erben in die Gesellschaft ist die Vorlage eines Erbscheins zum Nachweis einer auf privatschriftlichem Testament beruhenden Erbfolge auch dann regelmäßig erforderlich, wenn die Anmeldung durch einen Bevollmächtigten des verstorbenen Kommanditisten auf Grund einer über den Tod hinaus erteilten Generalvollmacht erfolgt.

KG Berlin v. 12.11.2002 – 1 W 462/01, Rpfleger 2003, 67.

§ 12 Abs. 1 Satz 4 HGB Nr. 5   (Voreintragung, Testamentsvollstreckung, Erbschein)

1. Das Ausscheiden eines verstorbenen Kommanditisten und der Eintritt seiner Erben in die Gesellschaft sind auch bei nachfolgender Übertragung der Kommanditanteile der Erben durch den Testamentsvollstrecker auf einen Miterben in das Handelsregister einzutragen.

2. Eine auf privatschriftlichem Testament beruhende Erbfolge nach dem verstorbenen Kommanditisten ist regelmäßig durch Erbschein nachzuweisen.

3. Der Nachweis der Erbfolge durch Erbschein ist nicht im Hinblick darauf entbehrlich, dass sich nach dem vorgelegten Testamentsvollstreckerzeugnis die angeordnete Dauervollstreckung auch auf die zum Nachlass gehörenden Kommanditbeteiligungen erstreckt.

KG Berlin v. 30.5.2000 – 1 W 931/99, DNotZ 2001, 408. Zur Voreintragung siehe Einl. Rz. 52.

§ 12 Abs. 1 Satz 4 HGB Nr. 6   (Testamentsvollstreckung, Erbschein)

Zum Nachweis der Rechtsnachfolge nach einem verstorbenen Kommanditisten ist für die Anmeldung zum Handelsregister auch bei einer angeordneten Testamentsvollstreckung als Dauervollstreckung in der Regel die Vorlage eines Erbscheins erforderlich. Die Vorlage eines Testamentsvollstreckerzeugnisses genügt nicht.

OLG Köln v. 9.9.2004 – 2 Wx 22/04, Rpfleger 2005, 145. Siehe auch B § 2205 BGB und Einl. Rz. 31 ff.

§ 12 Abs. 2 HGB Elektronische Form

§ 12 Abs. 2 HGB Nr. 1   (Bescheinigung nach § 40 Abs. 2 GmbHG)

Die Bescheinigung des Notars nach § 40 Abs. 2 Satz 2 GmbHG stellt eine in der Form eines Vermerks errichtete öffentliche Urkunde dar. Die wirksame Einreichung zum Handelsregister hat der Form des § 39a BeurkG zu genügen; sie erfordert neben der qualifizierten elektronischen Signatur einen elektronischen Beglaubigungsvermerk des Notars.

Thür. OLG v. 25.5.2010 – 6 W 39/10, GmbHR 2010, 760 = DNotZ 2010, 793.

§ 12 Abs. 2 HGB Nr. 2   (Elektronisch errichtete Gesellschafterliste)

1. Entgegen seinem Wortlaut erfasst § 382 Abs. 4 FamFG auch die Aufnahme einer beim Handelsregister zur Aufnahme in den Registerordner eingereichten Gesellschafterliste (Anschluss an OLG Frankfurt/M v. 22.11.2010 – 20 W 333/10, GmbHR 2011, 198).

2. Die Beschwerdeberechtigung des Notars folgt aus der von ihm beurkundeten Gesellschaftsanteilsübertragung und der daraus resultierenden Folgeverpflichtung zur Einreichung der geänderten Gesellschafterliste beim Handelsregister.

3. Erstellt der Notar eine Gesellschafterliste ausschließlich in elektronischer Form, findet auf sie § 126a BGB entsprechende Anwendung. In diesem Fall ist gemäß § 39a Satz 2 BeurkG eine qualifizierte elektronische Signatur gemäß § 2 Nr. 3 Signaturgesetz ausreichend. Eines gesonderten elektronischen Beglaubigungsvermerks bedarf es nicht.

KG Berlin v. 20.6.2011 – 25 W 25/11, DNotZ 2011, 911.

Zu Leitsatz 3 gilt auch für die elektronische Eigenurkunde des Notars, mit der der Text einer Anmeldung klargestellt wird: B §§ 27, 31 FamFG Nr. 3.

§ 12 Abs. 2 HGB Nr. 3   (Einfache elektronische Aufzeichnung)

Für die Übermittlung der nach § 39 Abs. 2 GmbHG in Urschrift oder öffentlich beglaubigter Abschrift einzureichenden Urkunden ist in § 12 Abs. 2 Satz 2 Halbs. 1 HGB geregelt, dass bei Einreichung einer Urschrift die Übermittlung einer elektronischen Aufzeichnung genügt. Verlangt wird eine „elektronische Fotokopie" des Dokuments. Papierdokumente werden zu diesem Zweck eingescannt und als einfaches gescanntes Dokument eingereicht.

Thür. OLG v. 9.9.2010 – 6 W 144/10, GmbHR 2011, 28.

§ 12 Abs. 2 HGB Nr. 4   (Auslegung der Anmeldung, Lesbarkeit der Dokumente)

1. Liegt ein eintragungspflichtiger Tatbestand vor, der kraft Gesetzes zum Erlöschen der Prokura führt (hier: Bestellung des Prokuristen zum Geschäftsführer oder Liquidator), so wird der Anmeldepflicht bereits dann genügt, wenn dieser Tatbestand angemeldet wird.

2. Den für die vollständige elektronische Registerführung erforderlichen Transformationsaufwand trägt hinsichtlich neu einzureichender Dokumente (hier: Einreichung eines einwandfrei lesbaren Gesellschafterbeschlusses in elektronischer Form) der Anmeldende.

OLG Düsseldorf v. 7.3.2012 – 3 Wx 200/11, GmbHR 2012, 692.

§ 12 Abs. 2 HGB Nr. 5   (Öffentliche Behörde)

Auch unter der Geltung von § 12 HGB n.F. ab 1.1.2007 kann eine Anmeldung zum Handelsregister durch eine öffentliche Behörde oder eine siegelberechtigte Körperschaft des öffentlichen Rechts durch diese selbst vorgenommen werden. Die nunmehr in elektronischer Form erforderliche Anmeldung kann dabei an Stelle der früher möglichen Einreichung einer öffentlichen Urkunde durch ein öffentliches elektronisches Dokument i.S.v. § 371a Abs. 2 ZPO erfolgen, für das die besonderen Voraussetzungen gemäß § 39a Satz 4 BeurkG nicht entsprechend gelten (Fortschreibung BayObLG v. 24.6.1975 – BReg 2 Z 14/75, DNotZ 1976, 120 und OLG Düsseldorf v. 20.8.1997 – 3 Wx 162/96, GmbHR 1998, 238).

OLG Stuttgart v. 21.4.2009 – 8 W 155/08, GmbHR 2009, 666.

§ 13 HGB Errichtung einer Zweigniederlassung von Unternehmen

§ 13 HGB Nr. 1 (Buchführung)

Ein wesentliches Merkmal für die Errichtung einer Zweigniederlassung ist die Erfassung ihrer Geschäfte in einer gesonderten Buchführung, die auch bei der Hauptniederlassung eingerichtet sein kann.

BayObLG v. 11.5.1979 – BReg 1 Z 21/79, Rpfleger 1979, 312 = GmbHR 1979, 251.

Zurückweisung der Anmeldung nur, wenn Zweigniederlassung nach § 13 Abs. 2 HGB offensichtlich nicht errichtet ist, ansonsten besteht Pflicht zur Anmeldung.

§ 13 HGB Nr. 2 (Firma)

Die Zweigniederlassung kann eine von der Hauptniederlassung abweichende Firma führen, wenn in ihr die Firma der Hauptniederlassung mit einem Zusatz, der das Unternehmen als Zweigniederlassung kennzeichnet, enthalten ist.

KG v. 15.5.1930, HRR 1930, Nr. 1823.

Bei Kapitalgesellschaften aber Aufnahme in die Satzung, BayObLG v. 19.3.1992 – 3ZBR 15/92, GmbHR 1992, 619.

§ 13 HGB Nr. 3 (Zweigniederlassung im Ausland)

1. § 13 Abs. 1 Satz 1 HGB verpflichtet nicht zur Eintragung einer ausländischen und im ausländischen Register (hier: Luxemburg) eingetragenen Zweigniederlassung in das Handelsregister des inländischen (deutschen) Unternehmens.

2. Das Gesuch um Eintragung einer ausländischen Zweigniederlassung ist auch nicht auf eine aufgrund Gesetzes oder aus dem Gesichtspunkt eines unabweisbaren Bedürfnisses eintragungsfähige Tatsache gerichtet.

3. Den Zwecken des Handelsregisters ist – auch unter Berücksichtigung des Europarechts – hinreichend Rechnung getragen, wenn sowohl die Hauptniederlassung bzw. Gesellschaft als auch die Zweigniederlassungen in dem Handelsregister eines Gerichts desjenigen Landes eingetragen werden, in dem sie belegen sind.

OLG Düsseldorf v. 26.10.2009 – 3 Wx 142/09, GmbHR 2010, 40.

§ 13 HGB Nr. 4 (Verlegung)

Eine Zweigniederlassung kann entsprechend § 13c (jetzt: § 13h) HGB verlegt werden. Eine Aufhebung der Niederlassung am bisherigen Ort und Errichtung am neuen Ort ist nicht erforderlich.

OLG Stuttgart v. 31.7.1963 – 8 W 91/63, BB 1963, 1152. Aber nur Eintragung im Register des Sitzes.

§ 13 HGB Nr. 5 (Firmenänderung)

Wird die Firma der Gesellschaft geändert, so bedarf es hinsichtlich der Firma einer Zweigniederlassung weder einer Satzungsänderung noch einer gesonderten Anmeldung, wenn die Zweigniederlassung eine mit der Firma der Hauptniederlassung gleich lautende Firma führt, lediglich mit einem die Zweigniederlassung als solche kennzeichnenden Zusatz.

LG Nürnberg-Fürth v. 4.1.1984 – 4 HK T 4764/83, Rpfleger 1984, 238.

§§ 13d-g HGB Zweigniederlassungen ausländischer Unternehmen

§§ 13d-g HGB Nr. 1 (Anerkennung der Rechtsfähigkeit)

Macht eine Gesellschaft, die nach dem Recht des Mitgliedstaates gegründet worden ist, in dessen Hoheitsgebiet sie ihren satzungsmäßigen Sitz hat, in einem anderen Mitgliedstaat von ihrer Niederlassungsfreiheit Gebrauch, so ist dieser andere Mitgliedstaat nach Art. 43 EG und 48 EG (jetzt: Art. 49, 54 AEUV) verpflichtet, die Rechtsfähigkeit und damit die Parteifähigkeit zu achten, die diese Gesellschaft nach dem Recht ihres Gründungstaats besitzt.

EuGH v. 5.11.2002 – C-208/00 (Überseering BV), GmbHR 2002, 1137. Ebenso BGH v. 13.3.2003 – VII ZR 370/98, GmbHR 2003, 527. Ausnahmsweise keine Anerkennung der Rechtsfähigkeit bei konkreten Missbrauchsfällen: EuGH v. 30.9.2003 – C-167/01 (Inspire Art Ltd), GmbHR 2003, 1260.

Ausländische Unternehmen als Gesellschafter siehe B § 161 HGB Nr. 2.

§§ 13d-g HGB Nr. 2 (Firma)

1. Die Firma der deutschen Zweigniederlassung einer ausländischen Gesellschaft unterliegt grundsätzlich den Vorschriften des § 18 HGB.

2. Ist die Gesellschaft nach dem Recht eines Mitgliedstaats der Europäischen Union rechtmäßig gegründet, ist bei der Auslegung der nationalen firmenrechtlichen Vorschriften der Niederlassungsfreiheit Rechnung zu tragen.

OLG München v. 7.3.2007 – 31 Wx 92/06, GmbHR 2007, 979 = DNotZ 2007, 866. Bestätigt durch OLG München v. 1.7.2010 – 31 Wx 88/10, GmbHR 2010, 1156 (fehlende Kennzeichnungsfähigkeit einer „Zahnarzt Ltd.")

Jedoch kein Zusatz, der die Firma der Zweigniederlassung als solche kennzeichnet: LG Frankfurt/M v. 2.3.2005 – 3-16 T 42/04, GmbHR 2005, 1135.

§§ 13d-g HGB Nr. 3 (Gegenstand)

1. Art und Zulässigkeit des Gegenstandes einer englischen private limited company richten sich ausschließlich nach englischem Gesellschaftsrecht. Dem deutschen Registergericht der Zweigniederlassung steht insoweit kein Prüfungsrecht zu. Die für deutsche GmbHs geltende Verpflichtung, den Unternehmensgegenstand in der Satzung so konkret anzugeben, dass der Schwerpunkt der Tätigkeit erkennbar ist (§ 3 Abs. 1 Nr. 2 GmbHG) kann auf EU-Gesellschaften nicht übertragen werden.

2. Der im deutschen Handelsregister einzutragende Gegenstand der Zweigniederlassung muss aber hinreichend konkretisiert und individualisiert sein. Der Gegenstand der englischen private limited company ist hingegen nicht anzumelden.

OLG Hamm v. 28.6.2005 – 15 W 159/05, GmbHR 2005, 1130 = Rpfleger 2005, 672.

§§ 13d-g HGB Nr. 4 (Nachweis der Bestellung zum Geschäftsführer)

Die der Anmeldung der Zweigniederlassung der ausländischen Kapitalgesellschaft beizufügende Legitimation der Geschäftsführer hat grundsätzlich durch Einreichung des ihre Bestellung betreffenden Gesellschafterbeschlusses und etwaiger weiterer, zur Überprüfung der Wirksamkeit erforderlicher Unterlagen zu erfolgen.

KG Berlin v. 18.11.2003 – 1 W 444/02, GmbHR 2004, 116. Siehe auch B § 26 FamFG Nr. 1 und 4 und B §§ 27, 31 FamFG zum Nachweis der Existenz ausländischer Rechtsträger und deren Vertretungsverhältnisse.

KG Berlin v. 10.5.2005 – 18 U 48/04, GmbHR 2005, 1136 lässt „annual return" ausreichen. Strenger OLG Dresden v. 21.5.2007 – 1 W 52/07, GmbHR 2007, 1156 mit Anm. *Wachter.*

§§ 13d-g HGB Nr. 5 (Befreiung des directors von § 181 BGB)

Die organschaftliche Vertretungsmacht der Geschäftsführer einer Zweigniederlassung einer englischen Limited richtet sich nach englischem Recht, da für diese Frage das Gesellschaftsstatut maßgeblich ist. Als Vorschrift des deutschen Rechts ist auch § 181 BGB daher nicht anwendbar, so dass das Organ einer englischen Gesellschaft von diesen Beschränkungen auch nicht befreit werden kann.

OLG Celle v. 14.4.2005 – 9 W 14/05, GmbHR 2005, 1303 = NJW-RR 2006, 324.

Auch keine Regelung in der Satzung möglich: OLG Frankfurt/M v. 19.2.2008 – 20 W 263/07, GmbHR 2009, 214. Director oder andere Person kann aber Ständiger Vertreter sein für die Tätigkeit der Zweigniederlassung mit Befreiung von § 181 BGB: *Wachter,* NZG 2005, 338; OLG München v. 4.5.2006 – 31 Wx 23/06, GmbHR 2006, 603 = DNotZ 2006, 871; OLG Hamm v. 21.7.2006 – 15 W 27/06, GmbHR 2006, 1198 = DNotZ 2006, 951.

§§ 13d-g HGB Nr. 6 (Gewerbeverbot für director)

1. Das Registergericht darf wegen eines im Inland gegen den – dem Geschäftsführer einer GmbH gleichstehenden – director einer englischen Private Limited Company durch vollziehbare Entscheidung der Verwaltungsbehörde verhängten Gewerbeverbots (§ 6 Abs. 2 Satz 4 GmbHG) die beantragte Eintragung einer Zweigniederlassung der Limited in das Handelsregister verweigern.

2. Eine derartige Ablehnung der Eintragung der Zweigniederlassung der Limited im Inland verstößt weder gegen die 11. (Zweigniederlassungs-)Richtlinie des Rates vom 21. Dezember 1989 (89/666/EWG) noch – nach Maßgabe des sog. Vier-Kriterien-Tests – gegen die Niederlassungsfreiheit gemäß Art. 43, 48 EG (jetzt: Art. 49, 54 AEUV).

BGH v. 7.5.2007 – II ZB 7/06, BGHZ 172, 200 = GmbHR 2007, 870 = DNotZ 2008, 70 = NotBZ 2007, 288.

§§ 13d-g HGB Nr. 7 (Geschäftsleiter, Hauptbevollmächtigter)

a) Der Geschäftsleiter der deutschen Zweigniederlassung einer ausländischen Bank ist in das Handelsregister einzutragen.

BayObLG v. 12.7.1973 – BReg 2 Z 31/73, Rpfleger 1973, 363 = AG 1973, 344.

Ebenso LG Frankfurt/M v. 17.7.1978 – 3-11 T 21/78, WM 1979, 957.

b) Gesamtprokura kann dergestalt erteilt werden, dass ein Prokurist gemeinschaftlich mit dem Hauptbevollmächtigten der deutschen Zweigniederlassung eines ausländischen Versicherungsunternehmens zur Vertretung berechtigt ist (entgegen OLG Frankfurt/M v. 18.3.1978 – 20 W 141/76, BB 1976, 569).

OLG Stuttgart v. 1.10.1998 – 8 W 350/97, BB 1998, 2546.

Zusätzlich Eintragung einer empfangsberechtigten Person nach § 13e Abs. 2 Satz 4 HGB oder eines Ständigen Vertreters nach § 13e Abs. 2 Satz 5 Nr. 3 HGB.

§ 13h HGB Sitzverlegung

§ 13h HGB Nr. 1 (Mehrere Eintragungen)

Wird mit der Anmeldung der Sitzverlegung einer GmbH die Anmeldung weiterer Satzungsänderungen verbunden, ist das Registergericht des neuen Sitzes für die Prüfung der Anmeldung insgesamt örtlich zuständig.

OLG Hamm v. 25.3.1991 – 15 Sbd 4/91, GmbHR 1991, 321.

§ 13h HGB Nr. 2 (Zuständigkeit)

Bei einer über die Grenzen des Gerichtsbezirks hinausgehenden Sitzverlegung hat das Gericht des bisherigen Sitzes nur die förmliche Richtigkeit der Anmeldung zu prüfen, während die im Zusammenhang mit der Sitzverlegung auftretenden sachlichen Fragen vom Gericht des neuen Sitzes zu beurteilen sind.

OLG Köln v. 7.11.1974, Rpfleger 1975, 251.

Bestätigt durch OLG Frankfurt/M v. 30.4.2002 – 20 W 137/02, DB 2002, 2209 (vor Abgabe nur Prüfung der Anmeldung in förmlicher Hinsicht) und OLG Frankfurt/M v. 11.2.2008 – 20 W 25/08, DNotZ 2008, 626 (keine Ablehnung der Übernahme bei strengerem Maßstab an förmliche Richtigkeit).

§ 13h HGB Nr. 3   (Prüfungsrecht)

Das Registergericht darf die Eintragung der Sitzverlegung nicht deshalb ablehnen, weil es Bedenken gegen den Fortbestand bisheriger Eintragungen hat. Das Registergericht des neuen Sitzes ist vielmehr darauf beschränkt, nach Eintragung der Sitzverletzung auf die Beseitigung seiner Auffassung nach unzulässiger Eintragungen mit den dafür vorgesehenen registerrechtlichen Mitteln hinzuwirken (vgl.: OLG Hamm v. 19.8.1996 – 15 W 127/96, GmbHR 1996, 858).

OLG Köln v. 17.7.2012 – 2 Wx 107/12, juris. Gegen eine unzulässige Firma ist nach § 37 HGB, jetzt: §§ 395, 392 FamFG, einzuschreiten.

§ 13h HGB Nr. 4   (Faktischer Sitz, Eintragung weiterer Änderungen)

1. Die Verlegung des Sitzes einer Personenhandelsgesellschaft erfolgt unabhängig von einer gesellschaftsvertraglichen Bestimmung durch Verlegung des Ortes, an dem die Verwaltung der Gesellschaft tatsächlich erfolgt. Die Eintragung der Sitzverlegung im Handelsregister hat lediglich rechtsbekundende Wirkung.

2. Wird bei einer Personenhandelsgesellschaft die Sitzverlegung angemeldet, steht es im Ermessen des Gerichts des bisherigen Sitzes, ob es Anmeldungen, die gleichzeitig mit der Sitzverlegung oder vorher bei ihm eingegangen und noch nicht erledigt sind, erledigt, oder ob es diese dem Gericht des neuen Sitzes zur Erledigung zuleitet. Die im Verfahren der Bestimmung des örtlich zuständigen Gerichts nachprüfbare Ermessensentscheidung ist regelmäßig dann nicht zu beanstanden, wenn die anderen Anmeldungen der Sitzverlegung noch nicht erledigungsreif waren. Mit der Abgabe der anderen Anmeldungen an das Gericht des neuen Sitzes wird für das Gericht des neuen Sitzes eine örtliche Zuständigkeit auch für diese anderen Anmeldungen begründet.

KG Berlin v. 22.10.1996 – 1 AR 30/96, DB 1997, 221. Zu Leitsatz 1: Keine freie Sitzwahl bei Personengesellschaft, B §§ 106, 107 HGB Nr. 4 und Einl. Rz. 60 ff.

§ 13h HGB Nr. 5   (Prüfungsrecht, Rechtsmissbrauch)

Bei der Beantragung der Sitzverlegung einer GmbH ist das Registergericht grundsätzlich nicht befugt, die freie Verfügbarkeit der (ursprünglich eingezahlten) Stammeinlagen zu überprüfen. Es stellt weiterhin keinen Hinderungsgrund für die Eintragung dar, dass die Angaben im Gesellschaftsvertrag betreffend den Übernehmer der Stammeinlage nicht mehr der aktuellen Sachlage entsprechen.

LG Koblenz v. 11.2.1998 – 4 HT 1/98, GmbHR 1998, 540 = Rpfleger 1998, 293.

Vgl. auch LG Limburg v. 29.5.1996 – 5 T 6/96, GmbHR 1996, 771 (betr. Vermögenslosigkeit) und LG Berlin v. 23.4.1999 – 98 T 9/99, GmbHR 1999, 720 (Auflösung nach § 60 Abs. 1 Nr. 5 GmbHG); anders bei wirtschaftlicher Neugründung: A 101.

Jedoch Ablehnung der Sitzverlegung wegen Rechtsmissbrauchs bei GmbH nach Abgabe der eidesstattlichen Versicherung, KG Berlin v. 25.7.2011 – 25 W 33/11, GmbHR 2011, 1104.

§ 14 HGB Erzwingung von Anmeldungen und anderen Handlungen durch Zwangsgeld

§ 14 HGB Nr. 1 (Mehrere Anmeldepflichtige)

Für eine Zwischenverfügung ist grundsätzlich kein Raum, wenn von mehreren Anmeldepflichtigen ein Teil seiner Pflicht nicht genügt hat; die säumigen Anmeldepflichtigen sind zur Anmeldung anzuhalten.

BayObLG v. 4.4.1978 – 1 Z 15/78, Rpfleger 1978, 255.

§ 14 HGB Nr. 2 (Mehrere Anmeldepflichtige)

Die Anmeldepflicht obliegt individuell jedem einzelnen Gesellschafter und jedem Erben eines Gesellschafters. Das Registergericht darf – falls keine Gesamtanmeldepflicht besteht – eine nicht zu bemängelnde Anmeldung zum Handelsregister nicht deshalb zurückweisen, um eine von ihm für erforderlich gehaltene sonstige Anmeldung herbeizuführen; nur die säumigen Anmeldepflichtigen sind zur Anmeldung anzuhalten.

BayObLG v. 12.10.1978 – BReg 1 Z 102/78, DNotZ 1979, 109 = Rpfleger 1978, 451.

§ 15 HGB Wirkung von Eintragungen

§ 15 HGB Nr. 1 (Bindung an Eintragungen)

Das Registergericht hat Anmeldungen von Amts wegen auf ihre Wirksamkeit, einschließlich erforderlicher Vertretungsmacht, zu überprüfen. Auf § 15 HGB kann sich der Anmeldende gegenüber dem Registergericht nicht beziehen.

OLG Schleswig v. 18.5.1998 – 2 W 48/98, GmbHR 1998, 746.

Zur Aufklärungspflicht des Registergerichts: B § 26 FamFG.

§ 15 HGB Nr. 2   (Unterbliebene Voreintragungen)

1. Nach HGB § 15 Abs. 1 wird ein gutgläubiger Dritter gegen die Folgen nicht eingetragener Tatsachen auch dann geschützt, wenn die gebotene Voreintragung unterblieben war (vgl. BGH v. 24.6.1965 – III ZR 219/63, WM 1965, 1054–1062; Festhaltung BGH v. 21.12.1970 – II ZR 258/67, BGHZ 55, 267).

2. Die Befugnis des Gesellschaftsgläubigers, einen Kommanditisten aus der unbeschränkten Haftung des HGB § 176 in Anspruch zu nehmen, wird durch die Konkurseröffnung über das Vermögen der KG nicht berührt.

3. Auch wer einen Kommanditanteil durch einfaches Verfügungsgeschäft von einem früheren Gesellschafter erwirbt, kann die Wirksamkeit seines Beitritts zur Gesellschaft von der aufschiebenden Bedingung abhängig machen, dass seine Eintragung im Handelsregister vollzogen ist.

BGH v. 21.3.1983 – II ZR 113/82, GmbHR 1983, 238 = NJW 1983, 2258. Leitsatz 1: Zum Thema Voreintragung siehe Einl. Rz. 52. Zur Eintragung bedingter Tatsachen Einl. Rz. 48 ff.

§ 16 HGB   Bindung des Registergerichts an Entscheidungen des Prozessgerichts

§ 16 HGB Nr. 1   (Keine Anordnung auf Eintragung durch Prozessgericht)

Das Prozessgericht ist zu unmittelbaren und über § 16 HGB hinausgehenden Einschränkungen auf die Tätigkeit des Registergerichts, z.B. durch Anordnung einer Eintragung oder ein darauf gerichtetes Ersuchen, nicht befugt.

RG v. 26.2.1931, JW 1931, 2992.

Ausnahmen nur bei Kapitalmaßnahmen und Unternehmensverträgen einer AG nach § 246a AktG.

§ 17 HGB   Firma allgemein

§ 17 HGB Nr. 1   (Geschäftsbezeichnung)

Die Verwendung einer Geschäftsbezeichnung durch einen Nichtkaufmann ist nur dann zulässig, wenn sie ausschließlich das Geschäft individualisiert und nicht dessen Inhaber. Ferner darf sie nicht wie eine Firma verwendet werden oder in ihrer äußeren Gestaltung firmenähnlich wirken.

Der Fantasiename „Interdekt" für ein Detektivbüro ist als Geschäftsbezeichnung zulässig.

OLG Bamberg v. 21.4.1971 – 1 U 24/71, DB 1973, 1989 = MittBayNot 1973, 389.

§ 17 HGB Nr. 2   (Geschäftsbezeichnung)

1. Mit dem Wort „Fahrschule" verbinden die in Betracht kommenden Verkehrskreise regelmäßig nicht die Vorstellung, es handele sich um das Handelsgeschäft eines Vollkaufmanns.

2. Ein Kleingewerbetreibender darf die Geschäftsbezeichnung „Anton Anders, Fahrschule, Inhaber Berthold Bauer" führen.

OLG Stuttgart v. 26.8.1986 – 8 W 230/86, NJW 1987, 1709.

Ebenso für die Bezeichnung „Intrac Individualreisen Travel Agency GbR", LG Berlin v. 18.6.1984 – 98 T 33/83, BB 1985, 1691 mit Anm. *George*. Diese Rechtsprechung dürfte nach neuem Firmenrecht sicher fortgelten, weil sich derartige Geschäftsbezeichnungen von handelsrechtlichen Firmen durch den bei jenen vorhandenen Rechtsformhinweis nach § 19 HGB, § 4 GmbHG abheben; der irreführende Eindruck einer Firma ist dadurch ausgeschlossen.

§ 17 HGB Nr. 3   (Gütergemeinschaft)

a) Gehört zum Gesamtgut einer Gütergemeinschaft ein Handelsgeschäft und wird das Gesamtgut nur von einem Ehegatten verwaltet, so ist nur dieser Inhaber des Handelsgeschäfts und daher auch nur er als Kaufmann in das Handelsregister einzutragen.

BayObLG v. 16.1.1978 – BReg 1 Z 6/78, DNotZ 1978, 437.

b) Haben Eheleute Gütergemeinschaft mit gemeinschaftlicher Verwaltung des Gesamtgutes vereinbart und betreiben sie ein zum Gesamtgut gehörendes Handelsgeschäft, ohne dass ein Gesellschaftsvertrag besteht, so können sie die Firma aus ihren Vor- und Familiennamen mit der Voranstellung „Eheleute" bilden; ein Zusatz „in Gütergemeinschaft" ist zulässig, aber nicht notwendig.

BayObLG v. 25.7.1991 – BReg 3 Z 16/91, DNotZ 1992, 176. Hingegen Errichtung einer OHG durch Ehegatten in Gütergemeinschaft nur bei Bildung von Vorbehaltsgut; BGH v. 10.7.1975 – II ZR 154/72, BGHZ 65, 79 = NJW 1975, 1774.

§ 18 HGB Firma des Kaufmanns

Vorbemerkung zum Firmenrecht

1. Notwendiger Firmeninhalt: Bis zum Handelsrechtsreformgesetz 1998 mussten in einer Firma Personennamen oder Sachbestandteile erscheinen. Seitdem ist nur noch eine Gesamtvoraussetzung der Firma nötig: Sie muss zur Kennzeichnung des Kaufmanns geeignet sein und Unterscheidungskraft besitzen (§ 18 Abs. 1 HGB). Dies *kann* durch Namen oder Sachbestandteile geschehen, muss es aber nicht. Möglich sind also auch ausschließlich reine Phantasiebestandteile.

Mit dem Wegfall bestimmter inhaltlicher Voraussetzungen geht, vor allem bei den Personengesellschaften, jegliche Information der Firma über Inhaber, Gesellschafter und Unternehmensgegenstand verloren. Sie wird durch einen zwingend erforderlichen Hinweis auf die Rechtsform des Unternehmensträgers ersetzt. Nach § 19 Abs. 1 Nr. 1–3 HGB müssen Einzelkaufmann und Personengesellschaften in ihrer Firma ihre konkrete Rechtsform angeben, entweder ausgeschrieben („Eingetragener Kaufmann", „Offene Handelsgesellschaft", „Kommanditgesellschaft") oder in einer allgemein verständlichen Abkürzung dieser Bezeichnungen (siehe die Beispiele in § 19 Abs. 1 HGB). Die GmbH & Co. KG muss einen ihre Haftungsbeschränkung kennzeichnenden Zusatz führen (§ 19 Abs. 2 HGB). Dieselben Grundsätze gelten auch für die Firma der GmbH und der anderer Unternehmensformen. Übersicht zur Rechtsprechung und zu den Problemfällen der Praxis *Kiesel u.a.*, DNotZ 2015, 740.

2. Täuschungsgeeignete Zusätze: Das Verbot, in eine Firma täuschende Zusätze aufzunehmen, dient dem vorbeugenden Verkehrsschutz. Die Prüfung der Täuschungsgefahr im Eintragungsverfahren ist in zweifacher Hinsicht reduziert. Zum einen dürfen nach § 18 Abs. 2 HGB nur solche Angaben beanstandet werden, die geschäftliche Verhältnisse betreffen, die „für die angesprochenen Verkehrskreise wesentlich" sind. Zum anderen wird eine Irreführungseignung im Registerverfahren nur dann berücksichtigt, berechtigt also das Registergericht zur Beanstandung, wenn sie „ersichtlich" ist (vgl. B § 18 HGB Nr. 6). Insoweit muss das Registergericht grundsätzlich keine näheren Ermittlungen zur Täuschungseignung anstellen (OLG Hamm v. 26.7.1999 – 15 W 51/99, GmbHR 1999, 1254 = DNotZ 1999, 842).

3. Die Regelungen der §§ 22, 24 HGB über die **Fortführung bestehender Firmen** bei Veränderungen des Inhabers sind durch das Handelsrechtsreformgesetz beibehalten worden, und zwar auch für den Fall, dass in der fortgeführten Firma die Namen früherer Inhaber oder Gesellschafter enthalten sind. Dadurch ist allerdings die Abgrenzung der strengen Grundsätze über eine Firmenfortführung von dem Recht des Erwerbers, eine neue Firma nach dem großzügigen § 18 HGB anzunehmen, problematisch geworden (vgl. dazu B § 22 HGB Nr. 5, 7 und 13, B § 24 HGB Nr. 1 und 3).

4. Eintragung: Zur Form der Eintragung, insbesondere Groß- und Kleinschreibung, und zu Sonderzeichen vgl. B § 8 HGB. Zur so genannten Fassungsbeschwerde siehe B § 383 Abs. 3 FamFG.

§ 18 HGB Nr. 1 („Inhaber")

Der Firmenzusatz „Inhaber" ist völlig neutral und ist daher nicht nach § 18 Abs. 1 Satz 1 HGB unzulässig.

LG Hof v. 1.12.1970, DNotZ 1971, 682. Inhaberzusatz ersetzt nicht den zwingenden Rechtsformhinweis nach § 19 Abs. 1 Nr. 1 HGB.

§ 18 HGB Nr. 2 (Weglassen von Firmenteilen bei GmbH & Co. KG)

Bei der Neubildung einer Firma einer GmbH &. Co. KG dürfen Firmenbestandteile ohne besondere Aussagekraft aus der Firma der GmbH (wie z.B. „Verwaltung-") weggelassen werden, wenn sie über den Gegenstand der KG irreführen können.

BGH v. 16.3.1981 – II ZB 9/80, Rpfleger 1981, 348 = GmbHR 1981, 292 mit Anm. von *Wessel*.

§ 18 HGB Nr. 3   (Kennzeichnungs- und Unterscheidungskraft)

Folgende Entscheidungen dienen für die nach § 18 Abs. 1 HGB erforderliche Kennzeichnungs- und Unterscheidungskraft von Firmen als Orientierung:

a) **Hinreichende** Kennzeichnungs- und Unterscheidungskraft ist in folgenden Fällen angenommen worden:

– Unterscheidungskraft für „DB Immobilienfonds", obwohl Wort aus einer nicht aussprechbaren Buchstabenkombination besteht.

BGH v. 5.10.2000 – I ZR 166/98, BGHZ 145, 279.

– „Autodienst Berlin Limited"

KG Berlin v. 11.9.2007 – 1 W 81/07, GmbHR 2008, 146 = DNotZ 2008, 392; siehe auch B § 18 HGB Nr. 4.

b) **Keine hinreichende** Kennzeichnungs- und Unterscheidungskraft ist in folgenden Fällen angenommen worden:

– „Profi-Handwerker GmbH".

BayObLG v. 1.7.2003 – 3Z BR 122/03, GmbHR 2003, 1003.

– „Outlets.de". Verwendung von Top-Level-Domains kennzeichnend nur, wenn keine reine Gattungsbezeichnung.

OLG Frankfurt/M v. 13.10.2010 – 20 W 196/10, GmbHR 2011, 202.

– Die Bezeichnung „VIDEO-RENT" ist als Firmenbezeichnung für einen Geschäftsbetrieb, der Geräte und Zubehör der Unterhaltungselektronik einschließlich Videogeräte und Videokassetten umfasst, nicht unterscheidungskräftig.

BGH v. 12.6.1986 – I ZR 70/84, GRUR 1988, 319.

– „Camping Akademie GmbH" keine hinreichende Unterscheidungs- und Kennzeichnungskraft.

OLG Rostock v. 15.11.2010 – 1 W 47/10, GmbHR 2011, 829.

– Unzulässige Firma, die nur Zahl und Rechtsformzusatz besteht („23 GmbH").

KG Berlin v. 17.5.2013 – 12 W 51/13, ZIP 2013, 1769. Verwendung von Zahlen und Unterscheidbarkeit von Firmen am gleichen Ort siehe auch B § 30 HGB Nr. 4.

– „Deutsche Biogas AG" als Gattungsbezeichnung unzulässig nach § 18 Abs. 1 HGB.

LG Oldenburg v. 24.9.2009 – 15 T 802/09, Rpfleger 2010, 145.

Die Verwendung von Zahlen in der Firma kann in Hinblick auf die Kennzeichnungs- und Unterscheidungsfunktion des § 18 Abs. 1 HGB ausreichen; siehe B § 30 HGB Nr. 4.

§ 18 HGB Nr. 4   (Ortsangaben)

1. Die Aufnahme einer Ortsangabe in den Namen einer Firma stellt, gleich ob diese in attributiver oder substantivischer Form erfolgt, in der Regel nicht allein deshalb einen Verstoß gegen das Irreführungsverbot dar, weil die Firma keine führende oder besondere Stellung in dem Ort nachgewiesen hat. Anderes kann gelten, wenn zusätzliche An-

gaben in dem Firmennamen die Berühmung einer solchen besonderen Stellung nahelegen.

2. Die Firma „Münchner Hausverwaltung GmbH" für eine Gesellschaft mit Sitz in einer Münchner Nachbargemeinde ist eintragungsfähig; auf eine führende oder besondere Stellung der Gesellschaft im Wirtschaftsraum München kommt es nicht an.

OLG München v. 28.4.2010 – 31 Wx 117/09, DNotZ 2010, 933. Ebenso OLG Braunschweig v. 10.8.2011 – 2 W 77/11, Rpfleger 2012, 153 („Göttinger Sanitär- und Heizungstechnik …. e.K.").

§ 18 HGB Nr. 5   (Buchstabenkombination, Artikulierbarkeit)

Der Aneinanderreihung einer Buchstabenkombination kommt gemäß § 18 Abs. 1 HGB neben der Unterscheidungskraft auch die erforderliche Kennzeichnungseignung und damit zugleich Namensfunktion (§ 17 Abs. 1 HGB) im Geschäftsverkehr für die Firma von Einzelkaufleuten, Personen- und Kapitalgesellschaften zu, wenn sie im Rechts- und Wirtschaftsverkehr zur Identifikation der dahinter stehenden Gesellschaft ohne Schwierigkeiten akzeptiert werden kann. Hierfür reicht als notwendige, aber zugleich hinreichende Bedingung die Aussprechbarkeit der Firma im Sinne der Artikulierbarkeit (hier: „HM & A" bei einer GmbH & Co. KG) aus.

BGH v. 8.12.2008 – II ZB 46/07, GmbHR 2009, 249 = DNotZ 2009, 469.

§ 18 HGB Nr. 6   (Irreführung und Gegenstand)

1. Durch die Liberalisierung des Firmenrechts kann von einer wesentlichen Irreführung im Sinne des § 18 Abs. 2 Satz 1 HGB bei einer Sachfirma nicht allein deshalb ausgegangen werden, weil sie den Unternehmensgegenstand für Dritte nicht erkennen lässt. Selbst das Abstellen auf den Tätigkeitsbereich bedarf einer großzügigen Beurteilung. Denn die Grenzen zur Fantasiefirma sind fließend, nachdem eine Firma nicht nur als Sach- und Personenfirma gebildet werden kann, sondern auch als Fantasiefirma sowie als Kombination aus diesen Möglichkeiten.

2. § 18 Abs. 2 Satz 2 HGB hat zudem eine deutliche Verminderung des Prüfungsaufwandes des Registergerichts im Eintragungsverfahren bewirkt. Zu berücksichtigen hat es nur noch eine „ersichtliche" Irreführung. Seine Prüfungsintensität ist damit auf ein „Grobraster" reduziert.

OLG Stuttgart v. 8.3.2012 – 8 W 82/12, GmbHR 2012, 571.

§ 18 HGB Nr. 7   (Irreführung bei Endsilbe „AG")

1. Im registerrechtlichen Verfahren ist die Eignung zur Irreführung nur dann zu berücksichtigen, wenn diese ersichtlich ist (§ 18 Abs. 2 Satz 2 HGB). Beanstandet werden können danach nur Angaben, bei denen die Täuschungseignung nicht allzu fern liegt und ohne umfangreiche Beweisaufnahme bejaht werden kann (BT-Drucks. 13/8444).

2. Es bleibt offen, ob die Verwendung einer bloßen Endsilbe „AG" (hier „OBAG" bei einer GmbH) ohne besondere Heraushebung nicht mehr zur Täuschung i.S.v. § 18

Abs. 2 HGB auf Grund der sich gewandelten wirtschaftlichen Verhältnisse und der Änderung des Verbraucherleitbildes angesehen werden kann (so aber OLG Köln v. 14.7.2006 – 6 U 226/05, GRUR-RR 2007, 163 – „WISAG").

OLG Dresden v. 21.4.2010 – 13 W 295/10, NotBZ 2010, 274.

§ 18 HGB Nr. 8   (Name von Nichtgesellschaftern bei KG)

Die Bildung des Namens einer Firma einer OHG oder KG aus den Namen von Nichtgesellschaftern oder Kommanditisten ist grundsätzlich möglich.

OLG Karlsruhe v. 24.2.2010 – 11 Wx 15/09, GmbHR 2010, 1096

So auch bei GmbH, siehe B § 4 GmbHG Nr. 1.

§ 18 HGB Nr. 9   (Fiktiver Name bei e.K.)

Die Verwendung eines fiktiven Namens für einen Einzelkaufmann ist nicht irreführend.

OLG München v. 8.11.2012 – 31 Wx 415/12, ZIP 2012, 2393 = MDR 2013, 44.

Entsprechend bei OHG/KG und bei GmbH keine Irreführung bei Verwendung des Namens eines Nichtgesellschafters, vgl. B § 18 HGB Nr. 8 und B § 4 GmbHG Nr. 1.

§ 18 HGB Nr. 10   (Zusatz „Group" bei e.K. und GmbH)

Die Verwendung des Begriffs „Gruppe"/„Group" in der Firma eines Einzelkaufmanns ist unzulässig und nicht eintragungsfähig.

OLG Schleswig v. 28.9.2011 – 2 W 231/10, Rpfleger 2012, 211.

Unzulässig auch bei GmbH nach Thür. OLG v. 14.10.2013 – 6 W 375/12, 6 W 386/12, GmbHR 2014, 428, wenn es keinen Zusammenschluss von Unternehmen gibt.

§ 18 HGB Nr. 11   (Zusatz: Partner)

Allen Gesellschaften mit einer anderen Rechtsform als der Partnerschaft, die nach dem Inkrafttreten des Partnerschaftsgesellschaftsgesetzes gegründet oder umbenannt werden, ist die Bezeichnung „und Partner" verwehrt. Dies gilt auch für die Zusätze „+ Partner" oder „& Partner".

BGH v. 21.4.1997 – II ZB 14/96, DNotZ 1997, 985 = GmbHR 1997, 644. Dies gilt auch für das Wort „Partners", KG Berlin v. 27.4.2004 – 1 W 180/02, GmbHR 2004, 1024.

Übergangsvorschrift für bestehende Firmen: § 11 PartGG. Bei Firmenänderungen muss „Partner" gestrichen werden, vgl. B § 4 GmbHG Nr. 7.

§ 19 Abs. 1 HGB Rechtsformzusätze allgemein

§ 19 Abs. 1 HGB Nr. 1 (Gesellschaftszusatz)

Bei der Bildung der Firma einer Kommanditgesellschaft, deren einzige Komplementä-rin eine Gesellschaft mit beschränkter Haftung ist, muss zur Klarstellung dieser Gesell-schaftsform dem Namen der Komplementär-GmbH der Zusatz „&. Co." auch dann angefügt werden, wenn die Firma den Zusatz „KG" enthalten soll.

BayObLG v. 23.2.1973 – BReg 2 Z 75/72, DNotZ 1973, 560 = GmbHR 1973, 118.

§ 19 Abs. 1 HGB Nr. 2 (GbRmbH)

1. Gegen eine GbR von Freiberuflern (hier: Sozietät aus Rechtsanwälten, Steuerberatern und Wirtschaftsprüfern) darf das Registergericht einschreiten, wenn der Name der So-zietät, insbesondere sein Rechtsformzusatz, geeignet ist, über die Rechtsform der Ge-sellschaft irrezuführen.

2. Eine Sozietät aus Freiberuflern darf in ihrer Namensbezeichnung nicht die Zusätze „Gesellschaft bürgerlichen Rechts mit beschränkter Haftung" oder „GbRmbH" aufneh-men.

BayObLG v. 24.9.1998 – 3Z BR 58/98, NJW 1999, 297.

Vgl. auch § 19 Abs. 2 HGB Nr. 5 und A 82 ff. zur Partnerschaftsgesellschaft.

§ 19 Abs. 2 HGB Firma der beschränkt haftenden Personengesellschaft, insbesondere GmbH & Co. KG

§ 19 Abs. 2 HGB Nr. 1 (Form des Zusatzes)

Die Firma einer handelsrechtlichen Personengesellschaft, in der nur eine Gesellschaft m.b.H. persönlich haftet, kann nicht dadurch gebildet werden, dass dem Zusatz „KG", lediglich durch einen Gedankenstrich getrennt, der Zusatz „GmbH & Co." nachgestellt wird (Ergänzung zu BGH v. 18.9.1975 – II ZB 9/74, BGHZ 65, 103).

BGH v. 28.5.1979 – II ZB 4/79, Rpfleger 1979, 335 = GmbHR 1979, 223.

§ 19 Abs. 2 HGB Nr. 2 (Form des Zusatzes)

Die Firma einer handelsrechtlichen Personengesellschaft, in der nur eine GmbH per-sönlich haftet, kann nicht dadurch gebildet werden, dass der bisherigen abgeleiteten Personenfirma „... & Co." der Zusatz „GmbH & Co. KG" nachgestellt wird.

BGH v. 13.10.1980 – II ZB 4/80, Rpfleger 1981, 15 = GmbHR 1981, 58 = MDR 1981, 207.

§ 19 Abs. 2 HGB Nr. 3 (Form des Zusatzes)

Die Firma einer KG, in der nur eine GmbH persönlich haftet, kann nicht dadurch gebildet werden, dass die Rechtsformsätze „GmbH" und „KG" unmittelbar aufeinander folgen oder lediglich durch einen sachlichen Firmenbestandteil getrennt werden.

BGH v. 24.3.1980 – II ZB 8/79, Rpfleger 1980, 272 = DNotZ 1980, 696.

§ 19 Abs. 2 HGB Nr. 4 (Keine Täuschung)

Steht am Ende der Firma der als Kennzeichnung einer Personenhandelsgesellschaft mit einer GmbH als einziger persönlich haftender Gesellschafterin eingebürgerte Rechtsformzusatz „GmbH & Co.", so wird der Rechtsverkehr durch die vorangestellten Firmenteile grundsätzlich nicht getäuscht.

OLG Frankfurt/M v. 10.4.1980 – 20 W 722/79, Rpfleger 1980, 286 = MDR 1980, 673.

§ 19 Abs. 2 HGB Nr. 5 (Form des Zusatzes)

Der Zusatz „Kommanditgesellschaft mit beschränkter Haftung" kann nicht als statthaft angesehen werden.

OLG Köln v. 30.9.1977 – 2 Wx 112/76, GmbHR 1978, 133.

Zur Unzulässigkeit des Zusatzes „GbR mbH", auch in ausgeschriebener Form, vgl. B § 19 Abs. 1 HGB Nr. 2.

Siehe auch A 82 ff. zur Partnerschaftsgesellschaft.

§ 19 Abs. 2 HGB Nr. 6 (GmbH in KGaA)

Eine GmbH kann grundsätzlich persönlich haftende Gesellschafterin einer Kommanditgesellschaft auf Aktien sein. Dazu ist jedoch unabdingbar erforderlich, dass das Fehlen einer natürlichen Person in der Eigenschaft des Komplementärs in der Firma der Gesellschaft kenntlich gemacht wird. § 19 Abs. 5 HGB (jetzt: § 19 Abs. 2) findet insoweit sinngemäße Anwendung.

BGH v. 24.2.1997 – II ZB 11/96, BGHZ 134, 392 = GmbHR 1997, 595.

§ 19 Abs. 2 HGB Nr. 7 (Firma bei UG als persönlich haftende Gesellschafterin)

Die Firma einer Personenhandelsgesellschaft „... GmbH & Co. ..." ist unzulässig, wenn allein Unternehmergesellschaften i.S.v. § 5a Abs. 1 GmbHG persönlich haften.

KG Berlin v. 8.9.2009 – 1 W 244/09, GmbHR 2009, 1281. Zur Firma der UG siehe B § 4 GmbHG Nr. 8.

§ 22 HGB Firmenfortführung bei Übergang eines Handelsgeschäftes

§ 22 HGB Nr. 1   (Treuhand)

Wird der Übergang eines Handelsgeschäfts aufgrund eines privatrechtlichen Treuhand-
verhältnisses eingetragen, so ist das Treuhandverhältnis im Handelsregister nicht zu ver-
lautbaren.

OLG Hamm v. 5.2.1963 – 15 W 395/62, NJW 1963, 1554.

§ 22 HGB Nr. 2   (Doppelte Firma)

Eine KG, die ein erworbenes Unternehmen weiterführt, darf dessen Firma nicht fortführen, ohne auf ihre bisherige Firma zu verzichten.

BGH v. 21.9.1976 – II ZB 4/74, BGHZ 67, 166 = DNotZ 1977, 113 = GmbHR 1977,
280.

§ 22 HGB Nr. 3   (Doppelte Firma bei Pacht)

Eine KG, die das Handelsgeschäft eines Einzelkaufmanns mit dem Recht der Firmenfortführung gepachtet hat, kann nicht unter Beibehaltung ihrer Firma als Geschäfts-
inhaberin des gepachteten Geschäfts mit dessen bisheriger Firma in das Handelsregister
eingetragen werden.

BayObLG v. 15.10.1970 – BReg 2 Z 14/70, Rpfleger 1970, 435 = DNotZ 1971, 110 =
GmbHR 1971, 99.

§ 22 HGB Nr. 4   (Fortführung)

Der Erwerb eines Handelsgeschäfts i.S.d. § 22 HGB setzt voraus, dass der Veräußerer
Vollkaufmann ist und seine Firma zu Recht besteht.

Die Übernahme des Unternehmens eines Minderkaufmanns ist deshalb eine Neugründung, für die nicht § 22 HGB, sondern § 18 HGB gilt.

OLG Frankfurt/M v. 31.10.1977 – 20 W 630/77, Rpfleger 1978, 21 = MDR 1978, 319.

Ebenso BayObLG v. 27.10.1988 – BReg 3 Z 117/88, DB 1988, 2559.

§ 22 HGB Nr. 5   (Nicht-Fortführung)

Macht der Erwerber eines Einzelhandelsgeschäfts von dem Recht zur Firmenfortführung
keinen Gebrauch, sondern führt er eine Firma, die den Vorschriften über die Bildung einer sogenannten ursprünglichen Firma entspricht, so erlischt die Firma des bisherigen
Geschäftsinhabers; dieser ist verpflichtet, das Erlöschen seiner Firma zur Eintragung in
das Handelsregister anzumelden.

BayObLG v. 27.4.1971 – BReg 2 Z 43/71, Rpfleger 1971, 257 = DNotZ 1971, 431.

§ 22 HGB Nr. 6 (Voreintragungen)

Bei der Eintragung der abgeleiteten Firma eines Einzelkaufmanns sind, wenn die früheren anmeldepflichtigen Träger der Firma nicht im Handelsregister eingetragen waren, die der Firmenfortführung zugrunde liegenden Rechtsvorgänge in der Spalte „Rechtsverhältnisse" einzutragen. In der Anmeldung der abgeleiteten Firma sind deshalb die entsprechenden Angaben zu machen.

BayObLG v. 6.7.1978 – BReg 1 Z 74/78, DNotZ 1978, 692. Zum Thema Voreintragung siehe Einl. Rz. 52.

§ 22 HGB Nr. 7 (Dr.-Titel)

Der selbst nicht promovierte Erwerber eines Maklergeschäfts darf, auch wenn er vom Veräußerer das Recht zur Firmenfortführung erhalten hat, einen in der übernommenen Firmenbezeichnung (ohne Fakultätszusatz) enthaltenen Doktor-Titel nicht beibehalten, wenn er im Firmennamen keinen Nachfolgerzusatz hinzufügt.

BGH v. 10.11.1969 – II ZR 273/67, DNotZ 1970, 296 = Rpfleger 1970, 164.

Siehe auch B § 4 GmbHG Nr. 4.

§ 22 HGB Nr. 8 (Insolvenz)

Der Konkursverwalter kann die zur Fortführung der Firma eines Einzelkaufmanns durch den Erwerber des Handelsgeschäfts des Gemeinschuldners erforderliche Einwilligung nicht rechtswirksam erklären, wenn dessen Familienname in der Firma enthalten ist.

BGH v. 26.2.1960 – I ZR 159/58, BGHZ 32, 103.

§ 22 HGB Nr. 9 (Insolvenz der GmbH)

Der Konkursverwalter kann die zur Fortführung der Firma einer juristischen Person (hier: GmbH) durch den Erwerber des Handelsgeschäfts der Gemeinschuldnerin erforderliche Einwilligung auch dann rechtswirksam erklären, wenn in deren Firma ein Familienname enthalten ist.

KG v. 14.10.1960 – 5 U 957/60, NJW 1961, 833.

Ebenso BGH v. 27.9.1982 – II ZR 51/82, BGHZ 85, 221 = GmbHR 1983, 195.

§ 22 HGB Nr. 10 (Verpachtung)

Bei der Anmeldung des Verkaufs eines verpachteten Handelsgeschäfts an den Pächter hat auch der bisherige Verpächter mitzuwirken.

OLG Düsseldorf v. 24.9.1986 – 3 Wx 336/86, Rpfleger 1987, 203.

§ 22 HGB Nr. 11   (Einstellung bei Pacht)

Der Pächter als letzter Firmeninhaber kann das Erlöschen der Firma bei endgültiger Einstellung des Geschäftsbetriebs allein zur Eintragung anmelden, einer Mitwirkung des Verpächters bedarf es nicht.

LG Augsburg v. 17.11.1981 – 2 HK T 2938/81, Rpfleger 1982, 70.

Dagegen zu Recht *Gröger*, Anm. zu LG Augsburg v. 17.11.1981 – 2 HK T 2938/81, Rpfleger 1982, 70: Anmeldung auch durch den Verpächter erforderlich. Zur Unternehmenspacht im Register siehe auch *Ahlbrecht/Bengsohn*, Rpfleger 1982, 361.

§ 22 HGB Nr. 12   (Firmenänderung)

Bei einem Inhaberwechsel mit Firmenfortführung ist es nicht mehr erforderlich, dass der Familienname des bisherigen Kaufmanns in der Firmierung enthalten ist.

LG Augsburg v. 16.4.1999 – 2 HKT 1406/99, Rpfleger 1999, 449 mit krit. Anm. *Busch*, Rpfleger 1999, 547 (dagegen zutreffend *Möller*, DNotZ 2000, 830, 841: Es liegt kein Fall der Fortführung, sondern die Bildung einer neuen Firma vor; vgl. auch vorstehend B § 22 HGB Nr. 5).

§ 23 HGB   Keine Firmenveräußerung ohne Handelsgeschäft

§ 23 HGB Nr. 1   (Zweigniederlassung)

Haupt- und Zweigniederlassung können mit der bisherigen Firma an verschiedene Erwerber weiterveräußert werden. Auch die Zweigniederlassung darf selbständig den bisherigen Namen beibehalten. Durch die Veräußerung der Zweigniederlassung tritt eine Vervielfältigung der Firma ein. Bei der Personengesellschaft muss der namengebende Veräußerer der Firma der Vervielfältigung der Firma zustimmen (RG v. 16.11.1907 – I 44/07, RGZ 67, 94). Dies ist bei der Kapitalgesellschaft nicht erforderlich, sofern nicht im Gesellschaftsvertrag ausdrücklich eine andere Regelung getroffen worden ist.

OLG Frankfurt/M v. 16.5.1978 – 5 U 65/78, DB 1980, 250. Vgl. auch B § 4 GmbHG Nr. 5.

§ 23 HGB Nr. 2   (Ausgliederung)

Auch bei gleichzeitiger Auswechslung aller Gesellschafter einer Kommanditgesellschaft kann der ausscheidende Gesellschafter, dessen Name in der Firma enthalten ist, die Einwilligung zu deren Fortführung nicht rechtswirksam erklären, wenn die Altgesellschafter vor Übertragung ihrer Anteile einen wesentlichen Bestandteil des Handelsgeschäfts aus dem Gesellschaftsvermögen ausgegliedert haben.

BGH v. 5.5.1977 – II ZR 237/75, DNotZ 1977, 672 = Rpfleger 1977, 298.

§ 24 HGB   Firmenfortführung bei teilweisem Inhaberwechsel

§ 24 HGB Nr. 1   (Unternehmensvereinigung)

a) Vereinigen sich zwei Unternehmen, von denen eines das eines Einzelkaufmanns, das andere eine KG mit nach § 22 HGB abgeleiteter Firma eines Einzelkaufmanns ist, so können beide Firmen unverändert zu einer neuen Firma zusammengefügt werden.

b) Trennen sich beide Unternehmen wieder, so ist die KG nicht stets gezwungen, nunmehr eine Firma nach Maßgabe des § 19 Abs. 2 HGB zu bilden. Führt sie nach der Trennung ihr altes Unternehmen unverändert fort, kann sie wieder die frühere – abgeleitete – Firma annehmen.

OLG Frankfurt/M. v. 13.2.1970 – 6 W 521/69, DNotZ 1970, 435 = GmbHR 1970, 163.

§ 24 HGB Nr. 2   (Geschäftsübernahme)

§ 24 Abs. 2 HGB – und nicht § 22 Abs. 1 HGB – ist auch dann anwendbar, wenn aus einer zweigliedrigen Gesellschaft einer der beiden Gesellschafter ohne Liquidation ausscheidet.

BGH v. 9.1.1989 – II ZR 142/88, Rpfleger 1989, 329.

Firmenfortführung auch durch einen übernehmenden Kommanditisten zulässig, BayObLG v. 10.3.2000 – 3Z BR 385/99, ZIP 2000, 1214.

§ 24 HGB Nr. 3   (Zustimmung von Erben)

Die einer handelsrechtlichen Personengesellschaft von dem Erben des Firmenstifters nach dessen Tod gegebene Einwilligung zur Fortführung des Erblassernamens in der Gesellschaftsfirma macht den Erben nicht selber zum Namensgeber. Er kann deshalb auch nicht bei seinem späteren Ausscheiden aus der Gesellschaft die Befugnis beanspruchen, nach § 24 Abs. 2 HGB als derjenige, „dessen Namen in der Firma enthalten ist", (erneut) über die Berechtigung der Gesellschaft zur Fortführung ihrer Firma zu entscheiden (Ergänzung zu BGH v. 9.7.1984 – II ZR 231/83, BGHZ 92, 79).

BGH v. 16.2.1987 – II ZR 285/86, BB 1987, 1129.

§ 24 HGB Nr. 4   (Gesellschaftszusätze in fortgeführten Firmen)

Ein Einzelkaufmann darf als Übernehmer eines bisher in der Rechtsform einer OHG geführten Unternehmens die bisherige Firma „X und Sohn" ohne den Zusatz „OHG" fortführen; sie lässt nicht darauf schließen, dass das Geschäft von einer Personenmehrheit fortgeführt wird.

OLG Frankfurt/M v. 24.5.1971 – 6 W 158/71, DNotZ 1972, 309. Aber Rechtsformhinweis nach § 19 Abs. 1 Nr. 1 HGB erforderlich.

§ 24 HGB Nr. 5   (Gesellschaftszusätze in fortgeführten Firmen)

Bei der Übernahme der Firma einer Kommanditgesellschaft durch einen Einzelkaufmann muss der Gesellschaftszusatz „KG" nicht fortfallen, wenn ein Nachfolgezusatz beigefügt wird.

Als Nachfolgezusatz genügt auch ein die wahren Unternehmensverhältnisse klarstellender Inhaberzusatz.

BayObLG v. 27.2.1978 – BReg 1 Z 10/78, Rpfleger 1978, 219.

Bedenklich dagegen OLG Hamm v. 8.7.1999 – 15 W 102/99, DB 1999, 1946, wonach die Firma „Eduard Meier oHG e.K." bei Fortführung durch einen Einzelkaufmann zulässig ist; die Aneinanderreihung der Rechtsformzusätze dürfte im Hinblick auf ihr nach neuem Firmenrecht verstärktes Gewicht nach § 18 Abs. 2 HGB täuschend sein (vgl. auch B § 19 Abs. 2 HGB Nr. 3).

§ 25 HGB   Haftung des Erwerbers bei Geschäftsübernahme

§ 25 HGB Nr. 1   (Zeitpunkt der Eintragung)

Zur Wirksamkeit eines Haftungsausschlusses nach § 25 Abs. 2 HGB ist es nicht notwendig, dass dieser vorher oder gleichzeitig mit der Geschäftsübernahme eingetragen und bekannt gemacht wird, vielmehr ist es ausreichend, wenn der Haftungsausschluss unverzüglich nach der Geschäftsübernahme angemeldet wird und Eintragung und Bekanntmachung sodann in angemessenem Zeitabstand folgen. Dabei ist es für die Bemessung des Zeitraums ohne Bedeutung, ob sich in der Zwischenzeit schon für den konkreten Fall eine Verkehrsauffassung dahin bilden konnte, dass der Geschäftsübernehmer auch die Geschäftsverbindlichkeiten des bisherigen Inhabers übernommen habe.

BGH v. 1.12.1958 – II ZR 238/57, BGHZ 29, 1.

§ 25 HGB Nr. 2   (Zeitpunkt der Eintragung)

1. Die von dem Veräußerer und dem Übernehmer eines Handelsgeschäfts getroffene Vereinbarung, wonach der Übernehmer für die im Betrieb des Unternehmens begründeten Verbindlichkeiten des Veräußerers nicht haftet (§ 25 Abs. 2 HGB), ist Dritten gegenüber nur wirksam, wenn die Eintragung der Vereinbarung im Handelsregister und ihre Bekanntmachung oder die Mitteilung der Vereinbarung an den Dritten mit der Übernahme des Unternehmens zusammenfallen oder jedenfalls unverzüglich folgen.

2. Steht fest, dass der Haftungsbeschluss Dritten gegenüber nicht wirksam werden kann, so muss das Registergericht ungeachtet des zeitlich an sich nicht begrenzten formellen Rechts der Beteiligten auf Eintragung der Vereinbarung den Antrag als verspätet ablehnen.

OLG Frankfurt/M v. 1.6.1977 – 20 W 231/77, Rpfleger 1977, 411 = MDR 1978, 57; ebenso OLG München v. 6.2.2007 – 31 Wx 103/06, Rpfleger 2007, 328 und OLG Hamm v. 27.2.2014 – 27 W 9/14, ZIP 2014, 393 (hier: Zeitablauf von ca. 3 Jahren). Anders, wenn der Antrag fristgerecht gestellt und zunächst zu Unrecht abgelehnt wird: OLG Hamm v. 17.9.1998 – 15 W 297/98, GmbHR 1999, 77, und OLG Düsseldorf v. 6.6.2003 – 3 Wx 108/03, RNotZ 2003, 459.

Vgl. auch B § 28 HGB Nr. 2.

§ 25 HGB Nr. 3   (Verzögerung)

Das Risiko der Verzögerung einer beantragten Eintragung (des Haftungsausschlusses) trägt der Übernehmer des Handelsgeschäfts, zu dessen Gunsten die Befreiung von den im Betrieb des Unternehmens begründeten Verbindlichkeiten des Veräußerers herbeigeführt werden soll; auf ein Verschulden kommt es dabei nicht an.

OLG Frankfurt/M v. 1.6.1977 – 20 W 231/77, Rpfleger 1977, 411 = NJW 1977, 2270. Siehe aber vorstehend B § 25 HGB Nr. 2.

§ 25 HGB Nr. 4   (Vorzeitige Anmeldung)

Der Eintragung des Inhaberwechsels und des Haftungsausschlusses gemäß § 25 Abs. 2 HGB in das Handelsregister steht nicht entgegen, dass sich der Inhaberwechsel nach dem Inhalt des Vertrages erst mit der Eintragung vollziehen soll.

LG Frankfurt/M v. 15.5.1974, DNotZ 1975, 235 = Rpfleger 1974, 265. Jedoch keine Eintragung des Haftungsausschlusses vorsorglich für den Fall, dass ein Unternehmen und die Firma möglicherweise erworben werden; OLG Zweibrücken v. 16.5.2013 – 3 W 30/13, NotBZ 2013, 486 = MittBayNot 2014, 265.

§ 25 HGB Nr. 5   (Zweigniederlassung)

Eine Zweigniederlassung, die keine eigene Buch-, Kassen-, und Kontenführung hat und deren Geschäfte die Hauptniederlassung mit den Geschäftspartnern abrechnet, ist kein „Handelsgeschäft" im Sinne des § 25 Abs. 1 HGB. Wer sie erwirbt und unter Beibehaltung der Firma als selbständiges Geschäft weiterführt, haftet daher aus früher dort abgeschlossenen Geschäften nicht.

BGH v. 8.5.1972 – II ZR 155/69, NJW 1972, 1859.

§ 25 HGB Nr. 6   (Bloße Firmengleichheit)

Die Gleichheit der Firmen mehrerer Handelsunternehmen allein bildet keine Grundlage für die Eintragung eines Haftungsausschlusses entsprechend § 25 Abs. 2 HGB.

BayObLG v. 17.12.1987 – BReg 3 Z 127/87, MDR 1988, 412. Ähnlich OLG Frankfurt/M v. 23.6.2005 – 20 W 272/05, NotBZ 2006, 24.

§ 25 HGB Nr. 7   (Voraussetzungen)

Die Haftung des Übernehmers für vor der Geschäftsübernahme begründete Verbindlichkeiten ist davon abhängig, dass das übernommene Geschäft ein Handelsgewerbe war und diese angesichts seines Umfangs im Zeitpunkt der Übernahme einen in kaufmännischer Weise eingerichteten Geschäftsbetrieb *erforderte*. Ob ein übernommenes Handelsgewerbe einen in kaufmännischer Weise eingerichteten Gewerbebetrieb benötigt, ergibt sich aus dem Gesamtbild des Betriebes, nämlich Umsatz, die Art der Tätigkeit und Struktur des Betriebes, Höhe des Anlage- und Betriebskapitals, Zahl der Beschäftigten, Größe des Geschäftslokals, geordnete Aufbewahrung der Geschäftsunterlagen, Kalkulation, Inanspruchnahme von Bankkredit, Buchführung, regelmäßig wiederkehrende Inventur und Bilanz. Nicht *jedes* dieser Merkmale muss vorliegen.

OLG Koblenz v. 7.4.1988 – 5 U 10/88, BB 1988, 2408.

§ 25 HGB Nr. 8 (Firmenfortführung)

Für eine Firmenfortführung i.S.v. § 25 HGB reicht es aus, wenn ein Vollkaufmann sein Unternehmen auf eine GmbH &. Co. KG überträgt und wenn die Firma der KG seinen Familiennamen enthält.

BGH v. 16.9.1981 – VIII ZR 111/80, NJW 1982, 577; ähnlich BGH v. 15.3.2004 – II ZR 324/01, DB 2004, 1204 und BGH v. 28.11.2005 – II ZR 355/03, ZIP 2006, 367 mit zusammenfassender Darlegung der Haftungsvoraussetzungen.

Vgl. auch BGH v. 12.2.2001 – II ZR 148/99, ZIP 2001, 567; LG Berlin v. 3.8.1993 – 98 T 51/93, Rpfleger 1994, 26 und OLG Hamm v. 13.8.1991 – 15 W 195/91, Rpfleger 1994, 301; OLG Hamm v. 17.9.1998 – 15 W 297/98, GmbHR 1999, 77 sowie Thür. OLG v. 24.5.2007 – 6 W 231/07, NotBZ 2007, 298: im Zweifel Eintragung eines Haftungsausschlusses zulässig. Ablehnung nur, wenn Haftung offensichtlich nicht in Betracht kommt, siehe B § 25 HGB Nr. 12.

§ 25 HGB Nr. 9 (Hinweispflichten und Beratung durch Notar)

1. Sind mit dem Inhalt der Anmeldung zum Handelsregister erhebliche materielle Wirkungen verbunden, ist derjenige, der einen Notar mit dem Entwurf einer Anmeldung beauftragt, regelmäßig ebenso belehrungs- und schutzbedürftig wie ein Mandant, der den Notar um einen Entwurf mit rechtsgeschäftlichem Inhalt ersucht.

2. Hat der Notar im Rahmen eines Auftrags zur Handelsregisteranmeldung einer Geschäfts- und Firmenübernahme auch die Beratung des Übernehmers bei der Firmenübernahme und die Einholung materiell-rechtlicher Erklärungen zur Weiterführung der Firma übernommen, so muss er neben der Beratung über die Sicherung des Firmennamens auch über die aus § 25 Abs. 1 HGB folgenden haftungsrechtlichen Risiken einer Firmenübernahme und die Möglichkeiten zur Vermeidung der Haftung belehren.

3. Weigert sich der frühere Inhaber des Unternehmens, einer Haftungsfreistellung des Übernehmers zuzustimmen, so dass unsicher ist, ob der Ausschluss der Haftungsüber-

nahme auf dem Weg des § 25 Abs. 2 HGB zu erreichen ist, so muss der Notar dem Übernehmer als sichersten Weg raten, von der Übernahme der Firma abzusehen.

BGH v. 30.9.2004 – III ZR 308/03, MittBayNot 2005, 168.

Zu den Belehrungspflichten über die Gefahr der Haftung aus § 25 Abs. 1 HGB bei Fortführung eines Einzelhandelsgeschäftes durch Gründung einer GmbH, OLG Schleswig v. 24.6.2004 – 11 U 38/03, NZG 2005, 89.

Zur Belehrung durch den Notar betr. § 75 AO siehe BGH v. 20.9.2007 – III ZR 33/07, DNotZ 2008, 370.

§ 25 HGB Nr. 10   (Wesentliche Betriebsgrundlagen)

1. Eine Unternehmensfortführung i.S.v. § 25 Abs. 1 HGB liegt auch dann vor, wenn nur ein Teilbereich des Unternehmens fortgeführt wird, sofern es sich aus der Sicht des maßgeblichen Rechtsverkehrs um den – den Schwerpunkt des Unternehmens bildenden – wesentlichen Kernbereich handelt.

2. Für die Frage, ob der wesentliche Kernbereich eines Unternehmens fortgeführt wurde, kommt dem Wert der Unternehmensteile maßgebliche Bedeutung zu.

BGH v. 7.12.2009 – II ZR 229/08, ZIP 2010, 83 = NotBZ 2010, 218.

Ausreichend ist auch die sukzessive Übernahme von Betriebsteilen nach BGH v. 24.9.2008 – VIII ZR 192/06, DNotZ 2009, 226.

Haftung auch beim Erwerb einzelner Gegenstände vom Insolvenzverwalter nach OLG Stuttgart v. 23.3.2010 – 8 W 139/10, GmbHR 2010, 1041.

§ 25 HGB Nr. 11   (Wesentliche Betriebsgrundlagen)

1. Kommt aus der Sicht des maßgeblichen Verkehrs die ernsthafte Möglichkeit in Betracht, dass die Antrag stellende GmbH die Geschäfte und die Firma der ursprünglichen GmbH fortführt (hier: gleiche Firma, im Wesentlichen gleicher Geschäftsgegenstand, Übernahme des in gleicher Funktion tätigen Firmenleiters sowie zweier weiterer Mitarbeiter und Übertragung einer markanten Service-Telefonnummer), so hat das Registergericht den beantragten Haftungsausschlusses gemäß § 25 Abs. 2 HGB einzutragen.

2. Dass die Firmenbezeichnung der Antragstellerin für eine Nachbildung überlassen und nicht zusammen mit dem ursprünglichen Unternehmen übertragen worden ist, stellt ein dem maßgeblichen Verkehr sich entziehendes Internum dar und steht der Annahme einer Fortführung im Sinne des § 25 Abs. 1 HGB nicht entgegen.

OLG Düsseldorf v. 9.5.2011 – 3 Wx 84/11, GmbHR 2011, 987.

Weiterverwendung einer Marke und der Bezeichnung eines virtuellen Geschäftslokals (Internetadresse) können für das Auslösen der Haftung nach § 25 Abs. 1 HGB ausreichen, OLG Zweibrücken v. 11.11.2013 – 3 W 84/13, GmbHR 2014, 374.

Zwischenzeitliche Umfirmierung schließt Haftung nicht aus nach BGH v. 16.9.2009 – VIII ZR 321/09, ZIP 2009, 2244.

§ 25 HGB Nr. 12   (Anmeldung)

1. Die Eintragung eines Haftungsausschlusses nach § 25 Abs. 2 HGB kann durch das Registergericht nur dann abgelehnt werden, wenn offensichtlich ist, dass eine Haftung des neuen Unternehmensträgers nach § 25 Abs. 1 HGB nicht in Betracht kommen kann.

2. Die Anmeldung eines Haftungsausschlusses kann zum Registerblatt des neuen Unternehmensträgers durch diesen allein erfolgen.

OLG München v. 30.4.2008 – 31 Wx 41/08, GmbHR 2008, 705 = DNotZ 2008, 955.

§ 25 HGB Nr. 13   (Nachweis)

Für den Eintrag eines Haftungsausschlusses nach § 25 Abs. 2 HGB bedarf es jedenfalls dann keines Nachweises durch Vorlage der Vereinbarung in Gestalt der entsprechenden Vertragsbestandteile, wenn die Anmeldung der Eintragung des Haftungsausschlusses sowohl von dem Geschäftsführer der übernehmenden GmbH als auch von den Geschäftsführern der übernommenen GmbH unterschrieben ist (im Anschluss an OLG München v. 30.4.2008 – 31 Wx 41/08, hier B § 25 HGB Nr. 12).

OLG München v. 23.6.2010 – 31 Wx 105/10, GmbHR 2010, 1039.

§ 27 HGB Haftung der Erben eines Handelsgeschäfts

§ 27 HGB Nr. 1   (Haftungsausschluss)

Ein Erbe, der ein zum Nachlass gehöriges Handelsgeschäft unter der bisherigen Firma fortführt, kann die hieraus sich ergebende handelsrechtliche Haftung für die vom Erblasser herrührenden Geschäftsschulden ausschließen, indem er die Ausschließung in das Handelsregister eintragen und bekannt machen lässt.

KG v. 5.9.1940, DR 1940, 2007.

Ebenso LG Koblenz v. 22.5.1974, MittRhNotK 1974, 263.

§ 27 HGB Nr. 2   (Erbengemeinschaft)

Im Falle der Eintragung von Erben in Erbengemeinschaft als Inhaber einer Einzelfirma darf weder die auf einer Vollmachtserteilung der Erben beruhende Befugnis einzelner Erben zur Vertretung der Firma noch auch die rechtsgeschäftliche Ausschließung der übrigen Miterben von der Vertretung der Firma in das Handelsregister eingetragen werden.

KG v. 16.1.1908, KGJ 35 A 152.

§ 27 HGB Nr. 3   (Erbengemeinschaft)

1. Eine Erbengemeinschaft kann ein ererbtes Handelsgeschäft auch dann noch fortführen, wenn aus ihr ein Miterbe ausgeschieden ist.

2. Wenn eine eingetragene Prokura beim Tode des Geschäftsinhabers bestehen bleibt, ist das nicht in das Handelsregister einzutragen.

3. Es bleibt offen, ob eine Erbengemeinschaft überhaupt einen Prokuristen haben kann; jedenfalls kann das nicht ein Miterbe sein.

KG v. 12.1.1939, KG JW 1939, 565.

Vgl. auch BGH v. 24.9.1959 – II ZR 46/59, BGHZ 30, 391 = DNotZ 1960, 434 sowie BGH in B § 1822 Nr. 2 BGB. Keine Fortführung in Erbengemeinschaft dagegen bei Übertragung sämtlicher Miterbenanteile: KG Berlin v. 29.9.1998 – 1 W 4007/97, DB 1998, 2591.

§ 28 HGB Haftung bei Eintritt eines Gesellschafters in das Geschäft eines Einzelkaufmanns

§ 28 HGB Nr. 1 (Haftungsausschluss)

Bei Eintritt eines Gesellschafters in das Geschäft eines Einzelkaufmanns kann mit Wirkung gegen Dritte vereinbart werden, dass – nur – die Haftung des Eintretenden für die im Betrieb entstandenen Verbindlichkeiten des früheren Geschäftsinhabers ausgeschlossen ist, während die Haftung der Gesellschaft bestehen bleibt.

OLG Celle v. 8.5.1980 – 1 Wx 1/80, Rpfleger 1980, 387.

§ 28 HGB Nr. 2 (Frist)

1. Tritt ein Gesellschafter in das Geschäft eines Einzelkaufmanns ein, so muss ein Haftungsausschluss der neu gebildeten Gesellschaft unverzüglich zum Handelsregister angemeldet werden. Dieser kann nur durch alsbaldige Eintragung und Bekanntmachung herbeigeführt werden.

2. Sind seit dem Wechsel des Unternehmensträgers bis zur Eintragungsreife der Anmeldung des Haftungsausschlusses fünf Monate verstrichen, so ist die Ablehnung der Eintragung nicht rechtsfehlerhaft.

BayObLG v. 19.6.1984 – BReg 3 Z 143/84, DB 1984, 1672. Siehe auch OLG München v. 6.2.2007 – 31 Wx 103/06, Rpfleger 2007, 328.

Zur Frage der Unverzüglichkeit der Anmeldung vgl. B § 25 HGB Nr. 2.

§ 30 HGB Unterscheidung von anderen Firmen

§ 30 HGB Nr. 1 (Angemeldete Firmen)

Werden zwei nach § 30 HGB verwechslungsfähige Firmen angemeldet, so kann das Registergericht die später angemeldete Firma eintragen, wenn die Eintragungsvoraussetzungen insoweit vorliegen; die frühere Anmeldung steht der Eintragung nicht entgegen, weil § 30 nur gegenüber eingetragenen Firmen gilt.

KG v. 22.2.1923, OLGR 43, 281.

§ 30 HGB Nr. 2 (Erloschene Firmen)

Bei der Prüfung, ob sich eine neue Firma deutlich von anderen eingetragenen Firmen unterscheidet (§ 30 HGB), darf der Registerrichter eine eingetragene Firma nur dann als erloschen behandeln, wenn ihr Erlöschen ganz zweifelsfrei zutage liegt. Sonst muss zunächst das Amtslöschungsverfahren durchgeführt werden.

KG v. 8.12.1932, JW 1933, 1031.

§ 30 HGB Nr. 3 (GmbH & Co. KG)

Die Firma einer Kommanditgesellschaft, deren persönlich haftende Gesellschafterin eine GmbH ist, muss sich auch von der Firma der GmbH deutlich unterscheiden, wenn beide ihren Sitz an demselben Ort oder in derselben Gemeinde haben. Der Zusatz „&. Co. KG" reicht hierfür nicht aus.

BGH v. 14.7.1966 – II ZB 4/66, BGHZ 46, 17 = WM 1966, 973.

§ 30 HGB Nr. 4 (Zahlen)

a) Ordnungszahlen sind ein zulässiges Unterscheidungskriterium und genügen der Anforderung der deutlichen Unterscheidbarkeit im Sinne von § 30 HGB. Daher ist eine deutliche Unterscheidbarkeit gegeben bei zwei Firmen, die sich nur durch Hinzufügen einer aufsteigenden Ziffernfolge voneinander unterscheiden.

OLG Hamm v. 19.6.2013 – 27 W 52/13, MDR 2013, 919.

b) Die Firma einer GmbH genügt dann den Anforderungen des § 18 HGB hinsichtlich der Kennzeichnung und den Anforderungen des § 30 HGB bezüglich der Unterscheidbarkeit von Firmen am gleichen Ort, wenn sie – wie eine weitere GmbH – aus einem gleichen (Phantasie-) Firmenkern und sich aber unterscheidenden Ziffern sowie dem Rechtsformzusatz besteht.

KG Berlin v. 23.10.2012 – 12 W 48/12, MDR 2013, 920; unabhängig davon, ob es sich um eine Vorrats-GmbH oder eine werbende GmbH handelt.

Beachte auch Rechtsprechung zu B § 18 HGB Nr. 3.

§ 30 HGB Nr. 5 (Firmentausch)

Der Grundsatz der Firmenwahrheit kann auch dadurch verletzt werden, dass nach Aufgabe einer bestimmten Firma durch ein Unternehmen diese Firma sogleich von einem anderen Unternehmen angenommen wird. Dies ist im Eintragungsverfahren beachtlich und kann hier zur Ablehnung der Anmeldung der Firmenänderung führen.

OLG Hamburg v. 12.12.1986 – 2 W 43/86, OLGZ 1987, 191. Hingegen dürfte Gläubigerschutz gewahrt sein bei Unternehmensfortführung durch Haftungserstreckung aus § 613a BGB, § 75 AO und bei Verwendung der bisherigen Firma zusätzlich nach § 25 Abs. 1 HGB.

§ 31 HGB Anmeldung von Änderungen und des Erlöschens

§ 31 HGB Nr. 1 (Anmeldepflichtige)

1. Der Übergang eines Handelsgeschäfts ist sowohl vom Veräußerer als auch vom Erwerber zur Eintragung anzumelden.

2. Ist der Übergang eines Handelsgeschäfts eingetragen worden, obwohl nur der Erwerber dies angemeldet hatte, so ist die Eintragung nach § 142 FGG (jetzt § 395 FamFG) zu löschen, wenn nicht ohne weiteres festgestellt werden kann, dass die Eintragung die tatsächliche Rechtslage richtig wiedergibt.

KG v. 1.2.1923, OLGR 43, 202.

§ 31 HGB Nr. 2 (Erlöschen)

1. Mit dem Erlöschen des Handelsunternehmens erlischt von selbst die zugehörige Firma. Ein Unternehmen ist erloschen, wenn die gewerbliche Tätigkeit endgültig beendet wird und die für das Unternehmen bestimmten Gegenstände und Einrichtungen sowie die früheren Geschäftsbeziehungen nicht mehr vorhanden sind.

2. Eine nur vorübergehende Betriebsstilllegung ohne Erlöschen der Firma ist gegeben, wenn die Absicht und die Möglichkeit besteht, den Betrieb innerhalb eines solchen Zeitraums fortzusetzen, der nach der Verkehrsauffassung noch als bloße Unterbrechung angesehen werden kann. In einem solchen Fall sind Gewerbeabmeldung, Produktionseinstellung und Umsatzwegfall für die Frage des Weiterbestands unerheblich.

BayObLG v. 27.10.1983 – BReg 3 Z 92/83, Rpfleger 1984, 67.

§ 31 HGB Nr. 3 (Pflicht des Erben)

Ist die eingetragene Firma eines Einzelkaufmanns schon zu dessen Lebzeiten erloschen, so ist der Erbe zur Anmeldung des Erlöschens der Firma nicht verpflichtet.

KG v. 11.2.1926, JFG 3, 190.

§ 48 HGB Prokura, Erteilung

§ 48 HGB Nr. 1 (GmbH, Bindung an Geschäftsführer)

1. Bei der GmbH wird die Prokura durch die Geschäftsführer erteilt; dass die Gesellschafterversammlung der Prokuraerteilung zustimmen muss, gilt nur im Innenverhältnis und ist vom Registergericht nicht zu prüfen.

2. Prokura kann auch in der Weise erteilt werden, dass der Prokurist berechtigt ist, die GmbH in Gemeinschaft mit einem alleinvertretungsbefugten Geschäftsführer zu vertreten.

3. Wird die Eintragung einer solchen Prokura zum Handelsregister angemeldet, so ist die gleichzeitige Eintragung einer Gesamtprokura auch dann zulässig, wenn außer dem bereits ernannten Prokuristen ein weiterer Prokurist, mit dem zusammen die Gesamtprokura ausgeübt werden soll, noch nicht bestellt ist.

BGH v. 14.2.1974 – II ZB 6/73, BGHZ 62, 166 = GmbHR 1974, 132 u. 182.

§ 48 HGB Nr. 2 (GmbH)

Prokura kann auch in der Weise erteilt werden, dass der Prokurist berechtigt ist, die GmbH in Gemeinschaft mit einem gesamtvertretungsbefugten Geschäftsführer zu vertreten.

BGH v. 6.11.1986 – V ZB 8/86, ZIP 1987, 371 = GmbHR 1987, 301.

Siehe aber B § 49 HGB Nr. 5.

§ 48 HGB Nr. 3 (GmbH & Co. KG)

In einer Kommanditgesellschaft, deren einzige persönlich haftende Gesellschafterin eine GmbH ist, darf die KG, für die Gesamtprokuristen bestellt sind, Prokura jedenfalls nicht in der Weise erteilen, dass ein Gesamtprokurist an die Mitwirkung eines gesamtvertretungsbefugten Geschäftsführers der Komplementär-GmbH gebunden wird; eine solche Gesamtprokura ist unwirksam.

BayObLG v. 3.8.1994 – 3ZBR 174/94, NJW 1994, 2965. Ebenso OLG Frankfurt/M v. 16.11.2000 – 20 W 242/00, Rpfleger 2001, 86 = GmbHR 2001, 346.

§ 49 HGB Umfang der Prokura

§ 49 HGB Nr. 1 (Anmeldungen)

Ein Prokurist kann nur dann ohne zusätzliche Vollmacht keine Anmeldungen zum Handelsregister vornehmen, wenn diese die Grundlagen eines „eigenen" Handelsgeschäfts betreffen. Die Erfüllung von Anmeldepflichten der von dem Prokuristen vertretenen Gesellschaft als Kommanditist einer anderen Gesellschaft ist dagegen von der ihm nach § 49 Abs. 1 HGB zustehenden Vertretungsmacht gedeckt.

BGH v. 2.12.1991 – II ZB 13/91, BGHZ 116, 190.

§ 49 HGB Nr. 2 (Anmeldung Ausscheiden Geschäftsführer)

Der gesetzliche Umfang von Prokura und Handlungsvollmacht reicht als Bevollmächtigung für die Anmeldung des Ausscheidens eines Geschäftsführers einer GmbH zum Handelsregister nicht aus.

OLG Düsseldorf v. 16.3.2012 – 3 Wx 296/11. GmbHR 2012, 690.

§ 49 HGB Nr. 3 (Anmeldung inländische Geschäftsanschrift)

Die dem Prokuristen gesetzlich eingeräumte rechtsgeschäftliche Vertretungsmacht reicht für die Anmeldung der Änderung der inländischen Geschäftsanschrift bei der Gesellschaft, für die die Prokura erteilt ist, nicht aus.

KG Berlin v. 4.5.2016 – 22 W 128/15, GmbHR 2016, 821. Bestätigung von OLG Karlsruhe v. 7.8.2014 – 11 Wx 17/14, GmbHR 2014, 1042.

§ 49 HGB Nr. 4 (Grundstücksermächtigung)

Die einem Prokuristen erteilte Befugnis zur Veräußerung und Belastung von Grundstücken ist auf Anmeldung hin in das Handelsregister einzutragen.

BayObLG v. 15.2.1971, MittBayNot 1971, 92 = DNotZ 1971, 243.

§ 49 HGB Nr. 5 (Bindung an Einzelkaufmann)

Ein Einzelkaufmann kann Prokura mit Außenwirkung nicht in der Form erteilen, dass der Prokurist nur gemeinsam mit ihm vertretungsberechtigt ist.

BayObLG v. 23.9.1997 – 3ZBR 329/97, BB 1997, 2396 = DB 1997, 2427.

Die Entscheidung berücksichtigt nicht die Möglichkeit passiver Vertretung; vgl. RG, RGZ 53, 231; OLG München v. 28.10.1971 – 1 U 1391/71, BB 1972, 113.

§ 52 HGB Erlöschen der Prokura

§ 52 HGB Nr. 1 (Eintritt in Handelsgeschäft)

a) Tritt in das Handelsgeschäft eines Einzelkaufmanns ein Kommanditist ein, so erlischt die von dem bisherigen Geschäftsinhaber erteilte Prokura. Soll der bisher für das Einzel-Handelsgeschäft bestellte Prokurist Prokura für die KG erhalten, so bedarf es hierzu einer ausdrücklichen Erklärung des Komplementärs.

b) Das Erlöschen der für das Einzel-Handelsgeschäft erteilten Prokura und die Erteilung der Prokura für die KG können in der Weise angemeldet und in das Handelsregister eingetragen werden, dass die Prokura bestehen bleibt.

BayObLG v. 16.12.1970 – BReg 2 Z 58/70, Rpfleger 1971, 109 = DNotZ 1971, 191.

§ 52 HGB Nr. 2   (Auflösung)

Die Auflösung einer Personengesellschaft führt nicht zum Erlöschen einer erteilten Prokura.

OLG München v. 9.8.2011 – 31 Wx 314/11, NotBZ 2011, 407.

§ 53 HGB   Anmeldungen zur Prokura

§ 53 HGB Nr. 1   (Anmeldung durch Prokuristen)

Ist nach dem Gesellschaftsvertrag einer Gesellschaft m.b.H. (unechte) Gesamtvertretung durch einen Geschäftsführer mit einem Prokuristen zulässig, so ist gleichwohl der Prokurist nicht befugt, bei der Anmeldung der ihm erteilten Prokura mitzuwirken.

BayObLG v. 19.6.1973 – BReg 2 Z 21/73, Rpfleger 1973, 308. Das gilt auch bei der Anmeldung einer Gesamtprokura OLG Frankfurt/M v. 28.2.2005 – 20 W 451/04, GmbHR 2005, 683.

§ 53 HGB Nr. 2   (Geschäftsübernahme durch Prokuristen)

Führt der bisherige Prokurist das Handelsgeschäft fort und beantragt er seine Eintragung in das Handelsregister, so hat das Registergericht ohne weitere Anmeldung die Eintragung der Prokura zu löschen.

LG Düsseldorf v. 2.7.1979 – 34 T 4/79, MittRhNotK 1979, 134.

Entsprechend hat das Registergericht den Prokuristen zu löschen, wenn dieser zum Geschäftsführer einer GmbH bestellt wird und nur diese Tatsache angemeldet wird; B § 12 Abs. 2 HGB Nr. 4.

§ 53 HGB Nr. 3   (Berufsbezeichnung)

Die Berufsbezeichnung „Steuerberater" des Prokuristen einer Steuerberatungsgesellschaft ist in das Handelsregister einzutragen. § 40 Nr. 4 und § 43 Nr. 5 HRV stehen der Eintragungsfähigkeit nicht entgegen.

LG Augsburg v. 23.3.1989 – 3 HK T 215/89, WM 1989, 1099.

§ 53 HGB Nr. 4   (Fortbestand bei Umwandlung)

Wird eine GmbH durch Umwandlungsbeschluss formwechselnd in eine GmbH & Co. KG umgewandelt, so bedarf die Eintragung einer bestehend bleibenden bisher in Abt. B des Handelsregisters eingetragenen Prokura in Abt. A keiner erneuten Anmeldung nach § 53 Abs. 1 HGB.

OLG Köln v. 6.5.1996 – 2 Wx 9/96, DNotZ 1996, 700 = GmbHR 1996, 773.

---

§ 105 HGB   Begriff und Entstehung einer OHG; Verhältnis zur Gesellschaft nach BGB

§ 105 HGB Nr. 1   (Umwandlung in BGB-Gesellschaft)

Geben die Gesellschafter einer offenen Handelsgesellschaft – nicht nur vorübergehend – den Betrieb ihres Handelsgewerbes auf, so wird die Gesellschaft zu einer Gesellschaft bürgerlichen Rechts. Dabei ist es ohne Belang, ob die Aufgabe des Geschäftsbetriebes aufgrund einer freien Entschließung oder unabhängig vom Willen der Gesellschafter eingetreten ist.

BGH v. 19.5.1960 – II ZR 72/59, BGHZ 32, 307 = NJW 1960, 1664 = MDR 1960, 737.

Bei Rückgang auf kleingewerblichen Umfang siehe A 46.

§ 105 HGB Nr. 2   (Aufnahme des Gewerbes; Identität)

1. Eine Gesellschaft bürgerlichen Rechts, die von einem bestimmten Zeitpunkt an – etwa durch Aufnahme eines vollkaufmännischen Handelsgewerbes unter einer gemeinsamen Firma oder durch Vergrößerung ihres bisherigen Handelsgewerbes, das dadurch von einem Kleingewerbe zu einem vollkaufmännischen Handelsgewerbe wird – sämtliche Merkmale einer Personenhandelsgesellschaft aufweist, wird dadurch zwangsläufig zur Handelsgesellschaft.

2. In allen diesen Fällen ändert die Gesellschaft lediglich ihren rechtlichen Charakter, ihre Identität bleibt erhalten, eine Neugründung liegt nicht vor, das Gesellschaftsvermögen bleibt erhalten.

BGH v. 13.11.1961 – II ZR 202/60, BB 1962, 349. Zuletzt bestätigt durch BGH v. 27.11.2009 – LwZR 15/09, ZIP 2010, 377. Entsprechendes gilt, wenn GbR eine GmbH aufnimmt und nunmehr als GmbH & Co. KG in das Handelsregister eingetragen wird, OLG München v. 30.11.2015 – 34 Wx 70/15, ZIP 2016, 269. Für das Grundbuch siehe LG München v. 18.6.2001 – 1 T 8299/01, Rpfleger 2001, 489.

Im umgekehrten Fall (Rückgang des Umfangs auf Kleingewerbe oder Verpachtung des Unternehmens) besteht die Gesellschaft bis zu ihrer Löschung im Handelsregister als OHG oder KG fort; vgl. § 105 Abs. 2 HGB und Hinweise bei A 42 und A 46.

§§ 106, 107 HGB Anmeldung der Gründung und von Veränderungen

§§ 106, 107 HGB Nr. 1 (Personalien)

Das Registergericht ist nicht befugt, von den Beteiligten die Anmeldung nachträglicher Veränderungen der im Handelsregister vermerkten Personalien (Name, Beruf, Wohnort) der dort eingegangenen natürlichen Personen zu verlangen; solche Veränderungen können aber eingetragen werden.

KG v. 9.2. und 11.5.1905, KGJ 29 A 213 und KGJ 30 B 32.

OLG Hamm v. 17.3.1960, Rpfleger 1960, 309.

Siehe auch B § 24 FamFG Nr. 1 zur Berichtigung der geänderten Firma einer Komplementärin von Amts wegen auf Antrag, d.h. ohne förmliche Anmeldung.

§§ 106, 107 HGB Nr. 2 (Gesellschafterwechsel bei unzulässiger Firma)

Das Registergericht darf die Eintragung des Eintritts und des Ausscheidens von Gesellschaftern nicht deswegen ablehnen, weil durch den Gesellschafterwechsel die eingetragene Firma unzulässig geworden ist.

BGH v. 4.7.1977 – II ZB 4/77, Rpfleger 1977, 359 = DNotZ 1977, 675.

Ebenso BayObLG v. 3.3.1988 – BReg 3 Z 184/87, DNotZ 1989, 241. Siehe auch Einl. Rz. 44.

§§ 106, 107 HGB Nr. 3 (Auslegung der Anmeldung)

Das Registergericht hat das mit der Anmeldung erkennbar Gewollte von sich aus in dem Eintragungsvermerk zum Ausdruck zu bringen, ohne dass es des Gebrauchs bestimmter Formulierungen – wie z.B. „Eintritt" oder „Ausscheiden" – in der Anmeldung bedarf.

BayObLG v. 1.12.1977 – BReg 3 Z 127/77, MittBayNot 1978, 17 = MittRhNotK 1978, 44.

§§ 106, 107 HGB Nr. 4 (Inländische Geschäftsanschrift und Sitz)

Soweit nach § 106 Abs. 2 Nr. 2 HGB bei einer Personenhandelsgesellschaft die inländische Geschäftsanschrift zur Eintragung in das Handelsregister anzumelden ist, bedeutet dies, dass neben dem Sitz der Gesellschaft die genaue Anschrift des Sitzes anzumelden ist. Die zur Eintragung anzumeldende inländische Geschäftsanschrift ist für Personengesellschaften – anders als für Kapitalgesellschaften – nicht frei wählbar.

OLG Schleswig v. 14.11.2011 – 2 W 48/11, GmbHR 2012, 800.

Für Einheit des Sitzes (Ort der faktischen Geschäftsleitung) und der inländischen Geschäftsanschrift auch KG Berlin v. 7.2.2012 – 25 W 4/12, ZIP 2012, 1668 und BGH v. 27.5.1957 – II ZR 317/55, BB 1957, 799. Hingegen kann bei AG und GmbH Satzungssitz frei gewählt werden und vom tatsächlichen Verwaltungssitz abweichen; vgl. B § 13h HGB Nr. 4 und Einl. Rz. 60 ff.

§ 108 HGB Zur Anmeldung verpflichtete Personen, Verfahren

§ 108 HGB Nr. 1 (Beanstandung wegen anderer Gegenstände)

Das Registergericht darf eine als solche nicht zu bemängelnde Anmeldung zum Handelsregister grundsätzlich nicht deshalb zurückweisen oder durch Zwischenverfügung beanstanden, um eine von ihm als erforderlich angesehene sonstige Anmeldung herbeizuführen. Zu diesem Zwecke muss es sich auf die einschlägigen Verfahren (z.B. §§ 14, 37 Abs. 1 HGB, §§ 140 ff. FGG (jetzt: §§ 395, 392 FamFG) beschränken. (Wie KG, Rpfleger 1965, 146).

OLG Hamm v. 2.5.1977 – 15 W 10/77, Rpfleger 1977, 318.

§ 108 HGB Nr. 2 (Anmeldepflichtige Gesellschafter)

Anmeldepflichtig für den Eintritt eines neuen Gesellschafters ist auch ein Gesellschafter, der zwischen Anmeldung und Eintragung ausgeschieden ist.

BayObLG v. 4.4.1978 – 1 Z 15/78, Rpfleger 1978, 254.

§ 108 HGB Nr. 3 (Doppeleigenschaft des Anmeldenden)

Bei der Anmeldung der Firmenänderung einer Kommanditgesellschaft, deren Kommanditist zugleich der Geschäftsführer der Komplementär-GmbH ist, genügt eine Namensunterschrift des Geschäftsführers der GmbH nur dann, wenn aus dem Inhalt der Anmeldung eindeutig hervorgeht, dass er die Anmeldung zugleich im eigenen Namen als Kommanditist unterzeichnet hat (Ergänzung zu BayObLG v. 5.7.1974 – BReg 2 Z 19/74, BayObLGZ 1974, 283 = Rpfleger 1974, 359 = DNotZ 1975, 228).

BayObLG v. 13.2.1978 – BReg 1 Z 9/78, Rpfleger 1978, 255.

§ 108 HGB Nr. 4 (Anmeldepflicht)

Ein im Handelsregister bereits eingetragener Gesellschafter einer Personengesellschaft ist für den vor seiner Gesellschaftszugehörigkeit erfolgten Eintritt eines anderen Gesellschafters nicht anmeldepflichtig. Der insoweit nach dem Inhalt des Registers dagegen sprechende Anschein ist ggf. im Einspruchsverfahren nach § 132 FGG (jetzt: § 388 FamFG) auszuräumen.

OLG Karlsruhe v. 20.6.1997 – 15 U 85/96, Rpfleger 1997, 438.

§ 125 HGB Vertretung der Gesellschaft

Die Anmeldung des Ausschlusses eines Gesellschafters von der Vertretung zur Eintragung in das Handelsregister muss nicht positiv ausgedrückt sein; sie ist auch mit einer Formulierung zulässig, aus der sich der Ausschluss von der Vertretung zweifelsfrei ergibt.

OLG Frankfurt/M v. 9.5.1978 – 20 W 176/78, DNotZ 1978, 695 = Rpfleger 1978, 324 = GmbHR 1978. Die Entscheidung gilt auch nach Einfügung von § 106 Abs. 2 Nr. 3 HGB.

Zur Vertretung bei einer KG, die sich in eine BGB-Gesellschaft umwandelt, vgl. § 170 HGB.

---

§ 143 HGB   Anmeldung der Auflösung und des Ausscheidens von Gesellschaftern

§ 143 HGB Nr. 1   (Anmeldepflichtige)

1. Ist eine OHG durch den Tod eines Gesellschafters aufgelöst, so muss dies von allen Gesellschaftern und den Erben des Verstorbenen zur Eintragung angemeldet werden, und zwar auch dann, wenn anstelle der Liquidation die Übernahme des Geschäfts durch den überlebenden Gesellschafter tritt.

2. Die Erben können die Anmeldung nicht davon abhängig machen, dass der übernehmende Gesellschafter zuvor Auseinandersetzungs- und Abfindungsansprüche erfüllt.

OLG Hamburg v. 5.6.1919, LZ 1920, 490.

§ 143 HGB Nr. 2   (Anmeldepflichtige)

Anmeldepflichtig für das Ausscheiden eines Kommanditisten durch Tod sind neben sämtlichen verbleibenden Gesellschaftern auch die Erben des Verstorbenen, und zwar auch dann, wenn sie nach dem Gesellschaftsvertrag nicht nachfolge- oder eintrittsberechtigt sind, es sei denn, es liegt ein Ausnahmefall des § 143 Abs. 3 HGB vor.

BayObLG v. 12.10.1978 – BReg 1 Z 102/78, DNotZ 1979, 109 = Rpfleger 1978, 450; bestätigt BayObLG v. 22.12.1992 – 3ZBR 170/92, Rpfleger 1993, 288.

§ 143 HGB Nr. 3   (Insolvenzverwalter)

Scheidet ein Gesellschafter aus einer Personengesellschaft des Handelsrechts aus, weil über sein Vermögen das Konkursverfahren eröffnet ist, so hat statt seiner der Konkursverwalter an der Anmeldung zur Eintragung in das Handelsregister mitzuwirken.

BGH v. 24.11.1980 – II ZR 265/79, Rpfleger 1981, 101 = DNotZ 1981, 453.

§ 143 HGB Nr. 4   (Auslegung)

Wenn ein Kommanditist als Nachfolger eines verstorbenen Komplementärs selbst Komplementär derselben Kommanditgesellschaft wird, braucht sein „Ausscheiden" als Kommanditist nicht zusätzlich angemeldet zu werden; es versteht sich von selbst.

OLG Düsseldorf v. 26.5.1976 – 3 W 62/76, Rpfleger 1976, 364. Siehe auch B § 162 HGB Nr. 3.

§ 143 HGB Nr. 5 (Tod bei Zweipersonengesellschaft)

Stirbt ein Gesellschafter einer OHG, der neben ihm nur ein weiterer Gesellschafter angehörte, und wird er von diesem allein beerbt, so löst der Tod des einen Gesellschafters die OHG auf. Zur Eintragung in das Handelsregister ist daher nicht das Ausscheiden des Gesellschafters, sondern die Auflösung der OHG anzumelden.

OLG Köln v. 14.7.1969 – 2 Wx 97/69, DNotZ 1970, 747 = Rpfleger 1969, 351.

§ 143 HGB Nr. 6 (Vorerbe)

Beim Tode eines als Vorerben an einer OHG beteiligten Gesellschafters ist der Eintritt der Nacherben an seiner Stelle nicht allein von diesen, sondern auch von den durch Erbschein auszuweisenden Erben des verstorbenen Vorerben zum Handelsregister anzumelden.

KG v. 19.4.1934, HRR 1934, Nr. 1041.

§ 143 HGB Nr. 7 (Ausscheiden vor Eintragung)

Auch wenn ein Kommanditist schon vor Eintragung der KG in das Handelsregister aus dieser ausgeschieden ist, kann er verlangen, dass sein Eintritt in die KG und sein Ausscheiden aus ihr in das Handelsregister eingetragen wird.

OLG Oldenburg v. 20.3.1987 – 5 W 9/87, GmbHR 1988, 140.

Ebenso OLG Brandenburg v. 29.5.2003 – 7 U 221/01, MDR 2003, 39 bei Eintritt und Austritt aus nicht eingetragener OHG. Zur Voreintragung siehe Einl. Rz. 52.

§ 143 HGB Nr. 8 (Geschäftsübernahme)

1. Das Registergericht ist bei der Fassung des Eintragungsvermerks im Handelsregister nicht an den Formulierungsvorschlag eines Beteiligten gebunden.

2. Die Übertragung des Unternehmens durch die Komplementärin auf die einzige Kommanditistin führt analog § 142 HGB zur Auflösung und Vollbeendigung der KG.

3. Die Vollbeendigung der Gesellschaft kann registergerichtlich in der Weise vereinbart werden, dass die Eintragung der Auflösung der Gesellschaft mit dem Vermerk verbunden wird, eine Liquidation finde nicht statt und die Firma sei erloschen.

OLG Düsseldorf v. 2.7.1997 – 3 Wx 94/97, NJW-RR 1998, 245 = GmbHR 1997, 903.

Gilt auch nach Streichung von § 142 HGB durch das HRefG.

Vgl. auch OLG Frankfurt/M v. 25.8.2003 – 20 W 354/02, Rpfleger 2004, 52 = GmbHR 2003, 1358 und BayObLG v. 19.6.2001 – 3Z BR 48/01, GmbHR 2001, 776.

§ 157 HGB Erlöschen der Firma, Anmeldung

§ 157 HGB Nr. 1 (Insolvenz)

Während der Dauer des Konkurses über das Vermögen einer Kommanditgesellschaft kommt eine Löschung der Firma im Handelsregister nicht in Betracht.
BayObLG v. 22.2.1979 – BReg 1 Z 4/79, Rpfleger 1979, 214 = MittBayNot 1979, 78.

§ 157 HGB Nr. 2 (Abwicklung nach Löschung)

Bei einer OHG/KG besteht die Vertretungsbefugnis der Liquidatoren weiter, wenn Abwicklungsmaßnahmen notwendig werden, nachdem die Firma im Handelsregister auf die Anzeige der Liquidatoren, die Abwicklung sei beendet, gelöscht worden ist. Anders als bei der GmbH (BGH v. 23.2.1970 – II ZB 5/69, BGHZ 53, 264 = Rpfleger 1970, 165) bedarf es keiner gerichtlichen Bestellung.
BGH v. 21.6.1979 – IX ZR 69/75, Rpfleger 1979, 335 = GmbHR 1979, 251.

Dies gilt nicht nach Löschung einer sog. Publikumskommanditgesellschaft (hier Bestellung nach § 273 Abs. 4 AktG) BGH v. 2.6.2003 – II ZR 102/02, Rpfleger 2003, 508.

§ 157 HGB Nr. 3 (Anmeldung der Beendigung)

Das Registergericht kann die Eintragung der Auflösung einer Personenhandelsgesellschaft und des Erlöschens der Firma nicht davon abhängig machen, dass zugleich die Liquidatoren zur Eintragung ins Handelsregister angemeldet werden.
BayObLG v. 7.3.2001 – 3Z BR 68/01, GmbHR 2001, 522.

§ 161 HGB Begriff der Kommanditgesellschaft

§ 161 HGB Nr. 1 (Vor-GmbH als Komplementär)

Der Senat hält es für möglich, dass eine Vor-GmbH bereits persönlich haftende Gesellschafterin einer Kommanditgesellschaft sein kann (Aufgabe der gegenteiligen Ansicht BGH v. 8.7.1974 – II ZR 180/72, BGHZ 63, 45, 47; BGH v. 15.1.1968 – II ZR 221/65, WM 1968, 509).
BGH v. 9.3.1981 – II ZR 54/80, BGHZ 80, 129 = Rpfleger 1981, = GmbHR 1981, 114.
Siehe auch B § 11 Abs. 1 GmbHG Nr. 2.

§ 161 HGB Nr. 2 (Ausländische Gesellschaft als Komplementärin)

Eine „private limited company" britischen Rechts kann, sofern deren Rechtsfähigkeit im Inland anzuerkennen ist, mit anderen inländischen Handelsgesellschaften eine Kommanditgesellschaft gründen und sich an dieser als persönlich haftende Gesellschafterin beteiligen.

BayObLG v. 21.3.1986 – BReg 3 Z 148/85, GmbHR 1986, 305 = ZIP 1986, 840. Siehe auch B § 26 FamFG Nr. 4.

Ebenso für eine Aktiengesellschaft schweizerischen Rechts OLG Saarbrücken v. 21.4.1989 – 5 W 60/88, Rpfleger 1989, 372. Nachweis der Existenz und der Vertretungsbefugnisse erforderlich nach OLG Dresden v. 21.5.2007 – 1 W 52/07, GmbHR 2007, 1156.

§ 161 HGB Nr. 3 (GbR als Komplementärin)

Einer (Außen-)Gesellschaft bürgerlichen Rechts kommt nicht nur die Fähigkeit zu, Kommanditistin, sondern auch Komplementärin einer Kommanditgesellschaft zu sein und als solche mitsamt ihren Gesellschaftern und, soweit erforderlich, Vertretungsverhältnis in das Handelsregister eingetragen zu werden.

OLG Celle v. 27.3.2012 – 9 W 37/12, ZIP 2012, 766.

Spätere Änderungen bei der GbR sind bei der KG anzumelden, vgl. Hinweis zu A 60 und zur Handhabung der GmbH-Gesellschafterliste bei B § 40 GmbHG Nr. 8.

§ 162 HGB Anmeldung der KG und des Eintritts von Kommanditisten

§ 162 HGB Nr. 1 (Auslegung)

Die Bezeichnung der Kommanditeinlage als „Bareinlage" in der Anmeldung ist nicht zu beanstanden, wenn sich aus dem übrigen Inhalt der Anmeldung und dem Gesellschaftsvertrag eindeutig ergibt, dass der angegebene Betrag die Haftsumme sein soll.

OLG Celle v. 24.3.1975, Rpfleger 1975, 228. Zur möglichen Auslegung einer Anmeldung mit den Begriffen „Gesamtrechtsnachfolge" und „Sondererbfolge" s. OLG Hamm v. 16.9.2004 – 15 W 304/04, DNotZ 2005, 229.

§ 162 HGB Nr. 2 (Einzelkaufmann als Kommanditist)

Tritt ein Einzelkaufmann unter seiner Firma als Kommanditist einer KG bei, so ist die Eintragung unter seiner Firma, sofern der bürgerliche Name (Firma X, Inhaber Y) beigefügt wird, zulässig und bei dahingehender Anmeldung auch geboten.

BayObLG v. 16.2.1973 – BReg 2 Z 4/73, Rpfleger 1973, 175 = DNotZ 1973, 561.

§ 162 HGB Nr. 3 (Beteiligungsumwandlung)

Die Anmeldung, dass ein (namentlich bezeichneter) Kommanditist die Rechtsstellung eines persönlich haftenden Gesellschafters erlangt hat, ist genügend bestimmt. Das Registergericht darf nicht die Ergänzung der Anmeldung dahin verlangen, dass die bezeichnete Person als Kommanditist ausgeschieden und als persönlich haftender Gesellschafter eingetreten ist.

BayObLG v. 21.5.1970 – BReg 2 Z 24/70, Rpfleger 1970, 288 = DNotZ 1971, 107. Siehe auch B § 143 HGB Nr. 4.

§ 162 HGB Nr. 4 (Voreintragung bei mehrfacher Rechtsnachfolge)

Ist im Handelsregister noch der Rechtsvorgänger eines Kommanditisten eingetragen, der seinerseits durch Tod oder Übertragung seines Kommanditanteils inzwischen ebenfalls aus der Gesellschaft ausgeschieden ist, so kann der Gesamt- oder Sonderrechtsnachfolger des zuletzt Ausgeschiedenen erst nach der Zwischeneintragung seines Rechtsvorgängers im Handelsregister eingetragen werden.

OLG Hamm v. 7.1.1993 – 15 W 103/92, Rpfleger 1993, 288. Zum Thema Voreintragung siehe Einl. Rz. 52.

§ 162 HGB Nr. 5 (Komplementär erwirbt Kommanditanteil)

Der persönlich haftende Gesellschafter kann nicht gleichzeitig auch Kommanditist seiner Gesellschaft sein (Anschluss BGH v. 10.6.1963 – II ZR 88/61, BB 1963, 1076).

Thür. OLG v. 31.8.2011 – 6 W 188/11, GmbHR 2011, 1204.

§ 171 HGB Haftung des Kommanditisten

§ 171 HGB Nr. 1 (Haftung und Eintragung bei Kommanditistenwechsel)

Ist ein Wechsel im Bestand der Kommanditisten aufgrund einer Gesamtrechtsnachfolge (z.B. bei Erbfolge, Verschmelzung zweier Kapitalgesellschaften, Umwandlung einer Kapitalgesellschaft in eine offene Handelsgesellschaft oder Kommanditgesellschaft oder durch Übertragung ihres Vermögens auf ihren alleinigen oder Hauptgesellschafter) eingetreten, so muss das bei der Eintragung im Handelsregister kenntlich gemacht werden.

Auch im Falle der Einzelrechtsnachfolge genügt nicht die Verlautbarung des Ausscheidens des bisherigen und des Eintritts des neuen Kommanditisten im Handelsregister. Liegt eine Versicherung der Beteiligten vor, dass der ausscheidende Kommanditist vonseiten der Gesellschaft keinerlei Abfindung für die von ihm aufgegebenen Rechte aus dem Gesellschaftsvermögen gewährt oder versprochen erhalten habe, so ist bei der Eintragung in das Handelsregister ein auf die Sonderrechtsnachfolge hinweisender zusätzlicher Vermerk zulässig und erforderlich.

RG v. 20.9.1944, DNotZ 1944, 195.

Ausdrücklich bestätigt durch BGH v. 19.9.2005 – II ZB 11/04, DNotZ 2006, 135 = NotBZ 2006, 20 = Rpfleger 2006, 79.

Dies gilt auch nach der Neufassung von § 162 Abs. 2 HGB und im EDV-Register, OLG Köln v. 4.2.2004 – 2 Wx 36/03, NotBZ 2004, 199 mit Anm. *Melchior*, ferner *Terbrack*, Rpfleger 2003, 105.

§ 171 HGB Nr. 2 (Inhalt der Versicherung)

Entgegen RG, DNotZ 1943, 195, ist es zur Eintragung eines Sonderrechtsnachfolgevermerks im Handelsregister nicht erforderlich, dass eine Versicherung der Beteiligten vorliegt, dass der ausscheidende Kommanditist „keinerlei Abfindung" von der Gesellschaft erhalten habe, es genügt vielmehr, wenn die Beteiligten versichern, dass der ausscheidende Kommanditist keine den Betrag seiner Kommanditeinlage erreichende Abfindung erhalten habe.

LG Frankfurt/M v. 4.1.1968 – 3/6 T 1/67, NJW 1968, 2114.

Die Versicherung ist von allen vertretungsberechtigten Gesellschaftern und dem ausscheidenden Kommanditisten persönlich abzugeben, also nicht durch Bevollmächtigte, OLG Oldenburg v. 7.8.1990 – 5 W 72/90, DNotZ 1992, 186; OLG Zweibrücken v. 14.6.2000 – 3 W 92/00, Rpfleger 2002, 156 mit abl. Anm. *Waldner*; deshalb dürfte auch § 378 FamFG versagen, vgl. BayObLG v. 12.6.1986 – BReg 3 Z 29/86, NJW 1987, 136.

§ 171 HGB Nr. 3 (Haftung bei fehlendem Vermerk)

Wer einen Kommanditanteil durch Abtretung erworben hat, haftet, sofern der Rechtsvorgänger die Haftsumme eingezahlt hat, den Gesellschaftsgläubigern auch dann nicht, wenn im Handelsregister kein auf die Rechtsnachfolge hinweisender Vermerk eingetragen ist; es haftet der Rechtsvorgänger.

BGH v. 29.6.1981 – II ZR 142/80, GmbHR 1981, 262.

§ 171 HGB Nr. 4 (Handelsregistereintragung der Übertragung eines Kommanditanteils auf Komplementär)

Wird einem persönlich haftenden Gesellschafter einer Kommanditgesellschaft ein Kommanditanteil übertragen, so wird im Handelsregister nur das Ausscheiden des übertragenden Kommanditisten, nicht jedoch ein Vermerk über eine (Sonder-)Rechtsnachfolge des Komplementärs eingetragen.

BayObLG v. 10.12.1982 – BReg. 3 Z 98/82, MittBayNot 1983, 22 = Rpfleger 1983, 115.

Ebenso OLG Köln v. 24.6.1992 – 2 Wx 43/91, NJW-RR 1992, 1389.

§ 175 HGB Erhöhung der Einlage

§ 175 HGB Nr. 1   (Erhöhung trotz Liquidation)

Der Liquidationszustand einer KG steht der Erhöhung einer Kommanditeinlage und dem Eintritt eines neuen Kommanditisten nicht im Wege.

KG v. 14.2.1935, JW 1935, 1100.

§ 176 HGB Haftung des Kommanditisten vor Eintragung

§ 176 HGB Nr. 1   (Haftung; aufschiebend bedingter Beitritt)

1. Auch der nicht eingetragene Kommanditist haftet für Ansprüche aus unerlaubter Handlung nur beschränkt.

2. Die unbeschränkte Haftung des in eine bereits bestehende Gesellschaft eintretenden Kommanditisten für die bis zur Eintragung entstehenden Verbindlichkeiten, besteht unabhängig von seiner Zustimmung zur Geschäftsfortführung. Sie kann aber dadurch vermieden werden, dass das Wirksamwerden des Beitritts von der Eintragung im Handelsregister abhängig gemacht wird.

BGH v. 28.10.1981 – II ZR 129/80, BGHZ 82, 209 = DNotZ 1984, 582.

Aber keine Haftung nach § 176 HGB, wenn die Firma ordnungsgemäß nach § 19 HGB (insbesondere Abs. 2) gebildet ist (OLG Frankfurt/M v. 9.5.2007 – 13 U 195/06, ZIP 2007, 1809 = GmbHR 2007, 1326).

III. Gesetz betreffend die Gesellschaften mit beschränkter Haftung (GmbHG)

§ 2 GmbHG Gründung der GmbH, Form des Gesellschaftsvertrages

§ 2 GmbHG Nr. 1 (Gründung durch BGB-Gesellschaft)

Gesellschafter [einer Gesellschaft] bürgerlichen Rechts können bei der Errichtung einer GmbH gemeinsam eine Stammeinlage mit der Folge übernehmen, dass der so erworbene Geschäftsanteil Gesamthandvermögen wird. Haftung für Einlageverpflichtungen als Gesamtschuldner und ohne Haftungsbeschränkung.

BGH v. 3.11.1980 – II ZB 1/79, BGHZ 78, 311 = GmbHR 1981, 188. Siehe auch B § 3 GmbHG Nr. 10.

§ 2 GmbHG Nr. 2 (Anteilsübertragung vor Eintragung)

Die Abtretung künftiger Geschäftsanteile an einer GmbH ist zulässig. Sie wirkt aber erst mit der Eintragung der GmbH und bedarf der Form des § 15 Abs. 3 GmbHG.

BGH v. 12.7.1956 – II ZR 218/54, BGHZ 21, 245.

§ 2 GmbHG Nr. 3 (Anteilsübertragung vor Eintragung)

a) Die Abtretung der Geschäftsanteile an einer mangels Eintragung in das Handelsregister noch nicht als solcher entstandenen GmbH bezieht sich im Zweifel nicht auf die Anteile an der Gründungsorganisation, sondern auf die künftigen mit der Eintragung der GmbH entstehenden Geschäftsanteile.

Die Übertragung von Gründeranteilen kann nur durch Änderung des Gesellschaftsvertrages in der Weise erfolgen, dass der Abtretende aus der Gründerorganisation ausscheidet und der Abtretungsempfänger an seine Stelle tritt.

KG Berlin v. 6.5.1968 – 1 W 2370/76, DNotZ 1969, 43 = GmbHR 1968, 182.

b) 1. Vor der Eintragung einer GmbH in das Handelsregister bestehen noch keine Geschäftsanteile. Ein Gesellschafterwechsel in der Vorgesellschaft ist daher nur durch eine Änderung des Gesellschaftsvertrages möglich.

2. Auf einen fehlerhaften Gesellschafterwechsel in der Vorgesellschaft sind die Grundsätze der fehlerhaften Gesellschaft nicht anwendbar.

BGH v. 13.12.2005 – II ZR 409/02, GmbHR 2005, 354 = NotBZ 2005, 104–105. Nachfolgend Thür. OLG v. 5.12.2013 – 2 U 557/12, GmbHR 2013, 145.

§ 2 GmbHG Nr. 4   (Änderung des GmbH-Gesellschaftsvertrags noch im Gründungsstadium)

a) Auf die Änderung des Gesellschaftsvertrags der GmbH noch während des Gründungsstadiums sind nicht die Vorschriften über die Änderung des Gesellschaftsvertrags nach der Eintragung der Gesellschaft im Handelsregister anzuwenden, sondern die Vorschriften über den Abschluss des Gesellschaftsvertrags.

b) § 182 Abs. 2 BGB wird durch § 2 Abs. 2 GmbHG dahin eingeschränkt, dass die Genehmigung einer vollmachtlos abgegebenen Erklärung im Fall des § 2 Abs. 1 GmbHG nicht formfrei erfolgen kann, sondern der notariellen Beurkundung oder Beglaubigung bedarf.

OLG Köln v. 28.3.1995 – 2 Wx 13/95, GmbHR 1995, 725 = MittRhNotK 1995, 356.

Siehe auch B § 7 GmbHG Nr. 3.

§ 2 Abs. 1a GmbHG Musterprotokoll

§ 2 Abs. 1a GmbHG Nr. 1   (Abweichende Bestimmungen)

Völlig unbedeutende Abwandlungen bei Zeichensetzung, Satzstellung und Wortwahl, die keinerlei Auswirkungen auf den Inhalt haben, stellen keine unzulässigen Abänderungen und Ergänzungen des Musterprotokolls dar (Ergänzung zu OLG München v. 12.5.2010 – 31 Wx 19/10, GmbHR 2010, 755).

OLG München v. 28.9.2010 – 31 Wx 173/10, GmbHR 2010, 1262 = DNotZ 2011, 69.

§ 2 Abs. 1a GmbHG Nr. 2   (Abweichende Bestimmungen)

1. Wird das für die GmbH-Gründung im vereinfachten Verfahren vorgesehene Musterprotokoll abgeändert, so finden die allgemeinen Vorschriften für eine „normale GmbH-Gründung" Anwendung.

2. Bei Gründung einer GmbH im „normalen Verfahren" kann das Musterprotokoll keine Grundlage für den Nachweis der darin zusammengefassten Dokumente sein. Dies gilt auch dann, wenn eine „normale GmbH-Gründung" deswegen gegeben ist, weil das Musterprotokoll Abänderungen oder Ergänzungen über die im Rahmen der in den Musterprotokollen zugelassenen Alternativen hinaus enthält.

OLG München v. 12.5.2010 – 31 Wx 19/10, GmbHR 2010, 705.

§ 2 Abs. 1a GmbHG Nr. 3   (Anmeldung Vertretung)

Bei einer nach der Mustersatzung gegründeten GmbH kann die Anmeldung der konkreten Vertretungsbefugnis eines Geschäftsführers nicht mit dem Zusatz verbunden werden, dieser sei einzelvertretungsberechtigt.

OLG Hamm v. 14.4.2011 – 15 Wx 499/10, GmbHR 2011, 708.

§ 3 GmbHG Inhalt des Gesellschaftsvertrages

§ 3 GmbHG Nr. 1 (Sitzwahl)

Mit Aufhebung des § 4a GmbHG durch das MoMiG ist die Beschränkung der Sitzwahl auf den Ort des Betriebes, Geschäftsführung oder Verwaltung entfallen. Siehe Einl. Rz. 60 ff. Sogar Verwaltungssitz ausschließlich im Ausland ist zulässig, sofern inländische Geschäftsanschrift vorhanden.

§ 3 GmbHG Nr. 2 (Zuzug aus anderem EU-Mitgliedstaat, Zulässigkeit)

Das deutsche Recht muss nach der Rechtsprechung des EuGH die grenzüberschreitende Verlegung des Sitzes einer Kapitalgesellschaft von Luxemburg in die Bundesrepublik Deutschland unter damit einhergehendem Formwechsel in eine entsprechende Gesellschaft deutschen Rechts grundsätzlich anerkennen. Eine ungleiche Behandlung von Gesellschaften bei einer innerstaatlichen oder einer grenzüberschreitenden Umwandlung verletzt den im AEU-Vertrag verankerten Grundsatz der Niederlassungsfreiheit und stellt eine verbotene Beschränkung im Sinne der Art. 49 AEUV und 54 AEUV dar. Wird der Satzungssitz einer Gesellschaft unter gleichzeitigem Wechsel in eine Rechtsform deutschen Rechts verlegt, ist dieser Sachverhalt – sofern das Recht des Wegzugsstaates den Formwechsel gestattet – unter europarechtskonformer Anwendung der §§ 190 ff. UmwG zu behandeln (vgl. EuGH v. 12.7.2012 – C-378/10 „Vale", GmbHR 2012, 860).

OLG Nürnberg v. 19.6.2013 – 12 W 520/13, GmbHR 2014, 96. Siehe A 129.

Grenzüberschreitende Verschmelzungen zulässig bei SE (A 148, A 150) und nach § 122a UmwG, siehe A 160.

§ 3 GmbHG Nr. 3 (Zuzug aus anderem EU-Mitgliedstaat, Voraussetzungen)

Die Zulässigkeit des grenzüberschreitenden Formwechsels einer französischen GmbH in eine deutsche GmbH ist nach den deutschen Vorschriften über den Formwechsel einer Kapitalgesellschaft in eine GmbH zu beurteilen. Die Vorschriften über den grenzüberschreitenden Sitzwechsel einer Europäischen (Aktien)Gesellschaft finden keine Anwendung.

KG Berlin v. 21.3.2016 – 22 W 64/15, GmbHR 2016, 763. Siehe A 129.

§ 3 GmbHG Nr. 4 (Bestimmtheit des Gegenstandes)

Im Gesellschaftsvertrag einer Komplementär-GmbH muss der Gegenstand des Unternehmens konkret und individuell bezeichnet werden, wenn möglich unter Angabe des Geschäftszweigs der Kommanditgesellschaft.

BayObLG v. 15.12.1975 – BReg 2 Z 53/75, GmbHR 1976, 38 = DNotZ 1976, 377.

§ 3 GmbHG Nr. 5 (Bestimmtheit des Gegenstandes)

Ist im Gesellschaftsvertrag als Unternehmensgegenstand „Verwaltung von Vermögen und Beteiligung an anderen Unternehmen" angegeben, so kann die Eintragung in das Handelsregister nicht wegen mangelnder Konkretisierung abgelehnt werden.

OLG Düsseldorf v. 13.1.1970 – 3 W 331/69, = DNotZ 1970, 309 = GmbHR 1970, 123.

Ggf. besteht aber Konzessionspflicht nach §§ 32, 43 KWG und ZAG; vgl. auch B § 7 HGB Nr. 2.

Ebenso OLG Frankfurt/M v. 12.11.1986 – 20 W 391/86, GmbHR 1987, 231.

Zur Zulässigkeit von Vorratsgründungen und zur wirtschaftlichen Neugründung vgl. B § 11 Abs. 2 GmbHG Nr. 1 und 2 sowie A 101 und A 146.

§ 3 GmbHG Nr. 6 (Bestimmtheit des Gegenstandes)

Der Unternehmensgegenstand „Betrieb von Gaststätten" ist ausreichend individualisiert.

OLG Frankfurt/M v. 30.8.1979 – 20 W 49/79, DNotZ 1980, 173 = GmbHR 1979, 280.

§ 3 GmbHG Nr. 7 (Bestimmtheit des Gegenstandes)

Wird der Gegenstand des Unternehmens einer Komplementär-GmbH im Gesellschaftsvertrag (Satzung) ausreichend informativ und individualisiert wiedergegeben, so ist der Zusatz, eine Tätigkeit nach § 34c GewO werde nicht ausgeübt, als klarstellend nicht unzulässig, wenn Anhaltspunkte für eine genehmigungspflichtige Betätigung der GmbH nicht gegeben sind.

BayObLG v. 16.9.1993 – 3Z BR 121/93, GmbHR 1994, 60.

§ 3 GmbHG Nr. 8 (Bestimmtheit des Gegenstandes)

Die Bezeichnung des Unternehmensgegenstandes im Gesellschaftsvertrag einer GmbH mit „Produktion von Waren aller Art" ist wegen unzureichender Individualisierung unzulässig.

BayObLG v. 1.8.1994 – 3ZBR 157/94, GmbHR 1994, 705.

Auch unzulässig „Handel mit Waren aller Art" nach BayObLG v. 8.1.2003 – 3Z BR 234/02, GmbHR 2003, 414 sowie „Handel und Vertrieb von Verbrauchs- und Konsumgütern, soweit der Handel nicht einer besonderen Erlaubnis bedarf" nach OLG Düsseldorf v. 6.10.2010 – 3 Wx 231/10, GmbHR 2010, 1261 = DNotZ 2011, 444.

§ 3 GmbHG Nr. 9 (Änderung des Gegenstandes)

Durch eine Änderung des Firmengegenstandes kann eine ursprünglich zulässige Bestimmung des Gesellschaftsvertrages einer Gesellschaft m.b.H. über die Firma nicht nichtig werden. In solchen Fällen kann das Registergericht daher nicht zur Änderung des Gesellschaftsvertrages nach § 144a FGG (jetzt: § 399 FamFG) auffordern.

BayObLG v. 29.6.1979 – BReg 3 Z 83/76, Rpfleger 1979, 385 = DNotZ 1980, 118 = GmbHR 1980, 11.

§ 3 GmbHG Nr. 10 (Gesellschafter im Vertrag)

Die Übernehmer der Stammeinlage müssen im Gesellschaftsvertrag namentlich bezeichnet sein; es genügt nicht, wenn dies lediglich in der in Bezug genommenen Gründungsniederschrift geschieht.

OLG Hamm v. 14.1.1986 – 15 W 310/84, Rpfleger 1986, 183 = GmbHR 1986, 311.

Zur Änderung des Gesellschaftsvertrages nach Eintragung vgl. B § 53 GmbHG Nr. 5.

§ 3 GmbHG Nr. 11 (Übernahme von Geschäftsanteilen einer GmbH durch eine GbRmbH)

a) Eine Gesellschaft bürgerlichen Rechts (GbR), die den Zusatz „mit beschränkter Haftung" führt, kann die Stammeinlage einer bereits eingetragenen GmbH übernehmen.

b) Unbeschadet der Frage, ob bei Abtretung von Gesellschaftsanteilen die neuen Gesellschafter als Inhaber von Gesellschaftsanteilen in der Satzung aufgeführt werden dürfen, ist dies nicht zulässig, wenn durch die Anmeldung der Eindruck erweckt wird, bei den neuen Gesellschaftern handele es sich um die Gründungsgesellschafter.

c) Soll eine GbR als Inhaber von Geschäftsanteilen in der Satzung aufgeführt werden, sind alle Gesellschafter namentlich zu bezeichnen. Der Zusatz „mit beschränkter" Haftung ist unzulässig, da er nur gesellschaftsinterne Bedeutung für die GbR hat, aber geeignet ist, den Anschein einer Haftungsbeschränkung der GmbH zu erwecken. Für den Inhalt der Gesellschafterliste nach § 8 Abs. 1 Nr. 3 GmbHG gelten die vorstehenden Ausführungen entsprechend.

OLG Hamm v. 18.12.1995 – 15 W 413/95, Rpfleger 1996, 351.

§ 4 GmbHG   Firma der GmbH

Nachfolgend wird die Rechtsprechung wiedergegeben, die auch nach der Novelle durch das HandelsrechtsreformG vom 22.6.1998, BGBl. I 1998, 1474, für die Auslegung der § 4 GmbHG, § 18 Abs. 2 HGB von Bedeutung ist. Vgl. ferner Vorbemerkungen vor B § 18 HGB.

§ 4 GmbHG Nr. 1 (Name von Nichtgesellschaftern bei GmbH)

Die Verwendung des Namens einer fiktiven Person, der in der Firma einer GmbH enthalten ist, ist nicht irreführend im Sinne des § 18 Abs. 2 HGB. Zwar ist bei der Verwendung des Namens einer fiktiven Person die Firma ersichtlich unwahr, jedoch sind die Namen der Gesellschafter einer GmbH (beschränkte Haftung!) für den maßgeblichen Durchschnittsadressaten nicht von wesentlicher Bedeutung für seine wirtschaftliche Entscheidung. Die fiktive Person hat für die angesprochenen Verkehrskreise keine Relevanz. Wenn die betroffenen Verkehrskreise den verwendeten Namen nicht einer bestimmten Person zuordnen können, ist es für ihre wirtschaftliche Entscheidung auch ohne Bedeutung, ob es sich bei der Personenfirma um den Namen einer existenten oder einer fiktiven Person handelt.

Thür. OLG v. 22.6.2010 – 6 W 30/10, GmbHR 2010, 1094 = DNotZ 2010, 935. Bestätigt durch OLG Karlsruhe v. 22.11.2013 – 11 Wx 86/13, GmbHR 2014, 142 und OLG Rostock v. 17.11.2014 – 1 W 53/14, GmbHR 2015, 37.

Siehe auch B § 18 HGB Nr. 8.

§ 4 GmbHG Nr. 2 (Sachfirma)

1. Bloßen Branchenbezeichnungen fehlt als Sachfirma einer Gesellschaft m.b.II. die notwendige Kennzeichnungs- und Unterscheidungskraft. Derartige Branchenbezeichnungen bedürfen eines individualisierenden Zusatzes, um der Namensfunktion der Firma gerecht zu werden.

2. Die Firma „Industrie- und Baubedarf Gesellschaft m.b.H." ist als Branchenbezeichnung nicht hinreichend individualisiert und damit unzulässig.

OLG Hamm v. 14.9.1977 – 15 W 250/77, Rpfleger 1977, 410 = DNotZ 1978, 112 = GmbHR 1978, 64.

Ebenso OLG Oldenburg v. 1.12.1989 – 5 W 146/89, GmbHR 1990, 3.

§ 4 GmbHG Nr. 3 (Gemischte Firma)

Die Firma einer GmbH kann in der Weise gebildet werden, dass der bis auf die Rechtsformbezeichnung vollständigen Firma einer Gesellschafterin die verkürzte Sachfirma einer weiteren Gesellschafterin vorangestellt wird, wenn damit eine Täuschung i.S.d. § 18 Abs. 2 HGB nicht zu besorgen ist.

BayObLG v. 4.12.1970 – 2 Z 76/70, DB 1971, 88 = Rpfleger 1971, 69 = GmbHR 1971, 37.

§ 4 GmbHG Nr. 4 (Fortführung bei Ausscheiden eines Gesellschafters)

Die GmbH kann den Namen eines Gesellschafters in der Firma auch nach dessen Ausscheiden ohne dessen ausdrückliche Einwilligung beibehalten.

BGH v. 20.4.1972 – II ZR 17/70, BGHZ 58, 322 = GmbHR 1972, 226. Dr.-Titel in der Firma unzulässig, wenn namensgebende Person nicht mehr Gesellschafter ist und auch kein anderer Gesellschafter promoviert ist, OLG Köln v. 12.3.2008 – 2 Wx 5/08, DNotZ 2009, 140; vgl. auch B § 22 HGB Nr. 7.

§ 4 GmbHG Nr. 5 (Fortführung in Zweigniederlassungsfirma)

Die Befugnis einer GmbH, den Namen eines Gesellschafters nach dessen Ausscheiden in ihrer Firma weiterzuführen, schließt im Zweifel nicht das Recht ein, seinen Namen bei getrennter Veräußerung einer Zweigniederlassung weiter zu übertragen.

BGH v. 13.10.1980 – II ZR 116/79, Rpfleger 1981, 57. Vgl. B § 23 HGB Nr. 1.

§ 4 GmbHG Nr. 6 (Gesellschaftszusatz)

Die Firma „S-Company mbH" entspricht der Vorschrift des § 4 GmbHG.

LG Nürnberg-Fürth v. 3.12.1993 – 4 HKT 5216/93, MittBayNot 1994, 162: Dem Gesetzestext lasse sich nicht entnehmen, dass auch das Wort „Gesellschaft" in deutscher Sprache aufzunehmen sei.

§ 4 GmbHG Nr. 7 (Firmenänderung, Zusatz „Partner")

Die Vorschriften über die Firma einer GmbH sind auch bei einer Firmenänderung zu beachten.

OLG Stuttgart v. 8.1.1971 – 8 W 220/70, GmbHR 1971, 90 = DNotZ 1971, 249.

Daher keine Firmenänderung ohne gleichzeitige Streichung eines in der Firma enthaltenen Zusatzes „Partner", wenn die aus den Nachnamen der Gesellschafter gebildete Namensfirma nach einem Gesellschafterwechsel neu gebildet wird, OLG Stuttgart v. 21.3.2000 – 8 W 154/99, Rpfleger 2000, 336 und B § 18 HGB Nr. 11; keine Streichung erforderlich, nach BayObLG v. 19.2.2003 – 3Z BR 17/03, GmbHR 2003, 475 = DNotZ 2003, 197, bei Änderung von untergeordneten Firmenbestandteilen.

„GV-Partner" zulässig nach OLG München v. 14.12.2006 – 31 Wx 89/06, GmbHR 2007, 266; aber „Partner Logistics Immobilien GmbH" unzulässig nach OLG Düsseldorf v. 9.10.2009 – 3 Wx 182/09, GmbHR 2010, 38.

§ 4 GmbHG Nr. 8 (Firma der UG)

Der nach § 5a Abs. 1 GmbHG zwingend vorgeschriebene Firmenzusatz „Unternehmergesellschaft (haftungsbeschränkt)" oder „UG (haftungsbeschränkt)" ist exakt und buchstabengetreu einzuhalten, so dass weder weitere Namensbestandteile zwischen eingefügt noch weitergehende Abkürzungen verwendet werden dürfen.

OLG Hamburg v. 2.11.2010 – 11 W 84/10, GmbHR 2010, 657.

Siehe auch B § 19 Abs. 2 HGB Nr. 7.

§ 5 GmbHG Stammkapital und Geschäftsanteil

§ 5 GmbHG Nr. 1 (Gründungskosten, Festsetzung)

Gründungsaufwand, der zu Lasten der GmbH an Gründer oder sonstige Personen gezahlt werden soll, ist in der Satzung als Gesamtbetrag gesondert festzusetzen. Das gilt auch, wenn die Verpflichtung der Gründer (§ 26 Abs. 2 AktG analog) abbedungen werden soll, der GmbH die Gründungskosten zu erstatten, die sie im Außenverhältnis – allein oder neben den Gründern – geschuldet und bezahlt hat (Kosten der Anmeldung zum Handelsregister, Gesellschaftsteuer).

BGH v. 20.2.1989 – II ZB 10/88, GmbHR 1989, 250 = Rpfleger 1989, 286.

Keine Festsetzung im Gesellschaftsvertrag, wenn Gesellschafter Gründungsaufwand übernehmen, OLG Frankfurt/M v. 7.4.2010 – 20 W 94/10, GmbHR 2010, 589.

Karenzfrist zur Aufhebung der Festsetzung siehe B § 53 GmbHG Nr. 4.

§ 5 GmbHG Nr. 2 (Gründungskosten, Angaben zu Art und Höhe)

1. § 26 Abs. 2 AktG ist auf die GmbH entsprechend anwendbar. Dem daraus folgenden Erfordernis, dass die gesellschaftsvertragliche Regelung den Gesamtbetrag des zu Lasten der Gesellschaft gehenden Gründungsaufwands erkennen lassen muss, genügt eine Satzungsregelung nicht, in der nur eine Obergrenze für die Gründungskosten i.H.v. 10% des Stammkapitals mitgeteilt wird. Auch die Benennung der Gründungskosten als Notar-, Gerichts- und Behördenkosten reicht nicht aus, denn die einzelnen Kosten müssen zusammengefasst als Gesamtbetrag in der Satzung ausgewiesen werden (Anschluss BGH, B § 5 GmbHG Nr. 1; BGH v. 29.9.1997 – II ZR 245/96, NJW 1998, 233; OLG München v. 6.10.2010 – 31 Wx 143/10, MittBayNot 2011, 162 und OLG Frankfurt/M v. 7.4.2010 – 20 W 94/10, RNotZ 2010, 481).

2. Ein Eintragungsantrag, dem eine derart ungenügende Satzung beigefügt ist, ist vom Registergericht zurückzuweisen.

OLG Zweibrücken v. 25.6.2013 – 3 W 28/13, GmbHR 2014, 427.

Zu Leitsatz 2: Vgl. § 130 AktG.

§ 5 GmbHG Nr. 3 (Gründungskosten, Konkrete Angaben)

Soll bei der Gründung einer GmbH in deren Satzung der Gründungsaufwand auf die Gesellschaft übertragen werden, so reicht dafür die Formulierung: „Die Kosten der Gründung der Gesellschaft bis zu einem Betrag von 3000 Euro trägt die Gesellschaft" nicht aus. Vielmehr ist es aus Rechtsgründen nicht zu beanstanden, wenn das Registergericht die namentliche Nennung derjenigen Gründungskosten verlangt, die die Gesellschaft tragen soll.

OLG Celle v. 11.2.2016 – 9 W 10/16, GmbHR 2016, 650. Wenngleich die konkret beanstandete Formulierung dem Text zu 5. des Musterprotokolls entspricht.

§ 5 GmbHG Nr. 4 (Gründungskosten, UG)

Eine Verletzung der auf die UG entsprechend anwendbaren Gläubigerschutzvorschrift des § 26 Abs. 2 AktG folgt nicht daraus, dass der gesellschaftsvertraglich bestimmte Gründungsaufwand genau dem vereinbarten Stammkapital (von hier 1000 Euro) entspricht.

KG Berlin v. 31.7.2015 – 22 W 67/14, GmbHR 2015, 1158. Gründungsaufwand darf nicht höher sein als das Stammkapital.

§ 5a GmbHG Unternehmergesellschaft (haftungsbeschränkt)

§ 5a GmbHG Nr. 1 (Gründung)

Ein Gesellschaftsvertrag, mit dem zunächst eine GmbH mit einem Stammkapital von mindestens 25 000,00 Euro gegründet wurde, kann vor deren Eintragung in das Handelsregister, solange sie sich also im Stadium einer Vorgesellschaft („Vor-GmbH") befindet, auch insoweit abgeändert werden, als nunmehr ein Stammkapital vereinbart wird, das unter 25 000,00 Euro liegt, und somit eine Unternehmergesellschaft gegründet werden. Dem stehen weder § 58 Abs. 2 Satz 1 i.V.m. § 5 Abs. 1 GmbHG noch § 5a GmbHG entgegen.

OLG Frankfurt/M v. 20.12.2010 – 20 W 388/10, GmbHR 2011, 984.

§ 5a GmbHG Nr. 2 (Kapitalerhöhung mit Bareinlage)

Die Sonderregel der Unternehmergesellschaft (haftungsbeschränkt) gemäß § 5a Abs. 2 Satz 1 GmbHG gilt nicht für diejenige Kapitalerhöhung, mit der das Mindeststammkapital der GmbH entsprechend § 7 Abs. 2 GmbHG erreicht wird. Der Wegfall der Beschränkungen des § 5a Abs. 1 bis 4 GmbHG ist nicht von einer Volleinzahlung des Stammkapitals abhängig (wie OLG Hamm v. 5.5.2011 – 27 W 24/11, GmbHR 2011, 655; vgl. auch BGH B § 8 GmbHG Nr. 3; entgegen OLG München v. 23.9.2010 – 31 Wx 149/10, GmbHR 2010, 1210).

OLG Stuttgart v. 13.10.2011 – 8 W 341/11, GmbHR 2011, 1275 = DNotZ 2012, 228.

§ 5a GmbHG Nr. 3 (Kapitalerhöhung mit Sacheinlage)

Das Sacheinlagenverbot nach § 5a Abs. 2 Satz 2 GmbHG gilt für eine den Betrag des Mindestkapitals nach § 5 Abs. 1 GmbHG erreichende oder übersteigende Erhöhung des Stammkapitals einer Unternehmergesellschaft (haftungsbeschränkt) nicht.

BGH v. 19.4.2011 – II ZB 25/10, GmbHR 2011, 699 = DNotZ 2011, 705.

§ 6 GmbHG Bestellung der ersten Geschäftsführer

§ 6 GmbHG Nr. 1 (Geschäftsführerbestellung im Vertrag)

Bezeichnet der Gesellschaftsvertrag einer GmbH die als erste Geschäftsführer bezeichneten Personen, so enthält die spätere Bestellung anderer Geschäftsführer keine der Beurkundung bedürftige Änderung des Gesellschaftsvertrages.

KG v. 25.2.1901, KGJ 21 A 262.

Wenn dem im Gesellschaftsvertrag bestellten Geschäftsführer ein Sonderrecht auf diese Stellung eingeräumt worden ist; dann ggf. Beschränkung der Abberufbarkeit nach § 38 Abs. 2 GmbHG auf das Vorliegen eines wichtigen Grundes, vgl. dazu BGH v. 4.11.1968 – II ZR 63/67, BB 1968, 1399, und BGH v. 16.2.1981 – II ZR 89/79, GmbHR 1982, 129.

Aufschiebend bedingte Bestellung zulässig nach BGH v. 24.10.2005 – II ZR 55/04, GmbHR 2006, 46 und Einl. Rz. 48.

§ 6 GmbHG Nr. 2 (Ausländer als Geschäftsführer)

Nach Neufassung des § 4a GmbHG, der es erlaubt, dass eine deutsche GmbH ihren Verwaltungssitz an jeden beliebigen Ort im Ausland verlegt, mithin ihre Geschäfte auch vollständig im oder aus dem Ausland tätigt, ist – auch mit Blick auf die denkbare Möglichkeit einer Anordnung des persönlichen Erscheinens des Geschäftsführers der GmbH durch ein inländisches Gericht oder eine inländische Behörde – nicht anzunehmen, dass ein Geschäftsführer mit Staatsangehörigkeit und Wohnsitz eines Nicht-EU-Staates seine gesetzlichen Aufgaben bei fehlender Einreisemöglichkeit typischerweise nicht erfüllen könnte.

OLG Düsseldorf v. 16.4.2009 – 3 Wx 85/09, GmbHR 2009, 776. Ebenso OLG München v. 17.12.2009 – 31 Wx 142/09, GmbHR 2010, 210 = DNotZ 2010, 156 und OLG Zweibrücken v. 9.9.2010 – 3 Wx 70/10, GmbHR 2010, 1260.

A.A. OLG Celle v. 2.5.2007 – 9 W 26/07, GmbHR 2007, 657, wonach Nicht-EU-Ausländer als Geschäftsführer einen Aufenthaltstitel benötigen.

Vgl. dazu *Melchior*, DB 1997, 413.

Abweichend OLG Frankfurt/M v. 22.2.2001 – 20 W 376/2000, GmbHR 2001, 433 und OLG Zweibrücken v. 13.3.2001 – 3 W 15/01, GmbHR 2001, 435 (Bestellung eines Ausländers nur bei Einreisemöglichkeit nach der Schengener „Positivliste!"); OLG Hamm v. 9.8.1999 – 15 W 181/99, GmbHR 1999, 1089.

Fehlender Aufenthaltstitel kann aber Nichtigkeitsgrund sein nach § 134 BGB im Hinblick auf die Errichtung der GmbH: OLG Stuttgart v. 20.1.1984 – 8 W 243/83, GmbHR 1984, 156 = MittBayNot 1984, 138 und KG Berlin v. 24.9.1996 – 1 W 4534/95, GmbHR 1997, 412 = Rpfleger 1997, 168.

§ 6 GmbHG Nr. 3 (Pflicht der Gesellschafter)

Das Erfordernis, der GmbH einen oder mehrere Geschäftsführer zu bestellen, verpflichtet die Gesellschafter im Verhältnis zu Gesellschaftsgläubigern nicht, das Amt selbst unentgeltlich zu übernehmen oder die zur Bezahlung der Dienstbezüge erforderlichen Beträge nachzuschießen, wenn das Stammkapital dafür nicht ausreicht.

BGH v. 22.10.1984 – II ZR 31/84, GmbHR 1985, 149.

Daher auch keine Zwangsbestellung des früheren Geschäftsführers, LG Köln v. 9.12.1988 – 87 T 25/88, GmbHR 1990, 268; siehe auch B § 29 BGB Nr. 3: keine Bestellung eines Gesellschafters gegen seinen Willen zum Notgeschäftsführer.

Bei Führungslosigkeit nach § 35 Abs. 1 GmbHG Zustellung an Gesellschafter möglich.

§ 6 GmbHG Nr. 4 (Amtsfähigkeit des Geschäftsführers)

Verliert der Geschäftsführer einer GmbH nach seiner Bestellung die Geschäftsfähigkeit, so verliert er damit zugleich seine Stellung als Geschäftsführer, ohne dass es einer besonderen Abberufung bedarf.

OLG Düsseldorf v. 2.6.1993 – 11 W 37/93, GmbHR 1994, 114.

Ebenso BayObLG v. 4.2.1993 – 3ZBR 6/93, GmbHR 1993, 223.

Zum Verhältnis von Gewerbeverbot bzw. Handwerksuntersagung zur Amtsfähigkeit vgl. B § 395 FamFG Nr. 3.

§ 6 GmbHG Nr. 5 (Amtsfähigkeit des Geschäftsführers)

Der Beschluss der Gesellschafter einer GmbH über die Bestellung eines Geschäftsführers, der in den letzten fünf Jahren wegen einer Insolvenzstraftat (§§ 283 ff. StGB) rechtskräftig verurteilt worden ist, ist nichtig.

OLG Naumburg v. 10.11.1999 – 7 Wx 7/99, GmbHR 2000, 378.

Haftung der Gesellschafter nach § 6 Abs. 5 GmbHG.

§ 7 GmbHG Anmeldung der Gesellschaft

§ 7 GmbHG Nr. 1 (Rücknahme der Anmeldung)

Eine Anmeldung auf Eintragung einer GmbH kann von den Geschäftsführern bis zur Eintragung im Handelsregister jederzeit formlos zurückgenommen werden.

KG v. 20.1.1924, OLGR 43, 205. Weiterhin in Papierform möglich siehe Einl. Rz. 40.

§ 7 GmbHG Nr. 2 (Ausschluss nichtiger Bestimmungen von der Eintragung)

a) Ist eine einzelne Satzungsbestimmung nichtig, so kann der Vorstand (Geschäftsführer) diese in seiner Anmeldung zum Handelsregister von der Eintragung ausschließen, wenn eine Rückwirkung der Nichtigkeit auf andere Teile der Satzung nicht in Betracht kommt.

KG v. 2.3.1939, HRR 1939 Nr. 1108.

A.M. LG Dresden v. 20.12.1993 – 45 T 82/93, GmbHR 1994, 555.

b) Bei einer uneingeschränkten Anmeldung zum Handelsregister ist ein Teilvollzug unzulässig (Abgrenzung zu BayObLG v. 4.2.1969 – BReg 2 Z 81/68, BayObLGZ 1969, 33).

BayObLG v. 5.3.1987 – BReg 3 Z 29/87, GmbHR 1987, 391.

Dies gilt aber ohnehin nur bei Zustimmung des Anmeldenden. Zum Verhältnis zu § 139 BGB vgl. B § 130 AktG und Einl. Rz. 43.

§ 7 GmbHG Nr. 3 (Änderung vor Eintragung)

Änderungen des Gesellschaftsvertrages einer Gesellschaft m.b.H. vor deren Eintragung bedürfen keiner neuen formellen Anmeldung; es genügt die Vorlage der Unterlagen über die Änderung durch die Geschäftsführer.

BayObLG v. 31.1.1978 – BReg 1 Z 5/78, Rpfleger 1978, 143. Ebenso OLG Zweibrücken v. 12.9.2000 – 3 W 178/00, Rpfleger 2001, 34 = GmbHR 2000, 1204.

Aber Vertragswortlaut mit Bescheinigung analog § 54 Abs. 1 Satz 2 GmbHG: KG Berlin v. 24.9.1996 – 1 W 4534/95, GmbHR 1997, 412; BayObLG v. 14.9.1988 – BReg 3 Z 85/88, GmbHR 1989, 40. Zur Beurkundung vgl. B § 2 GmbHG Nr. 4.

§ 7 GmbHG Nr. 4 (Verfügbarkeit von Einlageleistungen)

Eine Einzahlung auf Stammeinlagen einer GmbH durch Überweisung auf ein Konto der Gesellschaft steht nur dann in der freien Verfügung des Geschäftsführers, wenn dieser über das Konto frei verfügen kann.

BGH v. 2.4.1962 – II ZR 169/61, GmbHR 1962, 233. Zur Höhe des Kreditrahmens: BayObLG v. 27.5.1998 – 3 ZBR 110/98, GmbHR 1998, 736.

§ 7 GmbHG Nr. 5 (Verfügbarkeit von Einlageleistungen)

Auch eine von dem Gesellschafter unmittelbar auf ein debitorisches Bankkonto der Gesellschaft geleistete Zahlung einer Einlage verstößt im Allgemeinen nur dann gegen das Gebot, die Einlagemittel zur freien Verfügung der Geschäftsführung zu leisten (§ 8 Abs. 2 GmbHG), wenn die Gesellschaft infolgedessen, insbesondere wegen gleichzeitiger Kündigung oder Rückführung des bisher eingeräumten Kreditrahmens auf den neuen Saldo, keine Möglichkeit erhält, über Mittel in entsprechender Höhe zu verfügen (Ergänzung zu BGH v. 24.9.1990 – II ZR 203/89, NJW 1991, 226).

BGH v. 3.12.1990 – II ZR 215/89, GmbHR 1991, 152.

§ 7 GmbHG Nr. 6 (Leistungen von Sacheinlagen)

1. Die Gründer einer GmbH haben ihre Sacheinlage bereits vor der Registereintragung in voller Höhe zu leisten.

2. Auch die Einbringung von Grundstücken und Grundstücksrechten ist vor der Eintragung der GmbH ins Handelsregister möglich, da die Gründerorganisation, obwohl nicht rechtsfähig, ins Grundbuch eingetragen werden kann.

BGH v. 2.5.1966 – II ZR 219/63, BGHZ 45, 348 = DNotZ 1967, 381 = MDR 1966, 654.

Zum Leitsatz 2 vgl. inzwischen B § 11 Abs. 1 GmbHG Nr. 1, 2.

§ 7 GmbHG Nr. 7 (Verfügbarkeit der Einlageleistung bei Ein-Personen-GmbH)

Bei Gründung einer Einmanngesellschaft hat die Einzahlung der Geldeinlage so zu erfolgen, dass die Zugehörigkeit der Einlage zum Sondervermögen der Gründungsorganisation für einen Außenstehenden erkennbar ist.

BayObLG v. 20.1.1994 – 4 St RR 1/94, DNotZ 1994, 655 = GmbHR 1994, 329.

§ 8 GmbHG Anlagen der Anmeldung, Versicherung über Einzahlung

§ 8 GmbHG Nr. 1 (Versicherung über Einzahlungen)

Versicherungen des Inhalts, dass auf die Stammeinlage „der gesetzliche Anteil" o.Ä. eingezahlt ist, genügen nicht. Es müssen Tatsachen angegeben werden, aus denen das Registergericht die Erfüllung der gesetzlichen Bestimmungen zweifelsfrei entnehmen kann. Es muss insbesondere ziffernmäßig angegeben werden, welchen Geldbetrag jeder Gesellschafter geleistet hat.

BayObLG v. 20.12.1979 – BReg 1 Z 84/79, Rpfleger 1980, 155 = DNotZ 1980, 646.

Ebenso OLG Celle v. 7.1.1986 – 1 W 37/85, GmbHR 1986, 309.

Einschränkend bei Volleinzahlung oder Offenkundigkeit: OLG Düsseldorf v. 4.9.1985 – 3 Wx 267/85, DNotZ 1986, 179 = GmbHR 1986, 266 und OLG Düsseldorf v. 25.9.1985 – 3 Wx 363/85, DNotZ 1986, 180 = GmbHR 1986, 267 und OLG Frankfurt/M v. 27.5.1992 – 20 W 134/92, GmbHR 1992, 531. Keine Vertretung bei Abgabe der höchstpersönlichen Versicherung B § 57 GmbHG Nr. 1.

§ 8 GmbHG Nr. 2 (Versicherung bei teilweiser Einzahlung, 1-Euro-Anteil)

Werden bei der Gründung einer GmbH Stammkapitalanteile mit Nennbeträgen von jeweils 1 Euro gebildet, muss die Versicherung des Geschäftsführers bei der Anmeldung der GmbH sich auf die Tatsachen erstrecken, die für die Beurteilung der Tilgungswirkung einer einheitlich erfolgten, jedoch nur einen Teilbetrag deckenden Zahlung auf das übernommene Stammkapital maßgeblich sind, also ob eine Tilgungsbestimmung getroffen worden ist und ggf. welche.

OLG Hamm v. 23.4.2011 – 15 W 684/10, GmbHR 2011, 652.

§ 8 GmbHG Nr. 3 (Nachprüfung durch Registergericht)

Die Erklärung des Geschäftsführers, dass die Leistungen auf die Stammeinlagen bewirkt sind und sich zu seiner freien Verfügung befinden, kann das Registergericht nachprüfen, wenn Zweifel daran bestehen, ob eingezahltes Kapital im Zeitpunkt der Eintragung noch vorhanden ist. Anlass dazu kann bei Gründung einer GmbH durch einen überschuldeten Gesellschafter bestehen.

LG Berlin v. 12.12.1979 – 98 T 38/79, Rpfleger 1980, 65; § 8 Abs. 2 Satz 2 GmbHG verlangt „erhebliche Zweifel an der Richtigkeit der Versicherung".

Nachprüfung nur bei sachlich berechtigtem Anlass: OLG Frankfurt/M v. 27.5.1992 – 20 W 134/92, NJW-RR 1992, 1253 = GmbHR 1992, 531.

Eingehend dazu mit weiteren Rechtsprechungshinweisen *Gustavus*, GmbHR 1988, 47; *Böhringer*, Rpfleger 2002, 551; *Lindemeier*, RNotZ 2003, 503.

Prüfung durch Registergericht ohnehin nur in Bezug auf gesetzliche Mindestleistung und nicht bezogen auf Agio (Sachübernahmen ohne Anrechnung auf Stammeinlage), OLG Stuttgart v. 13.7.2011 – 8 W 252/11, GmbHR 2011, 1101 = DNotZ 2012, 154.

§ 8 GmbHG Nr. 4 (Vorbelastungen)

Die Eintragung der GmbH in das Handelsregister ist abzulehnen, wenn der Mindestbetrag der Bareinlage den Geschäftsführern im Zeitpunkt der Anmeldung nicht mehr in vollem Umfang zur freien Verfügung steht, sondern teilweise anderweitig – auch für Gesellschaftszwecke – verbraucht worden ist.

OLG Köln v. 18.3.1988 – 2 Wx 9/88, Rpfleger 1988, 317 = GmbHR 1988, 227.

Ähnlich BayObLG v. 25.2.1988 – BReg 3 Z 165/87, GmbHR 1988, 215 und OLG Hamm v. 1.12.1992 – 15 W 275/92, GmbHR 1993, 95. Zu Verfügungen über die Einlage vor Eintragung *Roth*, DNotZ 1989, 3. Zur Pflicht, Vorbelastungen mit der Versicherung nach § 8 Abs. 2 GmbHG offen zu legen, B § 11 Abs. 1 GmbHG Nr. 2 und OLG Düsseldorf v. 31.7.1996 – 3 Wx 293/96, GmbHR 1997, 70 sowie KG Berlin v. 24.9.1996 – 1 W 4534/95, GmbHR 1997, 412. Zum Zeitpunkt für die Beurteilung der Richtigkeit: LG Gießen v. 5.10.2002 – 6 T 9/02, GmbHR 2003, 543.

§ 8 GmbHG Nr. 5 (Geschäftsführerwechsel)

Wird die von dem inzwischen abberufenen Geschäftsführer erfolgte unvollständige Anmeldung einer GmbH zur Eintragung in das Handelsregister durch den neuen Geschäftsführer ergänzt, so muss dieser die Erklärung nach § 8 Abs. 2 GmbHG wiederholen.

KG v. 30.11.1971 – 1 W 1188/71, Rpfleger 1972, 51 = GmbHR 1972, 65.

§ 8 GmbHG Nr. 6 (Belehrung über Auskunftspflicht)

Fehlt in der zunächst beim Registergericht eingereichten Anmeldung einer Unternehmergesellschaft die Versicherung des Geschäftsführers zur Belehrung über die unbeschränkte Auskunftspflicht und wird diese vom Notar nachträglich in derselben Urkunde ohne erneute Beglaubigung ergänzt, kann das Registergericht die Eintragung ablehnen.

OLG München v. 23.7.2010 – 31 Wx 128/10, GmbHR 2010, 983 = DNotZ 2011, 151.

§ 8 GmbHG Nr. 7 (Rechtskräftige Verurteilung)

Eine Versicherung, in der ein Geschäftsführer nur auf den Zeitpunkt der Verurteilung selbst abstellt und nicht auf den der Rechtskraft des Urteils, vermittelt dem Registergericht nicht die nach dem Gesetz erforderlichen Angaben über das Vorliegen eines Ausschlussgrundes nach § 6 Abs. 2 Satz 2 Nr. 3 GmbHG.

BGH v. 7.6.2011 – II ZB 24/10, GmbHR 2011, 864 = DNotZ 2011, 790.

Keine ausreichende Versicherung, wenn Beteiligter erklärt, ihm sei bekannt, dass die Frist erst ab Rechtskraft der Verurteilung in Lauf gesetzt werde, OLG Oldenburg v. 8.6.2015 – 12 W 107/15, DNotI-Report 2016, 138.

§ 8 GmbHG Nr. 8 (… noch nie verurteilt)

Die vom Geschäftsführer in der Anmeldung zum Handelsregister gemäß § 8 Abs. 3 GmbHG abgegebene Versicherung, er sei „noch nie, weder im Inland noch im Ausland, wegen einer Straftat verurteilt worden", genügt den gesetzlichen Anforderungen. Es ist weder erforderlich, die in § 6 Abs. 2 Satz 2 Nr. 3 GmbHG genannten Straftatbestände noch die in Rede stehenden vergleichbaren Bestimmungen des ausländischen Rechts in der Versicherung im Einzelnen aufzuführen.

BGH v. 17.5.2010 – II ZB 5/10, GmbHR 2010, 812.

In diesem Sinne auch OLG Hamm v. 14.4.2011 – 27 W 27/11, GmbHR 2011, 587: „… weder im Inland wegen einer vorsätzlichen Straftat gemäß § 6 Abs. 2 Satz 2 Nr. 3 GmbHG noch im Ausland wegen vergleichbarer Taten rechtskräftig verurteilt worden".

§ 8 GmbHG Nr. 9 (Versicherung zum Unternehmensgegenstand)

Auch unter Berücksichtigung der vom Bundesgerichtshof (B § 8 GmbHG Nr. 8) aufgestellten Grundsätze erfüllt die von der Geschäftsführerin abgegebene Versicherung, sie sei nicht gemäß § 6 GmbHG von der Tätigkeit als Geschäftsführer ausgeschlossen, weil sie aufgrund eines gerichtlichen Urteils oder einer vollziehbaren Entscheidung einer Verwaltungsbehörde einen Beruf, einen Berufszweig, ein Gewerbe oder einen Gewerbezweig nicht ausüben dürfe, sofern der Unternehmensgegenstand ganz oder teilweise mit dem Gegenstand des Verbots übereinstimme, nicht den mit § 8 Abs. 3 Satz 1 GmbHG verfolgten Zweck.

OLG Frankfurt/M v. 11.7.2011 – 20 W 246/11, GmbHR 2011, 1156.

§ 8 GmbHG Nr. 10   (Erklärung zur Betreuung)

Die persönliche Versicherungserklärung des Geschäftsführers hat sich nicht auf das Nichtvorliegen des Ausschlussgrundes nach § 6 Abs. 2 Satz 2 Nr. 1 GmbHG (keine Bestellung eines Betreuers mit dem Aufgabenkreis der Vermögenssorge mit Einwilligungsvorbehalt) zu erstrecken.

OLG Hamm v. 29.9.2010 – 15 W 460/10, GmbHR 2011, 30.

§ 8 GmbHG Nr. 11   (Versicherung über Gewerbe- oder Berufsverbote)

Die nach § 8 Abs. 3 GmbHG abzugebende Versicherung des Geschäftsführers über Gerichts- oder Verwaltungsentscheidungen, die ihm ein Berufs- oder Gewerbeverbot auferlegen könnten, muss den Unternehmensgegenstand der Gesellschaft angeben und unter Wiederholung der in § 6 Abs. 2 Satz 3 GmbHG genannten Hinderungsgründe bestätigen, dass insoweit keine die Bestellung hindernden Umstände vorliegen.

BayObLG v. 10.12.1981 – BReg.1 Z 184/81, BayObLGZ 1981, 396 = Rpfleger 1982, 150 (mit krit. Anm. *Groß*) = GmbHR 1982, 210 sowie BayObLG v. 30.8.1983 – BReg. 3 Z 116/83, GmbHR 1984, 101.

A.A. Eingeschränkte Versicherung ist nicht zu empfehlen: B § 8 GmbHG Nr. 9. Höchstpersönlichkeit der Versicherung über die „weiße Weste" schließt eine Formulierung in Wir-Form aus: OLG Frankfurt/M v. 4.2.2016 – 20 W 28/16, GmbHR 2016, 993 = EWIR 2016, 623 Anm. *Melchior*.

Belehrung ist nach § 8 Abs. 3 Satz 2 GmbHG durch ausländischen Notar oder Rechtsanwalt möglich. Zum Umfang von Belehrung und Versicherung vgl. OLG Stuttgart v. 10.10.2012 – 8 W 241/11, GmbHR 2013, 91. Zum Text der Versicherung wegen etwaiger vergleichbarer Auslandsstraftaten vgl. OLG München v. 18.6.2014 – 31 Wx 250/14, GmbHR 2014, 869. Beglaubigungsvermerk bei Hinzuziehung eines Dolmetschers: B § 12 Abs. 1 Satz 1 HGB Nr. 1.

§ 8 GmbHG Nr. 12   (Einheitlicher Satzungswortlaut)

Auch bei Ersteintragung einer Gesellschaft mbH muss der gemäß § 8 Abs. 1 Nr. 1 GmbHG einzureichende Gesellschaftsvertrag alle nach dem Gesetz erforderlichen Bestimmungen in einer einzigen Urkunde enthalten.

OLG Köln v. 11.8.1972 – 2 Wx 75/72, Rpfleger 1972, 410 = GmbHR 1973, 11.

Ebenso OLG Frankfurt/M v. 4.3.1981 – 20 W 370/80, OLGZ 1981, 310 = Rpfleger 1981, 309 = GmbHR 1981, 243; OLG Stuttgart v. 29.11.1978 – 8 W 225/78, DNotZ 1979, 359 sowie BayObLG v. 31.1.1978 – BReg 1 Z 5/78, Rpfleger 1978, 143 = DNotZ 1989, 393.

§ 8 GmbHG Nr. 13   (Vertretungsbefugnis)

Kann eine GmbH nach ihrer Satzung einen oder mehrere Geschäftsführer haben, so genügt die Handelsregistereintragung: „Sind mehrere Geschäftsführer bestellt, so wird die Gesellschaft durch zwei Geschäftsführer oder durch einen Geschäftsführer und ei-

nen Prokuristen vertreten", nicht den Anforderungen der durch das KoordG geschaffe-
nen Neuregelung. Vielmehr ist zur Eintragung auch anzumelden, dass bei Bestellung
eines einzigen Geschäftsführers dieser die Gesellschaft allein vertritt.

BGH v. 5.12.1974 – II ZB 11/73, BGHZ 63, 261 = GmbHR 1975, 38.

§ 8 GmbHG Nr. 14   (Vertretungsbefugnis)

In der Anmeldung nach § 8 Abs. 3 GmbHG (jetzt: § 8 Abs. 4 GmbHG) ist in abstrakter
Form anzugeben, welche Vertretungsbefugnis Geschäftsführern der Gesellschaft zukommt. Ist die Vertretungsbefugnis bestimmter Geschäftsführer besonders geregelt, so
ist dies zusätzlich anzugeben.

BayObLG v. 4.2.1974 – BReg 2 Z 75/73, DNotZ 1975, 117 = Rpfleger 1974, 161.

§ 8 GmbHG Nr. 15   (Allein- bzw. Einzelvertretungsbefugnis, Anmeldung)

Sind bei einer GmbH kraft Satzungsregelung einzelne von mehreren Geschäftsführern allein zur Vertretung der Gesellschaft befugt, so darf der Registerrichter für die Eintragung
dieser Form der Vertretung in das Handelsregister – unabhängig vom Wortlaut der Anmeldung – die Begriffe: „Alleinvertretungsbefugnis" und „Einzelvertretungsbefugnis"
wegen ihres in diesem Zusammenhang übereinstimmenden Bedeutungsgehalts synonym
verwenden.

BGH v. 19.3.2007 – II ZB 19/06, DNotZ 2007, 861 = GmbHR 2007, 704.

Vgl. auch B § 10 GmbHG Nr. 4.

§ 8 GmbHG Nr. 16   (Allein- bzw. Einzelvertretungsbefugnis, Erteilung)

Bestimmt die Satzung einer GmbH, dass die Gesellschafterversammlung für den Fall,
dass mehrere Geschäftsführer vorhanden sind, einem oder mehreren von diesen Einzelvertretungsmacht erteilen kann, so kann sie einen entsprechenden Beschluss im Zweifel
auch schon zu einem Zeitpunkt fassen, zu dem erst ein Geschäftsführer vorhanden ist.

OLG Zweibrücken v. 20.3.2013 – 3 W 8/13, GmbHR 2013, 1094.

§ 9c GmbHG Ablehnung der Eintragung

§ 9c GmbHG Nr. 1   (Unwirksame Klausel im Gesellschaftsvertrag)

Das Registergericht darf die Eintragung einer GmbH in das Handelsregister nicht deshalb ablehnen, weil eine Satzungsbestimmung (hier: Einziehung des Geschäftsanteils
bei Erhebung der Auflösungsklage) Vorschriften verletzt, die unentziehbare Individual-
oder Minderheitsrechte gewähren.

OLG München v. 1.7.2010 – 31 Wx 102/10, GmbHR 2010, 870. Gleichwohl können einzelne unwirksame oder unklare Satzungsbestimmungen nach § 139 BGB zur Unwirksamkeit des gesamten Gesellschaftsvertrages führen (vgl. B § 130 AktG und Einl. Rz. 43).

§ 10 GmbHG Eintragung im Handelsregister

§ 10 GmbHG Nr. 1 (Unklare Satzungsbestimmungen)

Vor Eintragung der GmbH muss das Registergericht Klarstellung missverständlicher Satzungsbestandteile verlangen, soweit ihr Sinn nicht durch Auslegung zu ermitteln ist. Bewusst offen gelassene Fragen müssen nicht beantwortet werden, wenn die Klarheit im Übrigen nicht leidet.

OLG Stuttgart v. 23.5.1980 – 8 W 193/80, Rpfleger 1980, 388.

Ebenso BayObLG v. 8.2.1985 – BReg 3 Z 12/85, BB 1985, 546. Vgl. anders B § 53 GmbHG Nr. 1 und 2 sowie *Groß*, Rpfleger 1976, 235.

Siehe auch § 9c GmbHG (beschränkte Prüfung durch das Registergericht bei Ersteintragung) und begrenzte Auslegung wegen § 139 BGB (Vgl. B § 130 AktG).

§ 10 GmbHG Nr. 2 (Unternehmenseinbringung)

Bringt ein Einzelkaufmann sein Geschäft mit der Firma in eine Gesellschaft mit beschränkter Haftung ein und ist die Anmeldung und Eintragung dieser Gesellschaft unter der eingebrachten Firma in Abt. B des Handelsregisters erfolgt, so hat das Registergericht die Löschung der Firma in Abt. A des Handelsregisters von Amts wegen vorzunehmen und kann von den Beteiligten die Anmeldung der Löschung nicht verlangen.

KG v. 27.12.1912, KGJ 44, 149. Zur Abgrenzung zwischen Sacheinlage und Sachagio vgl. A 92.

§ 10 GmbHG Nr. 3 (Gesellschafter-Geschäftsführer)

Ohne namentliche Bezeichnung des jeweiligen betroffenen Geschäftsführers kann in das Handelsregister nicht eingetragen werden, dass die GmbH durch einen „Gesellschafter-Geschäftsführer" zusammen mit einem Prokuristen vertreten wird.

OLG Hamm v. 7.8.1968 – 15 W 257/68, DNotZ 1969, 431 = Rpfleger 1968, 359.

Zur Eintragung einer Befreiung des Geschäftsführers bei Insichgeschäften vgl. B § 181 BGB.

§ 10 GmbHG Nr. 4 (Eintragung der Vertretungsbefugnis)

Die Bestimmung des Gesellschaftsvertrages einer GmbH, die die Gesellschafterversammlung ermächtigt, eine von der allgemeinen Regelung der Satzung abweichende Vertretungsregelung für die Geschäftsführer zu treffen, kann nicht im Handelsregister eingetragen werden (wie OLG Frankfurt/M v. 7.10.1993 – 20 W 175/93, GmbHR 1994, 118).

OLG Hamm v. 4.9.1996 – 15 W 235/96, Rpfleger 1997, 169 = GmbHR 1997, 32.

§ 11 Abs. 1 GmbHG GmbH vor Eintragung

§ 11 Abs. 1 GmbHG Nr. 1 (Eintragung im Grundbuch)

Zugunsten einer GmbH in Gründung, die mit notarieller Urkunde errichtet, aber noch nicht im Handelsregister eingetragen ist, kann bereits eine Auflassungsvormerkung eingetragen werden, auch wenn der Grunderwerb nicht mit der Einbringung einer Sacheinlage zusammenhängt.

OLG Hamm v. 9.3.1981 – 15 W 41/81, GmbHR 1982, 44 = Rpfleger 1981, 296.

§ 11 Abs. 1 GmbHG Nr. 2 (Vor-GmbH)

1. Eine Vorgesellschaft wird durch Geschäfte, die ihr Geschäftsführer mit Ermächtigung aller Gesellschafter im Namen der Gesellschaft abschließt, auch dann verpflichtet, wenn nach der Satzung nur Bareinlagen vereinbart sind.

2. Für die Differenz, die sich durch solche Vorbelastungen zwischen dem Stammkapital und dem Wert des Gesellschaftsvermögens im Zeitpunkt der Eintragung ergibt, haften die Gesellschafter anteilig.

3. Die bei der Anmeldung abzugebende Versicherung über Einlageleistungen und die entsprechende Prüfung durch das Registergericht haben sich bei einer Bargründung auch darauf zu erstrecken, inwieweit das Anfangskapital der GmbH bereits durch Schulden vorbelastet ist.

4. Eine Vor-GmbH kann persönlich haftende Gesellschafterin einer Kommanditgesellschaft sein. Handelt ihr Geschäftsführer im Namen der Kommanditgesellschaft und löst er hierdurch die Haftung der Vor-GmbH nach § 128 HGB aus, so haftet er bis zur Eintragung der GmbH persönlich nach § 11 Abs. 2 GmbHG.

BGH v. 9.3.1981 – II ZR 54/80, BGHZ 80, 129 = GmbHR 1981, 114.

Ergänzend zur Gründerhaftung BGH v. 27.1.1997 – II ZR 123/94, BGHZ 134, 333 = GmbHR 1997, 405.

§ 11 Abs. 2 GmbHG Haftung für Geschäftstätigkeit

§ 11 Abs. 2 GmbHG Nr. 1 (Verwendung einer Vorrats-GmbH)

1. Die Verwendung des Mantels einer „auf Vorrat" gegründeten Gesellschaft mit beschränkter Haftung stellt wirtschaftlich eine Neugründung dar.

2. Auf diese wirtschaftliche Neugründung durch Ausstattung der Vorratsgesellschaft mit einem Unternehmen und erstmalige Aufnahme ihres Geschäftsbetriebes sind die der Gewährleistung der Kapitalausstattung dienenden Gründungsvorschriften des GmbHG einschließlich der registergerichtlichen Kontrolle entsprechend anzuwenden.

3. Der Geschäftsführer hat jedenfalls entsprechend § 8 Abs. 2 GmbHG zu versichern, dass die in § 7 Abs. 2 und 3 GmbHG bezeichneten Leistungen auf die Stammeinlagen bewirkt sind und dass der Gegenstand der Leistungen sich weiterhin in seiner freien Verfügung befindet.

BGH v. 9.12.2002 – II ZB 12/02, BGHZ 153, 158 = GmbHR 2003, 227 = DNotZ 2003, 443.

§ 11 Abs. 2 GmbHG Nr. 2   (Verwendung einer unternehmenslosen Mantel-GmbH)

1. Auf die wirtschaftliche Neugründung durch Verwendung des „alten" Mantels einer existenten, im Rahmen ihres früheren Unternehmensgegenstand tätig gewesenen, jetzt aber unternehmenslosen GmbH sind die der Gewährleistung der Kapitalausstattung dienenden Gründungsvorschriften des GmbHG einschließlich der registergerichtlichen Kontrolle entsprechend anzuwenden (Fortführung von BGH v. 9.12.2002 – II ZB 12/02, BGHZ 153, 158 = GmbHR 2003, 227).

2. Die Tatsache der Wiederverwendung eines zwischenzeitlich leer gewordenen Gesellschaftsmantels ist gegenüber dem Registergericht offen zu legen. Diese Offenlegung der wirtschaftlichen Neugründung ist mit der – am satzungsmäßigen – Stammkapital auszurichtenden Versicherung gemäß § 8 Abs. 2 GmbHG zu verbinden.

3. Die reale Kapitalaufbringung ist sowohl bei der Mantelverwendung als auch bei der Aktivierung einer Vorratsgesellschaft durch entsprechende Anwendung des Haftungsmodells der Unterbilanzhaftung – bezogen auf den Stichtag der Offenlegung der wirtschaftlichen Neugründung gegenüber dem Registergericht – sicherzustellen.

4. Neben der Unterbilanzhaftung kommt auch eine Handelndenhaftung analog § 11 Abs. 2 GmbHG in Betracht, wenn vor Offenlegung der wirtschaftlichen Neugründung die Geschäfte aufgenommen werden, ohne dass alle Gesellschafter dem zugestimmt haben.

BGH v. 7.7.2003 – II ZB 4/02, BGHZ 155, 318 = GmbHR 2003, 1125 = DNotZ 2003, 951.

Die Grundsätze der wirtschaftlichen Neugründung finden auch in der Liquidation der Gesellschaft Anwendung; BGH v. 10.12.2013 – II ZR 53/12, GmbHR 2014, 317.

§ 11 Abs. 2 GmbHG Nr. 3   (Aufnahme der Geschäftstätigkeit)

1. Eine Mantelverwendung, auf die die Regeln der sogenannten „wirtschaftlichen Neugründung" anwendbar sind, kommt nur in Betracht, wenn die Gesellschaft eine „leere Hülse" ist, also kein aktives Unternehmen betreibt, an das die Fortführung des Geschäftsbetriebs – sei es auch unter wesentlicher Umgestaltung, Einschränkung oder Erweiterung seines Tätigkeitsgebiets – in irgendeiner wirtschaftlich oder gewichtbaren Weise anknüpfen kann.

2. Eine „leere Hülse" in diesem Sinne liegt dann nicht vor, wenn die Gesellschaft nach Gründung und Eintragung konkrete Aktivitäten zur Planung und Vorbereitung der Aufnahme ihrer nach außen gerichteten Geschäftstätigkeit im Rahmen des statutarischen Unternehmensgegenstandes entfaltet (Fortführung von BGH v. 7.7.2003 – II ZB 4/02, BGHZ 155, 318 = GmbHR 2003, 1125).

BGH v. 18.1.2010 – II ZR 61/09, GmbHR 2010, 474 = ZNotP 2010, 152.

§ 11 Abs. 2 GmbHG Nr. 4   (Umfang der Unterbilanzhaftung bei fehlender Offenlegung)

1. Unterbleibt die mit der Versicherung entsprechend § 8 Abs. 2 GmbHG und der Anmeldung etwaiger mit einer wirtschaftlichen Neugründung einhergehender Satzungsänderungen zu verbindende Offenlegung der wirtschaftlichen Neugründung gegenüber dem Registergericht, haften die Gesellschafter im Umfang einer Unterbilanz, die in dem Zeitpunkt besteht, zu dem die wirtschaftliche Neugründung entweder durch die Anmeldung der Satzungsänderungen oder durch die Aufnahme der wirtschaftlichen Tätigkeit erstmals nach außen in Erscheinung tritt (Klarstellung BGH v. 26.11.2007 – II ZA 14/06, GmbHR 2008, 208 und BGH v. 26.11.2007 – II ZA 15/06, DStR 2008, 933).

2. Bei fehlender Offenlegung einer wirtschaftlichen Neugründung tragen die unter dem Gesichtspunkt der Unterbilanzhaftung in Anspruch genommenen Gesellschafter die Darlegungs- und Beweislast dafür, dass in dem Zeitpunkt, zu dem die wirtschaftliche Neugründung nach außen in Erscheinung getreten ist, keine Differenz zwischen dem (statutarischen) Stammkapital und dem Wert des Gesellschaftsvermögens bestanden hat.

3. Die Verpflichtung des Gesellschafters, eine zum Zeitpunkt einer wirtschaftlichen Neugründung bestehende Unterbilanz auszugleichen, ist eine auf den Geschäftsanteil rückständige Leistung, für die der Erwerber des Geschäftsanteils haftet.

BGH v. 6.3.2012 – II ZR 56/10, BGHZ 192, 341 = GmbHR 2012, 630.

§ 11 Abs. 2 GmbHG Nr. 5   (Umfang der Unterbilanzhaftung bei fehlender Offenlegung)

Eine Unterbilanzhaftung wegen unterlassener Offenlegung der „wirtschaftlichen Neugründung" einer Vorrats-GmbH kommt nicht in Betracht, wenn das statutarische Stammkapital der Gesellschaft vollständig eingezahlt und bei Aufnahme der Geschäftstätigkeit noch unverbraucht vorhanden ist (Abgrenzung zu BGH v. 9.12.2002 – II ZB 12/02, BGHZ 153, 158 und BGH v. 7.7.2003 – II ZB 4/02, BGHZ 155, 318).

KG Berlin v. 7.12.2009 – 23 U 24/09, GmbHR 2010, 476.

§ 15 GmbHG Verkauf und Übertragung von Geschäftsanteilen

§ 15 GmbHG Nr. 1   (Abtretung im Ausland, Gesellschafterliste)

1. Das Registergericht darf eine zum Handelsregister eingereichte Gesellschafterliste nicht schon deshalb zurückweisen, weil sie von einem Notar mit Sitz in Basel/Schweiz eingereicht worden ist.

2. Eine nach dem GmbHG erforderliche Beurkundung kann auch nach dem Inkrafttreten des Gesetzes zur Modernisierung des GmbH-Rechts und zur Bekämpfung von Missbräuchen (MoMiG) durch einen ausländischen Notar vorgenommen werden, sofern die ausländische Beurkundung der deutschen gleichwertig ist (Fortführung von BGH B § 53 GmbHG Nr. 8).

BGH v. 17.12.2013 – II ZB 6/13, BGHZ 199, 270 = GmbHR 2014, 248. Zur Auslandsbeurkundung siehe Einl. Rz. 68.

§ 15 GmbHG Nr. 2   (Zusammenlegung von Anteilen)

Voll eingezahlte Geschäftsanteile können durch Gesellschafterbeschluss zusammengelegt werden, wenn der Gesellschaftsvertrag keine Nachschusspflicht vorsieht.

BGH v. 13.7.1964 – II ZR 110/62, BGHZ 42, 89 = GmbHR 1965, 54 = DNotZ 1965, 490. Zuständigkeit der Gesellschafterversammlung für Zusammenlegung, Teilung und Einziehung nach § 46 Nr. 4 GmbHG.

§ 16 Abs. 1 GmbHG Gesellschafterliste bei Wechseln und Veränderungen

§ 16 Abs. 1 GmbHG Nr. 1   (Maßgeblichkeit des Listen-Gesellschafters)

Die sich aus § 16 Abs. 1 Satz 1 GmbHG verfahrensrechtlich ergebenden Konsequenzen gelten für alle mitgliedschaftlichen Rechte und Pflichten, insbesondere auch für die Rechte des neuen Gesellschafters, an der Willensbildung der Gesellschaft mitzuwirken.

OLG Zweibrücken v. 15.12.2011 – 3 W 144/11, GmbHR 2012, 689.

§ 16 Abs. 1 GmbHG Nr. 2   (Maßgeblichkeit des Listen-Gesellschafters)

1. Beschlüsse einer GmbH-Gesellschafterversammlung, welche Personen betreffen, die ausweislich der Gesellschafterliste zum Zeitpunkt der Beschlussfassung nicht Gesellschafter sind, gehen ins Leere und sind von vornherein unwirksam, was der dadurch Betroffene mit der allgemeinen Feststellungsklage nach § 256 ZPO geltend machen kann.

2. Wurde ein Vertrag über die Veräußerung eines GmbH-Gesellschaftsanteils angefochten, so führen die bürgerlichrechtlichen Nichtigkeits- und Anfechtungsvorschriften nicht dazu, dass die Gesellschafter im Verhältnis zur Gesellschaft rückwirkend in ihre alten

Rechtspositionen eingesetzt werden. Vielmehr ergibt sich aus § 16 Abs. 1 GmbHG in der Fassung vom 23.10.2008, dass die Gesellschaft berechtigt und verpflichtet ist, unabhängig von der wahren Rechtslage auf den Inhalt der Gesellschafterliste abzustellen, ohne dass insoweit ein Gegenbeweis zulässig wäre.

3. Die GmbH darf nur den in der Gesellschafterliste Eingetragenen als Gesellschafter behandeln; auf subjektive Momente ist demgegenüber nicht abzustellen, also auch nicht etwa darauf, ob der Gesellschaft eine Unrichtigkeit der Liste bekannt war.

OLG Bremen v. 21.10.2011 – 2 U 43/11, GmbHR 2012, 687.

Aufnahme in die Gesellschafterliste soll sogar dann maßgeblich sein, wenn die Übertragung des Geschäftsanteils nach § 134 BGB unwirksam ist, BGH v. 27.1.2015 – KZR 90/13, GmbHR 2015, 532 (bei Kartellverstoß).

§ 16 Abs. 1 GmbHG Nr. 3   (Maßgeblichkeit des Listen-Gesellschafters)

1. Der Gesellschafter einer GmbH ist im Verhältnis zu dieser für seine Legitimation nicht auf eine gerichtliche Feststellung angewiesen. Diese richtet sich vielmehr nach § 16 Abs. 1 GmbHG. Einer auf Feststellung seiner Gesellschafterstellung gerichteten Feststellungsklage gemäß § 256 Abs. 1 ZPO fehlt deshalb das Feststellungsinteresse.

2. Eine Zwischenfeststellungsklage gemäß § 256 Abs. 2 ZPO kann jedoch zulässig sein.

3. Im Falle einer Abspaltung geht der vom übertragenden Rechtsträger gehaltene Anteil an einer GmbH gemäß § 131 Abs. 1 Nr. 1 UmwG als der Teil der im Spaltungs- und Übernahmevertrag vorgesehenen Teilvermögensmasse auf den übernehmenden Rechtsträger über. Das gilt – nach Inkrafttreten des Zweiten Gesetzes zur Änderung des UmwG vom 19.4.2007 – auch im Falle einer satzungsmäßig vorgesehenen Vinkulierung.

OLG Hamm v. 16.4.2014 – 8 U 82/13, GmbHR 2014, 935.

§ 16 Abs. 3 GmbHG Erwerb vom Nichtberechtigten, Widerspruch

§ 16 Abs. 3 GmbHG Nr. 1   (Einstweilige Verfügung)

Die Zuordnung eines Widerspruchs gegen die Gesellschafterliste einer GmbH im Wege der einstweiligen Verfügung setzt das Vorliegen eines Verfügungsgrundes voraus. § 16 Abs. 3 Satz 5 GmbHG befreit nur vom Erfordernis der Glaubhaftmachung dieses Verfügungsgrundes.

OLG Nürnberg v. 19.8.2014 – 12 W 1568/14, GmbHR 2014, 1153.

§ 16 Abs. 3 GmbHG Nr. 2   (Löschung des Widerspruchs)

1. Die Löschung des Widerspruchs gegen eine Gesellschafterliste ist als „actus contrarius" zur Zuordnungsmöglichkeit des § 16 Abs. 3 Satz 4 GmbHG zulässig.

2. Ein „einfacherer Weg" durch Einreichung einer neuen Gesellschafterliste besteht nicht.

KG Berlin v. 17.5.2013 – 12 W 30/12, GmbHR 2013, 762 = EWIR 2013, 615 Anm. *Melchior.*

§ 16 Abs. 3 GmbHG Nr. 2 (Löschung des Widerspruchs, Prüfungsbefugnis)

1. Die Löschung einer in den Registerordner des Handelsregisters aufgenommenen Gesellschafterliste ist gesetzlich nicht vorgesehen.

2. § 395 FamFG ist auf diese Fälle weder direkt noch analog anwendbar.

3. Das Registergericht trifft bei der Entgegennahme einer Gesellschafterliste keine inhaltliche Prüfpflicht. Es darf jedoch prüfen, ob die eingereichte Gesellschafterliste den formalen Anforderungen des § 40 GmbHG entspricht.

KG Berlin v. 5.7.2016 – 22 W 114/15, GmbHR 2016, 1157.

Zur Prüfungsbefugnis des Registergerichts vgl. auch B § 40 GmbHG Nr. 7.

§ 19 GmbHG Erfüllung der Einlageverpflichtung

§ 19 GmbHG Nr. 1 (Verrechnung mit Lohnforderungen)

Eine bei Abschluss des Gesellschaftsvertrags getroffene, nicht in den beurkundeten Vertrag aufgenommene Vereinbarung, wonach ein Gesellschafter seine (Bar-)Einlageverpflichtung durch Verrechnung mit künftigen Lohnforderungen gegen die GmbH tilgen soll, ist nichtig.

BGH v. 21.9.1978 – II ZR 214/77, DNotZ 1979, 46 = GmbHR 1978, 268.

Ebenso OLG Schleswig v. 3.2.1998 – 5 W 1/98, GmbHR 1998, 1226.

§ 19 GmbHG Nr. 2 (Erfüllung der Einlageverpflichtung)

Eine Vorauszahlung vor Gründung der Gesellschaft oder vor dem Beschluss über die Kapitalerhöhung und der Übernahme der neuen Stammeinlage erfüllt eine Bareinlageverpflichtung grundsätzlich nicht.

OLG Stuttgart v. 31.5.1994 – 10 U 253/93, DNotZ 1994, 695 = GmbHR 1995, 115.

§ 19 GmbHG Nr. 3 (Erfüllung der Einlageverpflichtung)

Die Hin- und Herüberweisung des Einlagebetrages binnen weniger Tage tilgt die Einlageschuld nicht, weil in einem solchen Falle nicht davon ausgegangen werden kann, dass die Leistung zur endgültig freien Verfügung der Geschäftsführung gestanden hat.

BGH v. 17.9.2001 – II ZR 275/99, GmbHR 2001, 1114.

Seit der Novelle des GmbH-Rechts durch das MoMiG kommt bei subjektiver Verknüpfung der Einlageleistung mit einem Gegengeschäft z.B. Gewährung eines Darlehens, Tilgungswirkung unter den Voraussetzungen des § 19 Abs. 5 GmbHG zu (siehe B § 19 GmbHG Nr. 4 und 5). Keine Tilgungswirkung haben verdeckte Sacheinlagen nach § 19 Abs. 4 GmbHG; ggf. Anrechnung auf Einlageverpflichtung.

Zu Hin- und Herzahlungen im zeitlichen Zusammenhang mit Gewinnausschüttungen vgl. B § 56 GmbHG Nr. 7.

§ 19 GmbHG Nr. 4 (Hin- und Herzahlen)

1. Im Fall der Rückzahlung der Einlage gegen Rückgewähranspruch gemäß § 19 Abs. 5 GmbHG kann das Registergericht regelmäßig Nachweise für die Angaben zu Liquidität und Vollwertigkeit des Rückgewähranspruchs verlangen.

2. Als Bonitätsnachweis kommt die positive Bewertung des Rückgewährschuldners durch eine anerkannte Ratingagentur in Betracht.

OLG München v. 17.2.2011 – 31 Wx 246/10, GmbHR 2011, 422.

§ 19 GmbHG Nr. 5 (Hin- und Herzahlen bei GmbH & Co. KG)

1. Hat der Anmeldende in der Anmeldung zur Eintragung der Gesellschaft nach § 8 GmbHG gemäß § 19 Abs. 5 GmbHG angegeben, dass vor der Einlage ein Darlehen mit einem jederzeit fälligen Rückgewähranspruch vereinbart worden ist, kann das Registergericht die Vorlage des Darlehensvertrags und Nachweise für die Liquidität und Vollwertigkeit des Rückzahlungsanspruchs verlangen.

2. § 19 Abs. 5 GmbHG findet auch Anwendung, wenn vor der Einlage die Vereinbarung einer Leistung an ein mit dem Gesellschafter verbundenes Unternehmen erfolgt und der Inferent in gleicher Weise begünstigt wird wie durch unmittelbare Leistung an sich selbst. Dies ist bei einer GmbH & Co. KG der Fall, wenn die von dem Alleingesellschafter der Komplementär-GmbH gezahlten Einlagemittel aufgrund eines zwischen der Komplementär-GmbH und der GmbH & Co. KG vorher geschlossenen Darlehensvertrages umgehend an die KG weitergeleitet werden sollen.

3. Die allgemeinen Kapitalaufbringungsregeln gemäß § 19 GmbHG gelten bei der Komplementär-GmbH einer GmbH & Co. KG auch dann, wenn Gegenstand des Unternehmens der GmbH ausschließlich die Übernahme der persönlichen Haftung der KG ist, ohne dass unter dem Gesichtspunkt einer „wirtschaftlichen Einheit" der beiden Gesellschaften ein Sonderrecht für die Kapitalaufbringung der Komplementär-GmbH anzuerkennen wäre.

4. Für die Anwendbarkeit des § 19 Abs. 5 GmbHG ist es nicht erforderlich, dass das vor der Erbringung der Einlage des Alleingesellschafters der Komplementär-GmbH zwischen der Komplementärin und der GmbH & Co. KG vereinbarte Darlehen bereits ausgezahlt worden ist. Das Registergericht hat schon vor der Darlehensausreichung zu prüfen, ob im Zeitpunkt der Darlehenszahlung voraussichtlich ein vollwertiger Rückzahlungsanspruch gegenübersteht.

OLG Schleswig v. 9.5.2012 – 2 W 37/12, GmbHR 2012, 909.

§ 19 GmbHG Nr. 6 (Verdeckte Sacheinlage und Voreinzahlung)

Eine verdeckte Sacheinlage einer Altforderung des Gesellschafters liegt sowohl dann vor, wenn erst die geschuldete Bareinlage eingezahlt und sodann zur Tilgung der Gesellschafterforderung zurückgezahlt wird, als auch dann, wenn in umgekehrter Reihenfolge erst die Gesellschafterforderung getilgt und der erhaltene Betrag sodann ganz oder teilweise als Bareinlage zurückgezahlt wird.

BGH v. 19.1.2016 – II ZR 61/15, GmbHR 2016, 479.

§ 34 GmbHG Einziehung von Geschäftsanteilen

§ 34 GmbHG Nr. 1 (Entgelt)

Eine Satzungsbestimmung, die bei Pfändung eines Geschäftsanteils dessen Einziehung gegen ein Entgelt zulässt, das nach den wahren Vermögenswerten der Gesellschaft, aber ohne Ansatz eines Firmenwertes berechnet werden soll, ist wirksam, wenn dieselbe Entschädigungsregelung auch für den vergleichbaren Fall der Ausschließung eines Gesellschafters aus wichtigem Grund gilt (Einschränkung gegenüber BGH v. 7.4.1960 – II ZR 69/58, BGHZ 32, 151).

BGH v. 12.6.1975 – II ZB 12/73, BGHZ 65, 22 = DNotZ 1976, 181 = GmbHR 1975, 227.

§ 34 GmbHG Nr. 2 (Entgelt)

Eine Satzungsbestimmung, die bei Pfändung eines Geschäftsanteils dessen Einziehung gegen ein Entgelt zulässt, bei dem neben dem Firmenwert auch stille Reserven unberücksichtigt bleiben, sowie die letzte Steuerbilanz maßgebend sein soll und die sich errechnende Summe nur in Raten ausgezahlt werden soll, ist wirksam, wenn die gleiche Regelung für den Fall der Ausschließung eines Gesellschafters aus wichtigem Grund gilt (Erweiterung von BGH v. 12.6.1975 – II ZB 12/73, BGHZ 65, 22 = NJW 1975, 1835 = DNotZ 1976, 181).

OLG Frankfurt/M v. 9.9.1977 – 20 W 702/76, GmbHR 1978, 172 = Rpfleger 1977, 444.

Ebenso OLG Hamburg v. 23.9.1982 – 2 W 34/81, GmbHR 1983, 126.

§ 34 GmbHG Nr. 3 (Ausschließung)

Der Gesellschafterbeschluss über die Ausschließung eines Gesellschafters aus der GmbH allein stellt keine Satzungsänderung dar und bedarf nicht der in § 53 Abs. 2 GmbHG vorgesehenen notariellen Beurkundung.

OLG Frankfurt/M v. 26.6.1979 – 5 U 219/78, GmbHR 1980, 56.

§ 34 GmbHG Nr. 4   (Aufstockung der Geschäftsanteile)

Der Beschluss der Gesellschafterversammlung, mit dem nach Einziehung eines GmbH-Geschäftsanteils die verbliebenen Geschäftsanteile im Nennwert dem Betrag des Stammkapitals angeglichen werden (sog. Aufstockungsbeschluss), bedarf zu seiner Wirksamkeit nicht der Form der Satzungsänderung und kann als solcher nicht in das Handelsregister eingetragen werden.

BayObLG v. 25.10.1991 – BReg 3 Z 125/91, DNotZ 1992, 182 = Rpfleger 1992, 163.

Aufstockung kann, muss aber nicht mit der Einziehung verbunden werden, siehe unten B § 34 GmbHG Nr. 6. Zur Einzahlung und Anmeldung vgl. B § 57 GmbHG Nr. 6.

§ 34 GmbHG Nr. 5   (Wirksamkeit der Einziehung)

1. Wenn ein Einziehungsbeschluss weder nichtig ist, noch für nichtig erklärt wird, wird die Einziehung mit der Mitteilung des Beschlusses an den betroffenen Gesellschafter und nicht erst mit der Leistung der Abfindung wirksam.

2. Die Gesellschafter, die den Einziehungsbeschluss gefasst haben, haften dem ausgeschiedenen Gesellschafter anteilig, wenn sie nicht dafür sorgen, dass die Abfindung aus dem ungebundenen Vermögen der Gesellschaft geleistet werden kann, oder sie die Gesellschaft nicht auflösen.

BGH v. 24.1.2012 – II ZR 109/11, BGHZ 192, 236 = GmbHR 2012, 387 = DNotZ 2012, 464.

Haftung der Gesellschafter nicht allein schon aufgrund Einziehungsbeschlusses, sondern erst, wenn die Fortsetzung der Gesellschaft unter Verzicht auf Maßnahmen zur Befriedigung des Abfindungsanspruchs des ausgeschiedenen Gesellschafters als treuwidrig anzusehen ist, BGH v. 10.5.2016 – II ZR 342/14, GmbHR 2016, 754.

§ 34 GmbHG Nr. 6   (Wirksamkeit der Einziehung)

Der Beschluss über die Einziehung eines GmbH-Geschäftsanteils ist nicht deshalb nichtig, weil die Gesellschafterversammlung nicht gleichzeitig Maßnahmen ergriffen hat, um ein Auseinanderfallen der Summe der Nennbeträge der nach der Einziehung verbleibenden Geschäftsanteile und dem Stammkapital der Gesellschaft zu verhindern.

BGH v. 2.12.2014 – II ZR 322/13, BGHZ 2013, 303 = GmbHR 2015, 416.

§ 35 GmbHG Vertretung der Gesellschaft

§ 35 GmbHG Nr. 1   (Regelung der Vertretungsbefugnis)

Der Gesellschaftsvertrag einer GmbH kann es der Gesellschafterversammlung überlassen, die Einzel- oder Gesamtvertretungsbefugnis für einen bestimmten Geschäftsführer abweichend zu regeln (im Anschluss an RGZ 164, 177).

BGH v. 19.6.1975 – II ZR 170/73, Rpfleger 1975, 351 = DNotZ 1976, 37 = GmbHR 1975, 201.

Siehe auch B § 10 GmbHG Nr. 3 und 4.

§ 35 GmbHG Nr. 2 (Generalvollmacht)

Bei der GmbH ist die vom Geschäftsführer einem Nichtgeschäftsführer erteilte Generalvollmacht auch dann unwirksam, wenn ihr sämtliche Gesellschafter zugestimmt haben.

BGH v. 18.10.1976 – II ZR 9/75, GmbHR 1977, 5 = DNotZ 1977, 119 = MDR 1977, 204. Bestätigt durch B § 12 Abs. 1 Satz 2 HGB Nr. 3.

Für einen Sonderfall einschränkend BGH v. 18.7.2002 – III ZR 124/01, BB 2002, 1824, 1825 (Umdeutung nach § 140 BGB in Handlungsvollmacht).

Vgl. dazu auch *Gustavus*, GmbHR 1978, 219 ff. und *Geitzhaus*, GmbHR 1989, 229 u. 278 und KG Berlin v. 11.6.1991 – 1 W 1581/91, Rpfleger 1991, 461 = GmbHR 1991, 579.

§ 35 GmbHG Nr. 3 (Alleinvertretungsbefugnis)

Wird in dem Gesellschaftsvertrag einer GmbH bestimmt, dass die Gesellschaft einen oder mehrere Geschäftsführer haben kann und dass, wenn mehrere Geschäftsführer bestellt sind, die Gesellschaft durch zwei Geschäftsführer gemeinsam oder durch einen Geschäftsführer in Gemeinschaft mit einem Prokuristen vertreten wird, und war ursprünglich nur ein Geschäftsführer bestellt, so hat, wenn ein zusätzlich bestellter Geschäftsführer verstirbt, der verbleibende Geschäftsführer Alleinvertretungsmacht.

BGH v. 4.5.2007 – II ZR 330/05, DNotZ 2008, 69 = GmbHR 2007, 824.

§ 39 GmbHG Anmeldung von Veränderungen bei den Geschäftsführern

§ 39 GmbHG Nr. 1 (Wirkung der Anmeldung)

Jede Änderung in der Person der Geschäftsführer einer Gesellschaft mit beschränkter Haftung muss zur Eintragung ins Handelsregister angemeldet werden (§ 39 GmbHG). Diese Anmeldung wirkt nur rechtsbezeugend. Der Wechsel in der Person des Geschäftsführers ist keine Satzungsänderung, die nach § 54 Abs. 3 GmbHG erst mit der Eintragung im Handelsregister wirksam wird. Hat eine GmbH, deren Gesellschaftsvertrag vorsieht, dass die Gesellschaft durch einen oder mehrere Geschäftsführer vertreten wird, zwei gemeinschaftlich vertretungsberechtigte Geschäftsführer und wird einer davon abberufen, so ist der andere alleinvertretungsberechtigt, auch wenn der abberufene Geschäftsführer im Handelsregister noch nicht gelöscht ist.

BGH v. 9.5.1960 – II ZB 3/60, BB 1960, 880.

Zur Anmeldung künftiger Änderungen vgl. B § 12 Abs. 1 Satz 1 HGB Nr. 4 und Einl. Rz. 48.

§ 39 GmbHG Nr. 2   (Mitwirkung von Prokuristen)

Anmeldungen zum Handelsregister für die GmbH können durch einen Geschäftsführer und einen Prokuristen gemeinschaftlich bewirkt werden, wenn der Gesellschaftsvertrag diese Art der Vertretung vorsieht.

KG v. 12.4.1962, GmbHR 1962, 136.

§ 39 GmbHG Nr. 3   (Widerruf)

Hat eine GmbH zwei Geschäftsführer mit Einzelvertretungsmacht, so kann eine Anmeldung zum Handelsregister, die der eine Geschäftsführer vorgenommen hat, von dem anderen wirksam widerrufen werden. Das gilt auch dann, wenn eine gesetzliche Verpflichtung zur Anmeldung besteht.

KG v. 5.1.1939, HRR 1939 Nr. 312.

§ 39 GmbHG Nr. 4   (Form der Anlagen)

Die Urschriften der Urkunden über die Änderungen in der Person der Geschäftsführer bzw. Vorstandsmitglieder oder ihre Vertretungsbefugnis, von denen der Anmeldung zum Handelsregister beglaubigte Abschriften beizufügen sind, brauchen ihrerseits nicht beglaubigt zu sein.

KG v. 3.10.1907, KGJ 35 A 157. Keine Änderung durch § 12 Abs. 2 Satz 2 HGB.

§ 39 GmbHG Nr. 5   (Amtsniederlegung)

Die Amtsniederlegung eines Geschäftsführers ist grundsätzlich auch dann sofort wirksam, wenn sie nicht auf einen angeblich wichtigen Grund gestützt ist (Fortführung von BGH v. 14.7.1980 – II ZR 161/79, BGHZ 78, 82 = GmbHR 1980, 270).

BGH v. 8.2.1993 – II ZR 58/92, BGHZ 121, 257 = GmbHR 1993, 216.

Erklärung und Zugang siehe im A 99.

§ 39 GmbHG Nr. 6   (Amtsniederlegung)

Die Amtsniederlegung eines Geschäftsführers ist grundsätzlich auch dann sofort wirksam, wenn sie nicht auf einen angeblich wichtigen Grund gestützt ist; dies gilt jedenfalls für GmbH mit mehr als einem Gesellschafter (Anschluss an BGH B § 39 GmbHG Nr. 5).

OLG Frankfurt/M v. 16.6.1993 – 20 W 178/93, GmbHR 1993, 738.

§ 39 GmbHG Nr. 7   (Missbräuchliche Amtsniederlegung)

1. Die Niederlegung des Amtes des Geschäftsführers einer GmbH ist im Grundsatz selbst dann wirksam, wenn objektiv kein wichtiger Grund vorliegt.

2. Dies gilt jedoch nicht im Falle des Rechtsmissbrauchs. Ein solcher liegt regelmäßig dann vor, wenn es sich bei dem sein Amt niederlegenden Geschäftsführer um den einzigen handelt, dieser zugleich alleiniger Gesellschafter ist und er davon absieht, einen neuen Geschäftsführer für die Gesellschaft zu bestellen. Angesichts der Personenidentität von Geschäftsführungs- und Willensorganen in der Einmann-GmbH ist es im Interesse der Rechtssicherheit geboten, höhere Anforderungen an die Amtsniederlegung oder die Abberufung des Gesellschafter/Geschäftsführers zu stellen (Anschluss BayObLG v. 15.6.1999 – 3Z BR 35/99, GmbHR 1999, 980; OLG München v. 29.5.2012 – 31 Wx 188/12, GmbHR 2012, 796; OLG Köln v. 1.2.2008 – 2 Wx 3/08, GmbHR 2008, 544 und OLG Zweibrücken v. 15.2.2006 – 3 W 209/05, GmbHR 2006, 430).

OLG Düsseldorf v. 10.6.2015 – 25 Wx 18/15, GmbHR 2015, 1273.

Das gilt auch bei Einschaltung einer Zwischenholding: OLG München v. 29.5.2012 – 31 Wx 188/12, GmbHR 2012, 796 = DNotZ 2012, 795. Ebenso bei vorheriger Eröffnung des Insolvenzverfahrens; OLG Frankfurt/M v. 11.11.2014 – 20 W 317/11, GmbHR 2015, 363.

Auch eine Abberufung kann rechtsmissbräuchlich sein: vgl. B § 39 GmbHG Nr. 13.

Siehe auch B § 39 GmbHG Nr. 10 zum Zwangsgeldverfahren.

§ 39 GmbHG Nr. 8   (Anmeldung bei Niederlegung des Geschäftsführeramts)

a) Der Geschäftsführer kann seine Amtsniederlegung unter der aufschiebenden Bedingung der Eintragung des Ausscheidens ins Handelsregister beantragen. Bei dieser Bedingung handelt es sich um eine solche, deren Eintritt allein in der Hand des Registergerichts liegt und die keiner weiteren Überprüfung bedarf (vgl. OLG Hamm v. 23.8.2012 – 27 W 27/12, juris).

OLG Hamm v. 25.1.2013 – 27 W 12/13, MittBayNot 2013, 403.

b) Der alleinige GmbH-Geschäftsführer, der sein Amt wirksam und in zulässiger Weise niederlegt, ist in unmittelbarem zeitlichen Zusammenhang damit auch zur Anmeldung seines Ausscheidens zum Handelsregister befugt.

LG Berlin v. 22.7.1992, GmbHR 1992, 291 = ZIP 1992, 197.

Ebenso OLG Frankfurt/M v. 16.6.1993 – 20 W 178/93, GmbHR 1995, 301; LG Köln v. 14.8.1997 – 87 T 25/97, GmbHR 1998, 183; a.A. OLG Zweibrücken v. 30.6.1998 – 3 W 130/98, GmbHR 1999, 479 und OLG Bamberg v. 26.6.2012 – 1 W 29/12, ZIP 2012, 2058.

§ 39 GmbHG Nr. 9   (Keine Eintragung des Zeitpunkts)

Der Zeitpunkt, zu dem ein Geschäftsführer abberufen worden ist oder sein Amt niedergelegt hat, kann nicht im Handelsregister eingetragen werden.

KG v. 14.11.1912, RJA 12, 217.

§ 39 GmbHG Nr. 10 (Zwangsgeld gegen Gesellschafter)

Das Registergericht kann die Gesellschafter einer GmbH nicht durch Androhung von Zwangsgeld anhalten, für die Schaffung einer gesetzlichen Vertretung Sorge zu tragen. Ebenso fehlt ihm die Befugnis, die Annahme des Amtes als Geschäftsführer oder Liquidator zu erzwingen.

KG v. 13.6.1913, KGJ 45, 180.

Jedoch Zustellung nach § 35 Abs. 1 Satz 2 GmbHG an Gesellschafter möglich bei Führungslosigkeit.

§ 39 GmbHG Nr. 11 (Anlagen)

§ 39 Abs. 2 GmbHG erfordert nicht, dass der Anmeldung der Abberufung des Geschäftsführers über den Gesellschafterbeschluss hinaus Urkunden in der nach dieser Vorschrift erforderlichen Form beigefügt werden, die den Zugang der Mitteilung der Abberufung gegenüber dem Geschäftsführer belegen.

OLG Hamm v. 26.9.2002 – 15 W 321/02, GmbHR 2003, 111 = DNotZ 2003, 331.

§ 39 GmbHG Nr. 12 (Anlagen)

Meldet der Alleingesellschafter einer GmbH die Abberufung des bisherigen Geschäftsführers und seine eigene Bestellung formgerecht zum Handelsregister an, so bedarf es daneben keiner Vorlage eines Gesellschafterbeschlusses über diese Veränderungen.

Thür. OLG v. 30.9.2002 – 6 W 460/02, NotBZ 2002, 457 (mit Anm. *Gustavus*) = GmbHR 2003, 113 = Rpfleger 2003, 34.

§ 39 GmbHG Nr. 13 (Rechtsmissbräuchliche Abberufung)

a) Die Abberufung des Geschäftsführers einer GmbH ist im Falle eines Rechtsmissbrauchs unwirksam. Ein solcher liegt regelmäßig vor, wenn es sich bei dem abberufenen Geschäftsführer um den einzigen handelt, dieser zugleich alleiniger Gesellschafter ist und er davon absieht, einen neuen Geschäftsführer für die Gesellschaft zu bestellen (Festhaltung OLG Düsseldorf v. 6.12.2000 – 3 Wx 393/00, GmbHR 2001, 144; Anschluss OLG Zweibrücken v. 15.2.2006 – 3 W 209/05, GmbHR 2006, 430 und OLG Köln v. 1.2.2008 – 2 Wx 3/08, GmbHR 2008, 544).

OLG Düsseldorf v. 17.12.2010 – 25 Wx 56/10, GWR 2011, 233.

b) Der Beschluss des alleinigen Gesellschafters einer GmbH über seine eigene Abberufung als alleiniger Geschäftsführer ist regelmäßig rechtsmissbräuchlich und daher unwirksam, wenn er nicht zugleich einen neuen Geschäftsführer bestellt.

OLG München v. 16.3.2011 – 31 Wx 64/11, GmbHR 2011, 486.

Entsprechendes gilt bei missbräuchlicher Amtsniederlegung: vgl. B § 39 GmbHG Nr. 7.

§ 39 GmbHG Nr. 14 (Voreintragung)

Die Amtsbeendigung eines GmbH-Geschäftsführers ist gemäß § 39 Abs. 1 GmbHG auch dann in das Handelsregister einzutragen, wenn die Geschäftsführer-Bestellung nicht in das Handelsregister voreingetragen worden ist.

KG Berlin v. 23.12.2011 – 25 W 52/11, GmbHR 2012, 518. Bestätigt durch OLG Köln v. 3.6.2015 – 2 Wx 117/15, GmbHR 2015, 1156. Zum Thema Voreintragung siehe Einl. Rz. 52.

§ 39 GmbHG Nr. 15 (Amtsniederlegung, Zugang und Form)

1. Die Amtsniederlegungserklärung des Geschäftsführers einer GmbH ist wirksam, wenn sie zwar an die Gesellschaft adressiert ist, jedoch einer Person zugeht, die zugleich weiterer Geschäftsführer und Mitgesellschafter der GmbH ist.

2. Der Nachweis des Zugangs der Erklärung kann auch in der Form der elektronisch beglaubigten Abschrift des Einschreiben-Rückscheins über die Auslieferung des Niederlegungsschreibens geführt werden.

OLG Hamm v. 10.8.2010 – 15 W 309/10, GmbHR 2010, 1092.

§ 39 GmbHG Nr. 16 (Prüfung der ordnungsgemäßen Beschlussfassung)

Wird die Bestellung und die Abberufung von GmbH-Geschäftsführern zum Handelsregister angemeldet, prüft das Registergericht auch, ob der Beschluss ordnungsgemäß zustande gekommen ist. Handelt es sich nicht um eine Vollversammlung, ist auch zu prüfen, ob die nicht erschienenen Gesellschafter ordnungsgemäß eingeladen wurden.

KG Berlin v. 3.6.2016 – 22 W 20/16, GmbHR 2016, 927. Siehe auch B § 53 GmbHG Nr. 2 zur Satzungsänderung.

§ 40 GmbHG Liste der Gesellschafter

§ 40 GmbHG Nr. 1 (Geschäftsführer)

a) Die nach § 40 GmbHG einzureichende Liste brauchen nicht sämtliche Geschäftsführer zu unterschreiben, sondern nur die nach Gesetz oder Satzung zur Vertretung erforderliche Zahl.

KG v. 9.3.1905, OLGR 11, 396.

A.A. *Schmidt*, NotBZ 2013, 13 unter Hinweis auf die Haftung aller Geschäftsführer nach § 40 Abs. 3 GmbHG.

Während des Insolvenzverfahrens unterzeichnet nicht der Insolvenzverwalter, sondern ebenfalls die Geschäftsführer, KGJ 48, 134.

b) Bei der Unterzeichnung der Gesellschafterliste nach § 40 Abs. 1 Satz 1 GmbHG handelt es sich nicht um eine Pflicht der GmbH, sondern um eine – wie im Wortlaut des

Gesetzes angedeutet („von ihnen unterschriebene") – höchstpersönliche Verpflichtung der Geschäftsführer.

Thür. OLG v. 5.7.2011 – 6 W 82/11, GmbHR 2011, 980; so dass Prokuristen nicht mitwirken können.

§ 40 GmbHG Nr. 2   (Aufschiebend bedingte Abtretung)

1. Das Registergericht ist berechtigt, eine Gesellschafterliste zurückzuweisen, die entgegen § 40 Abs. 1 Satz 1, Abs. 2 Satz 1 GmbHG keine Veränderungen in den Personen der Gesellschafter oder des Umfangs ihrer Beteiligung ausweist, sondern solche nur ankündigt.

2. Ein aufschiebend bedingt abgetretener Geschäftsanteil kann nicht nach § 161 Abs. 3 BGB in Verbindung mit § 16 Abs. 3 GmbHG vor Bedingungseintritt von einem Zweiterwerber gutgläubig erworben werden.

BGH v. 20.9.2011 – II ZB 17/10, BGHZ 191, 84 = GmbHR 2011, 1269 = DNotZ 2011, 943.

§ 40 GmbHG Nr. 3   (Kapitalerhöhung, Umwandlung)

a) 1. Eine Kapitalerhöhung stellt eine Veränderung des Umfangs der Beteiligung im Sinne des § 40 Abs. 1 Satz 1 GmbHG dar.

2. Die im Zuge der Kapitalerhöhung neu gefasste Gesellschafterliste hat anstelle der Geschäftsführer der Notar einzureichen, wenn dieser im Sinne des § 40 Abs. 2 Satz 1 GmbHG an der Kapitalerhöhung mitgewirkt hat. Die Beurkundung des Beschlusses zur Kapitalerhöhung stellt eine solche Mitwirkung dar. In diesem Fall obliegt dem Notar auch die Bescheinigungspflicht nach § 40 Abs. 2 Satz 2 GmbHG.

OLG München v. 7.7.2010 – 31 Wx 73/10, GmbHR 2010, 921 = DNotZ 2011, 63.

b) Ein Notar wirkt auch dann im Sinne des § 40 Abs. 2 Satz 1 GmbHG an einer Veränderung in der Person der Gesellschafter mit, wenn er einen Verschmelzungsvertrag beurkundet, der im Wege der Gesamtrechtsnachfolge zu einem Übergang des Geschäftsanteils an einer dritten Gesellschaft auf den übernehmenden Rechtsträger führt.

OLG Hamm v. 1.12.2009 – 15 W 304/09, GmbHR 2010, 205 = DNotZ 2010, 214.

§ 40 GmbHG Nr. 4   (Zweifel über Zuständigkeit)

1. Die Wirksamkeit der Unterzeichnung einer Gesellschafterliste durch eine Person, die dazu nach § 40 Abs. 1 oder 2 GmbHG berufen ist, wird nicht dadurch berührt, dass die Liste zusätzlich von einer anderen Person unterzeichnet ist, die dazu nach denselben Vorschriften berufen sein kann.

2. Bei einer solchen Doppelunterzeichnung darf die Aufnahme der Gesellschafterliste in den elektronischen Registerordner nicht unter Hinweis darauf abgelehnt werden, die

Liste dürfe ausschließlich von derjenigen Person unterschrieben sein, die das Registergericht für zuständig hält.

OLG Hamm v. 16.2.2010 – 15 W 322/09, GmbHR 2010, 430 = DNotZ 2010, 792.

Zur Einreichungsbefugnis, aber nicht -pflicht eines ausländischen Notars siehe B § 15 GmbHG Nr. 1.

§ 40 GmbHG Nr. 5 („Verfrühte" Bescheinigung)

Zwar besteht die notarielle Pflicht zur Einreichung einer aktualisierten Gesellschafterliste erst nach Wirksamwerden der beurkundeten Veränderungen (hier: der Kapitalerhöhung); der Notar ist aber nicht gehindert, die aktualisierte Liste bereits vor Wirksamwerden der Veränderungen zu erstellen und mit der erforderlichen Notarbescheinigung zu versehen.

Thür. OLG v. 28.7.2010 – 6 W 256/10, GmbHR 2010, 1038 = DNotZ 2011, 65.

§ 40 GmbHG Nr. 6 (Zurückweisung der eingereichten Liste, Beschwerde)

1. Gegen die Verfügung des Registergerichts, mit der eine vom Notar eingereichte Gesellschafterliste beanstandet wird, ist die Beschwerde statthaft.

2. Die Bescheinigung nach § 40 Abs. 2 Satz 2 GmbHG ist auch dann zu erteilen, wenn die vorhergehende Liste vor dem 1.11.2008 eingereicht worden ist.

OLG München v. 27.5.2009 – 31 Wx 38/09, GmbHR 2009, 825 = DNotZ 2009, 637. Leitsatz 1 bestätigt durch B § 59 FamFG Nr. 5.

§ 40 GmbHG Nr. 7 (Prüfung der Liste durch das Registergericht)

1. Bei Einreichung einer neuen Gesellschafterliste hat das Registergericht zu prüfen, ob die eingereichte Gesellschafterliste den vom Gesetz aufgestellten formalen Anforderungen entspricht. Ein darüber hinausgehendes materielles Prüfungsrecht, das das Registergericht zur Verweigerung der Aufnahme der Gesellschafterliste zum Registerordner berechtigt, besteht nur dann, wenn das Registergericht sichere Kenntnis von der inhaltlichen Unrichtigkeit der eingereichten Gesellschafterliste hat.

2. Auch eine Zwischenverfügung, die sich nicht auf einen Eintragungsantrag bezieht, ist mit der Beschwerde anfechtbar.

OLG Frankfurt/M v. 17.1.2011 – 20 W 378/10, GmbHR 2011, 823. So auch KG B § 16 Abs. 3 GmbHG Nr. 2.

Daher keine Aussetzung bis zur gerichtlichen Entscheidung, wenn Gesellschafterliste den formellen Anforderungen entspricht, OLG Hamburg v. 24.9.2014 – 11 W 47/14, GmbHR 2014, 1321.

§ 40 GmbHG Nr. 8   (Gesellschafterliste und GbR)

Ist eine (Außen-)Gesellschaft bürgerlichen Rechts Gesellschafter einer GmbH, so sind in der Gesellschafterliste bei der Gesellschaft bürgerlichen Rechts als solcher auch die ihr angehörenden Gesellschafter aufzunehmen.

OLG Hamm v. 24.5.2016 – 27 W 27/16, GmbHR 2016, 1090 mit Anm. *Wachter*; nicht rkr., anhängig beim BGH unter Az. II ZB 12/16: Insoweit entsprechende Anwendung des § 162 Abs. 1 Satz 2 HGB. Vgl. zur KG B § 161 HGB Nr. 3.

§ 40 GmbHG Nr. 9   (Beurkundung Angebot)

Das Registergericht kann eine Gesellschafterliste nicht zurückweisen, die der Notar einreicht, der nur das Angebot und nicht auch die Annahme der Abtretung des Geschäftsanteils beurkundet hat.

OLG München v. 24.10.2012 – 31 Wx 400/12, GmbHR 2012, 1367.

§ 40 GmbHG Nr. 10   (Teilung Geschäftsanteil, Korrektur Gesellschafterliste)

1. Die Teilung eines Geschäftsanteils ist weiterhin durch Veräußerung mit Zustimmung der Gesellschafter möglich, soweit der Gesellschaftsvertrag keine gegenteilige Regelung enthält. Zur Bestimmtheit der Teilung genügt es in diesem Fall, wenn in der Zustimmungserklärung auf die Teilungserklärung im Veräußerungs- oder Abtretungsvertrag Bezug genommen wird, in der der geteilte Geschäftsanteil, die neuen Geschäftsanteile und ihre Nennbeträge bestimmt sind.

2. Der Geschäftsführer ist zu einer Korrektur einer unrichtigen, vom Notar nach § 40 Abs. 2 Satz 1 GmbHG eingereichten Gesellschafterliste befugt.

3. Der Geschäftsführer muss dem Betroffenen vor der Einreichung einer korrigierten Gesellschafterliste Gelegenheit zur Stellungnahme geben. Wenn der Betroffene der Korrektur widerspricht, ändert das nichts an der Berechtigung des Geschäftsführers, bei Fehlern für eine Berichtigung der Gesellschafterliste zu sorgen, solange nicht der Betroffene im Wege des einstweiligen Rechtsschutzes erreicht, dass dem Geschäftsführer die Einreichung einer geänderten Gesellschafterliste untersagt wird.

BGH v. 17.12.2013 – II ZR 21/12, GmbHR 2014, 198.

§ 40 GmbHG Nr. 11   (Zwischenliste)

Die gemäß § 40 GmbHG nach Wirksamwerden jeder Veränderung in den Personen der Gesellschafter oder des Umfangs ihrer Beteiligung einzureichende Gesellschafterliste soll gewährleisten, dass die Entwicklung sämtlicher Veränderungen ausgehend von der Liste der Gründungsgesellschafter lückenlos nachvollzogen werden kann. Haben seit Einreichung der letzten Liste mehrere Veränderungen stattgefunden, so ist für jede Veränderung eine geänderte Liste einzureichen. Dementsprechend muss auch für einen Zwischenstand, der nur für eine „logische Sekunde" bestanden hat, eine gesonderte Liste eingereicht werden.

OLG Köln v. 19.7.2013 – 2 Wx 170/13, GmbHR 2014, 28.

§ 44 GmbHG Stellvertretende Geschäftsführer

a) Der stellvertretende Geschäftsführer einer GmbH ist ohne den Stellvertreterzusatz in das Handelsregister einzutragen.

BGH v. 10.11.1997 – II ZB 6/97, GmbHR 1998, 181.

b) In das Handelsregister kann die Funktion eines von mehreren Geschäftsführern einer GmbH als „Sprecher der Geschäftsführung" nicht eingetragen werden.

OLG München v. 5.3.2012 – 31 Wx 47/12, GmbHR 2012, 750 = DNotZ 2012, 557.

§ 47 GmbHG Durchführung der Gesellschafterversammlung

§ 47 GmbHG Nr. 1   (Vertretung bei Ein-Personen-GmbH)

1. Ein Gesellschafterbeschluss ist auch dann wirksam, wenn der Alleingesellschafter bei der Beschlussfassung durch einen Bevollmächtigten ohne schriftliche Stimmrechtsvollmacht vertreten wurde.

2. Die schriftliche Form der Stimmrechtsvollmacht ist kein gesetzliches Wirksamkeitserfordernis, sondern regelt nur die Legitimation des Bevollmächtigten gegenüber den anderen Gesellschaftern und dem Versammlungsleiter.

LG Berlin v. 4.9.1995 – 98 T 30/95, GmbHR 1996, 50.

Zu 2. Siehe B § 59 FamFG Nr. 6: Keine Genehmigung des einseitigen Rechtsgeschäfts bei Gründung, aber Genehmigung von Beschlüssen.

Erteilung der Vollmacht als Wirksamkeitsvoraussetzung ist zu unterscheiden von der Zulassung eines Bevollmächtigten zur Stimmabgabe; siehe nachfolgend B § 47 GmbHG Nr. 2 und 3; ausführlich *K. Schmidt*, GmbHR 2013, 1177.

§ 47 GmbHG Nr. 2   (Vollmachtlose Vertretung Mehr-Personen-GmbH)

Bei einer Zwei-Personen-Gesellschaft kann ein Gesellschafter auch als vollmachtloser Vertreter des anderen handeln und eine Vollversammlung abhalten, wenn der Vertretene das Handeln des Mitgesellschafters genehmigt.

BayObLG v. 8.12.1988 – BReg 3 Z 138/88, GmbHR 1989, 252.

Siehe auch B § 59 FamFG Nr. 6.

§ 47 GmbHR Nr. 3   (Vollmachtsvorlage)

Einer schriftlichen Stimmrechtsvollmacht nach § 47 Abs. 3 GmbHG und ihrer Vorlegung bedarf es nicht, wenn die Vollmachtserteilung sämtlichen Gesellschaftern bekannt ist und niemand Widerspruch erhebt.

BGH v. 14.12.1967 – II ZR 30/67, BGHZ 49, 194 = GmbHR 1968, 51 = DNotZ 1968, 569. Inzwischen ist nach § 47 Abs. 3 GmbHG die Textform ausreichend.

§ 47 GmbHG Nr. 4   (Stimmrecht bei Abberufung)

Der GmbH-Gesellschafter ist nicht stimmberechtigt, soweit über seine Abberufung als Geschäftsführer aus wichtigem Grund abgestimmt wird. Das gilt auch von dem Gesellschafter einer bürgerlich-rechtlichen Gesellschaft, die zur gemeinschaftlichen Verwaltung der Geschäftsanteile ihrer Mitglieder an einer GmbH gegründet worden ist und die für die GmbH einen Geschäftsführer stellt.

BGH v. 21.4.1969 – II ZR 200/67, DNotZ 1970, 113 = GmbHR 1969, 154.

Zum Stimmrecht bei Bestellung und Abberufung von Geschäftsführern vgl. *Melchior*, Rpfleger 1997, 505.

§ 47 GmbHG Nr. 5   (Teilnahmerecht)

Der Gesellschafter einer GmbH hat auch in Angelegenheiten, in denen er vom Stimmrecht ausgeschlossen ist, ein Recht auf Abhaltung einer Gesellschafterversammlung und Teilnahme an ihr.

BGH v. 12.7.1971 – II ZR 127/69, GmbHR 1971, 207.

§ 48 GmbHG Gesellschafterversammlung

§ 48 GmbHG Nr. 1   (Beschlussfeststellung durch Versammlungsleiter)

Ist in der Gesellschafterversammlung einer GmbH das Zustandekommen eines bestimmten Beschlusses vom Versammlungsleiter festgestellt worden, so ist der Beschluss mit dem festgestellten Inhalt vorläufig verbindlich; formelle oder materielle Mängel, die seine Anfechtbarkeit begründen, können nur durch Erhebung der Anfechtungsklage geltend gemacht werden.

BGH v. 21.3.1988 – II ZR 308/87, BGHZ 104, 66 = GmbHR 1988, 304.

§ 48 GmbHG Nr. 2   (Beschlussfeststellung bei Satzungsänderung)

Einen von einem satzungsgemäß bestellten Versammlungsleiter festgestellten satzungsändernden Beschluss hat das Registergericht einzutragen, wenn dieser weder nichtig noch innerhalb angemessener Frist angefochten ist.

OLG München v. 14.6.2012 – 31 Wx 192/12, GmbHR 2012, 905 = DNotZ 2012, 874.

§ 48 GmbHG Nr. 3   (Ad hoc-Versammlungsleiter)

Der in einer GmbH-Gesellschafterversammlung bestimmte Versammlungsleiter kann die Befugnis zur Beschlussfeststellung haben mit der Folge, dass der Beschluss zunächst als wirksam gefasst anzusehen ist und die Wirksamkeit nur durch Klage beseitigt werden kann. Ein ad hoc bestellter Versammlungsleiter hat diese mit den genannten Wirkungen versehene Befugnis zur Beschlussfeststellung nur dann, wenn sie ihm ausdrücklich oder jedenfalls stillschweigend durch die Gesellschafter erteilt worden ist.

KG Berlin v. 12.10.2015 – 22 W 74/15, GmbHR 2016, 58.

Bestellung zum Versammlungsleiter auch ohne Satzungsgrundlage durch Mehrheitsbeschluss; BGH v. 4.5.2009 – II ZR 166/07, GmbHR 2009, 1325.

Förmliche Feststellung und Verkündung des Beschlussergebnisses beseitigt Unsicherheit über Fassung eines Beschlusses, BGH v. 24.3.2016 – IX ZR 32/15, GmbHR 2016, 587.

§ 51 GmbHG Form der Einberufung, Folge von Verstößen

§ 51 GmbHG Nr. 1   (Fristberechnung)

1. Für die Gesellschafterversammlung in der GmbH beträgt die Mindestladungsfrist eine Woche zuzüglich der üblichen Zustellungsfrist für Einschreiben; innerhalb der Bundesrepublik beläuft sich diese Zustellungsfrist auf nicht mehr als zwei Tage.

2. In dieser Weise ist die Mindestladungsfrist auch dann zu berechnen, wenn eine bereits einberufene Gesellschafterversammlung verlegt werden soll.

3. Fristenmängel werden nicht schon durch die Teilnahme des betroffenen Gesellschafters an der Versammlung allein geheilt; er muss vielmehr mit ihrer Abhaltung zum Zwecke der Beschlussfassung einverstanden sein.

BGH v. 30.3.1987 – II ZR 180/86, BGHZ 100, 264 = GmbHR 1987, 424.

§ 51 GmbHG Nr. 2   (Rechtsfolgen von Fehlern)

Einberufungsmängel führen nur dann zur Nichtigkeit der gefassten Gesellschafterbeschlüsse, wenn eine den gesetzlichen Mindestanforderungen genügende Einberufung nicht erfolgt ist; die nicht rechtzeitige Ankündigung eines Tagesordnungspunktes begründet nur eine Anfechtbarkeit.

BGH v. 8.5.1972 – II ZR 96/70, NJW 1972, 1320.

Rechtsprechungsübersicht bei *Müther*, GmbHR 2000, 966.

§ 51 GmbHG Nr. 3 (Fehlende Einladung)

Ist ein Gesellschafter einer GmbH nicht zur Gesellschafterversammlung eingeladen worden, so ist ein in dieser Versammlung gefasster Beschluss nichtig, wenn nicht sämtliche Gesellschafter anwesend sind.

BGH v. 14.12.1961 – II ZR 97/59, BGHZ 36, 207 = GmbHR 1962, 48 = DNotZ 1962, 415.

Ebenso OLG Frankfurt/M v. 26.8.1983 – 20 W 528/83, GmbHR 1984, 99, jedoch mit der Möglichkeit der Heilung durch unverzügliche Genehmigung des nicht geladenen Gesellschafters, vgl. § 242 Abs. 2 Satz 4 AktG und B § 47 GmbHG Nr. 2.

Zu den Folgen fehlender Einladung unbekannter Erben eines Gesellschafters: LG Berlin v. 23.8.1985 – 98 T 12/85, NJW-RR 1986, 195.

§ 51 GmbHG Nr. 4 (Einberufung einer Folgeversammlung)

Bestimmt der Gesellschaftsvertrag einer GmbH, dass bei Fehlen der Beschlussfähigkeit innerhalb von drei Wochen eine neue Gesellschafterversammlung mit gleicher Tagesordnung einberufen werden muss, ist eine Eventualeinberufung vor Durchführung der ersten Versammlung nicht zulässig.

BGH v. 8.12.1997 – II ZR 216/96, GmbHR 1998, 287.

§ 53 GmbHG Satzungsänderungen

§ 53 GmbHG Nr. 1 (Prüfungspflicht des Gerichts)

Bei der Anmeldung der Neufassung einer Satzung erstreckt sich die Prüfung des Registergerichts in jedem Fall auf den gesamten urkundlichen Inhalt der Neufassung und zwar ohne Rücksicht darauf, ob und inwieweit diese mit der bisherigen Satzung übereinstimmt. Dabei können auch Bestimmungen, die bei der Eintragung der Gesellschaft oder bei einer früheren Satzungsänderung fälschlicherweise unbeanstandet geblieben waren, bei der Anmeldung der Neufassung beanstandet werden.

BayObLG v. 5.10.1978 – BReg 1 Z 104/78, DNotZ 1979, 52 = GmbHR 1979, 15.

Rechtsprechung bestätigt durch § 9c Abs. 2 GmbHG; danach besteht das eingeschränkte Prüfungsrecht des Registergerichts nur bei der Erstanmeldung.

§ 53 GmbHG Nr. 2 (Prüfungspflicht)

Das Registergericht hat dafür zu sorgen, dass Satzungsänderungen wenigstens dann, wenn sie auch für Dritte wichtig sind – nur in das Handelsregister eingetragen werden, wenn ihr Inhalt im Wesentlichen klar ist und keinen Anlass zu Zweifeln gibt.

OLG Zweibrücken v. 6.9.1978 – 11 W 143/74, MittRhNotK 1978, 142.

Zur Prüfung und zum Nachweis der Gesellschaftereigenschaft siehe B § 39 GmbHG Nr. 16, B § 40 GmbHG Nr. 7 und B § 26 FamFG Nr. 2. Prüfung dient der Vermeidung unrichtiger Eintragungen; OLG München v. 21.3.2011 – 31 Wx 80/11, GmbHR 2011, 489.

§ 53 GmbHG Nr. 3 (Geschäftsjahr)

Ändert eine Gesellschaft m.b.H. ihr Geschäftsjahr, so muss sie diese Satzungsänderung vor Ablauf des Rumpfgeschäftsjahrs zum Handelsregister anmelden.

OLG Karlsruhe v. 30.1.1975 – 11 W 143/74, Rpfleger 1975, 178.

Ebenso OLG Frankfurt/M v. 9.3.1999 – 20 W 94/99, GmbHR 1999, 484; LG Berlin v. 7.2.1978 – 98 T 26/77, Rpfleger 1978, 143; abweichend für den Fall, dass Drittinteressen nicht beeinträchtigt werden: LG Frankfurt/M v. 9.3.1978 – 3/11 T 63/77, GmbHR 1978, 112.

§ 53 GmbHG Nr. 4 (Gründungsaufwand)

Für die Beibehaltung der Bestimmungen über den Gründungsaufwand in der GmbH-Satzung ist ein Zeitraum von 5 Jahren ab Eintragung der GmbH ausreichend; die Anwendung des § 26 Abs. 5 AktG auch hinsichtlich des weit gefassten zeitlichen Rahmens von 30 Jahren ist nicht geboten.

LG Berlin v. 25.3.1993 – 98 T 75/92, GmbHR 1993, 590. OLG Oldenburg v. 22.8.2016 – 12 W 121/16 (HR), GmbHR 2016, 1305 spricht sich für eine längere Frist analog § 26 Abs. 5 AktG aus.

Sperrfrist ist auch bei Verwendung des Musterprotokolls zu beachten: B § 54 GmbHG Nr. 7.

§ 53 GmbHG Nr. 5 (Angaben über Gründer und Geschäftsanteile)

Nach der Eintragung einer GmbH in das Handelsregister können bei einer Neufassung der Satzung die Angaben über die Stammeinlagen und die Person ihrer Übernehmer auch dann entfallen, wenn die Stammeinlagen noch nicht voll eingezahlt sind (Abweichung von OLG Hamm v. 27.1.1984 – 15 W 416/83, OLGZ 1984, 266).

BayObLG v. 13.11.1996 – 3ZBR 168/96, DB 1997, 33.

Hiervon geht auch BGH v. 6.6.1988 – II ZR 318/87, NJW 1989, 169 aus.

§ 53 GmbHG Nr. 6 (Nachträgliche Umwandlung einer Bar- in eine Sacheinlage)

1. Das in § 19 Abs. 5 Alt. 2 GmbHG (a.F.) geregelte Umgehungsverbot erfasst auch eine nach der Kapitalerhöhung entstandene Forderung auf Auszahlung von Gewinn, wenn ihre Verrechnung mit der (Rest-)Einlageforderung bei der Kapitalerhöhung unter den Beteiligten vorabgesprochen worden ist (Ergänzung zu BGH v. 21.2.1994 – II ZR 60/93, BGHZ 125, 141 = GmbHR 1994, 394).

2. Zur Heilung einer verdeckten Sacheinlage kann die im Rahmen eines Kapitalerhöhungsbeschlusses festgesetzte (Rest-)Bareinlage auch nach Eintragung der Kapitalerhöhung in das Handelsregister durch satzungsändernden Mehrheitsbeschluss der Gesellschafter im Wege der Änderung der Einlagendeckung in eine Sacheinlage umgewandelt werden.

BGH v. 4.3.1996 – II ZB 8/95, ZIP 1996, 668 = GmbHR 1996, 351.

Detaillierte Vorgaben zum Änderungsbeschluss und zur Anmeldung: KG Berlin v. 26.10.2004 – 1 W 21/04, GmbHR 2005, 95 (Heilung Bar-Kapitalerhöhung) und OLG Hamburg v. 29.4.2005 – 2 Wx 75/03, GmbHR 2005, 997.

§ 19 Abs. 4 GmbHG i.d.F. des MoMiG hält an der Nichtigkeit fest, lässt die Ausführungsgeschäfte dennoch wirksam sein und gewährt unter bestimmten Voraussetzungen eine Anrechnung nach Eintragung. Vgl. hierzu B § 56 GmbHG Nr. 5 und 7.

§ 53 GmbHG Nr. 7   (Angabe der Gesellschafter)

Eine Satzungsbestimmung, die lediglich festhält, wer Inhaber der Geschäftsanteile ist, ist nicht unzulässig und muss bei Eintragung von Satzungsänderungen nicht von der Eintragung ausgenommen werden.

OLG Frankfurt/M v. 27.3.1973 – 20 W 543/72, GmbHR 1973, 172 = DNotZ 1974, 245 = Rpfleger 1973, 251.

§ 53 GmbHG Nr. 8   (Beurkundung Satzungsänderung im Ausland)

Das in § 53 Abs. 2 GmbHG vorgeschriebene Beurkundungserfordernis kann grundsätzlich auch ein ausländischer Notar erfüllen. Voraussetzung ist nur, dass die ausländische Beurkundung der deutschen gleichwertig ist. Gleichwertigkeit ist gegeben, wenn die ausländische Urkundsperson nach Vorbildung und Stellung im Rechtsleben eine der Tätigkeit des deutschen Notars entsprechende Funktion ausübt und für die Errichtung der Urkunde ein Verfahrensrecht zu beachten hat, das den tragenden Grundsätzen des deutschen Beurkundungsrechts entspricht.

BGH v. 16.2.1981 – II ZB 8/80, BGHZ 80, 76 = GmbHR 1981, 238. Zuletzt bestätigt durch BGH v. 21.10.2014 – II ZR 330/13, BGHZ 203, 68 = AG 2015, 82. Übersicht zu Auslandsurkunden siehe Einl. Rz. 68.

§ 53 GmbHG Nr. 9   (Satzungsdurchbrechung)

1. Satzungsdurchbrechungen, die einen von der Satzung abweichenden rechtlichen Zustand begründen, sind ohne Einhaltung der für eine Satzungsänderung geltenden Formvorschriften unwirksam.

2. Durch eine außerhalb des Gesellschaftsverhältnisses getroffene Abrede der Gesellschafter kann nicht bewirkt werden, dass eine bestimmte organisationsrechtliche Regelung der Satzung (hier: Amtszeit von Aufsichtsratsmitgliedern) ohne weiteres geändert wird.

BGH v. 7.6.1993 – II ZR 81/92, BGHZ 123, 15 = GmbHR 1993, 497.

§ 53 GmbHG Nr. 10   (Satzungsdurchbrechung)

1. Satzungsdurchbrechungen sind Gesellschafterbeschlüsse, die eine von der Satzung abweichende Regelung treffen. Eine punktuelle nicht zur Nichtigkeit führende Satzungsdurchbrechung liegt vor, wenn sich die Abweichung von der Satzung auf einen konkreten Einzelfall beschränkt, die Wirkung des Beschlusses sich daher in der betreffenden Maßnahme erschöpft.

2. Satzungsdurchbrechende Gewinnverwendungsbeschlüsse entfalten eine Dauerwirkung und können daher nicht als lediglich punktuelle Satzungsdurchbrechung qualifiziert werden. Sie bedürfen daher zu ihrer Wirksamkeit der notariellen Beurkundung und der Eintragung in das Handelsregister.

OLG Dresden v. 9.11.2011 – 12 W 1002/11, GmbHR 2012, 213.

§ 54 GmbHG Anmeldung der Satzungsänderung

§ 54 GmbHG Nr. 1   (Beurkundung und Anmeldung einzelner Änderungen, Bescheinigung des Notars)

Eine Notarbescheinigung gemäß § 54 Abs. 1 Satz 2 GmbHG ist auch bei einer vollständigen Neufassung des Gesellschaftsvertrags vorzulegen.

Thür. OLG v. 14.9.2015 – 2 W 375/15, GmbHR 2015, 487: elektronische Registerführung und Online-Beauskunftung erfordern Gesellschaftsvertrag in der aktuellen Fassung als gesondertes Dokument.

§ 54 GmbHG Nr. 2   (Anmeldung von Änderungen)

Ist die bisherige Satzung in vollem Umfang aufgehoben und durch eine neue ersetzt worden, so müssen bei der Anmeldung der Satzungsänderung die geänderten Bestimmungen, sofern sie nicht die Abänderung der in § 10 Abs. 1 und 2 GmbHG genannten Angaben betreffen, nicht einzeln bezeichnet werden; insoweit genügt in der Regel eine Bezugnahme auf die mit der Anmeldung bei Gericht eingereichten Urkunden über die Abänderung, es sei denn, dass Zweifel oder Unklarheiten bestehen können.

BayObLG v. 5.10.1978 – BReg 1 Z 104/78, GmbHR 1979, 15 = Rpfleger 1978, 449 = DNotZ 1979, 52.

§ 54 GmbHG Nr. 3   (Änderungen nach § 10 GmbHG)

Bei der Anmeldung von Satzungsänderungen, die Regelungen nach § 10 Abs. 1 und 2 GmbHG zum Gegenstand haben, sind die geänderten Satzungsbestandteile schlagwortartig hervorzuheben.

BGH v. 16.2.1987 – II ZB 12/86, GmbHR 1987, 423.

Das gilt auch bei völliger Neufassung des Gesellschaftsvertrages, OLG Hamm v. 12.7.2001 – 15 W 136/01, GmbHR 2002, 64.

Zur Wiedergabe des Inhalts der Änderung: OLG Düsseldorf v. 17.7.1992 – 3 Wx 242/92, GmbHR 1993, 169 und OLG Düsseldorf v. 14.10.1998 – 3 Wx 399/98, GmbHR 1998, 1229.

Zu Umfang und Inhalt der Eintragung: B § 383 Abs. 3 FamFG Nr. 2.

§ 54 GmbHG Nr. 4   (Notwendige Änderungen bei Erhöhung des Stammkapitals)

1. Wird bei der Erhöhung des Stammkapitals einer GmbH die Änderung der Satzung in der Weise beschlossen, dass lediglich der Betrag des Stammkapitals geändert wird, aber die bisherigen Angaben über die auf das Gründungskapital zu leistenden Stammeinlagen und die Personen der Gründungsgesellschafter unverändert bestehen bleiben, so erhielte bei Eintragung dieser Satzungsänderung die Satzung eine Fassung, die aus sich heraus nicht verständlich wäre.

2. Das Registergericht hat die Anmeldung einer solchen Satzungsänderung zu beanstanden und durch Zwischenverfügung darauf hinzuwirken, dass die das Stammkapital und die Stammeinlagen betreffende Satzungsbestimmung insgesamt eine Fassung erhält, die eine Irreführung ausschließt.

BayObLG v. 5.7.1971 – BReg 2793/70, GmbHR 1971, 208 = Rpfleger 1971, 360 = MittBayNot 1971, 325 = DNotZ 1972, 307.

§ 54 GmbHG Nr. 5   (Vollständige Anmeldung)

1. Der Formmangel der fehlenden Beurkundung des Geschellschafterbeschlusses über die Änderung des Gesellschaftsvertrages einer GmbH kann auch noch nach erfolgter Anmeldung behoben werden; einer erneuten Anmeldung der nunmehr beurkundeten Satzungsänderung bedarf es nicht.

2. Für die Entscheidung über die Anmeldung kommt es nur darauf an, ob zum Zeitpunkt der Eintragung sämtliche Eintragungsvoraussetzungen vorliegen.

OLG Hamm v. 20.12.2001 – 15 W 378/01, GmbHR 2002, 495 = MittBayNot 2002, 408.

§ 54 GmbHG Nr. 6   (Musterprotokoll)

Aus der Formulierung in § 2 Abs. 1a Satz 2 GmbHG „Für die Gründung" kann geschlossen werden, dass bei späteren Änderungen eine Beibehaltung des genauen Wortlauts des Musterprotokolls nicht gefordert ist. Das gilt insbesondere für Firma und Sitz, da diese – späteren Änderungen zugänglichen – Angaben im Musterprotokoll im selben Satz enthalten sind, mit dem – einmalig – die Errichtung der Gesellschaft erfolgt.

OLG München v. 3.11.2009 – 31 Wx 131/09, GmbHR 2009, 312 = NotBZ 2010, 110.

Keine Beibehaltung des genauen Wortlauts nach OLG München v. 29.10.2009 – 31 Wx 124/09, GmbHR 2010, 40 = DNotZ 2010, 155. Redaktioneller Auszug reicht nach OLG Düsseldorf v. 10.5.2010 – 3 Wx 106/10, GmbHR 2010, 757 = Rpfleger 2010, 594.

§ 54 GmbHG Nr. 7   (Musterprotokoll)

1. Die aktienrechtliche Sperrfrist für Änderungen der Festsetzungen zum Gründungsaufwand gilt entsprechend für die GmbH auch in Form der im vereinfachten Verfahren gegründeten Unternehmergesellschaft.

2. Das Änderungsverbot innerhalb der Sperrfrist steht rein sprachlich-redaktionellen Änderungen, die im Zuge der Ersetzung des Musterprotokolls durch eine neue Satzung vorgenommen werden, nicht entgegen.

OLG München v. 6.10.2010 – 31 Wx 143/10, GmbHR 2010, 1263 = MittBayNot 2011, 162. Siehe auch B § 53 GmbHG Nr. 4.

§ 55 GmbHG Kapitalerhöhung gegen Geldeinlagen

§ 55 GmbHG Nr. 1   (Umfang der Satzungsänderung)

Bei der Anmeldung einer Kapitalerhöhung auf 50 000 DM genügt es, dass die auf das erhöhte Kapital zu leistenden Stammeinlagen in den Erklärungen der Übernehmer der Stammeinlagen und in der Liste der Übernehmer enthalten sind; eine Aufnahme der auf das erhöhte Kapital zu leistenden Stammeinlagen und deren Übernehmer in die Satzung ist nicht erforderlich; das gilt auch dann, wenn die neuen Stammeinlagen noch nicht voll eingezahlt sind; § 3 Abs. 1 Nr. 4 GmbHG ist nicht entsprechend anwendbar.

BayObLG v. 17.9.1981 – BReg 1 Z 69/81, BayObLGZ 1981, 312 = GmbHR 1982, 185; Weglassen der Angaben über Gründer und ursprüngliche Stammeinlagen generell: B § 53 GmbHG Nr. 5.

§ 55 GmbHG Nr. 2   (Erhöhung des Nennbetrags, Aufstockung)

Eine Kapitalerhöhung ist auch im Wege der Erhöhung des einzelnen Geschäftsanteils jedenfalls dann zulässig, wenn der Inhaber dieses Anteils zu den Gründern gehört.

BGH v. 24.10.1974 – II ZB 1/74, BGHZ 63, 116 = GmbHR 1975, 35 = Rpfleger 1975, 57.

Ebenso für volleingezahlte Anteile OLG Hamm v. 24.2.1982 – 15 W 114/81, GmbHR 1983, 102 und BayObLG v. 17.1.1986 – BReg 3 Z 170/85, BReg 3 Z 228/85, GmbHR 1986, 159.

Siehe auch B § 34 GmbHG Nr. 4, B § 57 GmbHG Nr. 6 und B § 1 EGGmbHG Nr. 2.

§ 55 GmbHG Nr. 3   (Übernahme durch Gesellschaft)

Das Stammkapital einer GmbH kann nicht in der Weise erhöht werden, dass die Gesellschaft selbst eine auf das erhöhte Kapital zu leistende Einlage übernimmt.

BGH v. 9.12.1954 – II ZB 15/54, BGHZ 15, 391 = MDR 1955, 158 = DNotZ 1955, 92 = GmbHR 1955, 28.

§ 55 GmbHG Nr. 4 (Erbengemeinschaft als Übernehmer)

Eine Erbengemeinschaft, die nach § 15 Abs. 1 GmbHG durch Erbgang einen Geschäftsanteil an einer GmbH erworben hat, kann bei einer Kapitalerhöhung eine auf das erhöhte
Kapital zu leistende neue Stammeinlage übernehmen, wenn es sich bei dem Erwerb des
neuen Geschäftsanteils um einen Surrogationserwerb nach § 2041 BGB handelt.

OLG Hamm v. 18.11.1974 – 15 Wx 111/74, OLGZ 1975, 164 = Rpfleger 1975, 137 =
GmbHR 1975, 85 = DNotZ 1976, 49.

Vgl. B § 2 GmbHG Nr. 1 zur Gesellschaft bürgerlichen Rechts als Gründerin einer
GmbH.

§ 55 GmbHG Nr. 5 (Vollmacht zur Übernahme)

Der Bevollmächtigte bedarf zur Übernahme einer Stammeinlage aus einer Kapitalerhöhung einer beurkundeten oder beglaubigten Vollmacht des Übernehmers.

KG v. 15.10.1909, OLG 22, 10.

§ 55 GmbHG Nr. 6 (Kapitalerhöhung bei Insolvenz)

a) Eine formgerecht beschlossene und zum Handelsregister angemeldete Kapitalerhöhung wird nicht ohne weiteres durch die nachfolgende Eröffnung des Konkursverfah-
rens unwirksam.

b) Voreinzahlungen auf die Einlageschuld aus einer erst künftig zu beschließenden
Kapitalerhöhung sind grundsätzlich unzulässig. Die Frage, ob und unter welchen Bedingungen im Einzelnen in dringenden Sanierungsfällen Ausnahmen von diesem Grundsatz
zulässig sein können, bleibt offen. Voraussetzung wäre aber jedenfalls, dass die Voreinzahlung zur Krisenbewältigung notwendig ist und in engem zeitlichen Zusammenhang
mit einer unmittelbar bevorstehenden, mit aller gebotenen Beschleunigung eingeleiteten
Kapitalerhöhungsmaßnahme erfolgt.

BGH v. 7.11.1994 – II ZR 248/93, GmbHR 1995, 113.

§ 55 GmbHG Nr. 7 (Voreinzahlung)

a) Die Voreinzahlung für künftige Einlagepflichten bei einer GmbH ist als Bareinzah-
lung nur im Falle der Sanierung der Gesellschaft anzusehen.

b) Eine Vorauszahlung, die eindeutig auf eine kurze Zeit danach beschlossene Kapitalerhöhung geleistet wird, befreit den Gesellschafter, wenn der Einlagenbetrag zwischen
dem Antrag auf Eintragung der Kapitalerhöhung in das Handelsregister und ihrer
Durchführung noch wertmäßig zur freien Verfügung der Geschäftsführung gestanden
hat.

BGH v. 10.6.1996 – II ZR 98/95, DNotZ 1997, 495 = GmbHR 1996, 772.

§ 55 GmbHG Nr. 8   (Voreinzahlung auf debitorisches Konto)

Voreinzahlungen auf eine künftige Kapitalerhöhung haben grundsätzlich nur dann Tilgungswirkung, wenn der eingezahlte Betrag im Zeitpunkt der Beschlussfassung und der mit ihr üblicherweise verbundenen Übernahmeerklärung als solcher noch im Gesellschaftsvermögen zweifelsfrei vorhanden ist (Bestätigung von BGH v. 15.3.2004 – II ZR 210/01, BGHZ 158, 283). Ausnahmsweise können Voreinzahlungen unter engen Voraussetzungen als wirksame Erfüllung der später übernommenen Einlageschuld anerkannt werden, wenn nämlich die Beschlussfassung über die Kapitalerhöhung im Anschluss an die Voreinzahlung mit aller gebotenen Beschleunigung nachgeholt wird, ein akuter Sanierungsfall vorliegt, andere Maßnahmen nicht in Betracht kommen und die Rettung der sanierungsfähigen Gesellschaft scheitern würde, falls die übliche Reihenfolge der Durchführung der Kapitalerhöhungsmaßnahme beachtet werden müsste.

BGH v. 26.6.2006 – II ZR 43/05, BGHZ 168, 201 = GmbHR 2006, 1328 = DNotZ 2007, 138 = NotBZ 2007, 24.

Zum Inhalt der Versicherung vgl. B § 57 GmbHG Nr. 5 (keine Rückzahlung).

§ 56 GmbHG Kapitalerhöhung gegen Sacheinlagen

§ 56 GmbHG Nr. 1   (Forderungen als Sacheinlage)

Die Verrechnung einer eingebrachten Forderung mit einer Stammeinlageschuld zum vollen Nennwert ist nur dann möglich, wenn der Darlehensforderung ein entsprechendes Gesellschaftsvermögen gegenübersteht, das auch zur Erfüllung der Darlehensforderung hätte herangezogen werden können.

LG Berlin v. 27.10.1976 – 98 T 30/76, GmbHR 1978, 234 = BB 1977, 213 mit Anm. *Gustavus.*

Vgl. auch dazu *Priester*, DB 1976, 1801 und BB 1987, 209 sowie BGH v. 15.1.1990 – II ZR 164/88, BGHZ 110, 47 = WM 1990, 222. Gesellschafterforderung als verdeckte Sacheinlage: B § 19 GmbHG Nr. 6.

§ 56 GmbHG Nr. 2   (Urkundeninhalt bei Sacheinlage)

1. Bei einer Kapitalerhöhung mit sog. gemischter Sacheinlage braucht zwar nicht der Wert der Sacheinlage, wohl aber der geschätzte Betrag der dem Einleger zu gewährenden, über die Stammeinlage hinausgehenden Vergütung (z.B. Gesellschafterdarlehen) im Gesellschaftsvertrag angegeben zu werden.

2. Der Registerrichter kann bei Kapitalerhöhung mit Sacheinlage im Rahmen der ihm durch seine Prüfungspflicht nach §§ 57a, 9c GmbHG auferlegten Amtsermittlung (§ 12 FGG (jetzt: § 26 FamFG)) die Vorlage eines Sachgründungsberichts verlangen.

OLG Stuttgart v. 19.1.1982 – 8 W 295/81, GmbHR 1982, 109 mit Anm. *Priester.*

Leitsatz 2 bestätigt durch Thür. OLG v. 2.11.1993 – 6 W 24/93, GmbHR 1994, 710. Ggf. entbehrlich im „Ausschüttungs-Rückhol-Verfahren" (nachfolgend B § 56 GmbHG

Nr. 5) bei Vorlage eines geprüften Jahresabschlusses nach OLG Köln v. 13.2.1996 – 3 U 98/95, GmbHR 1996, 682.

Vgl. auch die folgende Entscheidung.

§ 56 GmbHG Nr. 3 (Urkundeninhalt)

§ 5 GmbHG ist nicht verletzt, wenn ein Gesellschafter seine Stammeinlage durch Einbringung eines Unternehmens leistet, dessen Wert für den Übernahmestichtag noch zu ermitteln ist, und wenn der Gesellschaftsvertrag für Wertdifferenzen zur festgesetzten Stammeinlage eine Bar-Nachzahlungsverpflichtung des Gesellschafters bzw. eine Rückzahlungsverpflichtung der Gesellschaft vorsieht.

OLG Zweibrücken v. 26.11.1980 – 3 W 169/80, GmbHR 1981, 214 = MittBayNot 1982, 39.

§ 56 GmbHG Nr. 4 (Befriedigung eines Gläubigers als Sacheinlage)

Hat ein Gesellschafter bei einer Kapitalerhöhung eine Bareinlageverpflichtung übernommen, so genügt er seiner Verpflichtung nicht, wenn er einen Darlehensgläubiger mit dem Einlagebetrag befriedigt. Die Tilgung einer Darlehensschuld der Gesellschaft ist keine Geldleistung, sondern eine Sacheinlage.

OLG Hamburg v. 10.4.1981 – 14 U 170/80, GmbHR 1982, 157.

§ 56 GmbHG Nr. 5 („Ausschüttungs-Rückhol-Verfahren")

a) Bei der GmbH ist eine Kapitalerhöhung im Wege des „Ausschüttungs-Rückhol-Verfahrens" nur unter Beachtung der Sacheinlagevorschriften möglich.

b) An einer Leistung der geschuldeten Bareinlage zur endgültigen freien Verfügung der Geschäftsführer fehlt es nicht nur bei Scheinzahlungen, sondern u.a. auch dann, wenn der Einleger der GmbH das einzulegende (Bar- oder Buch-)Geld absprachegemäß nur vorübergehend mit der Maßnahme zur Verfügung stellt, es ihm umgehend zur Befriedigung seiner gegen die Gesellschaft gerichteten Forderung zurückzuzahlen. Eine gleichwohl abgegebene Versicherung dieses Inhalts (§ 8 Abs. 2 Satz 1 GmbHG) ist unrichtig. Das Gleiche gilt von einer entsprechenden Bestätigung der mit der Abwicklung beider Vorgänge betrauten Bank.

BGH v. 18.2.1991 – II ZR 104/90, BGHZ 113, 335 = GmbHR 1991, 255 = DNotZ 1991, 843.

Zur Möglichkeit, mittels Satzungsänderung nachträglich Bar- in Sacheinlage umzuwandeln, vgl. B § 53 GmbHG Nr. 6.

§ 56 GmbHG Nr. 6 (Aufklärungspflicht des Notars bei Voreinzahlung)

Bei der Beurkundung eines Kapitalerhöhungsbeschlusses muss sich der Notar regelmäßig auch darüber vergewissern, ob eine Vorauszahlung an die Gesellschaft erfolgt ist und gegebenenfalls über die Voraussetzungen einer Zahlung auf künftige Einlagenschuld aufklären (Fortführung von BGH v. 16.11.1995 – IX ZR 14/95, NJW 1996, 524).

BGH v. 24.4.2008 – III ZR 223/06, GmbHR 2008, 766 = NotBZ 2008, 309.

Vgl. B § 55 GmbHG Nr. 8 zur Voreinzahlung und B § 57 GmbHG Nr. 5 zur endgültig freien Verfügbarkeit.

LG Stralsund v. 25.7.2001 – 7 O 161/00, NotBZ 2002, 310 (Voreinzahlung).

Belehrung bei Gefahr der Überbewertung: OLG Düsseldorf v. 15.12.1994 – 18 U 86/94, WM 1995, 854 = GmbHR 1995, 591; zur Haftung des Beraters: BGH v. 2.12.1999 – IX ZR 415/98, GmbHR 2000, 131.

§ 56 GmbHG Nr. 7   (Offenlegung des „Ausschüttungs-Rückhol-Verfahrens")

Wird gegenüber dem Registergericht offen gelegt, dass eine Kapitalerhöhung im „Schütt-aus-hol-zurück"-Verfahren durchgeführt werden soll, sind die Voraussetzungen ihrer Eintragung an der für die Kapitalerhöhung aus Gesellschaftsmitteln geltenden Regelung auszurichten. Die Grundsätze der verdeckten Sacheinlage finden in diesem Falle keine Anwendung (Ergänzung zu BGH v. 18.2.1991 – II ZR 104/90, BGHZ 113, 335).

BGH v. 26.5.1997 – II ZR 69/96, BGHZ 135, 381 = ZIP 1997, 1337 = GmbHR 1997, 788.

Vgl. auch BGH v. 16.9.2002 – II ZR 1/00, BGHZ 152, 37 = GmbHR 2002, 1193 = DNotZ 2003, 57 (Abgrenzung zwischen SAHZ und verdeckter Sacheinlage bei vorheriger Absprache).

§ 56 GmbHG Nr. 8   (Sacheinlagefähigkeit von Vorleistungen)

1. Gegenstände und Sachwerte, deren Besitz einer GmbH bereits vor dem Kapitalerhöhungsbeschluss überlassen worden ist, können nur dann als Sacheinlage eingebracht werden, wenn sie zumindest im Zeitpunkt des Kapitalerhöhungsbeschlusses noch gegenständlich im Gesellschaftsvermögen vorhanden sind. Ist das nicht der Fall, kommt als Sacheinlage lediglich eine dem Gesellschafter zustehende Erstattungs- oder Ersatzforderung in Betracht (im Anschluss an BGH v. 2.12.1968 – II ZR 144/67, BGHZ 51, 157).

BGH v. 18.9.2000 – II ZR 365/98, BGHZ 145, 150 = ZIP 2000, 2021 = GmbHR 2000, 1198.

§ 56 GmbHG Nr. 9   (Aufklärungspflicht des Notars bei Sacheinlagen)

Der Notar hat, wenn eine Erhöhung des Stammkapitals einer GmbH mit Sacheinlagen erfolgen soll und Anlass zu Zweifeln an einer richtigen Bewertung der Sacheinlagen besteht, auf die Gefahr einer Differenzhaftung des Übernehmers hinzuweisen. Dabei kann auch über die Frage aufzuklären sein, ob eine einzubringende Gesellschafterforderung gegen die GmbH vollwertig ist.

BGH v. 2.10.2007 – III ZR 13/07, GmbHR 2007, 1331 = DNotZ 2008, 376.

§ 56 GmbHG Nr. 10 (Aufklärungspflicht bei „Umbuchung")

Bei der Beurkundung einer Stammkapitalerhöhung ist der Notar verpflichtet, jeden von mehreren Urkundsbeteiligten über die Bedeutung des Begriffs der „Bareinlage" eindringlich aufzuklären, weil häufig Fehlvorstellungen über die Erfüllungsmöglichkeiten einer solchen Verpflichtung existieren.

OLG Naumburg v. 21.1.2010 – 1 U 35/09, GmbHR 2010, 533.

§ 57 GmbHG Anmeldung der Kapitalerhöhung

§ 57 GmbHG Nr. 1 (Vertretung bei Anmeldung)

a) Die Anmeldung einer Kapitalerhöhung durch einen Bevollmächtigten ist unzulässig.

b) Ein Notar, der die Unterschrift des anmeldenden Geschäftsführers beglaubigt hat, kann deshalb nicht wirksam bevollmächtigt werden, die Kapitalerhöhung zusammen mit dem Geschäftsführer anzumelden. Der von ihm gestellte Antrag auf Eintragung der Kapitalerhöhung eröffnet ihm daher nicht die Möglichkeit, weitere Beschwerde einzulegen.

BayObLG v. 12.6.1986 – BReg 3 Z 29/86, BayObLGZ 1986, 203 = DNotZ 1986, 692 mit Anm. *Winkler* = GmbHR 1986, 435.

A.A. OLG Köln v. 1.10.1986 – 2 Wx 53/86, DNotZ 1987, 244 = GmbHR 1987, 394.

§ 57 GmbHG Nr. 2 (Prüfung der Vollwertigkeit)

1. Im Rahmen der Prüfung der Vollwertigkeit einer zur Kapitalerhöhung herangezogenen Zahlungsforderung eines Gesellschafters gegen die Gesellschaft darf das Registergericht sich grundsätzlich auf einen von der Gesellschaft vorgelegten Wirtschaftsprüfer-Bericht verlassen, es kann aber auch zusätzliche Ermittlungen anstellen und dabei entsprechend § 5 Abs. 4 GmbHG einen Sacherhöhungsbericht anfordern.

2. Zur kapitalerhöhenden Wirkung bedarf es der Abtretung der Forderung an die Gesellschaft oder den Forderungserlass durch den Gesellschafter. Der Abschluss dieser Rechtsgeschäfte ist dem Registergericht nachzuweisen.

3. Die Vollwertigkeit der eingebrachten Forderung ist grundsätzlich für den Zeitpunkt des Kapitalerhöhungsbeschlusses festzustellen. Ist von da an bis zur Entscheidung über die Anmeldung längere Zeit vergangen, kann auch auf die seitherige Entwicklung des Unternehmens abgestellt werden.

Thür. OLG v. 2.11.1993 – 6 W 24/93, GmbHR 1994, 710.

Zu Leitsatz 3 stellt OLG Düsseldorf v. 10.1.1996 – 3 Wx 274/95, BB 1996, 338 = GmbHR 1996, 214, auf den Tag der Anmeldung ab.

§ 57 GmbHG Nr. 3 (Prüfungsbefugnis)

1. Wird die Kapitalerhöhung einer GmbH durch von den bisherigen Gesellschaftern übernommene Bareinlagen angemeldet, ist das Registergericht nicht befugt, allein aufgrund seiner durch statistische Erhebungen gewonnenen Erkenntnis, dass in dieser Fallgruppe tatsächlich häufig verdeckte Sachkapitalerhöhungen vorliegen, generell weitere Nachweise zu verlangen, um dies auszuschließen.

2. Das Registergericht kann über die gesetzlichen Bestimmungen hinausgehende Versicherungen und Nachweise nur dann verlangen, wenn sich im konkreten Einzelfall begründete Zweifel an der Einhaltung der Kapitalerhöhungsvorschriften ergeben.

KG Berlin v. 19.5.1998 – 1 W 5328/97, GmbHR 1998, 786 = MittBayNot 1998, 453.

§ 57 GmbHG Nr. 4 (Einzahlungsnachweis)

Fordert der Registerrichter den Geschäftsführer einer GmbH im Zuge der Anmeldung der Erhöhung des Stammkapitals zur Eintragung in das Handelsregister auf, „zum Nachweis des eingezahlten Stammkapitals einen Bankauszug oder eine Bankbestätigung" vorzulegen, und bestätigt die Bank, dass der Erhöhungsbetrag dem bei ihr geführten Konto der GmbH gutgeschrieben worden ist, wird damit nicht zugleich bestätigt, dass sich der Betrag „endgültig in der freien Verfügung der Geschäftsführer befindet".

BGH v. 16.12.1996 – II ZR 200/95, GmbHR 1997, 255.

§ 57 GmbHG Nr. 5 (Versicherung über freie Verfügbarkeit)

1. Zur Frage der Bewertung des Vermögens einer Vor-GmbH, deren Ingangsetzung in der Zeit zwischen Aufnahme der Geschäftstätigkeit und Eintragung in das Handelsregister bereits zu einer als Unternehmen anzusehenden Organisationseinheit geführt hat.

2. Die Leistung einer Bareinlage aus einer Kapitalerhöhung, durch die der Debetsaldo eines Bankkontos zurückgeführt wird, kann auch dann zur freien Verfügung erfolgt sein, wenn das Kreditinstitut der Gesellschaft mit Rücksicht auf die Kapitalerhöhung auf einem anderen Konto einen Kredit zur Verfügung stellt, der den Einlagebetrag erreicht oder übersteigt.

3. Bei einer Kapitalerhöhung ist die Bareinlage schon dann zur (endgültig) freien Verfügung der Geschäftsführung geleistet worden, wenn sie nach dem Kapitalerhöhungsbeschluss in ihren uneingeschränkten Verfügungsbereich gelangt ist und nicht an den Einleger zurückfließt (Aufgabe von BGH v. 13.7.1992 – II ZR 263/91, BGHZ 119, 177 – Leitsätze 1 + 2).

4. Bei der Anmeldung der Kapitalerhöhung zur Eintragung in das Handelsregister hat die Geschäftsführung zu versichern, dass der Einlagebetrag für die Zwecke der Gesellschaft zur (endgültig) freien Verfügung der Geschäftsführung eingezahlt und auch in der Folge nicht an den Einleger zurückgezahlt worden ist.

BGH v. 18.3.2002 – II ZR 11/01, GmbHR 2002, 545.

Zu Leitsatz 2: Nach BGH v. 8.11.2004 – II ZR 362/02, DNotZ 2005, 312 = GmbHR 2005, 229 kommt es nicht mehr auf die förmliche Einräumung eines Kreditrahmens an; stillschweigende Gestattung durch die Bank reicht.

Zur Voreinzahlung vgl. B § 55 GmbHG Nr. 8.

§ 57 GmbHG Nr. 6   (Einzahlung bei Aufstockung)

Wird die Kapitalerhöhung durch die Erhöhung des Nennbetrags eines bereits bestehenden Geschäftsanteils ausgeführt, ist ein Viertel des Erhöhungsbetrags auch dann vor der Anmeldung einzuzahlen, wenn zum Zeitpunkt des Kapitalerhöhungsbeschlusses durch Einzahlungen auf den bestehenden Geschäftsanteil der nach Aufstockung erhöhte Nennbetrag zu einem Viertel gedeckt ist.

BGH v. 11.6.2013 – II ZB 25/12, ZIP 2013, 1422.

§ 57i GmbHG Kapitalerhöhung aus Gesellschaftsmitteln

Zu § 7 KapErhG

1. Eine zum 31.12. errichtete Schlussbilanz muss nicht, weil der darauf folgende 1.1. ein Feiertag ist, auch als zu diesem Stichtag aufgestellt angesehen werden.

2. Die Bestimmung, dass das Registergericht den Beschluss nur eintragen darf, wenn die der Kapitalerhöhung zugrunde gelegte Bilanz für einen höchstens sieben Monate vor der Anmeldung liegenden Zeitraum aufgestellt ist, lässt keine Fristüberschreitung zu.

OLG Frankfurt/M v. 27.4.1981 – 20 W 831/80, OLGZ 1981, 412 = GmbHR 1981, 243.

Ebenso: LG Essen v. 8.6.1982 – 45 T 2/82, GmbHR 1982, 213 = BB 1982, 1821, 1901.

§ 58 GmbHG Kapitalherabsetzung

§ 58 GmbHG Nr. 1   (Beschlussinhalt)

Der Zweck der Herabsetzung des Stammkapitals ist in sinngemäßer Anwendung des § 222 Abs. 3 AktG in allen Fällen im Herabsetzungsbeschluss anzugeben.

BayObLG v. 16.1.1979 – BReg 1 Z 127/78, BayObLGZ 1979, 4 = GmbHR 1979, 111 = DNotZ 1979, 357 = Rpfleger 1979, 212.

§ 58 GmbHG Nr. 2   (Herabsetzung nach Auflösung)

Die Eintragung der Kapitalherabsetzung bei einer Liquidationsgesellschaft ist nicht grundsätzlich ausgeschlossen. Sie darf aber nicht vor Ablauf des Sperrjahres nach § 73 Abs. 1 GmbHG erfolgen, den der Abwickler nachweisen muss.

OLG Frankfurt/M v. 14.9.1973 – 20 W 639/73, Rpfleger 1973, 434.

§ 58 GmbHG Nr. 3   (Versicherung des Geschäftsführers)

1. Die Versicherung der Geschäftsführer einer GmbH bei der Anmeldung des Kapitalherabsetzungsbeschlusses hat entweder zu ergeben, dass die widersprechenden Gläubiger befriedigt bzw. sichergestellt sind, oder dass die Notwendigkeit hierfür nicht gegeben ist, weil sich keine Gläubiger der Gesellschaft gemeldet oder sich solche zwar gemeldet, aber der Kapitalherabsetzung zugestimmt haben.

2. Die Geschäftsführer sind nicht verpflichtet, bei der Anmeldung des Kapitalherabsetzungsbeschlusses dem Registergericht nachzuweisen, dass die der Gesellschaft bekannten Gläubiger durch besondere Mitteilung zur Anmeldung aufgefordert wurden.

BayObLG v. 20.9.1974 – BReg 2 Z 43/74, BayObLGZ 1974, 359 = GmbHR 1974, 287 = Rpfleger 1974, 436 = DNotZ 1975, 690.

§ 58 GmbHG Nr. 4   (Eintragung bei streitiger Forderung)

Bei der Anmeldung der Herabsetzung des Stammkapitals einer Gesellschaft mit beschränkter Haftung haben die Geschäftsführer, sofern die Gesellschaft eine bei ihr angemeldete Forderung bestreitet und deshalb deren Tilgung oder Sicherstellung verweigert, dem Registergericht eine Entscheidung des Prozessgerichts beizubringen, nach der die Gesellschaft nicht zur Tilgung oder Sicherstellung verpflichtet ist.

KG v. 27.6.1907, KGJ 34 A 172.

§ 60 Abs. 1 GmbHG Fortsetzung

§ 60 Abs. 1 GmbHG Nr. 1   (Keine Fortsetzung nach Auflösung bei
                                      abgeschlossenem Insolvenzverfahren)

Wird eine Gesellschaft mit beschränkter Haftung durch die Eröffnung des Insolvenzverfahrens über ihr Vermögen aufgelöst, kann sie nur in den in § 60 Abs. 1 Nr. 4 GmbHG genannten Fällen fortgesetzt werden.

BGH v. 28.4.2015 – II ZB 13/14, GmbHR 2015, 814: keine Fortsetzung z.B. nach vollzogener Schlussverteilung.

So schon OLG Celle v. 29.12.2010 – 9 W 136/10, GmbHR 2011, 257.

§ 60 Abs. 1 GmbHG Nr. 2   (Keine Fortsetzung nach Auflösung bei Ablehnung der
                                      Eröffnung des Insolvenzverfahrens mangels Masse)

Eine GmbH, die durch die Rechtskraft eines die Eröffnung des Insolvenzverfahrens über ihr Vermögen mangels Masse abweisenden Beschlusses aufgelöst ist, kann nicht fortgesetzt werden. KG Berlin v. 17.10.2016 – 22 W 70/16, ZIP 2017, 178.

So bereits KG Berlin v. 1.7.1993 – 1 W 6135/92, GmbHR 1993, 822: selbst bei Zuführung neuen Gesellschaftsvermögens.

BayObLG v. 14.10.1993 – 3Z BR 116/93, GmbHR 1994, 189 = DNotZ 1994, 190 und OLG Köln v. 22.2.2010 – 2 Wx 18/10, GmbHR 2010, 710.

Auch keine Fortsetzung bei Löschung wegen Vermögenslosigkeit (B § 394 FamFG Nr. 9) oder zwecks Umwandlung (§ 3 Abs. 3 UmwG).

§ 65 GmbHG Anmeldung der Auflösung

§ 65 GmbHG Nr. 1 (Zwangsgeldverfahren)

Das Zwangsgeldverfahren zur Herbeiführung der Anmeldung der Auflösung der Gesellschaft mit beschränkter Haftung zum Handelsregister kann sich nur gegen den gesetzlichen Vertreter der Gesellschaft, nicht aber gegen den (einzigen) Gesellschafter als solchen richten. Es hat zur Voraussetzung, dass die Gesellschaft bereits aufgelöst ist.

KG v. 13.6.1913, KGJ 45, 178.

§ 66 GmbHG Bestellung von Liquidatoren

§ 66 GmbHG Nr. 1 (Gerichtliche Bestellung)

Auf die Bestellung des Liquidators einer GmbH ist § 29 i.V.m. § 48 BGB entsprechend anzuwenden. Das Bestellungsrecht nach § 29 BGB besteht grundsätzlich neben dem Ernennungsrecht nach § 66 Abs. 2 GmbHG.

BayObLG v. 2.6.1976 – BReg 2 Z 84/75, Rpfleger 1976, 357.

Keine Abberufung des vom Registergericht bestellten Notgeschäftsführers durch Gesellschafterbeschluss: OLG München v. 30.6.1993 – 7 U 6945/92, GmbHR 1994, 259.

§ 66 GmbHG Nr. 2 (Nicht eingetragene GmbH)

Für eine vor der Eintragung aufgelöste GmbH kann das Registergericht keinen Liquidator bestellen.

BGH v. 24.10.1968 – II ZR 216/66, BGHZ 51, 30 = GmbHR 1969, 62 = Rpfleger 1969, 87 = DNotZ 1969, 374.

Ebenso BayObLG v. 23.7.1965, MDR 1965, 914 für die Aktiengesellschaft.

§ 66 GmbHG Nr. 3 (Nachtragsliquidation bei Löschung wegen Vermögenslosigkeit)

Macht eine wegen Vermögenslosigkeit gelöschte GmbH gegen einen Dritten durch Klageeinreichung Ansprüche geltend, so gilt sie, weil darin die Behauptung liegt, noch

Vermögen zu haben, für diesen Aktivprozess als parteifähig. Zu ihrer gesetzlichen Vertretung hat das zuständige Gericht einen (Nachtrags-)Liquidator zu bestellen, sofern dessen Kosten gesichert sind; das zur Bestellung berufene Gericht hat bei seiner Entscheidung grundsätzlich nicht im einzelnen zu prüfen, inwieweit die Klage Aussicht auf Erfolg hat.

BayObLG v. 23.9.1993 – 3Z BR 172/93, DNotZ 1994, 651 und BayObLG v. 22.10.2003 – 3Z BR 197/03, GmbHR 2004, 367.

Zur Nachtragsliquidation siehe auch Rechtsprechung zu B § 394 FamFG und B § 74 GmbHG.

§ 67 GmbHG Anmeldung von Liquidatoren

§ 67 GmbHG Nr. 1 (Anmeldepflicht)

Die Pflicht zur Anmeldung der ersten Liquidatoren besteht auch dann, wenn zugleich das Erlöschen der Firma angemeldet wird.

BayObLG v. 11.5.1982 – BReg 3 Z 39/82, DB 1982, 2127 = GmbHR 1982, 152.

Zur Versicherung des Liquidators über Bestellungshindernisse siehe B § 67 GmbHG Nr. 3.

§ 67 GmbHG Nr. 2 (Löschung früherer Geschäftsführer)

Wird eine GmbH durch einen nicht satzungsändernden Gesellschafterbeschluss aufgelöst und eine von § 66 Abs. 1 GmbHG abweichende Liquidationsvertretung beschlossen, dann ist der Wegfall der Vertretungsbefugnis der früheren Geschäftsführer analog § 39 Abs. 1 GmbHG zur Löschung im Handelsregister anzumelden.

OLG Köln v. 25.4.1984 – 2 Wx 9/84, Rpfleger 1984, 319 = GmbHR 1985, 23.

Vgl. auch die Entscheidung B § 67 GmbHG Nr. 5.

§ 67 GmbHG Nr. 3 (Ende der Abwicklung, Versicherung)

1. Die Abwicklung einer GmbH ist nicht beendet und die Gesellschaft noch nicht vermögenslos, solange Gesellschaftsvermögen für Kosten, Gebühren und Steuern einbehalten ist.

2. Ein Liquidator einer GmbH muss bei seiner Anmeldung die gesetzliche Versicherung über das Nichtbestehen von Bestellungshindernissen (§ 67 Abs. 3 GmbHG) grundsätzlich auch dann abgeben, wenn er sie bereits früher als Geschäftsführer abgegeben hat.

BayObLG v. 27.8.1982 – BReg 3 Z 96/82, GmbHR 1982, 274 = ZIP 1982, 1205.

Zur Amtsniederlegung des Liquidators: BayObLG v. 13.1.1994 – 3Z BR 311/93, GmbHR 1994, 259 = DNotZ 1994, 654.

§ 67 GmbHG Nr. 4   (Anmeldung)

Die Auflösung der GmbH ist von den Geschäftsführern anzumelden, wenn die Eintragung im Handelsregister konstitutiv wirkt, hingegen von den Liquidatoren, wenn der Eintragung nur deklaratorische Wirkung zukommt. Die Anmeldepflicht der Liquidatoren besteht auch dann, wenn es sich um geborene Liquidatoren handelt und sich auch die Art ihrer Vertretungsbefugnis nicht geändert hat.

BayObLG v. 31.3.1994 – 3Z BR 23/94, GmbHR 1994, 479 = DNotZ 1995, 222.

§ 67 GmbHG Nr. 5   (Anmeldung)

Werden die Auflösung der Gesellschaft und die ersten Liquidatoren zur Eintragung in das Handelsregister angemeldet, so liegt darin gleichzeitig die Erklärung des Anmelders, dass die Vertretungsbefugnis der bisherigen Geschäftsführer erloschen ist.

BayObLG v. 31.3.1994 – 3Z BR 8/94, GmbHR 1994, 480 = DNotZ 1994, 219.

§ 67 GmbHG Nr. 6   (Anmeldung der abstrakten Vertretungsbefugnis)

Im Zusammenhang mit der Auflösung der GmbH ist gemäß § 67 Abs. 1 GmbHG die „abstrakte", d.h. die generell für ein mehrköpfiges Organ geltende Vertretungsregelung auch dann zur Eintragung in das Handelsregister anzumelden, wenn nur ein (erster) Liquidator bestellt ist.

BGH v. 7.5.2007 – II ZB 21/06, GmbHR 2007, 877 = NotBZ 2007, 327 = DNotZ 2008, 75.

§ 68 GmbHG Vertretung durch Liquidatoren

§ 68 GmbHG Nr. 1   (Vertretungsbefugnis der Liquidatoren)

1. § 68 Abs. 1 Satz 2 GmbHG regelt die Aktivvertretungsbefugnis bei Vorhandensein mehrerer Liquidatoren schlechthin, unabhängig davon, ob die letzten Geschäftsführer so genannte geborene Liquidatoren sind oder ob die Liquidatoren durch die Gesellschaft oder das Registergericht bestellt wurden.

2. Eine für die Geschäftsführer einer GmbH bestimmte Alleinvertretungsbefugnis setzt sich nicht als Alleinvertretungsberechtigung der Liquidatoren fort, sondern endet mit der Auflösung der Gesellschaft. Dies gilt auch dann, wenn die Geschäftsführer als geborene Liquidatoren weiterhin für die Gesellschaft tätig sind.

BGH v. 27.10.2008 – II ZR 255/07, GmbHR 2009, 212. Vgl. auch B § 181 BGB Nr. 6.

§ 74 GmbHG Erlöschen der Gesellschaft, Nachtragsliquidation, Bücher und Schriften

§ 74 GmbHG Nr. 1   (Erforderliche Anmeldungen)

Das Erlöschen der Firma einer Gesellschaft mit beschränkter Haftung ist zum Handelsregister anzumelden. Daneben bedarf es nicht noch der Anmeldung der Beendigung der Vertretungsbefugnis der Liquidatoren.

KG v. 2.1.1908, KGJ 35 A 189.

Ebenso BayObLG v. 13.1.1994 – 3Z BR 311/93, GmbHR 1994, 259 = DNotZ 1994, 654.

Zur Löschung einer GmbH vor Ablauf des Sperrjahres siehe unten B § 74 GmbHG Nr. 7 und 8; vgl. OLG Köln v. 5.11.2004 – 2 Wx 33/04, GmbHR 2005, 108 = DNotZ 2005, 314.

§ 74 GmbHG Nr. 2   (Bestand der GmbH nach Löschung)

1. Ist eine GmbH nach Beendigung der Abwicklung im Handelsregister gelöscht worden, stellen sich aber nachträglich weitere Abwicklungsmaßnahmen als nötig heraus, so ist die Abwicklung ungeachtet der Eintragung, die nur kundmachende Wirkung hat, fortzusetzen.

2. Das Amtsgericht (Registergericht) hat auf Antrag einen Nachtragsabwickler zu bestellen. Es kann dessen Bestellung davon abhängig machen, dass der Antragsteller einen zur Deckung der Kosten hinreichenden Vorschuss zahlt.

3. Die Wiedereröffnung der Abwicklung und das (beschränkte) Wiederaufleben der GmbH brauchen in das Handelsregister nicht eingetragen zu werden, wenn es sich nur um bestimmte einzelne Abwicklungsmaßnahmen handelt, wie die Bewilligung der Löschung einer zugunsten der GmbH im Grundbuch noch eingetragenen, angeblich nicht mehr valutierten Grundschuld.

BayObLG v. 4.10.1955, GmbHR 1956, 76.

Bestellung durch Gericht nur bei konkretem Vortrag zum behaupteten Anspruch: KG Berlin v. 13.2.2007 – 1 W 272/06, GmbHR 2007, 542 und OLG Frankfurt/M v. 27.6.2005 – 20 W 458/04, GmbHR 2005, 1137.

§ 74 GmbHG Nr. 3   (Vertretung bei Nachtragsliquidation)

Ist eine GmbH im Handelsregister gelöscht worden, nachdem die Abwickler die Beendigung der Liquidation angezeigt hatten, und erweisen sich nachträglich weitere Abwicklungsmaßnahmen als notwendig, so lebt die Vertretungsbefugnis der früheren Abwickler nicht ohne weiteres wieder auf, sondern das Gericht hat in entsprechender Anwendung des § 273 Abs. 4 AktG auf Antrag die bisherigen oder andere Abwickler neu zu bestellen, wobei die Auswahl seinem pflichtgemäßen Ermessen unterliegt.

BGH v. 23.2.1970 – II ZB 5/69, BGHZ 53, 264 = Rpfleger 1970, 165 = DNotZ 1970, 427 = GmbHR 1970, 123.

Dasselbe gilt nach einer Amtslöschung wegen Vermögenslosigkeit, BGH v. 18.4.1985 – IX ZR 75/84, GmbHR 1985, 325. Siehe B § 394 FamFG Nr. 7.

Der Aufgabenkreis des Nachtragsliquidators kann im Bestellungsbeschluss beschränkt werden, vgl. OLG München v. 7.5.2008 – 31 Wx 28/08, GmbHR 2008, 821 = ZIP 2009, 490.

§ 74 GmbHG Nr. 4 (Erlöschen von Vollmachten)

Eine von dem früheren Geschäftsführer einer gelöschten GmbH erteilte Generalvollmacht besteht nicht über die Löschung hinaus, sondern erlischt mit diesem Zeitpunkt.

LG Berlin v. 8.11.1979 – 81 T 426/79, Rpfleger 1981, 361.

§ 74 GmbHG Nr. 5 (Einsicht in Bücher)

Wenn dem Registergericht vom Gesetz die Ermächtigung der Gläubiger (Aktionäre) zur Einsicht der Bücher und Papiere der erloschenen Gesellschaft übertragen ist, so ist es auch für befugt zu erachten, dem Verwahrer dieser Urkunden deren Vorlegung zur Einsicht oder die Gestattung der Einsicht aufzugeben und die Befolgung dieser Anordnung gemäß § 33 FGG (jetzt: § 95 FamFG) zu erzwingen.

KG v. 27.5.1937, JW 1937, 2289.

Ebenso OLG Oldenburg v. 10.2.1983 – 5 W 77/82, GmbHR 1983, 200.

§ 74 GmbHG Nr. 6 (Einsicht in Bücher)

Das Bankgeheimnis schließt das gesetzliche Informationsrecht des Gläubigers aus § 74 Abs. 3 Satz 2 GmbHG nicht aus. Es ist eine Interessenabwägung vorzunehmen, wobei dem Informationsrecht des Gläubigers in der Regel Vorrang zukommt.

BayObLG v. 5.2.2003 – 3Z BR 8/03, GmbHR 2003, 478 = ZIP 2003, 569.

§ 74 GmbHG Nr. 7 (Erlöschen ohne Liquidation)

1. Kommt eine Verteilung von Gesellschaftsvermögen an die Gesellschafter nicht in Betracht, dann kann die Beendigung einer GmbH ohne die Einhaltung des Sperrjahres gemäß § 73 GmbHG in das Handelsregister eingetragen werden.

2. Zum Nachweis der Vermögenslosigkeit der Gesellschaft genügt im Allgemeinen die mit der Anmeldung des Erlöschens der Firma verbundene Versicherung des Liquidators, nötigenfalls in Verbindung mit einer näheren Darlegung der tatsächlichen Verhältnisse.

OLG Köln v. 5.11.2004 – 2 Wx 33/04, GmbHR 2005, 108 = DNotZ 2005, 314.

Zu Leitsatz 2: Bei begründeten Zweifeln kann Vorlage einer Liquidationsschlussbilanz gefordert werden; OLG Düsseldorf v. 4.8.20015 – 3 Wx 114/15, GmbHR 2015, 1159.

§ 74 GmbHG Nr. 8   (Erlöschen ohne Liquidation)

1. Ein laufender Aktivprozess steht der Beendigung einer Liquidation stets entgegen, so dass die Aufforderung des Registergerichts, unter anderem durch den Liquidator zu versichern, dass keine Prozesse mit der Gesellschaft als Partei anhängig sind, zu Recht erfolgte. Wurde eine solche Versicherung bis zum Ablauf des Sperrjahres nicht vorgelegt, besteht bis zu diesem Zeitpunkt kein Anspruch auf Löschung der GmbH im Handelsregister.

2. Der Einwand des Finanzamts, das Besteuerungsverfahren sei noch nicht abgeschlossen, steht einer Löschung dann nicht entgegen, wenn das Unternehmen nach den Feststellungen des Registergerichts den Geschäftsbetrieb endgültig eingestellt hat und über kein Vermögen mehr verfügt. Steht nach den Auskünften des Finanzamts allein der Abschluss des Besteuerungsverfahrens und nicht eine mögliche Ermittlung weiterer Vermögens in Rede, kann dies die beantragte Eintragung nicht hindern.

Thür. OLG v. 20.5.2015 – 6 W 506/14, GmbHR 2015, 1093 = notar 2016, 21.

Zu Leitsatz 2 a.A. OLG Hamm v. 29.7.2015 – 27 W 50/15, GmbHR 2015, 1160 = RNotZ 2015, 659.

---

§ 78 GmbHG Anmeldebefugnis

§ 78 GmbHG Nr. 1   (Abberufung eines Geschäftsführers, Vertretungsbefugnis)

Die Anmeldung des Ausscheidens eines GmbH-Geschäftsführers zum Handelsregister muss von Geschäftsführern der Betroffenen in vertretungsberechtigter Zahl abgegeben werden. Besteht zum Zeitpunkt der Abgabe der Erklärung noch Gesamtvertretung, reicht die Unterzeichnung der Anmeldung durch den späteren Alleingeschäftsführer nicht aus.

BayObLG v. 17.9.2003 – 3Z BR 183/03, GmbHR 2003, 1356 = Rpfleger 2003, 51. So auch OLG Hamm v. 29.4.1981 – 15 W 67/81, DNotZ 1981, 707 für den Zeitpunkt der Erstanmeldung einer GmbH.

A.A. OLG Brandenburg v. 5.6.2012 – 7 Wx 13/12, NotBZ 2013, 475: Geschäftsführer wird mit Wirkung zum Monatsende abberufen; einen Tag vorher unterzeichnet er die Anmeldung über seine Abberufung, die erst im Folgemonat zum Handelsregister eingereicht wird. Ebenfalls auf § 130 BGB stellt ab OLG Zweibrücken v. 29.10.2013 – 3 W 82/13, GmbHR 2014, 251. Siehe auch Einl. Rz. 48.

Zur Anmeldebefugnis bei Insolvenz vgl. Einl. Rz. 38. Zur Anmeldebefugnis bei gemischter Gesamtvertretung vgl. B § 39 GmbHG Nr. 2. Zur Anmeldebefugnis bei Amtsniederlegung vgl. B § 39 GmbHG Nr. 8.

§ 78 GmbHG Nr. 2 (Abberufung eines Geschäftsführers, Zeitpunkt)

1. Zur Anmeldung der Beendigung des Geschäftsführeramts ist die Gesellschaft vertreten durch ihre organschaftlichen Vertreter, wie sie im Augenblick der Anmeldung durch den Gesellschaftsvertrag bestimmt sind, befugt und verpflichtet.

2. Maßgeblicher Zeitpunkt für die Anmeldebefugnis ist der Zeitpunkt der Abgabe der Erklärung beim Notar, ungeachtet der Tatsache, dass die Wirksamkeit der Anmeldung nicht vor Eingang beim Handelsregister eintreten kann.

OLG Brandenburg v. 5.6.2012 – 7 Wx 13/12, NotBZ 2013, 475: Geschäftsführer wird mit Wirkung zum Monatsende abberufen; einen Tag vorher unterzeichnet er die Anmeldung über seine Abberufung, die erst im Folgemonat zum Handelsregister eingereicht wird.

§ 78 GmbHG Nr. 3 (Kapitalerhöhung bei Insolvenz)

Die Anmeldung einer beschlossenen Erhöhung des Stammkapitals obliegt auch nach Eröffnung des Insolvenzverfahrens allen Geschäftsführern. Der Insolvenzverwalter kann deshalb für die GmbH in einem solchen Anmeldeverfahren keine zulässigen Rechtsmittel einlegen.

BayObLG v. 17.3.2004 – 3Z BR 046/04, 3Z BR 46/04, GmbHR 2004, 669 = Rpfleger 2004, 426.

IV. Einführungsgesetz zum Gesetz betreffend Gesellschaften mit beschränkter Haftung (EGGmbHG)

§ 1 EGGmbHG Umstellung auf Euro

§ 1 EGGmbHG Nr. 1 (Beschlussfassung)

1. Die Umstellung des Stammkapitals einer GmbH auf Euro bedarf auch bei gleichzeitiger Erhöhung des Stammkapitals eines Beschlusses der Gesellschafter.

2. Bei Satzungsänderungen, die die in § 10 Abs. 1 und 2 GmbHG genannten Angaben betreffen, sind die geänderten Satzungsbestandteile anzugeben und die konkreten Änderungen schlagwortartig hervorzuheben.

OLG Frankfurt/M v. 23.7.2003 – 20 W 46/03, GmbHR 2003, 1273 = NJW-RR 2003, 1616 = BB 2003, 2477.

§ 1 EGGmbHG Nr. 2 (Aufstockungsbetrag)

Wird das Stammkapital einer GmbH gemäß § 86 GmbHG auf Euro umgestellt und gleichzeitig durch Kapitalerhöhung geglättet, kann der Aufstockungsbetrag krumm sein und muss nicht die Teilbarkeitsvorschrift des § 5 Abs. 3 Satz 2 GmbHG erfüllen.

LG Bremen v. 12.5.1999 – 13 T 7/99 A, GmbHR 2000, 287 = MittBayNot 1999, 581.

Ebenso: LG Bonn v. 25.1.2000 – 11 T 12/99, NJW 2000, 3221; OLG Hamm v. 28.4.2003 – 15 W 39/03, GmbHR 2003, 899.

Zur Aufstockung allgemein vgl. B § 55 GmbHG Nr. 2.

Zur Unterschreitung des Mindestnennbetrages: KG Berlin v. 3.5.2001 – 1 W 9272/00, GmbHR 2001, 520 = DNotZ 2001, 889.

§ 1 EGGmbHG Nr. 3 (Anwendbarkeit der §§ 55 ff. GmbHG)

1. Für eine im Zusammenhang mit einer Umstellung des Stammkapitals und der Geschäftsanteile auf Euro beschlossene Kapitalerhöhung und deren Anmeldung gelten die allgemeinen Vorschriften.

2. Deshalb bedarf es auch bei einer zur „Glättung" der Stammeinlage beschlossenen Aufstockung des Geschäftsanteils des Alleingesellschafters der Übernahmeerklärung und der Vorlage der Liste der Übernehmer.

BayObLG v. 20.2.2002 – 3Z BR 30/02, GmbHR 2002, 497 = ZIP 2002, 1351 = NotBZ 2002, 185.

V. Aktiengesetz (AktG)

§ 23 Abs. 2 AktG Gründer

§ 23 Abs. 2 AktG Nr. 1 (GbR)

Eine Gesellschaft bürgerlichen Rechts kann Gesellschafter einer AG sein. Die Gesellschafter der Gesellschaft bürgerlichen Rechts können ihre Haftung für die von ihnen zu leistenden Einlagen weder auf das Gesamthandsvermögen noch einen ihrer Beteiligung an der Gesellschaft entsprechenden Betrag beschränken.

BGH v. 13.4.1992 – II ZR 277/90, BGHZ 118, 83 = AG 1992, 312.

§ 23 Abs. 3 AktG Satzung

§ 23 Abs. 3 AktG Nr. 1 (Doppelsitz)

Das Registergericht darf einen satzungsmäßig angeordneten Doppelsitz der Gesellschaft nur in außergewöhnlichen Fällen zulassen. Die Verschmelzung zweier Gesellschafter allein ist kein solcher Fall.

BayObLG v. 29.3.1985 – BReg 3 Z 22/85, ZIP 1985, 929 = AG 1986, 48.

§ 23 Abs. 3 AktG Nr. 2 (Gegenstand, Vorrats-AG)

1. Auch die erstmalige Anmeldung der Aktiengesellschaft zum Handelsregister durch die in § 36 Abs. 1 AktG genannten Personen erfolgt im Namen der Gesellschaft. Die Gesellschaft, vertreten durch ihren Vorstand, ist daher auch beschwerdeberechtigt i.S.d. § 20 Abs. 2 FGG (jetzt § 59 FamFG) (Ergänzung BGH B § 294 AktG Nr. 1).

2. Die Gründung von Vorrats-Aktiengesellschaften ist zulässig, wenn die Bestimmung der Gesellschaft, als sog. Mantel für die spätere Aufnahme eines Geschäftsbetriebs zu dienen, bei der Bezeichnung des Unternehmensgegenstandes deutlich klargestellt wird (sog. offene Vorratsgründung). Ausreichend dafür ist die Angabe „Verwaltung des eigenen Vermögens". Eine wegen der Angabe eines unzutreffenden Unternehmensgegenstandes unwirksame sog. verdeckte Vorratsgründung liegt auch dann vor, wenn der angegebene Unternehmensgegenstand nicht in absehbarer Zeit verwirklicht werden soll.

BGH v. 16.3.1992 – II ZB 17/91, BGHZ 117, 323 = GmbHR 1992, 451.

§ 26 AktG   Gründungsaufwand

§ 26 AktG Nr. 1   (Wirtschaftliche Neugründung)

Wurde bei der Vorratsgründung einer Aktiengesellschaft der Gründungsaufwand ausschließlich von der Gründerin selbst (und damit nicht von der Gesellschaft) getragen, so kann im Rahmen der wirtschaftlichen Neugründung ein Gründungsaufwand von der Gesellschaft (erstmals) übernommen werden und die entsprechende Satzungsergänzung in das Handelsregister eingetragen werden.

OLG Stuttgart v. 23.10.2012 – 8 W 218/12, GmbHR 2012, 1301. Übersicht *Wachter*, GmbHR 2016, 791.

§ 37 Abs. 1 AktG   Anmeldung

§ 37 Abs. 1 AktG Nr. 1   (Bankbestätigung)

Eine Bankbestätigung i.S.v. § 37 Abs. 1 Satz 3 AktG muss zu dem der Bank bekannten Zweck der Vorlage zum Handelsregister bestimmt sein und grundsätzlich erkennen lassen, dass die (eingeforderten) Bareinlagen eines oder mehrerer bestimmter Inferenten zu endgültig freier Verfügung des Vorstandes der Aktiengesellschaft auf das Bankkonto einbezahlt (worden) sind. Auf die Gegenwarts- oder Vergangenheitsform der Bestätigung kommt es nicht an.

BGH v. 7.1.2008 – II ZR 283/06, BGHZ 175, 86 = AG 2008, 289.

Die Bestätigung muss ferner erkennen lassen, dass von Seiten der Bank keine Ansprüche bestehen, die den eingezahlten Betrag in irgendeiner Weise schmälern könnten: LG Hamburg v. 16.12.1975 – 23 O 109/75, NJW 1976, 1980.

§ 95 Satz 2 AktG   Zahl der Aufsichtsratsmitglieder

§ 95 Satz 2 AktG Nr. 1   (Erhöhung der Anzahl)

Die Hauptversammlung einer Aktiengesellschaft kann alsbald nach Fassung eines Beschlusses über die Erhöhung der Zahl der Aufsichtsratsmitglieder und vor dessen Eintragung in das Handelsregister die Zuwahlen in die neuen Stellen vornehmen; die Gewählten dürfen jedoch erst nach Eintragung des Beschlusses in Tätigkeit treten.

KG v. 15.10.1904, KGJ 28 A 216.

§ 104 AktG Bestellung von Aufsichtsratsmitgliedern durch das Registergericht

§ 104 AktG Nr. 1 (Dringender Fall)

Im Falle einer zur Beschlussunfähigkeit des Aufsichtsrats führenden Unterschreitung der Mitgliederzahl hat das Registergericht nach § 104 Abs. 1 Satz 1 AktG, der gegenüber § 104 Abs. 2 AktG spezielleren Vorschrift, auf Antrag des Vorstands den Aufsichtsrat ohne Bindung an die dreimonatige Frist und ohne das Vorliegen eines dringenden Falles auf die zur Beschlussfähigkeit nötige Zahl von Mitgliedern zu ergänzen.

OLG Düsseldorf v. 28.1.2010 – 3 Wx 3/10, ZIP 2010, 473 = AG 2010, 368.

§ 104 AktG Nr. 2 (Bestellung von Arbeitnehmervertretern)

1. Über die gerichtliche Bestellung von Aufsichtsratsmitgliedern der Arbeitnehmer entscheidet das Gericht der freiwilligen Gerichtsbarkeit grundsätzlich nach freiem Ermessen ohne Bindung an Anträge.

2. Das Gericht hat aber die sich aus § 104 Abs. 4 AktG ergebenen Beschränkungen zu beachten.

3. Das Ermessen ist eingeschränkt, soweit nach § 7 Abs. 2 MitbestG Vertreter von Gewerkschaften zu bestellen sind. In einem solchen Fall ist einem Antrag der Gewerkschaft in personeller Hinsicht grundsätzlich zu folgen. Eine Ablehnung ist nur möglich, sofern überwiegende Belange der Gesellschaft oder der Allgemeinheit entgegenstehen. Liegen verschiedene Anträge konkurrierender Gewerkschaften vor, kann das Gericht im Rahmen dieser Anträge frei auswählen.

4. Der Kreis der Vorschlagsberechtigten i.S.v. § 104 Abs. 4 Satz 4 AktG ist nach § 16 Abs. 2 MitbestG beschränkt.

BayObLG v. 20.8.1997 – 3ZBR 193/97, AG 1998, 36 = ZIP 1997, 1883.

§ 104 AktG Nr. 3 (Auswahlermessen)

1. Der persönlich haftende Gesellschafter einer Kommanditgesellschaft auf Aktien ist im Gegensatz zur Gesellschaft selbst zur Antragstellung nach § 104 Abs. 1 und 2 AktG (gerichtliche Ergänzung des Aufsichtsrats) berechtigt.

2. Bei der Überprüfung der diesbezüglichen erstinstanzlichen Entscheidung ist das Oberlandesgericht als Beschwerdegericht weitere Tatsacheninstanz (§ 65 Abs. 3 FamFG) und damit nicht auf die Feststellung von Ermessensfehlern beschränkt, sondern kann sein Ermessen hinsichtlich der Auswahl der zum Aufsichtsrat zu bestellenden Personen in vollem Umfang an die Stelle des Ausgangsgerichts setzen (Abgrenzung zu OLG Hamm v. 28.5.2013 – 27 W 35/13, AG 2013, 927).

OLG Frankfurt/M v. 8.9.2014 – 20 W 148/14, AG 2014, 247.

Leitsatz 2 bestätigt durch OLG Braunschweig v. 24.5.2016 – 1 W 92/15, juris.

§ 104 AktG Nr. 4   (Bestellung durch das Registergericht nur bei zwingend zu bildendem Aufsichtsrat)

Der Anwendungsbereich des § 104 AktG beschränkt sich auf Aktiengesellschaften und GmbHs mit zwingend zu bildendem Aufsichtsrat. Eine Ersatzbestellung durch gerichtliche Entscheidung im Wege einer analogen Anwendung der Vorschrift kommt auf eine GmbH mit einem fakultativ gebildeten Aufsichtsrat ebenso wenig in Betracht wie auf eine Personengesellschaft (hier: GmbH & Co. KG).

OLG Hamm v. 23.2.2000 – 15 W 46/00, Rpfleger 2000, 338 = AG 2001, 145 = GmbHR 2000, 491. Bestätigt durch OLG Frankfurt/M v. 19.11.2013 – 20 W 335/13, GmbHR 2014, 477.

Zu Bestellung bei Umwandlungen vgl. BayObLG v. 9.6.2000 – 3Z BR 92/00, GmbHR 2000, 982 = AG 2001, 89.

§ 105 Abs. 2 AktG Unvereinbarkeiten

§ 105 Abs. 2 AktG Nr. 1   (Abordnung von Aufsichtsratsmitgliedern in den Vorstand)

Die Bestellung von Aufsichtsratsmitgliedern zu Stellvertretern behinderter Vorstandsmitglieder ist auch dann zulässig, wenn dadurch der Aufsichtsrat beschlussunfähig wird; es ist dann ein Antrag nach § 104 AktG zu stellen.

KG v. 14.10.1929, JW 1930, 1413.

Keine Vorstandsbestellung nach § 105 Abs. 2 AktG für alle möglichen künftigen Behinderungsfälle: KG, KGJ 15, 30.

§ 106 AktG Bekanntmachungen von Veränderungen im Aufsichtsrat

§ 106 AktG Nr. 1   (Zeitpunkt)

Veränderungen im Aufsichtsrat sind erst dann bekanntzumachen, wenn sie objektiv feststehen (hier: Zweifel über die Wirksamkeit einer Amtsniederlegung).

KG v. 15.3.1912, RJA 12, 40.

§ 106 AktG Nr. 2   (Angabe im Jahresabschluss)

Hat der Vorstand in der Bekanntmachung des Jahresabschlusses die Aufsichtsratsmitglieder angegeben, so ist damit zugleich seine Verpflichtung erfüllt, einen früheren Wechsel der Aufsichtsratsmitglieder bekanntzumachen.

KG v. 23.12.1942, DR 1943, 812.

§ 107 Abs. 1 Satz 2 AktG Anzeige von Wahlen im Aufsichtsrat

§ 107 Abs. 1 Satz 2 AktG Nr. 1   (Form der Anmeldung)

Die dem Vorstand obliegende Anmeldung der zum Vorsitzenden des Aufsichtsrats und dessen Stellvertretern gewählten Personen bedarf nicht der Form des § 12 HGB.

KG v. 23.6.1938, JW 1938, 2281.

§ 130 AktG Niederschrift

§ 130 AktG Nr. 1   (Form, nichtige Beschlüsse)

1. Wenn auf einer Hauptversammlung ein Beschluss gefasst wird, für den das Gesetz eine Dreiviertel- oder größere Mehrheit bestimmt und der damit stets durch eine notariell aufgenommene Niederschrift zu beurkunden ist, muss ein anderer, nicht diesen Mehrheitserfordernissen unterliegender Beschluss nicht in der vom Notar aufgenommenen Niederschrift beurkundet sein, sondern genügt dafür eine vom Aufsichtsratsvorsitzenden unterzeichnete Niederschrift.

2. Werden in einem Beschluss mehrere Satzungsänderungen zusammengefasst und ist eine der Satzungsänderungen nichtig, sind die weiteren Satzungsänderungen ebenfalls nichtig, wenn ein innerer Zusammenhang zwischen den Änderungen gegeben ist.

BGH v. 19.5.2015 – II ZR 176/14, BGHZ 205, 319 = AG 2015, 633 = DNotZ 2015, 704.

Aus den Gründen zu Leitsatz 2: „Werden in einem Beschluss mehrere Satzungsänderungen zusammengefasst und ist eine der Satzungsänderungen nichtig, sind die weiteren Satzungsänderungen ebenfalls nichtig, wenn ein innerer Zusammenhang zwischen den Änderungen gegeben ist. Wenn in einem Antrag zu einem Tagesordnungspunkt wie bei verschiedenen Änderungen der Satzung mehrere Beschlussgegenstände zusammengefasst werden, beurteilt sich die Gesamtnichtigkeit des Beschlusses bei der Nichtigkeit eines Teils entsprechend § 139 BGB."

§ 183a AktG Kapitalerhöhung mit Sacheinlagen ohne Prüfung

§ 183a AktG Nr. 1   (Prüfungsbefugnis)

Das im Rahmen einer Sachkapitalerhöhung ohne externe Prüfung nach § 183a AktG vorgelegte Gutachten nach § 33a Abs. 1 Nr. 2 AktG kann durch das Registergericht grundsätzlich nur darauf hin überprüft werden, ob der Gutachter die nach § 33a Abs. 1 Nr. 2 AktG erforderlichen Voraussetzungen erfüllt und ob er von zutreffenden Anknüpfungstatsachen ausgegangen ist. Die Auswahl des Bewertungsverfahrens obliegt grundsätzlich dem Sachverständigen.

KG Berlin v. 12.10.2015 – 22 W 77/15, AG 2016, 118 = ZIP 2016, 161.

§ 185 AktG Zeichnung der neuen Aktien

§ 185 AktG Nr. 1 (Fristablauf, Eintragungshindernis)

Der Eintritt der Unverbindlichkeit der Zeichnung von neuen Aktien durch Fristablauf für die Eintragung der Durchführung der Erhöhung des Grundkapitals gemäß §§ 185 Abs. 1 Satz 3 Nr. 4, 189 AktG führt zu einem endgültigen Eintragungshindernis. Das Registergericht hat die Eintragung der Durchführung der Kapitalerhöhung abzulehnen, ohne dass es einer vorherigen Zwischenverfügung mit Fristsetzung zur Behebung des Eintragungshindernisses bedarf. Beim Vorliegen einer neuen Zeichnung ist eine erneute Handelsregisteranmeldung vorzunehmen.

OLG Stuttgart v. 18.4.2012 – 8 W 147/12, AG 2012, 422 = ZIP 2012, 921.

§ 192 AktG Bedingte Kapitalerhöhung

§ 192 AktG Nr. 1 (Sacheinlage)

Soll eine bedingte Kapitalerhöhung gegen noch zu begebende Wandelschuldverschreibungen erfolgen, zu deren Ausgabe – auch – gegen Sacheinlage der Vorstand durch die Hauptversammlung ermächtigt ist, erfordert die Eintragung des Beschlusses über die bedingte Kapitalerhöhung in das Handelsregister nicht, dass die Sacheinlageverträge und der Sachprüfungsbericht vorgelegt werden.

OLG München v. 19.9.2013 – 31 Wx 312/13, AG 2013, 811 = DNotZ 2013, 955.

§ 292 AktG Andere Unternehmensverträge

§ 292 AktG Nr. 1 (Teilgewinnabführungsvertrag)

Ein von einer GmbH mit zwei stillen Gesellschaftern geschlossener Teilgewinnabführungsvertrag ist nicht ins Handelsregister eintragungsfähig.

KG Berlin v. 24.3.2014 – 12 W 43/12, GmbHR 2014, 756. So auch OLG München v. 17.3.2011 – 31 Wx 68/11, GmbHR 2011, 487.

§ 294 AktG Eintragung, Wirksamwerden von Unternehmensverträgen

§ 294 AktG Nr. 1 (Abschluss eines Unternehmensvertrages zwischen zwei GmbHs)

1. Die eine GmbH betreffende, auf die Herbeiführung einer konstitutiven Eintragung gerichtete Anmeldung zum Handelsregister ist durch die Geschäftsführer im Namen der Gesellschaft vorzunehmen. Die Gesellschaft ist daher auch beschwerdeberechtigt im Sinne des § 20 Abs. 2 FGG (jetzt: § 59 FamFG).

2. Ein zwischen zwei Gesellschaften mit beschränkter Haftung abgeschlossener Unternehmensvertrag, in dem sowohl eine Beherrschungsvereinbarung als auch eine Gewinnabführungsverpflichtung enthalten ist, wird nur wirksam, wenn die Gesellschafterversammlungen der beherrschten und der herrschenden Gesellschaft dem Vertrag zustimmen und seine Eintragung in das Handelsregister der beherrschten Gesellschaft erfolgt. Der Zustimmungsbeschluss der herrschenden Gesellschaft bedarf mindestens ¾ der bei der Beschlussfassung abgegebenen Stimmen. Es bleibt offen, welche qualifizierte Mehrheit bei der beherrschten Gesellschaft erforderlich ist.

Der Zustimmungsbeschluss der Gesellschafterversammlung der beherrschten Gesellschaft bedarf der notariellen Beurkundung, nicht hingegen der Unternehmensvertrag und der Zustimmungsbeschluss der Gesellschafterversammlung der herrschenden Gesellschaft.

Aus der Eintragung sollen sich Abschluss, Abschlussdatum und Art des Unternehmensvertrages sowie die Tatsache der Zustimmung der Gesellschafterversammlung der beherrschten Gesellschaft und das Datum dieses Zustimmungsbeschlusses ergeben. Wegen des weitergehenden Inhalts kann auf den Unternehmensvertrag sowie die zustimmenden Beschlüsse der Gesellschafterversammlung der beherrschten und der herrschenden Gesellschaft Bezug genommen werden, die sämtlich in Abschrift der Anmeldung zum Handelsregister beizufügen sind.

BGH v. 24.10.1988 – II ZB 7/88, BGHZ 105, 324 = DNotZ 1989, 110 = GmbHR 1989, 25.

Nach h.M. Eintragung des Unternehmensvertrages nur bei beherrschter Gesellschaft, nicht bei herrschender Gesellschaft; a.A. LG Bonn v. 27.4.1993 – 11 T 2/93, GmbHR 1993, 443 und OLG Celle v. 4.6.2014 – 9 W 80/14, AG 2014, 754.

§ 294 AktG Nr. 2 (Unternehmensvertrag als Anlage zum Zustimmungsbeschluss)

Der Niederschrift über den Beschluss, mit dem die Gesellschafterversammlung der herrschenden Gesellschaft einem mit einer GmbH abgeschlossenen Unternehmensvertrag zugestimmt hat, ist der Unternehmensvertrag als Anlage beizufügen. Der Zustimmungsbeschluss nebst Anlage ist der Anmeldung zum Handelsregister beizufügen (Ergänzung zu BGH v. 24.10.1988 – II ZB 7/88, BGHZ 105, 324 = B § 294 AktG Nr. 1).

BGH v. 30.1.1992 – II ZB 15/91, GmbHR 1992, 253 = DNotZ 1993, 176 = AG 1992, 192.

Zum Zustimmungserfordernis bei Unternehmensvertrag zwischen GmbH und herrschender Personengesellschaft: LG Mannheim v. 9.12.1993 – 24 T 3/93, GmbHR 1994, 810 = Rpfleger 1994, 256.

§ 294 AktG Nr. 3 (Amtspflichten des Notars bei Anmeldung eines Unternehmensvertrages)

1. Ein Notar verletzt seine Amtspflicht zum unverzüglichen Vollzug eines vor ihm beurkundeten Beherrschungs- und Gewinnabführungsvertrages zweier GmbH, wenn er

den Geschäftsführer des künftig beherrschten Unternehmens nicht zur Unterzeichnung der Anmeldung des Vertrages beim Handelsregister auffordert und auch keinen entsprechenden Eintragungsantrag einreicht.

2. Die Ersatzpflicht des Notars entfällt jedoch nach § 19 Abs. 1 Satz 3 BNotO i.V.m. § 839 Abs. 3 BGB, wenn die beherrschte GmbH als Verletzte es schuldhaft unterlassen hat, den Notar an die Erledigung eines Eintragungsantrages zu erinnern.

3. Die Vertreter einer GmbH müssen wissen, dass ein Beherrschungs- und Gewinnabführungsvertrag zwischen zwei Gesellschaften zur Wirksamkeit der Eintragung in das Handelsregister der beherrschten Gesellschaft bedarf.

Sie haben schon wenige Monate nach der Beurkundung, wegen der steuerlichen Folgen spätestens aber kurz vor einem Jahreswechsel Veranlassung, sich nach dem Stand der Eintragung zu erkundigen, wenn sie weder eine Eintragungsnachricht des Handelsregisters noch eine Anmeldebestätigung des Notars erhalten haben.

OLG Naumburg v. 24.3.2003 – 1 U 79/02, NotBZ 2004, 73 = AG 2004, 43.

Wegen § 14 Abs. 1 Satz 2 KStG kommt es darauf an, dass der Unternehmensvertrag noch im laufenden Geschäftsjahr in das Handelsregister eingetragen wird.

§ 296 AktG Aufhebung eines Unternehmensvertrages

§ 296 AktG Nr. 1 (Zustimmungsbeschluss zur Aufhebung bei Unternehmensvertrag)

a) Die Aufhebung eines zwischen einer Aktiengesellschaft als herrschender und einer GmbH als abhängiger Gesellschaft geschlossenen Gewinnabführungsvertrages bedarf nicht der Zustimmung der Gesellschafterversammlung der GmbH.

OLG Frankfurt/M v. 11.11.1993 – 20 W 317/93, GmbHR 1994, 809 = ZIP 1993, 1790.

b) Die Aufhebung eines zwischen zwei GmbHs geschlossenen Beherrschungs- und Gewinnabführungsvertrages bedarf weder auf Seiten der beherrschenden noch auf Seiten der beherrschten GmbH der Zustimmung der Gesellschafterversammlung.

OLG Karlsruhe v. 3.6.1994 – 4 W 122/93, DNotZ 1994, 690 = GmbHR 1994, 807. Offen gelassen von BayOLG v. 5.2.2003 – 3Z BR 232/02, GmbHR 2003, 476.

A.A. zu a) und b) BGH v. 31.5.2011 – II ZR 109/10, BGHZ 190, 45 = GmbHR 2011, 922 = MittBayNot 2011, 515, bei 90% Beteiligung des herrschenden Rechtsträgers an der abhängigen GmbH.

§ 296 AktG Nr. 2 (Aufhebung zum Ende des Geschäftsjahres)

Entsprechend § 296 Abs. 1 Satz 1 AktG kann ein Unternehmensvertrag mit einer abhängigen GmbH nur zum Ende des Geschäftsjahrs oder des sonst vertraglich bestimmten Abrechnungszeitraums aufgehoben werden.

BGH v. 16.6.2015 – II ZR 384/13, BGHZ 206, 74 = GmbHR 2015, 985. A.A. in Bezug auf Beendigung eines Betriebspachtvertrages OLG Zweibrücken v. 29.10.2013 – 3 W 82/13, GmbHR 2014, 251.

Anmeldung ja, aber keine Eintragung vor der Beendigung B § 12 Abs. 1 Satz 1 HGB Nr. 4.

§ 296 AktG Nr. 3   (Nachträgliche Zustimmung zur Aufhebung)

Ergeht ein Gesellschaftsbeschluss einer beherrschten Gesellschaft (hier: GmbH), mit dem die Gesellschafter der beherrschten Gesellschaft ihre Zustimmung zur Aufhebung eines Gewinnabführungsvertrages (hier: mit einer GmbH & Co. KG) erklärt haben, erst nach Abschluss des Aufhebungsvertrages, so verstößt dies nicht gegen das Rückwirkungsverbot im Sinne des § 296 Abs. 1 Satz 2 AktG, wenn weder „außenstehende Aktionäre" noch schützenswerte Belange außenstehender Dritter beeinträchtigt werden. Dies ist der Fall, wenn die herrschende Gesellschaft sämtliche Geschäftsanteile an der beherrschten Gesellschaft hält und die Eintragung des Aufhebungsvertrages lediglich deklaratorische Wirkung hat.

OLG München v. 27.10.2014 – 31 Wx 235/14, GmbHR 2015, 368.

Zustimmungsbeschluss der beherrschten Gesellschaft bedarf notarieller Form und ist mit der Anmeldung einzureichen; AG Hamburg v. 4.2.2013 – HRB 38053, GmbHR 2013, 311.

§ 297 AktG Kündigung eines Unternehmensvertrages

§ 297 AktG Nr. 1   (Fristlose Kündigung)

Die Veräußerung seiner Anteilsrechte am beherrschten Unternehmen (Organgesellschaft) begründet für den Organträger kein Recht zur fristlosen Kündigung des Beherrschungs- und Gewinnabführungsvertrages, wenn Umstände und Zeitpunkt der Anteilsveräußerung von wirtschaftlichen Zwängen unbeeinflusst und damit steuerbar waren und das beherrschte Unternehmen einer vorzeitigen Vertragsbeendigung nicht widerspricht.

OLG Düsseldorf v. 19.8.1994 – 3 Wx 178/94, GmbHR 1994, 805. Bestätigt durch OLG Oldenburg v. 23.3.2000 – 1 U 175/99, NZG 2000, 1138: Anteilsveräußerung stellt keinen wichtigen Grund i.S.d. § 297 Abs. 1 Satz 1 AktG dar.

Zur Beendigung des Unternehmensvertrages infolge Eröffnung des Insolvenzverfahrens über das Vermögen der beherrschten oder herrschenden Gesellschaft: BGH v. 14.12.1987 – II ZR 170/87, BGHZ 103, 1 = GmbHR 1988, 174.

VI. Umwandlungsgesetz (UmwG)

§ 3 UmwG Verschmelzungsfähige Rechtsträger

§ 3 UmwG Nr. 1 (UG [haftungsbeschränkt])

Die Neugründung einer Unternehmergesellschaft (haftungsbeschränkt) durch Abspaltung verstößt gegen das Sacheinlagenverbot nach § 5a Abs. 2 Satz 2 GmbHG.

BGH v. 11.4.2011 – II ZB 9/10, GmbHR 2011, 701 = DNotZ 2012, 70.

§ 3 Abs. 3 UmwG Umwandlung aufgelöster Rechtsträger

§ 3 Abs. 3 UmwG Nr. 1 (Fortsetzungsfähigkeit)

Die Verschmelzung einer durch Gesellschafterbeschluss aufgelösten GmbH als übertragender Gesellschaft ist unwirksam, wenn die Fortsetzung der Gesellschaft wegen ihrer Überschuldung nicht beschlossen werden konnte.

BayObLG v. 4.2.1998 – 3Z BR 462/97, GmbHR 1998, 540 = DNotZ 1999, 145.

Zur Beteiligung aufgelöster Gesellschaften als übernehmender Rechtsträger: OLG Naumburg v. 6.2.1997 – 7 U 236/96, GmbHR 1997, 851; KG Berlin v. 22.9.1998 – 1 W 2161/97, GmbHR 1998, 1232. Keine Verschmelzung auf insolventen Rechtsträger, OLG Brandenburg v. 27.1.2015 – 7 W 118/14, GmbHR 2015, 588.

Nicht aufgelöste, aber überschuldete Rechtsträger sind zu Sanierungszwecken verschmelzungsfähig, OLG Stuttgart v. 4.10.2005 – 8 W 426/05, GmbHR 2006, 380.

§ 5 UmwG Inhalt des Verschmelzungsvertrages

§ 5 UmwG Nr. 1 (Besondere Rechte und Vorteile)

In einem Verschmelzungsvertrag müssen dann keine Angaben zur Gewährung von Rechten im Sinne von § 5 Abs. 1 Nr. 7 UmwG oder von Vorteilen im Sinne von § 5 Abs. 1 Nr. 8 UmwG gemacht werden, wenn solche nicht gewährt werden; in diesem Fall bedarf es im Verschmelzungsvertrag auch keiner „Negativerklärung" dahingehend, dass solche Rechte oder Vorteile nicht gewährt werden.

OLG Frankfurt/M v. 4.4.2011 – 20 W 466/10, GmbHR 2011, 1159.

§ 5 Abs. 1 Nr. 9 UmwG Angaben zu den arbeitsrechtlichen Folgen und Maßnahmen

§ 5 Abs. 1 Nr. 9 UmwG Nr. 1   (Angaben und Prüfung durch das Registergericht)

1. Der Verschmelzungsvertrag muss Angaben über die Folgen der Verschmelzung für die Arbeitnehmer und ihre Vertretungen enthalten, ohne dass es darauf ankommt, ob die Folgen für den einzelnen Arbeitnehmer vorteilhaft oder nachteilig sind.

2. Das Registergericht hat zumindest ein formelles Prüfungsrecht. Es ist berechtigt, die begehrte Eintragung abzulehnen, wenn der Verschmelzungsvertrag jeder nachvollziehbaren Darstellung der arbeitsrechtlichen Folgen entbehrt.

OLG Düsseldorf v. 15.5.1998 – 3 Wx 156/98, GmbHR 1998, 745.

A.A. offensichtlich OLG Naumburg v. 6.2.1997 – 7 U 236/96, GmbHR 1998, 382 (Unzulässigkeit der Klage des Betriebsrates gegen Umwandlung).

§ 5 Abs. 1 Nr. 9 UmwG Nr. 2   (Verzicht des Betriebsrates auf Monatsfrist)

Der Betriebsrat kann gegenüber dem Handelsregister auf die Einhaltung der Monatsfrist, innerhalb derer ihm der Verschmelzungsvertrag zur Zustimmung zuzuleiten ist, wirksam verzichten.

LG Stuttgart v. 11.4.2000 – 4 KfH T 17/99, 4 KfH T 18/99, GmbHR 2000, 622.

§ 13 UmwG Zustimmungsbeschluss

§ 13 UmwG Nr. 1   (Erklärung des Alleingesellschafters)

Bei der Anmeldung der Verschmelzung einer GmbH mit dem Vermögen ihres Alleingesellschafters zum Handelsregister ist nur der Zustimmungsbeschluss der Gesellschafterversammlung des übertragenden Rechtsträgers, nicht aber auch eine Zustimmungserklärung des Alleingesellschafters als Übernehmenden vorzulegen.

LG Dresden v. 14.11.1996 – 45 T 60/96, GmbHR 1997, 175.

§ 17 Abs. 1 UmwG Anlagen zur Anmeldung

§ 17 Abs. 1 UmwG Nr. 1   (Beschluss als Anlage zum Verschmelzungsvertrag)

1. Folgen die Verschmelzungsbeschlüsse dem notariell beurkundeten Verschmelzungsvertrag nach und ist ihnen dieser in der nach § 17 UmwG vorgeschriebenen Form beigefügt, so bedarf es nicht der Einreichung eines weiteren Exemplars des Verschmelzungsvertrags.

2. Ist die Abschrift des Verschmelzungsvertrags mit der Ausfertigung der Verschmelzungsbeschlüsse durch Schnur und Prägesiegel verbunden, hat der Ausfertigungsvermerk auch Beglaubigungsfunktion für die beigefügte Urkundenabschrift.

OLG Karlsruhe v. 2.3.1998 – 11 Wx 6/98, GmbHR 1998, 379.

§ 17 Abs. 2 UmwG Schlussbilanz

§ 17 Abs. 2 UmwG Nr. 1 (Form der Schlussbilanz)

Die Eintragung der Umwandlung eines Einzelunternehmens in eine „kleine" GmbH (§ 267 HGB) kann nicht generell von der Vorlage einer durch einen unabhängigen Prüfer geprüften und testierten Bilanz abhängig gemacht werden. Erst wenn nach Einzelfallüberprüfung der geforderten Anmeldungsunterlagen substantiierte Zweifel an der Werthaltigkeit der Sacheinlage verbleiben, kommen Maßnahmen nach § 12 FGG (jetzt: § 26 FamFG) in Betracht.

OLG Düsseldorf v. 29.3.1995 – 3 Wx 568/94, GmbHR 1995, 592 = Rpfleger 1995, 464.

Entscheidung ergangen zu §§ 56b, 43 Abs. 4 UmwG 1969.

§ 17 Abs. 2 UmwG Nr. 2 (Form der Schlussbilanz)

1. Für die Eintragung der Verschmelzung zweier GmbH bedarf es nicht der Vorlage eines Jahresabschlusses im technischen Sinne, sondern nur der Vorlage einer Bilanz.

2. Die Vorschriften über die Prüfung der Jahresbilanz, d.h. des Jahresabschlusses, gelten nur sinngemäß; die Beibringung eines Bestätigungsvermerks i.S.d. § 322 HGB ist daher weder ausdrücklich vorgeschrieben noch rechtfertigt eine sinngemäße Anwendung dieser Vorschrift ein entsprechendes Verlangen durch das Registergericht.

LG Hagen v. 8.2.1994 – 21 T 4/93, GmbHR 1994, 714.

Die Entscheidung ist ergangen zu § 24 Abs. 3 Satz 2 KapErhG, der lautete:

„Für diese Bilanz gelten die Vorschriften über die Jahresbilanz und über die Prüfung der Jahresbilanz sinngemäß."

§ 17 Abs. 2 UmwG Nr. 3 (Vorlage der Schlussbilanz)

Die in § 14 Abs. 2 Satz 4 UmwG hinsichtlich der Schlussbilanz der übertragenden GmbH vorgeschriebene 8-Monats-Frist gilt bei einer Verschmelzung nicht für die Eintragung im Register des Sitzes der übernehmenden GmbH.

LG Frankfurt/M v. 24.11.1995 – 3-11 T 57/95, GmbHR 1996, 542.

§ 17 Abs. 2 UmwG Nr. 4 (Wahrung der Frist bei unvollständiger Anmeldung)

1. Bei der fristwahrenden Anmeldung einer Verschmelzung kann der Mangel der fehlenden, fristgerecht erstellten Bilanz auf entsprechende Zwischenverfügung des Ge-

richts auch nach Ablauf der Anmeldefrist nachgereicht, und der der Eintragung entgegenstehende Mangel geheilt werden.

2. Hat der Notar bei der Anmeldung einer Verschmelzung Einreichung und Vollzugstätigkeit als „sonstige Betreuung" i.S.v. § 24 BNotO übernommen, kann er im Falle einer Inanspruchnahme wegen fahrlässiger Amtspflichtverletzung nicht auf eine anderweitige Ersatzmöglichkeit verweisen.

OLG Zweibrücken v. 29.7.2002 – 7 U 25/02, RNotZ 2002, 516 = GmbHR 2003, 118.

Zur Berechnung der Frist: OLG Köln v. 22.6.1998 – 2 Wx 34/98, GmbHR 1998, 1085. Keine Fristwahrung durch Fax, OLG Schleswig v. 11.4.2007 – 2 W 58/07, DNotZ 2007, 957.

Keineswegs ist die Frist gewahrt, wenn nach Fristablauf der Verschmelzungsvertrag oder die Zustimmungsbeschlüsse nachbeurkundet werden; vgl. ferner B § 54 UmwG Nr. 1.

Heilung einer verfristeten Anmeldung durch Änderung des Verschmelzungsstichtages möglich nach OLG Schleswig v. 11.4.2007 – 2 W 58/07, DNotZ 2007, 957.

§ 20 UmwG Wirkungen der Eintragung

§ 20 UmwG Nr. 1 (Keine Löschung der Eintragung)

Ist die Verschmelzung einer Gesellschaft durch Übertragung des Vermögens auf eine andere Gesellschaft im Register des Sitzes der übernehmenden Gesellschaft eingetragen, können Mängel der Verschmelzung nicht mehr mit dem Ziel geltend gemacht werden, die Eintragung zu löschen.

BayObLG v. 15.10.1999 – 3Z BR 295/99, MittBayNot 2000, 121 = AG 2000, 130.

Bestätigt durch OLG Frankfurt/M v. 22.10.2002 – 20 W 299/02, GmbHR 2003, 117.

§ 54 UmwG Verschmelzung ohne Kapitalerhöhung

§ 54 UmwG Nr. 1 (Schwestergesellschaften)

Die Anmeldung einer Verschmelzung von GmbH, der die nach § 5 Abs. 1 Nr. 2–5, § 46 UmwG erforderlichen Angaben und Erklärungen zur Anteilsgewährung und Kapitalerhöhung fehlen, ist nicht geeignet, die 8-Monats-Frist des § 17 Abs. 2 Satz 4 UmwG für die Schlussbilanz der übertragenden GmbH zu wahren.

KG Berlin v. 22.9.1998 – 1 W 4387/97, GmbHR 1998, 1230, = DNotZ 1999, 157.

Verzicht auf Anteilsgewährung in notariell beurkundeter Form möglich nach § 54 Abs. 1 Satz 3 UmwG.

Vollständige Angaben im Verschmelzungsvertrag: OLG Frankfurt/M v. 10.3.1998 – 20 W 60/98, GmbHR 1998, 542.

§ 126 UmwG Inhalt des Spaltungs- und Übernahmevertrages

§ 126 UmwG Nr. 1   (Spaltung zu Null)

Die sog. „nichtverhältniswahrende Spaltung" schließt auch die Möglichkeit mit ein, dass ein Gesellschafter der übertragenden Gesellschaft überhaupt nicht an der übernehmenden Gesellschaft beteiligt wird (sog. „Spaltung zu Null").

OLG München v. 10.7.2013 – 31 Wx 131/13, GmbHR 2013, 874.

§ 126 UmwG Nr. 2   (Bestimmtheitsgrundsatz, Bezeichnung der Grundstücke)

1. Bei der Spaltung geht das Eigentum an Grundstücken nur dann mit der Registereintragung auf den übernehmenden Rechtsträger über, wenn die Grundstücke in dem Spaltungs- und Übernahmevertrag nach § 28 Satz 1 GBO bezeichnet sind (Anschluss an BGH v. 25.1.2008 – V ZR 79/07, BGHZ 175, 123). Eine Nachholung der Bezeichnung im Grundbuchberichtigungsverfahren ist nicht möglich.

2. Sollen bei der Spaltung Rechte an Grundstücken übertragen werden, so gehen auch diese grundsätzlich nur dann mit der Registereintragung auf den übernehmenden Rechtsträger über, wenn die belasteten Grundstücke in dem Spaltungs- und Übernahmevertrag nach § 28 Satz 1 GBO bezeichnet sind (Anschluss an OLG Schleswig v. 26.8.2009 – 2 W 241/08, DNotZ 2010, 66).

KG Berlin v. 1.8.2014 – 1 W 213 - 214/14, ZIP 2014, 1732 = Rpfleger 2015, 76.

OLG Celle v. 5.8.2015 – 9 U 22/15, ZIP 2015, 1679: Die Zuweisung einer bestimmten Summe in Euro in einer Abspaltungsbilanz an den abgespaltenen Rechtsträger hat keine dingliche Wirkung.

§ 126 UmwG Nr. 3   (Kein Nachweis mittels Notarbescheinigung)

Der Rechtsübergang von Vermögensgegenständen – hier Grundschulden – im Wege der Ausgliederung kann im Grundbuchverfahren nicht durch eine auf der Einsicht in den Ausgliederungsvertrag beruhenden Bescheinigung eines Notars geführt werden.

KG Berlin v. 28.2.2012 – 1 W 43/12, DNotZ 2012, 621.

§ 190 UmwG Formwechsel

§ 190 UmwG Nr. 1   (Keine Kontinuität der Beteiligung)

Der Eintragung der formwechselnden Umwandlung einer GmbH in eine KG steht nicht entgegen, dass der zukünftige Komplementär erst nach Fassung des Umwandlungsbeschlusses – aber vor Eintragung – Gesellschafter des formwandelnden Rechtsträgers geworden ist. Es genügt, wenn die Voraussetzungen für den Formwechsel zum Zeitpunkt der Eintragung vorliegen.

BayObLG v. 4.11.1999 – 3ZBR 333/99, GmbHR 2000, 89; bestätigt durch BGH v. 9.5.2005 – II ZR 29/03, GmbHR 2005, 1136.

§ 190 UmwG Nr. 2   (Keine Verschmelzung der Komplementär-GmbH auf GmbH & Co. KG)

Eine Verschmelzung einer GmbH auf die Kommanditgesellschaft, in der die GmbH die Komplementärfunktion wahrnimmt, ist ausgeschlossen, weil die aufnehmende KG im selben Augenblick des Wirksamwerdens der Verschmelzung kraft Gesetzes erlöschen würde. Das UmwG setzt jedoch das Fortbestehen des aufnehmenden Rechtsträgers voraus.

OLG Hamm v. 24.6.2010 – 15 Wx 360/09, GmbHR 2010, 985 = Rpfleger 2011, 36.

§ 220 UmwG Kapitalschutz

§ 220 UmwG Nr. 1   (Formwechsel GmbH & Co. KG in GmbH)

1. Zur Frage der Sicherung der Kapitalaufbringung bei dem Formwechsel einer Personenhandelsgesellschaft in eine GmbH nach § 220 Abs. 1 UmwG und zur Abgrenzung zu den Vorschriften der Sachkapitalgründung (hier: Nichtanwendbarkeit von § 7 Abs. 3 GmbHG).

2. Die Ermittlung des nach § 220 Abs. 1 UmwG maßgeblichen Aktivvermögens erfolgt nicht nach Buchwerten sondern nach dem Verkehrswert, wobei im Hinblick darauf, dass bei dem Formwechsel Gegenstand der „Sacheinlage" das Unternehmen der Gesellschaft ist, in erster Linie auf dessen Ertragswert abgestellt werden kann. (Rz. 29, 35)

OLG Frankfurt/M v. 19.3.2015 – 20 W 160/13, GmbHR 2015, 808.

VII. Gesetz über das Verfahren in Familiensachen und in den Angelegenheiten der freiwilligen Gerichtsbarkeit (FamFG)

Vorbemerkung: Entscheidungen, die noch bis zum 1.9.2009 nach dem Gesetz über die Angelegenheiten der freiwilligen Gerichtsbarkeit (FGG) ergangen sind, werden hier dargestellt, soweit das FamFG die Rechtslage nicht verändert hat.

§ 21 FamFG Aussetzung des Verfahrens

§ 21 FamFG Nr. 1 (Gesellschafterliste)

Das Registergericht darf das Verfahren über die Einstellung einer geänderten Gesellschafterliste grundsätzlich nicht bis zur gerichtlichen Entscheidung über die Wirksamkeit der Änderung aussetzen.

OLG Hamburg v. 24.9.2014 – 11 W 47/14, GmbHR 2014, 1321.

Ggf. Ausnahme, wenn Einreichungsbefugnis des Geschäftsführers streitig ist, weil dessen Bestellungsbeschluss angefochten wird; siehe B § 21 FamFG Nr. 2.

§ 21 FamFG Nr. 2 (Anfechtung Gesellschafterbeschluss)

a) Hängt der Rechtsbestand einer angemeldeten Tatsache – vorliegend der Wechsel in der Person als Geschäftsführer einer GmbH – von der Gültigkeit eines Gesellschafterbeschlusses ab, der Gegenstand eines streitigen Verfahrens vor einem Prozessgericht ist, ist die Zurückstellung der Entscheidung bis zur Klärung dieser Frage im Prozesswege geradezu geboten.

OLG Zweibrücken v. 30.8.2012 – 3 W 108/12, GmbHR 2013, 93.

b) Bei der Prüfung, ob eine beantragte Eintragung nach § 21 Abs. 1 FamFG im Hinblick auf die Anhängigkeit eines anderen Verfahrens auszusetzen ist, hat das Registergericht die Sach- und Rechtslage im Registerverfahren grundsätzlich selbständig zu prüfen und ggf. eigene Ermittlungen anzustellen. Von der Aussetzungsbefugnis soll das Registergericht nur aus besonders triftigen und im Einzelnen darzulegenden sachlichen Gründen Gebrauch machen.

OLG Zweibrücken v. 28.12.2015 – 3 W 127/15, GmbHR 2016, 708.

§ 24 FamFG Anregung des Verfahrens

§ 24 FamFG Nr. 1 (Berichtigung der Eintragung)

1. Gegen die Entscheidung des Registergerichts, durch die eine Berichtigung der Firma der Komplementär-GmbH von Amts wegen abgelehnt worden ist, ist die Beschwerde eröffnet. Das Rechtsmittel ist nicht durch § 42 Abs. 3 FamFG ausgeschlossen.

2. Über die Berichtigung der Firma der Komplementär-GmbH ist im Amtsverfahren der freiwilligen Gerichtsbarkeit zu entscheiden. Die Berichtigung darf nicht von einer formellen Anmeldung im Sinne des § 12 HGB abhängig gemacht werden.

OLG Hamm v. 26.1.2010 – 15 W 361/09, GmbHR 2010, 367 = DNotZ 2010, 555.

Bestätigt durch OLG Frankfurt/M v. 30.9.2014 – 20 W 241/13, NZG 2015, 710; jedoch steht Berichtigung der geänderten Firma einer Komplementärin im Ermessen des Registergerichts.

Vgl. auch B §§ 106, 107 HGB Nr. 1 zu geänderten Personalien und Wohnort und B § 383 Abs. 3 FamFG zur so genannten Fassungsbeschwerde.

§ 26 FamFG Amtsermittlung

§ 26 FamFG Nr. 1 (Prüfungsanlass)

Eine Pflicht des Registergerichts zur Amtsermittlung nach §§ 26, 382 FamFG besteht nur dann, wenn entweder die formalen Mindestanforderungen für eine Eintragung nicht erfüllt sind oder wenn begründete Zweifel an der Wirksamkeit der zur Eintragung angemeldeten Erklärungen oder der Richtigkeit der mitgeteilten Tatsachen bestehen.

BGH v. 21.6.2011 – II ZB 15/10, GmbHR 2011, 925 = Rpfleger 2011, 610. Zweck der Prüfung ist die Vermeidung unrichtiger Eintragungen; OLG München v. 21.3.2011 – 31 Wx 80/11, GmbHR 2011, 489.

§ 26 FamFG Nr. 2 (Prüfungsumfang)

1. Im Verfahren zur Eintragung eines neuen GmbH-Geschäftsführers ist das Registergericht berechtigt und verpflichtet, die Ordnungsmäßigkeit der Geschäftsführerbestellung zu prüfen. Dazu gehört auch die Vertretungsbefugnis der für einen Gesellschafter handelnden Person.

2. Die Beachtung ausländischen Rechts ist für die Erteilung einer nach deutschem Recht erforderlichen Vertretungsbescheinigung ausreichend.

3. Die Prüfung ausländischen Rechts ist vom Registergericht von Amts wegen vorzunehmen.

OLG Köln v. 4.5.1988 – 2 Wx 6/88, GmbHR 1989, 125. Zu Leitsatz 1 siehe auch KG Berlin in B § 39 GmbHG Nr. 16.

§ 26 FamFG Nr. 3   (Umfang der Ermittlung)

1. Bei der Vornahme deklaratorischer Eintragungen ist das Registergericht regelmäßig der Prüfung enthoben, ob die angemeldete Tatsache richtig ist. Nur begründete Zweifel berechtigen und verpflichten zur Aufklärung des wahren Sachverhalts (im Anschluss an BayOLG v. 19.6.1973 – BReg 2 Z32/73, GmbHR 1973, 201 = DNotZ 1974, 42 und gegen OLG Köln B § 26 FamFG Nr. 2).

2. Jedenfalls dann, wenn ein Gesellschafter in der Gesellschafterversammlung durch ein Organ vertreten wird, das – wie der Bürgermeister einer Gemeinde – an Recht und Gesetz gebunden ist, hat das Registergericht mangels gegenteiliger Anhaltspunkte davon auszugehen, dass es die für sich in Anspruch genommene Vertretungsmacht auch besitzt.

OLG Hamm v. 30.1.1996 – 15 W 20/96, GmbHR 1996, 614 = Rpfleger 1997, 71; einschränkend zum Nachweis der Gesellschaftereigenschaft bei GmbH-Beschlüssen OLG Hamm v. 10.7.2001 – 15 W 81/01, GmbHR 2001, 920 = DNotZ 2001, 959. Allgemein zum Umfang der Prüfungspflicht siehe B § 26 FamFG Nr. 4 Leitsatz 2.

Zur Aufklärungspflicht des Registergerichts vgl. OLG Düsseldorf v. 15.12.2000 – 3 Wx 432/00, GmbHR 2001, 243 = MittBayNot 2001, 219.

§ 26 FamFG Nr. 4   (Prüfung bei ausländischer Gesellschaft)

1. Die Rechtsfähigkeit einer ausländischen juristischen Person beurteilt sich nach dem Recht des Staates, in dem diese ihren tatsächlichen Verwaltungssitz hat.

2. Das Registergericht ist bei der Anmeldung von Satzungsänderungen und der Bestellung eines neuen Geschäftsführers einer GmbH zur Prüfung berechtigt und verpflichtet, ob der beschließende Gesellschafter im Inland anzuerkennende Rechtsfähigkeit besitzt.

3. Bestehen begründete Zweifel an dem Vorhandensein eines tatsächlichen Verwaltungssitzes der Gesellschaft im Gründungsstaat, ist das Registergericht befugt, der Anmeldenden den entsprechenden Nachweis aufzugeben.

4. Begründete Zweifel können sich daraus ergeben, dass die Gesellschaft nach einem nur geringe Anforderungen stellenden Gesellschaftsstatut (hier: Niederländische Antillen) gegründet worden ist, nur über geringes Kapital verfügt und Anhaltspunkte für eine dort ausgeübte Geschäftstätigkeit nicht bestehen.

KG Berlin v. 11.2.1997 – 1 W 3412/96, GmbHR 1997, 708 = Rpfleger 1997, 440.

Zu Leitsatz 1 bestätigt durch BGH v. 27.10.2008 – II ZR 158/06 „Trabrennbahn", GmbHR 2009, 138: Schweizer AG ohne Verwaltungssitz in der Schweiz ist nicht rechtsfähig und wird in Deutschland als Personengesellschaft behandelt.

Vgl. auch B §§ 13d–g HGB Nr. 1, 2 und 4.

§ 26 FamFG Nr. 5   (Prüfungsumfang bei GbR als Gesellschafterin)

1. Ist eine BGB-Gesellschaft alleinige Gesellschafterin einer GmbH, kann die Anmeldung der Bestellung eines Geschäftsführers nicht mit der Begründung zurückgewiesen werden, zum Nachweis der Wirksamkeit des zugrunde liegenden Gesellschafterbeschlusses müsse der Gesellschaftsvertrag der BGB-Gesellschaft in notariell beurkundeter Form vorgelegt werden.

2. Solange nach der Sachlage keine konkreten Zweifel angebracht sind, ist vielmehr ein privatschriftlicher Gesellschaftsvertrag ausreichend, der auch die Vertretungsbefugnis erkennen lässt.

OLG Hamm v. 7.9.2010 – I-15 W 253/10, GmbHR 2011, 29 = Rpfleger 2011, 162.

§§ 27, 31 FamFG Glaubhaftmachung, Beibringung

§§ 27, 31 FamFG Nr. 1   (Nachweis der Existenz und der Vertretung bei
                                    ausländischen Rechtsträgern)

1. Das Registergericht ist im Eintragungsverfahren stets – nicht nur im Falle begründeter Zweifel – zur Prüfung einer bestehenden Vertretungsbefugnis der handelnden Organe einer juristischen Person zum Zeitpunkt der Stellung des Eintragungsantrags von Amts wegen verpflichtet.

2. Diese Prüfung erfordert den positiven Nachweis der Vertretungsberechtigung; die bloße Glaubhaftmachung genügt insoweit nicht.

3. Der Nachweis der Vertretungsbefugnis der directors einer private limited company englischen Rechts kann nicht allein durch Bescheinigung eines deutschen Notars gemäß § 21 BNotO geführt werden, wenn dieser seine Erkenntnisse nur durch Einsichtnahme in das beim Companies House geführte Register erworben hat, da dieses seiner rechtlichen Bedeutung nach hinsichtlich der Vertretungsbefugnis nicht dem deutschen Handelsregister entspricht.

4. Dies gilt – trotz der nach englischem Recht bestehenden Gesamtvertretungsmacht aller Mitglieder des board of directors – auch dann, wenn alle im beim Companies House geführten Register eingetragenen directors bei Stellung des Eintragungsantrags mitgewirkt haben.

OLG Nürnberg v. 26.1.2015 – 12 W 46/15, GmbHR 2015, 196 = Rpfleger 2015, 406.

§§ 27, 31 FamFG Nr. 2   (Art des Nachweises bei ausländischen Rechtsträgern)

1. Die Vertretungsmacht des director oder associate director einer englischen Limited Company kann gegenüber dem Grundbuchamt durch die Bescheinigung eines englischen Notars nachgewiesen werden, der das Bestehen der Gesellschaft und die Vertretungsmacht nach Einsicht in das englische Handelsregister und die dort befindlichen Unterlagen (Memorandum, Articles of association und Protokollbuch) bestätigt.

2. Die Bescheinigung muss nachvollziehbare Angaben zu den tatsächlichen Grundlagen der notariellen Feststellungen enthalten.

OLG Nürnberg v. 25.3.2014 – 15 W 381/14, DNotZ 2014, 626 = Rpfleger 2014, 492. Ähnlich streng auch OLG Dresden v. 21.5.2007 – 1 W 52/07, GmbHR 2007, 1156.

§§ 27, 31 FamFG Nr. 3   (Notarbescheinigung bei ausländischen Handelsregistern, Nachweis der Echtheit ausländischer Urkunden, notarielle Eigenurkunde)

1. Ein deutscher Notar ist befugt, aufgrund einer Einsichtnahme in ausländische Register Bescheinigungen für eine Vertretungsberechtigung auszustellen, die sich auf eine ausländische Gesellschaft beziehen, wenn das ausländische Register seiner rechtlichen Bedeutung nach dem deutschen Handelsregister entspricht. Diese Voraussetzungen sind für das schwedische Handelsregister gegeben.

2. Nach deutschem internationalen Privatrecht entscheidet grundsätzlich das Recht des Sitzes der Hauptverwaltung der ausländischen Gesellschaft darüber, welche Befugnisse die Organe der Gesellschaft besitzen, insbesondere, ob und in welchem Umfang sie Vertretungsmacht haben.

3. Urkunden, die Anträge und Erklärungen der Beteiligten enthalten, müssen in deutscher Sprache abgefasst sein. Für sonstige nachzuweisende Tatsachen gilt dies nicht uneingeschränkt. Bei einer Vertretungsbescheinigung oder einem Beglaubigungsvermerk darf und soll das Gericht von einer Übersetzung absehen, wenn der Rechtspfleger oder Richter der Fremdsprache hinreichend mächtig ist.

4. Entsprechend § 438 ZPO ist mangels vertraglicher Ausnahmeregelung die Echtheit einer ausländischen öffentlichen Urkunde grundsätzlich durch eine Legalisation oder gegebenenfalls durch eine Apostille nachzuweisen, es sei denn, dass durch die besonderen Umstände des Einzelfalles der Echtheitsbeweis auch ohne Legalisation/Apostille als erbracht angesehen werden kann.

5. Für eine notarielle elektronische Berichtigungsnachricht ist nicht die Form des § 12 Abs. 1 HGB erforderlich. Vielmehr ist hierfür eine qualifizierte elektronische Signatur gemäß § 2 Nr. 3 SignaturG erforderlich, aber auch ausreichend.

OLG Schleswig v. 13.12.2007 – 2 W 198/07, DNotZ 2008, 709 = Rpfleger 2008, 498.

Zu Leitsatz 5 siehe auch B § 12 Abs. 2 HGB Nr. 2.

§ 59 FamFG   Beschwerdeberechtigung

§ 59 FamFG Nr. 1   (Beschwerde bei OHG oder KG)

Die nur von einem einzelnen Gesellschafter einer OHG oder KG gegen die Zurückweisung oder Beanstandung einer Anmeldung erhobene Beschwerde ist unzulässig.

BayObLG v. 13.5.1977 – 3 Z 41/76, Rpfleger 1977, 321.

Bestätigt von OLG Dresden v. 21.5.2007 – 1 W 52/07, GmbHR 2007, 1156: Beschwerdeberechtigt sind nicht die einzelnen Gesellschafter, sondern nur alle Gesellschafter als Antragsteller i.S.d. §§ 23, 59 Abs. 2 FamFG, weil sie auch nur gemeinsam zur Anmeldung befugt sind.

§ 59 FamFG Nr. 2   (Beschwerderecht bei GmbH)

Die eine GmbH betreffende, auf die Herbeiführung einer konstitutiven Eintragung gerichtete Anmeldung zum Handelsregister ist durch die Geschäftsführer im Namen der Gesellschaft vorzunehmen. Die Gesellschaft ist daher auch beschwerdeberechtigt i.S.d. § 20 Abs. 2 FGG (jetzt: § 59 FamFG).

BGH v. 24.10.1988 – II ZB 7/88, GmbHR 1989, 25 = DNotZ 1989, 110.

Entsprechendes gilt für die Vor-AG; siehe B § 23 Abs. 3 AktG Nr. 2.

§ 59 FamFG Nr. 3   (Beschwerde durch Notar)

Die von einem Notar in einer Handelssache eingelegte Beschwerde gilt im Zweifel als im Namen der Firma eingelegt, für die er als Notar tätig geworden war; der Gebrauch der Wendung „lege ich Beschwerde ein" ist dabei ohne Bedeutung.

OLG Frankfurt/M v. 19.7.1978 – 20 W 406/78, Rpfleger 1978, 441 = DNotZ 1978, 750.

§ 59 FamFG Nr. 4   (Geschäftsführer)

1. Gegen die Zurückweisung der Anmeldung eines neuen Geschäftsführers zur Eintragung in das Handelsregister ist auch der anmeldende Geschäftsführer im eigenen Namen beschwerdebefugt.

2. Bei begründeten Bedenken kann das Registergericht die Prüfung der Anmeldung eines neuen Geschäftsführers darauf erstrecken, ob der Beschluss über die Bestellung eines neuen Geschäftsführers von den Gesellschaftern der GmbH gefasst worden ist.

OLG München v. 30.3.2009 – 31 Wx 21/09, GmbHR 2009, 663 = FGPrax 2009, 127.

§ 59 FamFG Nr. 5   (GmbH-Gesellschafterliste, Notarbescheinigung, Umnummerierung)

1. Weigert sich das Registergericht wegen formaler Beanstandungen, eine von einem Notar eingereichte Gesellschafterliste in den Registerordner aufzunehmen, hat der Notar ein eigenes Beschwerderecht.

2. Die Umnummerierung abgetretener Geschäftsanteile in der Gesellschafterliste ist dann zulässig, wenn jeder Geschäftsanteil durch die Angabe der bisherigen Nummerierung zweifelsfrei zu identifizieren bleibt.

BGH v. 1.3.2011 – II ZB 6/10, GmbHR 2011, 474 = DNotZ 2011, 940 = Rpfleger 2011, 517.

§ 59 FamFG Nr. 6   (Elektronische Form, Vollmacht bei Ein-Personen-Gründung)

1. Der rechtzeitige Eingang einer in elektronischer Form eingelegten Beschwerde unter Angabe des zutreffenden Aktenzeichens auf dem Server des Handelsregisters wahrt auch ohne Zuordnung zur entsprechenden elektronischen Akte die Beschwerdefrist.

2. Die Gründung einer Einpersonen-GmbH durch einen vollmachtlosen Vertreter ist als einseitige nicht empfangsbedürftige Willenserklärung nach § 180 Satz 1 BGB unheilbar nichtig.

KG Berlin v. 14.12.2011 – 25 W 48/11, GmbHR 2012, 569. Leitsatz 2 bestätigt durch OLG Stuttgart v. 3.2.2015 – 8 W 49/15, GmbHR 2015, 487. Anders bei Beschlüssen bestehender GmbHs: B § 47 GmbHG Nr. 1 und 2.

§ 62 FamFG Beschwerde bei Erledigung der Hauptsache

§ 62 FamFG Nr. 1   (Wiederholte Beanstandung der Gesellschafterliste)

1. Das Feststellungsinteresse i.S.d. § 62 Abs. 1 FamFG hat höchstpersönlichen Charakter.

2. Die Verletzung von Rechten durch eine angefochtene, aber in der Hauptsache erledigte Entscheidung setzt einen effektiven Eingriff in die Rechte des Betroffenen voraus. Das Vorliegen einer abstrakten Gefahr reicht hierfür nicht aus.

3. Eine Wiederholungsgefahr i.S.d. § 62 Abs. 2 Nr. 2 FamFG ist nicht bereits deswegen gegeben, weil das Gericht zu erkennen gegeben hat, dass es in künftigen gleichgelagerten Fällen anderer Personen dieselbe Rechtsmeinung vertreten wird.

OLG München v. 1.7.2010 – 31 Wx 61/10, GmbHR 2010, 873 = FGPrax 2010, 269 (GmbH-Gesellschafterliste wurde beanstandet).

Zur Beschwerdebefugnis des Notars siehe B § 40 GmbHG Nr. 6 und B § 59 FamFG Nr. 5.

§ 378 FamFG Antragsrecht des Notars

§ 378 FamFG Nr. 1   (Vollmachtsvermutung bei Satzungsänderung)

Die Anmeldung und Eintragung einer GmbH-Satzungsänderung durch einen verfahrensbevollmächtigten Notar als Vertreter in Eigenurkunde ist zulässig.

OLG Oldenburg v. 16.9.2011 – 12 W 193/11, NotBZ 2012, 62 = MDR 2011, 1308 = FGPrax 2011, 311.

Zur Form der notariellen Eigenurkunde siehe B §§ 27, 31 FamFG Nr. 3. Siehe auch § 12 Abs. 1 Satz 2 HGB Nr. 12 zur Angestelltenvollmacht und Einl. Rz. 40 zur Rücknahme von Anmeldungen.

§ 378 FamFG Nr. 2   (Nicht beteiligte Gesellschafter)

1. Änderungen des Gesellschaftsvertrages einer GmbH hat nach §§ 54 Abs. 1 Satz 1, 78 Abs. 1 GmbHG grundsätzlich der Geschäftsführer anzumelden. Nach § 378 Abs. 2 FamFG gilt der Notar jedoch auch ohne Vorlage einer Vollmachtsurkunde als ermächtigt, „im Namen des zur Anmeldung Berechtigten die Eintragung zu beantragen", wenn er „die zu einer Eintragung erforderliche Erklärung […] beurkundet oder beglaubigt hat".

2. Die Vollmachtsvermutung des § 378 Abs. 2 FamFG gilt auch dann, wenn Grundlage der Eintragung ein Gesellschafterbeschluss ist, an dem der zur Anmeldung verpflichtete Geschäftsführer nicht mitgewirkt hat.

OLG Karlsruhe v. 31.1.2011 – 11 Wx 2/11, GmbHR 2011, 308 = Rpfleger 2011, 382.

§ 378 FamFG Nr. 3   (Umwandlungsvorgang)

Die Beurkundung eines Verschmelzungsvertrages zwischen der Kommanditistin einer KG (hier: GmbH) und einer anderen Gesellschaft (hier: AG) begründet nicht die Vermutung einer Vollmacht des Urkundsnotars für die übrigen Gesellschafter der KG zur Anmeldung des Gesellschafterwechsels bei der KG.

OLG München v. 10.3.2015 – 31 Wx 60/15, GmbHR 2015, 488.

§ 380 FamFG Beteiligung der Industrie- und Handelskammer/ Handwerkskammer

§ 380 FamFG Nr. 1   (Bedeutung von Stellungnahmen)

1. Bei der Ermittlung der Verkehrsauffassung von einem bestimmten Firmenzusatz kommt dem auf Umfragen jedenfalls bei einer größeren Zahl von Kammern beruhenden Gutachten der Industrie- und Handelskammer regelmäßig besondere Bedeutung zu. In einem solchen Gutachten kommt nicht nur zum Ausdruck, wie die Kammer die Auffassung des allgemeinen Verkehrs beurteilt, sondern auch, welche Auffassung in den kaufmännischen Kreisen herrscht.

2. Hat der Registerrechtspfleger oder der Registerrichter Zweifel, ob die eine Täuschungsgefahr bejahende Auffassung der Industrie- und Handelskammer dem maßgeblichen Teil der Kaufmannschaft entspricht, darf er nicht aufgrund seiner eigenen Auffassung als Teilnehmer am allgemeinen Verkehr ohne weiteres die Möglichkeit einer Täuschung verneinen. Vielmehr sind weitere Ermittlungen anzustellen.

BayObLG v. 23.11.1971 – BReg 2 Z 35/71, NJW 1972, 165 = MDR 1972, 243 = Mitt-BayNot 1972, 78.

§ 380 FamFG Nr. 2   (Prüfung durch das Gericht)

Das Gutachten der IHK muss vom Registergericht auf seine Tragfähigkeit nachgeprüft werden. Drängen sich danach Zweifel auf, so muss es weitere Ermittlungen anstellen, ggf. eine Umfrage veranlassen.

BayObLG v. 11.12.1980 – 1 Z 120/80, Rpfleger 1981, 150.

Verneint die IHK eine Irreführungseignung nach § 18 Abs. 2 Satz 1 HGB, so dürften im Hinblick auf § 18 Abs. 2 Satz 2 HGB (fehlende Ersichtlichkeit) weitere Ermittlungen des Gerichts ausgeschlossen sein.

§ 380 FamFG Nr. 3   (Verwertbarkeit der Berichte)

Berichte der Industrie- und Handelskammer, die auf vertraulichen und infolgedessen nicht nachprüfbaren Angaben von Konkurrenzfirmen beruhen, dürfen bei der Tatsachenfeststellung nicht verwertet werden.

OLG Düsseldorf v. 27.8.1971 – 3 W 106/71, MDR 1972, 55 = MittBayNot 1972, 78 = MittRhNotK 1972, 211.

§ 380 FamFG Nr. 4   (Löschungsantrag)

Nach der Eintragung einer Firma im Handelsregister kann diese nur über die Einleitung eines Amtslöschungsverfahrens nach §§ 395 ff. FamFG beseitigt werden. Als berufsständisches Organ i.S.d. § 380 Abs. 1 Nr. 1 FamFG ist die Industrie- und Handelskammer befugt, dies zu beantragen.

OLG Rostock v. 15.11.2010 – 1 W 47/10, GmbHR 2011, 829.

§ 380 FamFG Nr. 5   (Erzwingung von Angaben, Zwischenverfügung)

a) Das Registergericht kann einen Gewerbetreibenden nicht durch Zwangsgeld anhalten, der Industrie- und Handelskammer Auskunft über die Art und den Umfang seines Geschäftsbetriebs zu geben.

BayObLG v. 13.10.1967 – BReg. 2 Z 68/67, NJW 1968, 306 = MDR 1968, 155.

b) Die Beibringung einer positiven Stellungnahme der IHK kann in einem Verfahren auf eine Eintragung im Handelsregister nicht Gegenstand einer Zwischenverfügung sein.

OLG Zweibrücken v. 23.2.2011 – 3 W 22/11, GmbHR 2011, 934. Jedoch besteht Pflicht zur Mitwirkung nach §§ 27, 31 FamFG, damit IHK Stellungnahme in Fällen des § 380 Abs. 2 FamFG abgeben kann.

§ 380 FamFG Nr. 6   (Kostenerstattung)

Die Industrie- und Handelskammern sind verpflichtet, die Registergerichte bei der Verhütung falscher Eintragungen in das Handelsregister zu unterstützen.

Stellen sie in Handelsregistersachen Anträge, so sind sie Beteiligte im Sinne des § 13a FGG (jetzt: § 7 FamFG). Wenn sie unbegründete Beschwerden einlegen, ist ihnen deshalb die Erstattung außergerichtlicher Kosten des anderen Beteiligten (in der Regel: eines Unternehmens) aufzugeben.

OLG Oldenburg v. 10.12.1957 – 3 Wx 51/57, BB 1959, 92.

§ 382 FamFG Entscheidung über Eintragungsanträge

§ 382 FamFG Nr. 1 (Äußerungen des Gerichts)

Äußert das Registergericht eine Rechtsauffassung und verbindet dies mit der Anregung, die Anmeldung zurückzunehmen, ist darin auch dann keine anfechtbare Zwischenverfügung im Sinne des § 382 Abs. 4 FamFG zu sehen, wenn das Schreiben mit einer Rechtsmittelbelehrung versehen ist.

OLG Schleswig v. 1.2.2012 – 2 W 192/11, FGPrax 2012, 126.

§ 382 FamFG Nr. 2 (Auflagen des Gerichts)

Die Auflage, die angemeldete Firma zu ändern, impliziert eine inhaltliche Änderung der ursprünglichen Anmeldung und kann nicht Gegenstand einer Zwischenverfügung sein.

OLG Zweibrücken v. 31.1.2012 – 3 W 129/11, Rpfleger 2012, 547.

Unzulässig sind die Auflagen:

- eine Anmeldung inhaltlich abzuändern oder zu ergänzen, OLG Frankfurt/M v. 28.10.2014 – 20 W 411/12, NZG 2015, 1239 und OLG München v. 11.10.2006 – 31 Wx 74/06, MDR 2007, 414;
- Beanstandung der inhaltlichen Unzulässigkeit einer Klausel eines neugefassten Gesellschaftsvertrages; OLG Oldenburg v. 22.8.2016 – 12 W 121/16, GmbHR 2016, 1305;
- ein Rechtsgeschäft abzuschließen (hier Grundbuchsache zu § 18 GBO), BGH v. 26.9.2013 – V ZB 152/12, NotBZ 2014, 97;
- eine positive Stellungnahme der IHK beizubringen, siehe oben B § 380 FamFG Nr. 5.

Zulässig ist jedoch, dass das Registergericht die Eintragung von der Zahlung eines Kostenvorschusses abhängig macht: Einl. Rz. 89.

§ 382 FamFG Nr. 3 (Nicht behebbares Eintragungshindernis)

Voraussetzung für den Erlass einer Zwischenverfügung nach den §§ 382 Abs. 4, 374 Nr. 1 FamFG ist das Vorliegen eines behebbaren Hindernisses. Handelt es sich um kein behebbares Hindernis, sondern ein endgültiges, so darf keine Zwischenverfügung ergehen, vielmehr ist der Eintragungsantrag abzulehnen, wobei ein richterlicher Hinweis mit der Gelegenheit zur Stellungnahme und ggf. der Antragsrücknahme geboten ist. Ein solcher Hinweis stellt aber keine Zwischenverfügung dar.

OLG Frankfurt/M v. 17.12.2009 – 20 W 332/09, juris; Hinweis ergeht nach § 37 Abs. 2 FamFG.

Bestätigt von OLG Hamm v. 20.12.2010 – 15 W 659/10, GmbHR 2011, 307 und OLG Schleswig v. 18.4.2012 – 2 W 28/12, Rpfleger 2012, 693.

§ 382 FamFG Nr. 4   (Form der Zwischenverfügung)

Zwischenverfügungen des Registergerichts nach § 382 Abs. 4 Satz 1 FamFG müssen nach herrschender Meinung, auch wenn es sich nicht um Endentscheidungen handelt, durch Beschluss ergehen, weil sie nicht lediglich verfahrensleitende Verfügungen darstellen. Sie müssen eine Begründung enthalten und unterschrieben sein. Sie bedürfen eines Erlassvermerkes und sind bekanntzugeben (§§ 38 Abs. 3, 41 Abs. 1 FamFG).

Thür. OLG v. 22.6.2015 – 3 W 240/15, juris; im Anschluss an OLG Düsseldorf v. 6.12.2011 – 3 Wx 293/11, GmbHR 2012, 519. Förmliche Zustellung als Voraussetzung für das Ingangsetzen der Beschwerdefrist auch OLG Oldenburg v. 22.8.2016 – 12 W 121/16, GmbHR 2016, 1305. Siehe auch nachfolgend B § 382 FamFG Nr. 6.

§ 382 FamFG Nr. 5   (Rechtsschutzbedürfnis nach Zurückweisung)

Wenn ein Antrag auf eine Eintragung in das Handelsregister zurückgewiesen oder nach einem gerichtlichen Hinweis auf Eintragungshindernisse zurückgenommen wurde, fehlt das Rechtsschutzbedürfnis für einen gleichlautenden Antrag auf Eintragung, wenn sich die Sach- und Rechtslage nicht geändert hat.

BGH v. 9.7.2013 – II ZB 7/13, Rpfleger 2013, 622,

§ 382 FamFG Nr. 6   (Form und Rechtsschutzbedürfnis)

1. Eine formlose (hier: ohne Beschluss, Fristsetzung und Rechtsmittelbelehrung erfolgte) Mitteilung von Eintragungshindernissen durch das Registergericht stellt eine anfechtbare Zwischenverfügung nicht dar.

2. Nach Ablehnung der Handelsregistereintragung fehlt einer gegen eine Zwischenverfügung gerichteten bzw. aufrecht erhaltenen Beschwerde, deren Gegenstand allein das vom Registergericht behauptete Eintragungshindernis ist, wegen verfahrensrechtlicher Überholung das Rechtsschutzbedürfnis.

OLG Düsseldorf v. 25.10.2013 – 3 Wx 183/13, NotBZ 2014, 51.

§ 383 Abs. 3 FamFG Anfechtbarkeit der Eintragung

§ 383 Abs. 3 FamFG Nr. 1 (Fassungsbeschwerde gegen Eintragung)

1. Die Unanfechtbarkeit der Handelsregistereintragung nach § 383 Abs. 3 FamFG schließt nicht aus, auf Antrag eine Namens-, Firmen- oder Datumsangabe oder die Verlautbarung rechtlicher Verhältnisse zu berichtigen („Fassungsbeschwerde").

2. Das Registergericht ist bei der Eintragung an die in der Anmeldung vorgeschlagene grafische Gestaltung des Firmennamens (hier: durchgehende Verwendung von Groß-buchstaben) nicht gebunden.

OLG München v. 28.7.2010 – 31 Wx 129/10, GmbHR 2010, 1155. Siehe auch B § 8 HGB Nr. 2 und B § 24 FamFG Nr. 1.

§ 383 Abs. 3 FamFG Nr. 2 (Umfang und Inhalt der Eintragung)

Die Fassungsbeschwerde ist u.a. dann gerechtfertigt, wenn die Anmeldung des Vor-stands der Gesellschaft in der Eintragung des Registergerichts – auch unter Berücksich-tigung des dem Registerrichter zugestandenen Ermessens – durch die gewählte Fassung vom Verlautbarungsgehalt her nicht ausgeschöpft wird, weil die Eintragung weder die Voraussetzungen des § 43 HRV noch die geringeren Anforderungen der §§ 181 Abs. 2, 39 AktG erfüllt (hier: vollständiges Fehlen eines Hinweises auf weitere geänderte Sat-zungsbestimmungen).

OLG Düsseldorf v. 18.2.2014 – 3Wx 154/13, Rpfleger 2014, 434. Siehe auch B § 54 GmbHG Nr. 3 zum notwendigen Inhalt der Anmeldung.

§ 394 FamFG Löschung vermögensloser Gesellschaften

§ 394 FamFG Nr. 1 (Voraussetzungen der Löschung)

1. Vermögenslosigkeit ist, obwohl einzige Voraussetzung der Löschung nach § 2 LöschG (jetzt: § 394 FamFG), nur ein Anzeichen für die Lebensunfähigkeit der Gesellschaft. Trotz Vermögenslosigkeit kann von der Löschung abgesehen werden, wenn dies angezeigt er-scheint. Die Entscheidung liegt im pflichtgemäßen Ermessen des Registergerichts.

2. Bei der Ausübung seines Ermessens hat der Registerrichter zu wägen zwischen dem öffentlichen Interesse an der Entfernung der vermögenslosen Gesellschaft aus dem Re-gister und dem Interesse der Gesellschafter am Fortbestand ihrer Gesellschaft. Dabei ist ein strenger Maßstab anzulegen. Das Interesse am Erhalt der Rechtspersönlichkeit überwiegt nur dann, wenn erwiesen ist, dass in nicht allzu ferner Zukunft der Ge-schäftsbetrieb unter gleichzeitiger Zuführung ausreichenden Betriebsvermögens wieder aufgenommen wird.

3. Das Know-how als Teil des Firmen-Goodwill ist kein Vermögen i.S.d. § 2 Abs. 1 Satz 1 LöschG (jetzt: § 394 FamFG).

OLG Frankfurt/M v. 7.9.1977 – 20 W 660/77, Rpfleger 1978, 22 = GmbHR 1978, 133.

§ 394 FamFG Nr. 2 (Vermögenslosigkeit)

Vermögenslosigkeit im Sinne des § 394 Abs. 1 FamFG ist nicht mit Unterbilanz, Überschuldung oder Masselosigkeit gleichzusetzen; sie liegt nur vor, wenn nach kaufmännisch-wirtschaftlicher Betrachtungsweise überhaupt keine Zugriffs- und Verteilungsmasse für die Gläubiger zur Verfügung steht.

OLG Karlsruhe v. 21.8.2014 – 11 Wx 92/13, GmbHR 2014, 1098: Erhebliche Steuerschulden oder eine fehlende Zahlungsmoral rechtfertigen für sich genommen noch nicht die Annahme von Vermögenslosigkeit.

Löschung untunlich, wenn trotz Ablehnung des Insolvenzverfahrens mangels Masse Gesellschaft noch Eigentümerin eines über die Wertgrenze hinaus belasteten Grundstücks ist; OLG Frankfurt/M v. 10.10.2005 – 20 W 289/05, GmbHR 2006, 94.

Positive Feststellung, dass kein Aktivvermögen mehr vorhanden ist, auf der Grundlage ausreichender Ermittlungen; OLG Frankfurt/M v. 29.1.2015 – 20 W 116/12, GmbHR 2015, 713.

§ 394 FamFG Nr. 3 (Verfahren)

1. Auch im Verfahren nach dem Löschungsgesetz (jetzt: § 394 FamFG) sind Art und Umfang der Prüfungspflicht des Registergerichts nach § 12 FGG (jetzt: § 26 FamFG) zu bestimmen. Wegen der schwerwiegenden Folgen einer Amtslöschung ist die Vermögenslage einer Gesellschaft mit besonderer Sorgfalt zu ermitteln.

2. Die Überzeugung von der Vermögenslosigkeit kann weder allein auf eine unterbliebene Offenbarung der Vermögensverhältnisse durch den Geschäftsführer gegründet werden noch wegen der Verletzung von Publizitätspflichten widerlegbar vermutet werden. Sie bedarf vielmehr positiver Feststellung im Einzelfall.

OLG Düsseldorf v. 13.11.1996 – 3 Wx 494/96, GmbHR 1997, 131.

§ 394 FamFG Nr. 4 (Anhörung)

Kann das Registergericht seine Absicht, eine GmbH wegen Vermögenslosigkeit zu löschen, dem einzigen Geschäftsführer nicht förmlich bekannt machen, weil er unbekannten Aufenthalts ist, ist es regelmäßig gehalten, die Löschungsabsicht zu veröffentlichen. Die Zustellung der Löschungsankündigung an nur einen von mehreren Gesellschaftern reicht nicht aus, um die Gesellschaft am Löschungsverfahren ordnungsgemäß zu beteiligen.

BayObLG v. 12.1.1995 – 3Z BR 256/94, GmbHR 1995, 531.

§ 394 FamFG Nr. 5 (Anhörung)

Die Verpflichtung des Registergerichts, zur Vermeidung eines wesentlichen Verfahrensmangels dem gesetzlichen Vertreter der betroffenen Gesellschaft die bestehende Absicht einer Löschung wegen Vermögenslosigkeit bekannt zu machen, besteht nicht, wenn ein inländischer Aufenthalt des vorhandenen Geschäftsführers trotz hinreichender Ermittlungen nicht bekannt ist (hier: Geschäftsführer der Gesellschaft nach Vortrag des Antragstellers unbekannt verzogen; Anfrage des Registergerichts beim Einwohnermeldeamt ohne Erfolg; Anfrage beim Gewerberegister ergibt Abmeldung; laut weiterer Mitteilung des Einwohnermeldeamtes sei der Geschäftsführer nach Aktenlage griechischer Staatsangehöriger und nach Thessaloniki verzogen).

Die Bekanntmachung gegenüber dem Geschäftsführer der Gesellschaft kann auch nicht durch eine Zustellung an die Gesellschaft ersetzt werden, wohl aber an die im Handelsregister eingetragene inländische Geschäftsanschrift erfolgen, allerdings nur wenn davon auszugehen ist, dass dort Empfangsvorkehrungen unterhalten wurden (hier nicht der Fall: keine geschäftliche Betätigung mehr feststellbar, weder Geschäftslokal noch Betriebsstätte vorhanden; Gewerbe abgemeldet) und der Geschäftsführer der Gesellschaft dort als Zustellungsempfänger real in Betracht kommt (hier mit Blick auf den Wegzug nach Griechenland verneint).

Ist der Geschäftsführer der Gesellschaft noch im Handelsregister eingetragen (und nach dem Vorbringen der Gesellschaft als solcher noch tätig), so kommt auch eine ersatzweise Zustellung an die Gesellschafter nicht infrage.

Die Bekanntmachung der Löschungsabsicht des Registergerichts kann unter den vorgenannten Voraussetzungen letztlich nur in dem für die Bekanntmachung von Eintragungen in das Handelsregister bestimmten elektronischen Informations- und Kommunikationssystem nach § 10 HGB erfolgen.

OLG Düsseldorf v. 1.3.2016 – 3 Wx 191/15, GmbHR 2016, 824.

§ 394 FamFG Nr. 6 (Anhörung)

1. Unter einer „Entscheidung" im Sinne des § 37 Abs. 2 FamFG ist auch eine Registereintragung zu verstehen, wenn und soweit diese unmittelbar in die Rechte eines Beteiligten eingreift. Dies ist bei der Eintragung der Löschung einer Gesellschaft wegen Vermögenslosigkeit der Fall.

2. Vor Eintragung einer Löschung wegen Vermögenslosigkeit nach § 394 FamFG muss das Registergericht der Gesellschaft die Umstände mitteilen, die für die Einleitung des Löschungsverfahrens maßgeblich waren und der Gesellschaft Gelegenheit zur Stellungnahme hierzu geben. Die gegenteilige Auffassung des KG v. 4.4.2006 – 1 W 272/05, GmbHR 2006, 225, lässt sich nach Inkrafttreten des § 37 Abs. 2 FamFG nicht aufrecht erhalten.

OLG Köln v. 17.3.2011 – 2 Wx 27/11, GmbHR 2011, 596 = Rpfleger 2011, 443.

Aber keine Mitteilung der Umstände und des Ermittlungsergebnisses bei öffentlicher Bekanntmachung der Löschungsabsicht; OLG München v. 22.11.2012 – 31 Wx 421/12, GmbHR 2013, 39.

§ 394 FamFG Nr. 7 (Rechts-, Partei- und Prozessfähigkeit der gelöschten GmbH)

Die Löschung einer vermögenslosen GmbH nach § 394 Abs. 1 FamFG hat zur Folge, dass die Gesellschaft ihre Rechtsfähigkeit verliert und damit nach § 50 Abs. 1 ZPO auch ihre Fähigkeit, Partei eines Rechtsstreits zu sein. Nur wenn Anhaltspunkte dafür bestehen, dass noch verwertbares Vermögen vorhanden ist, bleibt die Gesellschaft trotz der Löschung rechts- und parteifähig.

Dabei sind wertlose Forderungen nicht als verwertbares Vermögen anzusehen.

BGH v. 20.5.2015 – VII ZB 53/13, GmbHR 2015, 757.

1. Auch eine gelöschte GmbH kann von ihr in Anspruch genommene Vermögenswerte gerichtlich durchsetzen oder Ansprüche abwehren; sie bleibt insoweit parteifähig.

2. Die Amtslöschung der GmbH hat zur Folge, dass der bisherige gesetzliche Vertreter, der Geschäftsführer, seine Vertretungsbefugnis verliert und die GmbH prozessunfähig wird; diese Folge tritt aber nicht ein, wenn die GmbH durch einen Prozessbevollmächtigten vertreten wird.

BGH v. 18.1.1994 – XI ZR 95/93, GmbHR 1994, 260.

Zur Partei- und Prozessfähigkeit siehe auch B § 74 GmbHG Nr. 3.

§ 394 FamFG Nr. 8 (Keine Vertretungsbefugnis des ehemaligen Geschäftsführers)

1. Legt der einzige Geschäftsführer einer GmbH sein Amt nieder, ist eine gegen die Gesellschaft gerichtete Klage mangels gesetzlicher Vertretung unzulässig.

2. Wird während eines Prozesses die beklagte GmbH im Handelsregister wegen Vermögenslosigkeit gelöscht, bleibt sie parteifähig, wenn der Kläger substanziiert behauptet, es sei bei der Gesellschaft noch Vermögen vorhanden.

BGH v. 25.10.2010 – II ZR 115/09, GmbHR 2011, 83.

§ 394 FamFG Nr. 9 (Fortsetzung nach Löschung?)

Eine Fortsetzung der Gesellschaft durch schlichten Fortsetzungsbeschluss (und dessen Eintragung) ohne die bei einer wirtschaftlichen Neugründung erforderliche Registerkontrolle nach §§ 7, 8 GmbHG ist nicht möglich, wenn die Gesellschaft nach § 60 Abs. 1 Nr. 7 GmbHG als vermögenslos gelöscht ist. Dies gilt nicht nur dann, wenn die gelöschte Gesellschaft tatsächlich vermögenslos ist, sondern auch im Fall der gelöschten, tatsächlich aber nicht vermögenslosen Gesellschaft.

OLG Celle v. 3.1.2008 – 9 W 124/07, GmbHR 2008, 211.

§ 394 FamFG Nr. 10 (verfrühte Löschung)

Die verfrühte und daher unzulässige Löschung einer GmbH ist im Wege eines Amtslöschungsverfahrens zu überprüfen.

OLG Schleswig v. 25.5.2000 – 2 W 82/00, GmbHR 2000, 776; ebenso OLG Zweibrücken v. 1.3.2002 – 3 W 38/02, GmbHR 2002, 591.

1. Der Antrag der Gesellschaft auf Rückgängigmachung ihrer Löschung im Handelsregister stellt sich der Sache nach nicht als – unstatthafte – Beschwerde gegen den Registereintrag, sondern als eine Anregung auf Einleitung des Verfahrens zur Löschung der Löschungseintragung gemäß § 395 FamFG dar.

2. Die Gesellschaft ist gegen eine ihre Anregung auf Rückgängigmachung ihrer Löschung im Handelsregister ablehnende Entscheidung des Registergerichts beschwerdeberechtigt, weil sie durch die Löschung in ihren eigenen Rechten (hier: materielle Existenz) betroffen ist.

3. Für das Amtslöschungsverfahren ist die bereits im Handelsregister gelöschte Gesellschaft als fortbestehend anzusehen und wird – ungeachtet dessen, dass die Vertretungsmacht ihres bisherigen Geschäftsführers an sich beendet ist – durch ihren bisherigen gesetzlichen Vertreter weiterhin vertreten.

4. Die Löschung der vollzogenen Eintragung der Löschung der Gesellschaft gemäß § 395 Abs. 1 FamFG wegen Vermögenslosigkeit gemäß § 394 FamFG kommt nur in Betracht, wenn die Löschungseintragung auf einer Verletzung wesentlicher Verfahrensvorschriften beruht, wovon bei der irrtümlichen Annahme der Vermögenslosigkeit nicht auszugehen ist.

OLG Düsseldorf v. 1.3.2016 – 3 Wx 191/15, GmbHR 2016, 824.

§ 394 FamFG Nr. 11   (Ausländische Gesellschaft)

Die im Handelsregister eingetragene Zweigniederlassung einer in Großbritannien registrierten Limited by shares kann nicht wegen Vermögenslosigkeit nach § 394 FamFG gelöscht werden.

OLG Frankfurt/M v. 17.5.2010 – 20 W 163/10, GmbHR 2011, 433. Aber Löschung der Zweigniederlassung: B § 395 FamFG Nr. 4 und 5.

§ 395 FamFG Löschung von Eintragungen als unzulässig

§ 395 FamFG Nr. 1   (Rechtsbekundende Eintragungen)

Rechtsbekundende Eintragungen im Handelsregister können wegen Fehlens einer wesentlichen Voraussetzung von Amts wegen nur gelöscht werden, wenn sie sachlich unrichtig sind. Formelle Mängel, insbesondere die fehlende Anmeldung eines Beteiligten, reichen allein nicht aus.

KG v. 19.7.1965, OLGZ 1965, 315.

Ebenso OLG Hamm v. 6.7.1971 – 15 W 633/70, BB 1971, 1122.

§ 395 FamFG Nr. 2 (Firmenlöschung)

a) Eine eingetragene Firma kann, wenn sie wegen eines Zusatzes unzulässig ist, von Amts wegen nur insgesamt gelöscht werden.

OLG Hamm v. 8.7.1959, NJW 1959, 1973.

b) Ist eine Gesellschaft rechtskräftig zur Anmeldung der Löschung ihrer Firma verurteilt, bildet der vom Gläubiger beim Registergericht elektronisch einzureichende Vollstreckungstitel die Grundlage für die Löschung, ohne dass es eines satzungsändernden Beschlusses bedarf.

OLG München v. 10.6.2013 – 31 Wx 172/13, GmbHR 2013, 764.

§ 395 FamFG Nr. 3 (Amtslöschung eines Geschäftsführers)

a) Am Amtslöschungsverfahren sind die GmbH und der Geschäftsführer zu beteiligen, wenn die Löschung der Eintragung des Geschäftsführers beabsichtigt ist.

b) Eine Handwerksuntersagung nach § 16 Abs. 3 HandwO, die gegen den Geschäftsführer einer GmbH in sofort vollziehbarer Weise angesprochen worden ist, führt nicht dessen Amtsunfähigkeit nach § 6 Abs. 2 Satz 2 GmbHG herbei.

c) Das gegen eine GmbH verhängte Gewerbeverbot nach § 35 Abs. 1 GewO bewirkt nicht, dass damit auch gegen den Geschäftsführer ein Verbot gewerblicher Betätigung ausgesprochen worden ist. In einem solchen Fall ist somit keine Amtsunfähigkeit des Geschäftsführers nach § 6 Abs. 2 Satz 3 GmbHG eingetreten.

BayObLG v. 11.6.1986 – BReg 3 Z 78/86, BayObLGZ 1986, 197 = Rpfleger 1986, 388 = GmbHR 1987, 20.

Aber Amtslöschung bei vollständigem Verbot der Geschäftsführertätigkeit durch Zivilgericht: BayObLG v. 23.3.1989 – BReg 3 Z 148/88, BayObLGZ 1989, 81 = GmbHR 1989, 370.

§ 395 FamFG Nr. 4 (Zweigniederlassung einer Limited)

1. Amtslöschung eines Geschäftsführers im Handelsregister, wenn dessen Amt infolge rechtskräftiger Verurteilung wegen Betruges zu einer Freiheitsstrafe von mindestens einem Jahr beendet ist.

2. Nach rechtmäßiger Amtslöschung des Geschäftsführers ist für die Eintragung einer später angemeldeten Amtsbeendigung wegen Abberufung oder Amtsniederlegung kein Raum.

OLG München v. 3.3.2011 – 31 Wx 51/11, GmbHR 2011, 430.

§ 395 FamFG Nr. 5 (Zweigniederlassung einer Limited)

1. Die deutsche Zweigniederlassung einer im Registrar of Companies for England and Wales gelöschten und aufgelösten britischen Hauptniederlassung ist bis zur vollständigen Beendigung der Liquidation der deutschen Restgesellschaft beschwerdebefugt.

2. Eine deutsche Zweigniederlassung ist gemäß § 395 FamFG immer dann im Handelsregister zu löschen, wenn die Hauptniederlassung im ausländischen Heimatregister gelöscht worden ist.

KG Berlin v. 24.10.2011 – 25 W 37/11, GmbHR 2012, 401 = NotBZ 2012, 33. Siehe auch B § 394 FamFG Nr. 11.

Zur Nachtragsliquidation für im Inland belegenes Vermögen siehe A 79 und A 122.

§ 395 FamFG Nr. 6   (Keine Löschung einer GmbH-Gesellschafterliste)

1. Die Löschung einer in den Registerordner des Handelsregisters aufgenommenen Gesellschafterliste ist gesetzlich nicht vorgesehen.

2. § 395 FamFG ist auf diese Fälle weder direkt noch analog anwendbar.

3. Das Registergericht trifft bei der Entgegennahme einer Gesellschafterliste keine inhaltliche Prüfpflicht. Es darf jedoch prüfen, ob die eingereichte Gesellschafterliste den formalen Anforderungen des § 40 GmbHG entspricht.

KG Berlin v. 5.7.2016 – 22 W 114/15, GmbHR 2016, 1157 = ZIP 2016, 1383.

§ 398 FamFG Löschung nichtiger Beschlüsse

§ 398 FamFG Nr. 1   (Nichtigkeit von Gesellschafterbeschlüssen)

1. Die Löschung eines Gesellschafterbeschlusses nach § 144 Abs. 2 FGG (jetzt: § 398 FamFG) setzt voraus, dass er wegen seines gesetzwidrigen Inhalts, nicht aber wegen anderer Mängel – z.B. Verletzung der Vorschriften über die Berufung der Versammlung – nichtig ist. Diese Nichtigkeitsgründe sind ausschließlich durch Anfechtungsklage geltend zu machen.

2. Das Löschungsverfahren dient nicht zur Korrektur etwaiger Fehler des Anmeldeverfahrens. Eine Löschung kommt nur in Betracht, wenn die Nichtigkeit des Beschlusses feststeht. Hinsichtlich der Feststellung der Nichtigkeit von Gesellschafterbeschlüssen besteht eine nur eingeschränkte Ermittlungspflicht des Registergerichts.

3. § 144 Abs. 2 FGG (jetzt: § 398 FamFG) enthält als Spezialvorschrift eine abschließende Regelung; § 142 FGG (jetzt: § 395 FamFG) findet daneben keine Anwendung.

BayObLG v. 18.7.1991 – BReg 3 Z 133/90, GmbHR 1992, 304.

Bestätigt durch OLG München v. 22.2.2010 – 31 Wx 162/09, DNotZ 2010, 466 = GmbHR 2010, 527 m. Anm. *Melchior*, GmbHR 2010, R 145 und KG Berlin v. 8.8.2012 – 12 W 23/12, GmbHR 2012, 1367.

§ 399 FamFG Auflösung einer GmbH wegen Satzungsmangels

§ 399 FamFG Nr. 1 (Verfahrensvorrang)

Die Bestimmung des § 144a FGG (jetzt: § 399 FamFG) verdrängt in dem von ihr geregelten Bereich als speziellere Vorschrift regelmäßig das in § 142 FGG (jetzt: § 395 FamFG) vorgesehene Recht des Registergerichts zur Amtslöschung unzulässiger Eintragungen.

BayObLG v. 23.2.1989 – BReg 3 Z 136/88, GmbHR 1989, 291.

Stichwortverzeichnis

Fundstellen in Teil **A** sind mit dem Buchstaben **A** und der Nr. des Registervorgangs bezeichnet, Einl. = Einleitung in das Handelsregister, S. 1–27, die Zahlen verweisen auf die Randzahlen.